단기 합격을 위한 마스터 플랜

경영정보 시각화능력 실기

BI Specialist

태블로 Tableau

저자 한컴아카데미, 윤종식

서문

4차 산업혁명, 디지털 전환 등으로 인해 데이터의 양이 기하급수적으로 증가함에 따라 데이터에서 새로운 가치를 창출하는 능력의 중요성 높아지고 있습니다. 특히 기업의 경영 및 조직 운영과 관련하여 의사결정을 지원하기 위해 데이터 시각화 능력이 요구됩니다. 이것은 데이터 전문가만의 역량이 아니라, 업무상 데이터를 다루는 모든 직업에 필요한 역량으로, 향후 경영·회계·사무 분야 종사자에게도 공통으로 요구될 것으로 예상됩니다. 이에 경영정보 시각화 능력을 평가하는 국가기술자격이 신설되었습니다.

경영정보 시각화 능력 실기에 사용되는 솔루션 태블로(Tableau)는 공공기관이나 기업 등의 다양하고 방대한 양의 데이터에서 필요한 정보를 시각화하는 데 사용되는 강력한 도구입니다. 이를 통해 데이터 사용자들은 빠르고 쉽게 이해할 수 있는 시각화 리포트(대시보드)를 생성할 수 있으며, 공유된 리포트의 데이터는 자동 업데이트되어 신속한 의사결정을 지원합니다. 현재까지는 기초적이고 태블로의 개념을 소개하는 교재들이 많이 집필되었으나, 실무를 대체하기에는 간결하고 경영정보 시각화 능력 자격을 취득하기에는 역부족이라는 의견을 모아 본 교재를 집필하게 되었습니다.

태블로는 학습자가 스스로 문제 해결 과정을 이해하고 구현하는 것이 매우 중요하여, 본 교재는 국가기술자격인 경영정보 시각화 능력의 실기 합격을 위하여 태블로 시각화 실무 중인 전문가들의 노하우와 경험을 바탕으로 구성되었습니다. 교재 내의 시각화 실습으로 단순 암기가 아닌 응용하고 실제 문제에 적용하는 방법을 학습할 수 있습니다. 또한, 공개된 모의고사를 바탕으로 제작된 예상 문제와 해설 영상을 QR코드를 통한 모바일과 온라인 사이트에서 제공합니다.

마지막으로, 이 교재가 나오기까지 데이터분석의 베스트셀러인 ADP 및 ADsP의 저자인 데이터에듀의 윤종식 대표님과 한컴아카데미의 김종헌 대표님을 비롯한 다양한 전문가들의 지원과 노고가 있었습니다. 또한, 실제 고객사에서 경영정보 시각화 프로젝트를 수행하며 아낌없는 지원을 해준 팀원들에게도 깊은 감사의 말씀을 전합니다. 이 책이 데이터를 시각화하고자 하는 모든 분에게 큰 도움이 되길 바랍니다.

추천사

태블로는 현존하는 빅데이터 분석 솔루션 중 가장 강력한 기능과 신뢰성 있는 결과를 도출합니다. 현재 전 세계 유수의 기업과 기관에서 사용이 확대되고 있으며 점점 더 많은 태블로 전문 인재들의 수요가 필요한 추세입니다.

한컴아카데미에서 출간한 "경영정보시각화능력" 실기 교재는 빅데이터의 경영정보를 시각화하는 기술과 방법론을 체계적으로 제시하며, 실제 사례 분석을 기반으로 시각화를 구현하는데 중점을 두어 이 경영정보시각화능력 자격증을 획득하고 전문성을 향상하고자 하는 수험생들에게 꼭 필요한 수험서입니다.

태블로용 경영정보시각화능력 실기시험을 준비하는 분들과 보다 전문적으로 태블로를 활용하고자 하는 모든 분에게 이 교재를 강력히 추천합니다.

위 장 영 | 태블로 사업 총괄 / 세일즈포스코리아

경영정보 데이터를 시각화하는 것은 현대 비즈니스에서 필수적인 기술입니다. 실제 업무 수행 시에도 데이터를 효과적으로 시각화하여 고객을 이해하고, 비즈니스를 개선하는 등의 의사 결정을 내리는데 큰 도움이 되고 있습니다.

태블로는 데이터 시각화 분야에서 선도적인 도구이며, 다양한 데이터 소스에서 데이터를 가져오고, 시각화를 공동으로 작업하고 공유하며, 다양한 시각화 유형을 생성하여 대시보드(보고서)를 생성하는 강력한 기능을 제공합니다.

이 책은 태블로의 기본 개념부터 응용 개념까지 알기 쉽게 쓰였으며, 다양한 기능을 단계별로 설명하고 있어 이 책을 통하여 자격증을 준비하는 것뿐 아니라 태블로를 배우고자 하는 모든 분에게 유용한 교재가 될 것이라고 확신합니다.

이 창 언 | 한국앤컴퍼니 정보전략담당

상공회의소에서 시행하는 경영정보 시각화 능력 자격증은 취업준비생은 물론 기업의 경영정보 보고서를 작성하는 실무부서에서 갖추어야 할 필수 자격증으로 굳건히 자리매김할 것입니다.

이 자격증을 취득하기 위해서는 데이터 시각화에 대한 충분한 기본 학습과 연습이 필요합니다. 이에 맞춰 본 실무 문제집은 초보자부터 실무자까지 혼자서 공부할 수 있도록 만들어졌으며, 자격시험과 유사한 난이도의 문제를 최대한 반영하여 취업준비생의 자격증 취득은 물론 회사 실무자의 경영정보를 시각화하는 보고서의 작성 실력에도 확실한 성과가 있을 것입니다.

유 재 필 | 상명대학교 공학대학 경영공학과 학과장

본문 구성

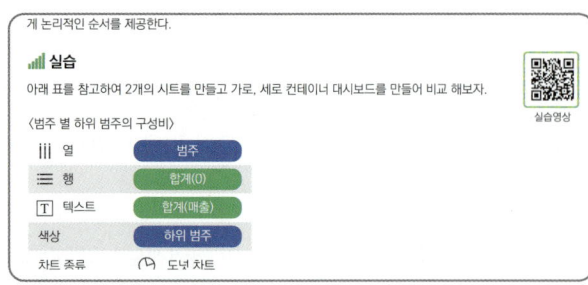

01 상세한 이론 설명
태블로의 시각화 능력과 데이터 구조의 이해 능력을 향상시키고, 주제별 실습 QR 영상을 제공해 효과적인 학습을 돕습니다.

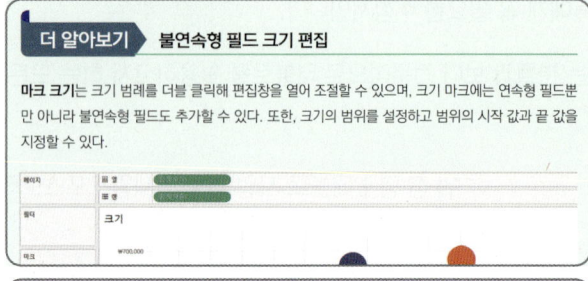

02 더 알아보기
주요 내용 이외에 활용도가 높지만 찾기 어려운 실전 내용들을 학습함으로써 실력을 향상시킵니다.

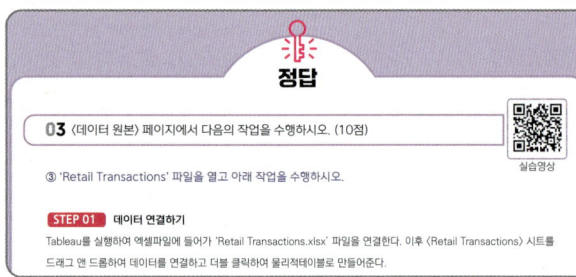

03 모의고사 및 풀이과정 제공
총 3회의 예상 모의고사와 시행처 공개문제 A, B형으로 실전 연습 및 최종 점검으로 합격에 더욱 가까워 질 수 있습니다.

· 모의고사 및 풀이과정 제공 ·

교재에 사용된 실습용 데이터와 태블로 파일은 **데이터에듀 홈페이지**에서 도서 구매 인증 후 **다운로드** 받을 수 있습니다!

1) 데이터에듀 홈페이지(www.dataedu.kr) 접속 후 회원가입
2) 사이트 우측의 [도서인증] 버튼 클릭
3) 아래의 도서인증번호를 입력하여 구매 인증 완료
4) 사이트 상단 메뉴의 [커뮤니티]-[참고자료실]에서 확인 및 다운로드

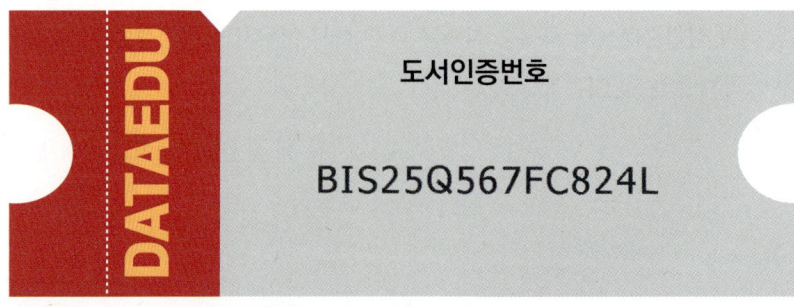

도서인증번호

BIS25Q567FC824L

🎥 **무료실습영상**으로
더 확실하게 배우자!!

한 번에 영상을 보는 방법

dolearn.ai

QR 찍고 바로 재생

1 교재 내 모든 **QR영상**을 두런에서 **한 번**에 확인하세요.

2 회원가입 없이, 인증 없이 **바로 시청**이 가능합니다.

3 영상별 AI 기반 자막과 내용 검식 기능을 확인하려면 두런회원가입이 필요합니다.

필요한 영상만 보는 방법

DATA EDU

STEP 01
데이터에듀 홈페이지에서
도서인증번호 입력 후
교재 내 QR코드 스캔

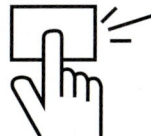

STEP 02
인식 후 팝업의
링크 열기 또는
재생 버튼 터치

STEP 03
실습 영상 강의
무료 시청

경영정보시각화능력 자격검정 안내

과목 개요

실기과목명	주요항목	세부항목
경영정보 시각화 실무	1. 경영정보 시각화 작업 준비	프로그램 실행하기
		파일 관리하기
		데이터 가공하기
		데이터 계산하기
	2. 경영정보 시각화 결과물 레이아웃 구성	레이아웃 구성하기
		대화식 화면 구성하기
	3. 경영정보 시각화 요소 구현	차트 구성하기
		테이블 구성하기
		시각화요소 디자인 변경하기
		기능 활용하기

출제 문항 수 및 배정

등급	구분	시험과목	문항수	검정방법	배점	시험시간
단일등급	필기	경영정보 일반	20	객관식 4지 택일형	매과목 100점 (각 5점)	60분
		데이터 해석 및 활용	20			
		경영정보시각화 디자인	20			
	실기	경영정보시각화 실무	3-5	컴퓨터 작업형	100	70분

합격 기준

구분		합격 기준	과락기준
경영정보 시각화능력	필기시험 합격	매 과목 100점 만점에 평균 60점 이상	과목당 40점 이상
	실기시험 합격	100점 만점에 70점 이상	과락기준 없음

취득 절차

1단계	→	2단계	→	3단계	→	4단계	→	5단계
수험원서 접수		수험표 발급		검정시험 응시		검정시험 합격여부 확인		최종합격자 공고 및 확인

시험 일정

회차	검정방법	접수기간	시행일	합격자발표일
1회	필기	2025.04.03 ~ 2025.04.09	04.26	05.27
1회	실기	2025.06.05 ~ 2025.06.11	06.28	08.26
2회	필기	2025.08.21 ~ 2025.08.27	09.13	10.14
2회	실기	2025.10.09 ~ 2025.10.15	11.01	12.30

응시료

구분		응시료
경영정보 시각화능력	필기	22,000원
	실기	45,000원

목차

서문	002
추천사	003
본문구성	004

PART 01 | 기초

CHAPTER 01　태블로 소개하기

01	태블로 알아보기	015
02	태블로 데스크톱 시작하기	016
03	데이터 원본 페이지	019
04	데이터 원본 새로고침	020
05	태블로 작업 영역	021

CHAPTER 02　태블로 개념 이해하기

01	데이터 필드의 역할	022
02	데이터 집계 방식	023
03	데이터 유형	024

CHAPTER 03　마크 카드 이해하기

01	색상	025
02	크기	028
03	레이블	030
04	세부 정보	031
05	도구 설명	032
06	각도, 도형, 경로	035

CHAPTER 04   **기본차트 알아보기**

01	그리드 차트	042
02	막대 차트	044
03	누적 막대 차트	047
04	병렬 막대 차트	048
05	라인 차트	050
06	영역 차트	053
07	히스토그램	056
08	파이 차트	060
09	트리맵	063
10	버블 차트	067
11	이중축 차트	068
12	맵 차트	071
13	분산형 차트	077
14	박스 플롯	080
15	불릿 차트	083
16	간트 차트	086

CHAPTER 05   **필터 활용하기**

01	차원 필터	087
02	측정값 필터	096
03	날짜 필터	097

CHAPTER 06   **계층, 그룹, 집합 구성하기**

01	계층	101
02	그룹	107
03	집합	111

CHAPTER 07 분석 패널 알아보기

01 총계 120
02 상수, 평균 라인 122
03 참조선, 구간, 박스 플롯 126
04 추세선 128

CHAPTER 08 대시보드 구성하기

01 크기 조정 131
02 바둑판식과 부동 133
03 레이아웃 설정 136
04 개체 활용하기 138
05 기본 동작 사용하기 152

PART 02 | 심화

CHAPTER 01 기초 함수 알아보기

01 집계 & 숫자 계산식 이해하기 161
02 문자열 계산식 이해하기 166
03 날짜형 계산식 이해하기 170
04 논리형 계산식 이해하기 174

CHAPTER 02 매개 변수 알아보기

01 정수형 매개 변수 이해하기 182
02 부울형 매개 변수 이해하기 194
03 문자열 매개 변수 이해하기 199
04 날짜형 매개 변수 이해하기 204

CHAPTER 03 고급 함수 응용하기

01 파티션 이해하기   212
02 테이블 계산 함수 이해하기   217
03 퀵 테이블 계산 이해하기   228
04 LOD(Level Of Detail) 계산식 이해하기   234

CHAPTER 04 적재적소에 활용하기

01 컨텍스트 필터   238
02 날짜 속성   246
03 빈 행, 빈 열 표시   250

CHAPTER 05 대시보드 동작 알아보기

01 필터 동작 응용하기   256
02 하이라이트 동작 응용하기   261
03 집합 동작 동작 응용하기   264
04 매개 변수 동작 응용하기   268
05 URL 동작 응용하기   273
06 시트로 이동 동작 응용하기   273

CHAPTER 06 데이터 원본 편집하기

01 데이터 결합 방식   277
02 유니온(Union)   278
03 조인(Join)   281
04 피벗(Pivot)   284

CHAPTER 07 고급 차트 만들기

01 혹 차트 — 287
02 버터플라이 차트 — 290
03 폭포수 차트 — 297
04 하이라이트 테이블 — 300
05 코호트 차트 — 303
06 도넛 차트 — 308

PART 03 | 모의고사

제 1 회 모의고사 — 315

제 2 회 모의고사 — 346

제 3 회 모의고사 — 391

PART 04 | 시행처 공개문제

시행처 공개문제 A형 — 433

시행처 공개문제 B형 — 488

01 PART

기초

Ch. 01 | 태블로 소개하기

Ch. 02 | 태블로 개념 이해하기

Ch. 03 | 마크 카드 이해하기

Ch. 04 | 기본차트 알아보기

Ch. 05 | 필터 활용하기

Ch. 06 | 계층, 그룹, 집합 구성하기

Ch. 07 | 분석 패널 알아보기

Ch. 08 | 대시보드 구성하기

CHAPTER 01 태블로 소개하기

01 태블로 알아보기

태블로(Tableau)는 비즈니스 인텔리전스(Business Intelligence ,BI) 시각화 솔루션이다. 여기서 BI란 조직이 데이터 기반의 의사 결정을 하도록 지원하는 비즈니스 분석, 데이터 마이닝, 데이터 시각화, 데이터 도구, 인프라, 모범 사례가 모두 포함된다.

이 교재는 대한상공회의소에서 안내하는 태블로 데스크톱 퍼블릭 에디션(Tableau Desktop Public Edition) 2024.3.0 버전을 기반으로 작성되었으며, 태블로 퍼블릭 홈페이지와 대한상공회의소 링크를 통해 무료로 다운로드하여 이용할 수 있다.
분기별로 업데이트되는 솔루션으로 응시 시기별로 제공하는 버전이 상이할 수 있다.
http://webdisk.korcham.net/sharing/RFChKQt06
소속된 교육기관이 인증되어 있다면, 교육기관 소속의 학생은 학생용 Tableau 라이선스를 무료로 사용할 수 있다. 학생으로 소속되어 있는 기간은 매년 무료 갱신이 가능하다.
https://www.tableau.com/ko-kr/academic/students

그림 1 태블로 릴리즈

02 태블로 데스크톱 퍼블릭 에디션 시작하기

태블로를 시작하기에 앞서 태블로 데스크톱을 다운받아 설치를 진행해 보자.
본문에서 사용된 설치 파일을 다운받는다.

그림 2 태블로 데스크톱 퍼블릭 다운로드

대한상공회의소 시험에 사용되는 OS WINDOW를 기준으로 설명하도록 하겠다.
다운받은 설치파일을 실행한다.
Mac OS의 경우, 태블로 홈페이지에서 다운받을 수 있다.
https://www.tableau.com/ko-kr/products/public/download

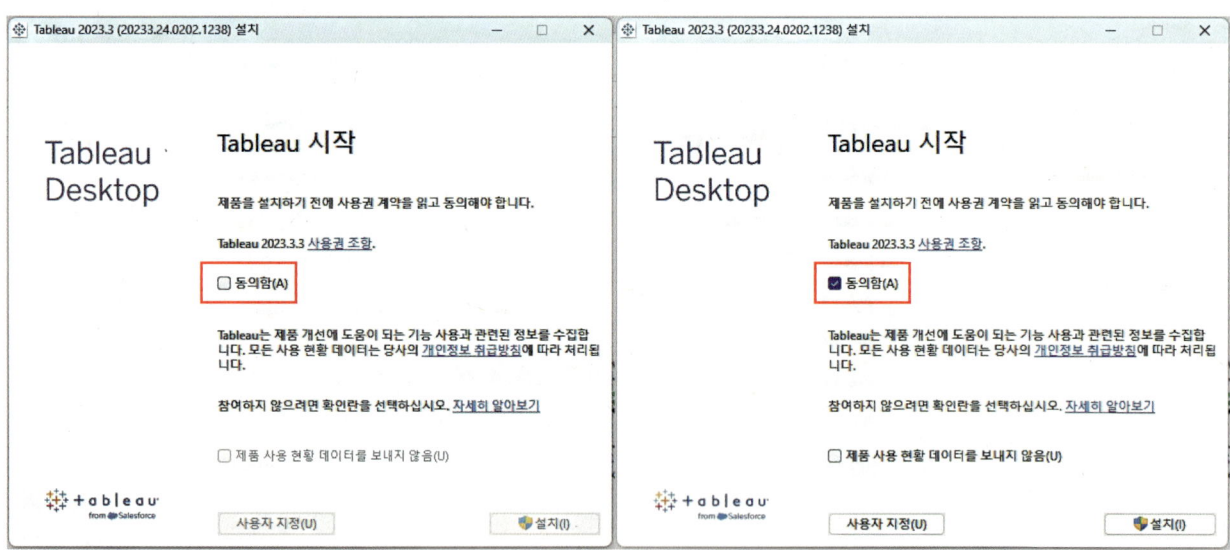

그림 3 태블로 데스크톱 설치 과정

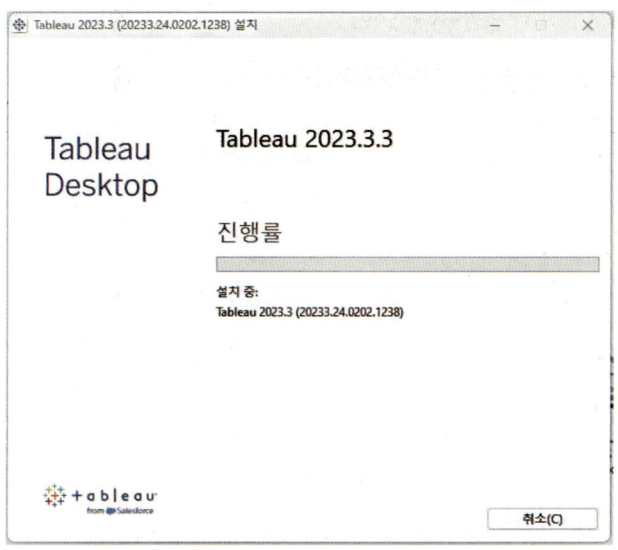
그림 4 태블로 데스크톱 설치 완료

설치가 완료되면 태블로 데스크탑이 실행된다.

태블로의 시작 페이지는 다음과 같은 작업을 수행할 수 있는 중심 위치이다.

- 데이터에 연결
- 최근에 사용한 통합 문서 열기
- Tableau 커뮤니티에서 작성한 콘텐츠 검색 및 탐색

시작 페이지는 연결, 열기 및 검색의 세 개 패널로 구성되어 있다.

그림 5 태블로 시작 페이지

태블로 소개하기 017

1. 연결

1) 데이터 검색
태블로 서버에 저장되어 있는 데이터 원본을 연결하여 사용한다.

2) 파일에 연결
Microsoft Excel 파일, 텍스트 파일, Access 파일, Tableau 추출 파일 및 SAS, SPSS, R 같은 통계 파일에 저장되어 있는 데이터에 연결하여 사용한다.

3) 서버에 연결
Microsoft SQL Server, Oracle 같은 데이터베이스에 저장되어 있는 데이터에 연결하며, 이 섹션에 나열되는 서버 이름은 연결하는 서버와 연결 빈도를 기준으로 변경된다.

2. 열기

1) 통합 문서 열기
태블로 데스크톱을 처음 열면 이 패널이 비어 있다. 새 통합 문서를 만들고 저장하면 최근에 열어 본 통합 문서가 이 패널에 나타난다.

2) 통합 문서 고정
통합 문서 축소판의 왼쪽 위에 나타나는 고정 아이콘을 클릭하면 통합 문서를 시작 페이지에 고정할 수 있다. 고정된 통합 문서는 최근에 열지 않은 경우에도 항상 시작 페이지에 나타난다.

3) 액셀러레이터
액셀러레이터 및 샘플 통합 문서를 열고 탐색할 수 있다. 액셀러레이터는 다양한 산업 및 응용 프로그램을 대상으로 사전 구축된 대시보드로, 사용자 자신의 데이터를 추가하여 빠른 분석을 수행할 수 있다.

3. 더 알아보기

Tableau Public의 인기 뷰를 확인하거나 태블로와 관련된 블로그 게시물과 새로운 소식을 읽을 수 있다. 또한 처음 시작할 때 도움이 되는 교육 비디오와 자습서를 제공한다.

03 데이터 원본 페이지

태블로에서 데이터에 대한 초기 연결을 설정하면 데이터 원본 페이지가 나타난다. 또한 통합 문서의 아무 위치에서나 왼쪽 하단의 데이터 원본 탭을 클릭하여 데이터 원본 페이지에 액세스할 수 있으며, 태블로 데이터 원본을 변경하는 작업을 데이터 원본 페이지에서 수행한다.

페이지 모양과 사용 가능한 옵션은 연결된 데이터 유형에 따라 달라지지만, 일반적으로 데이터 원본 페이지는 왼쪽 패널, 캔버스, 그리드 및 메타데이터 그리드의 네 가지 기본 영역으로 구성된다.

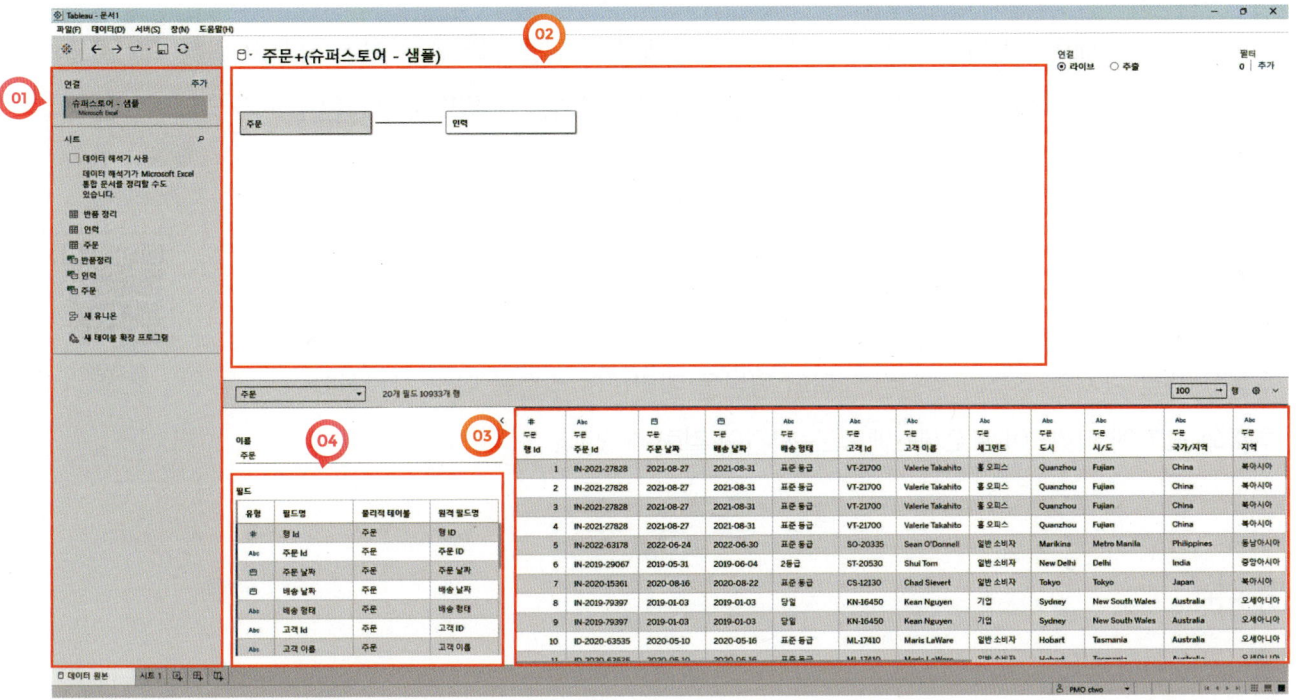

그림 6 태블로 데이터 원본 페이지

❶ **왼쪽 패널:** 연결된 데이터 원본과 데이터에 대한 기타 세부 정보를 표시한다. 큐브(다차원) 데이터인 경우 왼쪽 패널이 표시되지 않는다.

❷ **캔버스:** 하나 이상의 테이블을 캔버스로 끌어와 Tableau 데이터 원본을 설정할 수 있다. 캔버스에는 논리적 계층과 물리적 계층이라는 두 계층이 있다.
- **논리적 계층:** 캔버스에 논리적 테이블 간의 관계를 만들 수 있는 논리적 계층이 열린다.
- **물리적 계층:** 논리적 계층에서 테이블을 두 번 클릭하여 테이블 간의 조인 및 유니온을 추가할 수 있는 캔버스의 물리적 계층으로 이동한다.

❸ **데이터 그리드:** Tableau 데이터 원본에 포함된 데이터의 첫 1,000개 행을 표시한다.

❹ **메타데이터 그리드:** 데이터 원본의 필드가 행으로 표시된다.

04 데이터 원본 새로고침

데이터 유형에 따라 데이터 변경 시 다수의 옵션을 사용하여 데이터를 새로 고칠 수 있다. 데이터 추출에 연결한 경우 패널 왼쪽의 연결 영역 옆에 나타나는 새로 고침 단추를 사용하여 선택한 추출을 새로 고칠 수 있다.

라이브 연결

라이브 연결은 데이터베이스에 쿼리를 보내고 결과에 따라 뷰를 업데이트한다. 하지만 쿼리 되는 특정 필드는 연결을 처음 만들 때 정의된다. 데이터 원본을 새로 고치면 새 필드나 변경된 필드가 업데이트된다.

추출

실습영상

추출을 새로 고치면 추출이 생성된 데이터 원본을 쿼리하여 추출을 다시 작성한다. 추출의 크기에 따라, 이 프로세스에 다소 시간이 걸릴 수 있다.

게시된 데이터 원본

게시된 데이터 원본에 연결된 경우 데이터 원본은 라이브 연결이거나 추출일 수 있다. 게시된 데이터 원본은 연결된 Tableau Server에서 관리되며 서버를 통해 수정 및 배포가 가능하다.

05 태블로 작업 영역

태블로 작업 영역은 메뉴, 툴바, 데이터 패널, 카드, 선반 및 하나 이상의 시트로 구성된다. 시트는 워크시트, 대시보드 또는 스토리일 수 있다.

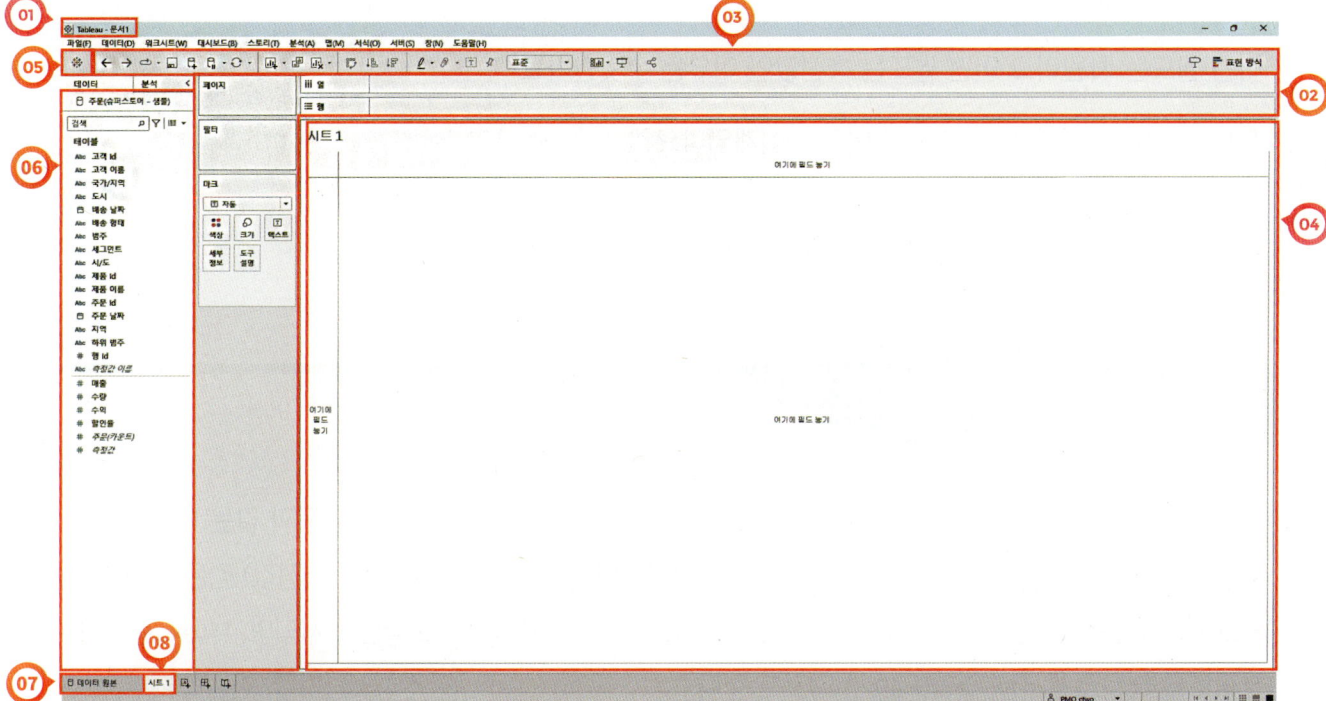

그림 7 태블로 데이터 원본 페이지

❶ **통합 문서 이름:** 통합 문서에는 시트가 포함되어 있고 시트는 워크시트, 대시보드 또는 스토리일 수 있다. (자세한 내용은 통합 문서 및 시트를 참조)

❷ **카드 및 선반:** 작업 영역의 카드 및 선반으로 필드를 끌어 놓아 뷰에 데이터를 추가할 수 있다.

❸ **툴바:** 툴바를 사용하여 명령과 분석 및 탐색 도구에 액세스할 수 있다.

❹ **뷰:** 비주얼리제이션("viz"라고도 함)을 만드는 작업 공간의 캔버스이다. 데이터에 연결할 수 있는 시작 페이지로 이동하려면 이 아이콘을 클릭한다.

❺ 데이터 원본 페이지로 이동하여 데이터를 표시하려면 이 아이콘을 클릭한다.

❻ **사이드 바:** 워크시트에서 사이드 바 영역에는 데이터 패널 및 분석 패널이 포함된다.

❼ **상태 표시줄:** 현재 뷰에 대한 정보를 표시한다.

❽ **시트 탭:** 탭은 통합 문서의 각 시트를 나타낸다. 이 탭에는 워크시트, 대시보드 및 스토리가 포함될 수 있다.

CHAPTER 02 태블로 개념 이해하기

"어떤 필드는 배경색이 파란색이고 어떤 필드는 녹색인 이유는 무엇인가요?"

"차원 및 측정값이란?"

"어떤 필드는 차원이고 어떤 필드는 측정값인 이유는 무엇인가요?"

"Tableau에서 데이터는 화면에서 어떻게 집계되나요?"

이러한 질문에 답을 주는 태블로 요소들의 개념을 설명하도록 하겠다.

01 데이터 필드의 역할

데이터 필드는 데이터 원본의 열에서 만들어진다. 각 필드에는 정수, 문자열, 날짜 등과 같은 데이터 유형과 불연속형 차원이나 연속형 측정값(또는 덜 일반적인 연속형 차원이나 불연속형 측정값) 같은 역할은 태블로에서 자동으로 할당한다. 이렇게 생성된 필드는 뷰에서 긴 타원형으로 모양은 표시되며, 뷰(ex. 행 선반)의 필드를 태블로에서는 '알약(Pill)'이라고도 한다.

1) 차원 / 측정값
차원: 정성적 값(ex. 이름, 날짜, 지리적 데이터 등)을 포함하며, 차원을 사용하여 데이터의 세부 정보를 분류하고 나누고 표시할 수 있다. 차원은 뷰(차트)의 세부 수준에 영향을 미친다.
측정값: 측정할 수 있는 정량적 수치 값(ex. 키, 몸무게, 나이 등)을 포함하며, 측정값은 기본적으로 집계(ex. SUM, MAX, MIN, AVG)된다.

2) 연속형 / 불연속형
연속형: 중단 없이 끊기지 않은 전체를 형성한다는 뜻으로 이 필드는 측정값과 같이 초록으로 표시한다. 행 또는 열 선반에 연속형 필드를 배치하면 뷰에 축이 만들어진다.
불연속형: 개별적으로 분리 및 구분된다는 의미로 이 필드는 차원과 같이 파랑으로 표시한다. 행 또는 열 선반에 불연속형 필드를 배치하면 뷰에 머리글이 만들어진다.

연속형과 불연속형은 수학적 용어이며, 태블로는 필드가 연속형, 불연속형인지에 다른 색상을 부여한다. 차원은 데이터 유형이 문자열이거나 부울인 차원은 연속형일 수 없으므로 대부분 불연속형 차원으로 표시된다. 그리고 데이터 유형이 날짜, 숫자일 경우 연속형 차원으로 표시된다.

불연속형 차원	년(배송 날짜)	범주	불연속형 측정값	합계(수량)	합계(매출)
연속형 차원	분기(배송 날짜)	월(배송 날짜)	연속형 측정값	합계(수량)	합계(매출)

02 데이터 집계 방식

측정값을 뷰로 끌어오면 필드가 기본적으로 합계로 집계되고, 집계 유형은 뷰 유형에 따라 달라진다. 계산된 필드로 수학식이나 함수식을 사용하여 계산하는 것이 아닌 태블로에서 기본적으로 미리 정의된 집계를 사용할 수 있다.

집계	설명
특성 ATTR	그룹의 모든 행에 대해 단일 값만 있으면 지정된 식의 값이 반환되고, 그 외에는 별표(*) 문자로 표현됨. 이 집계는 차원을 집계하는 경우에 유용(Null값은 무시)
차원	측정값 또는 차원에 있는 모든 고유 값을 반환
합계 SUM	측정값에 있는 숫자의 합계를 반환(Null값은 무시)
평균 AVG	측정값에 있는 숫자의 산술 평균을 반환(Null값은 무시)
카운트(고유) COUNTD	측정값 또는 차원에 있는 고유 값 수를 반환(Null값은 무시)
최소값 MIN	측정값 또는 연속형 차원에 있는 가장 작은 숫자를 반환(Null값은 무시)
최대값 MAX	데이터를 기준으로 측정값 또는 지정된 식에서 가장 큰 수를 반환(Null값은 무시)
표준 편차(모집단)	편향 모집단을 기준으로 지정된 식에 있는 모든 값의 표준 편차를 반환
분산	데이터를 기준으로 지정된 식에 있는 모든 값의 분산을 반환(Null값은 무시)
분산(모집단)	편향 모집단을 기준으로 지정된 식에 있는 모든 값의 분산을 반환
집계 해제	기초 데이터 원본에 있는 모든 레코드를 반환 데이터 집계를 해제하면 데이터 원본의 개별 행을 볼 수 있음

03 데이터 유형

태블로 데이터 원본의 모든 필드에는 데이터 유형이 있다. 만약 자동으로 데이터 유형을 식별하지 못할 경우, 모두 문자열로 지정하며, 필드의 데이터 유형은 데이터 패널에서 아래 표시된 아이콘 중 하나로 표시된다.

아이콘	데이터 유형
Abc	텍스트(문자열) 값
📅	날짜 값
📅🕐	날짜 및 시간 값
#	숫자 값
T|F	부울 값(관계형에만 해당)
🖼	이미지 역할(이미지 링크 URL과 함께 사용됨)
🌐	지리적 값(맵에 사용)
📎	클러스터 그룹

자동 식별된 데이터 유형이 일치하지 않는 경우, 데이터 원본 페이지 또는 데이터 패널에서 필드의 데이터 유형을 변경할 수 있다.

CHAPTER 03 마크 카드 이해하기

마크 카드는 각 마크의 유형, 색상, 크기, 도형, 텍스트 등을 조정할 수 있는 속성 패널이며, 그래프에 그려지는 값의 크기, 색상, 레이블 표시 여부 등의 옵션을 선택할 수 있다. 데이터 필드를 드래그 앤 드롭으로 마크 카드에 올리면 속성이 적용된다.

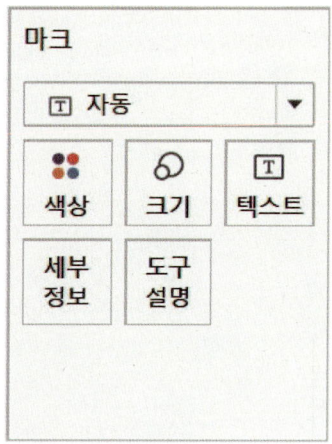

그림 1 마크 카드

01 색상

색상 마크는 차트의 색상을 변경하는데 사용되며, 모든 마크에는 기본 색상이 있어 색상 마크에 필드를 드래그 앤 드롭 하지 않아도 기본 색상으로 나타난다. 마크의 색상을 변경할 때는 색상 마크를 클릭하여 변경하고 '색상 추가'를 클릭하여 색상표에 없는 색상을 추가할 수 있다. '불투명도' 비율을 조절해 마크의 투명도를 조절하거나 마크 '테두리' 색상을 지정할 수도 있다. 색상 범례의 경우 마크 필드의 유형(불연속형, 연속형)에 따라 범례가 다르게 나타난다.

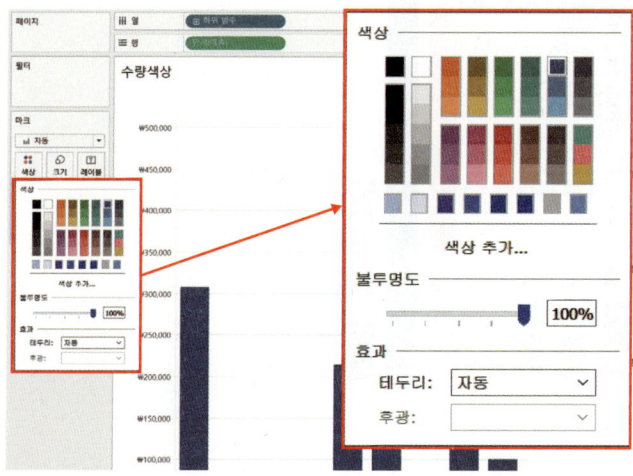

그림 2 마크 카드 색상

1. 범주형 색상표

[하위 범주]별 [매출]을 나타내는 막대 차트에서 [범주]를 색상 마크에 올려주면, 3가지 범주에 따라 색상이 할당되는 것을 확인할 수 있다. 이렇게 개별적인 범주를 가진 데이터를 색상에 반영하여 나타내는 범례를 범주형 색상 범례라고 한다.

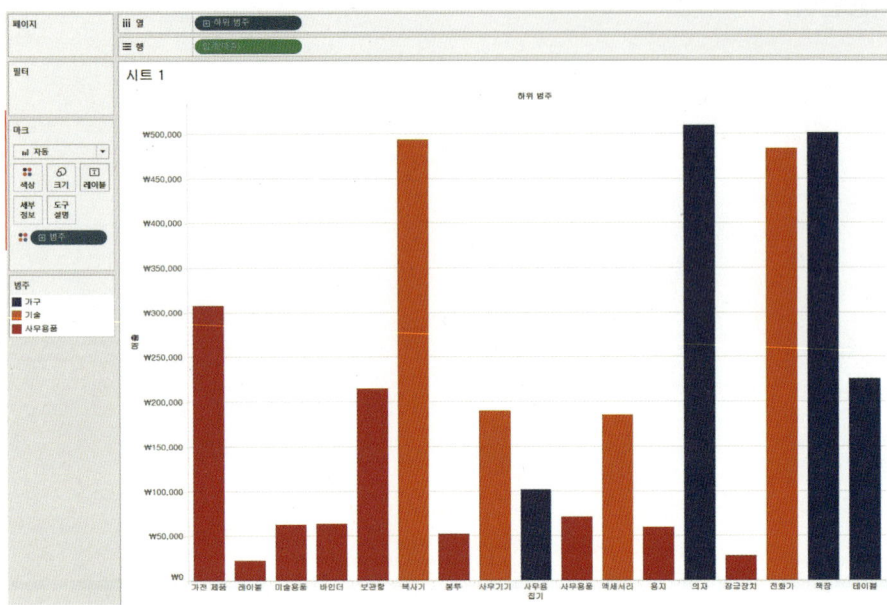

그림 3 범주형 색상 범례

기본으로 지정되는 색상 외 다른 색상으로 변경하고자 할 때는 색상 마크를 선택하여 색상 편집을 클릭해준 뒤, 편집창에서 각 범주에 색상을 지정하면 되며, '색상표 선택'에서 더 많은 팔레트를 사용할 수도 있다.

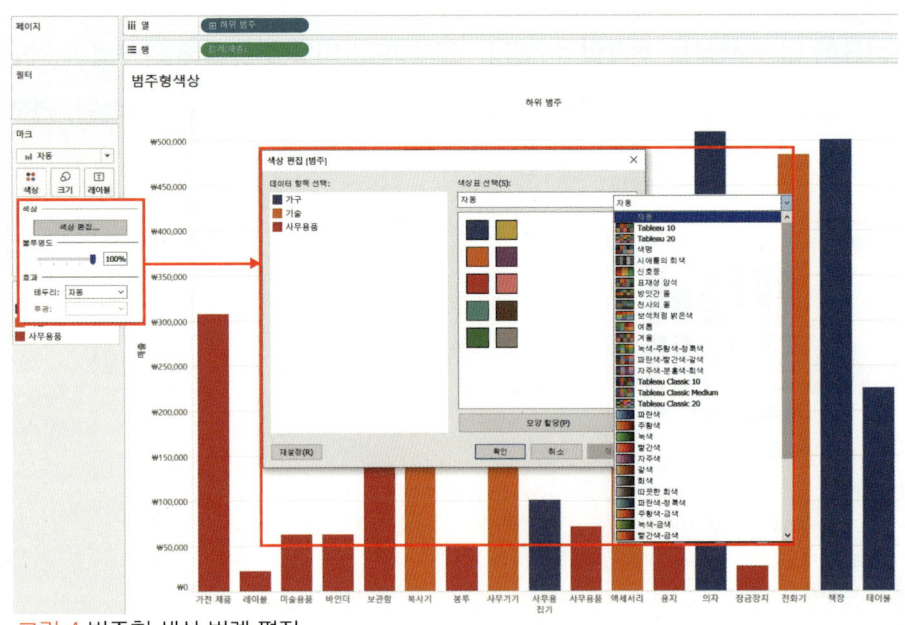

그림 4 범주형 색상 범례 편집

2. 수량 색상표

[하위 범주]별 [매출]을 나타내는 막대 차트에서 [매출]을 색상 마크에 올려주면, [매출]의 범위에 따라 색상이 그라데이션으로 표현되는 것을 확인할 수 있다. 이렇게 연속형 데이터가 색상에 반영되어 나타나는 범례를 수량 범례라고 한다.

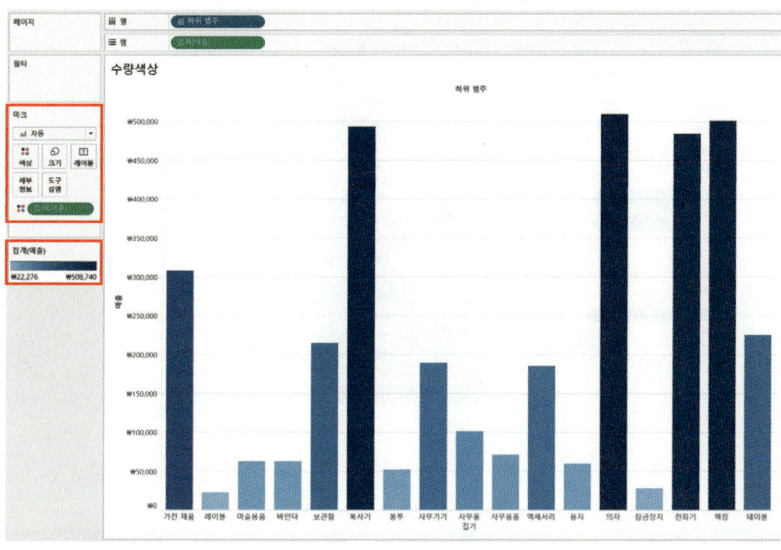

그림 5 수량 범례

색상 변경은 범주형 색상표와 동일한 방법으로 진행하여 편집창을 통해 수행할 수 있다. 그러나 편집창의 구조가 다소 상이하므로 이에 대해 간략히 살펴보자.

아래의 그림에서 확인할 수 있듯이 '색상표'를 사용하거나 그라데이션 색상 옆에 칠해져 있는 사각형을 클릭하면 색상을 변경할 수 있다. 또한 '단계별 색상'을 통해 색상 범위를 구분 지을 수 있고, '반전'으로 색상의 순서를 반대로 변경하는 것도 가능하다. 다음으로 '전체 색상 범위 사용'은 다중(두 가지 색상) 색상표를 사용해야 활성화 되는데 두 색상의 범위가 달라 색상 강도가 낮아지는 것을 방지하여 전체 색상으로 조정할 때 사용한다.

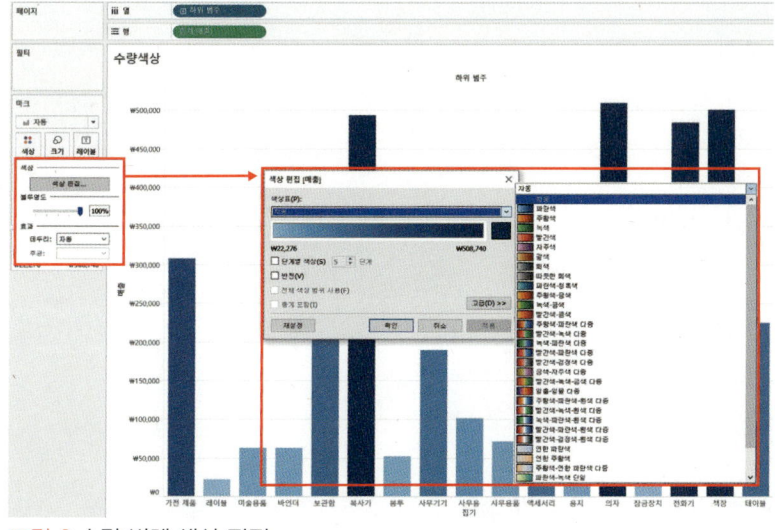

그림 6 수량 범례 색상 편집

'총계 포함'은 아래의 그림과 같이 분석 탭의 총계를 사용하였을 때 기존 차트와 함께 색상과 범위를 포함시킨다. 마지막으로 '고급'은 색상 범위를 '시작', '가운데', '끝'으로 범위를 지정할 수 있다.

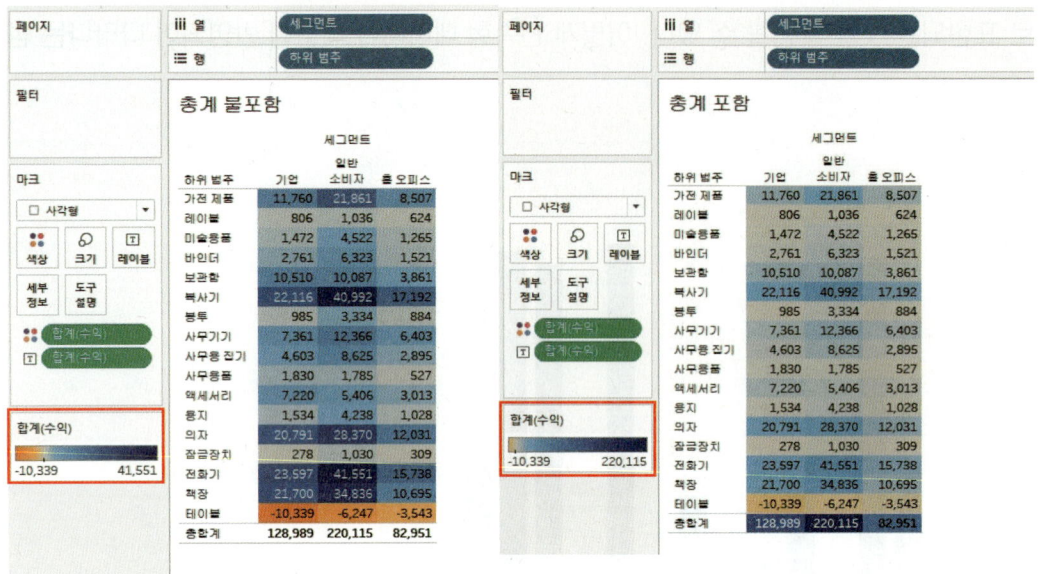
그림 7 총계 포함 적용 예시

02 크기

크기 마크는 마크의 크기를 조절할 때 사용되는 것으로, 마크의 크기를 조절하여 데이터에 성격에 맞게 설정하면 더욱 직관적인 시각화가 가능해진다.

아래의 그림은 [범주]와 [세그먼트]별 [수익]과 [매출]을 비교한 분산형 차트로, 마크의 크기를 키우려면 크기 마크 아이콘을 클릭하여 이를 조절해준다.

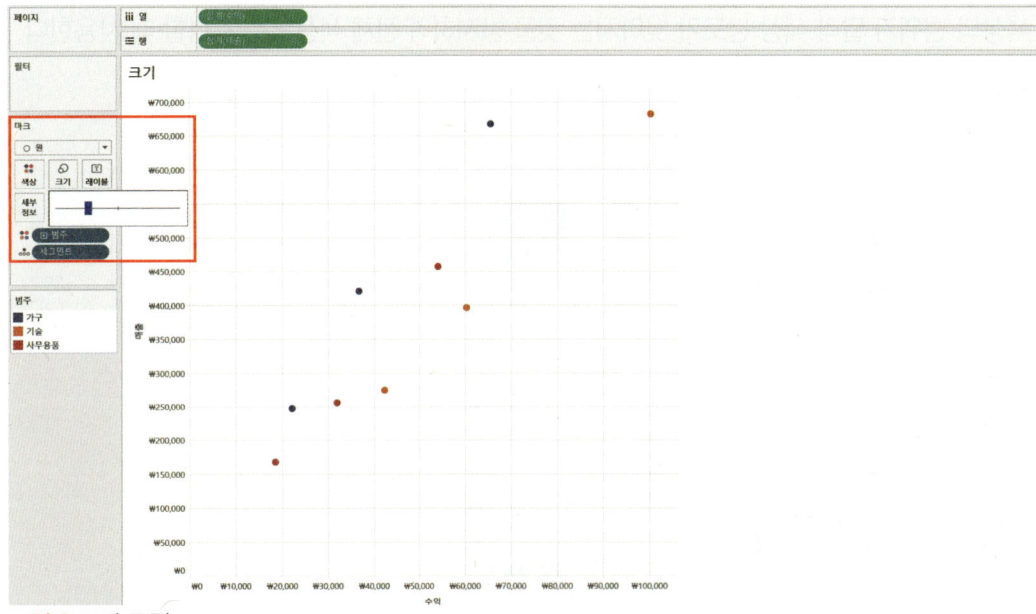
그림 8 크기 조절

만약 [매출]값에 따라 크기를 다르게 설정하고 싶다면 [매출]필드를 크기 마크에 올려 [매출]값을 기준으로 크기를 조정할 수 있고 아래와 같이 매출 값을 기준으로 데이터의 상대적 크기를 비교 할 수 있다.

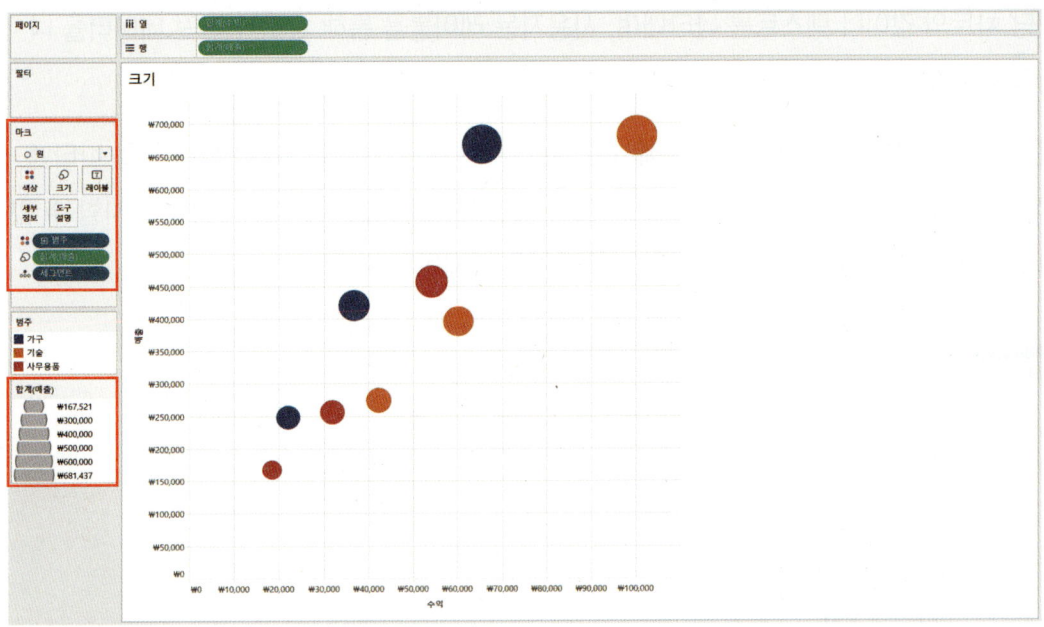

그림 9 연속형 필드 크기 적용

> ### 더 알아보기 불연속형 필드 크기 편집
>
> 크기 마크는 연속형 필드 뿐만 아니라 불연속형 필드도 추가할 수 있다. 마크의 크기는 크기 범례를 더블 클릭하여 편집창을 열어 조절할 수도 있으며 크기의 범위를 설정할 뿐만 아니라 그 시작값과 끝값을 지정할 수 있다.
>
>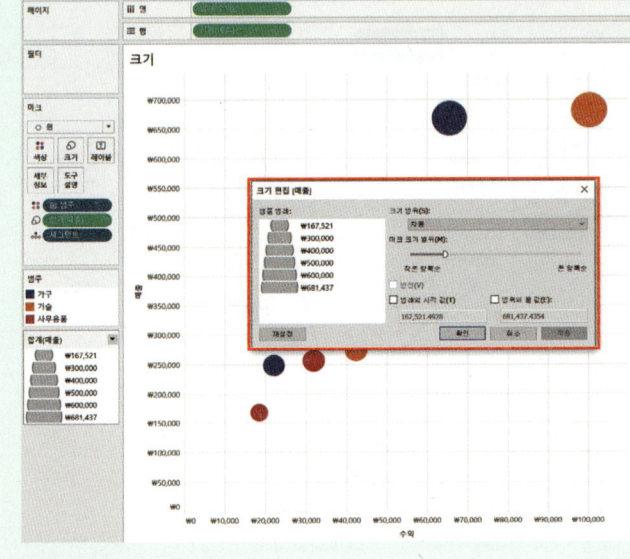
>
> 그림 10 불연속형 필드 크기 편집

마크 카드 이해하기 029

03 레이블

레이블 마크는 해당 차트의 값이나 텍스트를 나타내며, 사용자는 레이블을 통해 차트가 어떤 데이터를 나타내는지 쉽게 파악할 수 있다.

레이블을 표시하는 방법은 다양하다. 아래 그림은 예시를 위한 [주문 날짜(월)]별 [범주]의 [매출]을 나타낸 라인 차트이다. 레이블 마크에서 '마크 레이블 표시'를 선택하면 범주별 매출 값을 라인 위에 표시할 수 있고, 뷰 상단에 툴바에 있는 'T' 아이콘을 클릭하여 마크 레이블을 표시할 수도 있다.

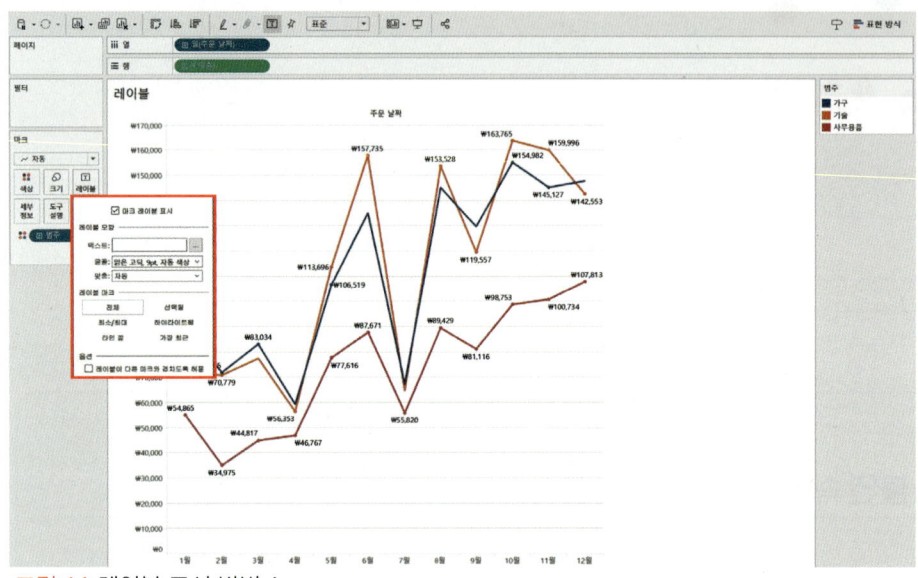

그림 11 레이블 표시 방법 1

레이블 마크에 차원과 측정값 필드를 올려 표시할 수도 있다. 아래의 그림은 [범주]와 [매출]을 레이블 마크에 올려 각 필드의 정보를 라인 차트에 표시하였다.

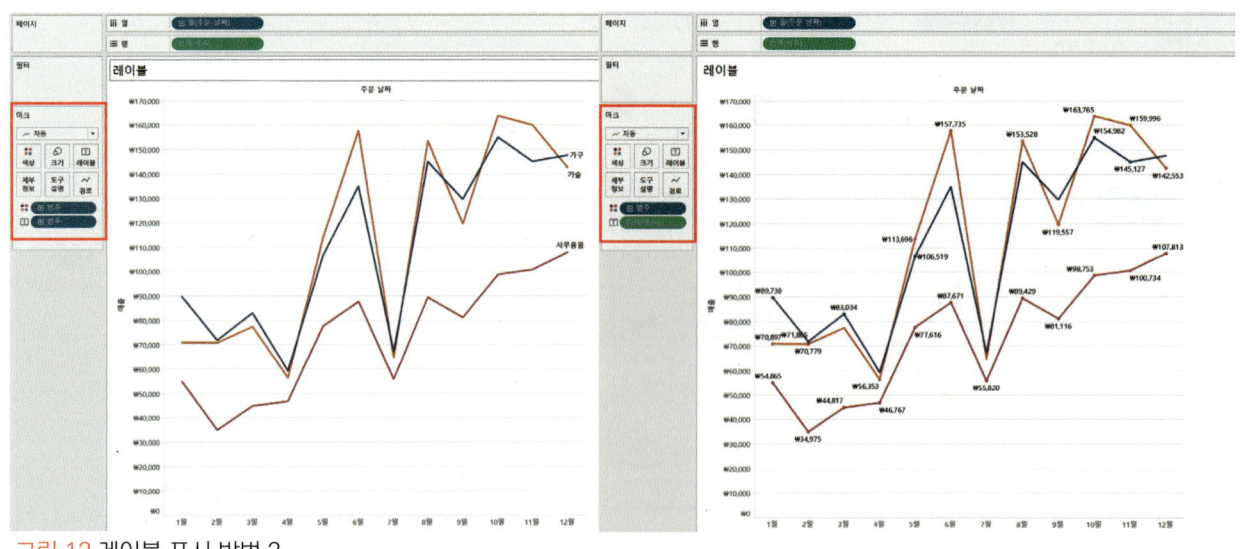

그림 12 레이블 표시 방법 2

표시된 레이블은 편집 또한 가능하다. 레이블 편집창에서 레이블의 글씨, 크기 등의 서식을 지정할 수 있고 사용자 텍스트를 추가할 수 있다. 예를 들어, [매출] 앞에 "매출 :"을 입력하면 모든 값에 적용되어 나타난다.

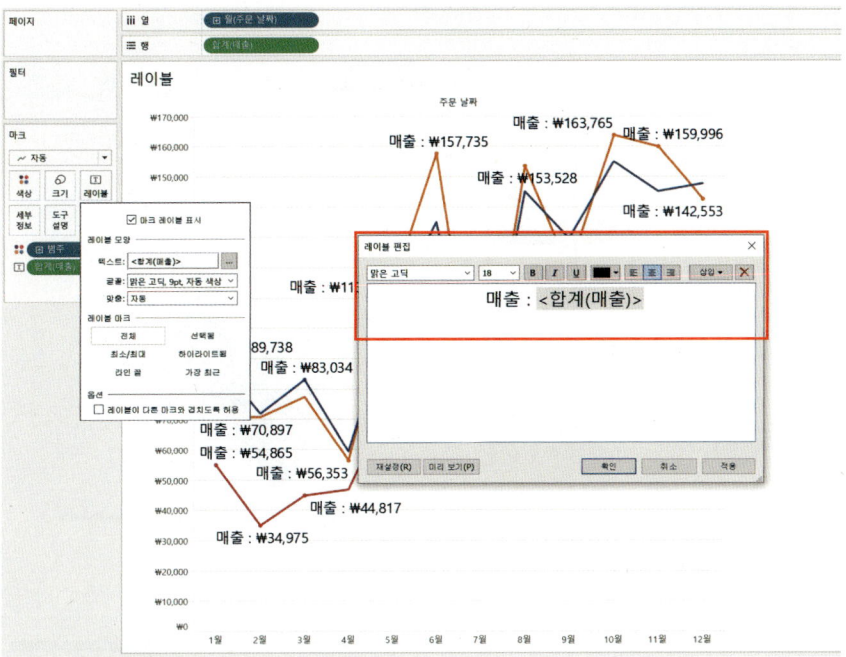

그림 13 레이블 편집

04 세부 정보

세부 정보란 각 마크 카드의 세부 요소들을 조정하는 옵션을 의미한다. 세부 정보 마크에 필드를 올려 하나의 마크를 어느 수준으로 나누어 볼 것인지 지정할 수 있다.

아래 그림은 [범주]별 [매출]을 나타낸 막대 차트이며, [하위 범주]를 세부 정보에 올려 놓으면 [범주] 막대 안에 [하위 범주]로 나누어져 표시된다.

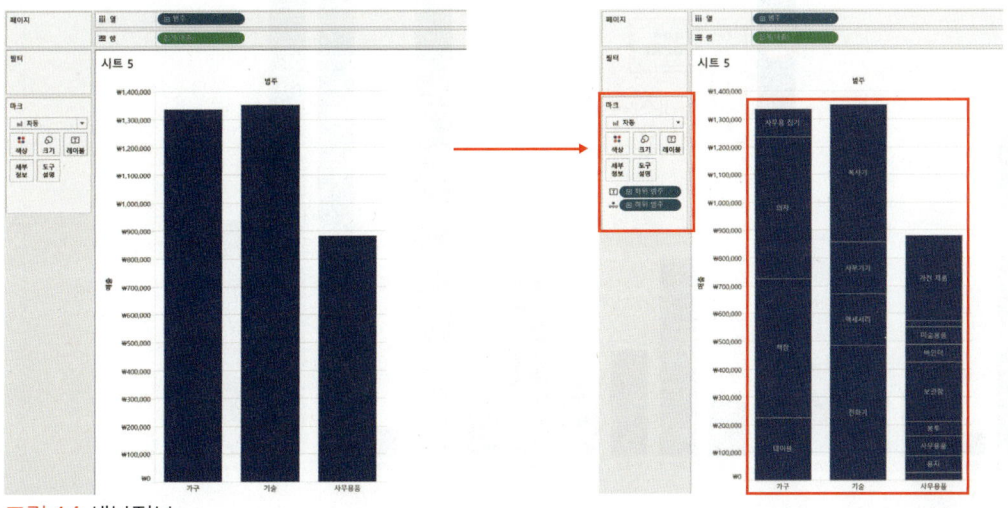

그림 14 세부정보

마크 카드 이해하기 031

아래 그림은 [수익]과 [매출]의 상관관계를 확인할 수 있는 분산형 차트이며, 왼쪽 차트에 나타난 점 하나는 모든 [매출]의 합계와 [수익]의 합계를 나타낸다. [고객Id]를 세부 정보에 올려 놓으면 하나의 점이 [고객Id]로 나뉘어져 표시된다.

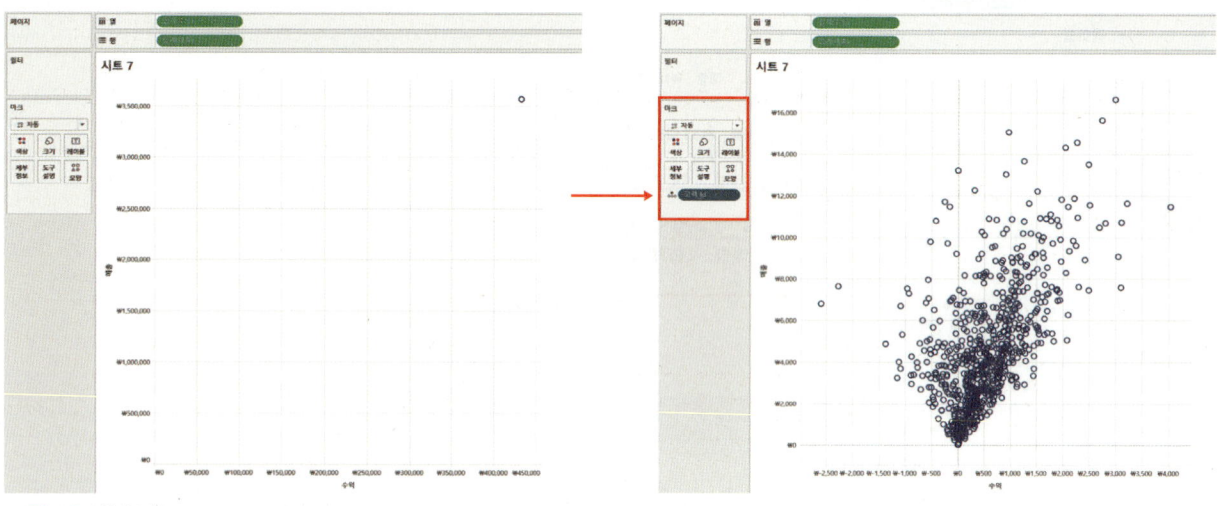

그림 15 세부 정보

05 도구 설명

도구 설명 마크는 차트에 마우스오버 할 때 생기는 작은 팝업창으로 마크에 대한 세부 정보를 제공한다. 차트를 만들면서 사용한 필드들은 기본적으로 도구설명에 추가되며 그 외 필드, 텍스트, 시트를 추가할 수 있다.

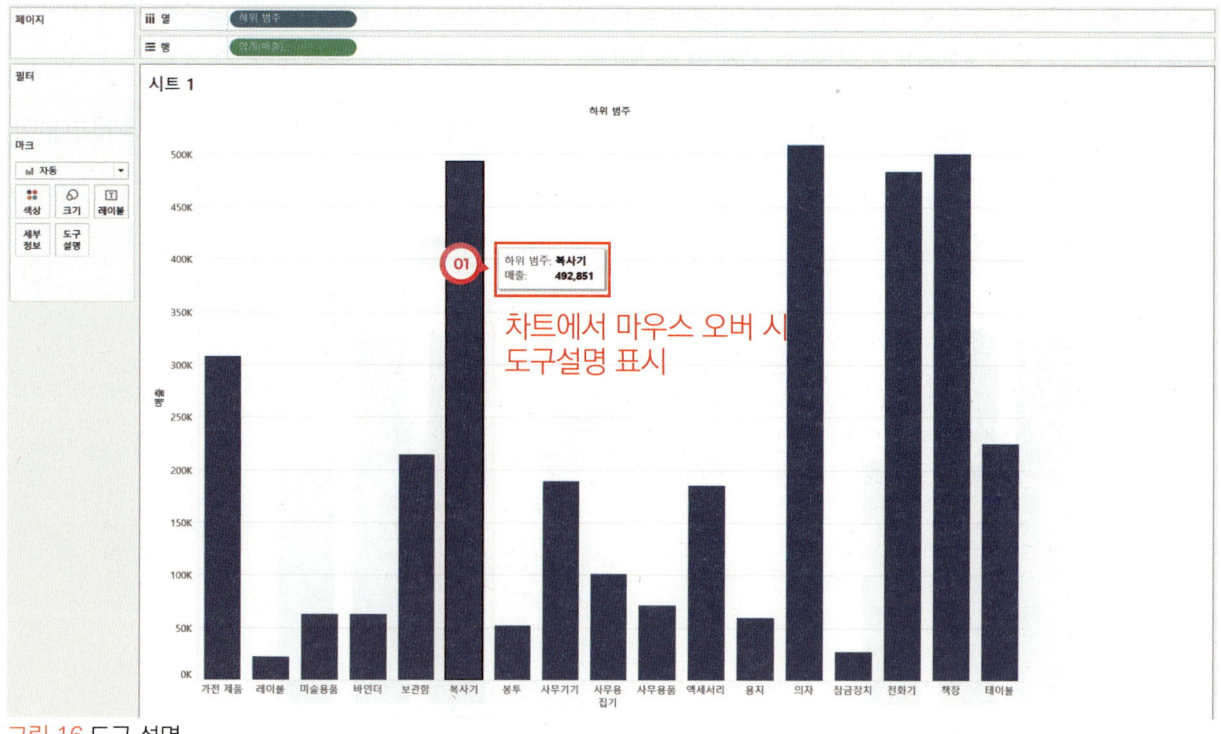

그림 16 도구 설명

도구 설명에 추가한 필드는 차트의 모양에 영향을 주지 않는다. 그러나 차트에 마우스를 올리면 도구 설명에 추가한 필드가 표시된다.

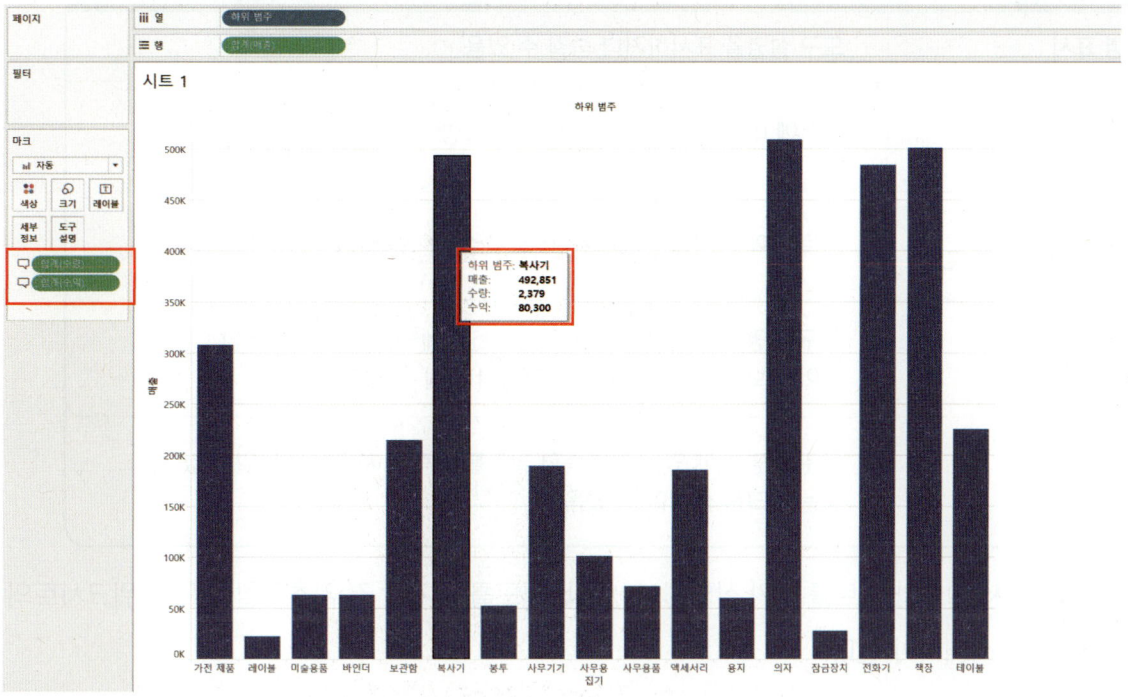

그림 18 도구 설명 추가

도구 설명을 클릭한 후 도구설명 편집창을 열어 텍스트를 추가하거나, 내용을 다시 정렬할 수 있다. 필드의 경우 회색 배경색이 지정되어 있어 일반 텍스트와 구분된다.

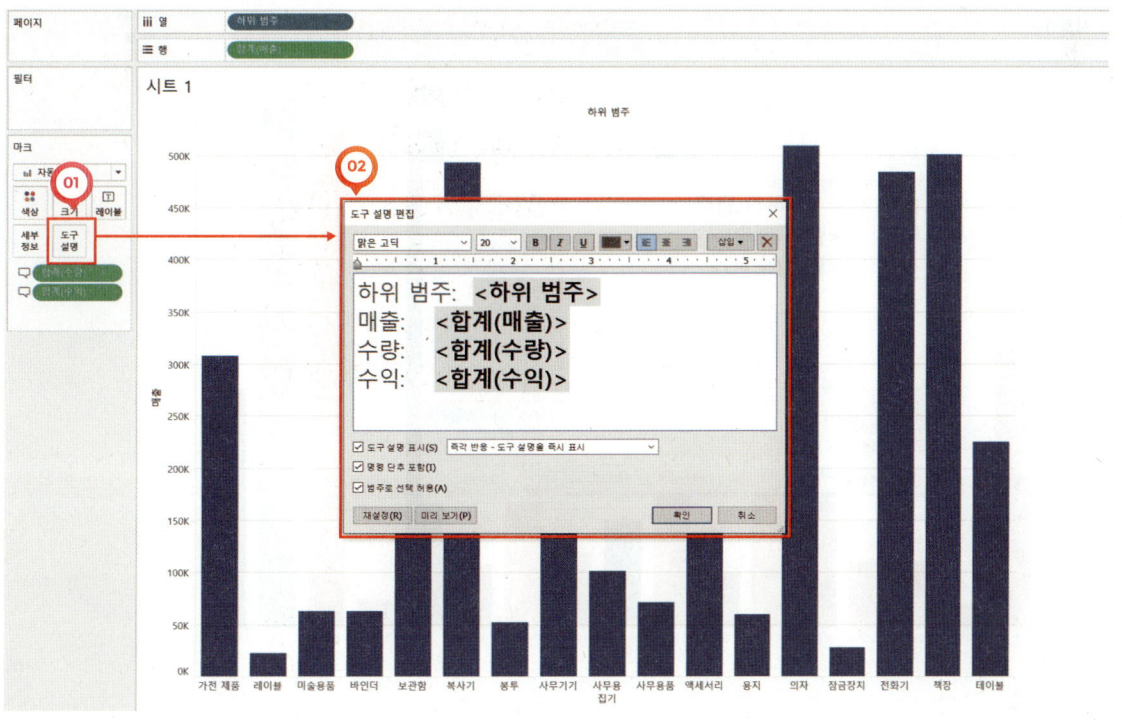

그림 19 도구 설명 편집

도구 설명 편집창을 열면 다양한 옵션이 있다.

구 분	설 명
도구 설명 표시	도구 설명을 표시하거나 숨길 수 있음
즉각 반응 – 도구 설명을 즉시 표시	차트에 마우스를 올리는 즉시 도구 설명이 나타남
마우스오버 – 커서를 올려 놓으면 도구 설명 표시	차트 위에 커서를 잠시 두어야 도구 설명이 나타남
명령 단추 포함	도구 설명 상단에 있는 이 항목만 포함, 제외, 그룹, 설명, 집합, 데이터 보기의 아이콘을 표시하거나 숨길 수 있음
범주로 선택 허용	도구 설명 안에 있는 불연속형 필드를 클릭해 차트에서 동일한 값을 갖는 마크를 선택할 수 있음

도구 설명 편집창에서 필드와 시트를 추가 삽입할 수 있다. 필드를 추가할 경우 추가할 필드가 워크시트의 차트에 이미 적용된 상태여야 한다.

[범주]를 색상 마크에 올려 [범주] 기준으로 색상을 나눠주고 도구 설명 편집창을 열어, 우측 상단에 있는 '삽입' → [범주]를 선택하여 추가한다.

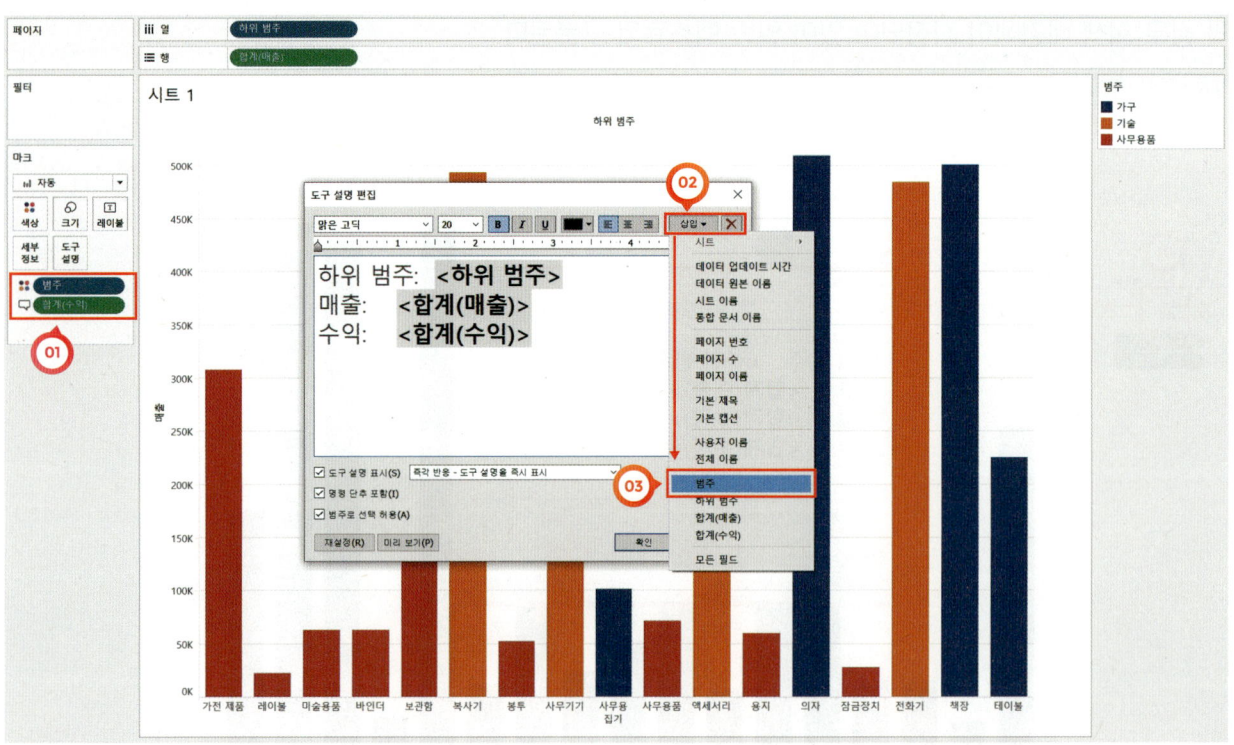

그림 20 도구 설명 삽입

필드명을 식별하기 위해 [범주] 앞에 "범주 :" 텍스트를 입력해준 후 확인 버튼을 누르면 아래 화면과 같이 범주에 해당하는 도구 설명이 나타난다.

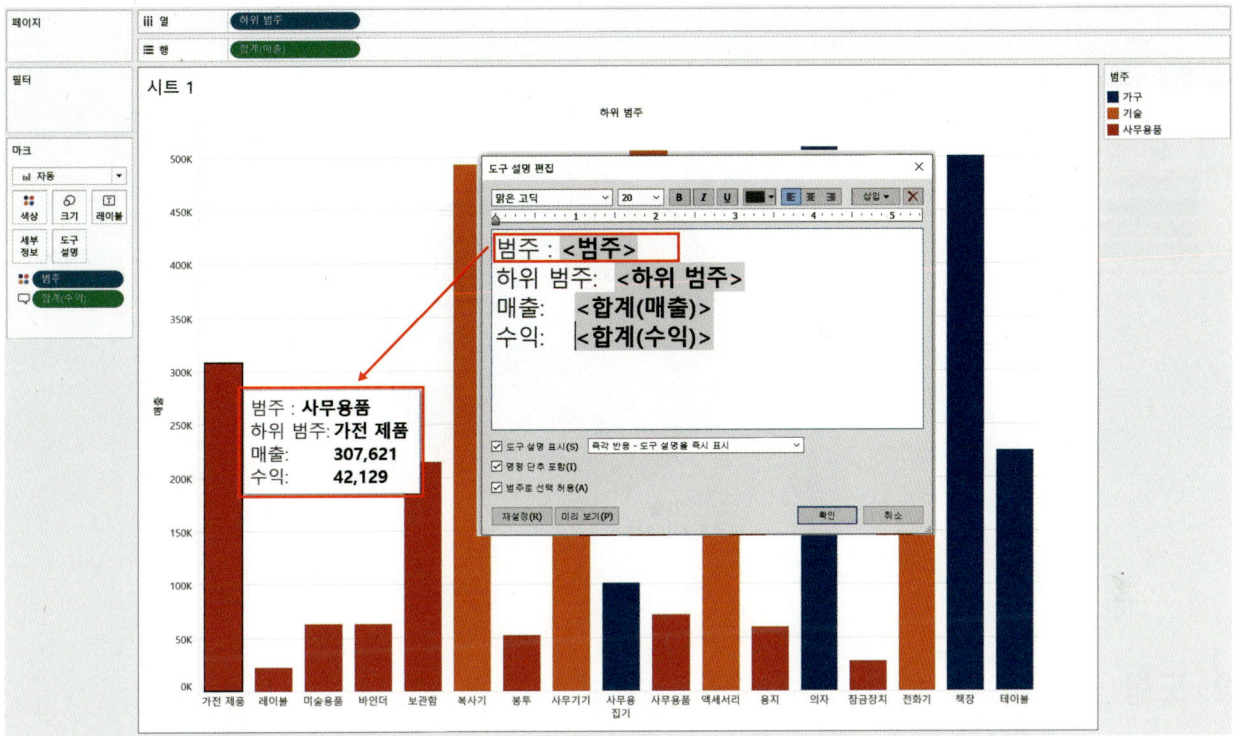

그림 21 도구 설명 표현 예시

06 각도, 도형, 경로

태블로 마크 카드에는 기본적으로 5개의 마크가 나타나지만, 특정 차트에서만 자동 생성되는 마크들이 있다. 파이 차트에서는 각도, 다각형/라인 차트에서는 경로, 도형차트에서는 도형 마크가 이에 해당한다. 이 3가지 마크에 대해서 살펴보자.

1. 각도

마크 카드의 각도는 파이 차트에서만 나타나며, 이를 사용하게 되면 각 부분에 나타나는 범주의 상대적인 비율에 영향을 준다. 더 큰 각도를 가진 부분은 해당 범주의 값이 더 큰 비중을 차지한다는 것을 의미하며, 이는 데이터의 상대적인 부분을 빠르게 인식하고 다른 범주와 비교할 때 유용하다.

아래의 그림은 표현 방식을 통해 [범주]별 [매출]을 나타낸 파이 차트이다. 각도 마크가 자동 생성되고, 값의 비중을 나타내기 위해 [매출]이 각도 마크에 올려졌다.

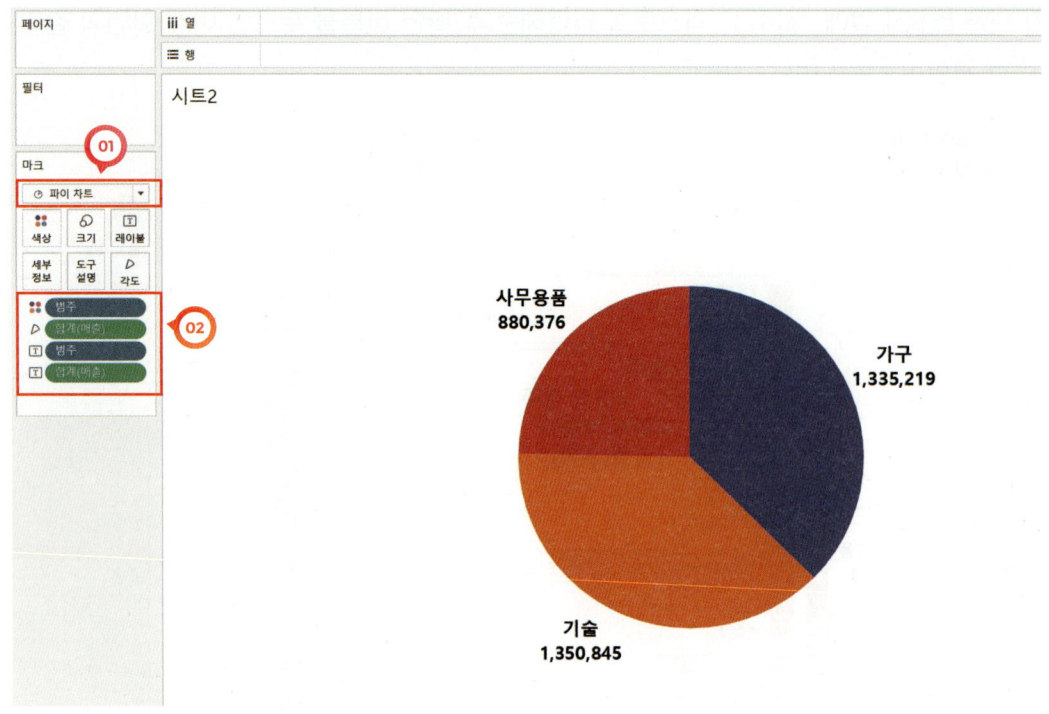

그림 22 파이 차트

2. 도형

마크 카드의 도형은 데이터의 요소를 나타내는데 사용되는 기능으로, 다양한 범주를 각각의 다른 도형으로 구분하여 나타내는 데 사용된다. 예를 들어 3개의 범주가 있는 경우, 각각의 범주에 대해 원, 삼각형, 사각형과 같이 다른 도형을 사용해 산점도를 표시할 수 있다. 기본적으로 도형은 10가지로 지정되어 있고, 10가지를 초과하면 도형이 반복된다.

아래 그림은 표현방식을 통해 [범주]별 [매출], [수익]의 관계를 나타낸 분산형 차트를 만든다.

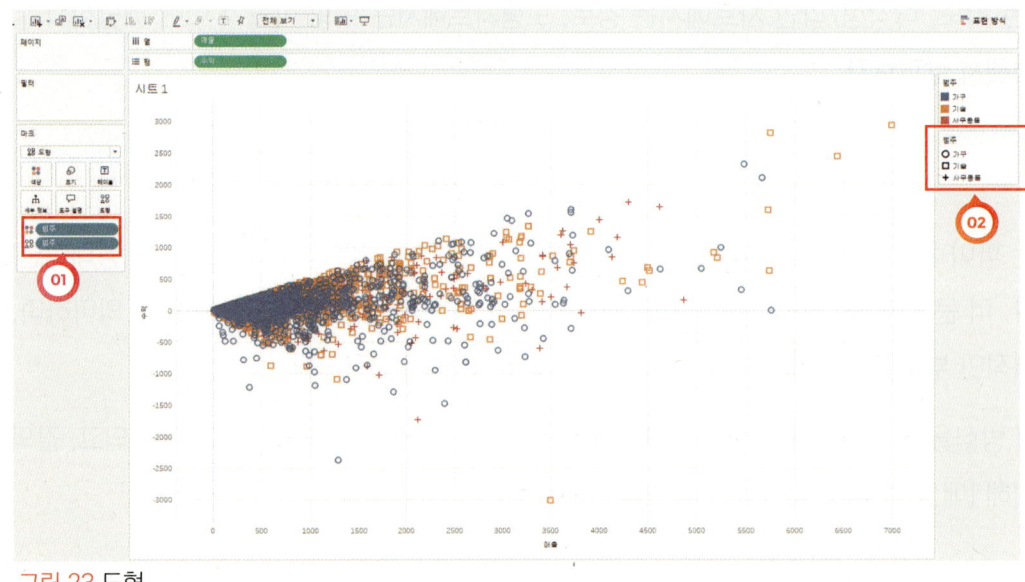

그림 23 도형

036 PART 01 기초

마크 카드에서 '도형'을 클릭하거나, 도형 범례 카드 우클릭 → '도형 편집'을 선택한 후 도형표를 클릭하여 기본값, KPI, 날씨, 순위 등의 카테고리를 선택할 수 있다. 왼쪽의 '데이터 항목 선택'에서 하나의 항목을 선택하고 도형표에서 다른 도형을 클릭하면 새로운 도형이 할당된다.

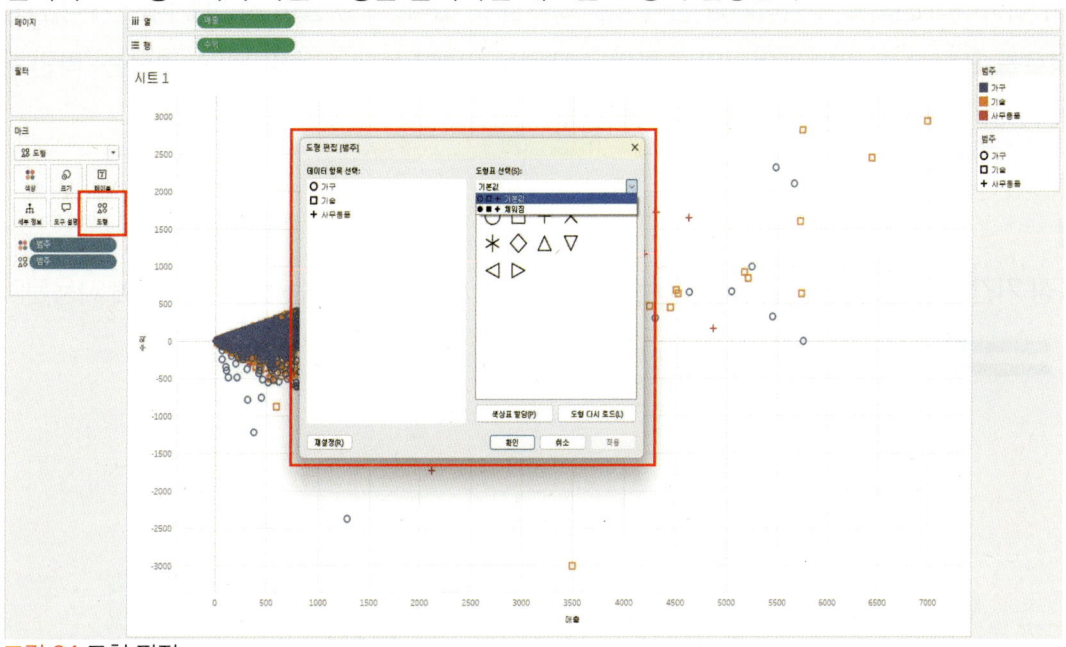

그림 24 도형 편집

더 알아보기 — 도형 추가

태블로에서 기본적으로 제공하는 도형 외에 사용자 지정 도형을 추가하는 것도 가능하며, 추가하고 싶은 이미지 파일을 다운받아 폴더에 저장한 후, 아래 지정된 경로에 복사한다.

한글	…\Documents\내 Tableau 리포지토리\도형
영어	…\Documents\My Tableau Repository\Shape

태블로에서 도형 편집창을 열어 '도형 다시 로드'를 클릭한 후, 목록을 보면 사용자 지정 도형이 나타나게 된다.

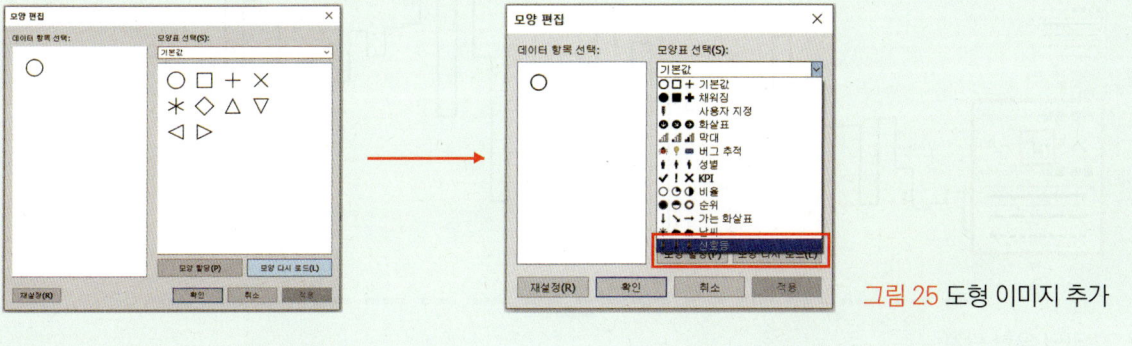

그림 25 도형 이미지 추가

3. 경로

마크 카드의 경로는 데이터의 경로나 이동을 시각적으로 표현할 때 유용하다. 라인그래프 또는 경로를 표현할 때 사용되며, 데이터의 변화를 추적하거나 연속성을 표현할 수 있다. 예를 들어 시간에 따른 가격 변동, 지리적 이동 경로를 표현할 수 있어 데이터의 흐름이나 패턴을 이해하는데 도움이 된다. 경로는 '라인 유형'과 '라인 패턴'으로 구성되어 있다. 이에 대해 살펴보자.

1) 라인 유형

① **선형** : 특정 기간 동안 일정하게 유지되다가 눈에 띄는 변화, 차이가 발생하는 숫자 데이터에 사용된다.

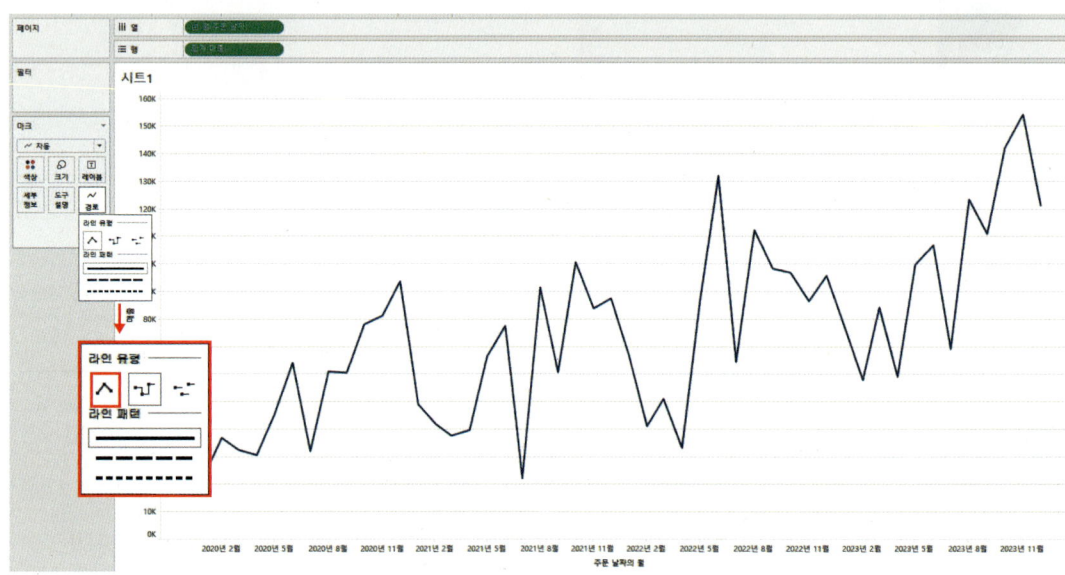

그림 26 라인 유형 선형

② **단계** : 변화의 크기를 강조하는데 사용된다.

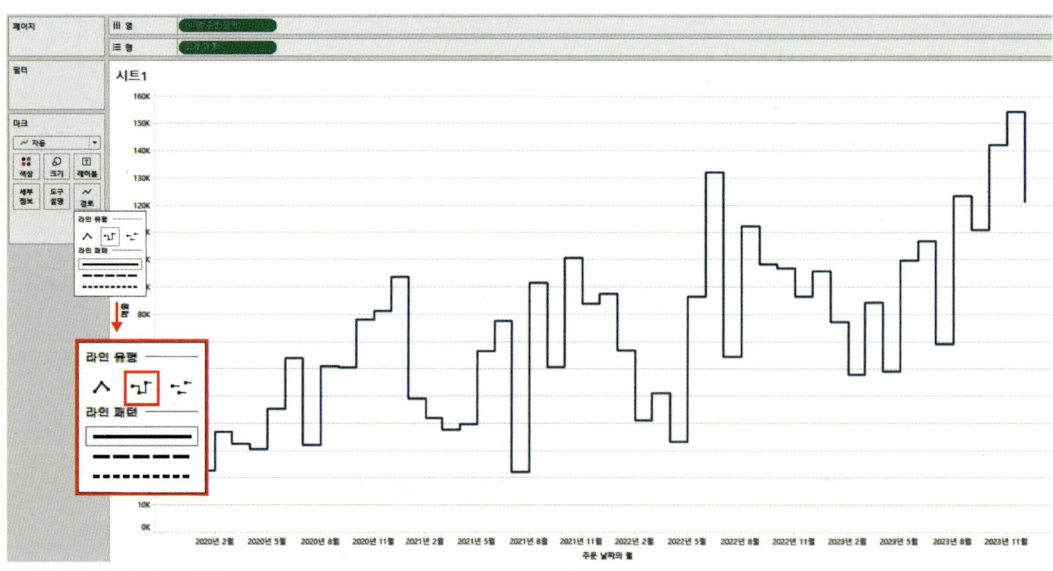

그림 27 라인 유형 단계

③ **이동** : 데이터 요소 간의 변경 지속 시간을 강조하는데 사용된다.

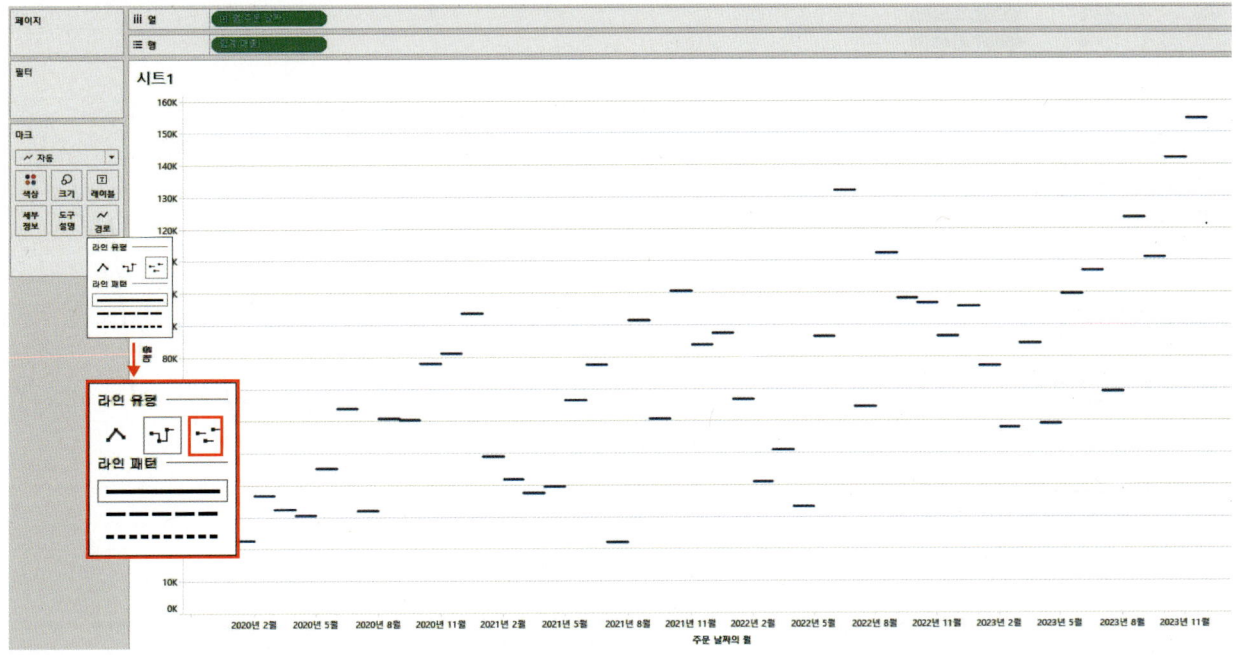

그림 28 라인 유형 이동

2) 라인 패턴

① **실선**

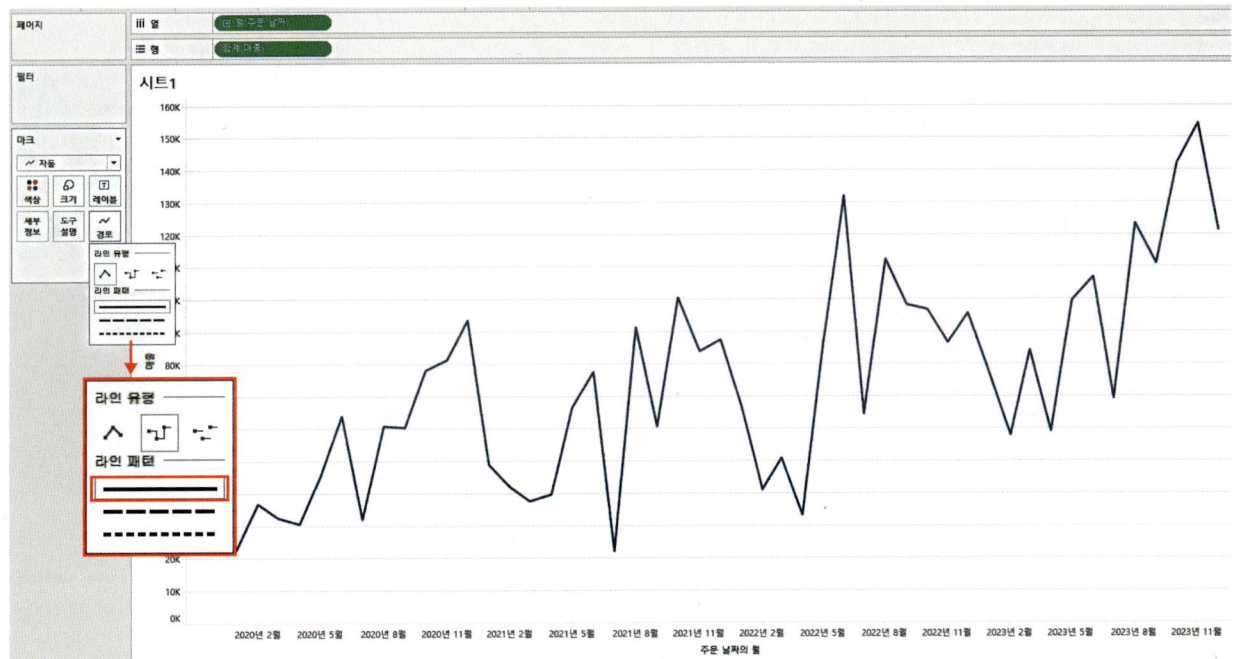

그림 29 라인 패턴 실선

② 파선

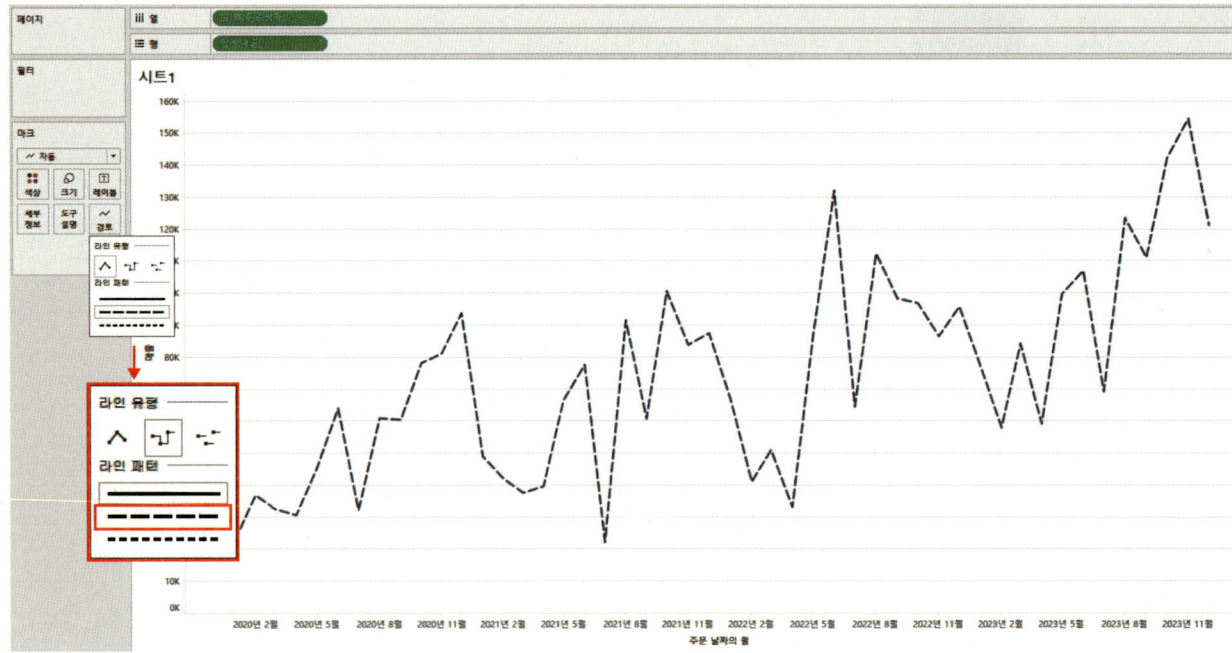

그림 30 라인 패턴 파선

③ 점선

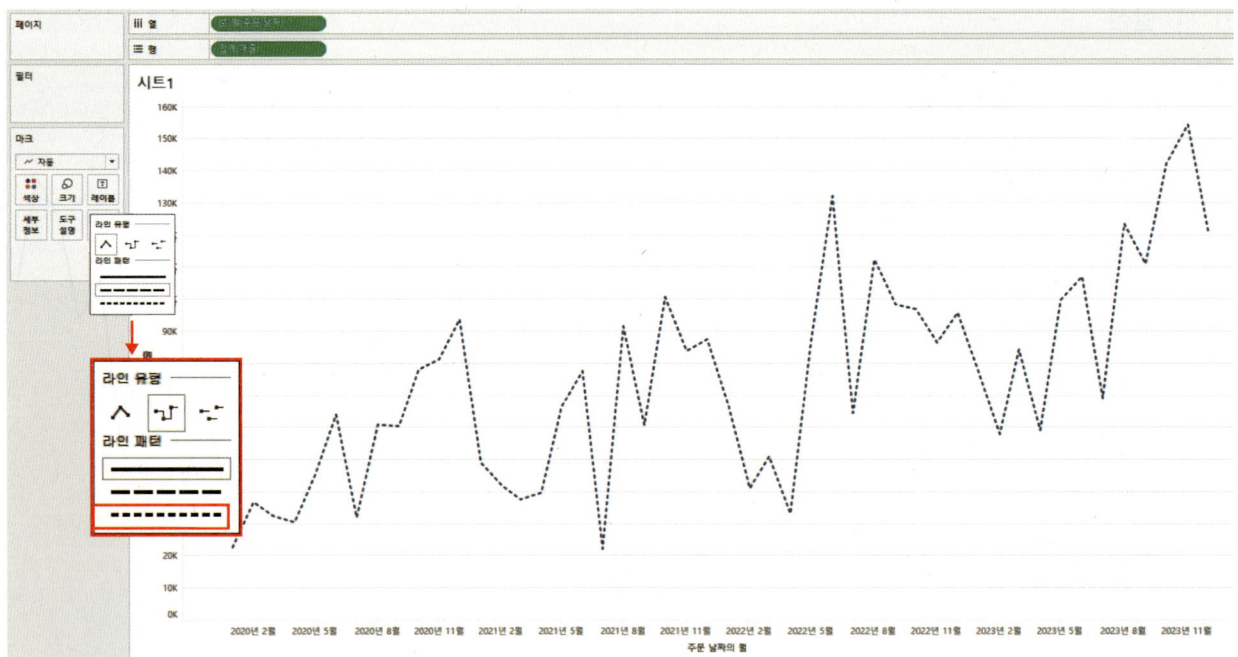

그림 31 라인 패턴 점선

CHAPTER 04 기본차트 알아보기

태블로에서 차트를 구현하는 방법은 3가지가 있다. ① 데이터 필드를 행과 열의 선반에 드래그 앤 드랍하여 차트를 만들거나, ② 데이터 필드를 더블 클릭하여 구현, 또는 ③ 데이터 필드를 ctrl/cmd키를 누른 채 다중 선택하여 표현방식에서 원하는 차트를 선택하는 방법이 있다.

표현방식이란 클릭 한 번 만으로 빠르게 차트를 만들 수 있는 기능이며, 차트에 마우스를 올리면 하단에 필요한 차원과 측정값의 개수를 확인할 수 있다. 원하는 데이터를 다중선택한 후, 표현방식을 보면 이 개수가 충족된 차트만 활성화된 것을 확인할 수 있다.

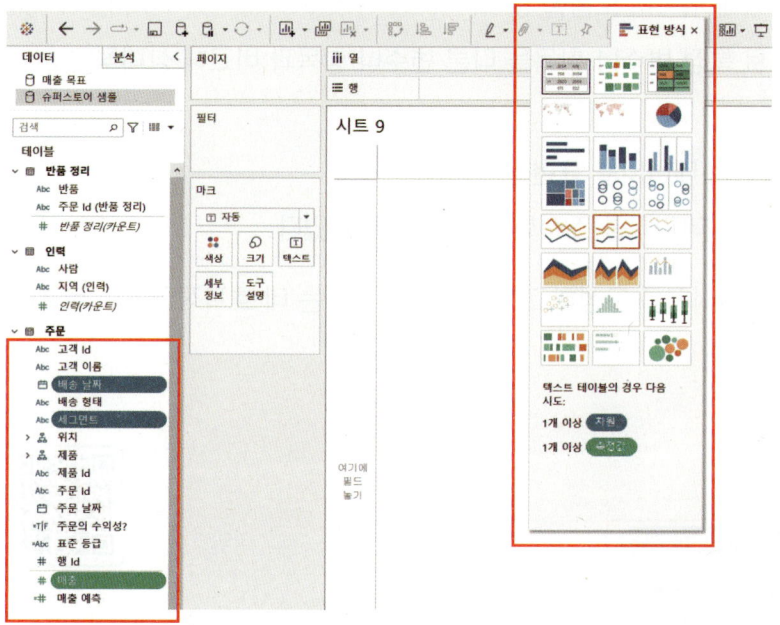

그림 1 표현방식

기본차트 만들기에서는 태블로에서 제공하는 '샘플 통합 문서' → '슈퍼스토어'로 실습해 보겠다. 실습파일은 자료실에서 다운로드하여 사용한다.

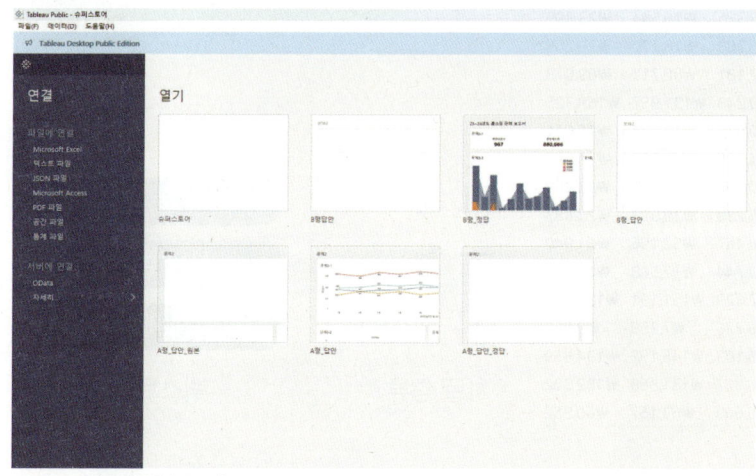

그림 2 샘플 통합 문서

01 그리드 차트

1. 개념

그리드 차트(Grid Chart)는 행과 열로 이루어진 격자(Grid) 형태로 각 셀(cell)에 데이터를 표현하는 차트이며, 엑셀의 피벗테이블과 유사하다.

그리드 차트의 특징과 장점은 다음과 같다.

- 데이터를 구조화하여 행과 열의 형태로 나타내 데이터의 구성과 패턴을 쉽게 파악할 수 있다. 이는 데이터의 특성과 상호 관계를 시각적으로 이해하는 데 도움을 준다.
- 각 셀에 고유한 데이터 값이 들어가므로 특정 변수나 항목을 다른 변수나 항목과 비교해 상대적인 차이를 시각화할 수 있다.
- 숫자, 텍스트, 날짜, 시간 등 다양한 유형의 데이터를 표현할 수 있다.
- 대용량의 데이터를 처리하는 데 유용하고, 데이터를 조직화하여 관리할 수 있다.

따라서 그리드 차트는 데이터 시각화에서 데이터를 구성하고 비교하며 분석하는 데 효과적인 도구로 사용될 수 있다.

2. 작성방법

실습영상

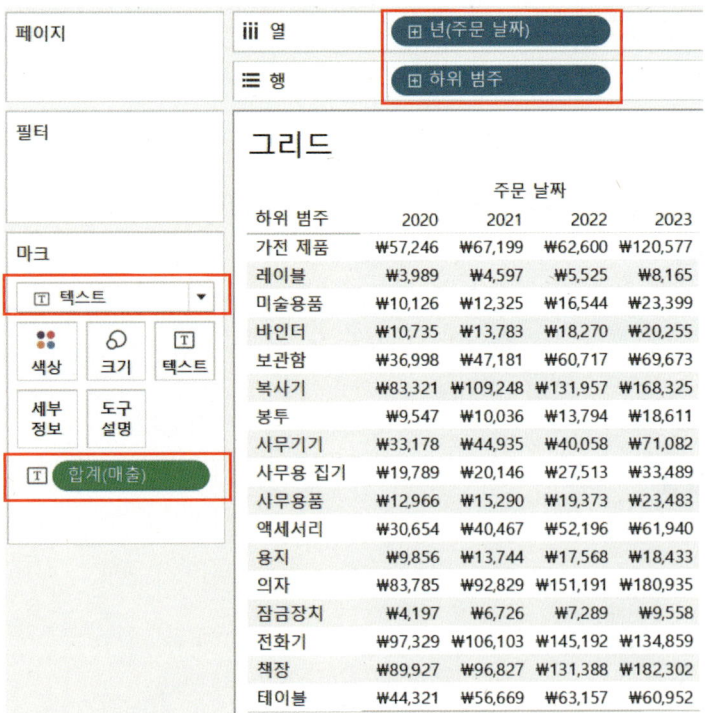

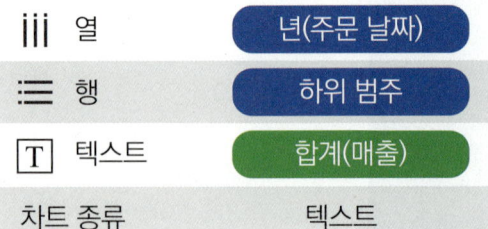

그림 3 그리드 차트

차트를 작성할 때, **1개 이상의 차원과 측정값**이 필요하며 마크 유형이 **텍스트**로 지정하여 그리드 차트를 만들 수 있다. 그림 3의 경우 [주문 날짜]별 [하위 범주]의 [매출]로 작성한 그리드 차트로, 엑셀의 피벗과 비슷해 사용자에게 익숙한 차트 중 하나이다.

더 알아보기 — 측정값, 측정값 이름

그리드 차트에서 여러 측정값을 비교하고 싶을 때는 [측정값] 필드와 [측정값 이름] 필드를 사용해 구현할 수 있다. [측정값] 필드는 데이터 패널의 모든 측정값을 포함하는 필드이며, [측정값 이름] 필드는 [측정값]이 차원 역할을 할 수 있게 머리글 역할을 하는 필드이다. 그림 4와 같이 [측정값] 박스에 다중 측정값이 포함되어 있고, [측정값 이름]이 [측정값]의 머리글 역할을 하고 있다. 따라서, 다중 값을 비교할 때는 [측정값]과 [측정값 이름] 필드를 사용해 만들 수 있다.

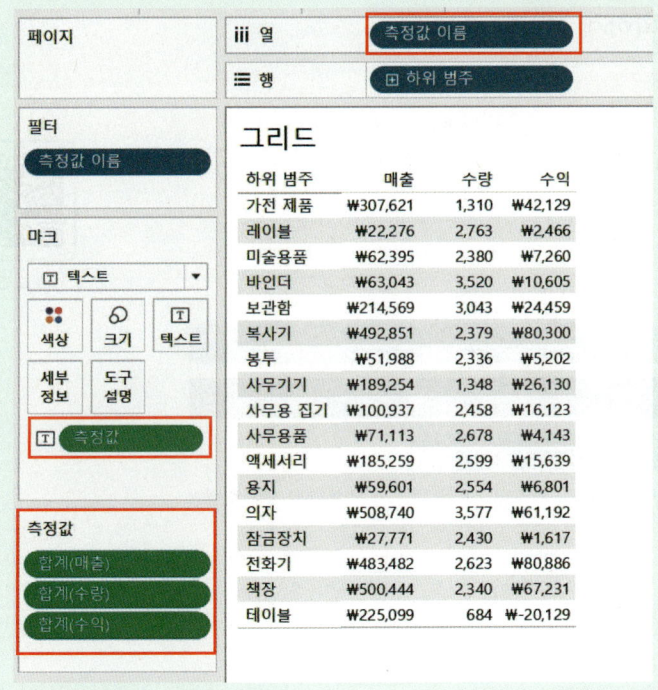

그림 4 측정값, 측정값 이름

02 막대 차트

1. 개념

막대 차트(Bar Chart)는 데이터를 막대로 나타내는 차트로 값을 비교할 때 주로 사용한다. 가로 또는 세로 방향으로 늘어뜨린 막대들이 데이터를 시각적으로 표현하며, 막대의 길이는 데이터 값의 크기에 비례한다.

막대 차트의 특징과 장점은 다음과 같다.

- 막대의 길이나 높이로 데이터 값을 비교할 수 있으며 사용자들이 상대적인 크기 차이를 빠르게 파악할 수 있다.
- 막대 차트는 간단한 구조로 데이터를 쉽게 이해할 수 있도록 도와주며, 축과 레이블을 통해 데이터를 명확하게 표현할 수 있다.
- 막대의 길이나 높이를 조정하여 데이터의 상승과 하락을 시각적으로 보여주며, 데이터의 패턴이나 추세를 시각화 하는데 유용하다.

막대 차트는 범주형 데이터와 연속형 데이터를 사용하여 데이터의 분포를 직관적으로 파악할 수 있는 장점이 있다. 또한, 여러 개의 막대를 나란히 놓아 비교 분석을 할 수 있으며 다양한 색상, 레이블, 축 제목 등의 시각적 요소를 추가하여 정보를 더욱 명확하게 전달할 수 있다.

2. 작성방법

그림 5 가로 막대 차트

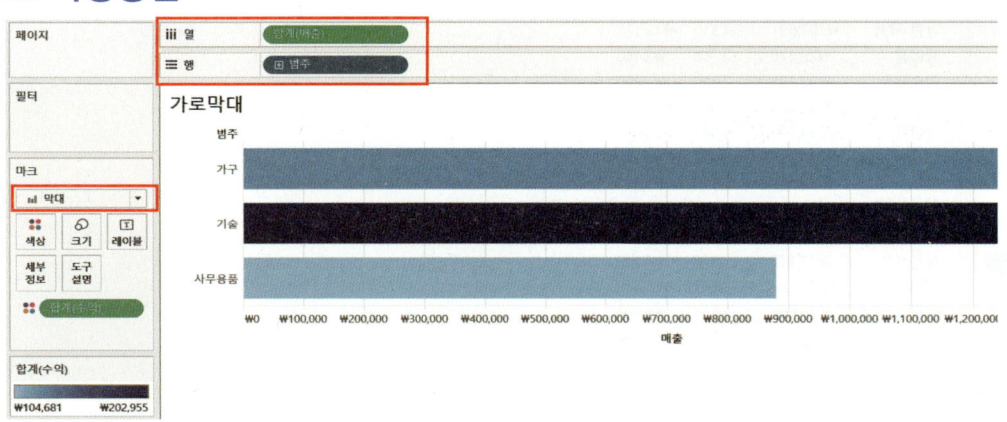

열	합계(매출)
행	범주
색상	합계(수익)
차트 종류	막대 차트

가로 막대 차트를 작성할 때, **1개 이상의 측정값**이 필요하며 마크 유형을 **막대**로 지정하여 가로 막대 차트를 만들 수 있다. 그림 5의 경우 [범주]별로 [매출]의 합계(측정값)를 가로 막대로 작성하였으며, 추가로 [수익]의 합계를 색상으로 표현한 차트이다.

더 알아보기 — 행과 열 바꾸기

태블로 상단 툴바에서 '행과 열 바꾸기' 변환 아이콘 클릭 시, 행과 열 필드 자리가 바뀌어 가로 막대에서 세로 막대로 변경된다.

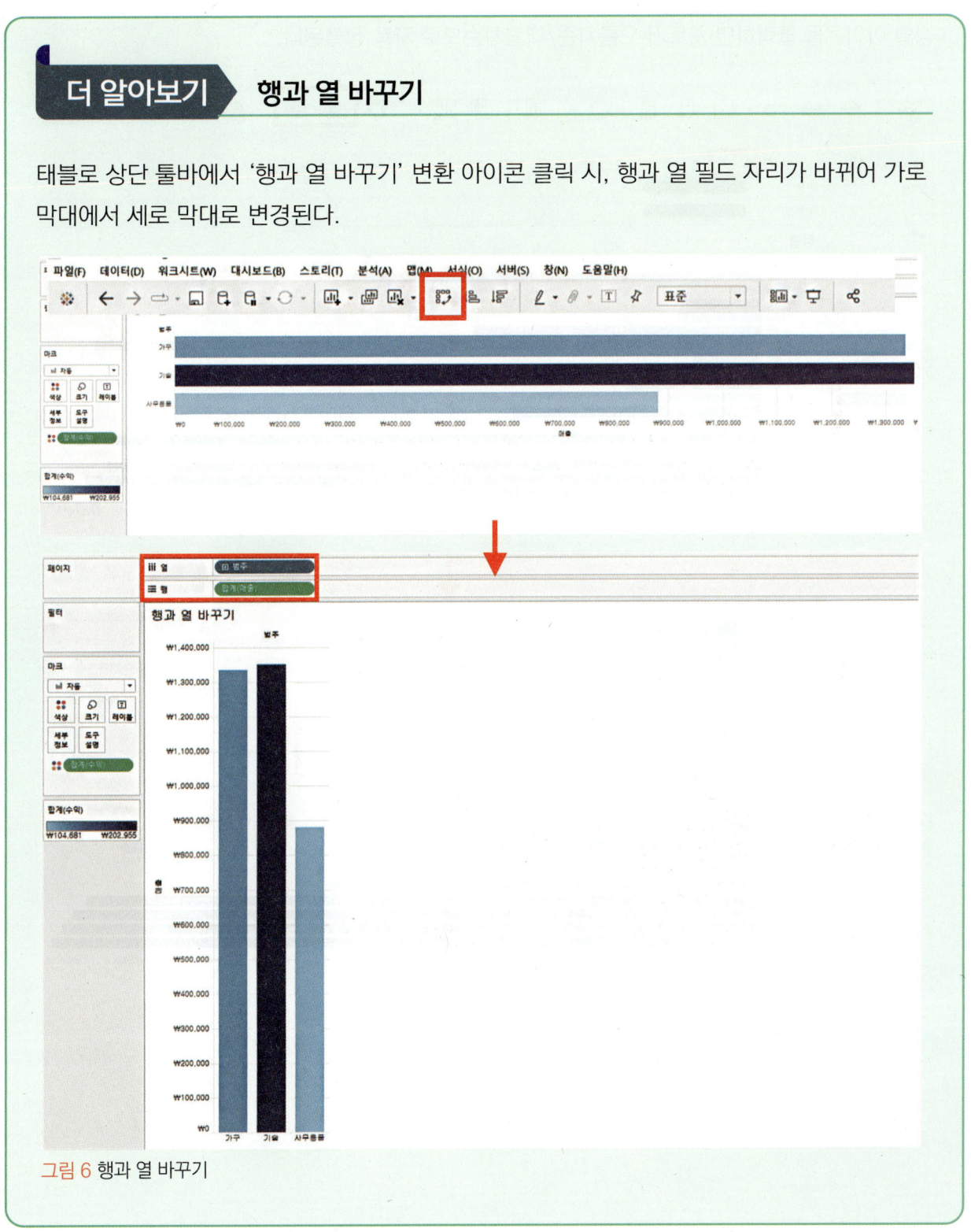

그림 6 행과 열 바꾸기

더 알아보기 > 정렬

무작위로 배치된 막대를 순서대로 정렬하기 위해서는 태블로 상단 툴바에 오름차순/내림차순 정렬 아이콘을 클릭하면 차트가 오름차순/내림차순으로 자동 정렬된다.

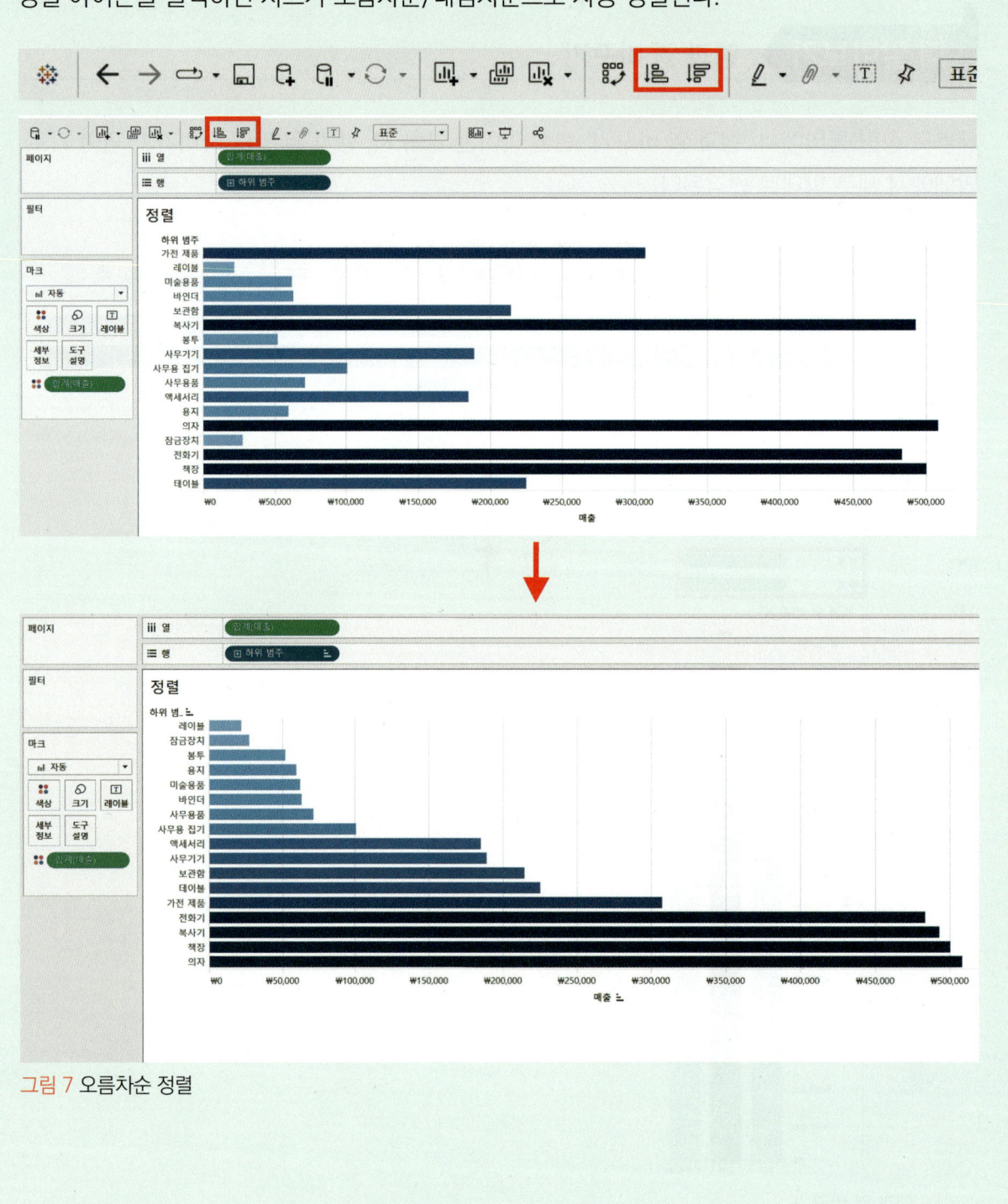

그림 7 오름차순 정렬

03 누적 막대 차트

1. 개념

누적 막대 차트(Stacked Bar Chart)는 일련의 항목들의 누적 값을 시각적으로 보여주는 차트로, 각 항목의 값을 더해가면서 막대의 높이가 쌓이는 방식으로 구성된다. 이 차트는 주로 시간, 지리적 위치, 카테고리 등의 기준으로 그룹화된 항목들의 누적 값을 시각화 하는데 사용된다.

누적 막대 차트의 특징과 장점은 다음과 같다.

- 각 막대는 항목이나 범주의 부분적인 값의 비율을 나타내며, 전체 값에 대한 상대적인 크기를 파악할 수 있기 때문에 여러 범주의 값을 시각적으로 비교하는데 유용하다.
- 각 막대는 이전 값들의 누적을 나타내므로, 데이터의 증감과 변동을 시각적으로 표현할 수 있다.
- 각 막대는 여러 항목 또는 범주의 값을 나타내며 이를 겹쳐서 표현할 수 없으므로 다차원 데이터를 효과적으로 표현할 수 있다.

누적 막대 차트는 데이터의 상대적인 비교와 추이를 시각화하는 데 유용하며, 데이터의 구성 요소 간의 관계를 시각적으로 이해하는 데 도움을 준다.

2. 작성방법

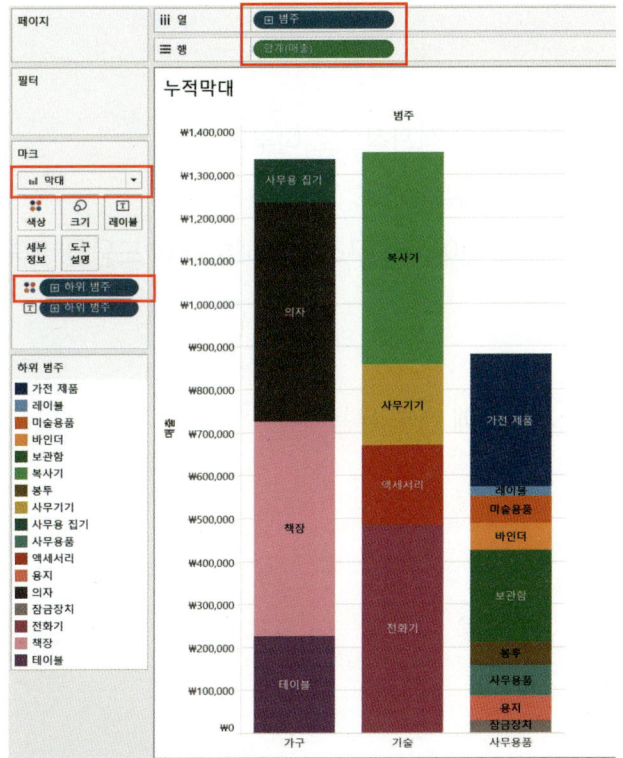

실습영상

그림 8 누적 막대 차트

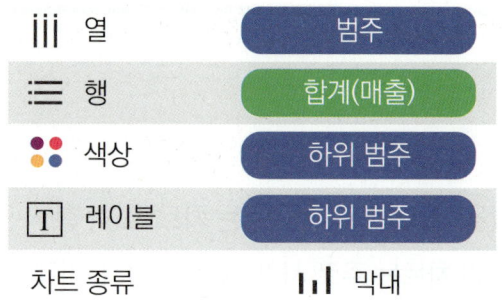

누적 막대 차트를 작성할 때, **1개 이상의 차원과 측정값**이 필요하며 마크 유형을 **막대**로 지정하여 누적 막대 차트를 만들 수 있다. 그림 8의 경우 [범주]별 [매출]의 합계를 막대로 작성하였으며 각 [범주] 막대를 [하위 범주]로 색상을 나눈 차트이다.

04 병렬 막대 차트

1. 개념

병렬 막대 차트(Side-by-side Bar Chart)는 다차원 데이터를 시각적으로 분석하는데 사용되는 그래프 중 하나이다. 각 축은 데이터의 차원을 나타내고 데이터의 값이 축을 따라 막대로 그려진다. 각 막대의 높이는 해당 데이터의 값을 나타내며, 모든 차원필드에 대한 값을 한 번에 시각화할 수 있다.

병렬 막대 차트의 특징과 장점은 다음과 같다.
- 병렬 막대 차트는 막대들이 병렬로 나열되어 있어 변수 간 비교가 직관적으로 이루어진다.
- 각 막대는 다른 범주의 값을 나타내며, 여러 범주를 비교하는데 유용하다.
- 변수나 범주의 관계와 계층 구조를 파악할 수 있고, 시각적으로 데이터의 구조를 이해하는 데 도움을 주며 데이터의 구성을 명확하게 보여준다.

따라서 병렬 막대 차트는 다중 변수 비교와 다차원 데이터 시각화에 특히 유용하다.

2. 작성방법

실습영상

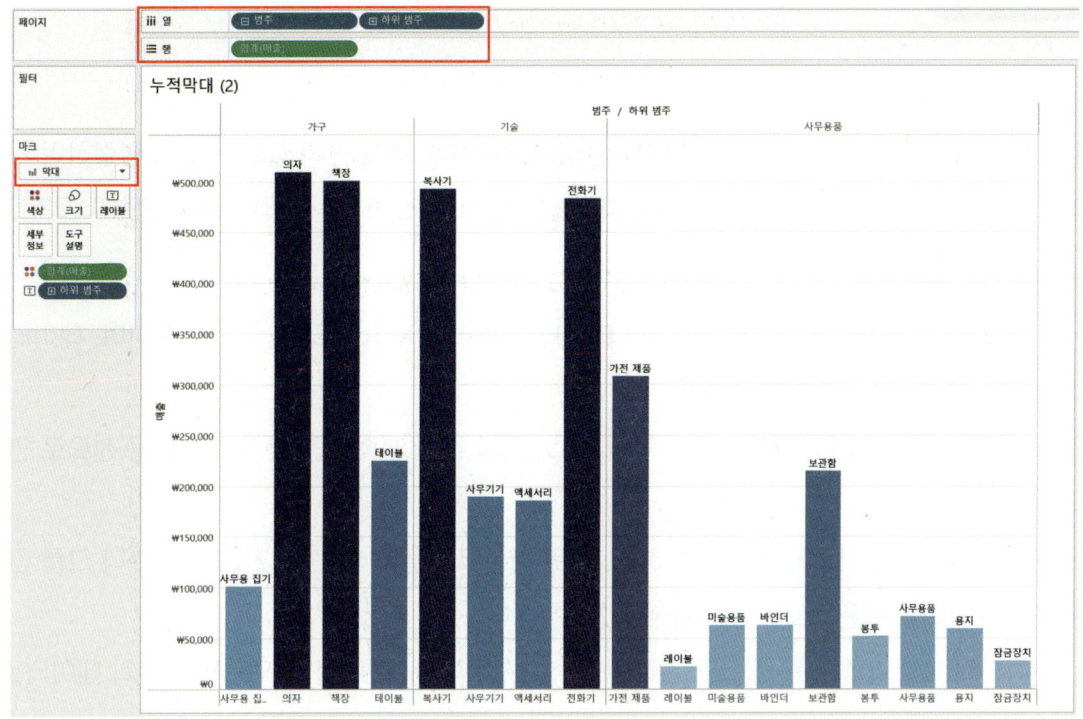

그림 9 병렬 막대 차트

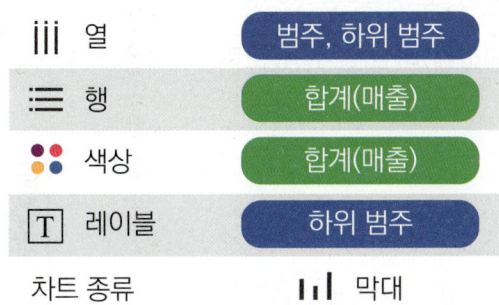

차트 종류   막대

차트를 작성할 때, **1개 이상의 차원과 측정값**이 필요하며 최소 3개 이상의 필드와 마크 유형을 **막대**로 지정하여 병렬 막대 차트를 만들 수 있다. 그림 9의 경우 [범주]와 [하위 범주]별 [매출]을 병렬 막대 차트로 작성하였다.

05 라인 차트

1. 개념

라인 차트(Line Chart)는 시계열 데이터를 시각화 하는 데 매우 유용하고, 일련의 값을 선으로 연결하여 시간별 추세나 미래 값을 예측하거나, 연속적인 순서에 따라 값의 변화를 보여주는 시각화 방법 중 하나이다.

라인 차트의 특징과 장점은 다음과 같다.

- 라인 차트는 시간, 순서 또는 연속적인 변수에 따른 데이터의 변화를 시각화 하는 데 효과적이며, 데이터의 증감이나 변동을 시각적으로 이해할 수 있다.
- 연속적인 데이터를 표현하는 데 적합하여 시간, 거리, 온도 등과 같이 연속적인 변수의 값들을 선으로 연결하여 시각화 할 수 있다.
- 여러 변수나 그룹의 데이터를 비교하는 데 유용하며, 서로 다른 라인들을 한 번에 표시해 변수나 그룹 간의 상대적인 크기와 차이를 직관적으로 파악할 수 있다.
- 라인 차트는 데이터의 패턴과 추세를 기반으로 라인을 확장하거나 예측 모델을 적용해 미래의 데이터를 예측할 수 있다. 이를 통해 추세의 지속성을 파악하고 미래 동향을 예측할 수 있다.

라인 차트는 각 데이터의 포인트 사이를 연결하는 선의 모양, 색상, 두께 등을 조정하여 다양한 시각적인 효과를 줄 수 있다. 또한, 보조 축을 추가하여 두 개 이상의 측정값을 비교할 수 있으며, 마커를 표시하여 데이터 포인트를 강조할 수도 있다.

2. 작성방법

라인 차트는 날짜 유형에 따라 불연속형 라인 차트와 연속형 라인 차트 2가지로 나뉘어진다.

주문날짜를 행선반에 추가했을 때, 다른 필드들과는 다르게 "+" 버튼을 확인할 수 있다. 이를 **드릴다운 버튼**이라고 하며, 태블로에서 날짜 형식 필드들은 계층이 내장되어 있어 년, 분기, 월, 일별로 드릴다운할 수 있다. 주문 날짜를 마우스 우클릭하면 2가지 날짜 형식을 확인할 수 있으며, 위쪽은 불연속형, 아래쪽을 연속형이라고 한다.

차트를 만들면서 불연속형 라인 차트와 연속형 라인 차트에 대해 자세히 살펴보자.

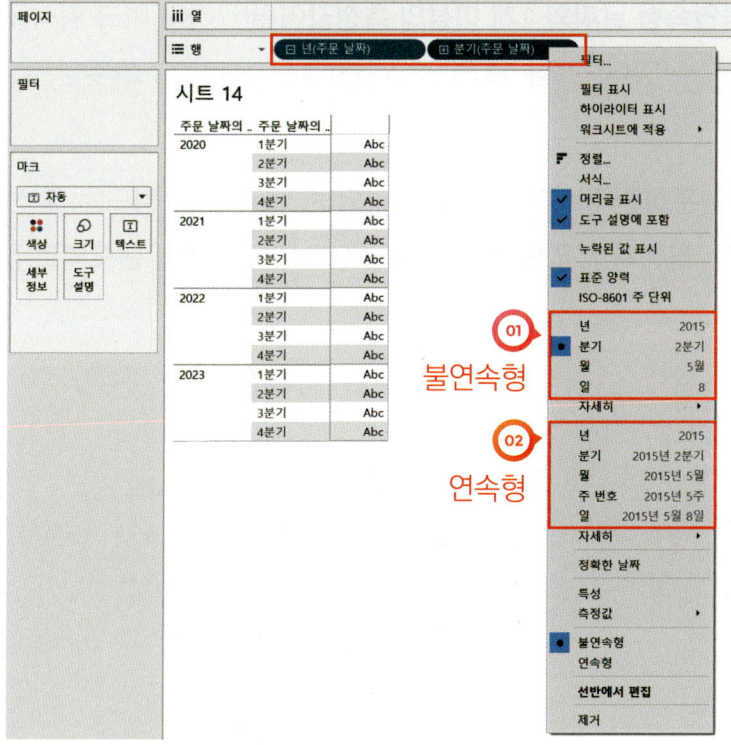

그림 10 날짜 형식

1) 불연속형 라인 차트

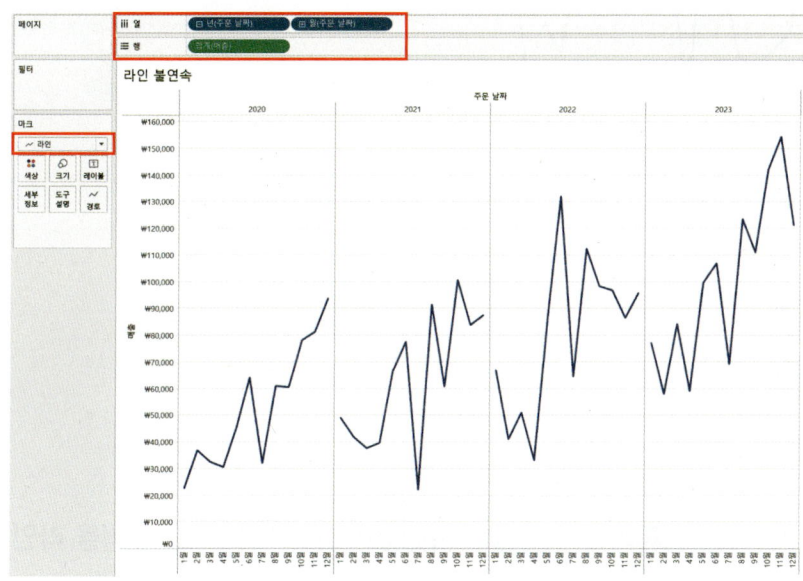

그림 11 불연속형 라인 차트

기본 차트 알아보기 051

불연속형 라인 차트를 작성할 때, **1개의 불연속형 날짜와 1개 이상의 측정값**이 필요하며 마크 형식을 **라인**으로 지정하여 불연속형 라인 차트를 만들 수 있다. 그림 11의 경우 [년(주문 날짜)], [월(주문 날짜)]별 [매출]의 합계를 라인 차트로 표현했다.

불연속형 날짜의 "+" 버튼을 클릭해 드릴 다운하면 필드가 하나씩 생성되며, 필요 없는 필드는 열 선반 바깥으로 드래그 앤 드랍하여 제거할 수 있다. 불연속형 라인 차트는 개별적으로 구분되어 년도별로 끊어져 있는 라인 차트가 만들어지게 된다.

2) 연속형 라인 차트

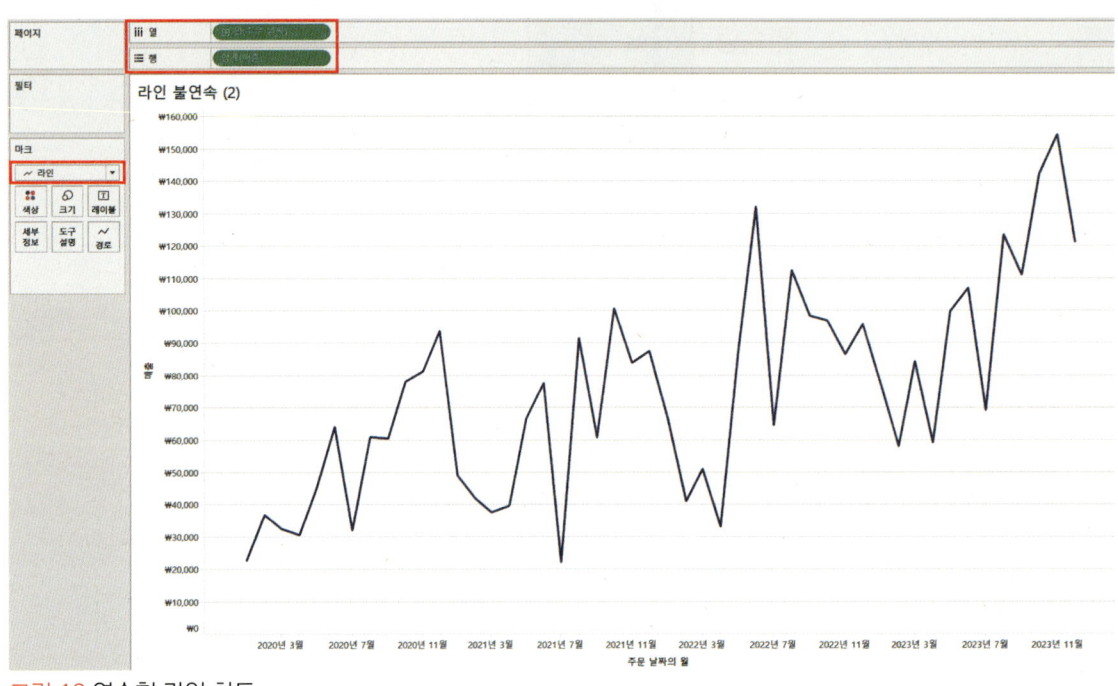

그림 12 연속형 라인 차트

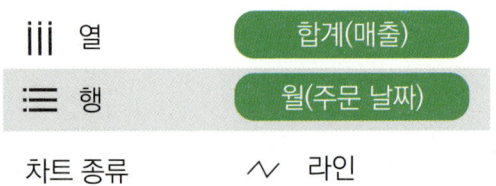

차트 종류   ∧ 라인

연속형 라인 차트를 작성할 때, **1개의 연속형 날짜와 1개 이상의 측정값**이 필요하며 마크 유형을 **라인**으로 지정하여 연속형 라인 차트를 만들 수 있다. 그림 12의 경우 [월(주문 날짜)]별 [매출]의 합계를 라인 차트로 표현했다.

연속형 라인 차트는 날짜를 드릴 다운하면 불연속형과 다르게 필드가 생성되지 않고 필드명이 바뀌는 것을 확인할 수 있다. 그림 12에서 확인할 수 있듯이, [주문 날짜]의 모든 월이 연속적으로 나타난 라인 차트가 만들어지게 된다.

더 알아보기 — 날짜 형식 변경하기

태블로에서 년, 분기, 월, 일뿐만 아니라 날짜 속성을 지정할 수 있다. 날짜필드를 우클릭하여 '자세히' → '사용자 지정'을 선택하면 날짜 속성을 지정할 수 있는 창을 확인할 수 있는데, 주 번호, 연도/월, 연도/월/일 등으로 지정할 수 있다.

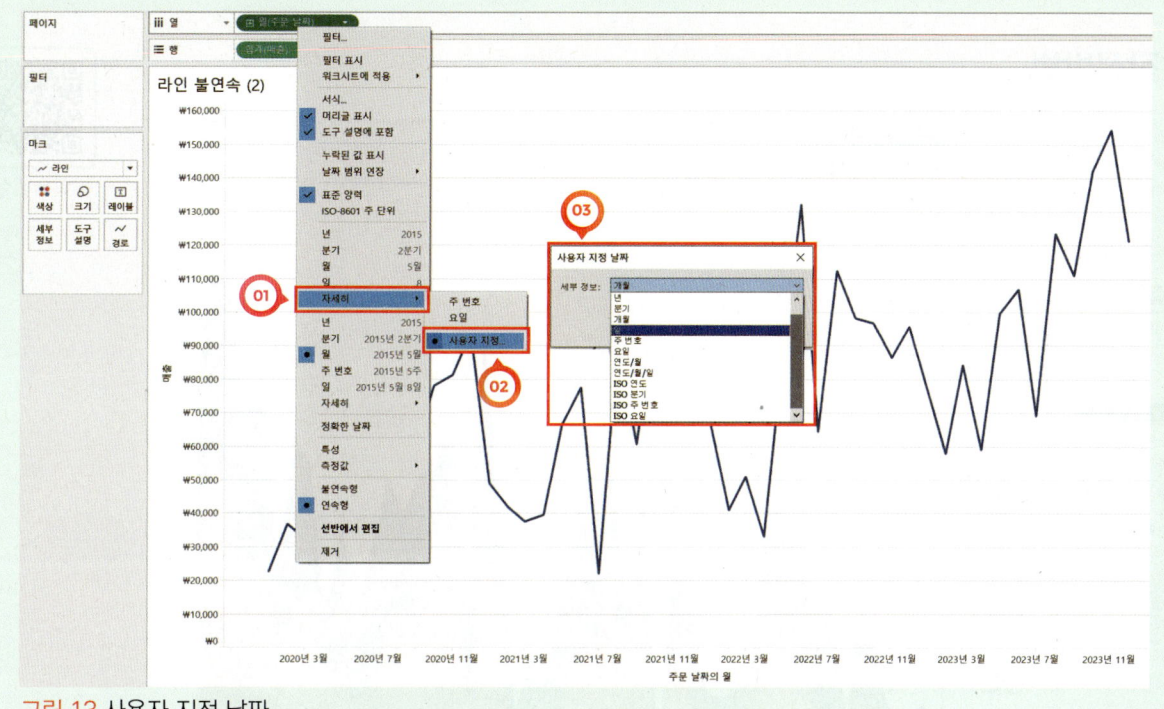

그림 13 사용자 지정 날짜

06 영역 차트

1. 개념

영역 차트(Area Chart)는 라인과 축 사이의 공간이 색상으로 채워진 라인 차트로, 이는 시간별 누계를 표현하는 데 사용되며 누적 라인을 표시하는 간편한 방법이다.

영역 차트의 특징과 장점은 다음과 같다.

- 영역 차트는 영역의 면적이 데이터 값을 의미하고, 이를 통해 데이터가 어떻게 분포되어 있는지 한눈에 파악할 수 있다.

- 시간 또는 다른 변화 요인에 따른 데이터의 추이를 보여주며 영역의 색상, 높이 변화를 통해 데이터의 상승, 하락 트렌드를 쉽게 파악할 수 있다.
- 다중 변수 간 비교를 효과적으로 수행할 수 있고, 여러 영역이 쌓여서 누적으로 표시되기 때문에 상대적인 크기와 전체 크기를 시각적으로 확인할 수 있다.

영역 차트는 이러한 장점들로 인해 데이터의 분포, 변화, 관계 등을 시각화 하는 데 유용한 도구로 사용되고 있다.

2. 작성방법

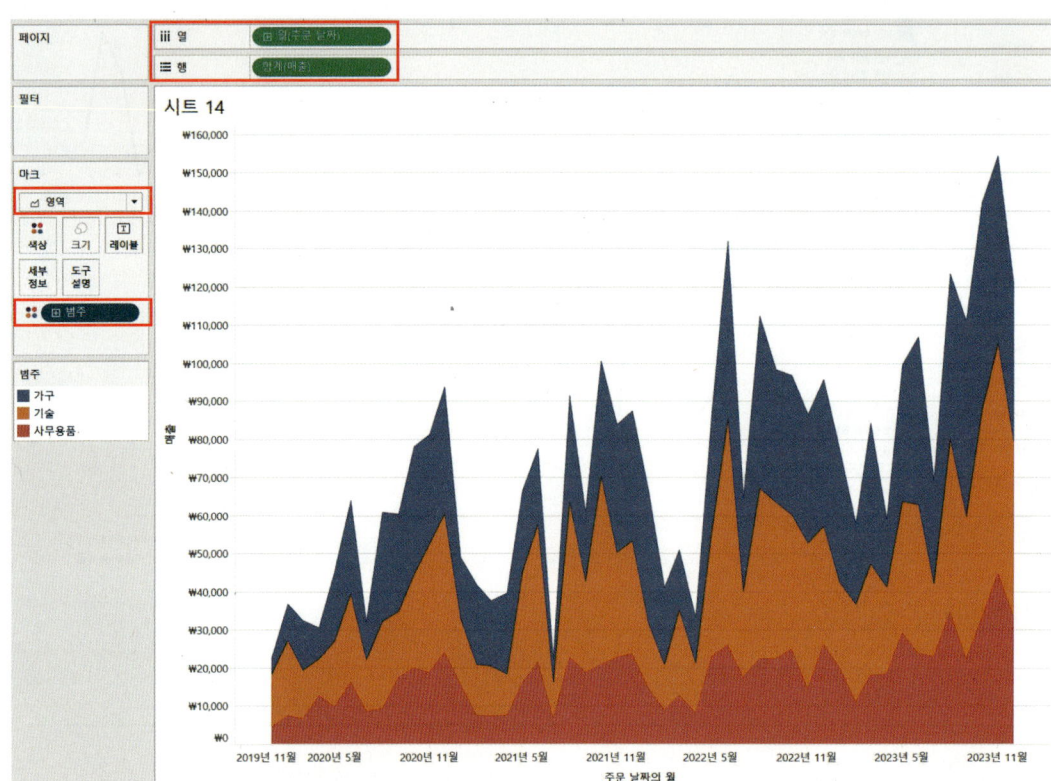

그림 14 영역 차트

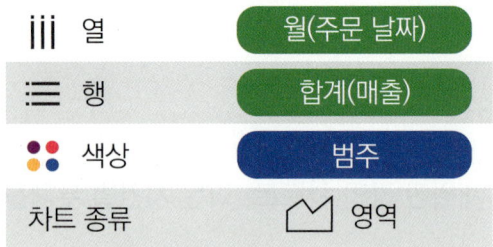

일반적으로 영역 차트를 작성할 때는 **1개의 날짜와 1개 이상의 측정값**이 필요하며 마크 유형을 **영역**으로 지정하여 영역 차트를 만들 수 있다. 그림 14의 경우 [월(주문 날짜)]별로 [매출]의 합계를 나타내는 [범주]별 영역 차트를 구성했다.

더 알아보기 — 마크 누적 해제

태블로 상단 분석 메뉴의 '마크 누적' 탭을 클릭하면 자동으로 설정이 되어 있는 것을 확인할 수 있다. 누적되지 않은 영역 차트로 변경하고 싶은 경우 '해제'를 선택해준다.

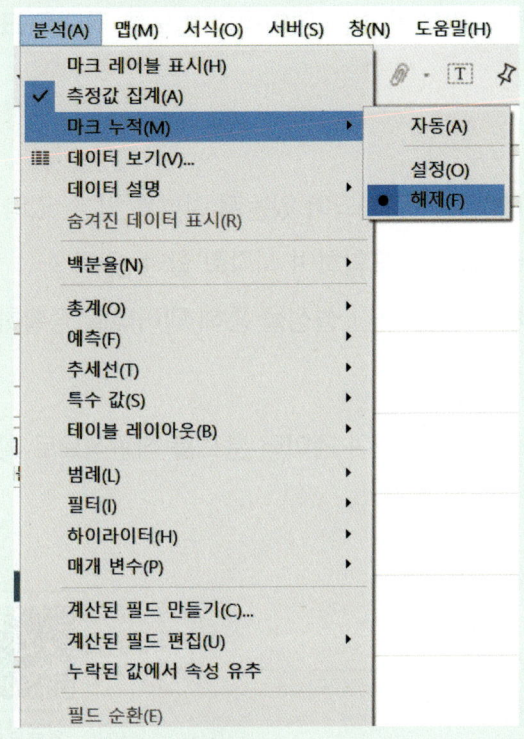

그림 15 마크 누적 해제

마크 누적 설정　　　　　　　　　　　　　　　마크 누적 해제

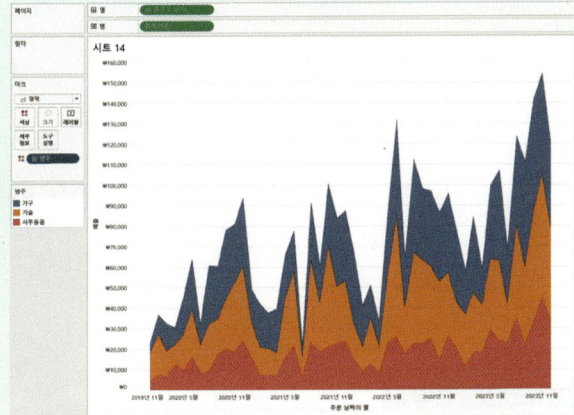 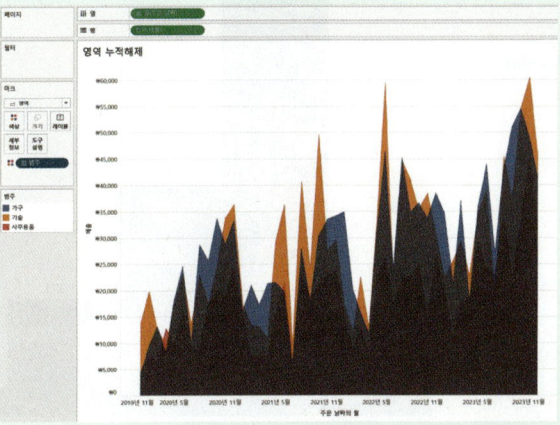

그림 16 마크 누적 해제 비교

기본 차트 알아보기 055

07 히스토그램

1. 개념

히스토그램(Histogram)은 연속형 데이터 값을 구간차원을 사용하여 이를 막대 그래프와 유사한 형태로 그린 그래프로, 데이터의 분포를 살펴보고 이해하는 데 도움을 준다. 이 차트는 주로 연속적인 변수의 분포를 시각화 하는 데 사용되며, 변수의 값을 구간으로 나누고 각 구간에 속하는 데이터의 빈도를 막대로 표현하여 분포를 보여준다.

히스토그램의 특징과 장점은 다음과 같다.
- 데이터의 분포를 한눈에 확인할 수 있으며, 특정 구간에 데이터가 집중되어 있는지 여부를 알 수 있다.
- 연속형 데이터의 범위를 구간으로 나누어 연속적인 변수의 값들을 포함하여 시각화 할 수 있다.
- 구간의 개수와 크기를 적절하게 선택하는 것이 중요하며, 적절한 구간 설정을 통해 데이터를 정확하게 표현하고 분포의 모양을 잘 파악할 수 있다.

태블로를 사용하여 히스토그램을 생성하면 다양한 설정 옵션을 활용하여 데이터 분포를 직관적으로 확인하고 분석할 수 있다.

2. 작성방법

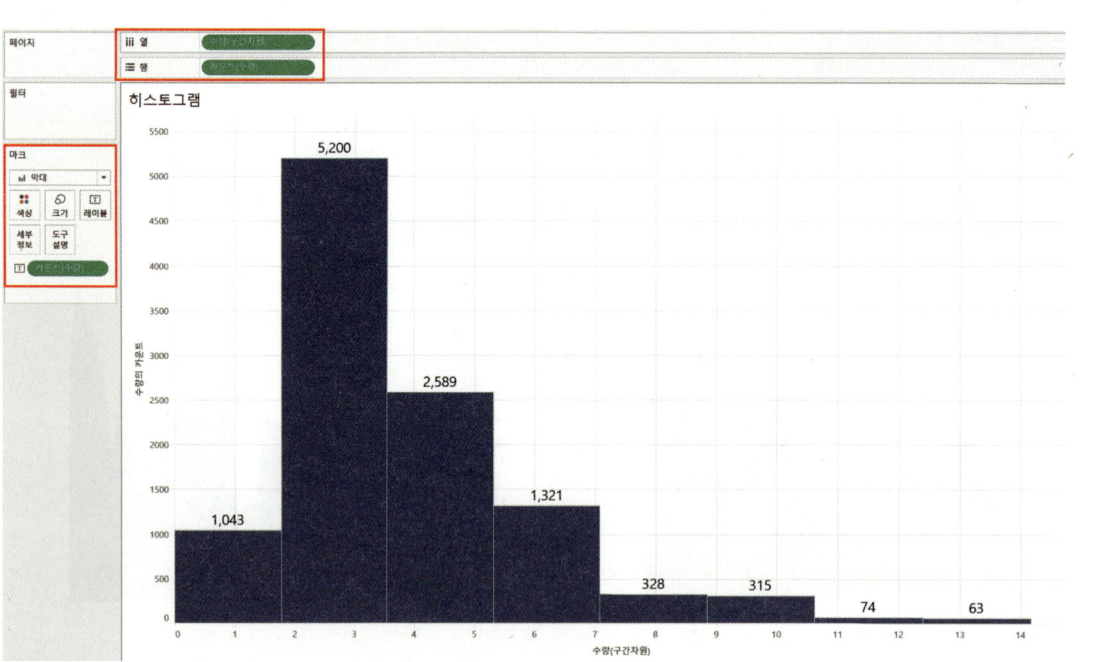

그림 17 히스토그램

히스토그램을 작성할 때, **1개의 측정값과 구간차원 필드**가 필요하며 마크 유형을 **막대**로 지정하여 히스토그램을 만들 수 있다. 그림 17의 경우 주문에 따른 [수량(구간차원)]별 제품 [수량]의 분포를 보여주며, 히스토그램을 표현하기 위해서는 [수량]의 구간 차원을 생성하는 것이 필요하다. 이를 위해 데이터 패널의 수량 필드를 우클릭해서 '만들기' → '구간차원'을 선택한다.

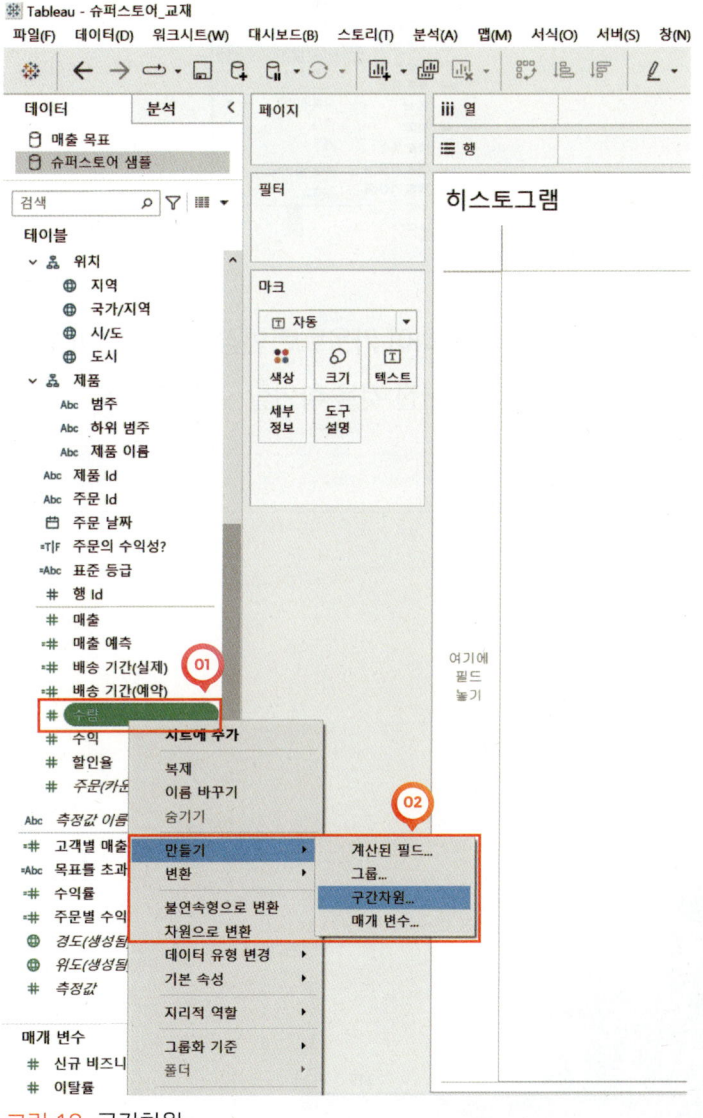

그림 18 구간차원

구간차원의 크기는 자동으로 설정되며 구간을 변경하려면 숫자를 직접 입력한 뒤 확인버튼을 눌러주고, 만들어진 구간차원을 연속형으로 설정해준다.

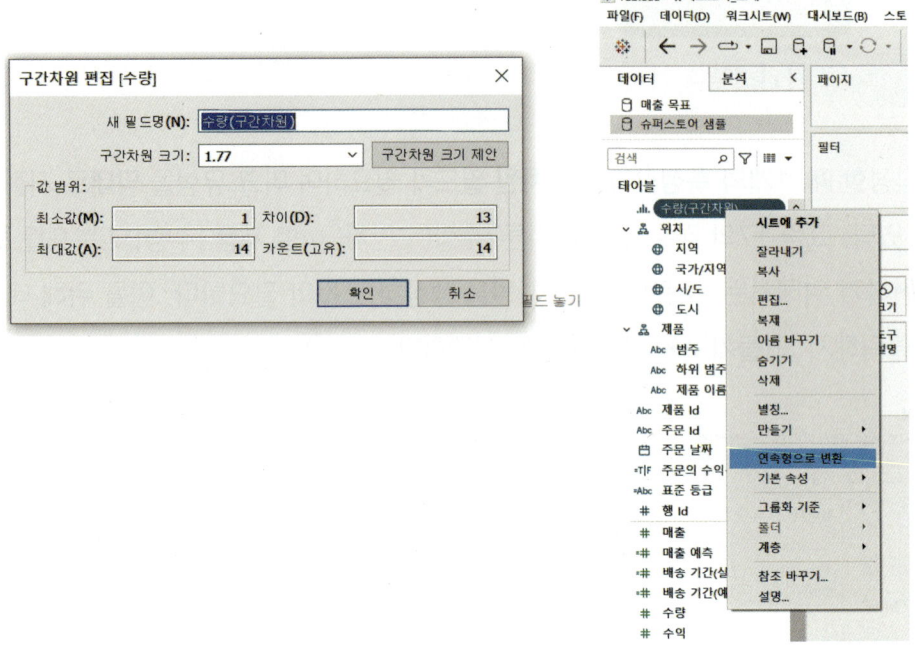

그림 19 구간차원 편집

구간차원을 열선반에 추가하고, 행선반에는 수량을 추가한 뒤 우클릭하여 카운트로 변경한다. 구간이 1.7씩 나뉘어지고, 각 구간에는 제품 수량이 표시되는 히스토그램이 만들어진 것을 확인할 수 있다.

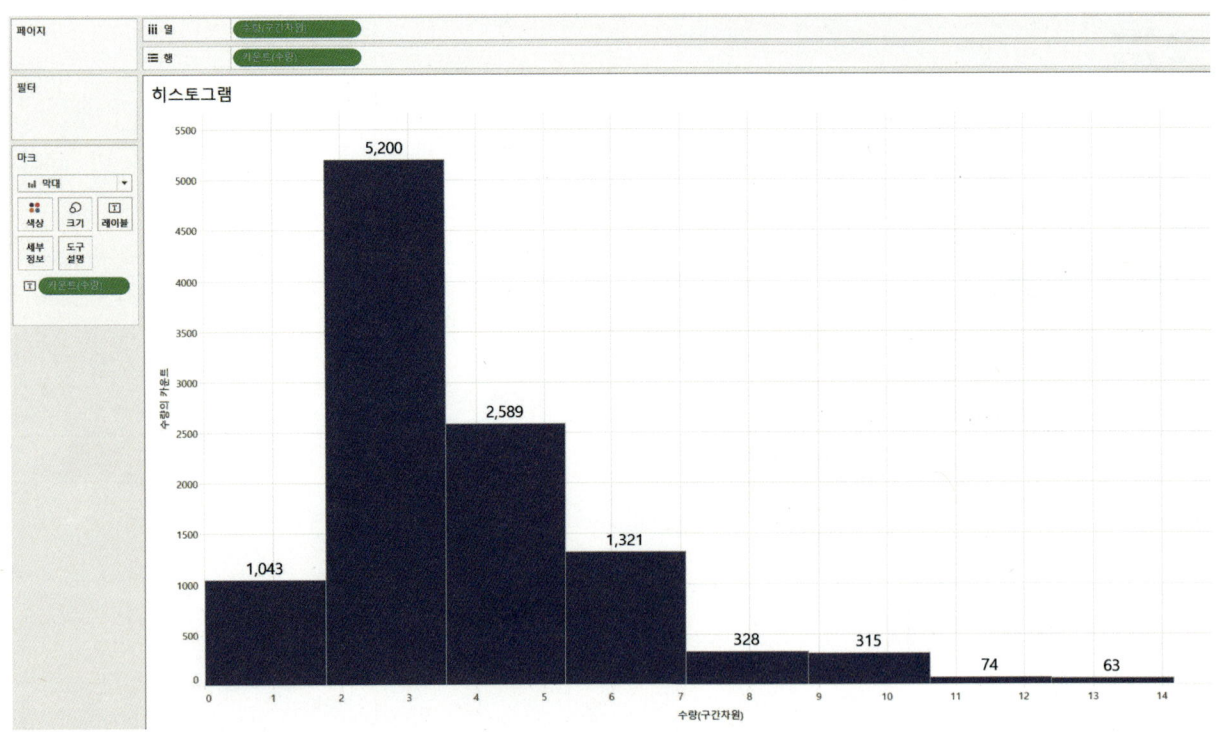

그림 20 히스토그램

더 알아보기 › 구간차원 편집 방법

구간차원은 숫자 데이터를 불연속 구간차원 또는 간격으로 그룹화하는데 사용하며, 일반적으로 개별 값이 아닌 값의 범위 또는 분포를 기반으로 데이터를 분석하려는 경우에 사용한다.

모든 숫자 필드에 대해 구간차원을 만들 수 있다. 예를 들어 사람들의 연령이 포함된 데이터 세트가 있는 경우, 구간차원 필드를 만들어 사람들을 0-10, 11-20, 21-30 등과 같은 연령대로 그룹화할 수 있다.

이렇게 만든 구간차원 필드를 통해 히스토그램, 막대 차트 및 히트맵과 같은 다양한 유형의 시각화에 사용할 수 있다.

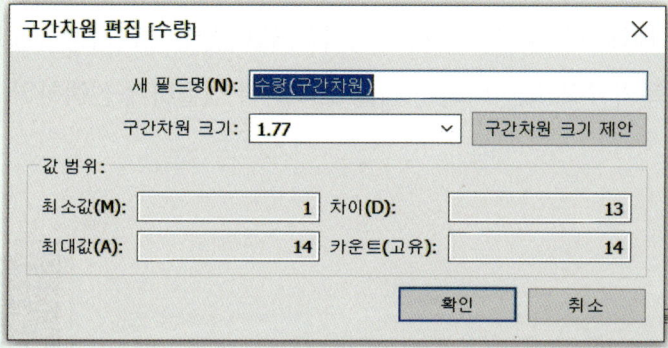

그림 21 구간차원 편집

'구간차원 크기'는 값을 입력하거나 자동 계산되는 값을 사용할 수 있으며, 처음에 표시되는 값이 태블로에서 예상한 최적의 구간차원 크기이다.

'값 범위'는 태블로에서 '구간차원 크기 제안'에 사용한 데이터가 표시된다. 수동으로 구간 차원 크기를 설정하려는 경우, 이 값을 바탕으로 사용할 수 있다.

구 분	설 명
최소값	필드의 최소값
최대값	필드의 최대값
차이	필드의 최소값과 최대값 간의 차이
카운트(고유)	데이터 고유 값 수

08 파이 차트

1. 개념

파이 차트(Pie Chart)는 원형으로 나타낸 그래프로, 전체 데이터에서 각 카테고리의 비율을 한 눈에 파악할 수 있어 직관적인 분석이 가능하다.

파이 차트의 특징과 장점은 다음과 같다.

- 전체에 대한 부분의 상대적인 비율을 직관적으로 표현할 수 있다.
- 범주 혹은 카테고리에 따른 데이터를 시각화할 때 유용하며 각 부분의 특정 범주는 크기 비교를 통해 상대적인 비율을 파악할 수 있다.
- 원의 형태를 띠고 있어 일반적으로 익숙한 모양이며, 부분들의 크기 비교가 간단하게 이루어진다.

하지만 파이 차트는 비교적 적은 수의 항목에 대해서만 효과적이며, 항목 수가 많아질수록 가독성이 떨어질 수 있다. 따라서 파이 차트를 사용할 때는 항목의 수와 데이터의 성격을 고려하여 적절하게 선택하여 사용하는 것이 중요하다.

2. 작성방법

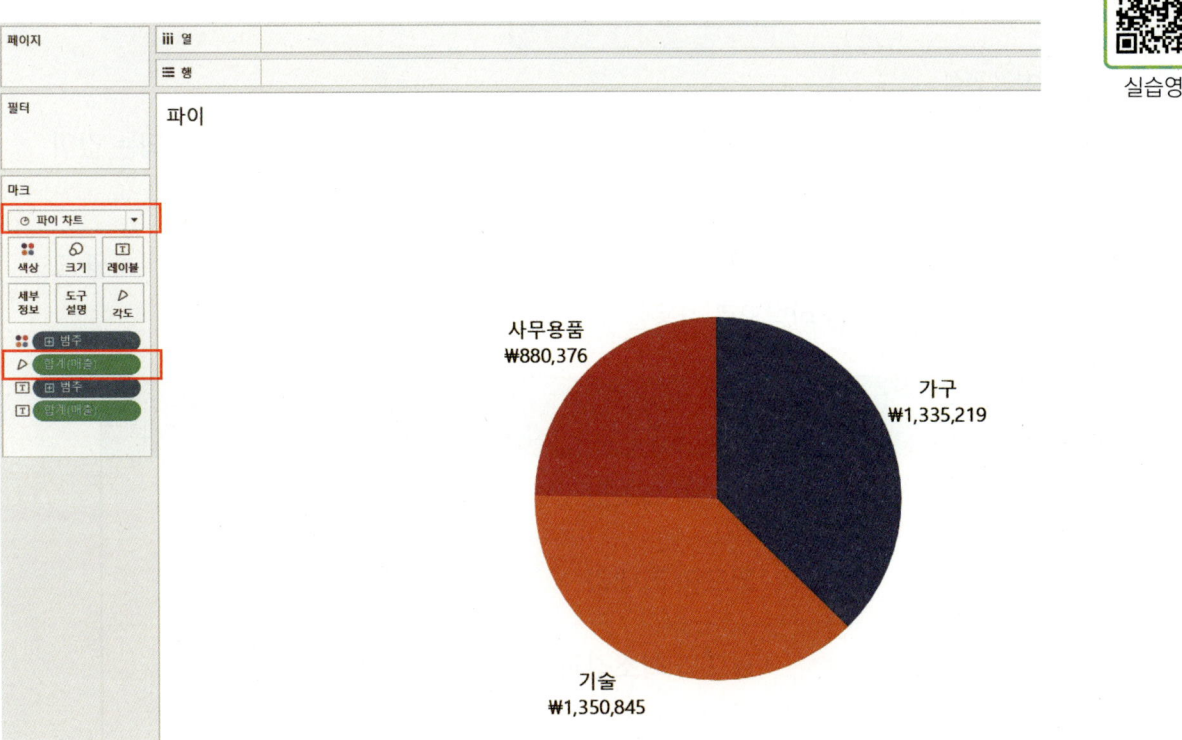

그림 22 파이 차트

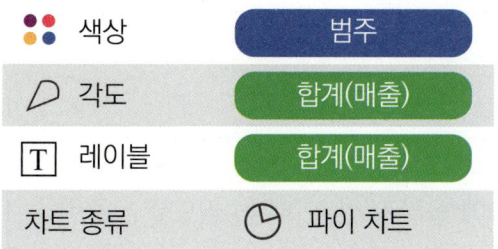

파이 차트를 작성할 때, **1개 이상의 차원과 1개 또는 2개의 측정값**이 필요하며 마크 유형을 **파이 차트**로 지정하여 파이 차트를 만들 수 있다. 그림 22의 경우 [범주]별 [매출]의 합계를 파이 차트로 작성했다.

더 알아보기 ― 퀵 테이블 계산 적용하기

파이 차트는 항목별 비율을 나타낼 때 주로 사용한다. 매출의 합계를 비율로 나타내기 위해 퀵 테이블 계산을 사용해 비율로 변경하고, 레이블 마크에 올라간 [매출] 필드를 우클릭해 '퀵 테이블 계산' → '구성 비율'을 선택한다. 여기서 퀵 테이블 계산이란 계산식을 직접 입력하지 않고도 쉽게 계산식을 생성하는 기능으로 누계, 차이, 비율 차이, 구성비율, 순위, 백분위수, 이동평균 등 다양한 계산이 가능하다. 자세한 내용은 Part 2에서 다루도록 하겠다.

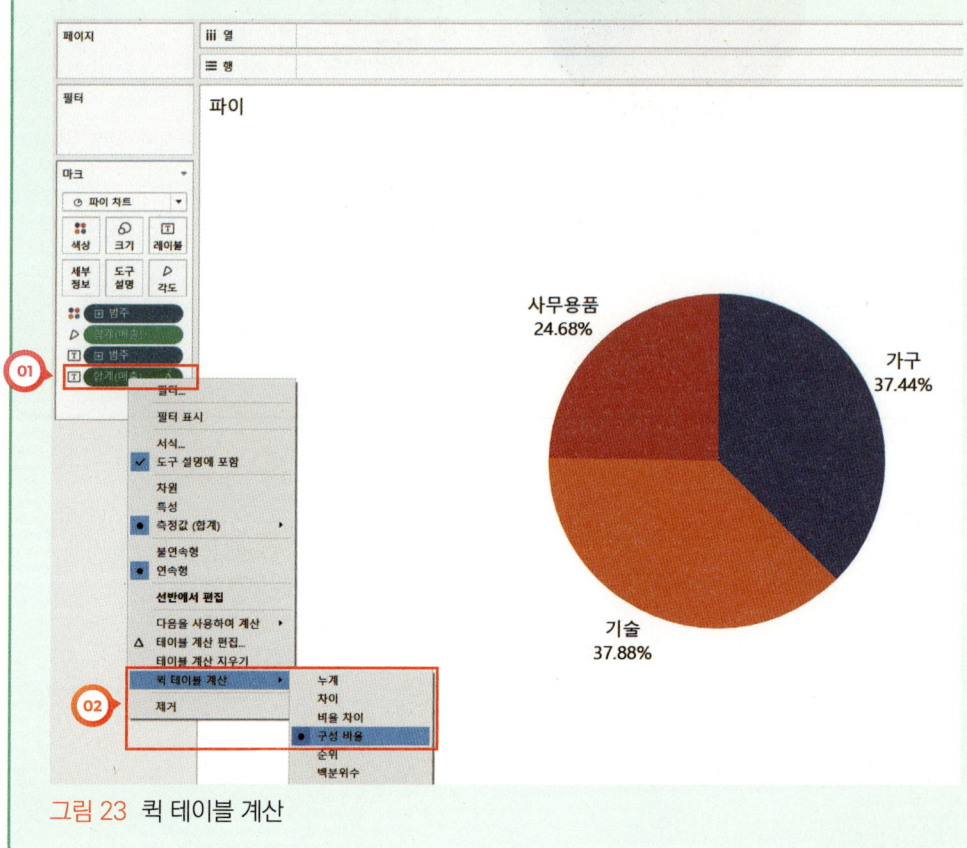

그림 23 퀵 테이블 계산

더 알아보기 — 숫자 서식 바꾸기

태블로에서 숫자 데이터 서식을 지정할 수 있다. 레이블 마크에 올라가 있는 [매출] 필드를 우클릭해서 서식을 선택하면 기본값의 숫자에서 숫자의 서식을 변경할 수 있다.

숫자 데이터를 다양한 방법으로 서식화하여 표시할 수 있다. 숫자 서식은 데이터를 보다 쉽게 이해하고 시각화 할 수 있도록 도와주는 기능으로 숫자 서식 대화 상자에서는 다양한 서식 옵션이 제공된다. 예를 들어 통화, 퍼센트, 소수점 자리 수 등을 설정할 수 있고 사용자 정의 서식을 입력하여 복잡한 형식의 숫자 데이터도 표시할 수 있다.

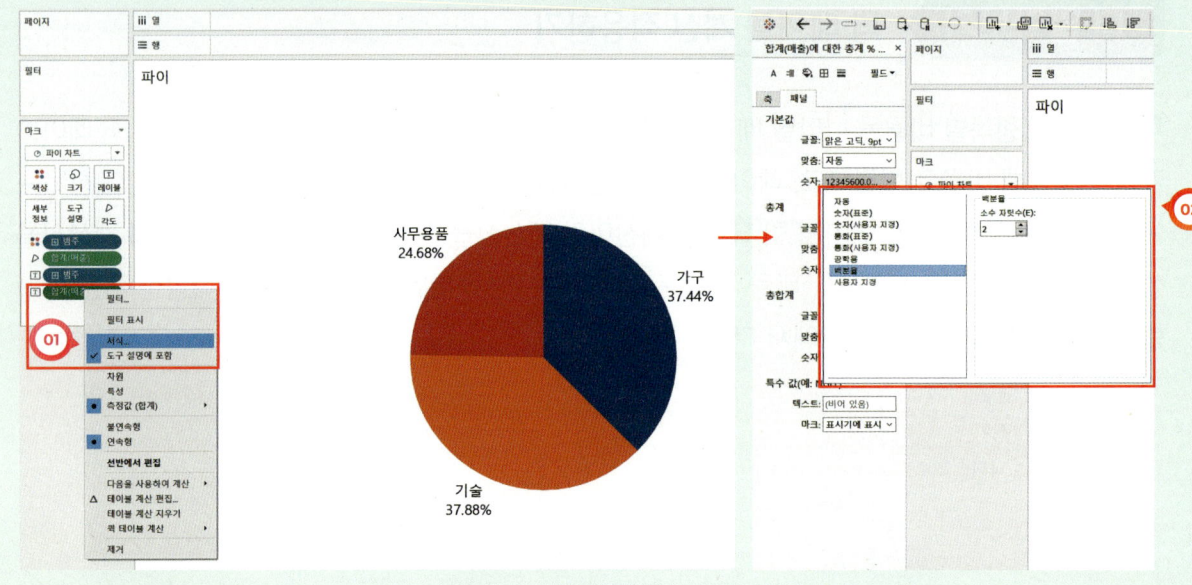

그림 24 숫자 서식 변경

09 트리맵

1. 개념

트리맵(Treemap)은 중첩된 사각형으로 구성된 시각화 방법으로 선택된 차원을 사용하여 계층구조인 트리 형식으로 정렬되고, 측정값을 사용하여 개별 사각형의 크기와 색상을 정의한다. 트리맵은 부분에서 전체로의 관계를 확인할 수 있다.

트리맵의 특징과 장점은 다음과 같다.

- 트리맵은 사각형의 위치를 통해 계층 구조를 직관적으로 이해할 수 있도록 하여 데이터의 차원을 시각적으로 파악할 수 있다.
- 트리맵은 각 사각형 영역에 추가 정보를 표시할 수 있는 공간을 제공하여 텍스트, 수치 등의 정보를 사각형 내부에 표시하여 세부 정보를 시각적으로 전달할 수 있다.
- 트리맵의 사각형의 면적은 데이터의 크기에 비례하여 할당할 수 있기 때문에 데이터의 상대적인 크기를 통해 효과적으로 비교할 수 있다.

트리맵은 이러한 특장점들로 인해 데이터를 시각화하고 전달하는 데 매우 유용한 도구이다. 계층적인 데이터의 구조와 크기, 색상 등의 속성을 시각화 하는데 유용하며, 데이터의 구성과 계층 구조를 쉽게 파악할 수 있다.

2. 작성방법

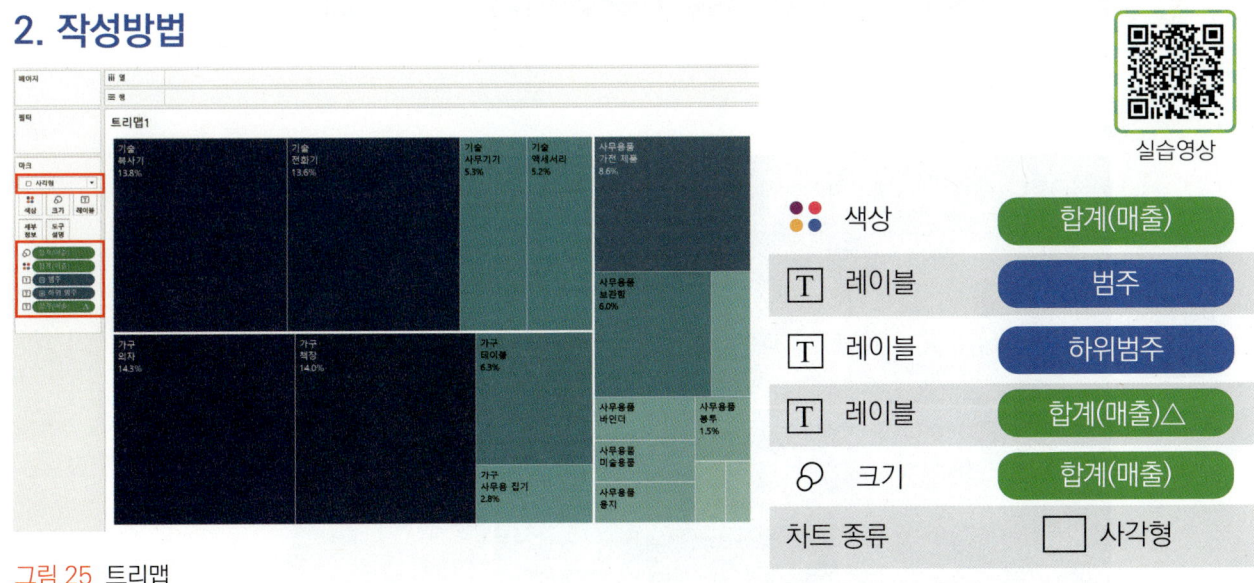

그림 25 트리맵

트리맵을 작성할 때, **1개 이상의 차원과 1~2개 측정값**이 필요하며 마크 유형을 **사각형**으로 지정하여 트리맵을 만들 수 있다. 그림 25에서는 [범주], [하위 범주]별 [매출]의 합계를 트리맵으로 작성하였으며, [매출]을 크기와 색상으로 표현한 차트이다.

1개의 측정값을 사용하는 경우, 사각형의 크기만을 이용해 차트를 구현할 수 있다. 각 하위 범주의 사각형 크기는 매출을 나타내며 크기가 큰 사각형은 매출이 높고, 작은 사각형은 매출이 낮은 것을 나타낸다.

그리고 차트를 자세히 보면, 트리맵에 범주별로 사각형이 나누어져 있고 그 안에 하위 범주로 세분화되어 나누어지는 것을 확인할 수 있다.

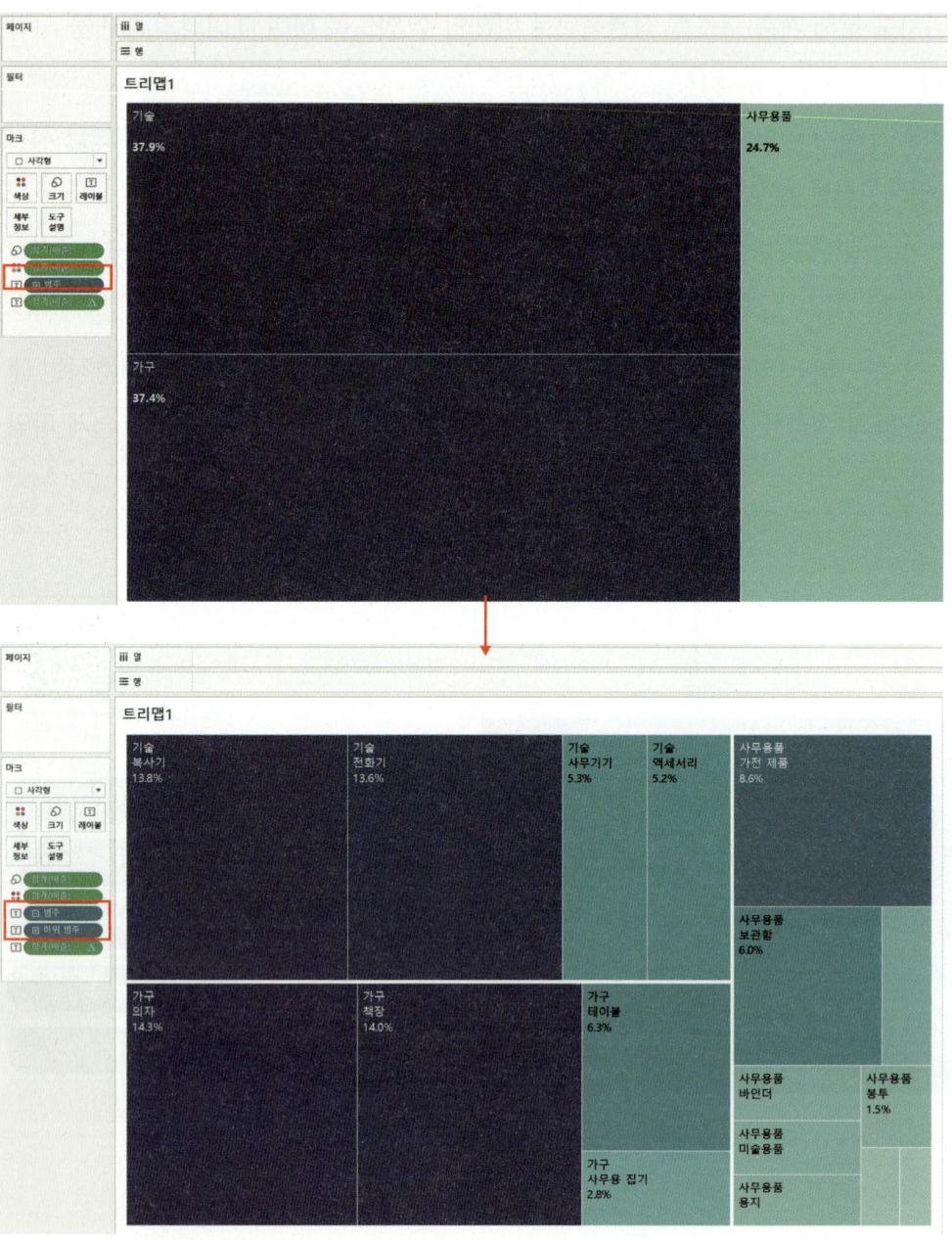

그림 26 트리맵 차원 추가

1) 측정값 2개 사용

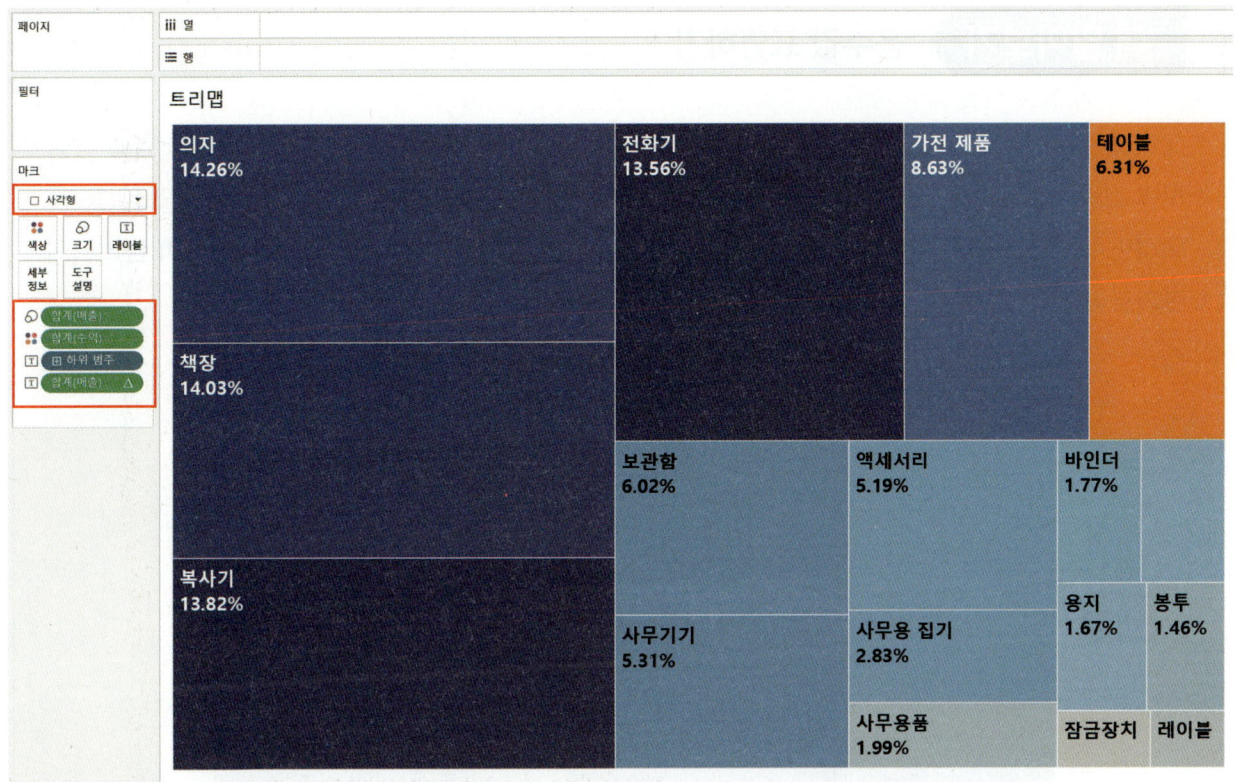

그림 27 트리맵 이중 측정값

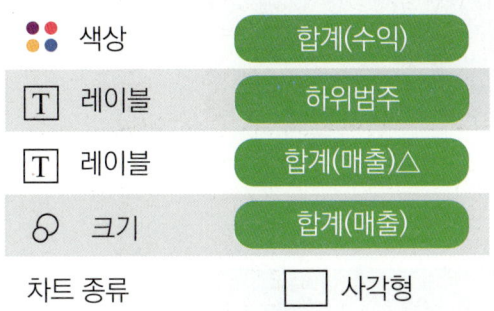

그림 27에서는 [하위 범주]별 [매출]의 합계를 트리맵으로 작성하였으며, [매출]을 크기, [수익]을 색상으로 표현한 차트이다.

2개의 측정값을 사용하는 경우, 사각형의 크기와 색상을 이용하여 차트를 구현할 수 있다. [하위 범주]의 사각형의 크기는 [매출]을, 색상은 [수익]을 나타낸다. 크기가 크고 색상이 진한 사각형은 [매출]과 [수익]이 높은 항목이고, 크기가 작고 색상이 연한 사각형은 [매출]과 [수익]이 낮은 항목을 의미한다.

기본 차트 알아보기 065

더 알아보기 ▶ 음수값 표현하기

데이터 중 음수 값이 있을 때는 차트 아래에 음수 값이 있다는 표시가 나타난다. 음수 표시기를 클릭하면 그림 28과 같이 특수 값을 처리하는 방안과 관련된 창이 나타나고, 여기서 데이터 필터링을 선택하면 음수 값이 제외된다. 절대값 사용을 클릭하면 그림 29와 같이 음수 값의 절대값이 트리맵의 크기로 나타나고, 색상으로 음수 값임을 표현한다.

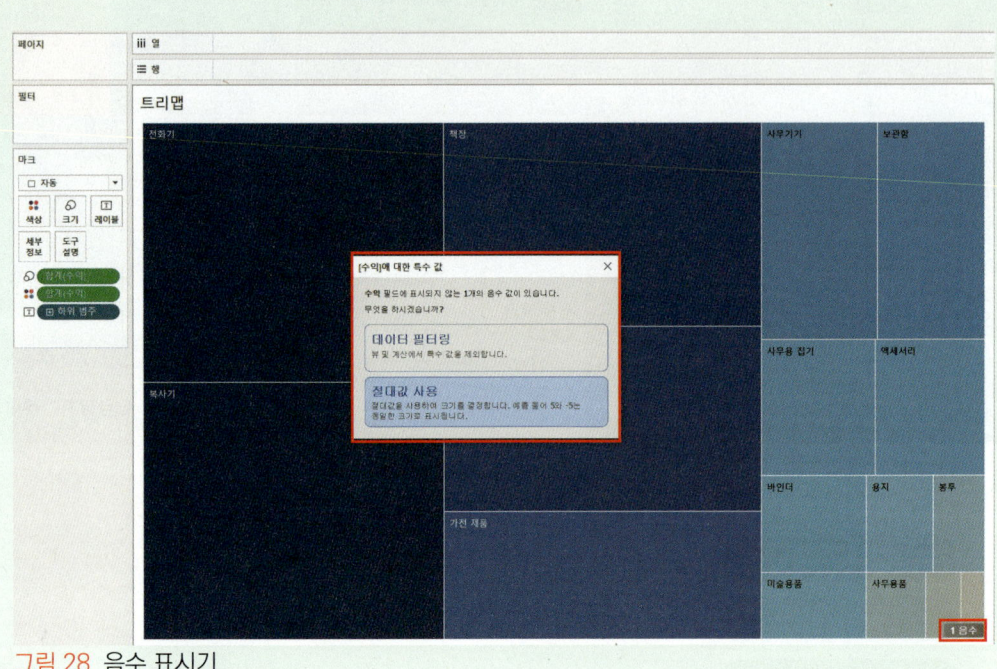

그림 28 음수 표시기

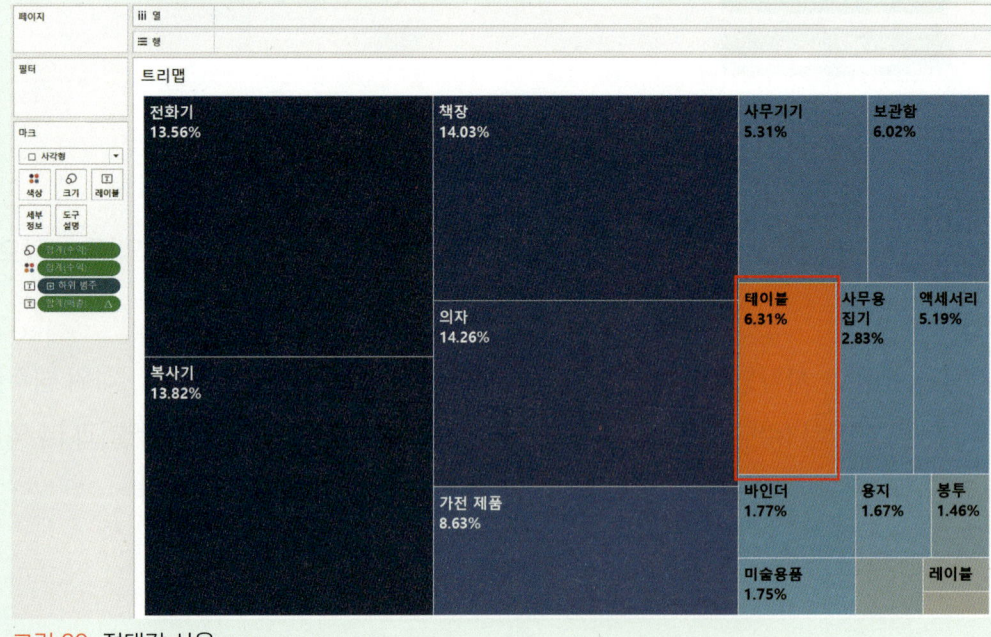

그림 29 절대값 사용

10 버블 차트

1. 개념

버블 차트(Bubble Chart)는 버블(원)의 크기로 데이터의 값을 표현하는 시각화 방식으로 버블의 크기는 변수의 값을 나타내며, 모든 데이터 포인트가 하나의 차트 안에 표시된다. 또한, 각각의 축이 직각이 아니라 임의의 방향으로 배치될 수 있다.

버블 차트의 특징과 장점은 다음과 같다.

- 버블의 크기는 변수의 값에 비례해 표현되는데, 이를 통해 데이터의 변수 간 상대적인 크기를 직관적으로 비교할 수 있다.
- 버블 차트는 추가적인 범주를 색상, 형태 또는 레이블 등으로 표현할 수 있다.

하지만 버블 차트는 변수의 개수가 많거나 데이터가 고밀도인 경우에는 가독성이 떨어질 수 있으며 버블의 크기가 과도하게 크거나 작아지는 경우에는 정보 전달이 어려울 수 있다.

2. 작성방법

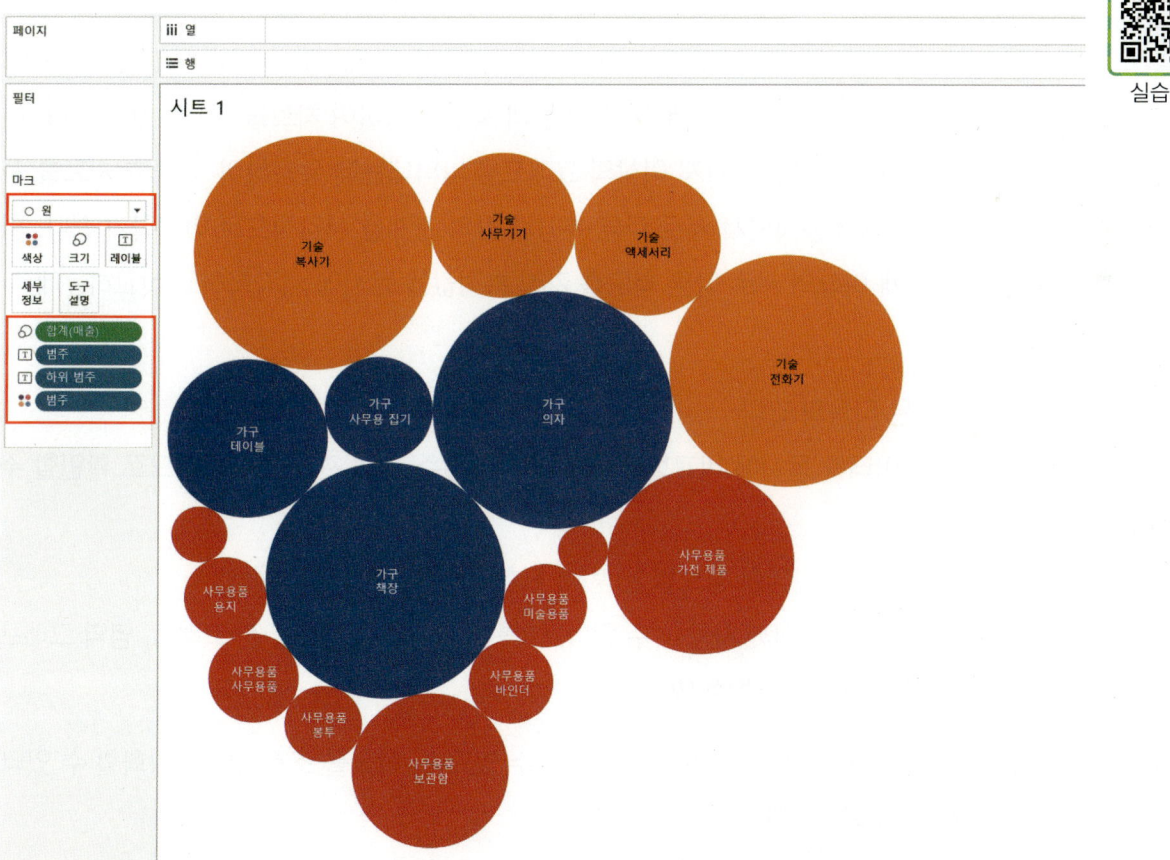

그림 30 버블 차트

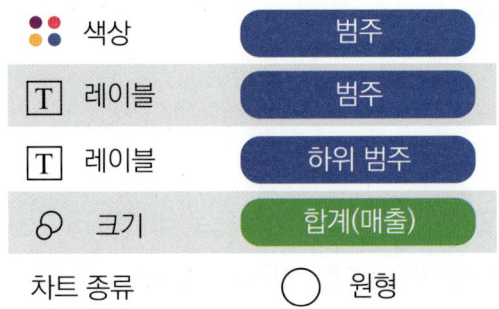

버블 차트를 작성할 때, **1개 이상의 차원과 1개 또는 2개 이상 측정값**이 필요하며, 마크 유형을 **원형**으로 지정하여 버블 차트를 만들 수 있다. 그림 30에서는 [범주]와 [하위 범주]별 [매출]의 합계를 버블 차트로 작성했으며, [매출]을 크기로 나타내고 [범주]를 색상으로 나타낸 차트이다.

음수값이 존재할 때는 트리맵과 마찬가지로 음수값을 제외하거나, 절대값을 사용해 차트에 나타낼 수 있다.

11 이중축 차트

1. 개념

이중축 차트(Dual Axis Chart)는 하나의 뷰 안에 두 개 이상의 축을 사용하여 차트를 만드는 방법이다. 이 방법을 사용하면 다중 값을 비교하거나 두 가지 이상의 그래프를 나타내는데 유용하며, 이중축 차트를 사용하면 차트 공간을 효율적으로 활용하면서 서로 다른 측정값 간의 관계를 시각적으로 이해하기 쉽다. 일반적으로 이중축 차트는 두 개 이상의 서로 다른 척도를 가진 측정값을 동시에 시각화하고 비교하는데 사용된다.

이중축 차트의 특징과 장점은 다음과 같다.

- 서로 다른 척도를 가진 데이터를 동시에 비교할 수 있으며, 두 변수 간의 관계를 시각적으로 확인할 수 있다.
- 여러 차트를 겹쳐 그리지 않고도 다양한 정보를 한 번에 표현할 수 있다.
- 이중축 차트는 여러 시각화 유형을 함께 사용할 수 있다. 예를 들어, 막대 그래프, 선 그래프, 영역 그래프 등을 조합하여 다양한 시각적 효과를 낼 수 있다.

이중축 차트는 막대, 라인 등 다양한 차트 유형에서 사용할 수 있으며, 마크를 조정하여 시각화할 수 있다. 이를 통해 차트의 가독성과 시각적 효과를 높일 수 있다.

2. 작성방법

실습영상

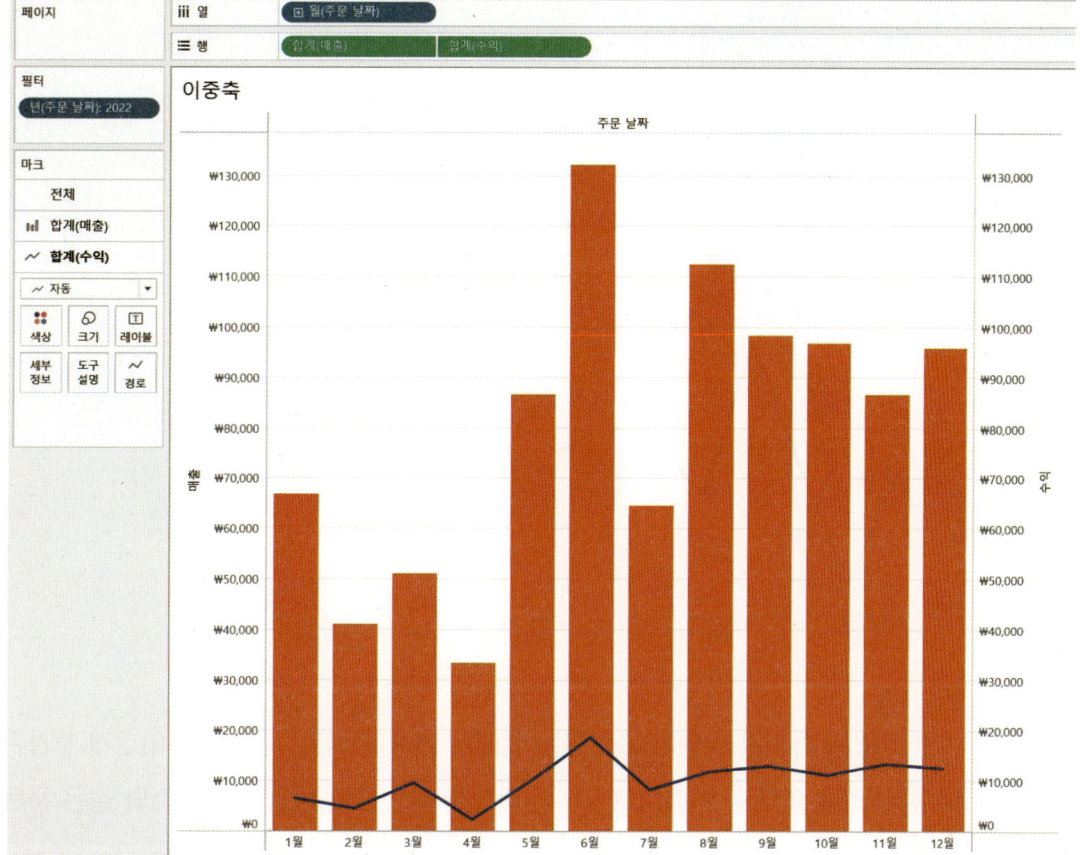

그림 31 이중축 차트

이중축 차트를 작성할 때, **1개의 날짜와 2개의 측정값**이 필요하며 이를 충족할 시 이중축 차트를 만들 수 있다. 그림 31에서는 2022년 [월(주문 날짜)]별 [매출]과 [수익]을 비교하는 이중축 차트를 작성했다.

이중축 차트를 작성하는 방법은 [주문 날짜]별 [매출]과 [수익]을 라인 차트로 작성하여, 오른쪽 측정값 필드를 우클릭하여 이중축을 선택한다.

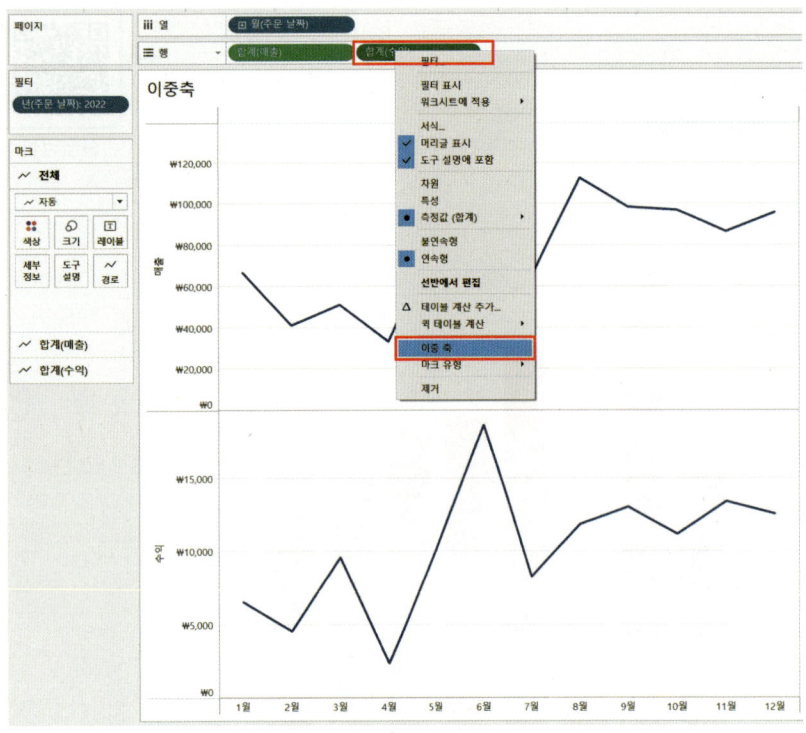

그림 32 이중축 적용

이중축을 선택하면 행 선반에 있는 측정값 필드가 붙어있는 형태로 변하게 되고, 마크와 축이 2개 추가된 것을 확인할 수 있다. [매출] 마크를 막대로 변경하고 [수익] 마크를 라인으로 변경하면 아래와 같은 차트가 만들어진다.

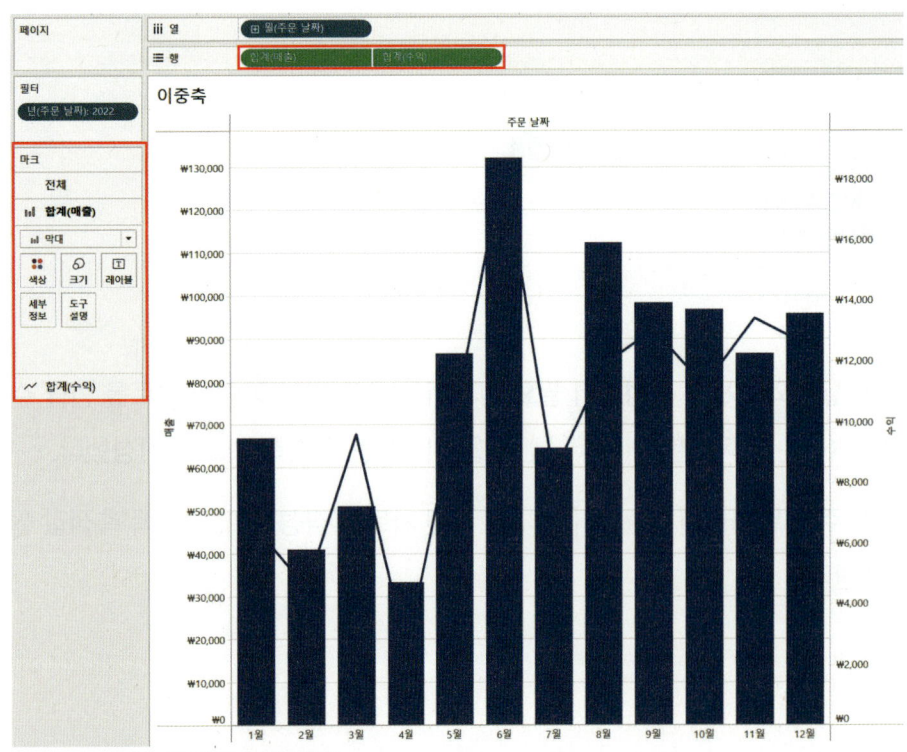

그림 33 매출, 수익 마크 유형 변경

[매출], [수익] 마크에서 각 마크의 색상과 크기, 레이블 등을 수정할 수 있고, 전체 마크에서는 색상, 크기, 레이블이 두 차트에 적용될 수 있도록 수정할 수 있다. 그리고 차트를 구분하기 위해 막대 차트의 색상을 변경해준다.

[매출], [수익]의 범위가 다르기 때문에 축을 우클릭 → '축 동기화'를 선택해 두 축의 범위를 맞춰준다.

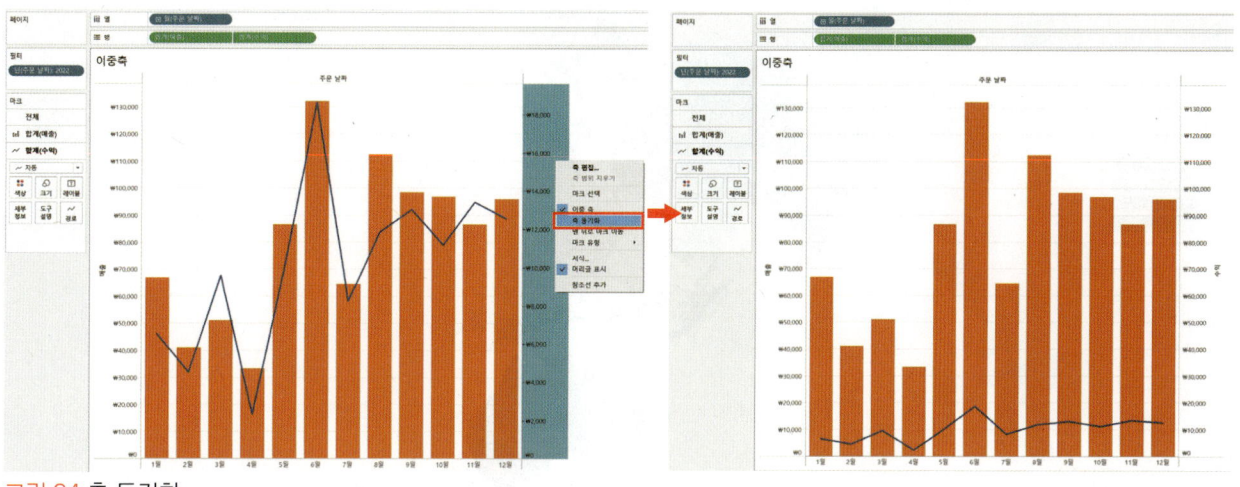

그림 34 축 동기화

축 동기화는 이중축 차트에서 값의 축을 일치시키는 것을 의미하며, 값의 범위가 달라 차트를 볼 때 값의 크기를 혼동할 수 있기 때문에 축 동기화 작업이 필요하다. 하지만 축 동기화를 하면 안 되는 경우도 있다. 두 개의 값을 비교할 때, 축의 범위가 크게 차이나면 축 동기화를 되도록 피하는 것이 좋다.

12 맵 차트

1. 개념

맵 차트(Map Chart)는 지도 형태로 데이터를 표현한 방법으로, 다양한 지역 또는 지리적 영역에 대한 데이터 값을 시각적으로 표시한다. 맵 차트를 생성하면 데이터의 지리적 분포와 패턴을 한눈에 파악할 수 있으며, 다양한 옵션과 상호작용을 통해 데이터를 탐색하고 분석할 수 있다. 주로 위경도 좌표, 우편번호, 국가, 주, 시/도 와 같은 지리적 정보를 사용하는데, 한국 지리정보가 있다면 시도와 시군구명 데이터만 있어도 맵으로 표현할 수 있다. 읍면동까지 나타내고 싶다면 추가적인 공간파일과 조인해서 나타낼 수 있다.

맵 차트의 특징과 장점은 다음과 같다.
- 지리적 위치 정보를 활용하여 데이터 간의 관계를 직관적으로 파악할 수 있다.
- 데이터의 지리적 특성을 시각화 함으로써 지리적 패턴이나 이상치 등을 식별할 수 있다.
- 태블로 맵 차트는 사용자가 지도를 확대, 축소, 스크롤, 필터링 등을 통해 데이터를 탐색할 수 있다.
- 태블로는 내장된 맵을 제공하지만, 사용자가 자신의 맵을 추가할 수도 있다.

2. 작성방법

1) 채워진 맵

실습영상

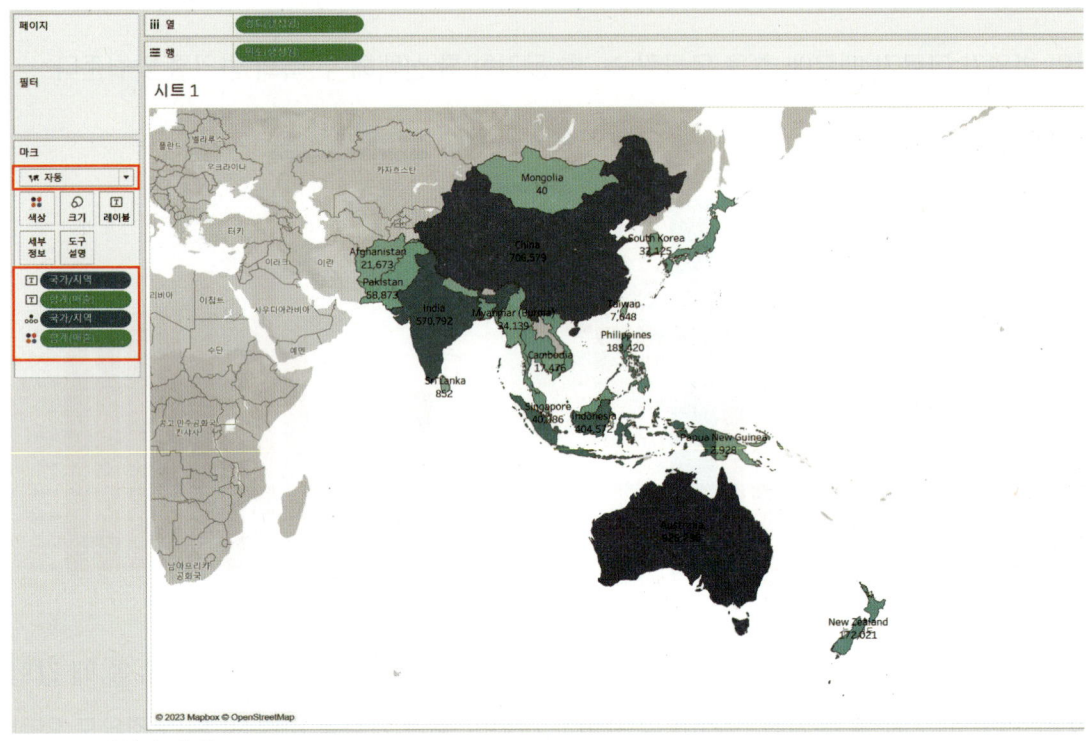

그림 35 채워진 맵 차트

맵 차트를 작성할 때, **1개의 지오 데이터, 0~2개의 측정값**이 필요하며, 마크 유형을 **맵**으로 충족할 시 맵 차트를 만들 수 있다. 그림 35에서는 국가별 매출을 맵 차트로 작성했으며, 매출을 색상으로 나타낸 차트이다.

[국가/지역]필드를 더블 클릭하면 위도와 경도 필드가 자동으로 행과 열의 선반에 추가되고, 지도가 만들어진다. 마크의 유형을 맵으로 변경해준다.

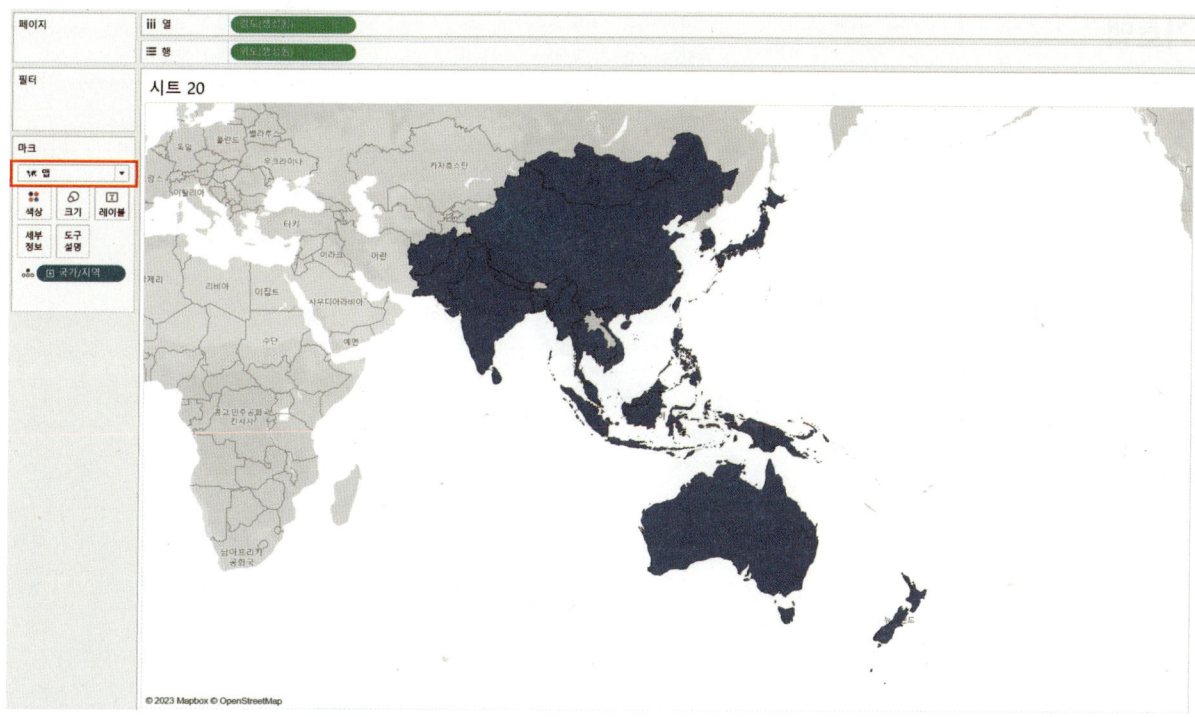

그림 36 마크 유형 변경

매출의 크기를 색상으로 나타내기 위해 [매출]을 색상 마크에 추가하고, 국가와 매출값을 확인하기 위해 두 필드를 레이블 마크에 추가하면 다음과 같은 차트가 만들어진다.

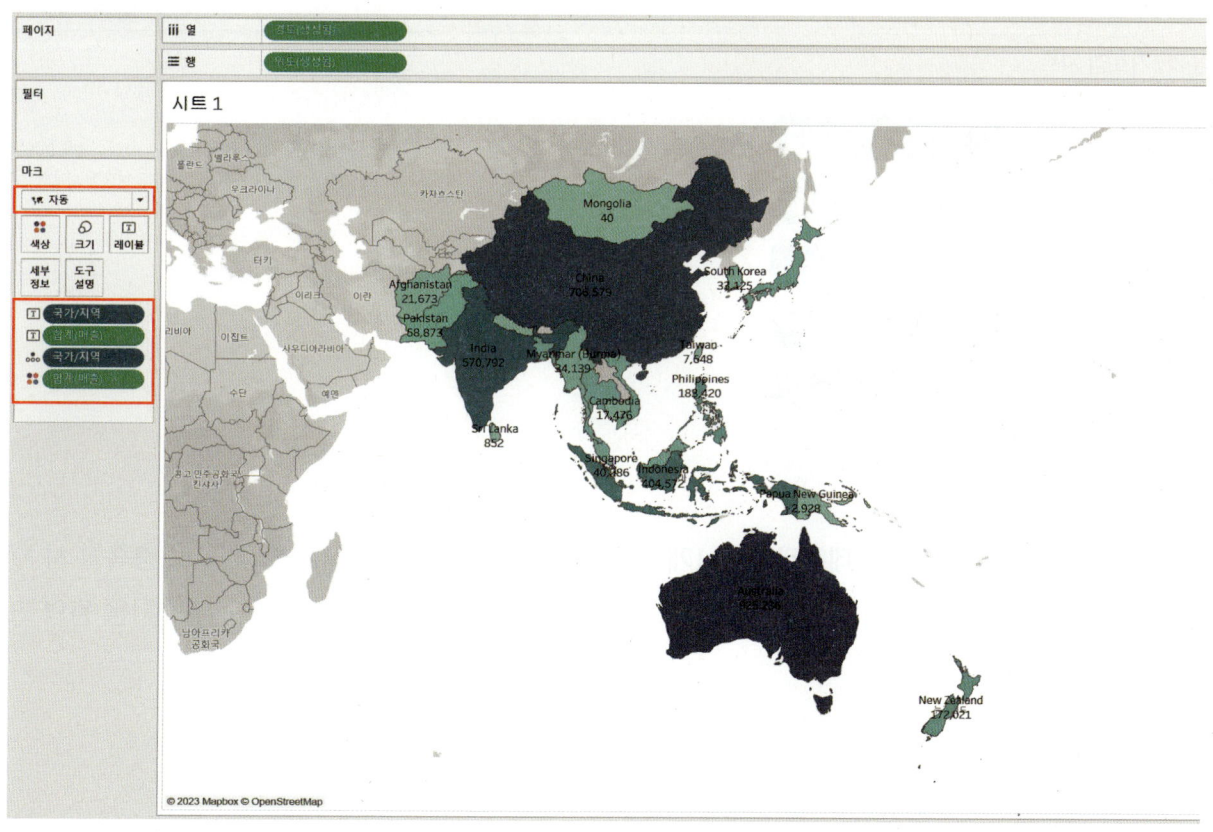

그림 37 맵 차트 완성

기본 차트 알아보기 073

2) 기호맵

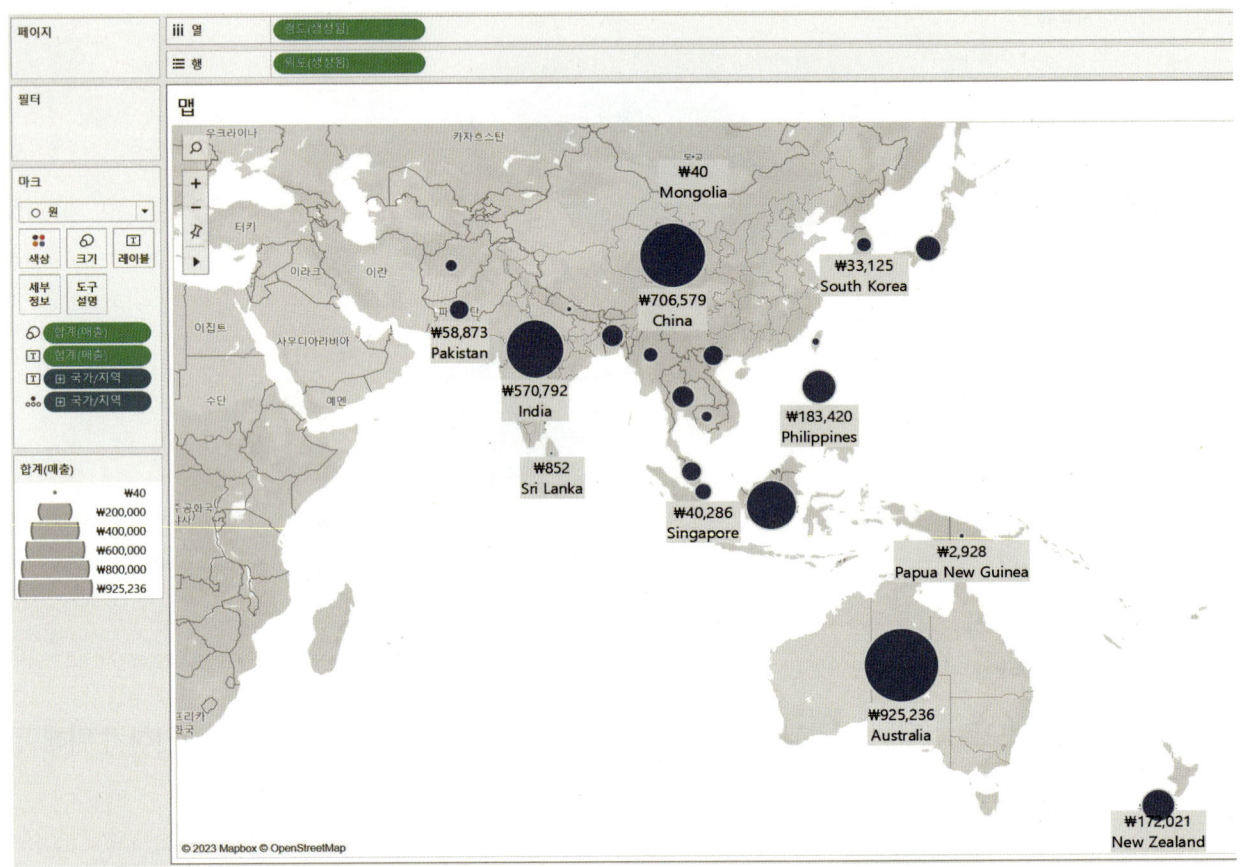

그림 38 기호맵 차트

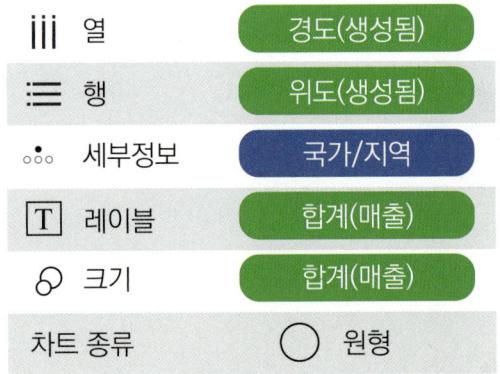

기호맵을 작성할 때, **1개의 지오 데이터와 0~1개의 측정값**이 필요하며, 마크 유형을 **원**으로 충족할 시 기호맵 차트를 만들 수 있다. 그림 39에서는 [국가/지역], [매출]을 맵 차트로 작성했으며, [매출]을 원의 크기로 나타낸 차트이다.

[국가/지역] 필드를 더블 클릭하여 맵 형태를 만들고, 마크유형을 원으로 선택해준다.

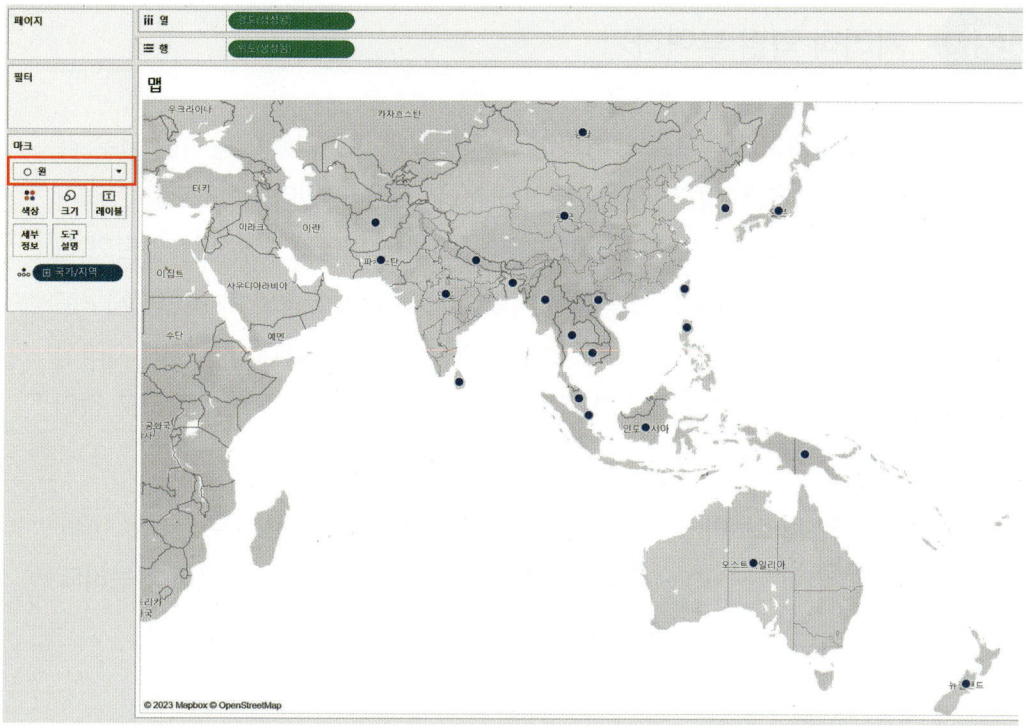
그림 39 마크유형 변경

원의 크기를 매출로 나타내기 위해 [매출]을 크기 마크에 추가한다. 국가별 매출을 확인할 수 있게 [국가/지역]과 [매출]을 레이블 마크에 추가하면 기호 맵 차트가 만들어진다.

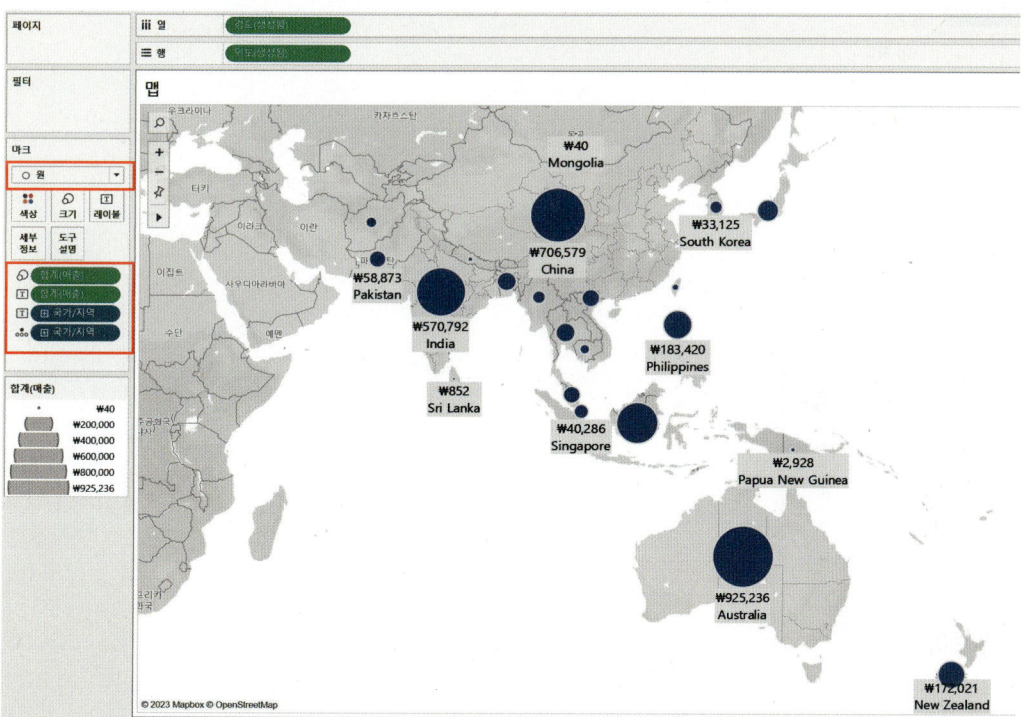
그림 40 맵 차트 완성

기본 차트 알아보기 075

더 알아보기 ▶ 지리적 역할 부여하기

실습용 데이터의 경우 지리적 역할이 자동으로 부여되어 있지만 실전 데이터를 사용하는 경우 각 지역 및 주소에 지리적 역할이 부여되지 않고 문자열 데이터 유형으로 남아있다. 맵 차트를 그리기 위해서는 데이터 유형에 지리적 역할을 부여해야 하기 때문에, 좌측 데이터패널에 있는 필드의 데이터 유형을 클릭하고 지리적 역할에서 알맞은 항목을 선택해준다. 데이터 유형의 아이콘이 지구본 모양으로 변경되는데 이 모양은 맵 형태로 나타낼 수 있다는 것을 의미한다. 데이터 필드에 지리적 역할을 부여하게 되면 측정값에는 위도, 경도 필드가 자동 생성된다. 이 필드들은 위도 및 경도 값이 포함되고 지리적 역할이 할당되어 있어, 이 두 필드를 사용해 지도가 만들어진다.

그림 41은 '파일에 연결'에서 '슈퍼스토어 - 샘플' 엑셀 파일을 직접 연결한 상황으로 [국가/지역] 필드의 데이터 유형을 '지리적 역할' → '국가/지역'으로 변경해야 지리적 역할로 사용이 가능하다.

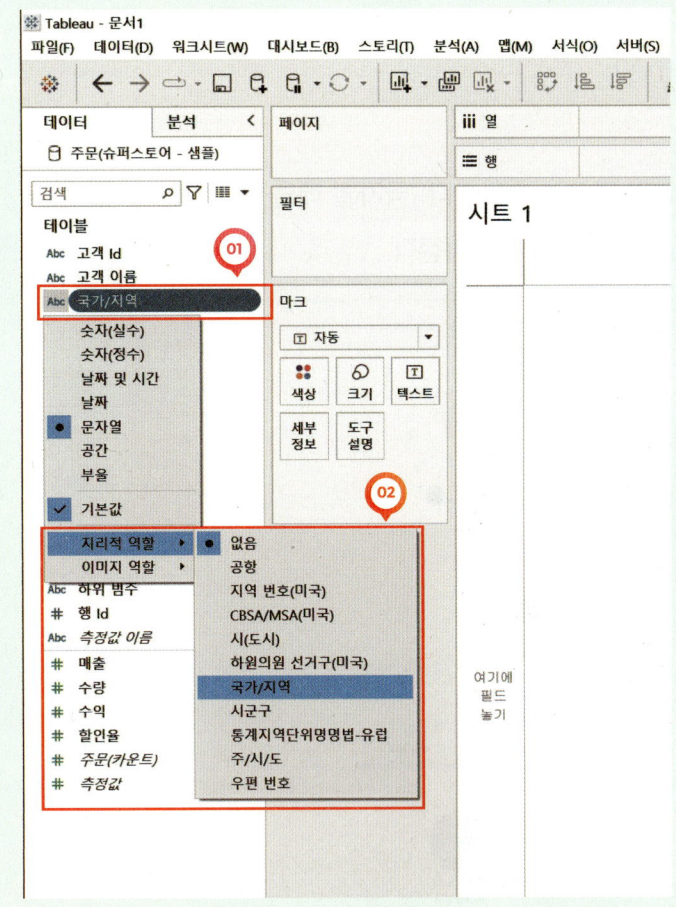

그림 41 지리적 역할 부여

13 분산형 차트

1. 개념

분산형 차트(Scatter Chart)는 두 변수 간의 관계를 시각적으로 보여주는 차트이다. 두 변수의 상관 관계를 확인하고, 어떤 변수가 다른 변수에 미치는 영향력을 파악하고자 할 때 사용하고, 이를 통해 데이터의 패턴과 규칙성을 찾아낼 수 있다.

분산형 차트는 하나의 뷰 위에 데이터를 흩뿌려 나타내는 방식으로 2~4개의 측정값을 선반에 추가한 뒤, 차원 세분화된 정보를 전달하는 방식으로 만들어진다. 다양한 변수 사이의 관계를 보며 추세를 파악할 수 있고 추세에 벗어난 마크를 분석할 수 있다.

분산형 차트의 특징과 장점은 다음과 같다.

- 분산형 차트는 데이터의 분포를 직관적으로 시각화하여 이상치나 패턴을 발견할 수 있다.
- X축과 Y축 사이의 점들의 위치 패턴을 통해 데이터 간의 상관관계를 파악할 수 있다.
- 점의 크기, 색상, 모양 등을 활용하여 데이터의 다른 특성을 나타낼 수 있다.

분산형 차트는 데이터 간의 관계, 상관관계, 집중도, 이상치 등을 파악하는데 유용하다.

2. 작성방법

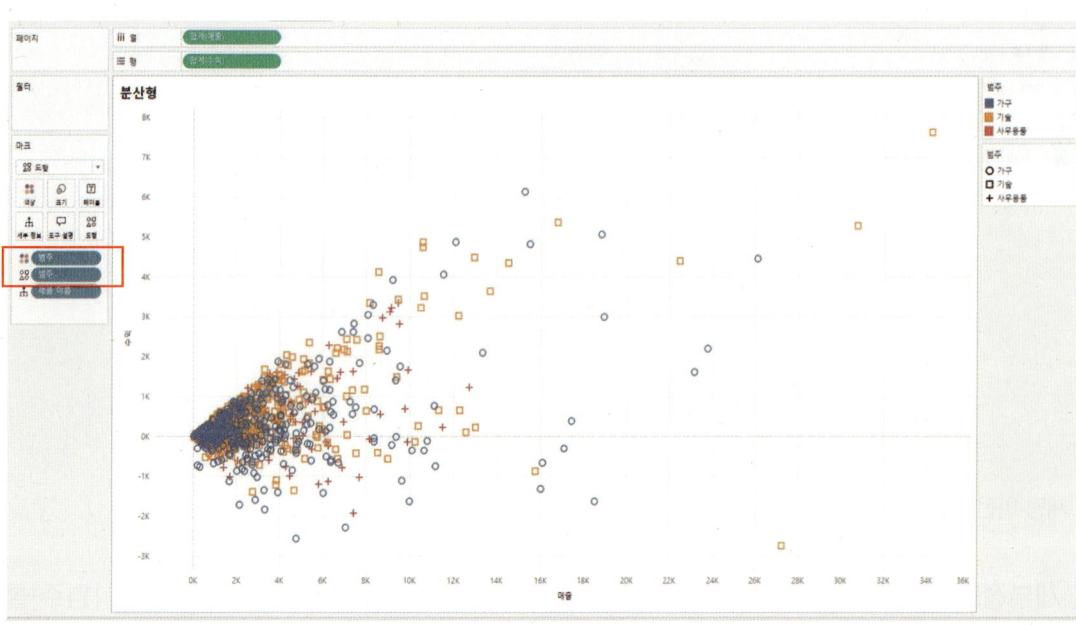

그림 42 분산형 차트

분산형 차트를 작성할 때, **2개~4개의 측정값**과 마크를 **도형**으로 지정하여 분산형 차트를 만들 수 있다. 그림 42에서는 [매출]과 [수익]으로 분산형 차트를 작성하였으며, [제품 이름]으로 나누고, [범주]로 색상을 구분해 표현한 차트이다.

[매출]과 [수익]을 행과 열의 선반에 추가하면 점이 하나만 나타나게 된다.

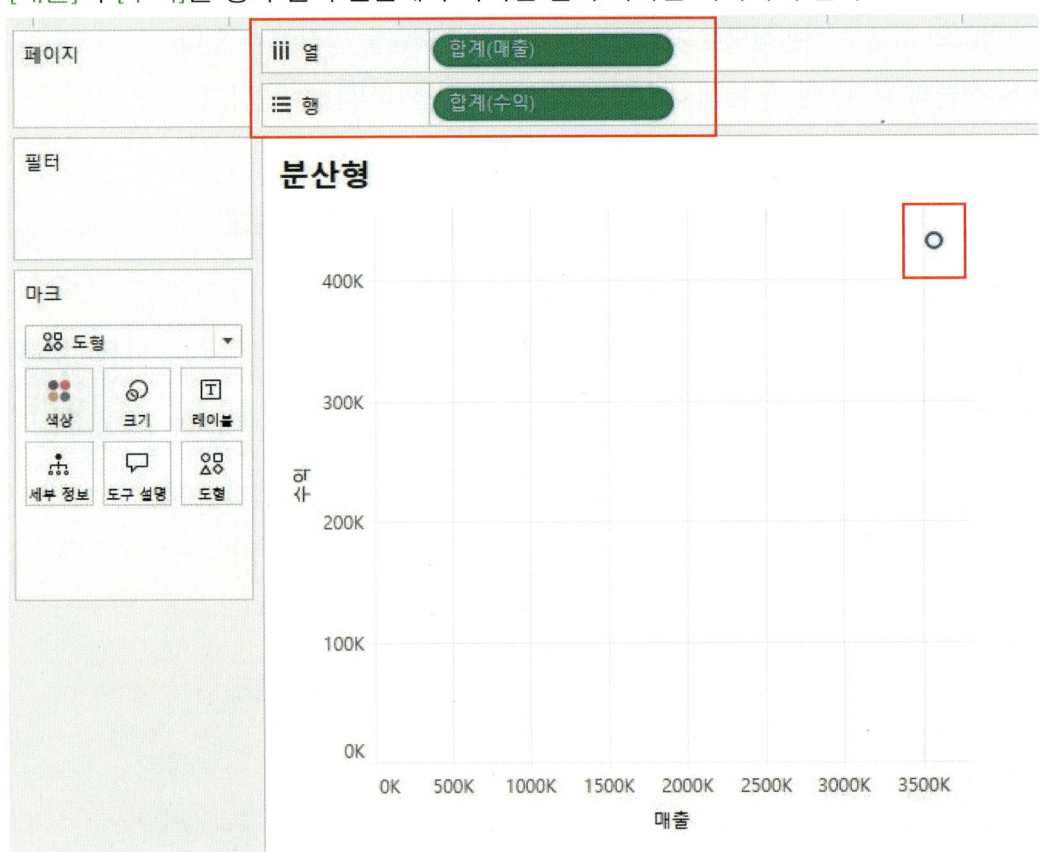

그림 43 측정값 세팅 이전의 분산형 차트

[제품 이름]을 세부정보 마크에 올리면 마크가 [제품 이름]으로 세부적으로 나누어져 표현된다. [범주]를 색상 마크에 올리거나, 모양 마크에 올려 [범주]별 [수익]과 [매출]의 상관관계를 쉽게 파악할 수 있다.

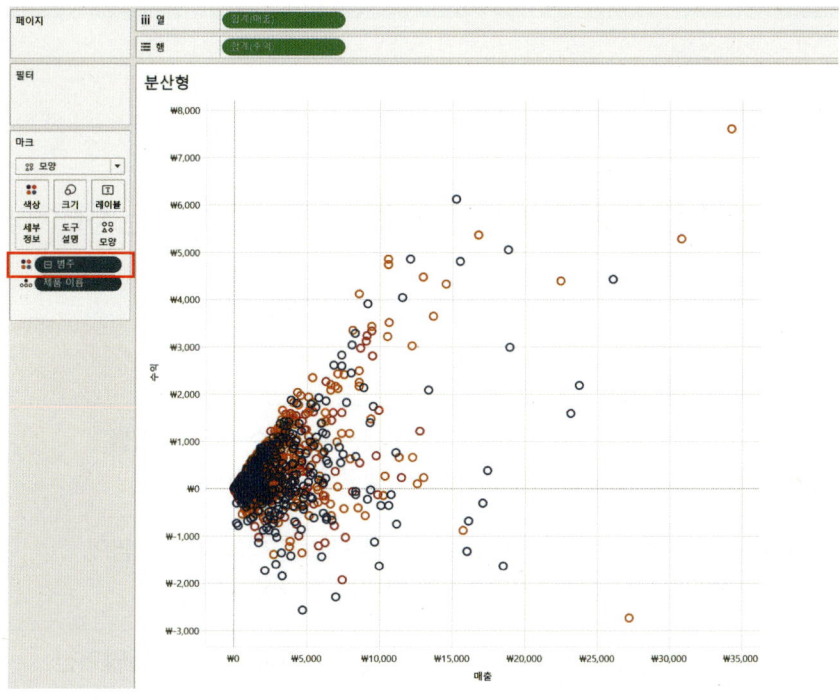

그림 44 색상, 세부정보 추가

> ### 더 알아보기 측정값 집계 해제
>
> 측정값을 행과 열의 선반에 추가하면 자동으로 집계된 상태로 나타난다. 기본 집계는 합계로 나타나는데, 집계를 해제하고 싶을 경우에는 상단 분석 탭에서 체크되어 있는 '측정값 집계'를 체크 해제해 주면 된다. '측정값 집계'를 체크해제 하면, 데이터의 각 행이 집계된 상태가 아닌 개별 마크로 표시된다.
>
>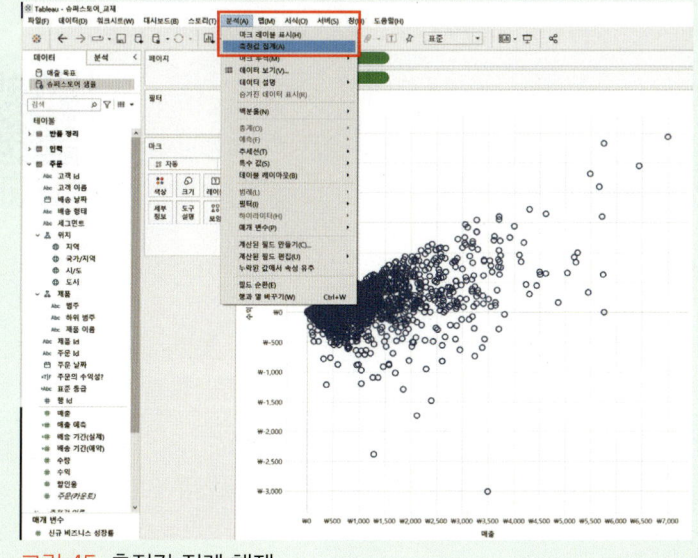
>
> 그림 45 측정값 집계 해제

기본 차트 알아보기 079

14 박스 플롯

1. 개념

박스 플롯(Box Plot)은 데이터의 중앙값, 최소값, 최대값, 사분위수 등을 시각적으로 표현하는 차트이다. 상자 모양과 상자 내부에 그려지는 수평선과 점들을 통해 데이터의 분포와 이상치를 보여준다.

박스 플롯은 3가지 구성 요소로 이루어진다.

상자	데이터의 중간값과 제1사분위수(Q1)와 제3사분위수(Q3) 사이를 나타내며 상자의 위쪽 경계가 Q3이고 아래쪽 경계가 Q1임
수염	상자에서 나온 선으로 데이터의 최소값과 최대값을 나타내며, 수염의 길이는 일반적으로 상자 크기의 1.5배 범위를 초과하지 않음
이상치	수염 범위를 벗어나는 개별 데이터로, 일반적인 데이터 값과는 동떨어진 값을 나타냄

박스 플롯의 특징과 장점은 다음과 같다.

- 박스 플롯은 데이터의 분포를 직관적으로 시각화하여 데이터의 중앙 경향과 분산을 파악할 수 있다.
- 이상치를 시각적으로 식별하는 데 유용하고, 박스 플롯에서 상자 밖에 위치한 점으로 나타날 수 있으며, 데이터의 특이한 값이나 잠재적인 이상 동작을 나타낼 수 있다.

박스 플롯은 데이터의 분포를 비교하고 이상치를 탐지하는 데에 유용하다. 특히, 여러 그룹이나 범주 간의 데이터 비교 및 분석에도 활용된다.

2. 작성방법

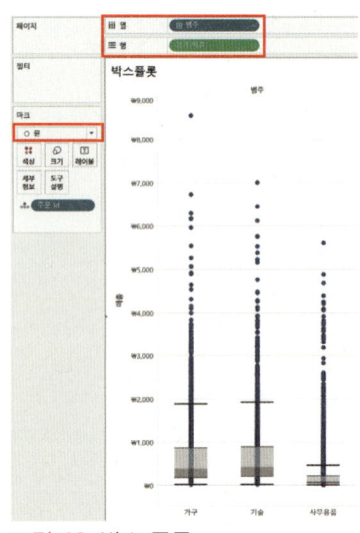

실습영상

그림 46 박스 플롯

박스 플롯을 작성할 때, **0개 이상의 차원과 1개 이상의 측정값**이 필요하며, 마크 유형을 **원**으로 지정하여 박스 플롯을 만들 수 있다. 그림 46에서는 [주문 Id]별 [매출]분포를 [범주]별로 나타낸 차트이다.

박스 플롯을 작성할 때는 [범주]별 [매출]을 원으로 표현해주고, [주문Id]를 세부정보 마크에 추가하고 '분석' 패널의 '박스 플롯'을 워크시트에 추가한다.

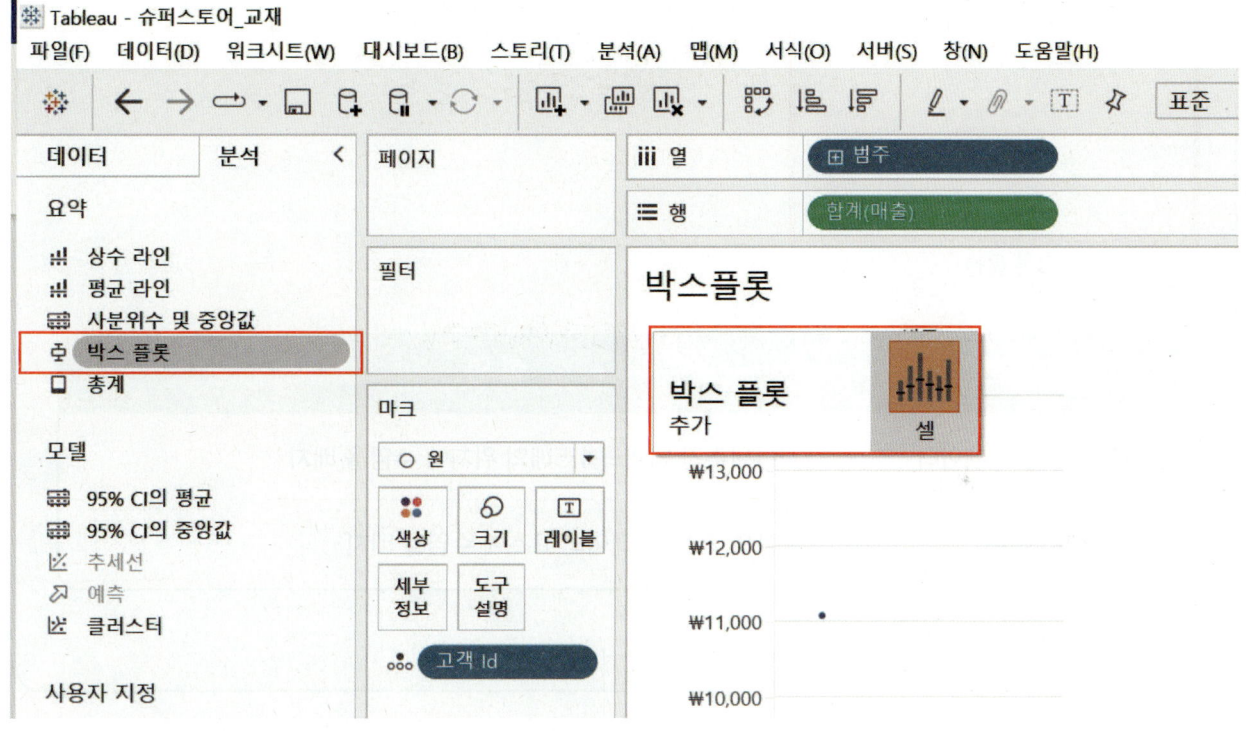

그림 47 박스 플롯 추가

더 알아보기   박스 플롯 옵션

'박스 플롯'을 클릭하여 편집을 누르면 편집창을 확인할 수 있고 차트 옵션에서는 수염에 대한 배치를 지정할 수 있다. 또한 '기초 마크 숨기기' 여부를 지정하고, 박스 플롯 서식을 지정할 수 있다.

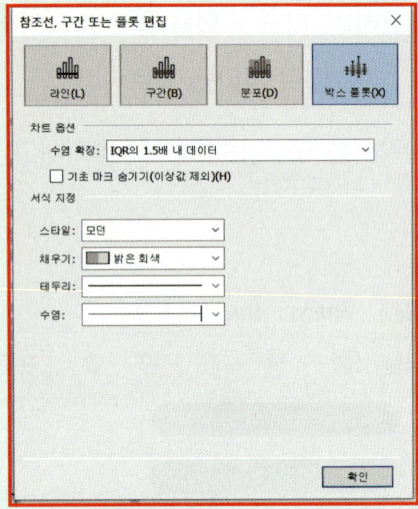

그림 48 박스 플롯 옵션

구분	설명
IQR의 1.5배 내 데이터	사분위수간 범위의 1.5배의 위치에 수염을 배치
최대 데이터 범위	분포의 가장 먼 데이터 요소에 수염을 배치

15 불릿 차트

1. 개념

불릿 차트(Bullet Chart)는 기준선인 목표치와 실제 값의 비교를 위해 사용되는 차트로 목표 설정과 성과 분석에 유용하다. 불릿 차트는 하나의 값에 대한 막대 차트를 이용하며, 해당 값의 목표치를 수직선, 바, 점 등으로 표시하여 비교한다. 이를 통해 현재 값이 목표치에 도달했는지 여부를 쉽게 파악할 수 있으며, 목표치 대비 몇 퍼센트를 달성했는지 파악하기도 용이하다.

불릿 차트는 보통 성과를 추적하기 위한 지표들을 비교하거나, 계획 대비 실적을 비교하는 등의 용도로 사용되고 색, 모양, 크기 등의 옵션을 적용할 수 있어서 시각적으로 다양한 정보를 표현할 수 있다.

불릿 차트의 특징과 장점은 다음과 같다.
- 주요 지표, 목표, 부가적인 참조 값을 함께 시각화하여 비교 가능성을 제공한다.
- 데이터를 간결하게 표현하고 필요한 정보를 효과적으로 전달할 수 있도록 도와준다.

2. 작성방법

실습영상

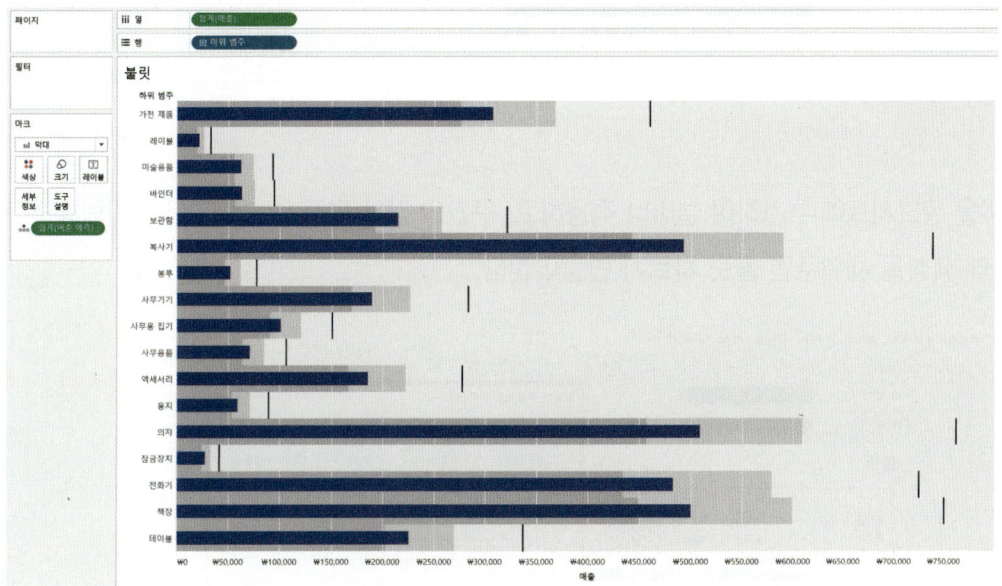

그림 50 불릿 차트

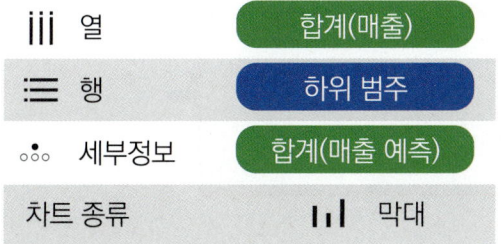

불릿 차트를 작성할 때, **0개 이상의 차원과 2개의 측정값**이 필요하며, 마크 유형을 **막대**로 지정하여 불릿 차트를 만들 수 있다. 그림 50에서는 [하위범주]별 [매출]과 [매출 예측]을 비교한 불릿 차트로 작성하였으며, 매출 예측 대비 실제 매출이 어느정도 도달했는지를 표현한 차트이다.

불릿 차트를 새로 작성하는 방법은 [하위범주]별 [매출]로 가로 막대 차트를 만들고, [매출 예측] 필드를 세부정보에 추가한다. '분석' 탭의 '참조선'을 워크시트에 추가하여 셀마다 적용시켜주고, 참조선은 [매출 예측]의 합계의 평균 라인을 입력해준다.

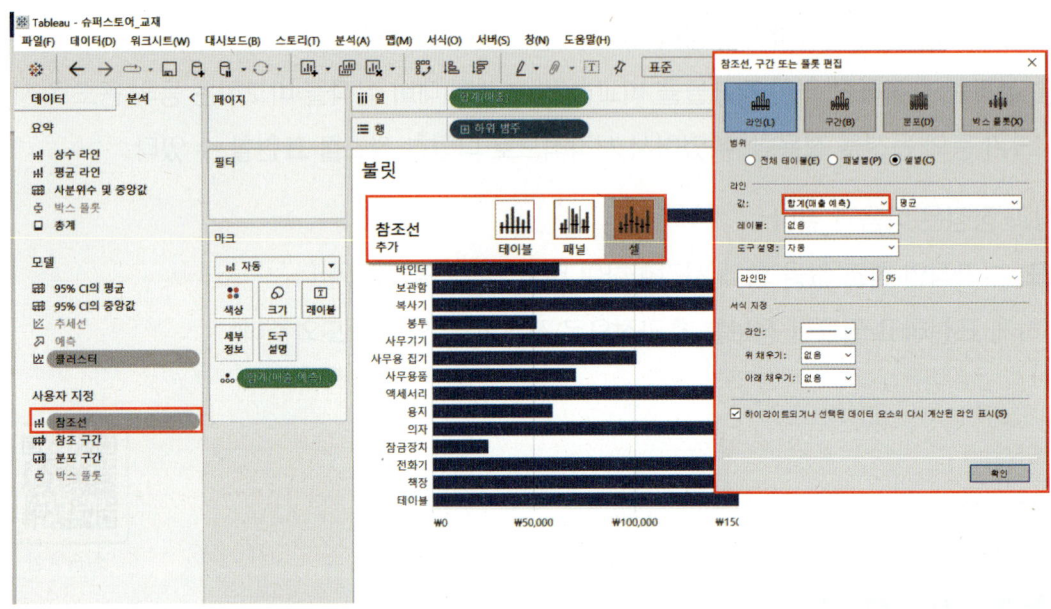

그림 51 참조선

'분석' 탭의 '분포구간'을 워크시트에 추가하여 셀마다 적용하고, 구간의 값은 평균 [매출 예측]을 입력해준다. 서식 지정에서 위, 아래 색상을 채워주면 불릿 차트가 만들어진다.

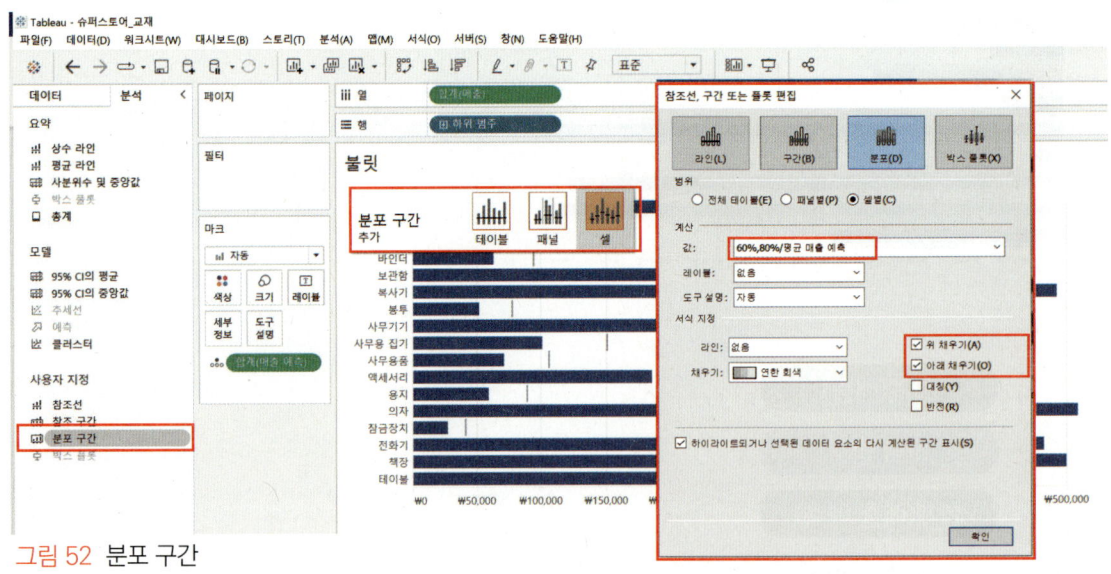

그림 52 분포 구간

더 알아보기 ▶ 참조선 필드 바꾸기

참조선의 필드를 서로 바꿔야 할 경우가 있다. 예를 들어 매출을 막대 차트가 아닌 참조선, 분포 구간으로 표시하고 싶은 경우에는 '참조선 필드 바꾸기'를 통해 간단하게 변경할 수 있다.

두 측정값을 바꾸려면 축을 우클릭 → '참조선 필드 바꾸기'를 선택한다.

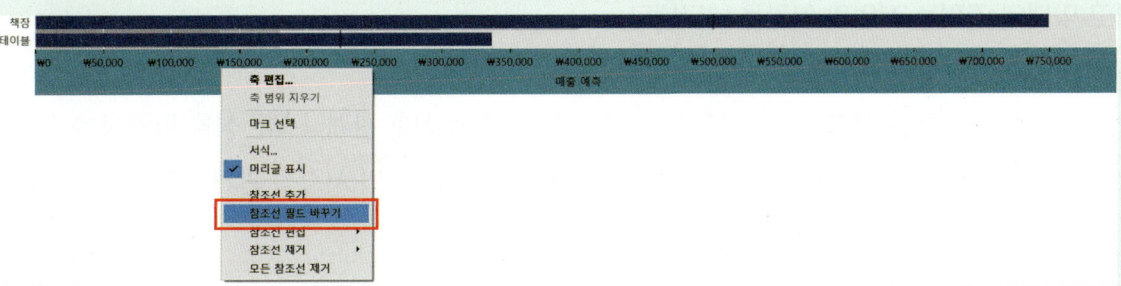

그림 53 참조선 필드 바꾸기

16 간트 차트

1. 개념

간트 차트(Gantt Chart)는 프로젝트 관리 및 일정 관리를 시각화하는 데 사용되는 차트이다. 작업의 시작일과 종료일, 진행 상태 등을 시간 축에 표시하여 프로젝트 일정을 관리하고 추적할 수 있다. 또한, 작업의 시간 흐름과 종속 관계를 직관적으로 이해할 수 있는 효과적인 도구로 활용되며, 작업은 각각의 막대로 표현하고 막대의 길이는 작업의 기간을 나타낸다.

간트 차트의 특징과 장점은 다음과 같다.

- 작업 간의 종속 관계를 시각적으로 표현할 수 있어 작업 간의 선후 관계나 의존성을 파악할 수 있다.
- 프로젝트 작업 일정을 한눈에 파악할 수 있도록 도와주며 작업 간의 시간적 관계를 파악할 수 있다.

2. 작성방법

실습영상

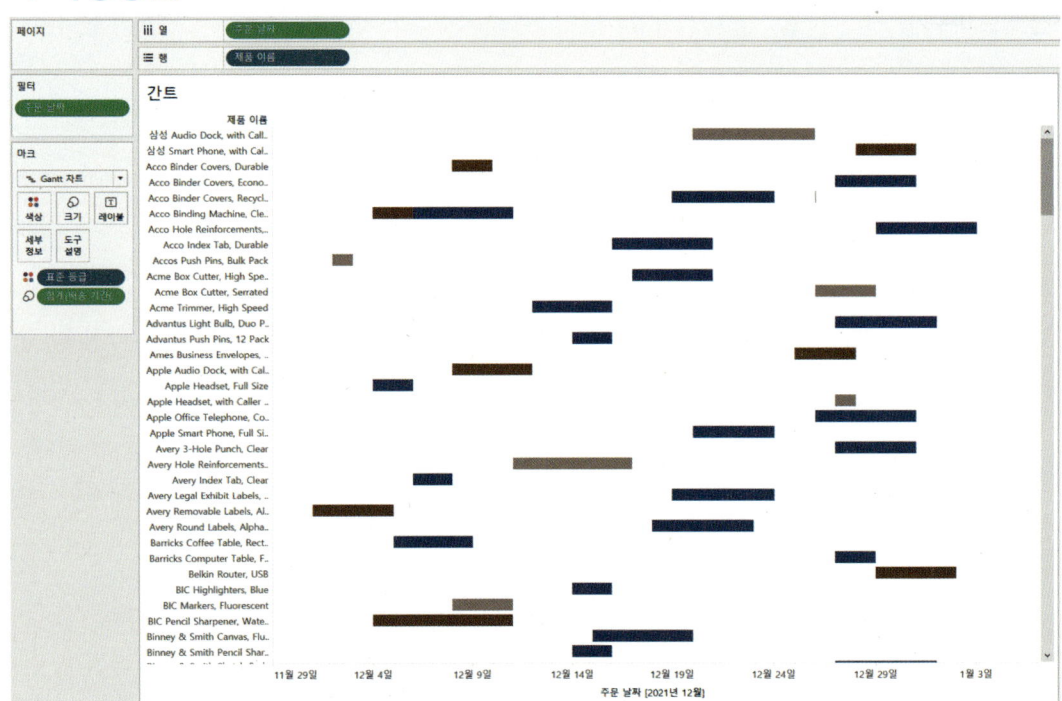

그림 49 간트 차트

CHAPTER 05   필터 활용하기

필터는 데이터를 선택적으로 표시하거나 분석할 수 있도록 하는 기능이다. 특정 조건을 만족하는 데이터만 표시하거나 제외할 수 있으며 데이터를 직관적으로 분석하고 원하는 정보를 추출할 수 있다.

태블로에서 필터를 적용할 때, 데이터 필드를 ①필터 선반에 추가하거나, 데이터 패널에 있는 필드를 우클릭해 ②필터 표시를 선택하면 필터가 적용된다.

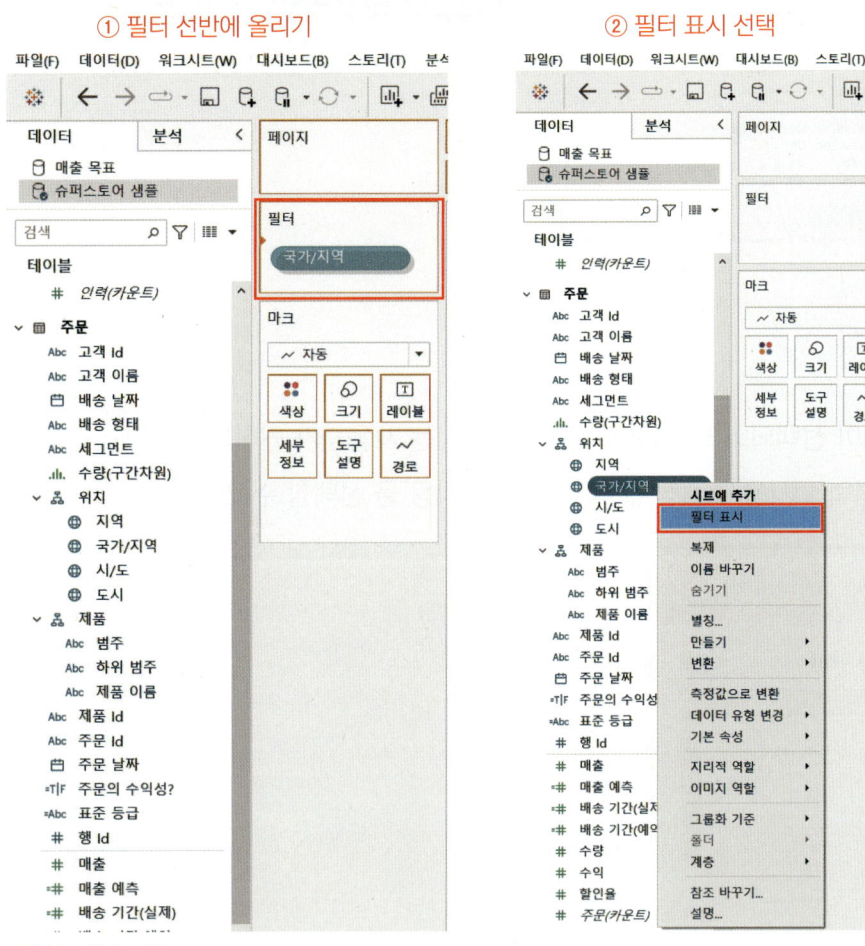

그림 1 필터 적용

01 차원 필터

아래 그림 2는 [하위 범주]별 [매출]을 나타낸 막대 차트로 지역필드를 필터링한 결과는 다음과 같이 나타난다. 차원을 필터 선반에 추가하면 아래와 같은 필터 창이 나타나고 목록 중 선택한 값만 포함시키도록 필터를 적용한다.

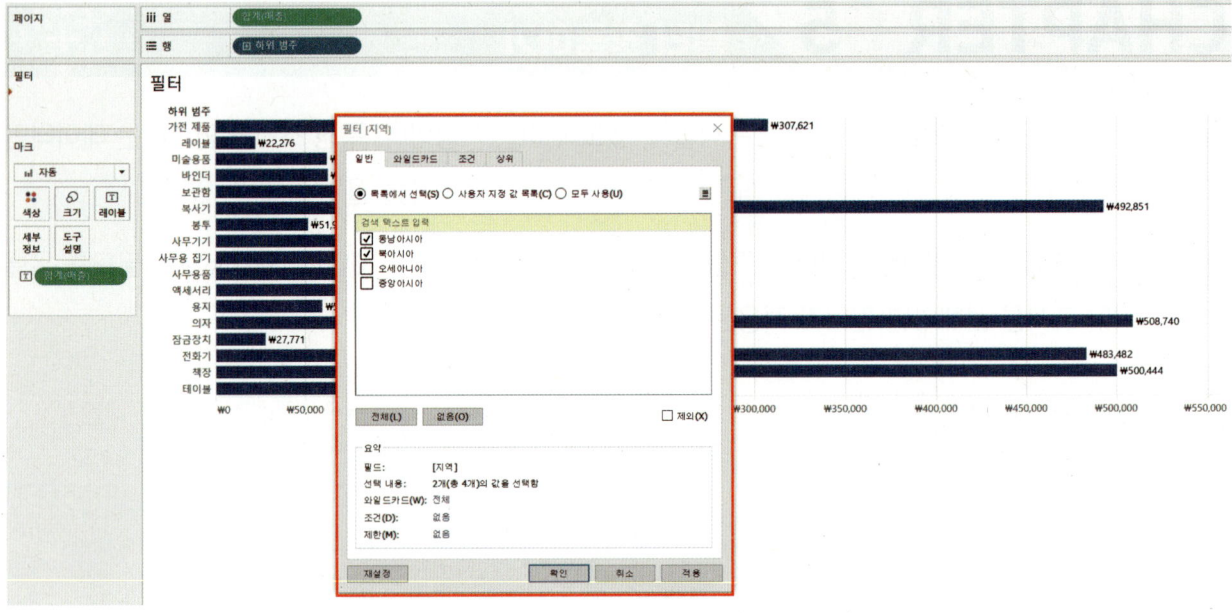

그림 2 필터 창

1) 일반

필터 창은 기본적으로 '일반' 탭이 선택되어 표시된다. '일반' 탭에서는 사용자가 원하는 항목을 선택하거나 제외할 수 있고, '목록에서 선택', '사용자 지정 값 목록', '모두 사용'을 선택할 수 있다.

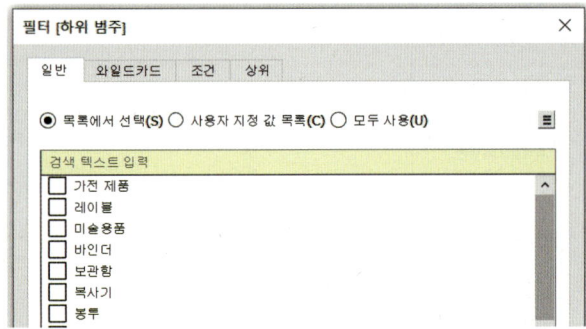

그림 3 필터 창 '일반' 탭

① 목록에서 선택

'목록에서 선택'은 항목들 중에서 원하는 항목들만 선택하여 필터링한 항목들만 나타낼 수 있고, 선택한 항목들을 제외할 수도 있다.

그림 4, 그림 5는 [하위 범주]를 필터에 적용시켰을 때 나타나는 창이다. 항목들 중에 원하는 항목만 선택해서 뷰에 나타내게 할 수 있고, 선택한 항목을 제외하여 뷰에 나타낼 수 있다.

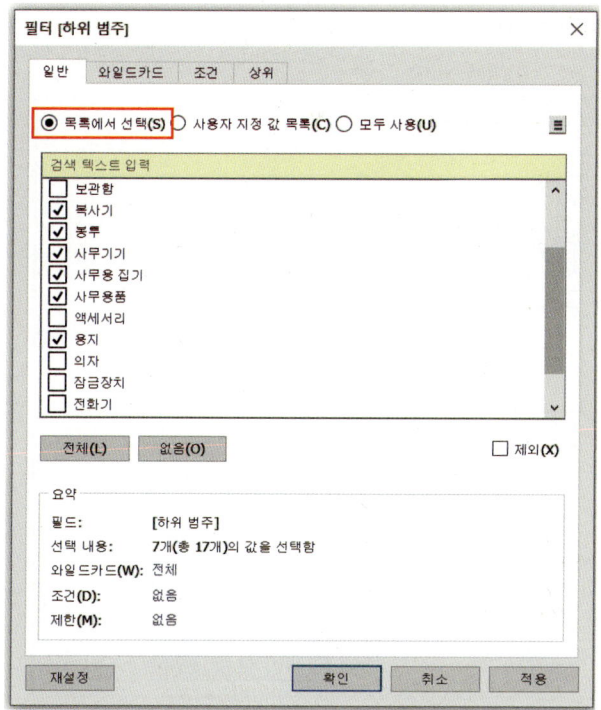
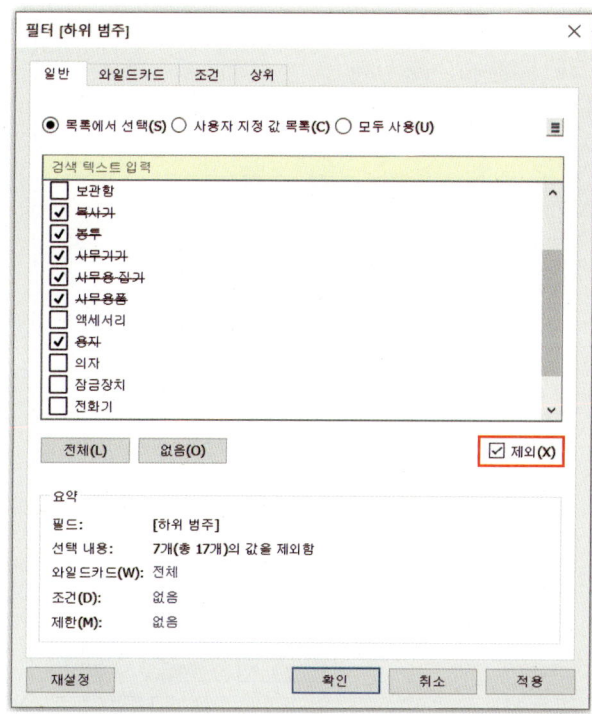

그림 4 필터 설정('목록에서 선택', 제외 옵션)

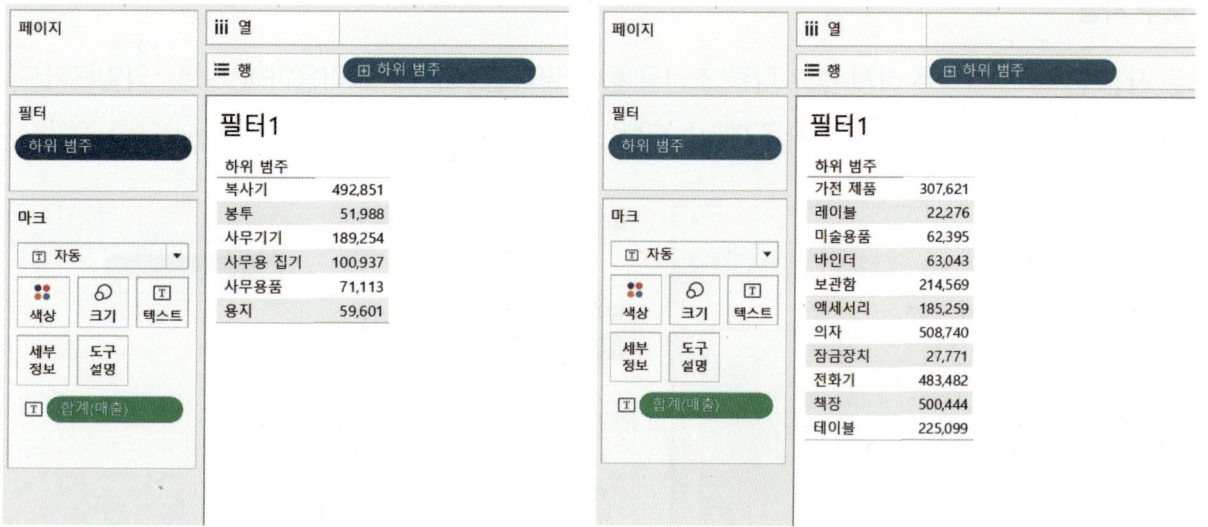

그림 5 그림 4에서 적용한 필터의 결과

② 사용자 지정 값 목록

'사용자 지정 값 목록'은 검색을 통해 일치하는 값을 선택하는 기능이다. [하위 범주]를 입력해 검색한 뒤 선택할 수 있고 사용자 지정 값 목록에서도 값을 제외할 수 있다. '제외' 옆에 '비워둘 경우 모든 값 포함'을 체크했을 경우, 아무런 값을 선택하지 않아도 모든 값이 표시된다.

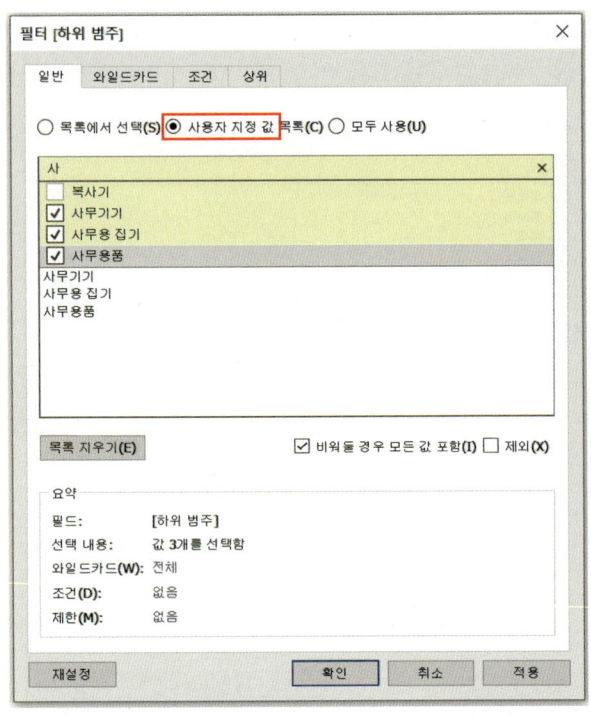
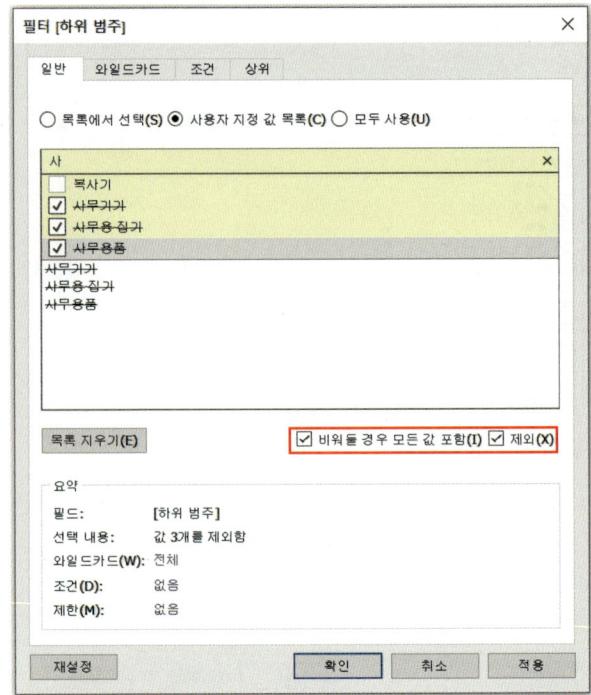

그림 6 필터 설정('사용자 지정 값 목록', 제외 옵션)

③ 모두 사용

'모두 사용'은 별도 선택을 하지 않고 다른 조건을 통해 필터를 사용할 때 이용하며, 보통 '와일드카드', '조건', '순위'에서 사용된다. '모두 사용'에서는 값을 제외할 수 없다.

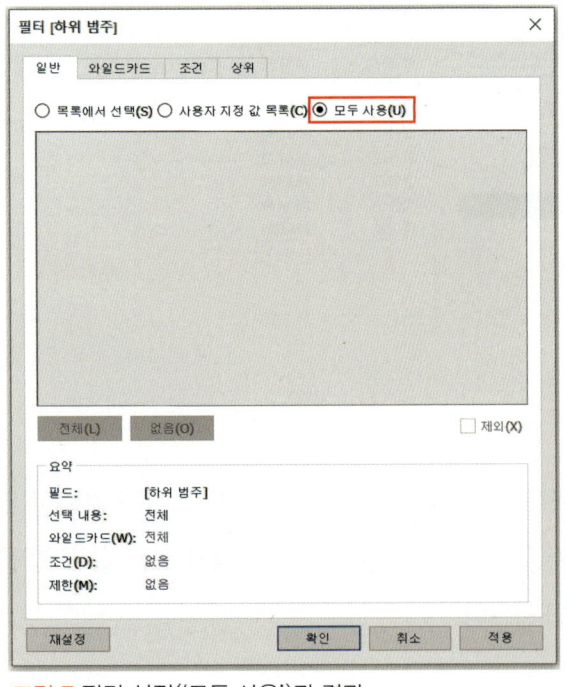
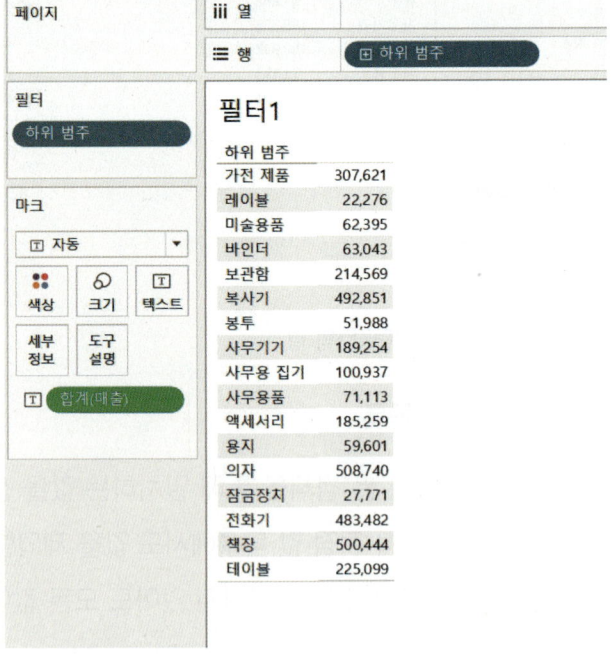

그림 7 필터 설정('모두 사용')과 결과

2) 와일드카드

'와일드카드' 탭에서는 사용자가 필터링할 패턴을 입력한다. 값 '포함', '시작 문자', '끝 문자', '정확히 일치' 옵션을 통해 필터링할 값을 선택할 수 있다.

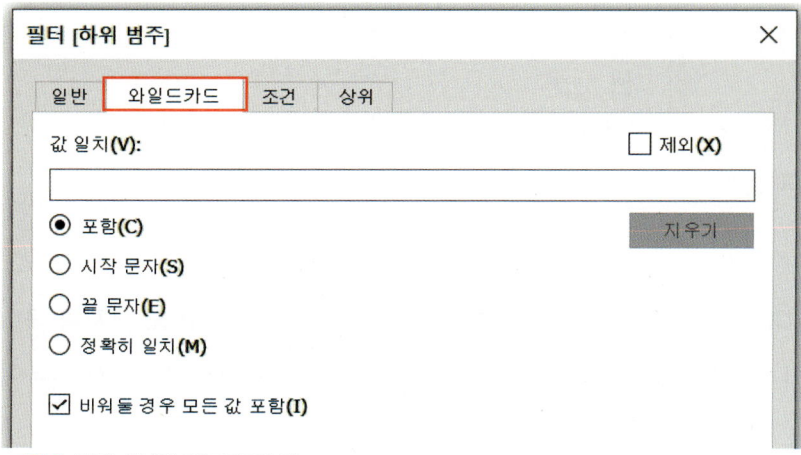

그림 8 필터 창 '와일드카드' 탭

① 포함

특정 문자를 포함하고 있는 항목을 나타내고 싶을 때 값 일치 검색창에 특정 문자를 입력하여 나타낼 수 있고 '제외'를 체크하여 제외할 수도 있다. 그림 9와 같이 설정하면 [하위 범주] 항목들 중 "용"이 포함되는 항목들만 나타내거나 제외할 수 있다.

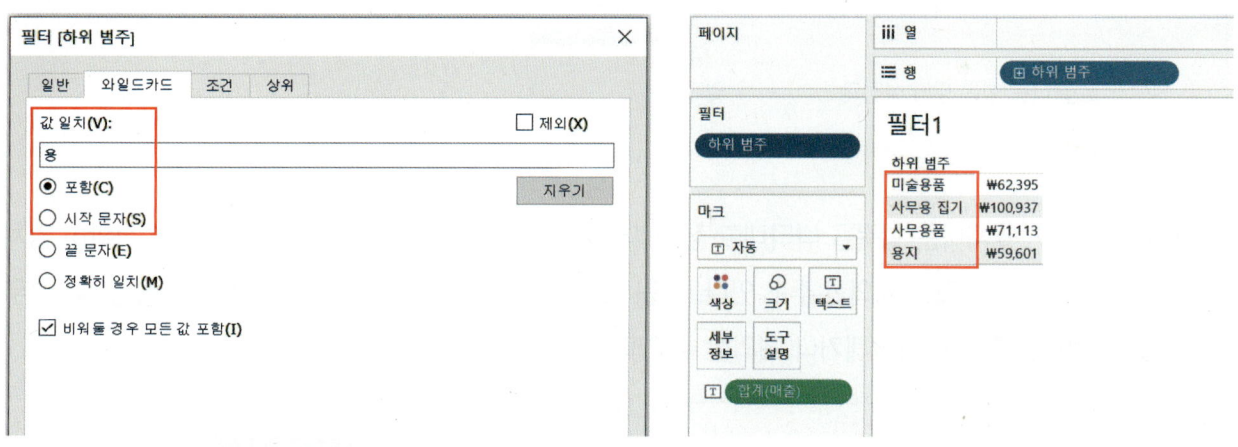

그림 9 "용" 포함 항목 필터 설정과 결과

② 시작문자

특정 문자로 시작하고 있는 항목을 나타내고 싶을 때 값 일치 검색창에 특정 문자를 입력하고 시작문자를 선택하여 나타낼 수 있고 제외할 수도 있다. 그림 10과 같이 설정하면 [하위 범주] 항목들 중 문자가 "가전"으로 시작하는 항목들만 나타내거나 제외할 수 있다.

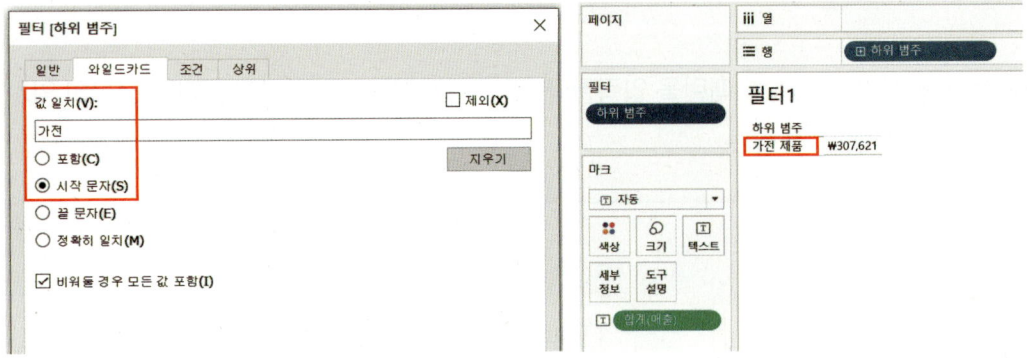

그림 10 "가전"으로 시작하는 항목 필터 설정과 결과

③ 끝 문자

특정 문자로 끝나고 있는 항목을 나타내고 싶을 때 값 일치 검색창에 특정 문자를 입력하고 끝 문자를 클릭하여 나타낼 수 있고 제외할 수도 있다. 그림 11과 같이 설정하면 [하위 범주] 항목들 중 "기"로 끝나는 항목들만 나타내거나 제외할 수 있다.

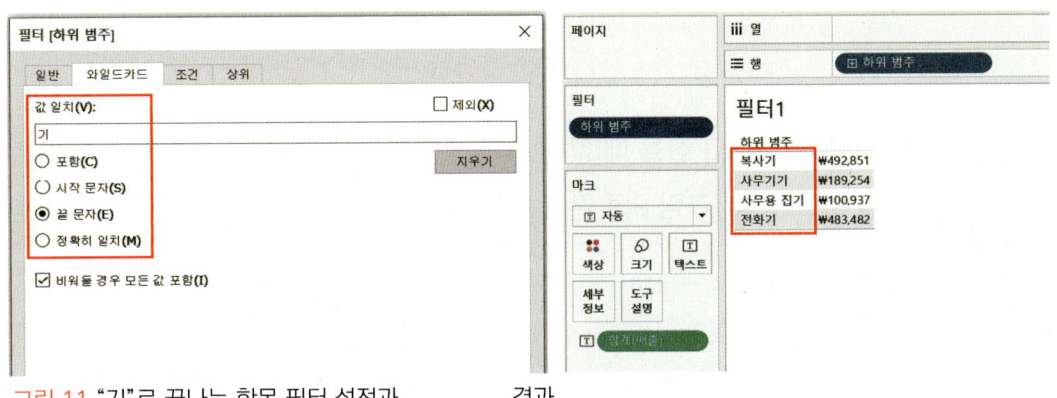

그림 11 "기"로 끝나는 항목 필터 설정과 결과

④ 정확히 일치

특정 문자와 값이 일치하는 항목을 나타내고 싶을 때 값 일치 검색창에 특정 문자를 입력하고 정확히 일치를 클릭하여 나타낼 수 있고 제외할 수도 있다. 그림 12와 같이 설정하면 [하위 범주] 항목들 중 문자 "사무용 집기"와 정확한 항목만 나타내거나 제외할 수 있다.

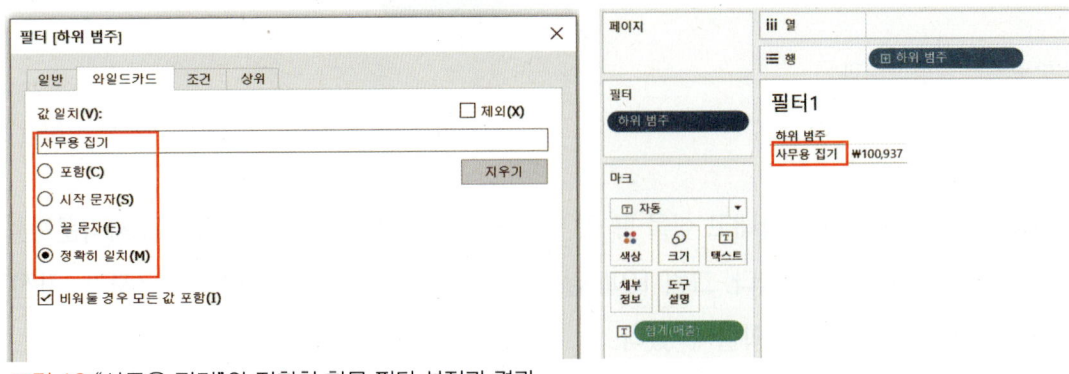

그림 12 "사무용 집기"와 정확한 항목 필터 설정과 결과

3) 조건

'조건' 탭을 사용해 필터링 기준으로 사용할 규칙을 정의할 수 있다. 기본 제공 컨트롤을 사용하여 '필드 기준' 조건을 설정하거나 사용자 지정 '수식 기준'을 작성할 수 있다.

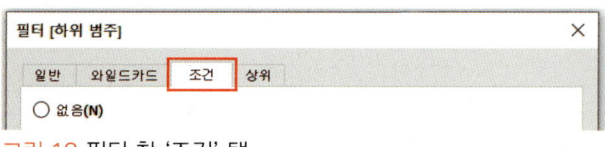

그림 13 필터 창 '조건' 탭

① 필드 기준

테이블에 있는 모든 필드들 중 선택한 하나의 필드를 기준으로 특정 계산 값과 비교를 통해 범위 안에 있는 값을 나타낼 수 있다. '로드'를 클릭하면 선택한 필드의 특정 계산 값의 최소값과 최대값 범위를 확인할 수 있어, 그 범위에 해당하는 값을 설정하여 비교할 수 있다. 그림 14과 같이 설정하면 [하위 범주] 항목들 중 [매출]이 400,000원 이상인 항목들만 나타낼 수 있다.

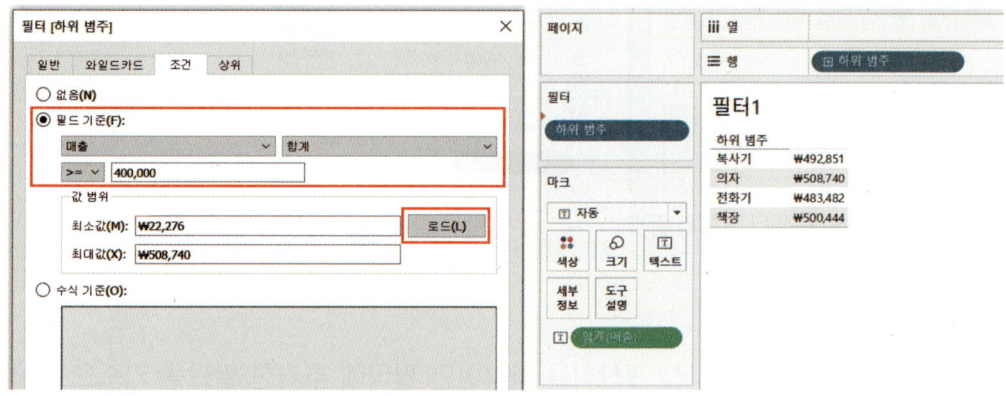

그림 14 매출이 400,000원 이상인 항목 필터 설정과 결과

② 수식 기준

사용자가 직접 계산식을 작성하여 필터에 추가한 필드를 기준으로 계산식에 맞는 항목을 나타낼 수 있다. 수식을 입력할 때 계산식은 부울형, 값은 집계 값으로 사용해야 한다. 그림 15와 같이 설정하면 [하위 범주] 항목들 중 [매출]이 400,000원 이상인 항목들만 나타낼 수 있다.

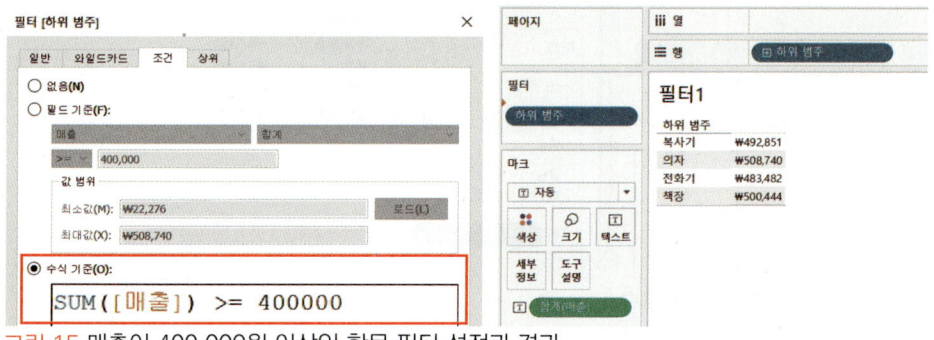

그림 15 매출이 400,000원 이상인 항목 필터 설정과 결과

4) 상위

'상위' 탭을 사용하여 뷰에 포함될 데이터를 계산하는 수식을 정의할 수 있다. 필드 기준 조건을 설정하거나 수식을 작성해 상위, 하위 N개 값을 선택할 수 있다.

① 필드 기준

필드와 집계 방식을 선택하고 상위/하위 몇 개의 값을 뷰에 출력할지 입력하여 필터를 적용할 수 있다. 그림 16과 같이 설정하면 [하위 범주] 항목들 중 [매출]의 합계가 상위 5위 안에 속하는 항목들만 나타낼 수 있다.

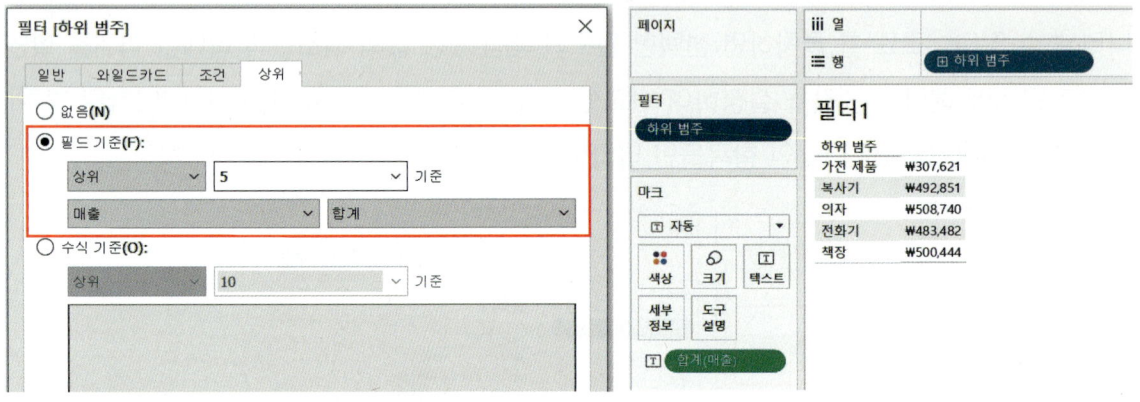

그림 16 매출 합계 상위 5위 안에 속하는 항목 필터 설정과 결과

② 수식 기준

상, 하위와 기준을 먼저 선택하고 사용자가 직접 계산식을 작성하면 필터에 추가한 필드를 기준으로 상, 하위 N개의 항목을 뷰에 나타낼 수 있다. 그림 17과 같이 설정하면 하위 범주 항목들 중 매출의 합계가 하위 5위 안에 속하는 항목들만 나타낼 수 있다.

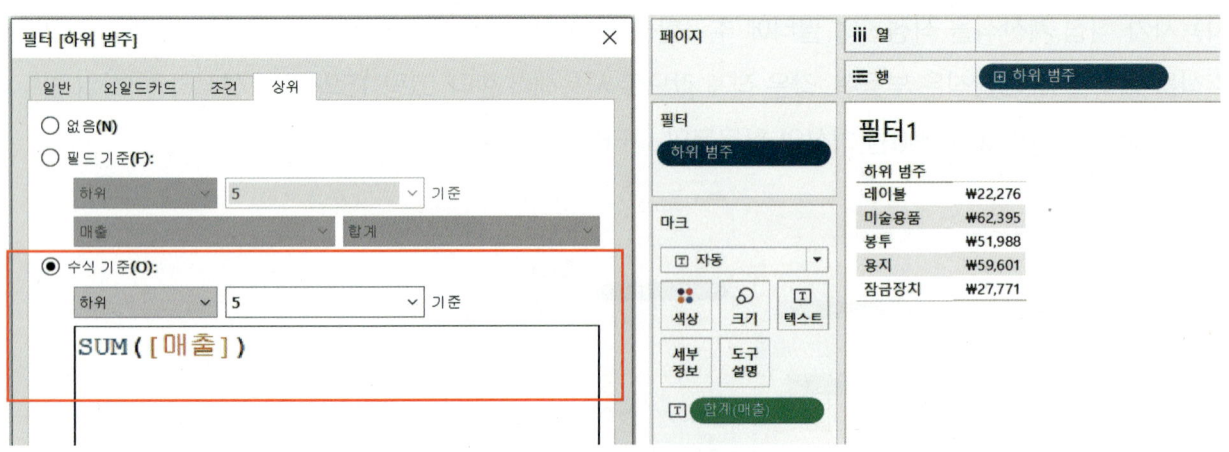

그림 17 매출 합계 하위 5위 안에 속하는 항목 필터 설정과 결과

더 알아보기 — 필터를 다중시트에 적용하기

워크시트에 필터를 추가할 경우 현재 시트에만 필터가 적용된다. 다른 시트에 동일한 필터를 적용할 때 수작업으로 필터를 적용하지 않아도 된다. 적용된 필터를 선택하여 특정 워크시트에 적용시키거나 동일한 데이터 원본 또는 관련 데이터 원본을 사용하는 모든 워크시트에 적용할 수 있다.

다중 시트에 적용하는 옵션 4가지가 있다.

관련 데이터 원본을 사용하는 모든 항목	관련 데이터 원본을 메인 데이터 원본으로 사용하는 모든 워크시트에 필터 적용
이 데이터 원본을 사용하는 모든 항목	현재 워크시트의 메인 데이터 원본을 메인으로 사용하는 모든 워크시트에 필터 적용
선택한 워크시트	동일한 데이터 원본 또는 관련 데이터 원본을 사용하는 워크시트가 나열된 창이 열리면 이 곳에서 필터를 적용시킬 시트를 선택
이 워크시트만	현재 워크시트에만 적용

'선택한 워크시트' 옵션을 제외한 나머지 옵션은 선택 시 곧바로 적용이 되며, '선택한 워크시트'의 사용방법은 '워크시트에 적용' → '선택한 워크시트'를 클릭하여 필터 목록 창을 띄우고, 필터를 사용할 워크시트 목록을 선택하여 필터를 적용시킬 수 있다.

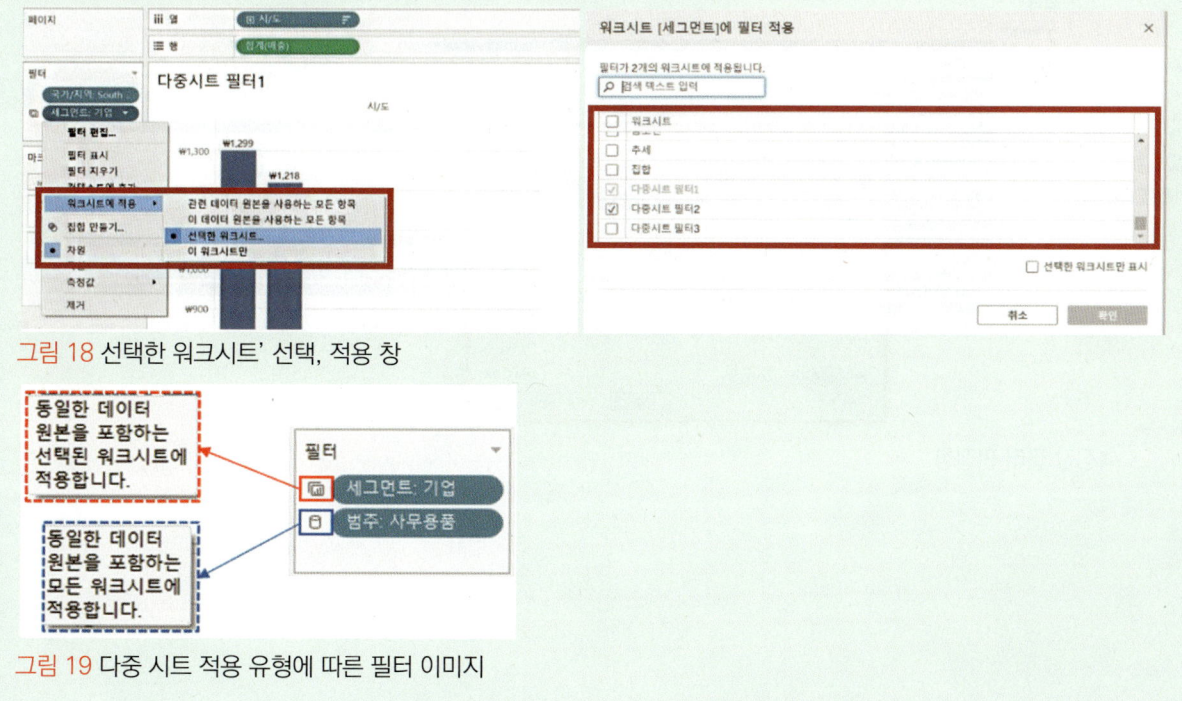

그림 18 '선택한 워크시트' 선택, 적용 창

그림 19 다중 시트 적용 유형에 따른 필터 이미지

02 측정값 필터

[하위 범주]별 [매출]을 나타낸 막대 차트에서 [매출] 필드를 기준으로 필터링을 진행해 보자. 측정값을 필터 선반에 올려놓으면 집계 방식을 선택하는 창이 나타난다.

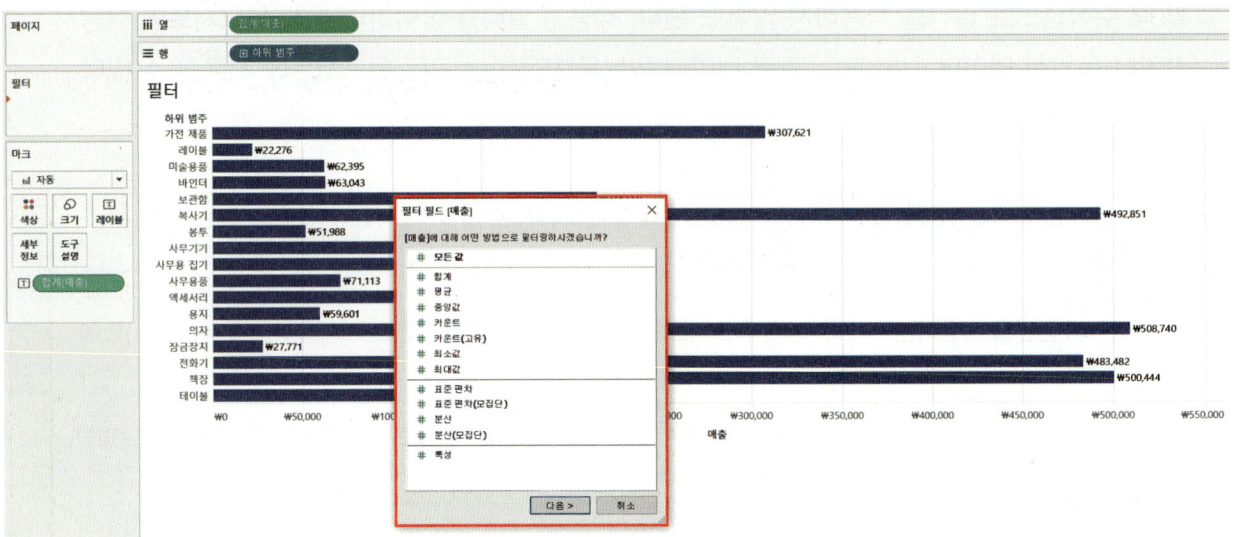

그림 20 측정값 필터 집계 방식 선택

이후 편집창에는 4가지 유형의 필터를 만들 수 있는 옵션이 제공된다.

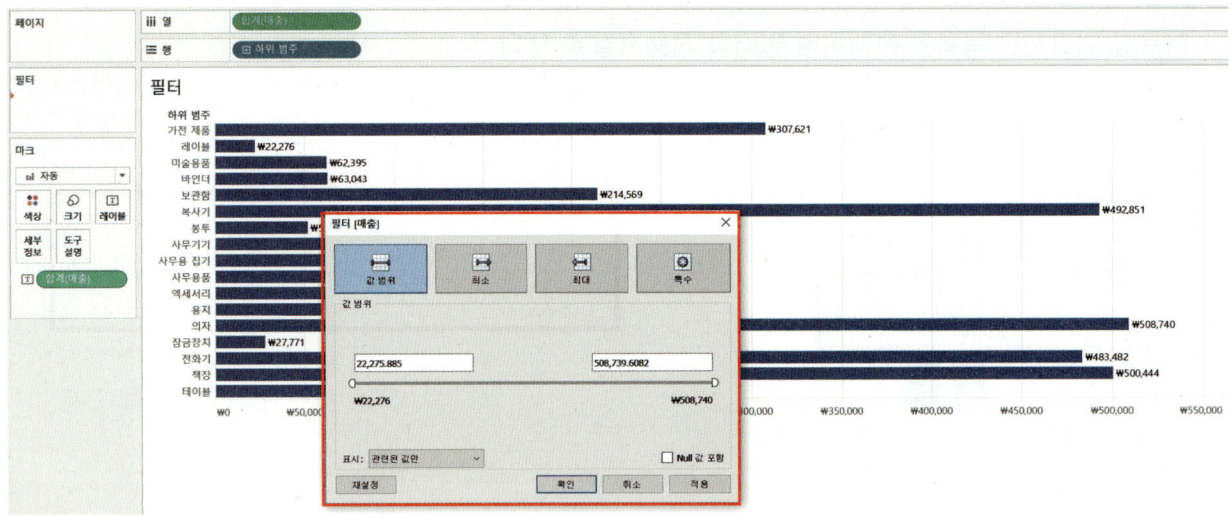

그림 21 측정값 필터 편집창

값 범위	뷰에 포함할 범위의 최소값과 최대값을 지정
최소	지정한 최소값보다 크거나 같은 값을 포함
최대	지정한 최대값보다 작거나 같은 값을 포함
특성	Null값을 필터링 함 (Null/ Null이 아닌 값/ 모든 값)

그림 22는 [매출]의 범위가 최소 400,000이상인 값만 나타내는 필터를 설정한 차트이다.

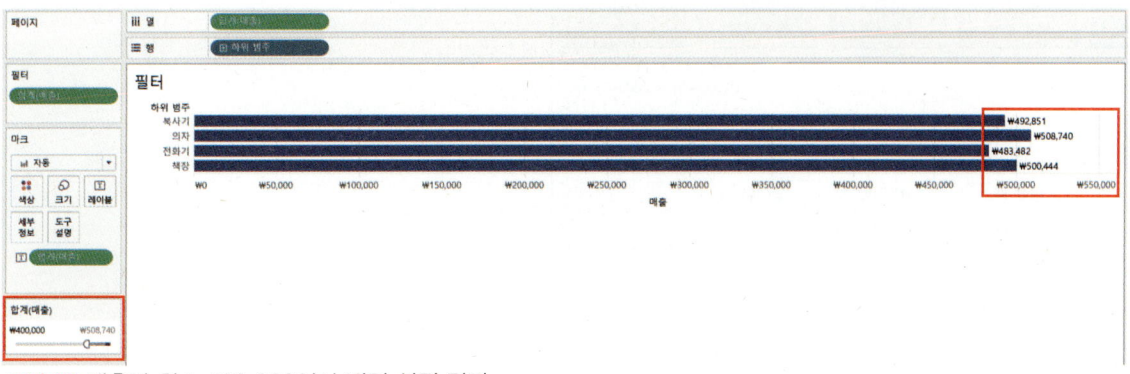

그림 22 매출값 최소 400,000이상 필터 설정 결과

03 날짜 필터

[일(주문 날짜)]별 [매출]을 나타낸 라인 차트에서 [주문 날짜] 필드를 기준으로 필터링을 진행해보자.

[주문 날짜] 필드를 필터 선반에 올려놓으면 날짜 형식을 선택할 수 있는 창이 나타난다.

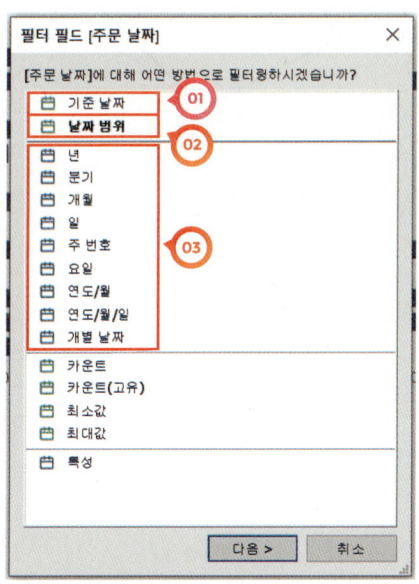

그림 23 날짜 필터 형식 선택

1) 기준 날짜

'기준 날짜' 탭은 기준 날짜를 활용해 필터링 되는 날짜 범위를 지정한다. 고정 기준을 선택하여 특정 날짜를 기준으로 입력한 날짜 기간을 필터링한다. 예를 들어, 오늘 날짜를 기준으로 지난 7일 매출 값만 확인하고 싶으면, 그림 24와 같이 '일'을 클릭하고 '지난 "7"일'을 선택, 고정 기준을 오늘 날짜를 선택한 뒤 확인 버튼을 클릭한다.

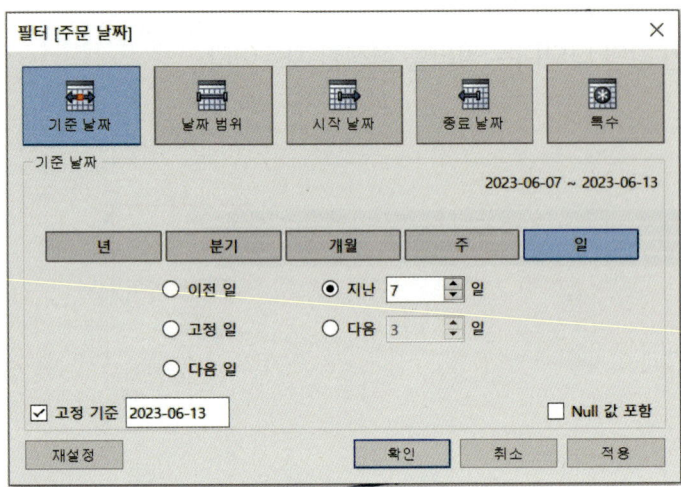

그림 24 날짜 기준 7일 전 필터 설정

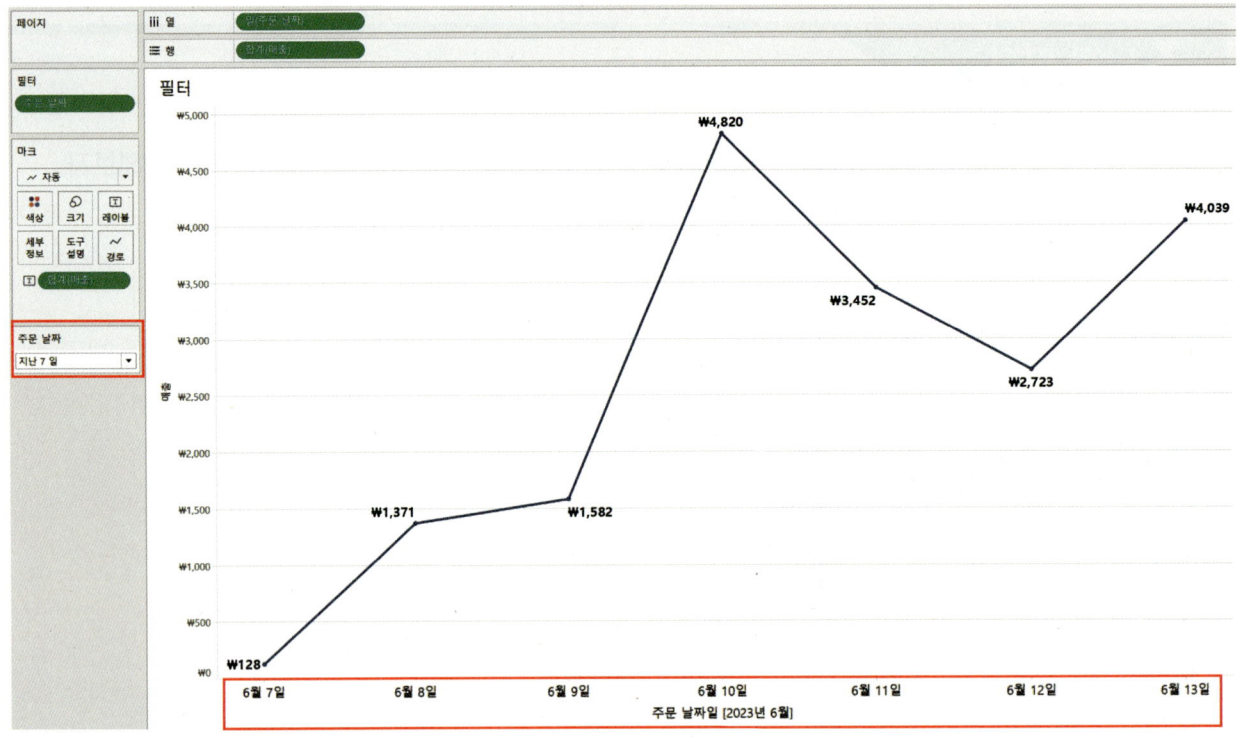

그림 25 그림 24에 적용한 필터 설정 결과

2) 날짜 범위

날짜 범위를 지정한다. 아래 그림 26처럼 2022년 1월 1일~2022년 3월 20일까지 범위를 지정해 필터를 적용할 수 있다.

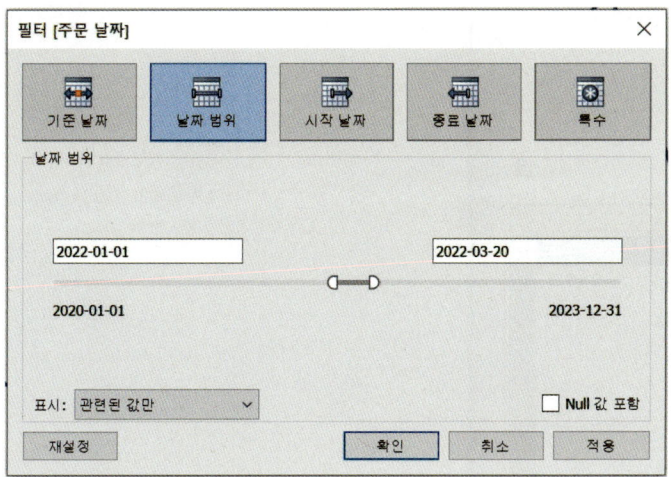

그림 26 필터 범위 설정

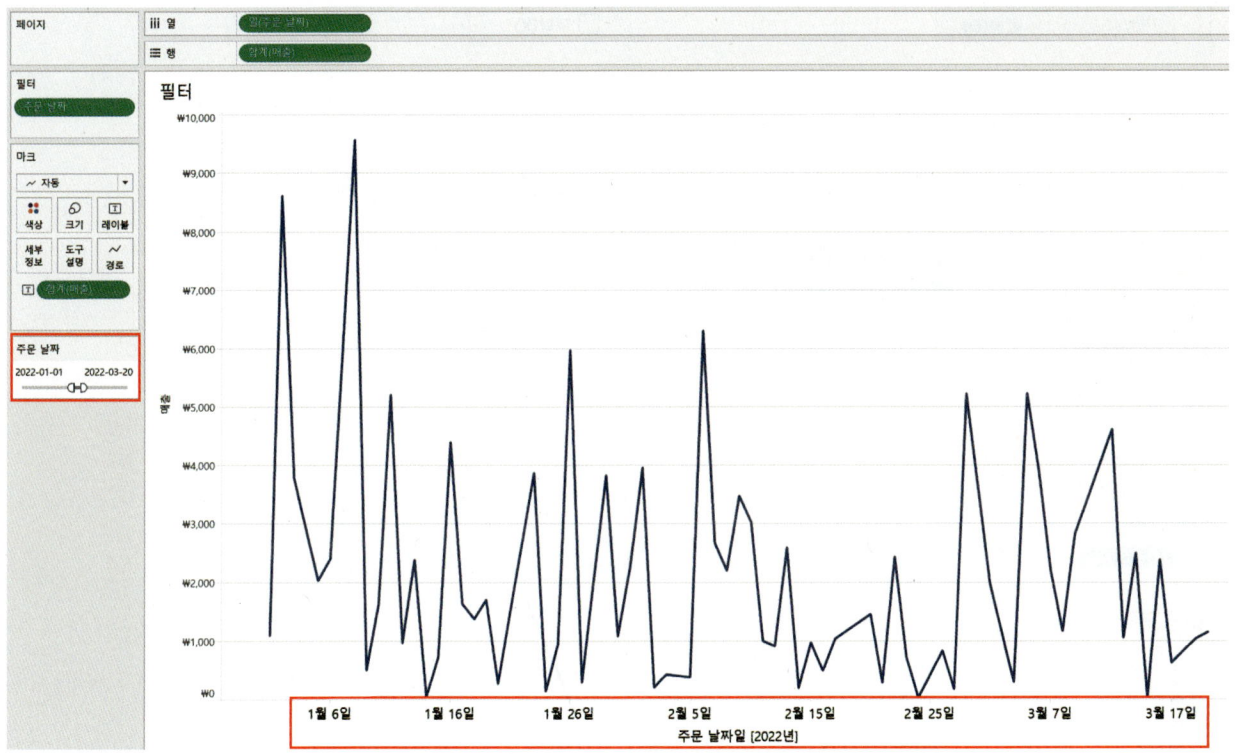

그림 27 그림 26에 적용한 필터 설정 결과

3) 불연속형 날짜

불연속형 날짜 값을 선택한다. 그림 23에서 '년', '분기', '개월', '일', '주 번호', '요일', '연도/월', '연도/월/일', '개별 날짜' 중 '개월'을 선택한다. 선택 후 나오는 필터 편집창은 아래 그림 28과 같다.

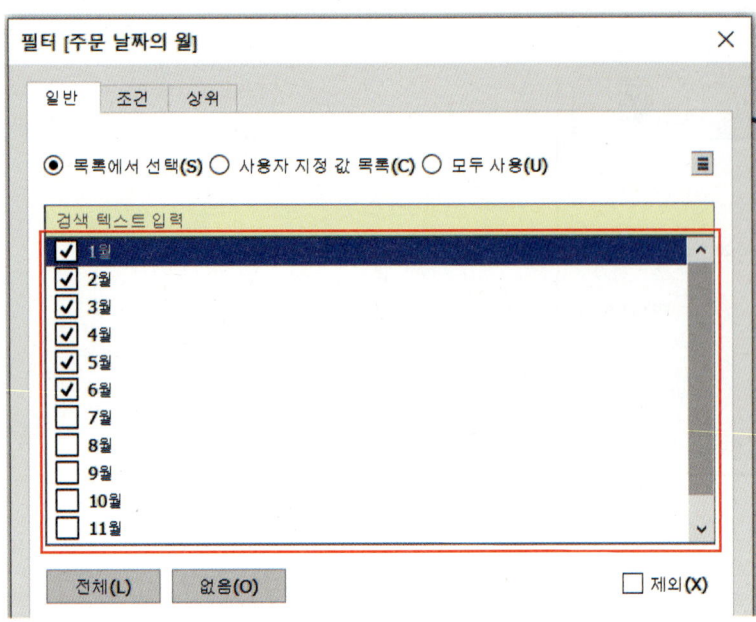

그림 28 불연속형 날짜 필터 설정

1월부터 12월 중 원하는 값을 선택해 확인을 누르면 그림 29와 같이 적용된다.

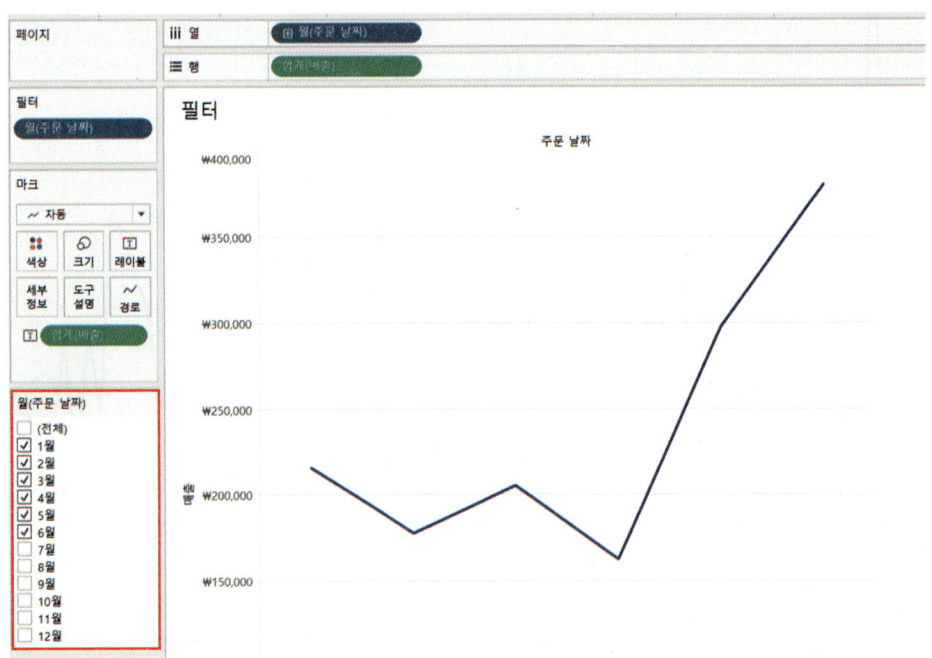

그림 29 그림 28에 적용한 필터 설정 결과

CHAPTER 06 계층, 그룹, 집합 구성하기

01 계층

1. 개념

태블로의 계층은 데이터 필드를 단계별로 구성해 트리 구조로 나타낸 형태이다. 즉, 데이터 필드를 다른 데이터 필드와 상·하위 관계로 구성하는 것을 의미한다. 계층을 사용하면 드릴다운 기능을 활용하여 상위 필드에서 하위 필드까지 데이터를 자세하게 분석할 수 있다.

또한, 계층을 사용하여 데이터를 시각화하면 데이터를 더욱 효과적으로 전달할 수 있다. 예를 들어, 계층을 사용하여 날짜 데이터를 '연도', '분기', '월', '일'별로 분류한 후, 해당 데이터를 시각화하면 보다 명확하게 시간 경향성을 파악할 수 있다.

태블로에서 계층을 만드는 방법은 필드를 선택한 다음, 해당 필드를 우클릭해서 '만들기' → '계층'을 선택하면 된다. 그러면 해당 필드를 기반으로 계층이 생성되고, 각 레벨에서 필드의 값을 쉽게 확인할 수 있다.

계층의 특징으로는 데이터를 조직화하여 사용자가 데이터를 이해하고 분석하기 쉽다.

2. 작성방법

실습영상

열 선반에 [매출] 필드, 행 선반에 계층을 만들어줄 [범주], [하위 범주], [제품 이름] 필드를 드래그 앤 드롭하여 가로 막대 차트를 만든다.

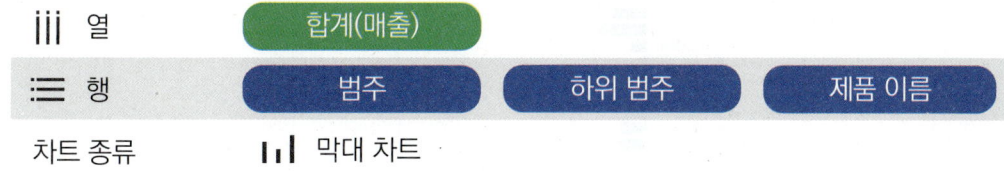

현재 필드의 앞부분에는 하위 필드를 나타내는 모양이 나타나지 않는다.

그림 1 범주, 하위 범주, 제품 이름 별 매출 막대 차트

1) 계층을 활용한 하위 필드 표현 2가지 방법

첫 번째 방법은 계층을 만들 필드를 다중 선택하고 우클릭하여 '계층' → '계층 만들기'를 클릭한다.

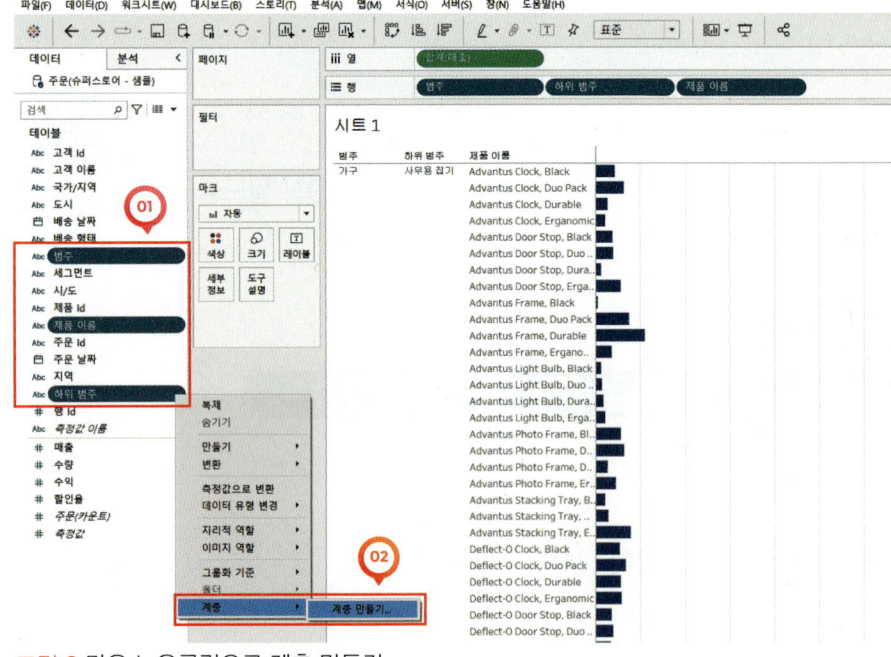

그림 2 마우스 우클릭으로 계층 만들기

102 PART 01 기초

두 번째 방법은 계층을 만들 필드 하나를 드래그하여 계층을 만들 다른 필드 위에 올려놓는 방법으로 두 필드가 겹쳐지면서 계층이 만들어진다.

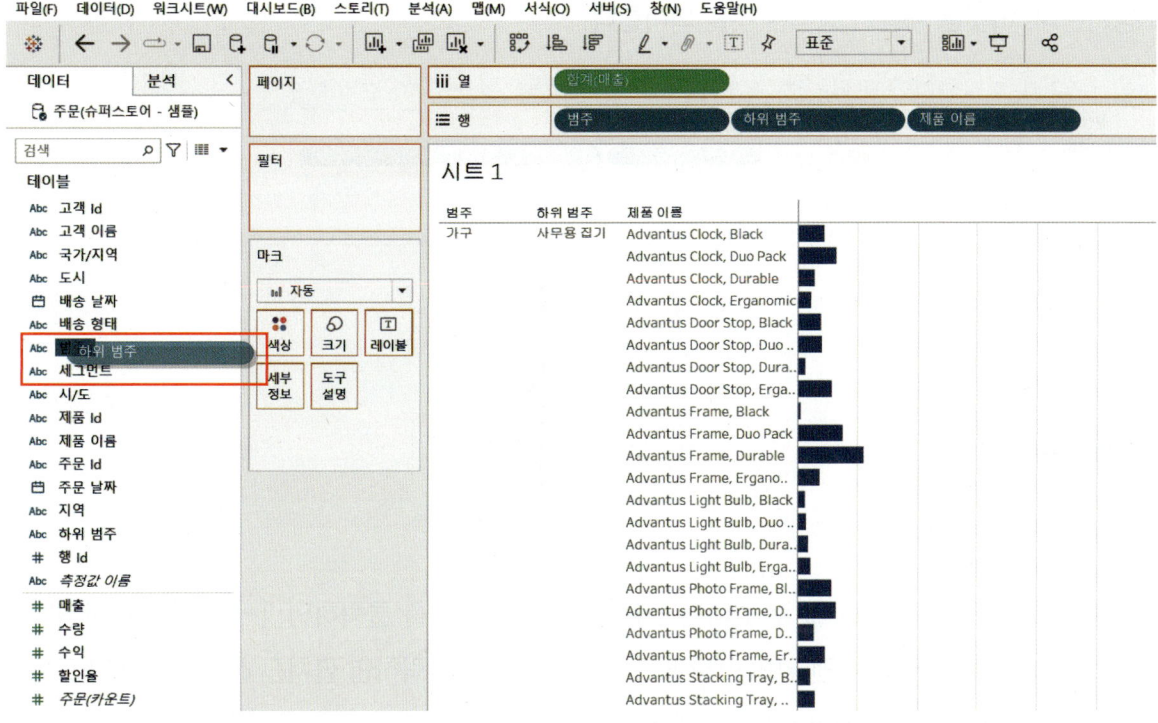

그림 3 마우스 드래그로 계층 만들기

두 방법으로 '계층만들기' 창이 나타나면, 이름을 지정한다.

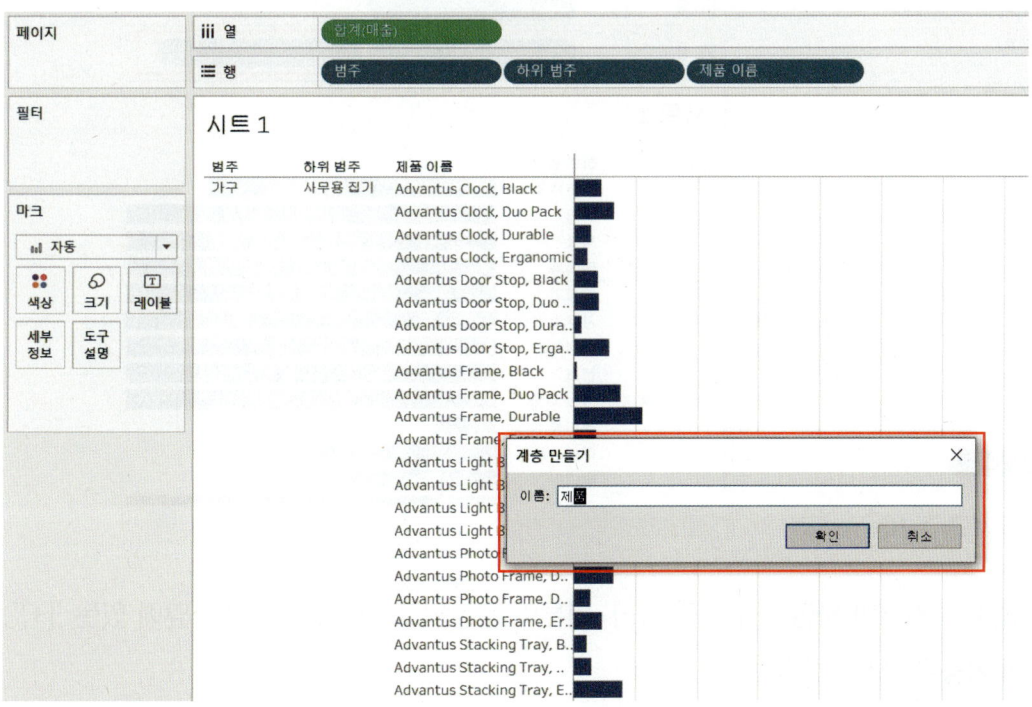

그림 4 계층 만들기 창에서 이름 지정

계층, 그룹, 집합 구성하기 103

2) 계층 순서 바꾸기

계층의 상위 필드인 [범주]를 행 선반에 드래그하고, [매출]을 열 선반에 드래그한다. [범주] 필드에 '[+]' 모양이 생기는데, 이것은 계층이 생성된 것을 의미한다.

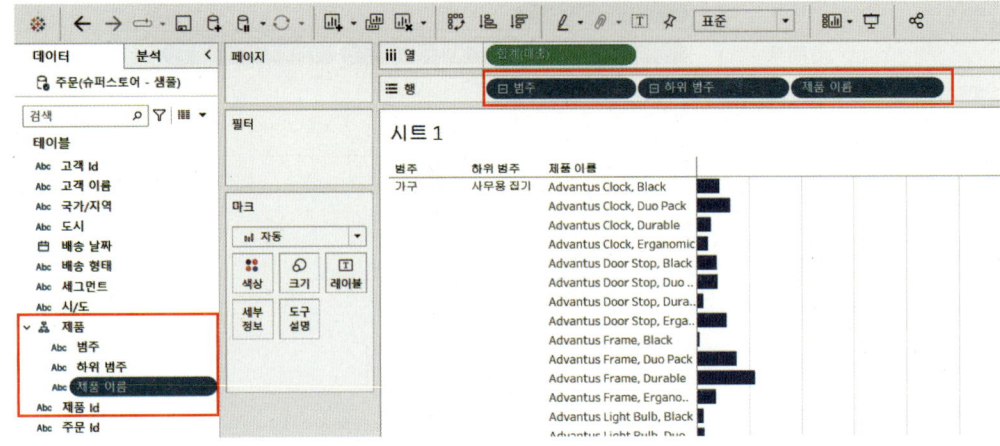

그림 5 계층 순서 바꾸기

'[+]' 모양은 하위 필드로 드릴다운할 수 있다는 것을 의미한다. '[+]'를 클릭하면 '[-]' 모양으로 바뀌면서, 하위 필드가 펼쳐지게 된다. 다시 맨 앞의 상위 필드의 '[-]' 모양을 클릭하면 펼쳐진 하위 필드들이 드릴업 되면서 [범주] 필드 기준으로 화면이 나타나게 된다.

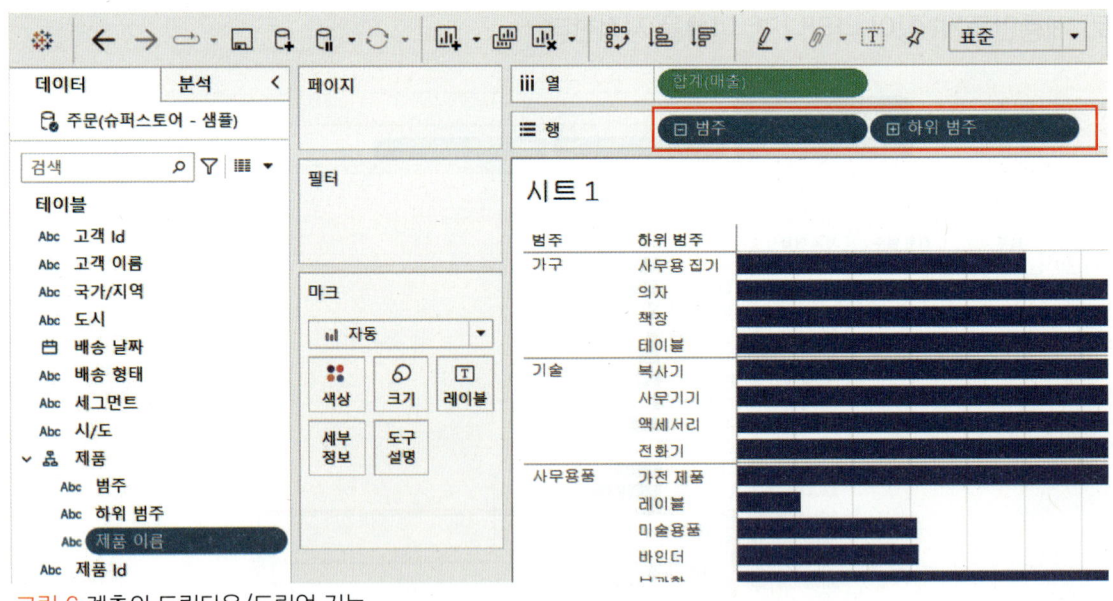

그림 6 계층의 드릴다운/드릴업 기능

차트의 행 레이블에 마우스오버 하면 '[+]' 또는 '[-]' 버튼이 생성되고, 이 버튼은 필드 앞에 있는 '[+]', '[-]' 버튼과 동일한 기능을 가지고 있다.

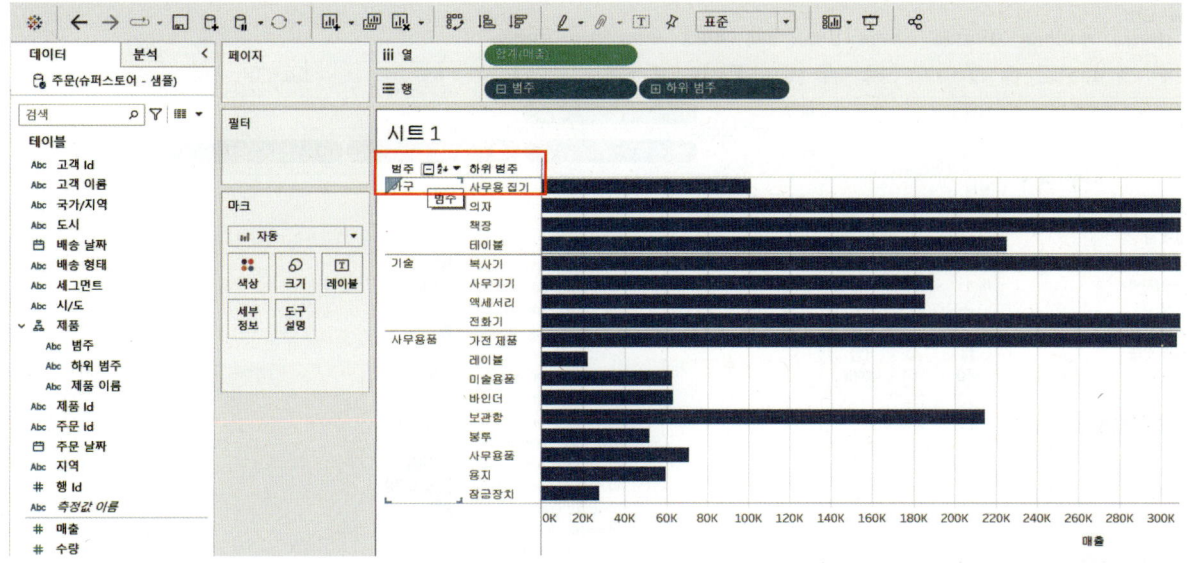

그림 7 차트 내 드릴다운/드릴업 기능

3) 계층에서 특정 필드 제거

필드를 계층 바깥쪽으로 드래그하거나, 특정 필드를 우클릭해서 '계층' → '계층에서 제거'를 선택한다.

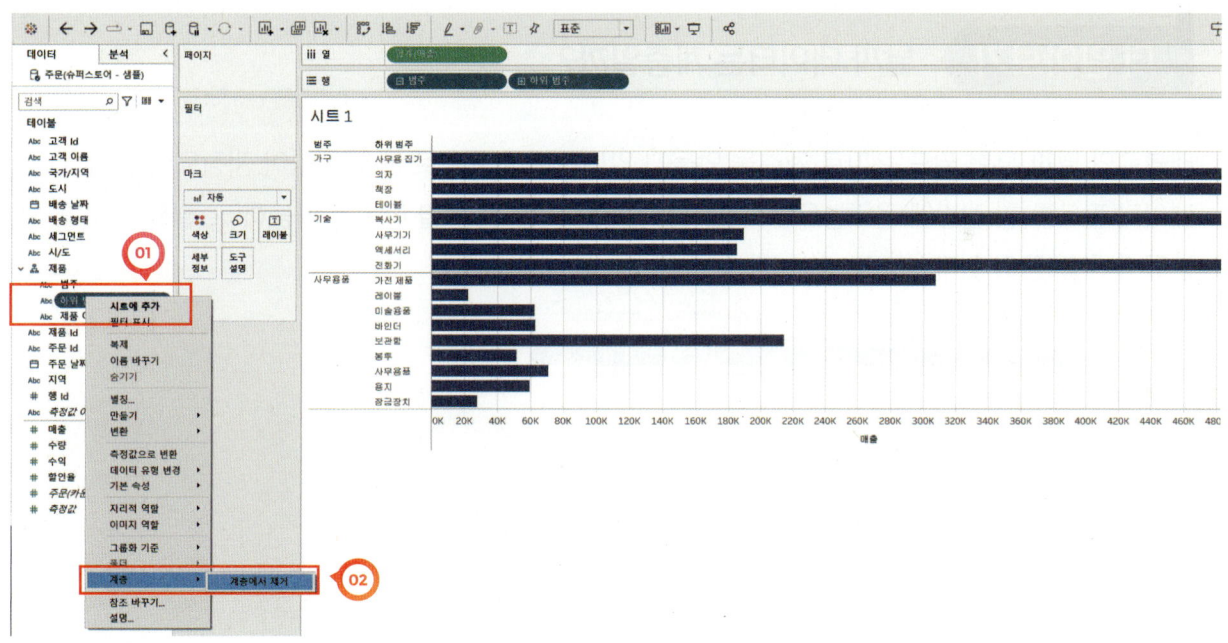

그림 8 계층에서 특정 필드 제거

계층 전체를 해제하고 싶을 경우, 만들어진 계층을 우클릭하고 '계층 제거'를 클릭한다.

계층, 그룹, 집합 구성하기 105

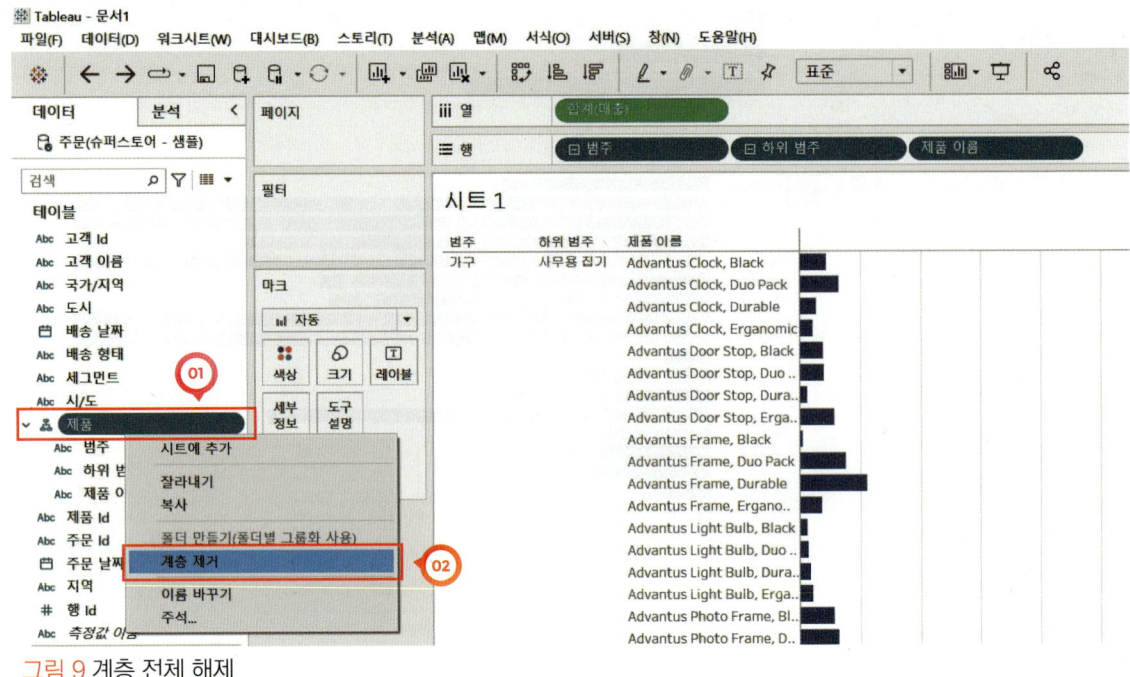

그림 9 계층 전체 해제

더 알아보기 — 날짜 데이터는 계층일까?

태블로의 날짜 유형 필드는 따로 계층을 만들지 않더라도 자동으로 계층 형식이 지정되어 있다. 데이터 필드를 행 선반에 올려놓으면 '년', '분기', '월', '일'로 드릴 다운이 가능하고, 필드 앞부분에 '[+]' 버튼이 있다.

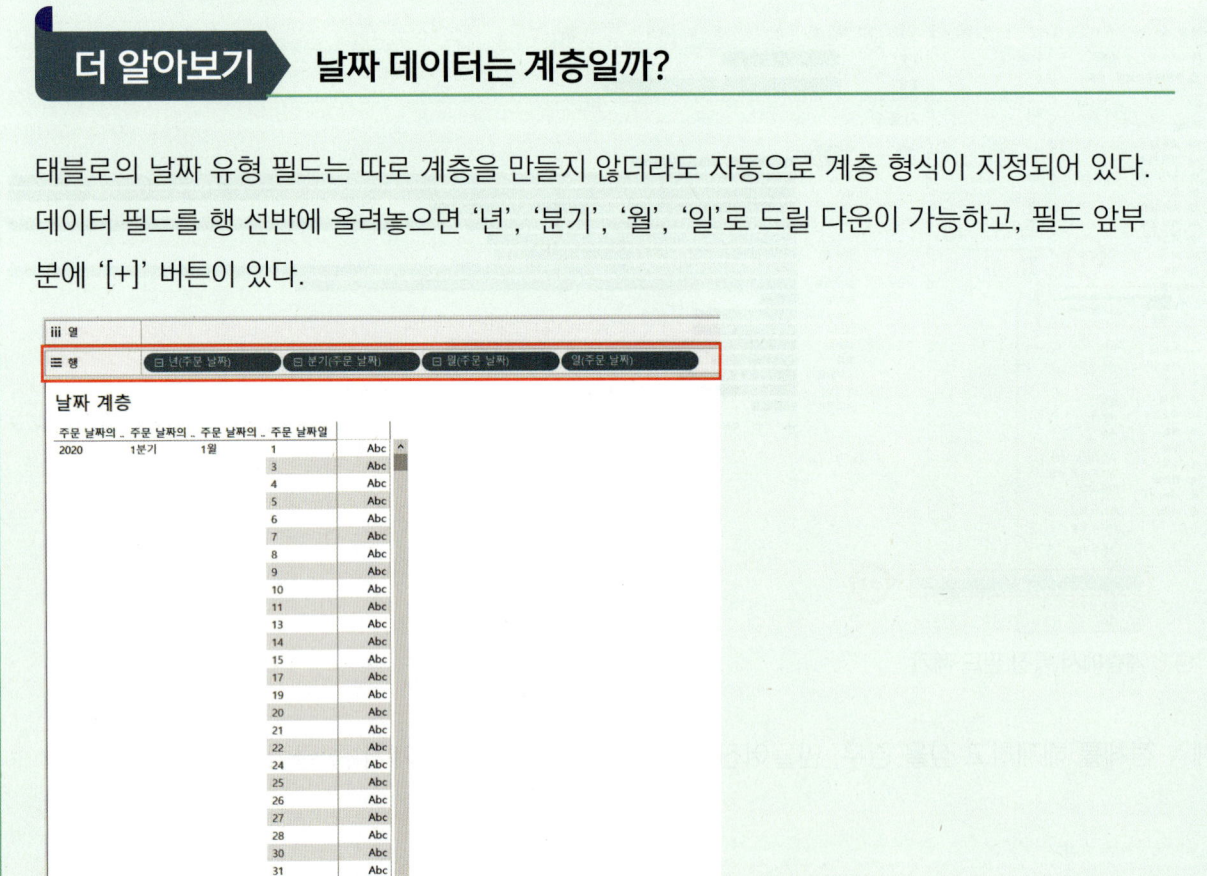

그림 10 날짜 유형 필드는 자동으로 계층 형식이 지정됨

02 그룹

1. 개념

태블로의 그룹은 하나의 차원에 속한 여러 멤버를 하나로 묶어서 새로운 범주를 만드는 기능이다. 예를 들어, [지역]이라는 차원에서 "서울", "경기", "인천" 등의 멤버들을 묶어서 "수도권"이라는 새로운 범주를 만들 수 있다.

그룹을 사용하면 복잡한 차원을 단순화할 수 있고, 집계 계산 등에서 더욱 효율적으로 사용할 수 있다. 또, 그룹은 필드의 값을 조작하지 않기 때문에 필요에 따라 언제든 그룹을 해제할 수도 있다.

2. 작성방법

행 선반에 [시/도] 필드와 열 선반에 [매출] 필드를 드래그 앤 드랍하고, [국가/지역] 필드를 필터 선반에 드래그 앤 드랍하여 "South Korea"만 클릭한다.

실습영상

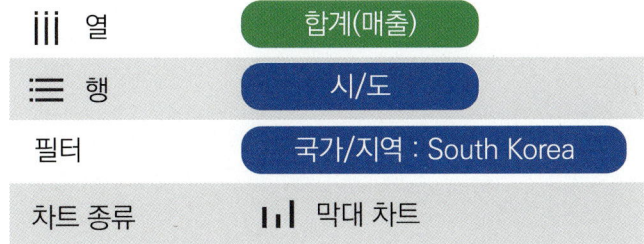

현재 필드의 앞부분에는 하위 필드를 나타내는 모양이 나타나지 않는다.

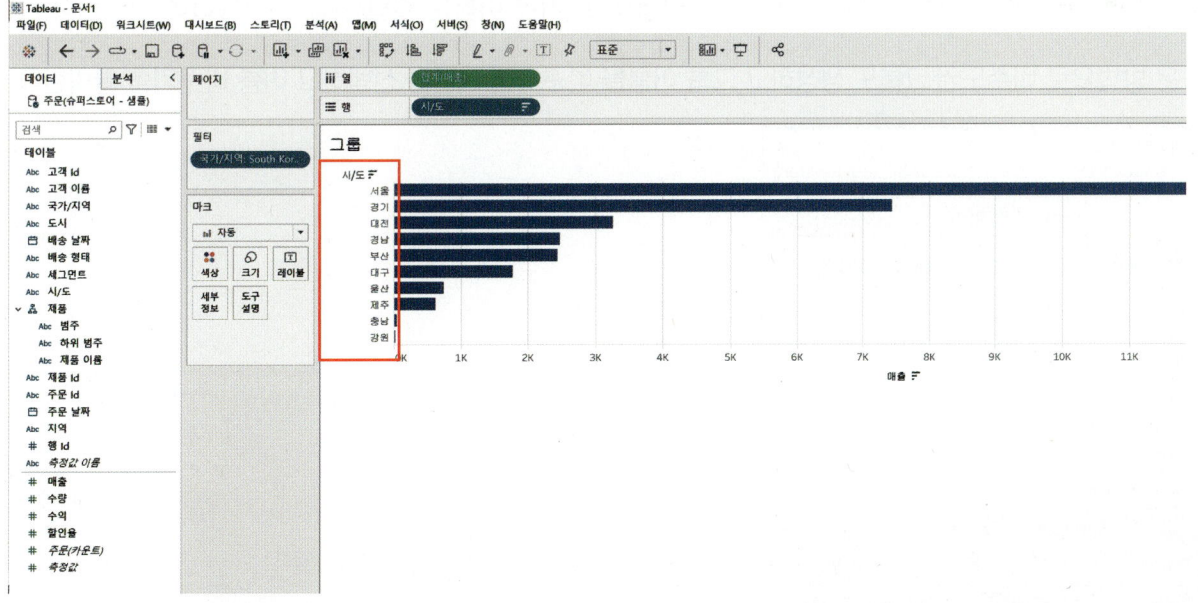

그림 11 그룹화하지 않은 시/도 필드의 매출 막대 차트

계층, 그룹, 집합 구성하기 107

1) 그룹 만들기

그룹별로 만들어 주기 위해 [시/도] 필드를 우클릭하여 '만들기' → '그룹'을 클릭한다.

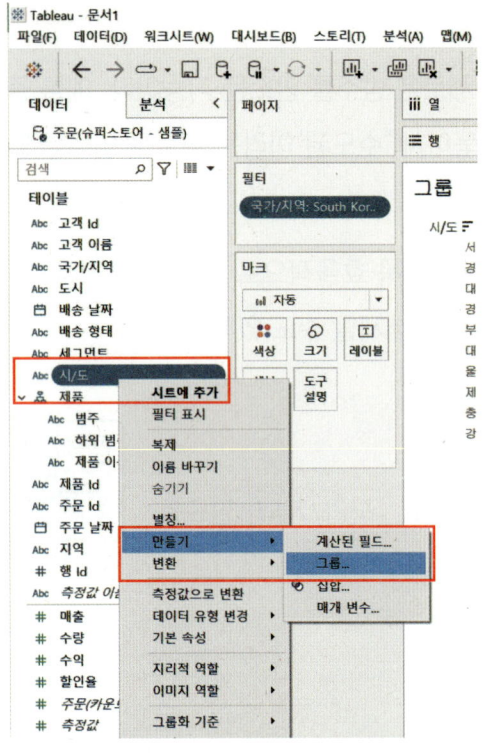

그림 12 마우스 우클릭으로 그룹 만들기

2) 그룹 지정, 명칭 변경하기

한국 [시/도] 필드를 수도권과 비수도권으로 나누어 그룹을 먼저 만든다. 수도권에 들어갈 값을 다중선택하고 그룹을 클릭하면 선택된 값들이 그룹으로 결합되고, 기본 이름은 결합된 값을 사용하여 생성된다.

똑같은 방법으로 비수도권 그룹도 생성하고 그룹 이름을 바꾸려면 그룹을 선택하고 이름 바꾸기를 클릭한다.

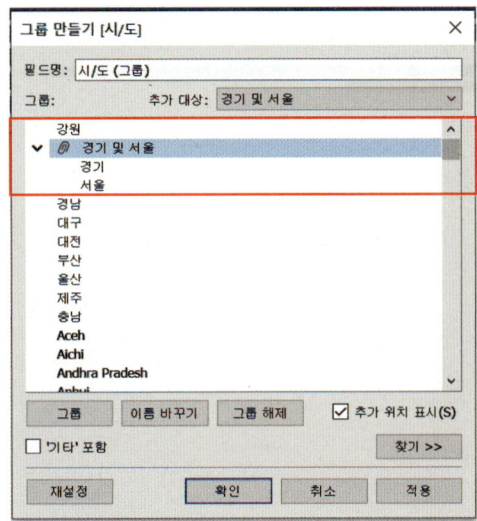

그림 13 그룹 만들기 편집 창

값이 너무 많아 찾기 어려울 때는 '찾기' 버튼을 클릭하여 검색할 수 있다.

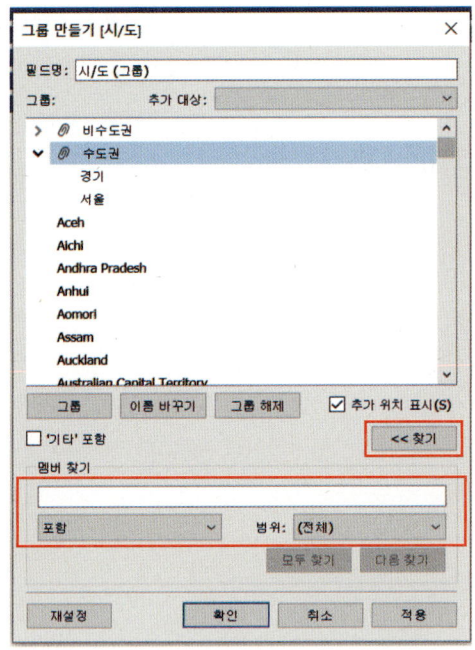

그림 14 특정 값을 찾을 때 유용한 '찾기' 버튼

태블로에서 그룹을 만들 때, 그룹화되지 않은 값들을 기타 그룹으로 그룹화하는 옵션이 있다. 기타 포함 옵션은 특정 그룹을 강조하거나 다른 그룹 간을 비교할 때 유용하다.

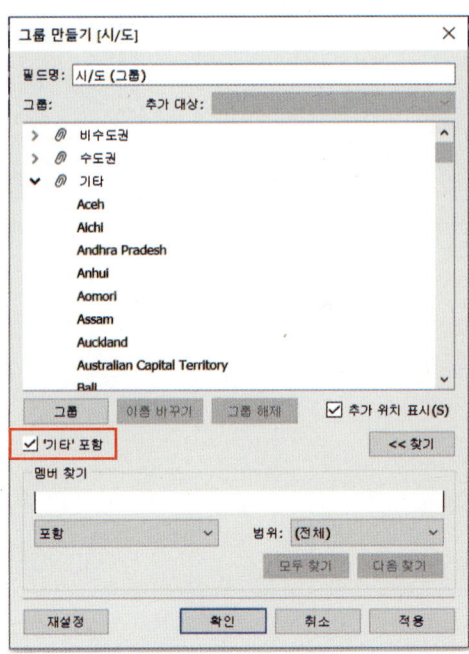

그림 15 그룹화되지 않은 값들을 그룹으로 묶는 '기타' 포함 옵션

만들어진 그룹 필드를 행 선반에 드래그하면 수도권/비수도권 2가지로 나뉘게 된다. 수도권 그룹에는 경기, 서울이 포함되어 있고 비수도권에는 수도권을 제외한 지역이 포함되어 있는 것을 확인할 수 있다.

계층, 그룹, 집합 구성하기 109

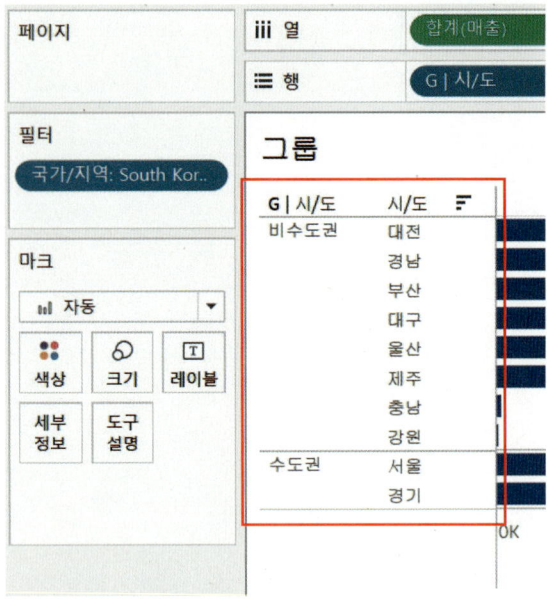

그림 16 차트로 나타낸 그룹화 필드

3) 그룹 편집하기

그룹화된 필드를 만든 후, 그룹에 속해 있는 값들을 추가 및 제거하고 새 그룹을 만들 수 있다. 앞서 말한 그룹 편집을 위해서 그룹을 우클릭하고 '그룹 편집'을 선택한다.

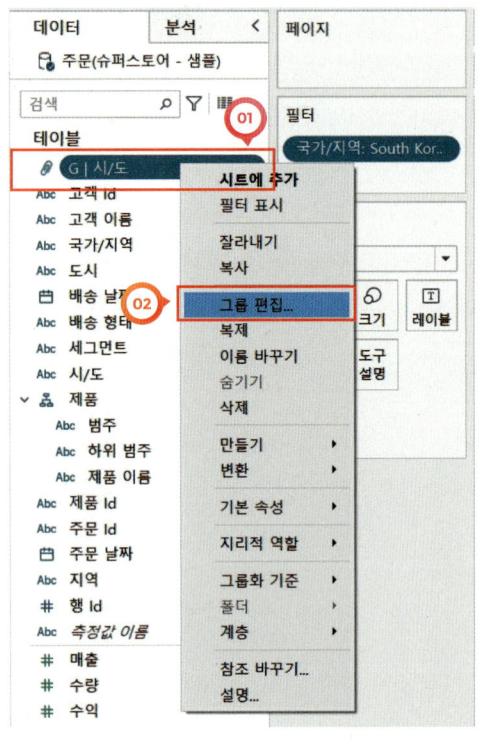

그림 17 그룹 편집

03 집합

1. 개념

태블로의 집합은 조건을 기반으로 하는 사용자 지정 필드이다. 조건에 참인 값은 In, 거짓인 값은 Out으로 나타내고, In/Out 대비를 통해 인사이트를 전달한다. 집합을 사용하면 데이터의 특정 측면을 집중적으로 분석할 수 있다. 집합은 다양한 차원에 포함된 데이터를 기반으로 하므로, 여러 차원에서 조건을 충족하는 데이터를 선택할 수 있다. 이를 통해 데이터 분석의 정확도를 높이고 시각화에 활용할 수 있는 하위 집합을 만들 수 있다.

집합의 In과 Out은 집합에 속하는지 여부를 판단하는 조건을 나타낸다. 집합에 속하면 In, 속하지 않으면 Out으로 나타내며, In/Out 개념은 집합을 사용하여 데이터를 필터링하거나 그룹화할 때 유용하다. 이를 통해 특정 집합에 속하거나 속하지 않는 데이터를 선택하고 분석할 수 있다.

2. 작성방법

실습영상

행 선반에 [하위 범주] 필드를 드래그 앤 드랍하고, [매출], [수량], [수익] 필드를 차례대로 더블 클릭하여 그리드 차트를 만든다.

행	하위범주
열	측정값 이름
텍스트	측정값
차트 종류	텍스트

1) 일반 집합 만들기

하위 범주별 매출, 수량, 수익을 확인할 수 있는 그리드 차트를 만든다. 차트에서 내가 필터에서 선택한 하위 범주만 차트에 표시되게 차트를 만들고자 할 때, 집합을 활용할 수 있다. [하위 범주] 필드를 우클릭하여 '만들기' → '집합'을 클릭한다.

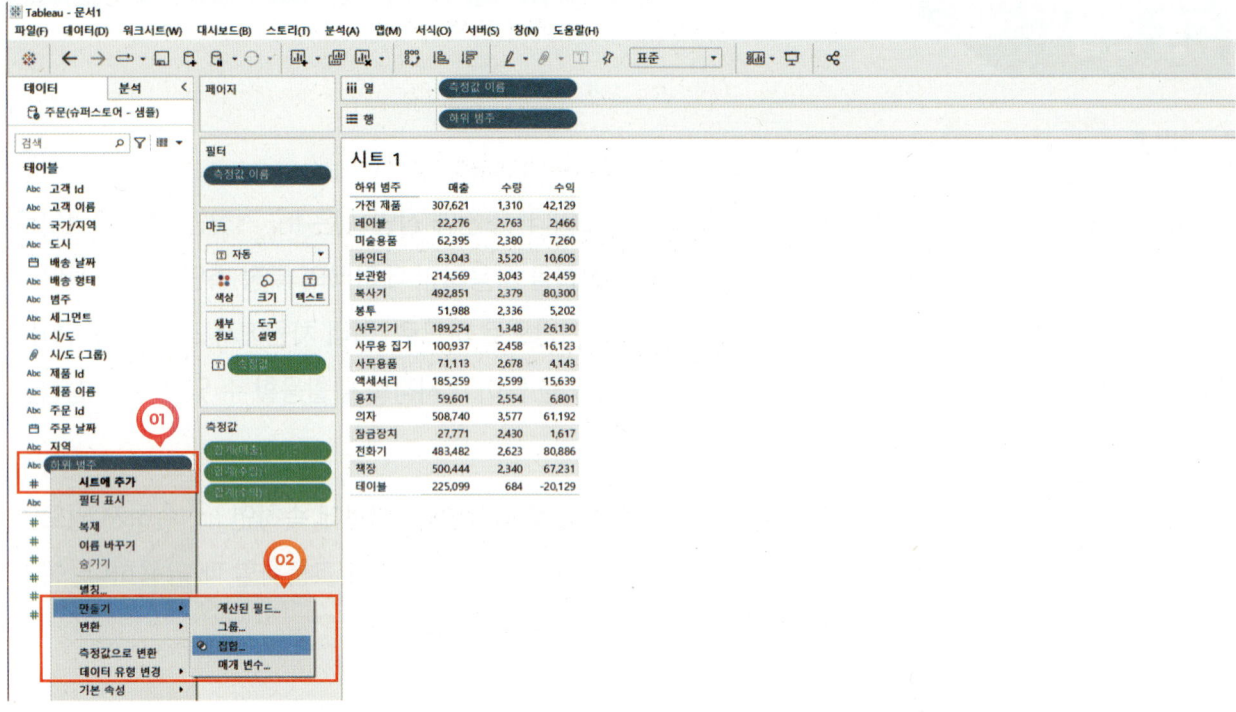

그림 18 마우스 우클릭으로 집합 만들기

'집합 만들기' 창에서 모든 값을 선택하고 확인을 클릭한다.

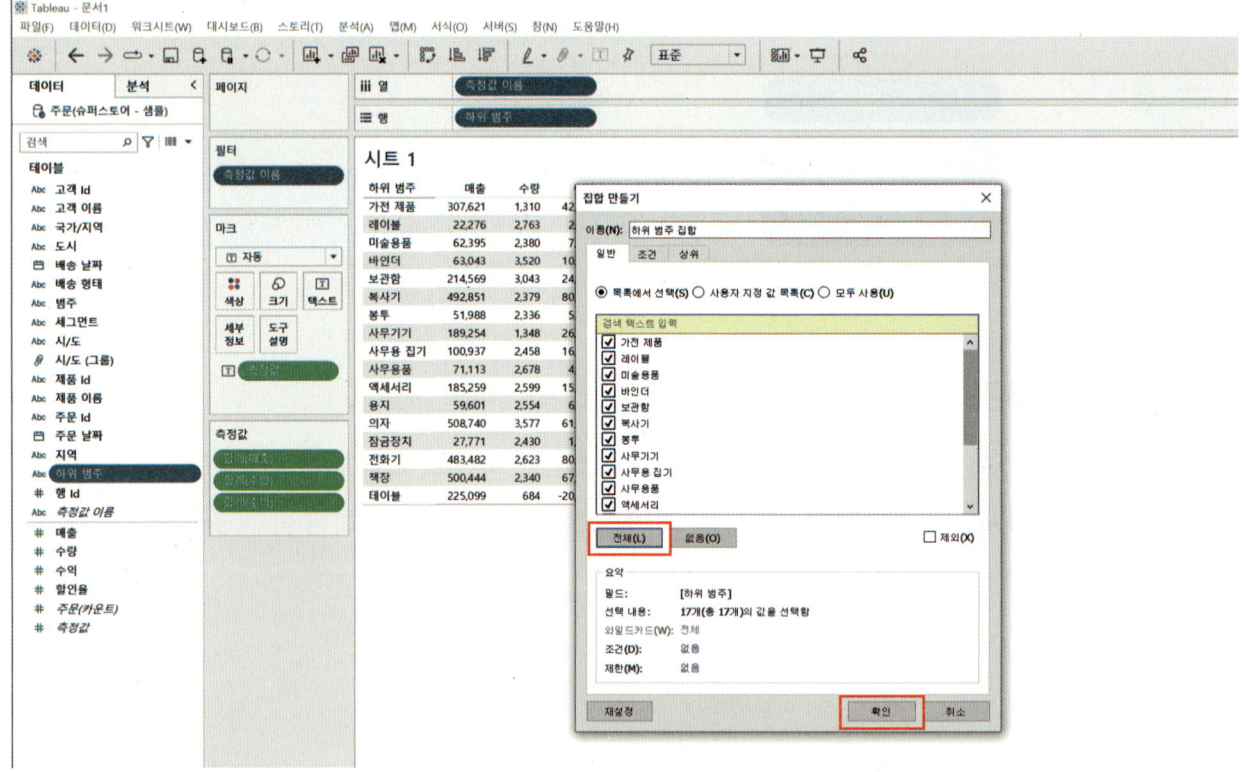

그림 19 집합 만들기 창

만들어진 집합을 필터 선반에 드래그 앤 드랍한 후, 집합을 우클릭하여 '집합 표시'를 클릭한다. 집합에서 값을 선택하면 그리드 차트에 선택한 값만 나타나게 된다.

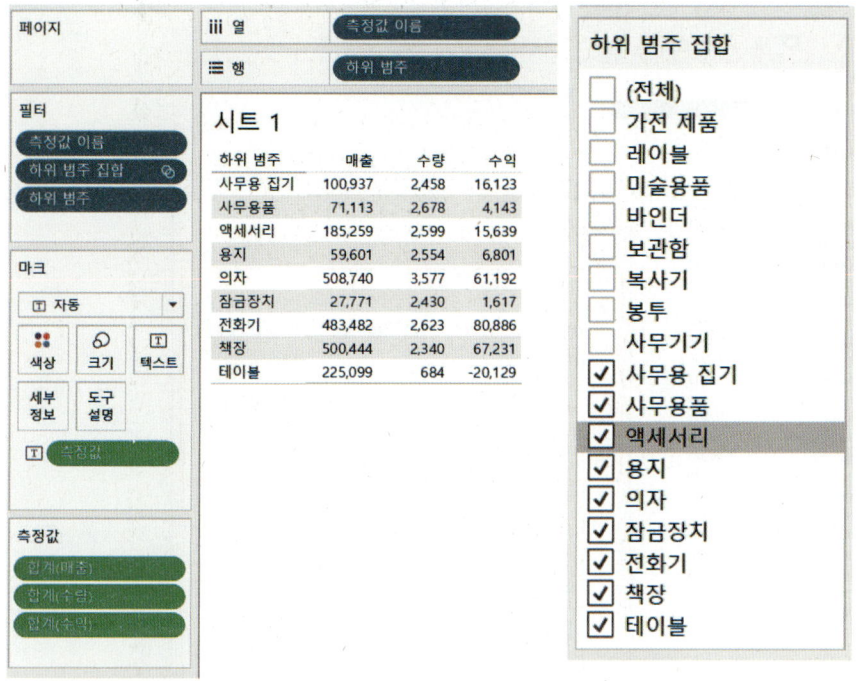

그림 20 만들어진 집합을 필터로 적용

2) 집합 '조건' 기능

[국가/지역]별 [수익]을 확인할 수 있는 그리드 차트를 만든다. [수익]이 0 이상인 국가만 확인하고 싶을 경우 조건을 사용해 집합을 만들 수 있다.

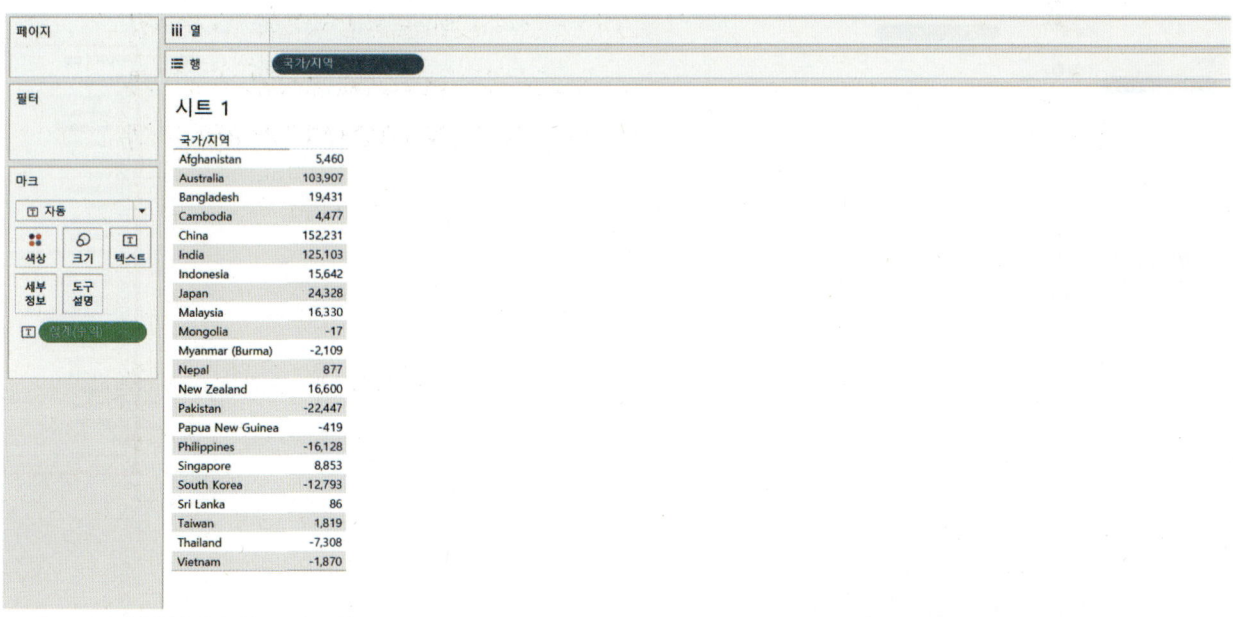

그림 21 국가/지역별 수익 그리드 차트

[국가/지역]필드에서 '집합 만들기'를 클릭하고 조건 탭에서 '필드 기준'을 선택하고 [수익]의 합계를 기준으로 0 이상인 값만 나타날 수 있게 조건을 설정한다.

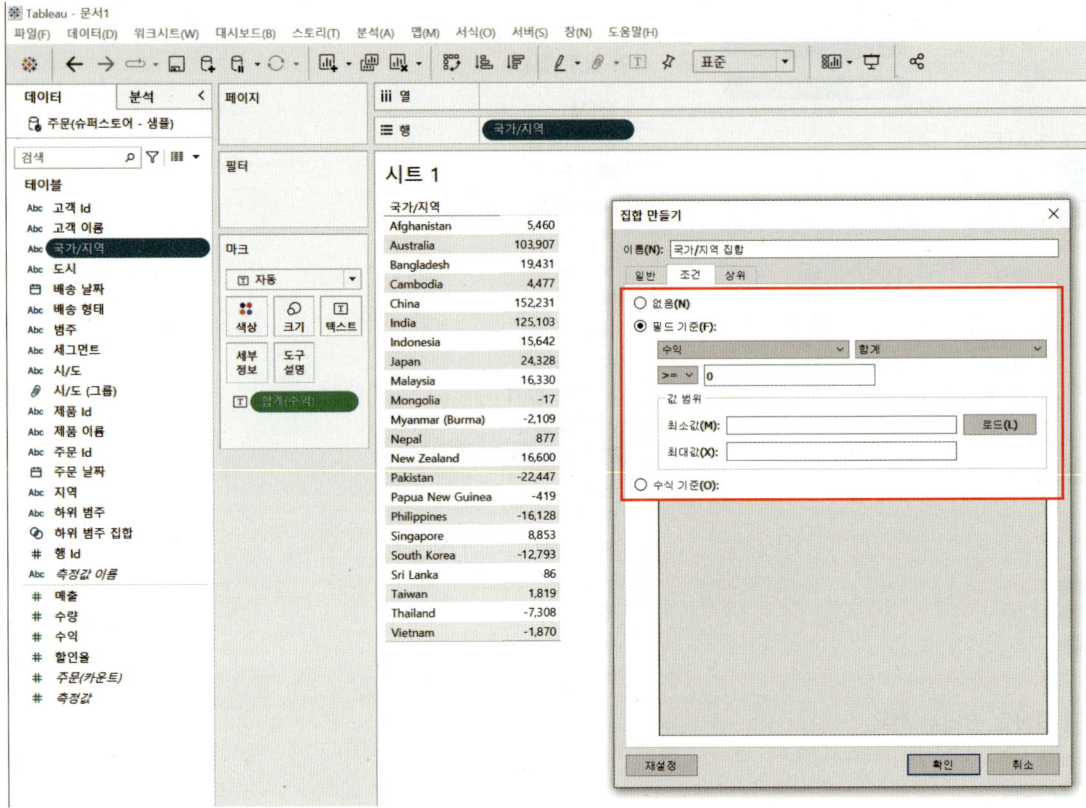

그림 22 집합 만들기 창에서 조건 설정

만들어진 집합을 필터 선반에 드래그 앤 드랍하면 수익이 0 이상인 국가만 나타나게 된다.

그림 23 수익이 0이상인 조건을 사용한 집합을 필터로 적용

[고객 이름]별 매출을 확인할 수 있는 그리드 차트에서 매출을 기준으로 상위 20개의 값을 확인하고 싶은 경우 집합을 사용할 수 있다.

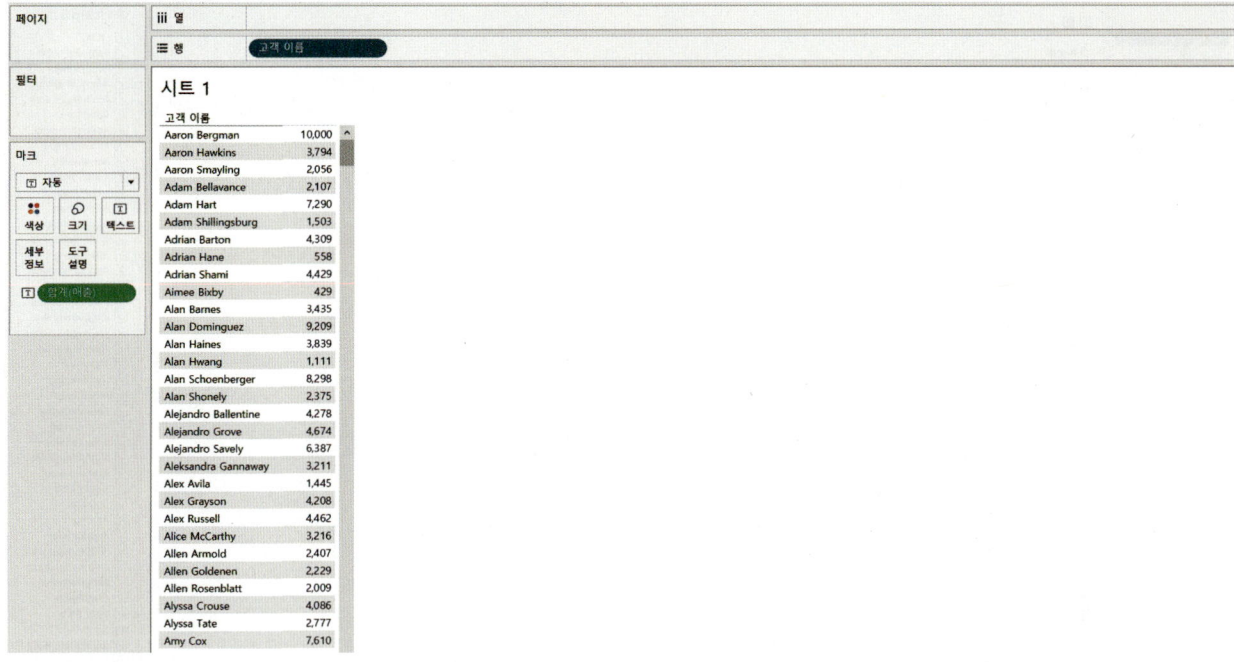

그림 24 고객 이름 별 매출 그리드 차트

[고객 이름]필드를 우클릭하여 '집합 만들기'를 클릭하고 집합 만들기 내 상위 탭을 클릭하여 '필드 기준'을 선택한 후, [매출]의 합계 기준으로 상위 20개를 설정한다.

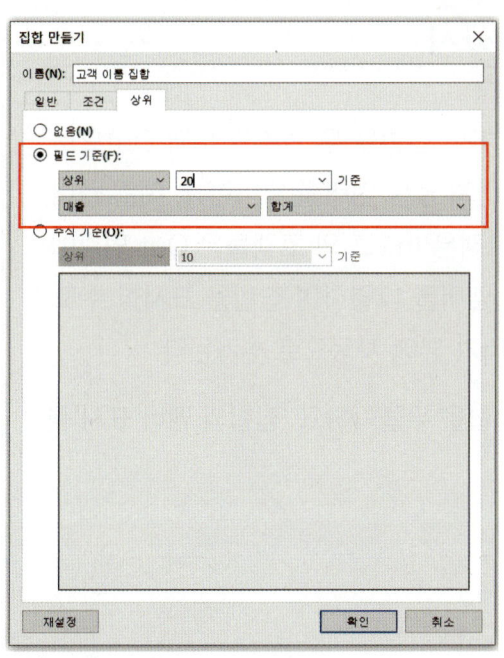

그림 25 집합 만들기 창에서 상위 기준 설정

계층, 그룹, 집합 구성하기

만들어진 집합을 필터 선반에 추가하면 상위 20개의 고객이름만 나타나게 된다.

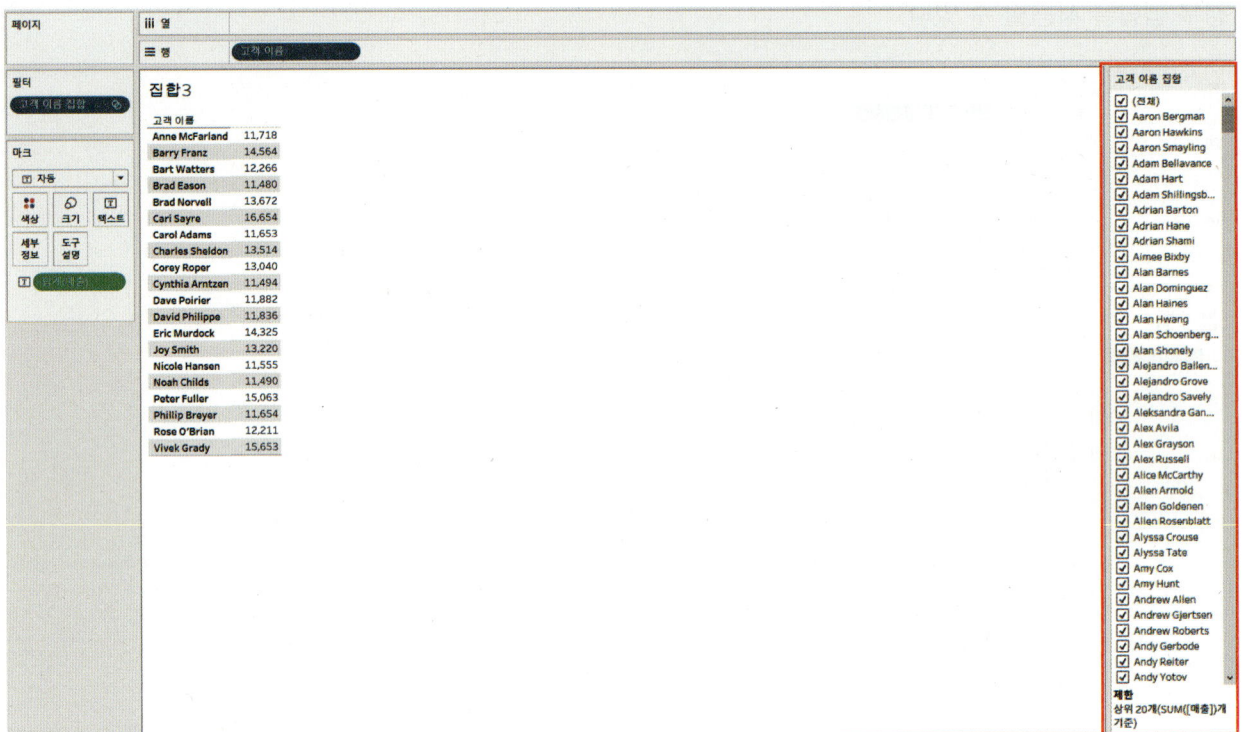

그림 26 날짜 유형 필드는 자동으로 계층 형식이 지정됨

> **더 알아보기** In/Out 표시 ↔ 집합의 멤버 표시
>
> 집합을 적용할 때 'In/Out 표시'를 사용하여 집합을 표시하면, 집합을 두 범주인 In과 Out으로 분리한다. In은 집합의 멤버를 의미하고, Out은 집합에 속하지 않는 멤버를 의미한다. 예를 들어 상위 25명의 고객에 대해 정의된 집합에서 상위 20명의 고객은 In, 그 외 고객들은 Out 범주에 해당한다. 그러나 'In/Out 표시'를 사용하는 대신 집합의 멤버를 나열하여 집합을 표시할 수도 있다. 집합의 멤버를 표시하면 집합의 멤버만 포함하는 필터가 뷰에 자동으로 추가된다.
>
> 집합을 전환하여 개별 멤버를 나열하려면 작업 영역에서 집합을 우클릭하고 '집합의 멤버 표시'를 선택한다.

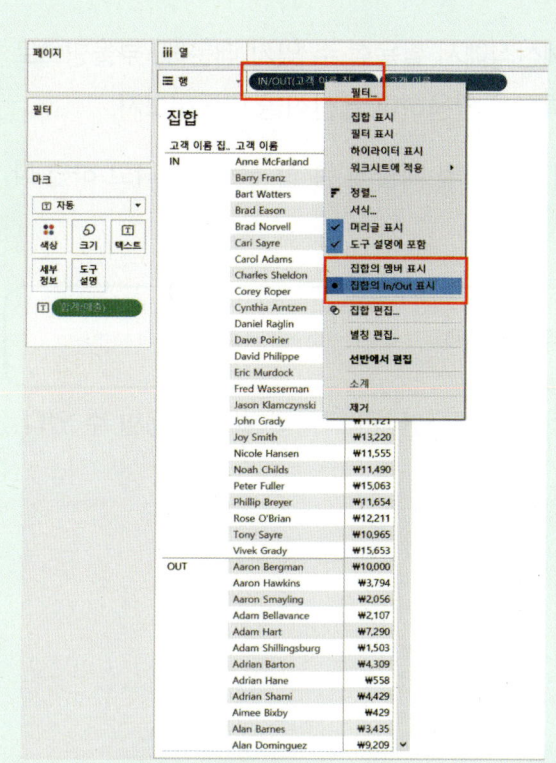

그림 27 집합의 멤버 표시 기능

더 알아보기 — 집합 계산식으로 활용하기

집합은 계산식을 활용하여 다양한 방면으로 화면을 구현할 수 있다. 먼저 집합을 이용하여 만든 계산식이 어떠한 데이터 타입인지 알아보자.

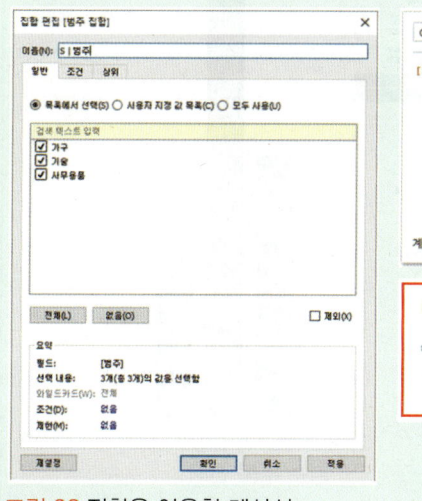

그림 28 집합을 이용한 계산식

계층, 그룹, 집합 구성하기

집합은 특정한 항목을 포함하는지에 대한 여부로 계산식에서 활용할 수 있기 때문에, 부울형으로 만들어지는 걸 볼 수 있다. 그러면 이러한 집합의 특성을 활용하여 계산식을 만들어보자.

[S | 범주] 집합에 포함되는 항목만을 기준으로 [세그먼트]별 매출에 총 합계를 구한다고 하면 다음과 같이 계산식을 만들 수 있다.

C	매출	IF [S	범주] THEN [매출] END

위와 같이 집합을 활용하여 [C | 매출] 이라는 계산식을 만들었다면 다음과 같이 활용할 수 있다.

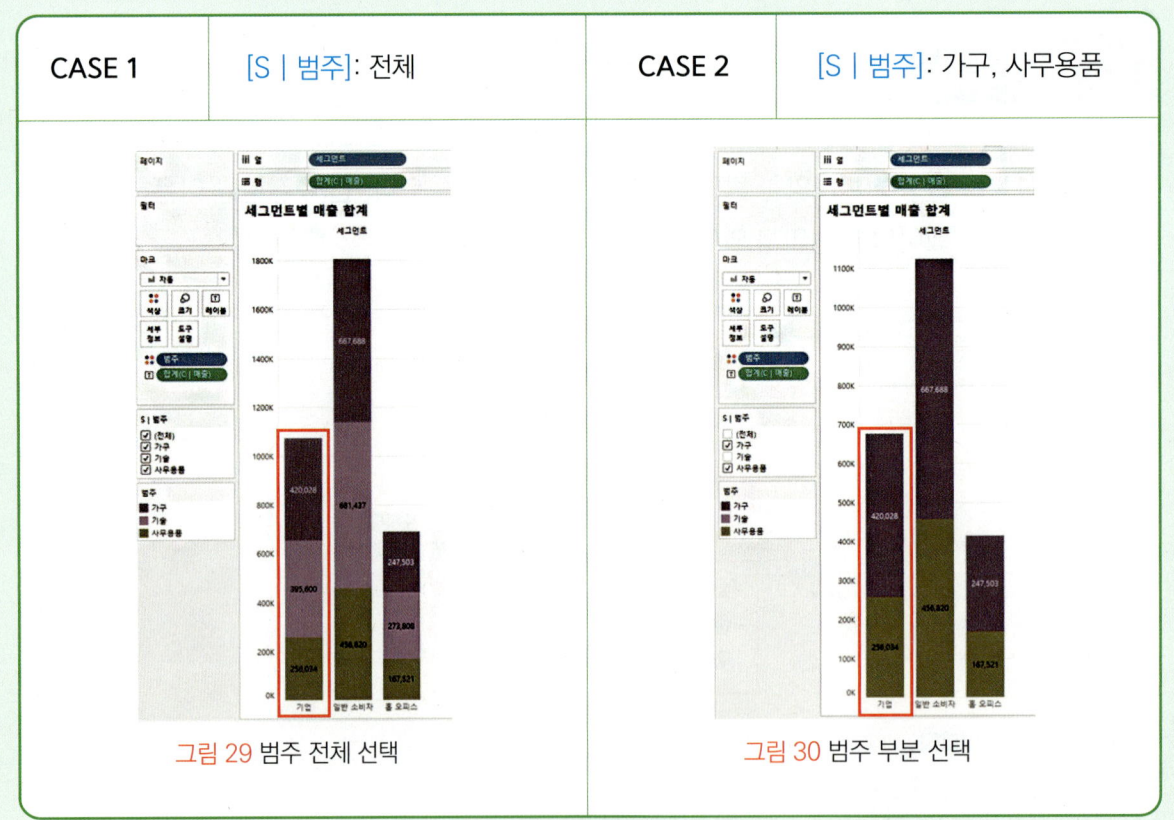

| CASE 1 | [S | 범주]: 전체 | CASE 2 | [S | 범주]: 가구, 사무용품 |

그림 29 범주 전체 선택   그림 30 범주 부분 선택

CHAPTER 07　분석 패널 알아보기

분석 패널은 사용자가 데이터를 분석하고 시각화하기 위해 사용하는 도구 모음이며, 이 패널은 다양한 분석 기능을 제공하여 데이터의 통찰력을 얻을 수 있도록 돕는다. 분석 패널은 요약, 모델 사용자 지정의 기능을 포함하고 있다.

기능	내용
요약	데이터의 통계적 요약 정보를 제공함 요약을 사용하면 사용한 데이터 필드의 통계값을 확인할 수 있음
모델	데이터에 통계적인 모델을 적용하여 예측, 분류, 군집화 등의 분석을 수행함 모델을 사용하면 데이터의 패턴이나 예측 결과를 탐색할 수 있음
사용자 지정	데이터 및 시각화에 대한 사용자 정의 설정을 제공함 차트의 축, 레이블 등을 조정하여 데이터 값의 기준에 따라 비교할 수 있음

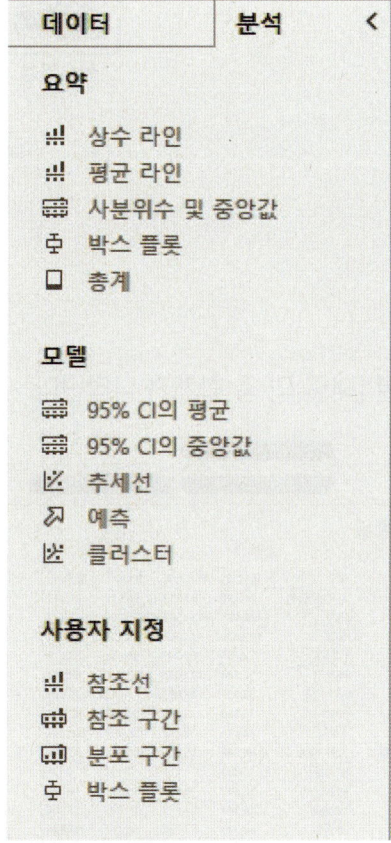

그림 1 분석 패널

01 총계

1. 개념

총계 기능은 데이터의 합계, 평균, 개수 등의 총계 값을 계산하는 기능이며, 분석 패널에서 총계를 워크시트로 드래그하여 행 총합계/열 총합계/소계에 올려준다.

총 합계를 설정하려면 뷰에 머리글이 하나 이상 있어야 하고, 측정값이 집계되어 있어야 한다. 열 머리글이 표시되면 열 총합계를 계산할 수 있고, 행 머리글이 표시되면 행 총합계를 계산할 수 있다. 측정값 집계에 따라 합계에 표시되는 값이 결정된다.

총 합계를 설정하면 뷰의 필드에 대한 현재 집계를 사용하여 초기 값이 계산된다. 예를 들어 [제품 이름]별 [매출]의 합계를 나타낸 차트에 총 합계를 적용하면 [매출]의 합계가 된다.

2. 작성방법

실습영상

지역, 하위 범주별 매출을 확인할 수 있는 그리드 차트를 생성한다.

행	지역	
열	범주	하위 범주
텍스트	합계(매출)	
차트 종류	텍스트	

좌측 분석 패널에서 총계를 드래그하여 '열 총합계'에 드랍하면, [지역]별 [매출]의 총 합계가 나타난다.

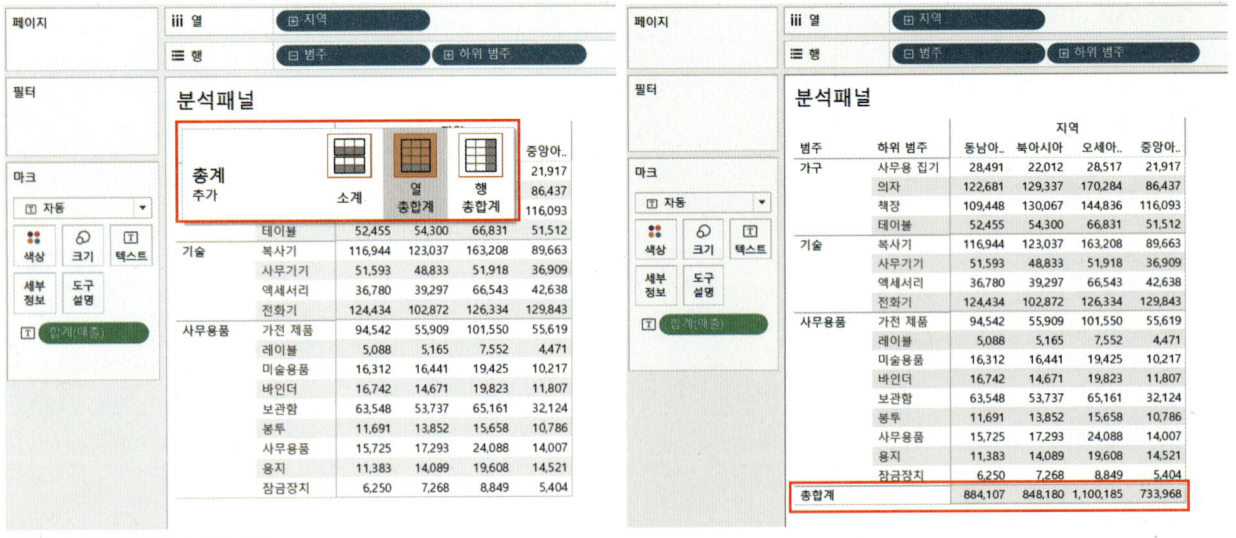

그림 2 분석 패널 총계 적용

'총계'가 설정되면 총계 계산 방법을 지정할 수 있다. 예를 들어 '합계', '평균', '최소값', '최대값'을 사용해 총계를 계산하도록 선택할 수 있다.

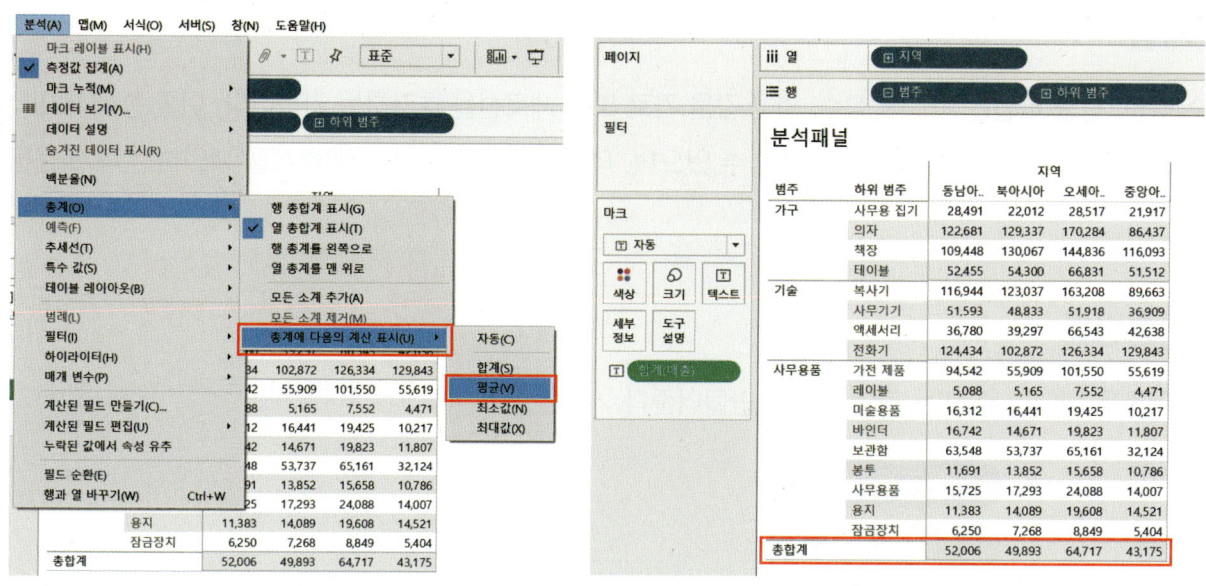

그림 3 총계 계산 방법 지정

더 알아보기 — 총 합계 위치 옮기기

기본적으로 행 총합계, 소계는 뷰의 오른쪽에 나타나고 열 총합계 및 소계는 뷰의 아래쪽에 나타난다. 옵션을 통해 총합계를 뷰의 왼쪽, 맨 위에 표시하도록 선택할 수 있다.

상단 '분석' 메뉴에서 '총계'를 선택한 후, '행 총계를 왼쪽으로', '열 총계를 맨 위로'를 선택한다.

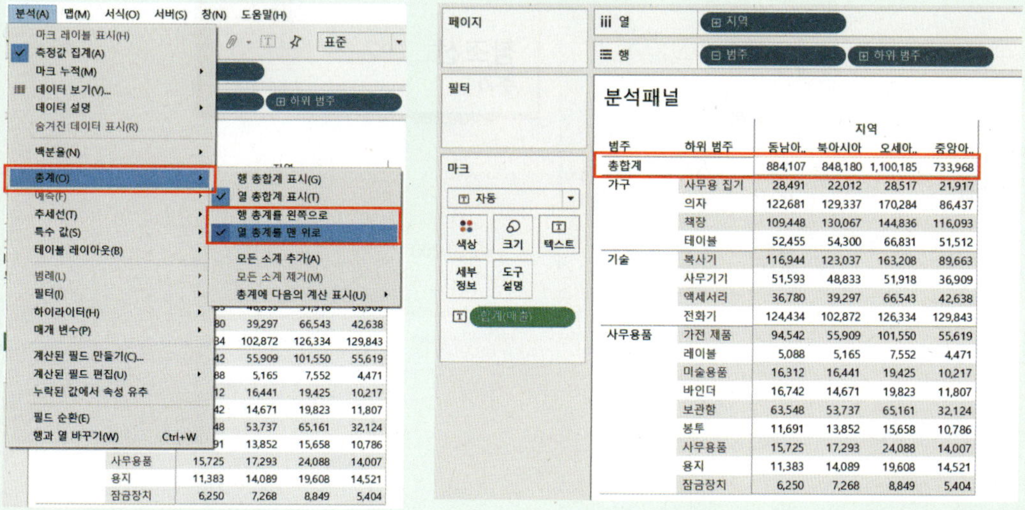

그림 4 총 합계 위치 변경

분석 패널 알아보기 121

02 상수, 평균 라인

1. 개념

상수 라인, 평균 라인은 차트에 상수, 평균 값을 가로 또는 세로선을 추가하는 기능이다. 이를 통해 데이터를 강조하고 임계값을 시각적으로 표현할 수 있으며, 데이터의 분포와 비교해 추세를 확인하는 데 도움을 준다.

2. 작성방법

월별 매출을 확인할 수 있는 라인 차트를 만들어준다.

차트 종류 　　　∧　라인

1) 상수 라인

분석 패널에서 '상수 라인'을 워크시트로 드래그 앤 드롭한다.

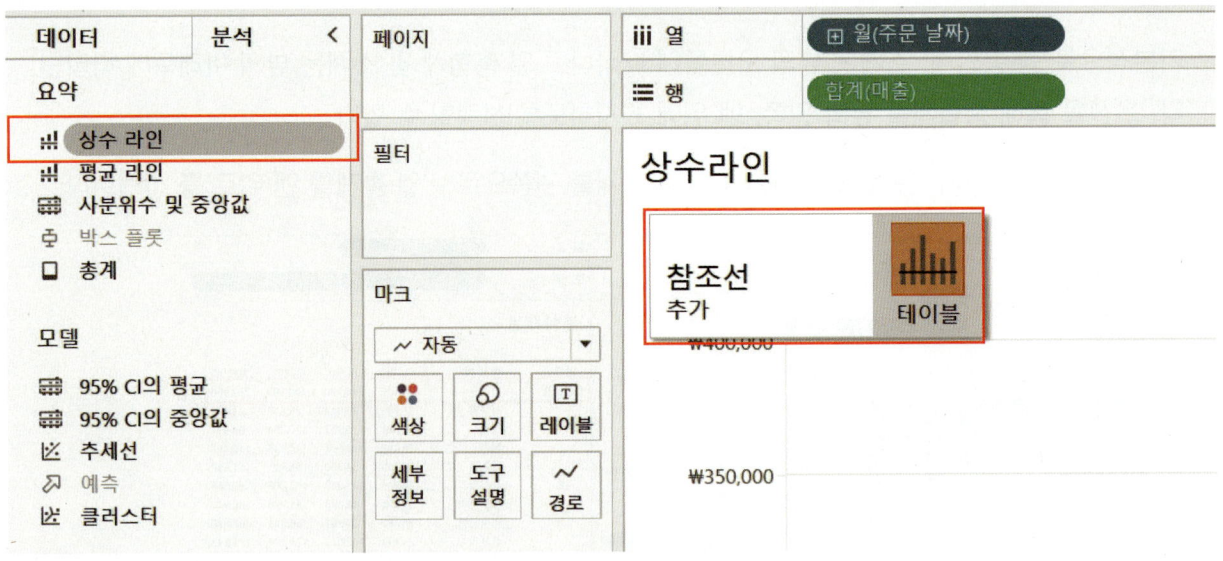

그림 5 상수라인 추가

상수 라인 값을 입력하면, 값에 따라 라인의 위치가 변동된다.

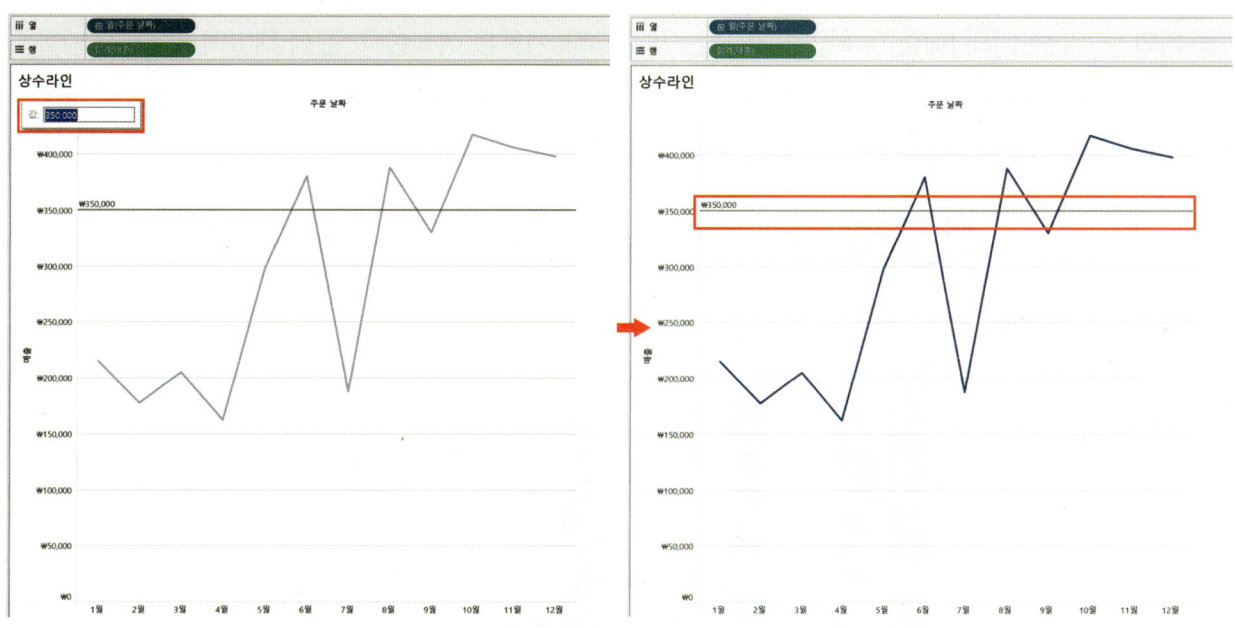

그림 6 상수라인 값 최초 지정

적용한 상수라인을 클릭하면 '값 설정', '편집', '서식', '제거'를 할 수 있다.

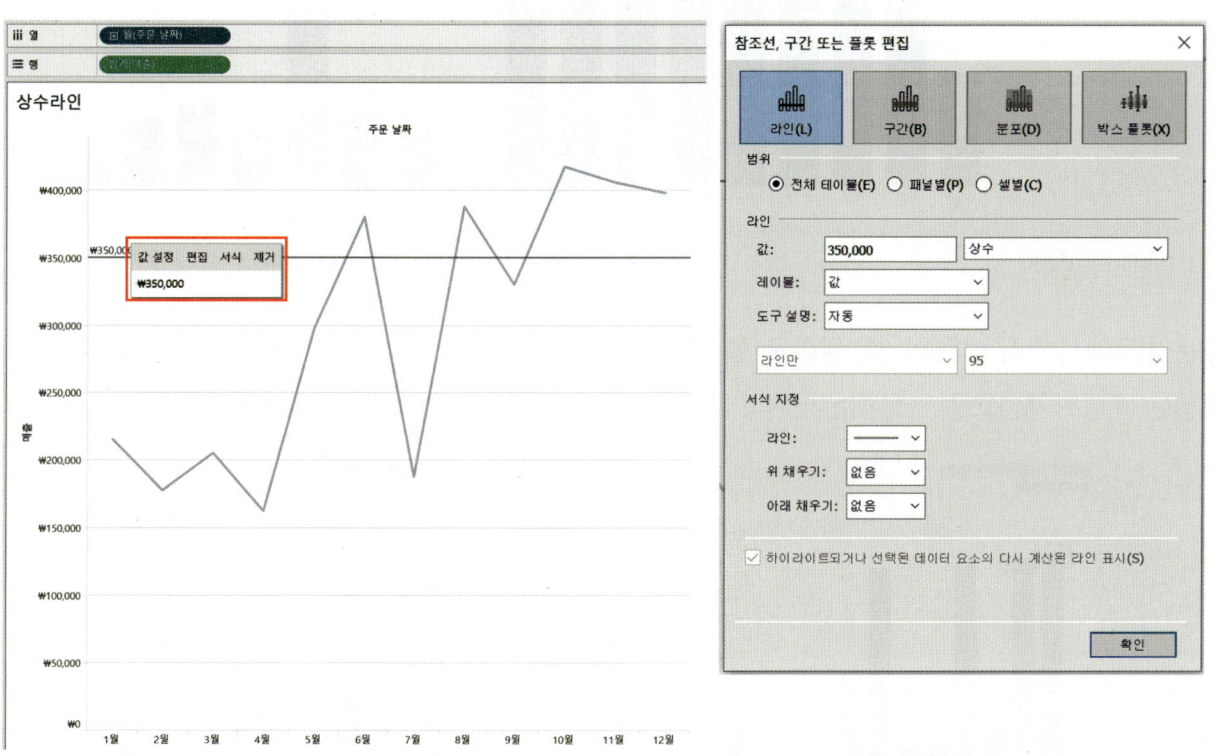

그림 7 상수라인 편집 창

분석 패널 알아보기 123

2) 평균 라인

[범주]와 [하위 범주]의 [매출]을 확인할 수 있는 세로 막대 차트를 작성한다. 분석 패널에서 평균라인을 워크시트로 드래그하여 평균 라인에서 '테이블', '패널', '셀'에 추가할 수 있다. 평균 라인을 테이블 위로 드래그하면 전체 차트의 평균 라인이 그려지게 된다.

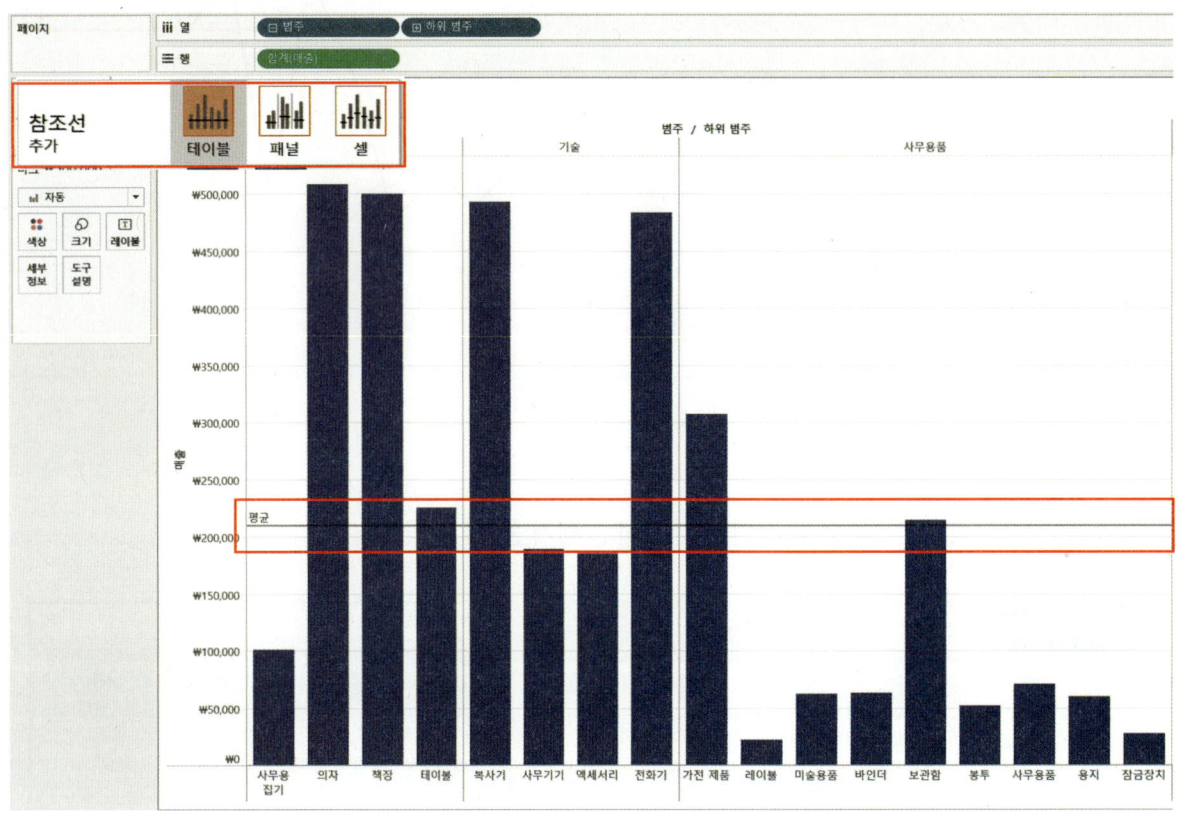

그림 8 평균라인 추가

셀은 차트에서 가장 작은 단위를 말하고, 셀 위에 올리면 개별 값으로 [하위 범주]의 평균 라인이 그려진다. 패널은 셀 상위 개념으로, 가장 작은 단위의 상위 단위이다. 패널 위에 올리면 [범주]별 평균 라인이 그려진다.

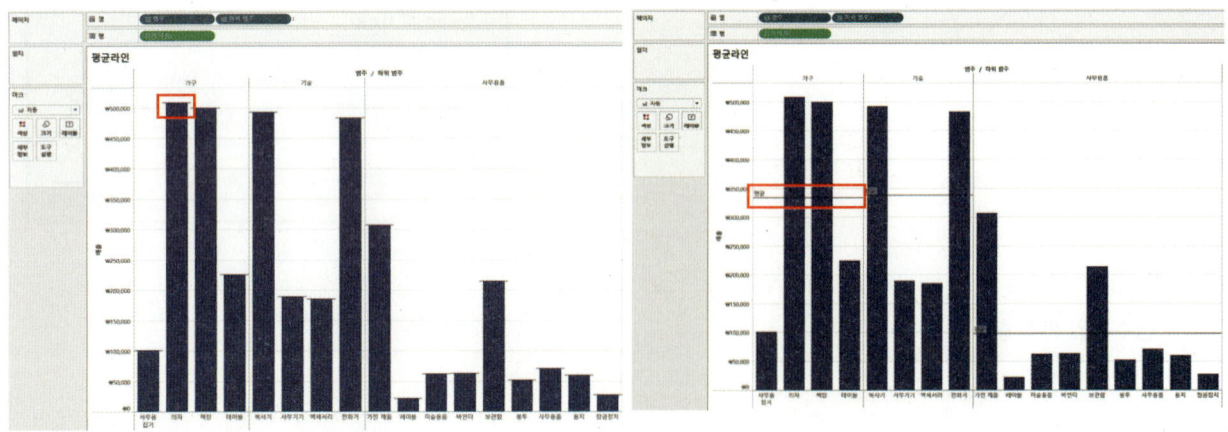

그림 9 평균라인 계산 범위

평균라인을 클릭하면 라인 계산을 변경할 수 있는 창이 뜬다.

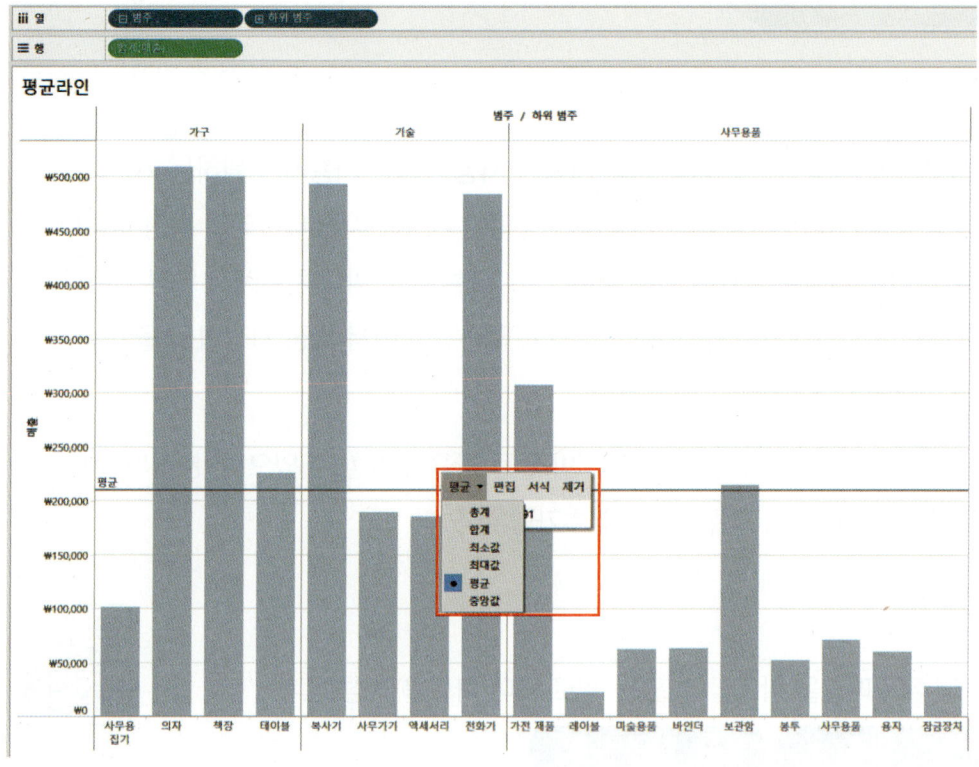

그림 10 라인 계산 변경

'편집'을 클릭하면 라인 서식을 지정하는 창이 나타나게 된다. 평균 라인의 값의 계산 방식, 레이블, 라인 서식 등을 지정할 수 있고, 레이블의 경우 사용자 지정으로 선택하고 '>'를 클릭하여 '필드명', '값' 등을 추가할 수 있다.

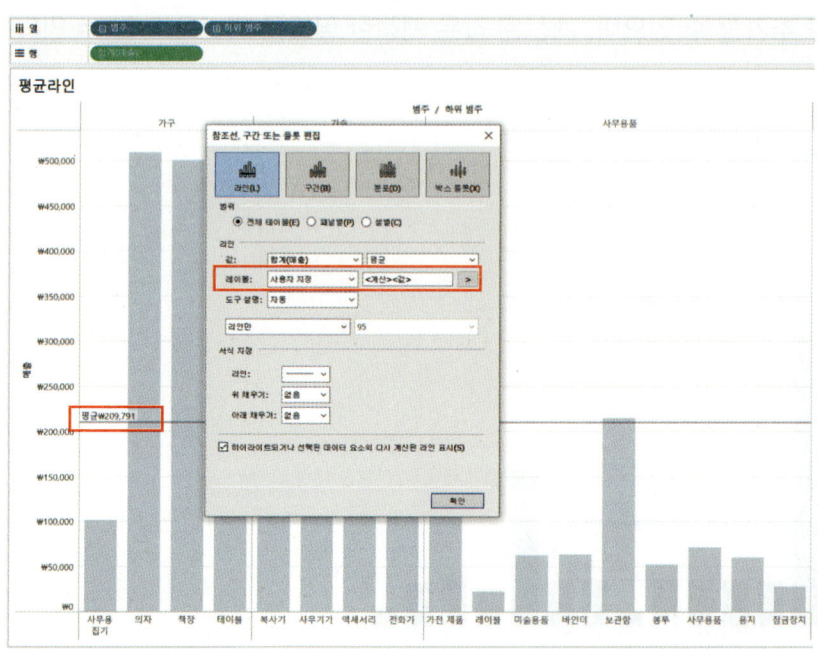

그림 11 평균라인 편집 창

분석 패널 알아보기 125

03 참조선, 구간, 박스 플롯

1. 개념

'참조선', '구간', '박스 플롯'으로 사용하는 분석패널의 **'사용자 지정'** 기능은 사용자가 원하는 기준에 따라 차트에 선이나 분포 영역 등을 추가하는 기능이다. 사용자가 정의한 기준에 따라 데이터의 특정 값이나 범위를 강조하여 비교할 수 있으며, 다양한 차트에 적용할 수 있다. 예를 들어 막대 차트에서 특정 기준값을 나타내는 선을 추가하여 기준 값과 막대의 값을 비교할 수 있고, 라인 차트에서 특정 시점의 값을 나타내는 선을 추가해 특정 지점과 비교할 수 있다.

'사용자 지정'을 통해 '참조선', '참조 구간', '분포 구간', '박스 플롯'을 추가할 수 있으며, 분석패널에서 사용할 기능을 워크시트로 끌어와 '테이블', '패널', '셀'에 추가할 수 있다.

2. 작성방법

아래와 같이 범주, 하위 범주의 매출을 확인할 수 있는 세로 막대 차트를 생성한다.

실습영상

열	범주	하위 범주
행	합계(매출)	
차트 종류	막대	

1) 참조선

축의 상수 또는 계산된 값에 참조선을 추가할 수 있으며, 계산된 값은 지정한 필드를 기반으로 할 수 있다. 또한 참조선과 함께 신뢰 구간을 포함할 수 있다.

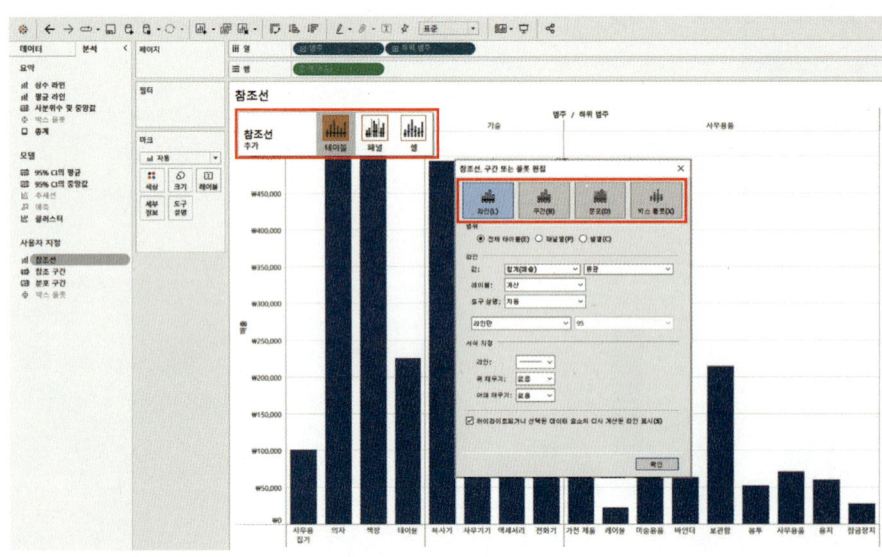

그림 12 참조 선

2) 참조 구간

뷰의 마크 뒤에 있는 음영 처리된 영역으로 축에서 두 개의 상수 또는 계산된 값 사이에 해당한다. 그림 13은 테이블 시작 구간을 최소값으로, 끝 구간을 최대값으로 지정한 화면이다.

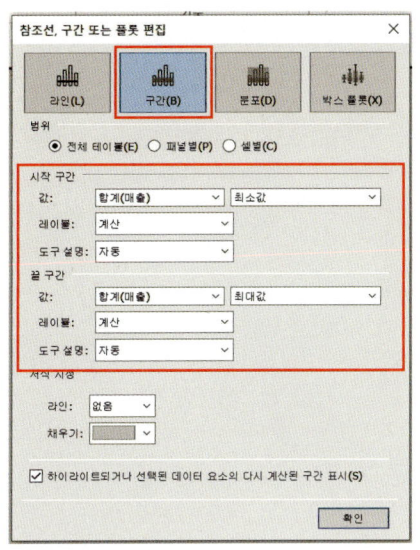
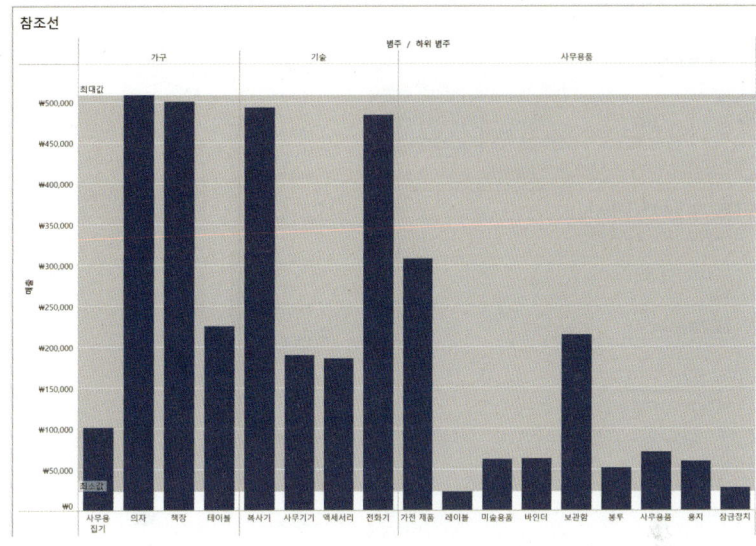

그림 13 참조 구간

3) 분포 구간

축의 값 분포를 나타내기 위해 음영을 추가하고 비율, 백분위수, 사분위수 또는 표준 편차를 통해 분포를 정의할 수 있다. 그림 14는 테이블의 평균값의 60%, 80% 분포 구간을 나타낸 화면이다.

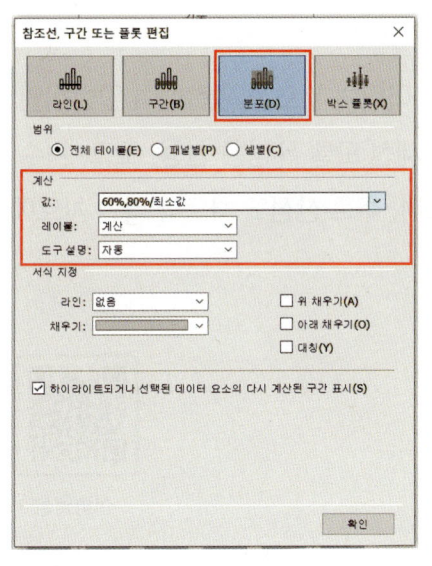
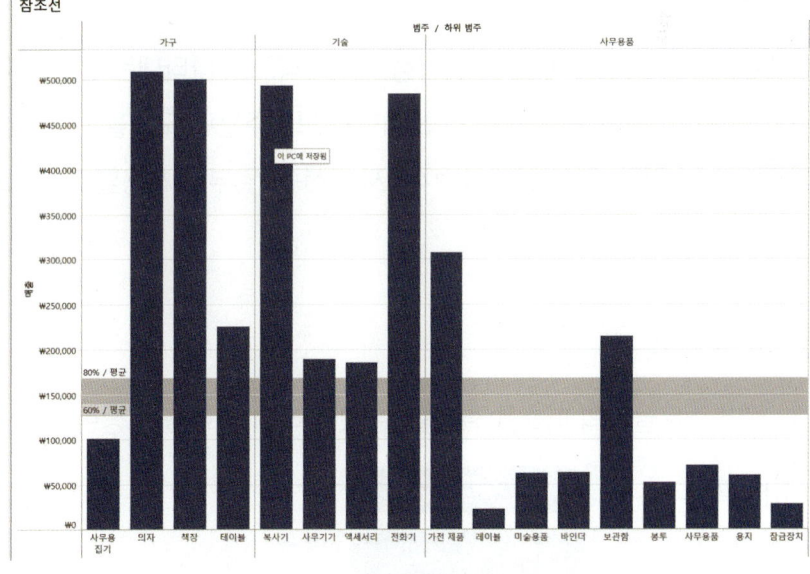

그림 14 분포 구간

분석 패널 알아보기

4) 박스 플롯

박스 플롯은 데이터의 분포, 이상치를 시각적으로 파악하기 위해 주로 사용된다. [범주], [하위 범주], [매출]를 다중 선택한 다음 표현방식에서 박스 플롯을 선택한다. 그림 15는 [하위 범주]를 IQR 1.5 범위 내의 구간으로 나타낸 화면이다.

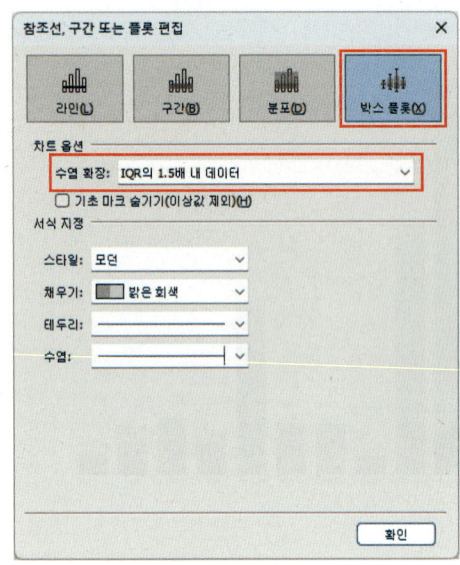 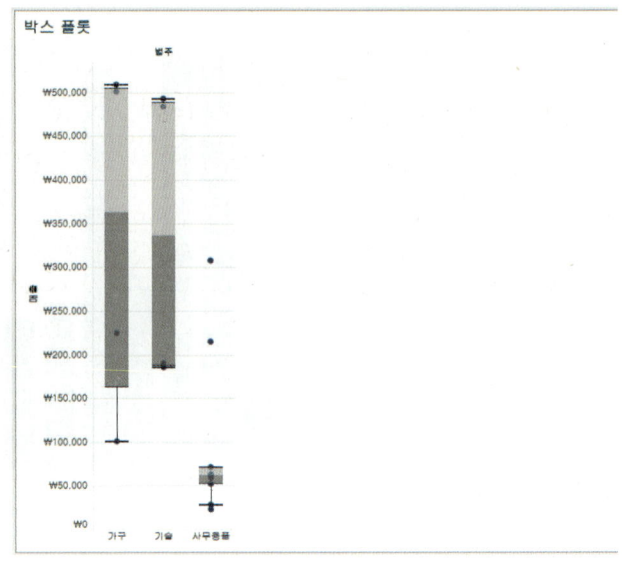

그림 15 박스 플롯

04 추세선

1. 개념

추세선은 데이터의 추세 또는 경향성을 시각적으로 나타내는 선으로 데이터의 분포와 관련하여 일반적인 경향을 보여주거나 증가 또는 감소 경향을 보여주는데 도움을 준다. 추세선 모델 유형은 선형, 로그, 지수 및 다항식이 있다. 일부 뷰에서는 4가지 옵션 중 일부만 사용할 수 있으며, 주로 산점도 차트나 라인 차트에 사용된다.

2. 작성방법

년, 월별 주문날짜의 매출을 확인할 수 있는 라인 차트를 생성한다.

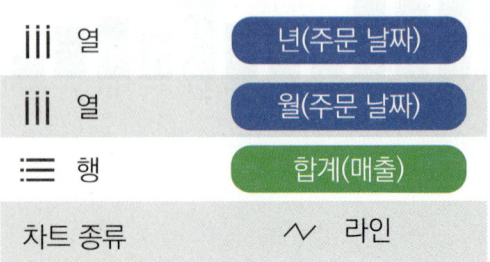

실습영상

분석 패널의 추세선을 워크시트로 드래그 앤 드랍하여 '선형'에 드랍하면 연도별 추세를 확인할 수 있는 라인이 나타난다.

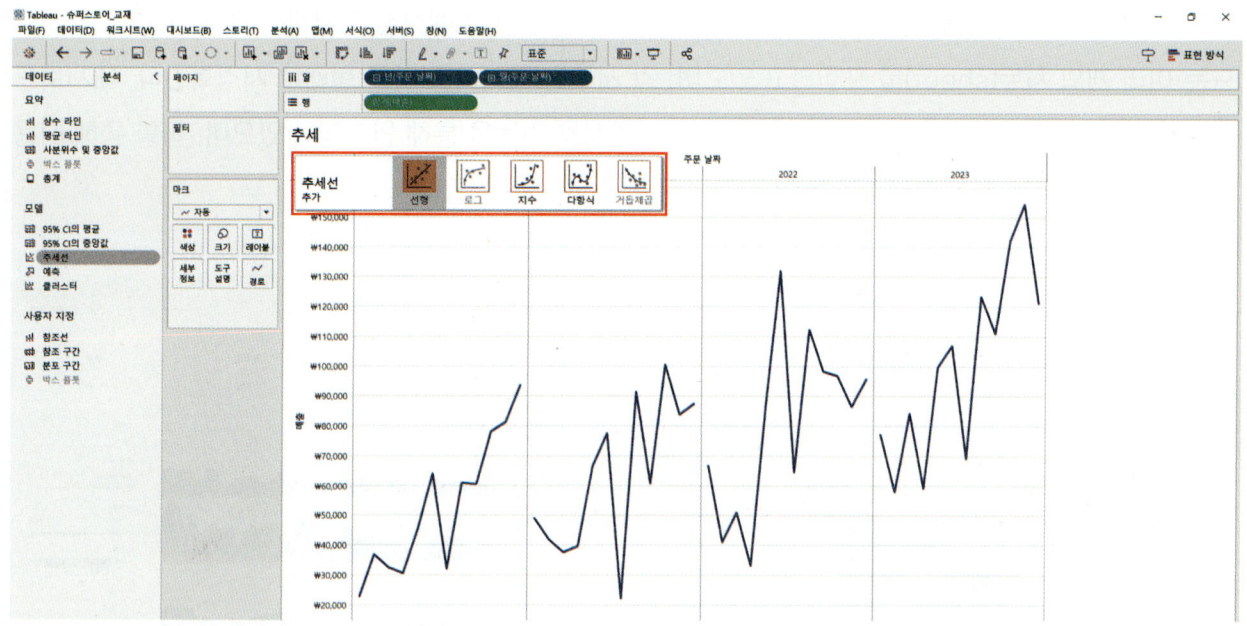

그림 16 추세선 추가

추세선에 마우스 오버하면 추세선에 대한 자세한 '도구 설명' 창이 나타난다.

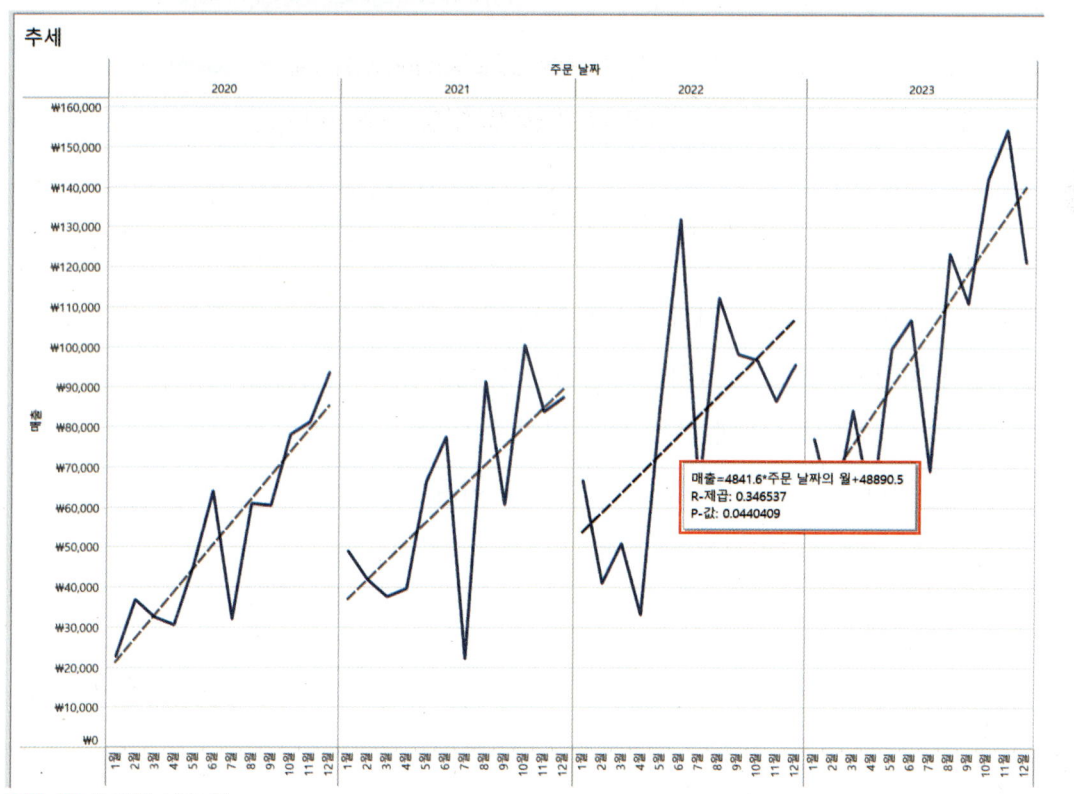

그림 17 추세선 설명 창

CHAPTER 08 대시보드 구성하기

대시보드는 데이터 시각화 도구로, 데이터를 시각적으로 표현하여 정보를 전달하는 데 사용된다. 대시보드는 여러 개의 시트(sheet)를 포함하고 있으며, 각 시트는 데이터를 다른 형태로 시각화한다. 대시보드에 포함된 시트들은 필터, 하이라이트, 액션 등의 상호작용 기능을 통해 연결되어 있으며, 이를 통해 사용자는 데이터를 더욱 쉽게 이해하고 데이터 간의 관계를 파악할 수 있다.

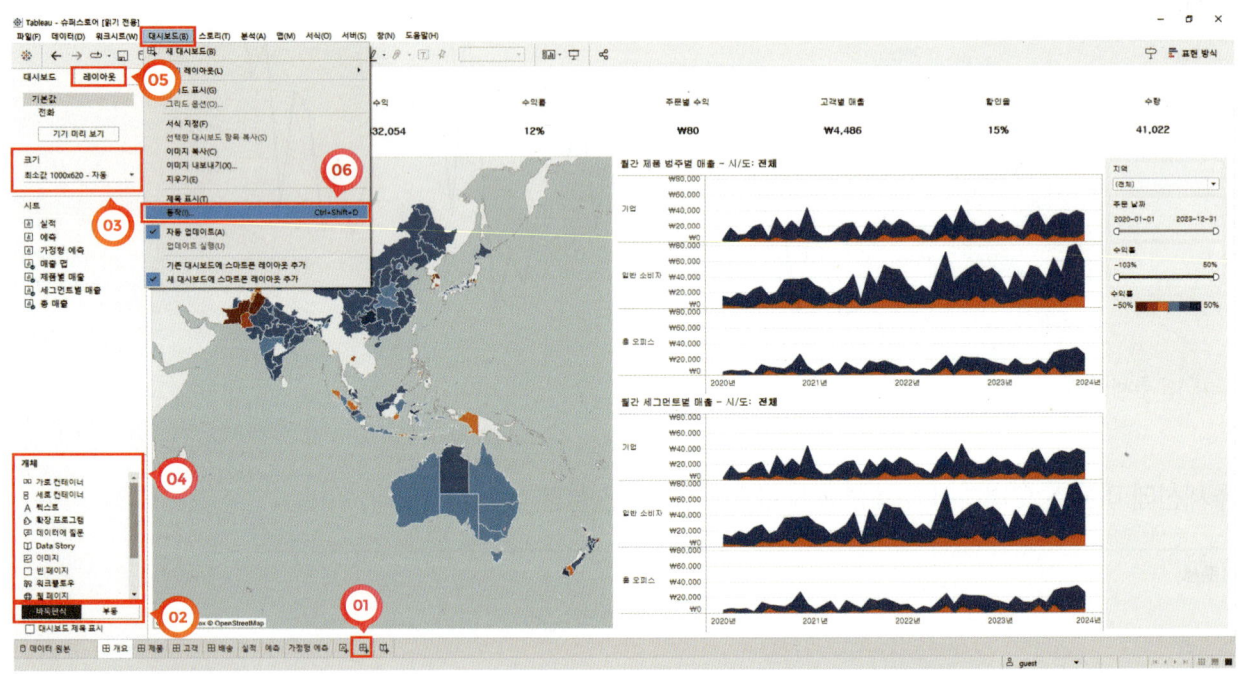

그림 1 대시보드 구성

❶ 새 대시보드를 추가하여 작업할 수 있다.
❷ 바둑판식과 부동을 이용하여 대시보드 위의 차트와 개체 배치 옵션을 선택할 수 있다.
❸ 사용자의 요구사항에 따라 대시보드의 크기를 조정할 수 있다.
❹ 여러 개체를 추가하여 다양한 시각적 대시보드를 구현할 수 있다.
❺ 선택한 시트와 개체의 항목 크기 조정, 배치, 다시 정렬 및 이름변경 등을 할 수 있다.
❻ 동작을 사용하여 동적인 대시보드를 만들 수 있다.

01 크기 조정

1. 개념

대시보드를 만들기 전, 후 사용자 요구 사항에 따라 대시보드의 크기를 조정하고 필요에 맞게 다양하게 변경할 수 있다.

2. 작성방법

실습영상

대시보드 패널에서 크기를 클릭하고 그림 2 안에 있는 고정된 크기를 클릭하면 '고정된 크기', '자동', '범위'의 3가지 형태로 다양한 화면을 만들 수 있다.

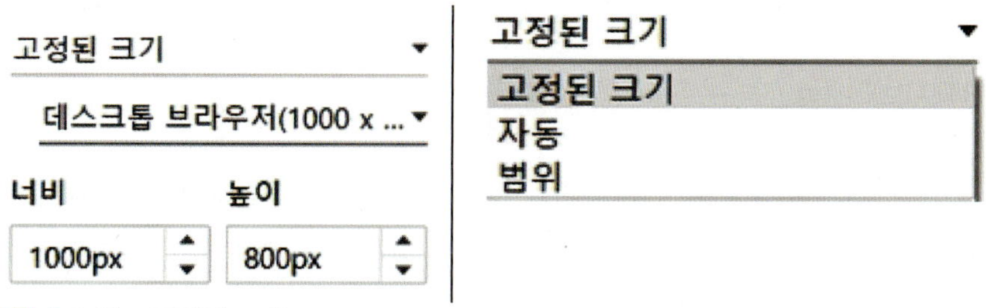

그림 2 크기 - 고정된 크기

① **고정된 크기(기본값):** 표시되는 창의 크기와 관계없이 대시보드 크기가 같은 크기로 유지되고, 대시보드가 창보다 크면 대시보드를 스크롤할 수 있게 된다. 그림 3과 같이 미리 설정된 크기 중에서 선택하거나 사용자 지정 크기를 지정할 수 있다.

고정된 크기의 대시보드를 사용하면 대시보드 콘텐츠의 정확한 배치와 위치를 지정할 수 있다.

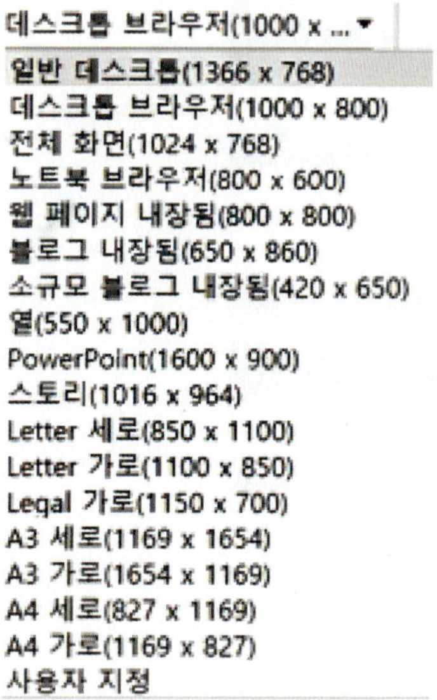

그림 3 크기 - 고정된 크기 - 사용자 지정

대시보드 구성하기 131

아래의 그림 4는 크기 옵션을 '고정된 크기' → '사용자 지정' → 너비: 700px, 높이: 400px을 사용한 대시보드 화면이다.

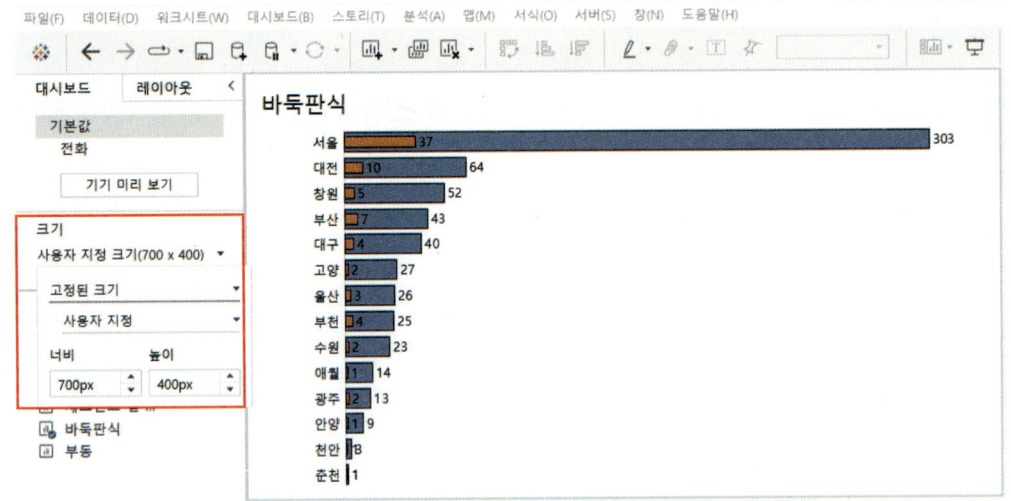

그림 4 크기 – 사용자 지정 크기를 사용한 대시보드

② **자동:** 표시되는 창에 맞게 대시보드 크기가 자동으로 조정되며, 자동 크기 조정을 사용하면 서로 다른 화면에서 예측할 수 없는 결과가 나올 수 있으므로 대시보드가 사용될 위치를 모르는 경우에는 이 설정을 주의해야 한다. 아래의 그림 5는 자동을 사용한 대시보드 화면이다.

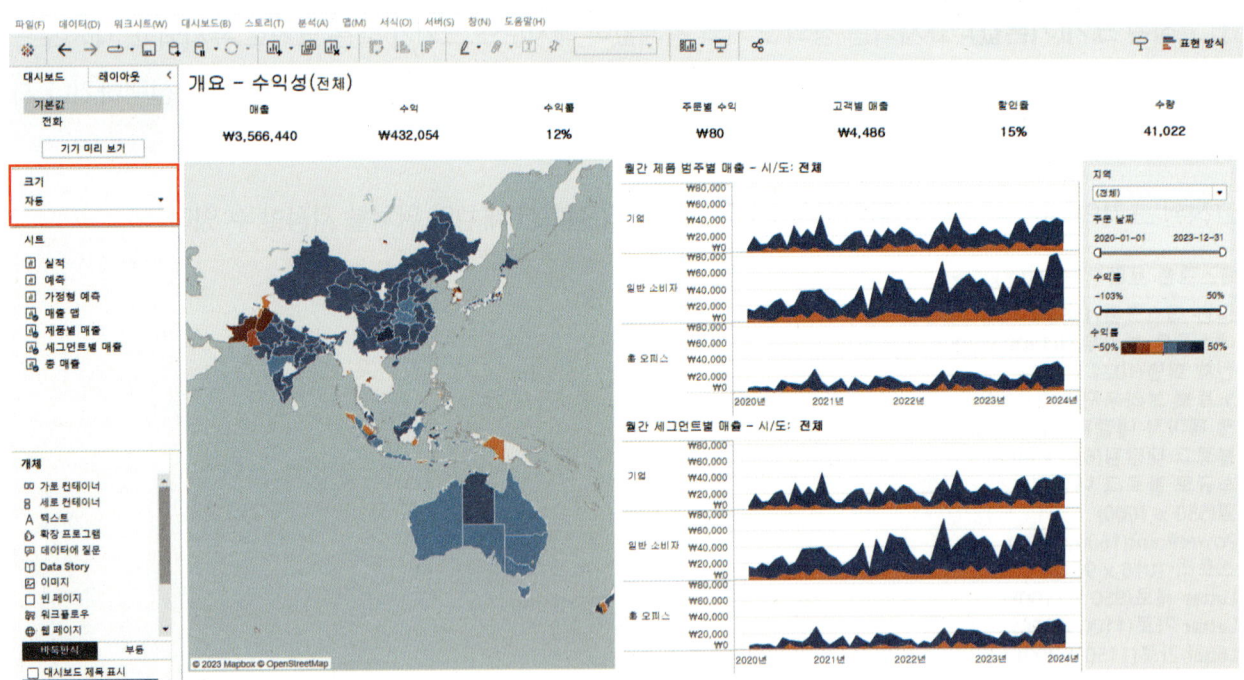

그림 5 크기 – 자동 크기를 사용한 대시보드

③ **범위:** 지정한 최소 크기와 최대 크기 사이에서 대시보드 배율이 지정되며 대시보드를 표시하는데 사용되는 창이 최소 크기보다 작은 경우 스크롤 막대가 표시된다. 그리고 창이 최대 크기보다 큰 경우에는 흰색 공간이 표시된다.

02 바둑판식과 부동

1. 개념

1) 바둑판식

바둑판식 레이아웃은 대시보드 요소를 그리드에 정렬하는 옵션으로, 바둑판식 레이아웃을 사용하면 요소들이 격자 형태로 배치되며, 대시보드에 일관된 구조를 제공할 수 있다. 그리고 요소들이 균등하게 분산되어 화면을 채우고 대시보드의 가독성과 조직화를 높일 수 있다.

2) 부동

부동 레이아웃은 대시보드에 있는 개별 요소를 원하는 위치에 자유롭게 배치할 수 있는 옵션으로, 대시보드에 상대적인 위치를 지정할 수 있으며 크기를 조정하거나 다른 요소와 겹칠 수도 있다. 부동 레이아웃을 사용하면 요소를 정렬하거나 그리드에 맞추지 않고도 대시보드를 자유롭게 디자인할 수 있다.

2. 작성방법

아래 표를 참고하여 시트를 만들고 바둑판식과 부동 대시보드를 만들어 비교해보자.

실습영상

열	합계(매출)
행	시/도
색상	합계(매출)
필터	국가/지역 : "South Korea"
차트종류	막대

1) 바둑판식

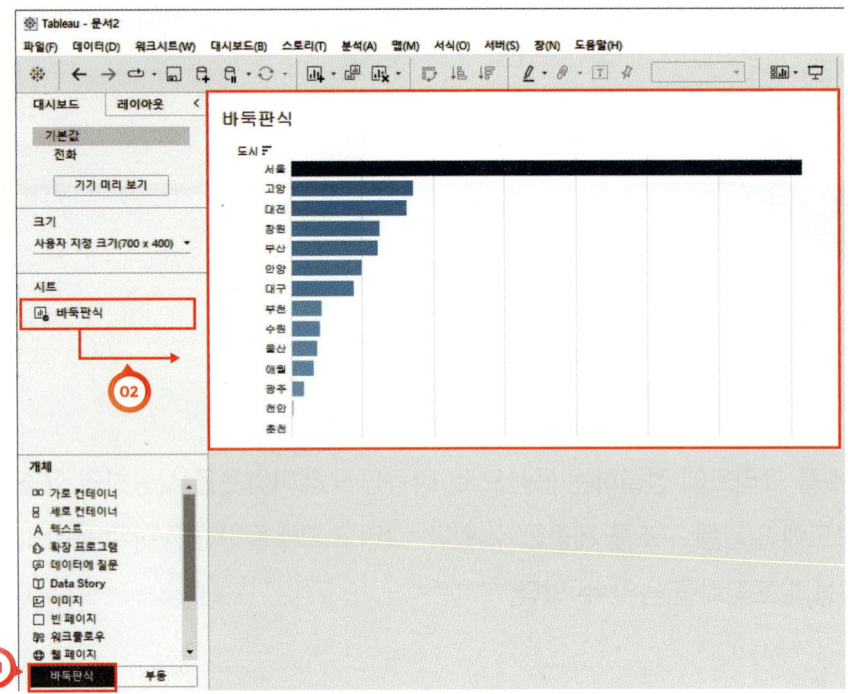

그림 6 대시보드 바둑판식 구성

❶ 대시보드 패널에 있는 '바둑판식'을 클릭한다.

❷ 〈바둑판식〉 시트를 뷰의 '여기에 시트 놓기' 부분에 드래그 앤 드랍하면 사용자 지정 크기만큼 자동으로 대시보드가 구현된다.

2) 부동

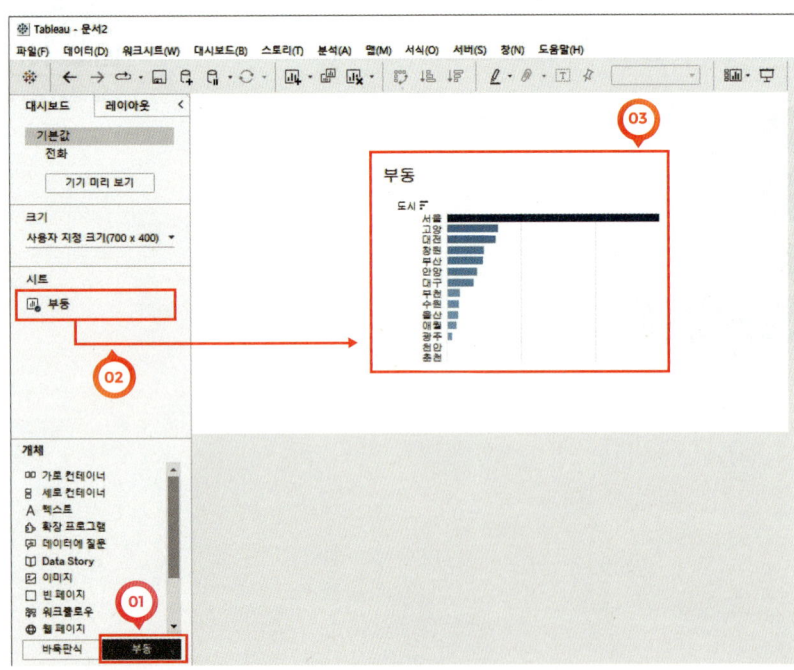

그림 7 대시보드 부동 구성

❶ 대시보드 패널에 있는 '부동'을 클릭한다.
❷ 〈부동〉 시트를 뷰의 '여기에 시트 놓기' 부분에 드래그 앤 드랍한다.
❸ 놓고 싶은 위치에 원하는 크기만큼 크기를 늘려 상대적인 위치를 지정한다.

부동으로 대시보드를 만들면 뷰 크기안에서 자유롭게 시트, 개체를 배치할 수 있다.

더 알아보기 바둑판식과 부동의 차이점

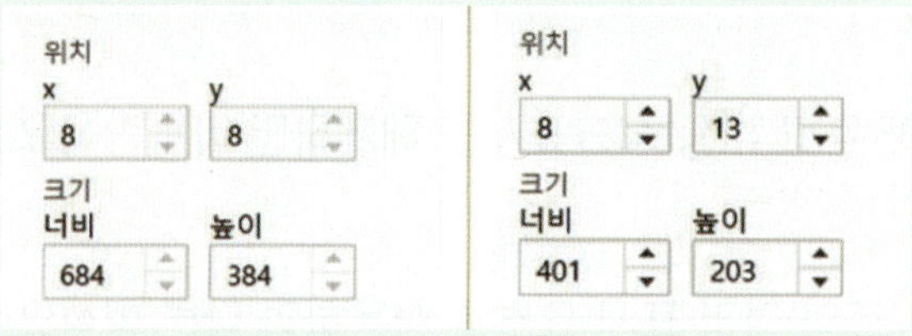

그림 8 바둑판식/부동

바둑판식으로 만든 대시보드에서 바둑판식 시트를 클릭 후 레이아웃 패널로 넘어가 보면 위치, 크기가 활성화되지 않는다. 하지만 부동으로 만든 대시보드에서 부동 시트를 클릭 후 레이아웃 패널로 넘어가서 위치, 크기를 확인해 보면 활성화 되어있는 것을 확인할 수 있다.

아래는 바둑판식과 부동의 전반적인 차이점을 정리한 표이다.

	바둑판식	부동
배치 방식	격자 형태로 빈공간을 찾아 자동으로 배치됨	사용자가 위치시킨 곳에 자유롭게 배치 가능함
레이아웃	격자 형태의 고정된 레이아웃	자유로운 레이아웃 설정 가능
유연성	레이아웃이 고정되어 유연성이 제한됨	시트를 겹치는 등 유연한 레이아웃 구성이 가능함
크기 조정	격자의 크기에 맞게 조정함	자유롭게 조정할 수 있음
특징	단순하고 직관적인 구조로 사용자가 빠르게 정보를 파악할 수 있음	많은 양의 정보를 효과적으로 표현 가능함

사용자의 선택의 따라 바둑판식, 부동을 선택해서 사용할 수 있고 상황의 따라 바둑판식과 부동 방식 두가지 모두 사용할 수 있다. 표의 내용과 같이 조작이 단순하고 직관적으로 정보를 확인하고 싶을 경우 바둑판식을 이용하는 것이 유용하다.

03 레이아웃 설정

1. 선택한 항목

1) 레이아웃 설정

'**레이아웃 설정**'은 선택된 항목의 명칭으로, 현재 〈레이아웃 설정〉 이라는 시트가 선택 되어있는 상태이다. 선택한 항목에는 그림 9와 동일하게 '제목 표시', '부동', '값을 사용하여 표시 유형 제어' 총 세가지이며 각 기능은 다음과 같다.

① **제목 표시** : 선택한 시트의 제목을 표시한다.
② **부동** : 선택한 시트가 바둑판식이면 부동으로 변경해 주고 부동 체크표시를 해제하면 바둑판식으로 변경된다.
③ **값을 사용하여 표시 유형 제어** : 동일한 시트 또는 시트의 여러 표시 요소를 사용하여 다른 형식으로 데이터를 표시하는 기능이다.

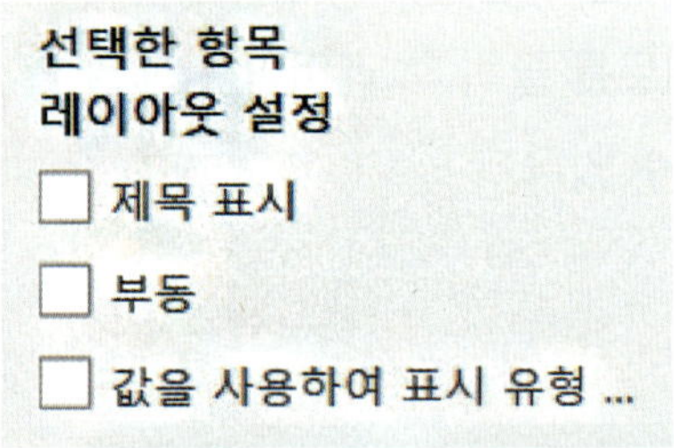

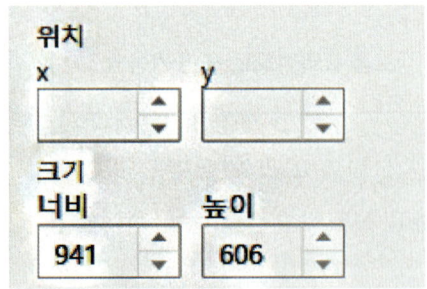

그림 9 레이아웃 패널 – 선택한 항목

2) 위치, 크기

모든 대시보드 항목의 배치를 정밀하게 제어하려는 경우, 부동으로 대시보드에 시트를 추가했을 경우에 그림 10의 위치와 크기를 변경할 수 있다. 위치는 왼쪽 맨 위부터 픽셀 단위로 x및 y위치를 정의하는 방식으로 항목의 위치를 정의하고, 크기는 항목의 너비와 높이를 조절한다.

그림 10 레이아웃 패널 – 위치, 크기

3) 테두리

대시보드와 선택한 시트를 감싸는 경계를 시각적으로 나타낼 수 있고 그림 11을 통해 테두리 색상과 두께를 변경하여 배치와 디자인을 강조하며 더욱 완성도 높은 대시보드를 만들 수 있다.

그림 11 레이아웃 패널 – 테두리

4) 백그라운드

시트의 뷰 화면을 제외한 나머지 배경 부분에 색상이 추가된다.

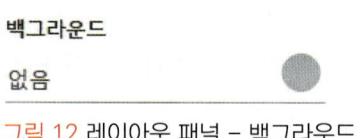

그림 12 레이아웃 패널 – 백그라운드

5) 바깥쪽, 안쪽 여백

① **바깥쪽 여백:** 테두리 및 배경 외부의 추가 간격을 설정한다.

② **안쪽 여백:** 항목 콘텐츠와 테두리 및 배경색으로 구성된 경계 사이의 간격을 설정한다.

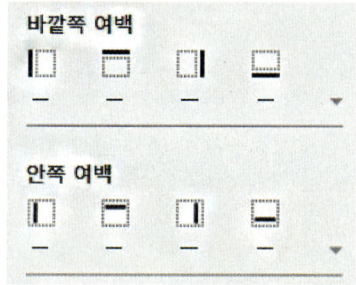

그림 13 레이아웃 패널 – 바깥쪽 여백, 안쪽 여백

2. 항목 계층

대시보드의 개체가 계층화되고 그룹화되는 방식을 확인할 수 있고 개체가 부동일 경우에는 이러한 방식을 빠르게 변경할 수 있다.

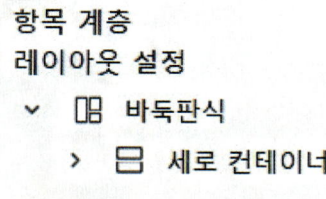

그림 14 레이아웃 패널 – 항목 계층

04 개체 활용하기

대시보드에서 개체는 대시보드 패널에 추가되는 시각적 요소를 의미한다. 개체는 데이터를 시각화하고 표현하기 위해 사용되며, 사용자에게 정보를 전달하고 상호작용을 가능하게 한다. 다양한 개체를 조합하여 대시보드를 구성하고 데이터를 분석하는데 사용된다.

이번 챕터에는 모든 개체를 사용하지 않고 자주 사용하는 개체들 위주로 알아보자.

1. 가로, 세로 컨테이너

1) 개념

컨테이너는 대시보드의 구성 요소를 그룹화하고 배치하는데 사용되는 상자 형태의 요소로 대시보드 디자인을 구조화하고 관리하기 위해 사용된다. 또 대시보드의 레이아웃을 구성하고 여러 시각화 및 정보를 그룹화하여 사용자에게 논리적인 순서를 제공한다.

2) 작성방법

아래 표를 참고하여 2개의 시트를 만들고 가로, 세로 컨테이너 대시보드를 만들어 비교해보자.

※ 도넛 차트 제작 과정은 Part 2.7 고급 차트 만들기를 참고.

실습영상

〈범주 별 하위 범주의 구성비〉

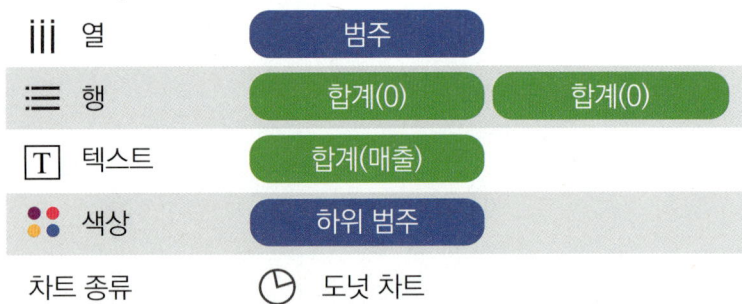

〈세그먼트별 범주의 매출〉

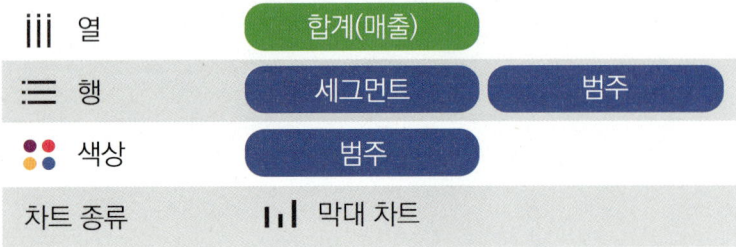

① **세로 컨테이너**

새 대시보드를 추가하여 화면 크기에 맞게 대시보드 화면의 크기를 설정한다.

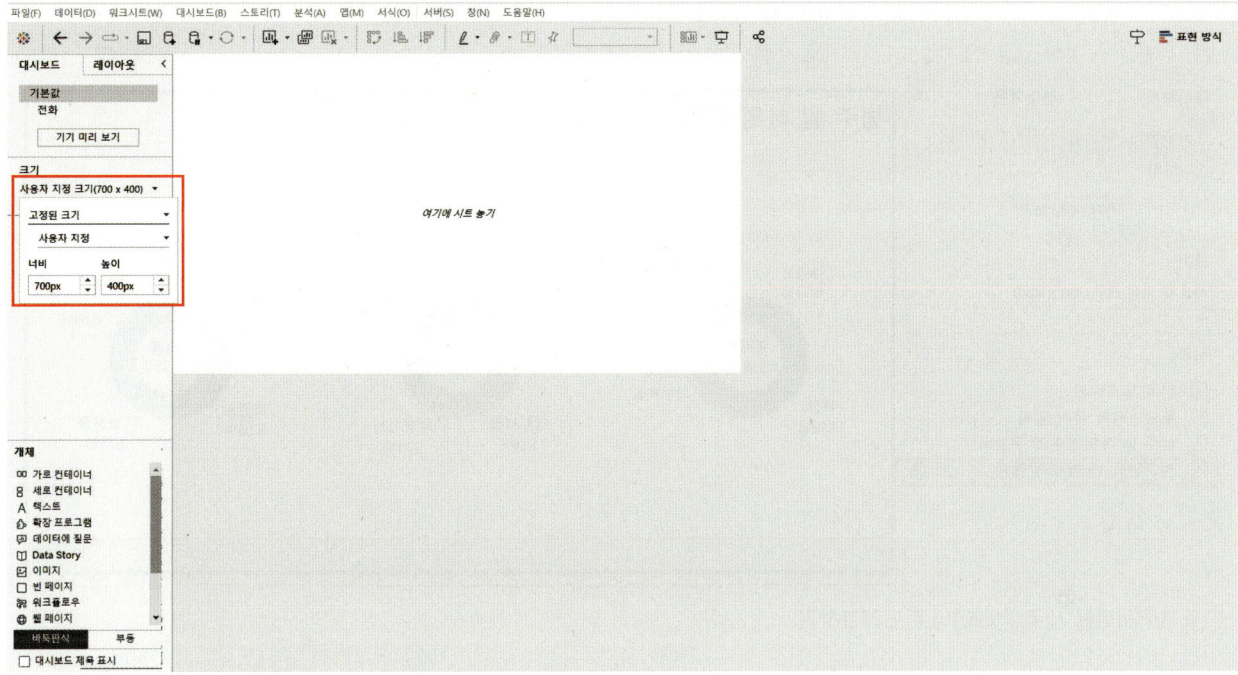

그림 15 대시보드 크기 설정

대시보드 패널에서 세로 컨테이너 개체를 대시보드에 드래그 앤 드랍 한다.

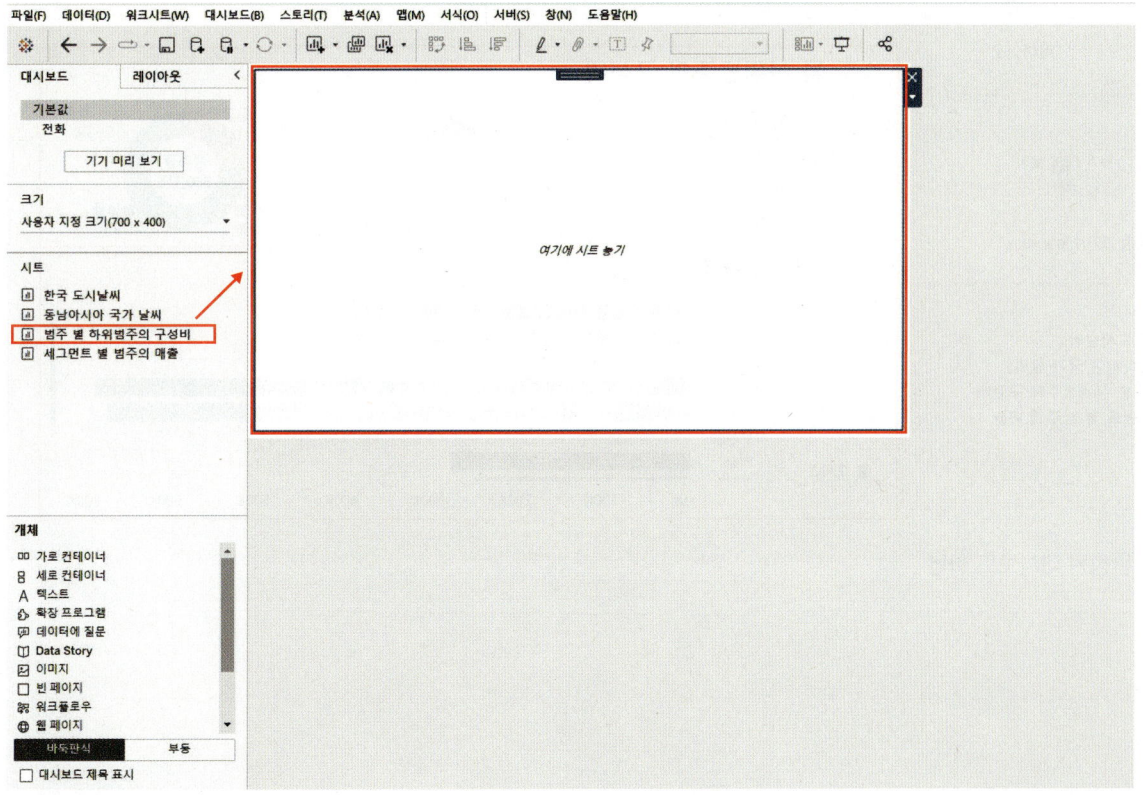

그림 16 컨테이너 개체 배치

〈범주 별 하위 범주의 구성비〉 시트를 먼저 드래그 앤 드랍하고 〈세그먼트별 범주의 매출〉 시트를 아래에 드래그 앤 드랍한다.

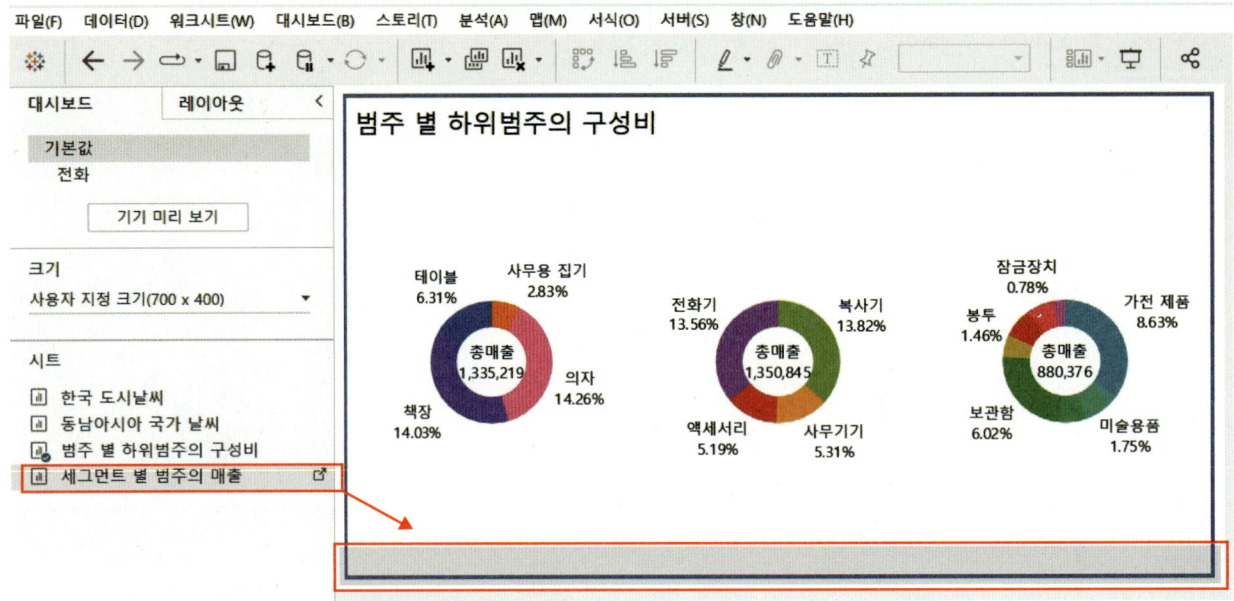

그림 17 시트를 세로 컨테이너로 드래그하기

색상 범례를 모두 제외하고 세로 컨테이너를 사용하여 만든 대시보드 화면이다.

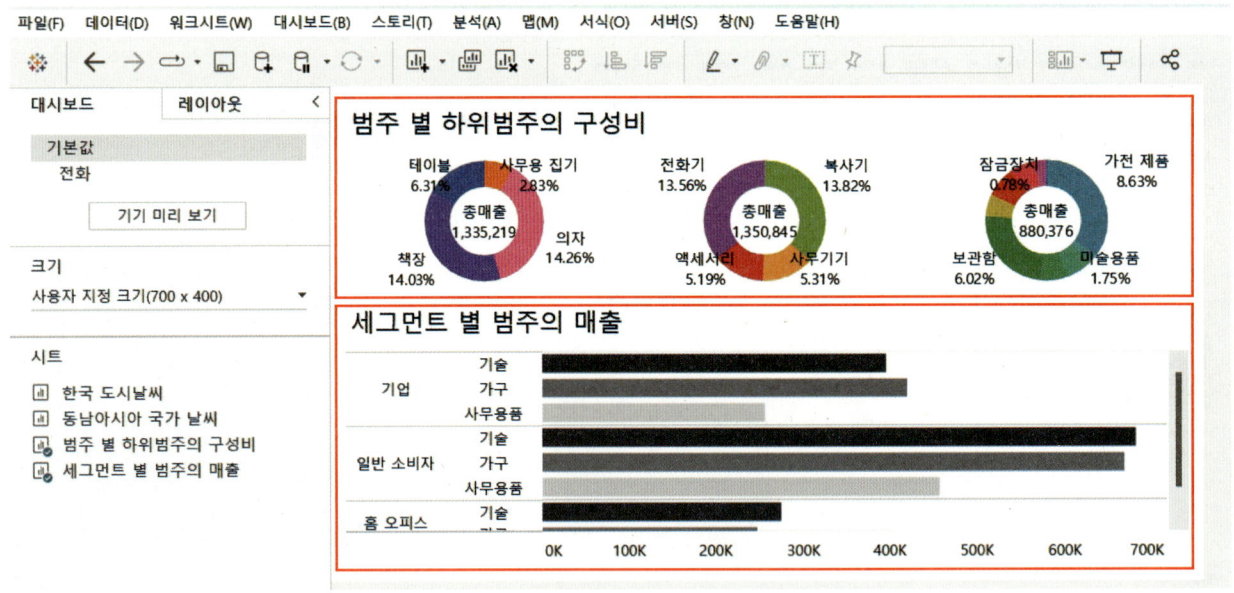

그림 18 완성된 대시보드 화면

140 PART 01 기초

② **가로 컨테이너**

두번째로 가로 컨테이너 개체를 대시보드에 드래그 앤 드랍 하고 〈범주 별 하위 범주의 구성비〉 시트를 먼저 올려주고 〈세그먼트별 범주의 매출〉을 오른쪽에 올린다.

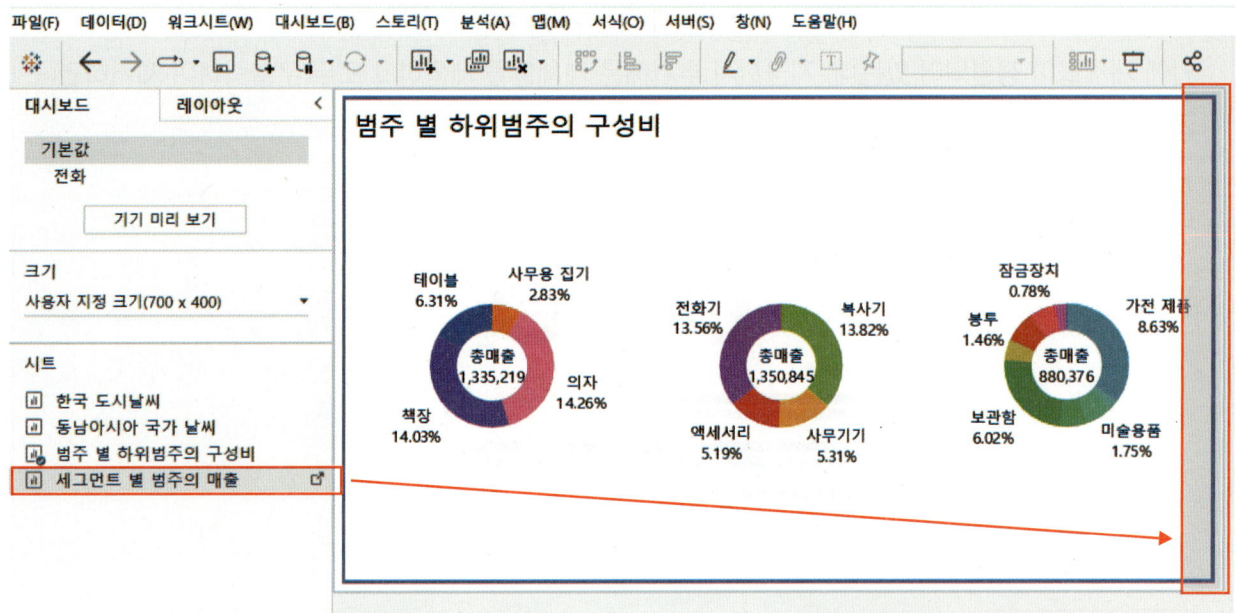

그림 19 시트를 가로 컨테이너로 드래그하기

색상 범례를 모두 제외하고 가로 컨테이너를 사용하여 만든 대시보드 화면이다.

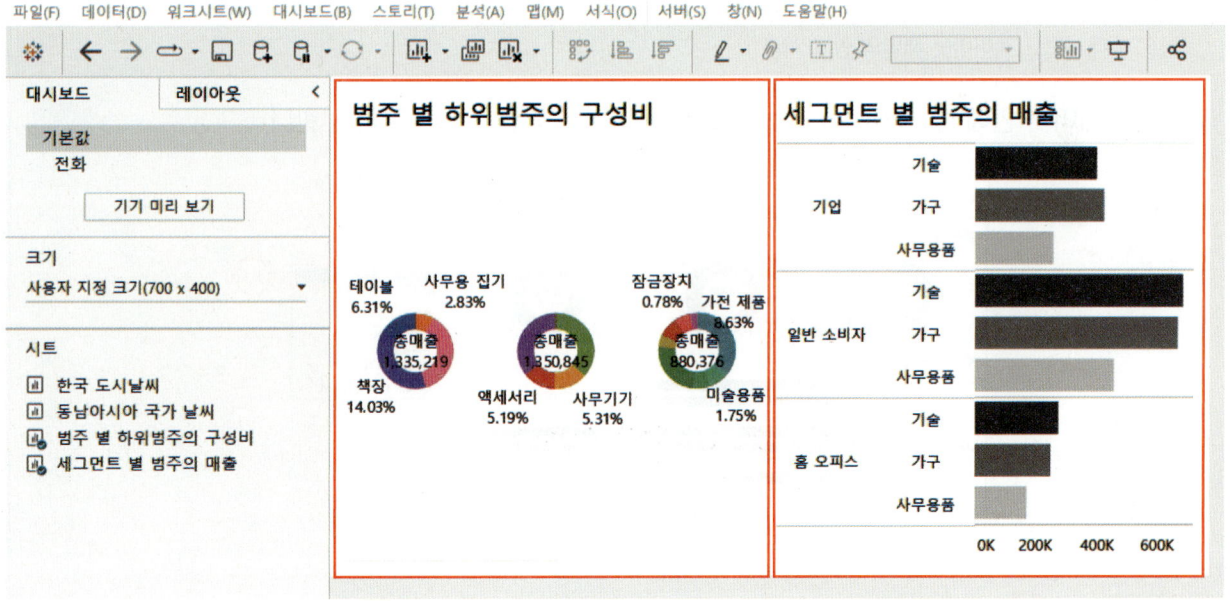

그림 20 완성된 대시보드 화면

대시보드 구성하기 141

더 알아보기 — 대시보드 내 개체를 균등한 크기로 구성

앞에서 만든 세로 대시보드를 클릭한 후 '레이아웃' 패널 클릭, 하단에 항목 계층을 보면 대시보드 안에 개체들이 정렬되어 있는데, 지금까지 추가해온 개체들을 제외하고 모두 우클릭하여 제거하면 그림 21과 동일한 항목 계층을 만들 수 있다.

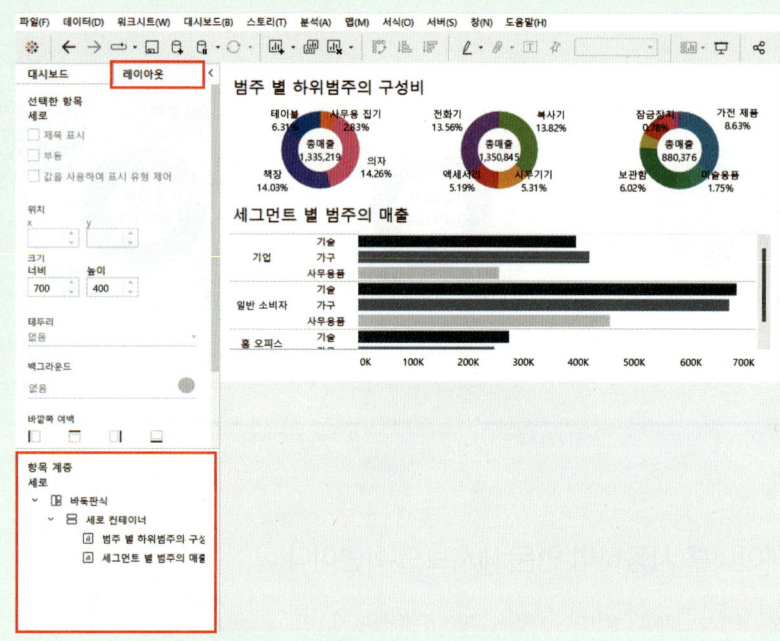

그림 21 대시보드 레이아웃 패널의 항목 계층

세로 컨테이너 안에 있는 개체들의 높이를 다음과 같은 방법으로 동일하게 한다.

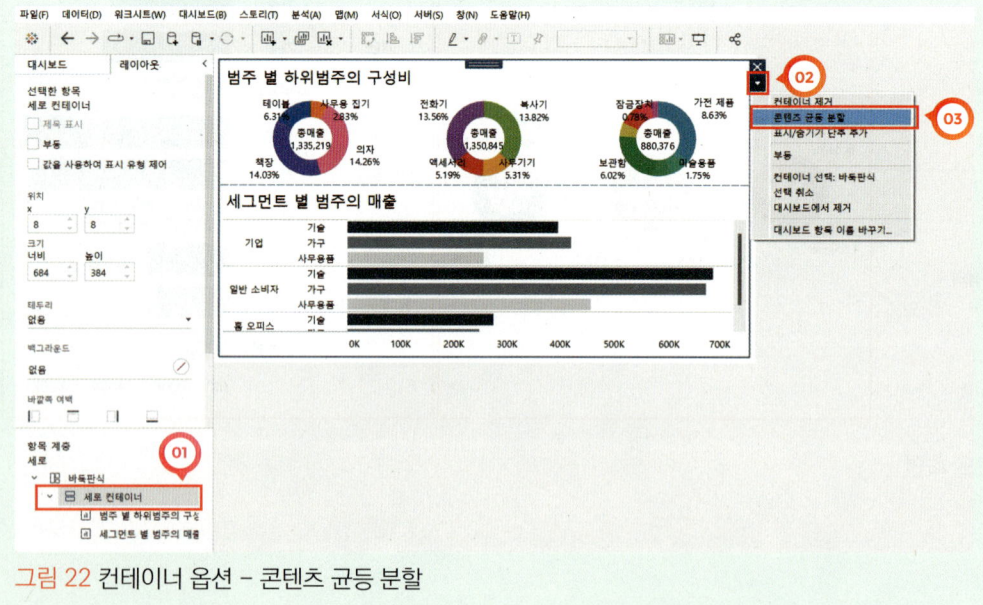

그림 22 컨테이너 옵션 – 콘텐츠 균등 분할

❶ 항목 계층에서 세로 컨테이너를 클릭한다.
❷ 아래방향 화살표를 클릭한다.
❸ 콘텐츠 균등분할을 클릭하여 높이를 동일하게 변경한다.

아래 그림 23은 콘텐츠 균등 분할한 세로 대시보드 화면이다.

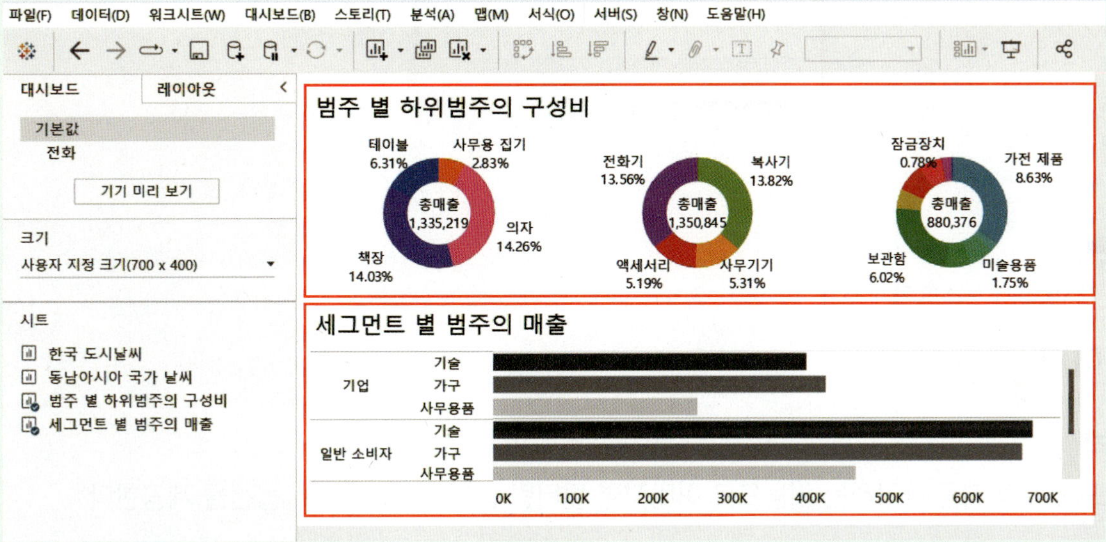

그림 23 완성된 대시보드 화면

2. 텍스트

1) 개념

텍스트는 머리글, 설명 및 기타 정보를 제공할 수 있는 개체이다.

2) 작성 방법

대시보드 패널에서 텍스트를 대시보드에 드래그 앤 드랍 하면 텍스트 편집창이 나온다. 텍스트 편집창에서 원하는 텍스트를 입력할 수 있고 글씨 크기, 색상, 글씨체 등을 변경할 수 있다.

실습영상

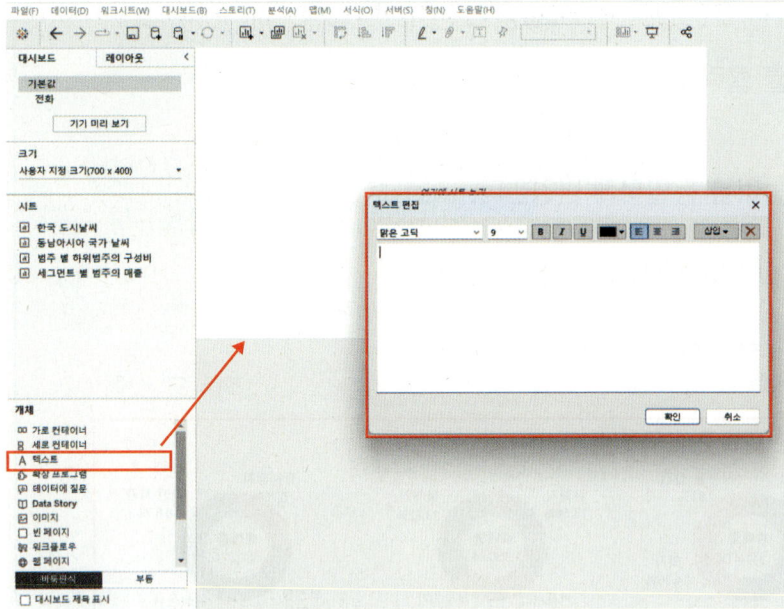

그림 24 대시보드에 텍스트 개체 추가

3. 이미지

1) 개념

대시보드에 이미지를 추가하는 기능으로 이미지별 필터링 링크, 대체 텍스트 옵션을 제공한다.

2) 작성 방법

먼저 새 대시보드를 추가하여 크기를 사용자 지정크기로 너비 700px, 높이 400px로 수정하고 대시보드 패널에서 이미지를 대시보드에 드래그 앤 드랍한다.

실습영상

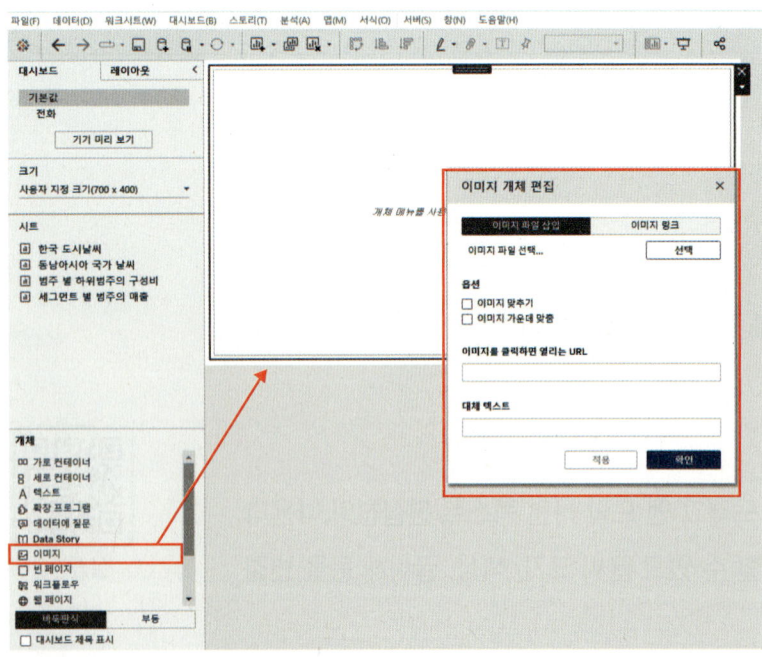

그림 25 대시보드에 이미지 개체 추가

144 PART 01 기초

이미지를 삽입하는 2가지 방법 중 이미지 파일을 삽입하는 방법은 다음과 같다.

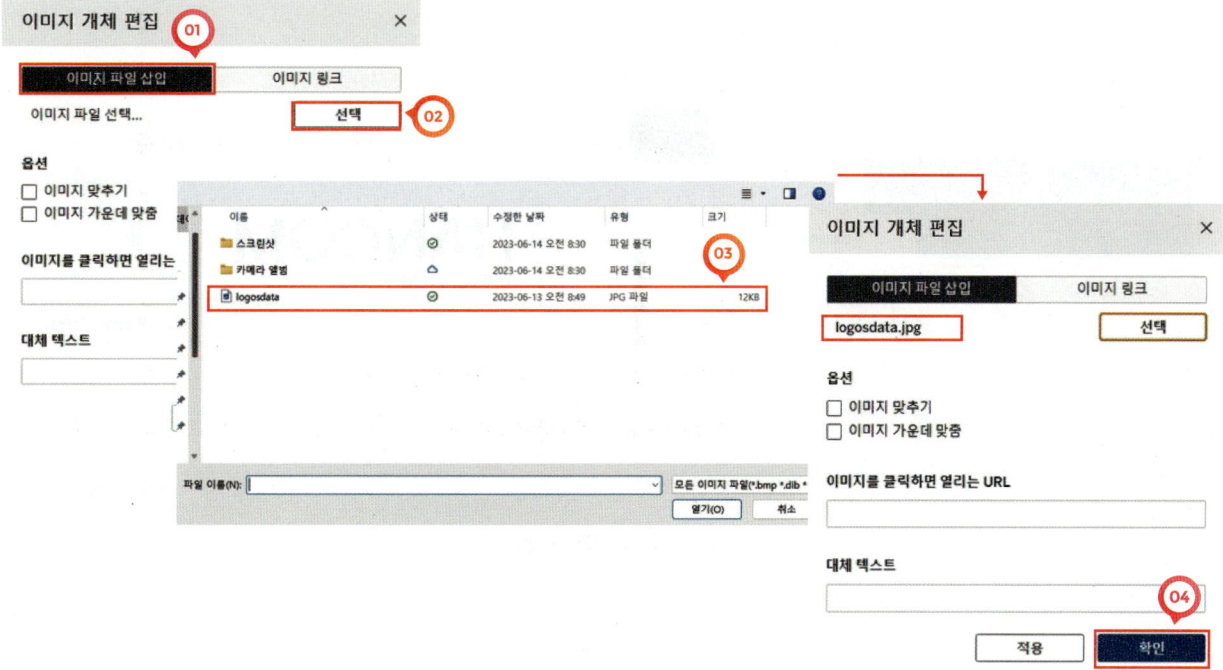

그림 26 이미지 개체 편집 - 이미지 파일 삽입

❶ '이미지 파일 삽입'을 클릭한다.
❷ 선택을 클릭하면 이미지 파일을 선택하는 화면이 나온다.
❸ 삽입하고 싶은 이미지를 선택하고 열기버튼을 누른다.
❹ 추가된 이미지 파일이름을 확인한 후 확인 버튼을 누르면 그림 27과 같이 왼쪽 상단으로 이미지가 자동 삽입된다.

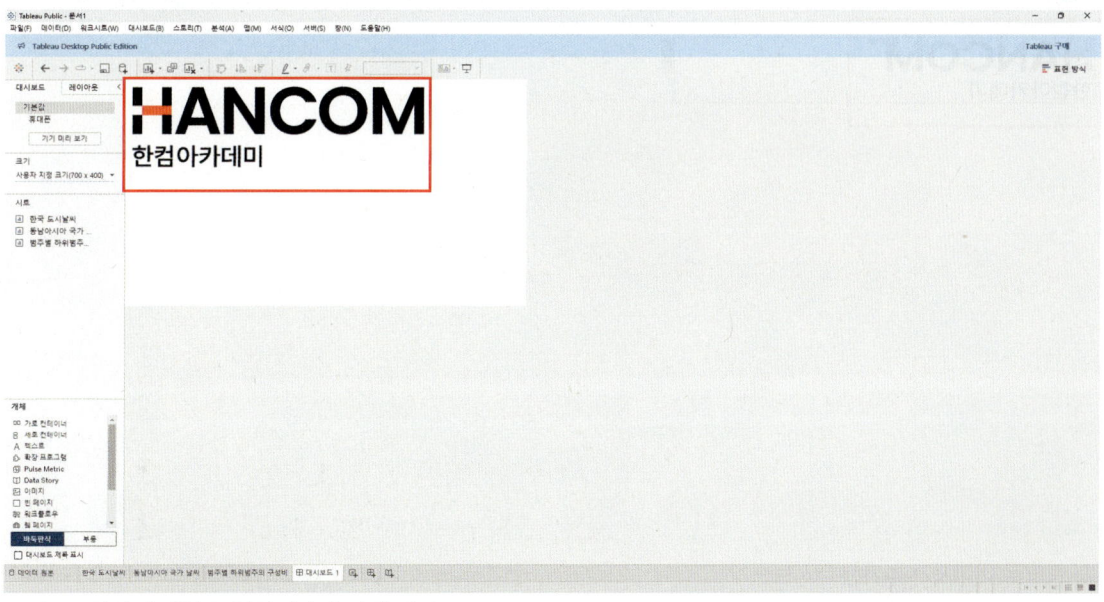

그림 27 이미지 파일로 이미지가 추가된 대시보드

이미지 링크로 이미지를 삽입하는 방법은 다음과 같다.

웹 이미지 주소를 복사하기 위해 https://www.hancomacademy.com/로 이동한다.

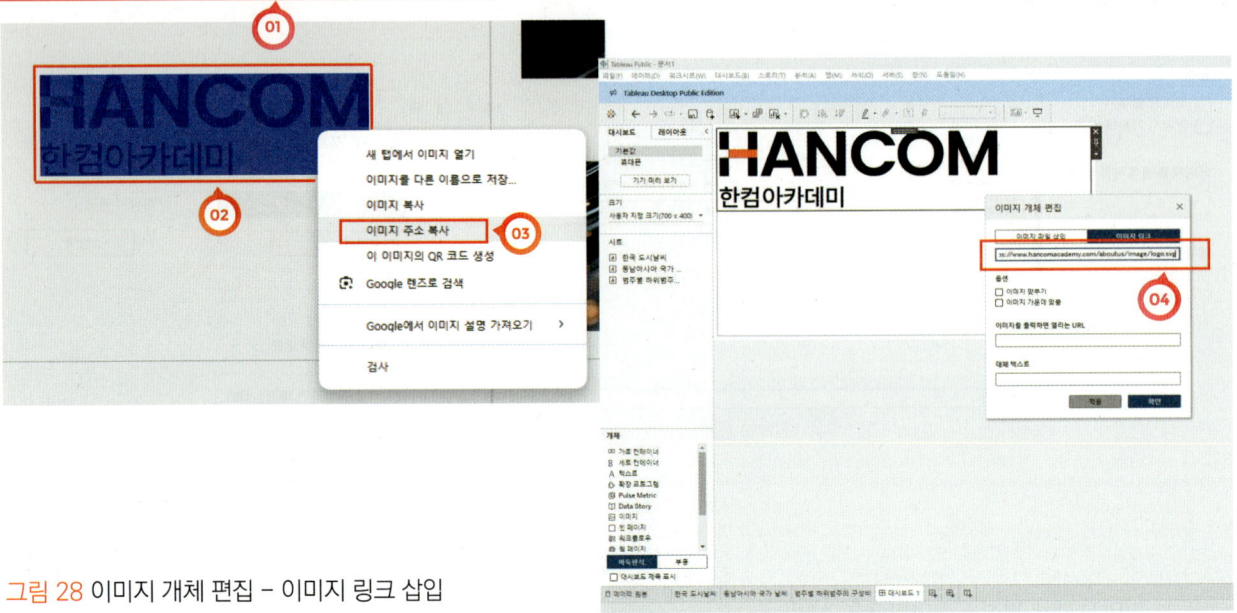

그림 28 이미지 개체 편집 – 이미지 링크 삽입

❶ 이미지 링크를 클릭한다.
❷ 원하는 이미지를 우 클릭한다.
❸ 이미지 주소 복사를 클릭한다.
❹ 복사한 이미지 주소를 입력 후 확인버튼을 누르면 왼쪽 상단에 자동으로 이미지가 삽입된다.

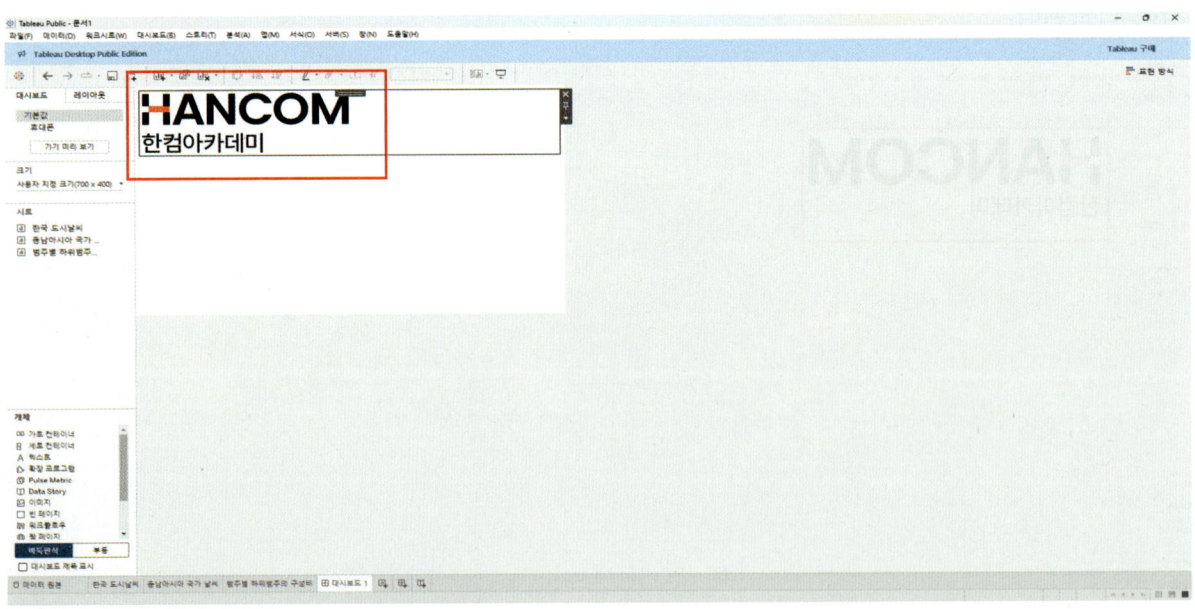

그림 29 이미지 링크로 이미지가 추가된 대시보드

4. 빈 페이지

빈 페이지 개체를 사용하여 다른 개체와 함께 배치할 수 있다.

예를 들어 빈 페이지 개체를 대시보드의 상단에 배치한 후 그 아래에 차트 또는 필터 등의 다른 개체를 추가할 수 있고 이를 통해 대시보드를 구성하고 개체들 사이의 레이아웃을 관리할 수 있다. 또 빈 페이지 개체는 배경색, 테두리 스타일, 투명도 등을 설정하여 개체를 디자인할 수 있다.

5. 탐색

1) 개념

사용자는 탐색 개체를 사용하여 한 대시보드에서 다른 대시보드로 이동하거나 다른 시트나 스토리로 이동할 수 있어 다양한 상호 작용을 수행할 수 있다. 이를 통해 데이터를 조건에 따라 필터링하거나 세부 정보를 탐색하는 등 데이터를 보다 깊이 있게 이해하고 분석할 수 있다.

2) 작성 방법

그림 30과 같이 실습을 위해 〈한국 매출〉 시트만 있는 〈한국〉 대시보드와 〈동남아시아 매출〉 시트만 있는 〈동남아시아〉 대시보드를 만들어 사용한다.

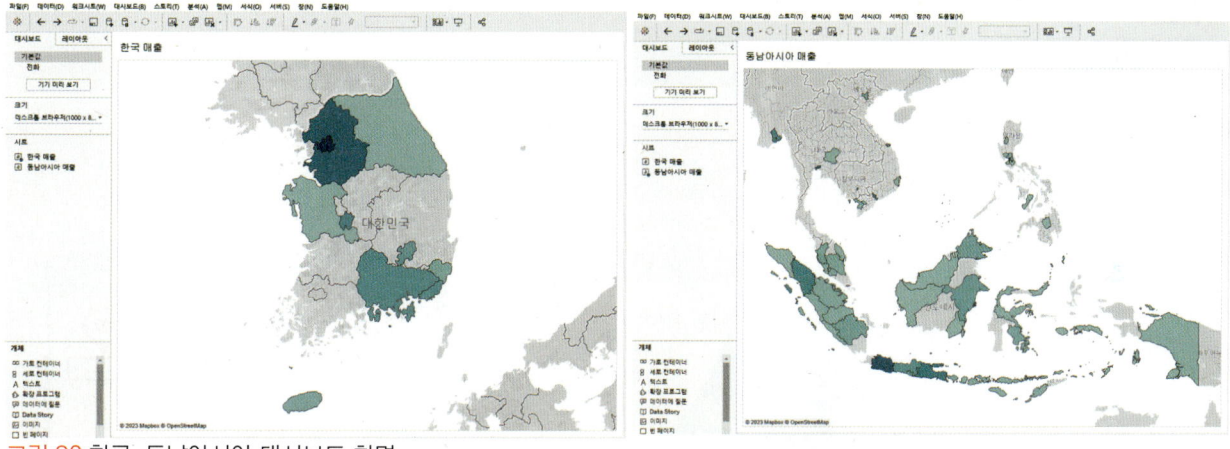

그림 30 한국, 동남아시아 대시보드 화면

❶ 위 표를 참고하여 대시보드 2개를 제작한다.

❷ 〈한국〉 대시보드에서 부동을 클릭하고 탐색 개체를 대시보드 우측 상단에 드래그 앤 드랍 한다.

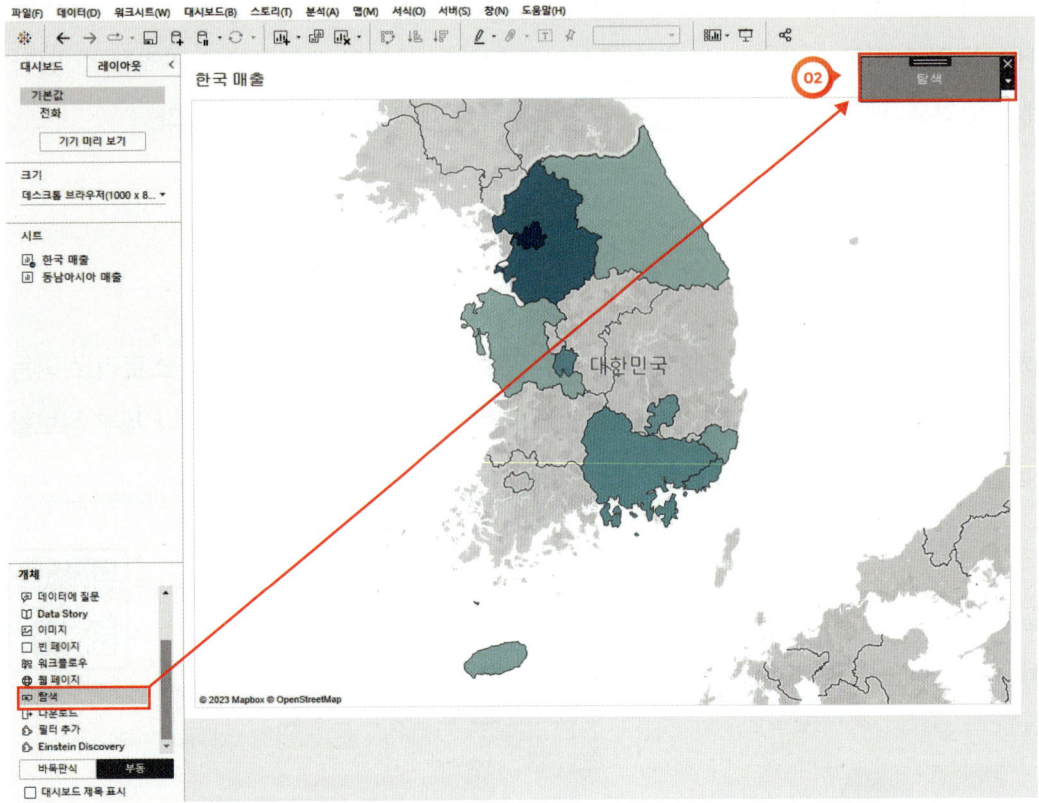

그림 31 대시보드에 탐색 개체 부동으로 추가

탐색 개체를 사용하는 방법은 다음과 같다.

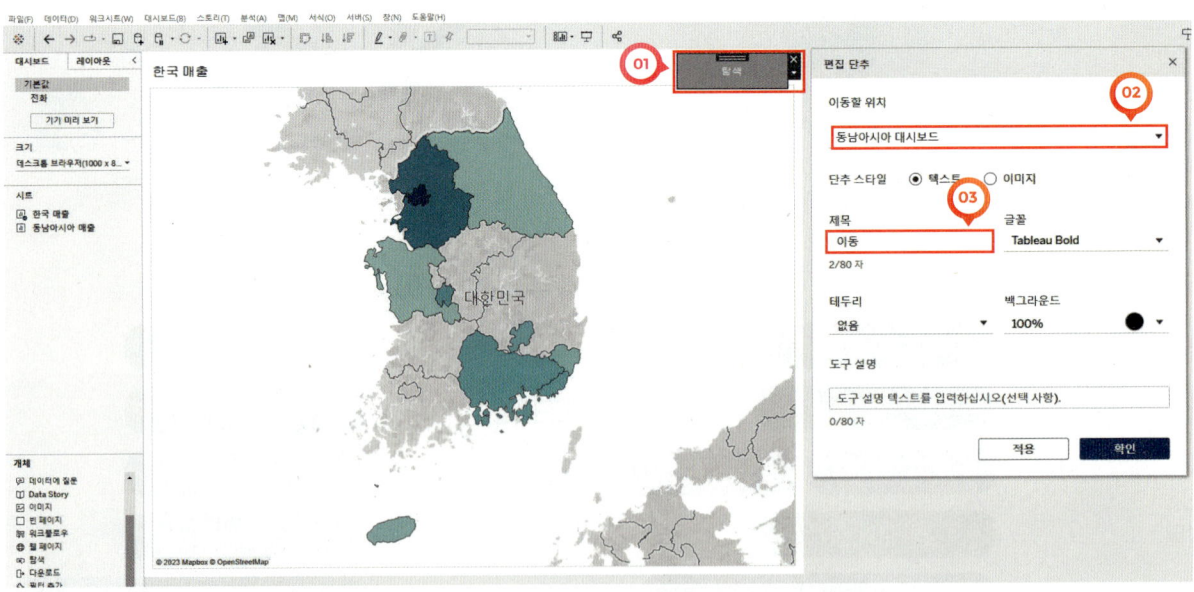

그림 32 탐색 개체 사용방법

❶ 탐색 버튼을 더블 클릭하여 편집 단추창을 띄운다.
❷ 이동할 위치를 〈동남아시아〉 대시보드로 선택한다.
❸ 제목을 이동으로 입력한 후 확인을 클릭한다.

탐색 개체, 이동을 Alt키를 누른 채 클릭하면 〈동남아시아〉 대시보드로 이동되는 것을 확인할 수 있다.

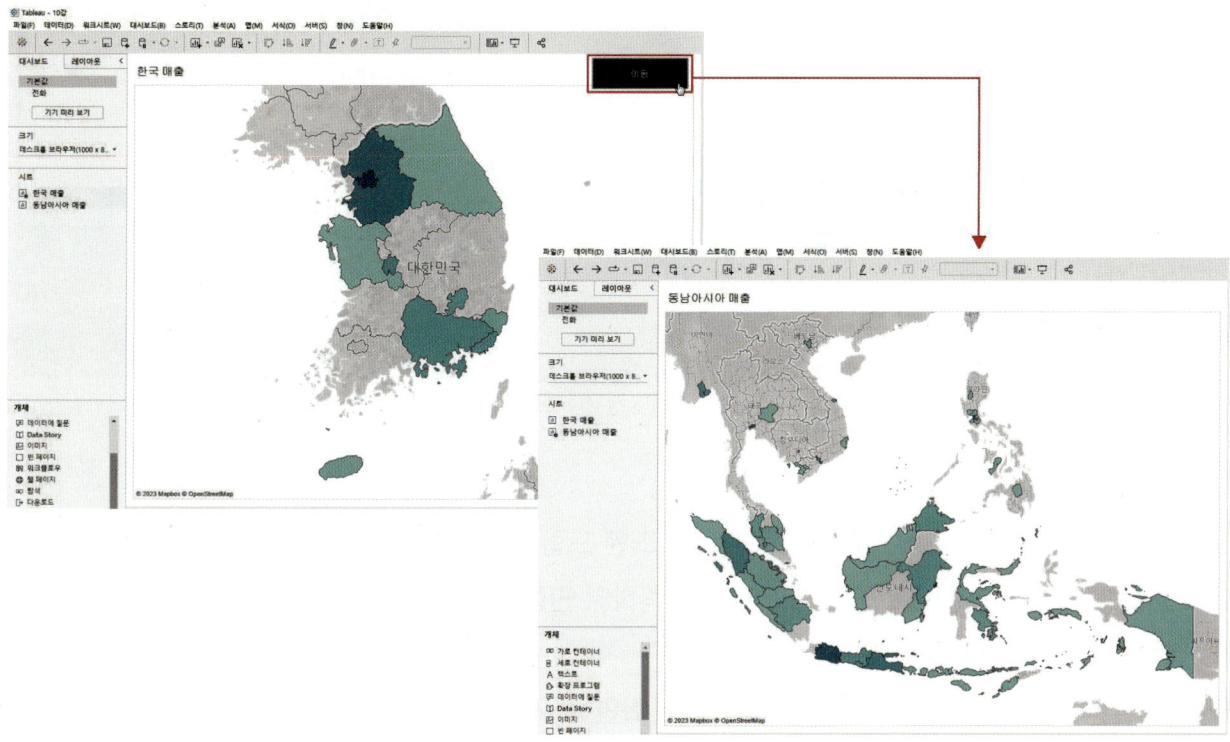

그림 33 탐색 버튼 클릭으로 대시보드 이동

6. 다운로드

1) 개념

대시보드를 만들 때 다운로드 옵션을 추가하여 사용자가 대시보드를 PDF, PowerPoint, CSV 등의 로컬 파일 형태로 다운로드할 수 있다. 로컬 파일 형태로 내보내어 추가 분석이나 보고서 작성 등 다양한 용도로 활용할 수 있다. 다운로드 옵션은 사용자들이 대시보드의 데이터를 공유하거나 추가 작업을 수행하는 데 유용한 기능이다.

2) 작성 방법

대시보드 패널에서 다운로드 개체를 사용하는 방법은 다음과 같다.

실습영상

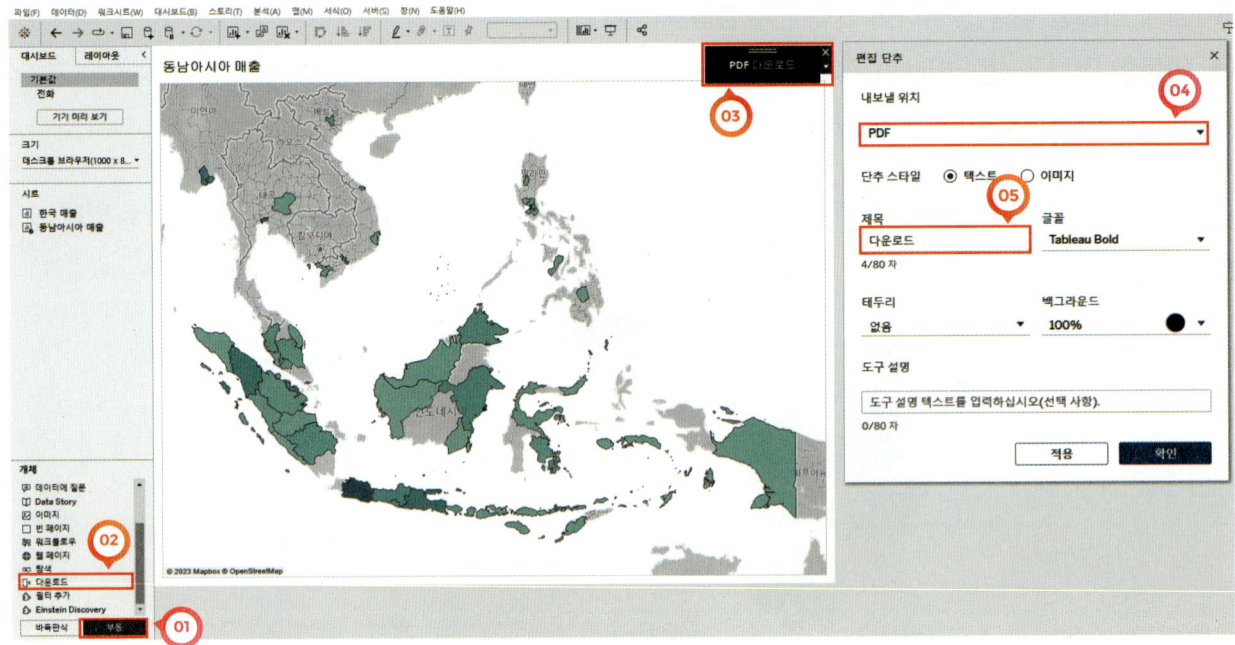

그림 34 다운로드 개체 사용방법

❶ 〈동남아시아〉 대시보드에서 부동을 클릭한다.
❷ 다운로드 개체를 대시보드 우측 상단에 드래그 앤 드랍 한다.
❸ 대시보드에 추가된 다운로드 개체를 더블 클릭하여 편집 단추창을 띄운다.
❹ 내보낼 위치를 PDF로 선택한다.
❺ 제목을 다운로드로 변경하면 그림 35와 같은 화면이 구현된다.

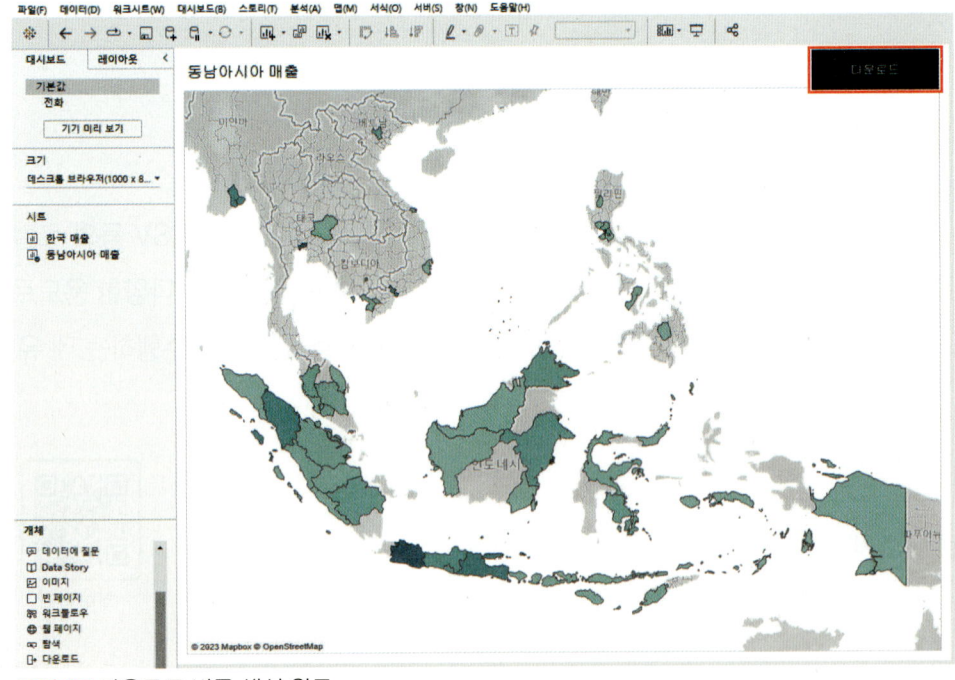

그림 35 다운로드 버튼 생성 완료

파일을 받기위해 Alt 키를 누른 채 클릭을 하면 그림 36이 나타난다.

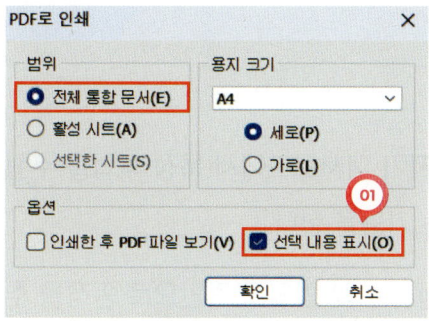

그림 36 PDF로 인쇄

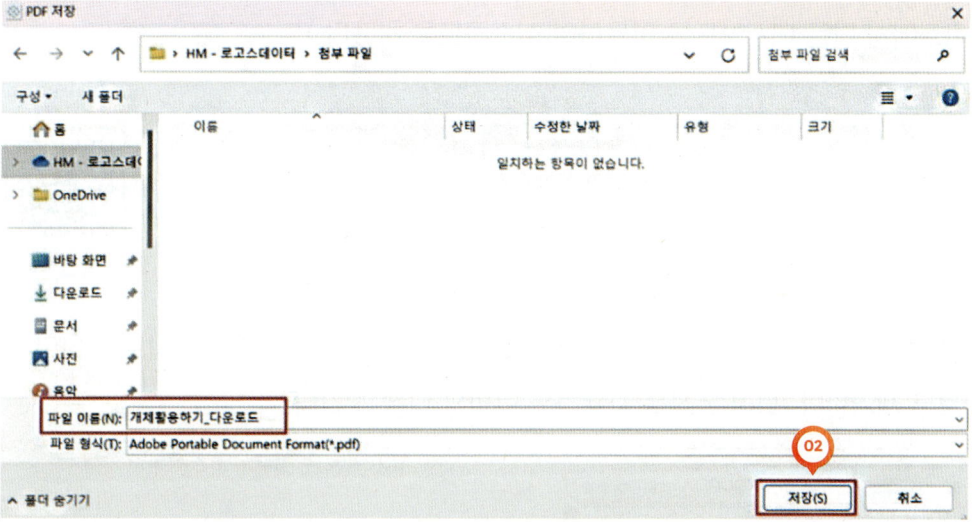

그림 37 PDF 파일 저장 화면

❶ 범위를 '전체 통합 문서(E)'에 체크하고, 옵션은 선택 내용 표시(O)만 체크하고 확인을 클릭한다.
❷ 파일 이름과 PDF파일 위치를 저장한다.

그림 38 다운로드한 PDF화면

대시보드 구성하기 151

05 기본 동작 사용하기

1. 개념

동작은 사용자와 대시보드 사이의 상호작용을 의미한다. 동작은 사용자가 대시보드에서 특정 작업을 수행할 때 대시보드 내 차트에 특정 효과를 설정하거나 데이터를 조작하는 기능을 한다.

심화 파트에서 동작에 대한 전반적인 내용이 있기 때문에 기초 파트에서는 몇 번의 클릭만으로 동작을 추가할 수 있는 필터와 하이라이트의 간단한 동작 내용만 담도록 하겠다.

(앞서 '개체 활용하기' 파트에서 만든 대시보드를 이용하여 실습하도록 하겠다.)

2. 작성방법

1) 필터 동작

실습영상

이름이 〈필터 동작〉인 새 대시보드를 만들어서 세로 컨테이너를 대시보드 위에 드래그 앤 드랍 한다. 〈범주 별 하위 범주의 구성비〉 시트를 상단에 올리고 〈세그먼트별 범주의 매출〉 시트를 하단에 올린 후 색상 범례들은 모두 제거한다. 필터 동작을 사용하는 방법은 다음과 같다.

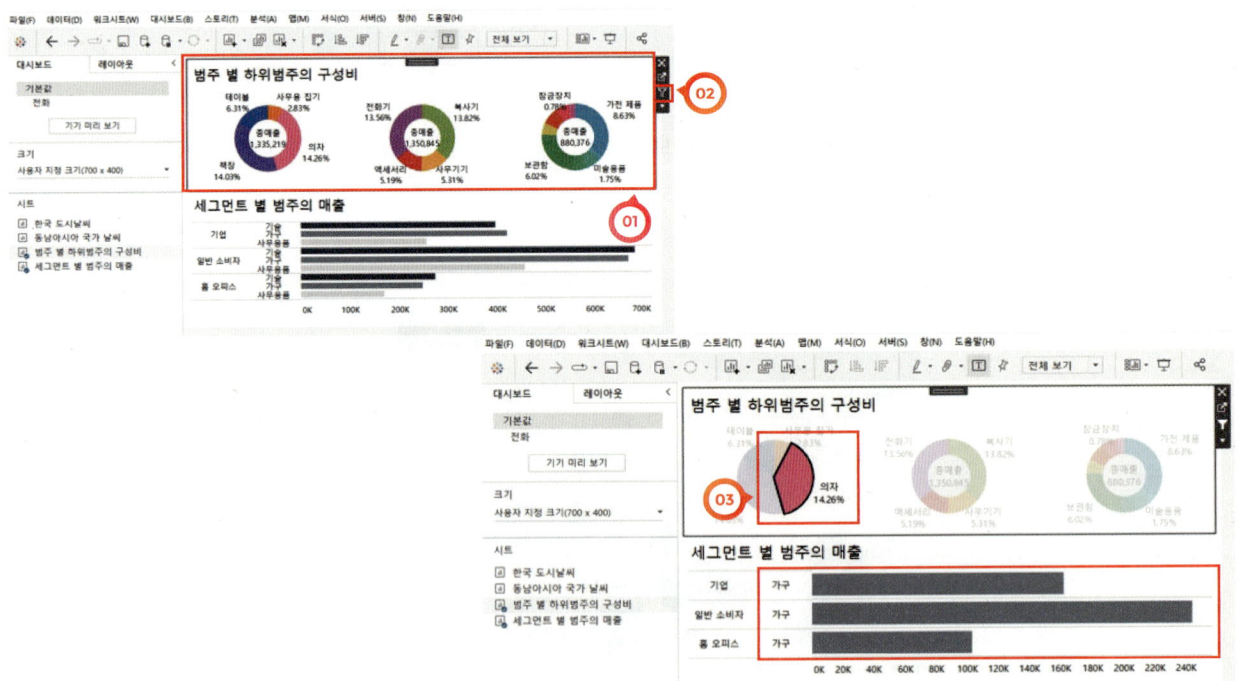

그림 39 필터 동작 사용 방법

❶ 필터의 기준이 될 시트를 클릭한다.

❷ 우측 상단에 필터를 클릭한다.

❸ 〈범주별 하위 범주의 구성비〉 시트에서 [범주] 항목들 중 가구에 속하는 의자를 클릭해보면 〈세그먼트 별 범주의 매출〉 시트에서 [범주] 항목의 가구를 기준으로 데이터가 필터링 된 것을 확인할 수 있다.

필터를 추가했을 때 동작 탭에 추가된 내용을 확인하는 방법은 그림 40과 같다.

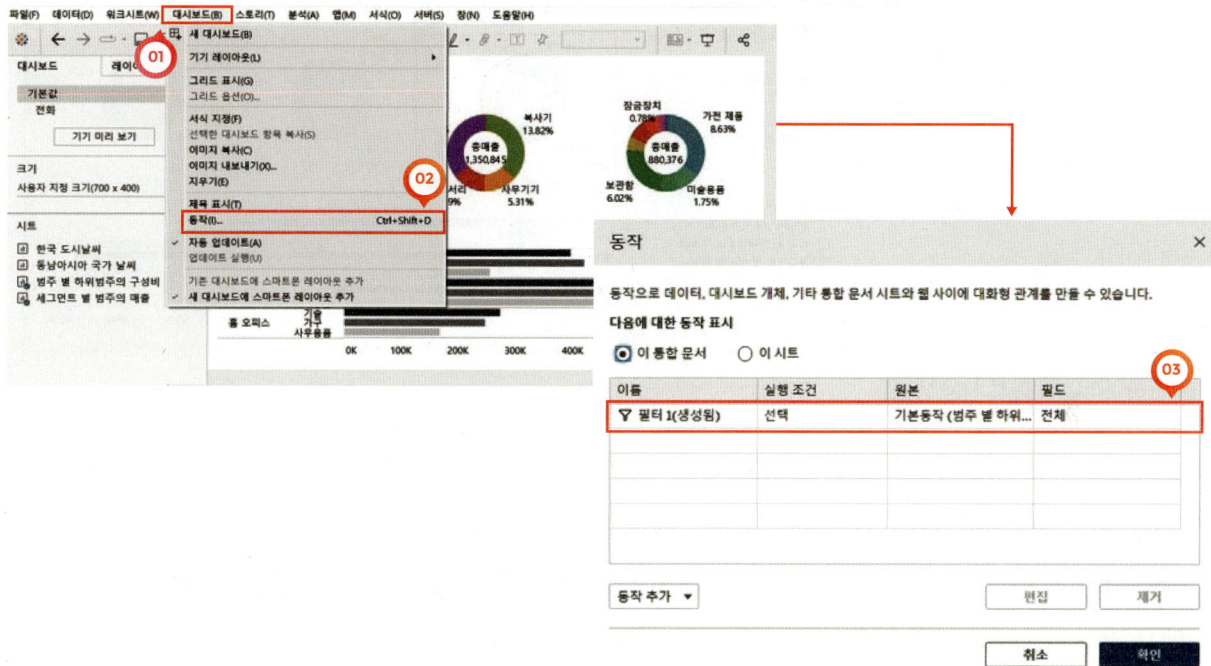

그림 40 필터 동작 확인 방법

❶ 상단에 있는 대시보드를 클릭한다.

❷ 대시보드 옵션들 중 동작을 클릭한다.

❸ 다음과 같이 필터가 자동으로 추가된 것을 확인할 수 있다.

2) 하이라이트 동작

필터 동작과 대시보드 구성이 동일하고 이름이 〈하이라이트 동작〉인 새 대시보드를 만든다. 하이라이트 동작을 사용하는 방법은 다음과 같다.

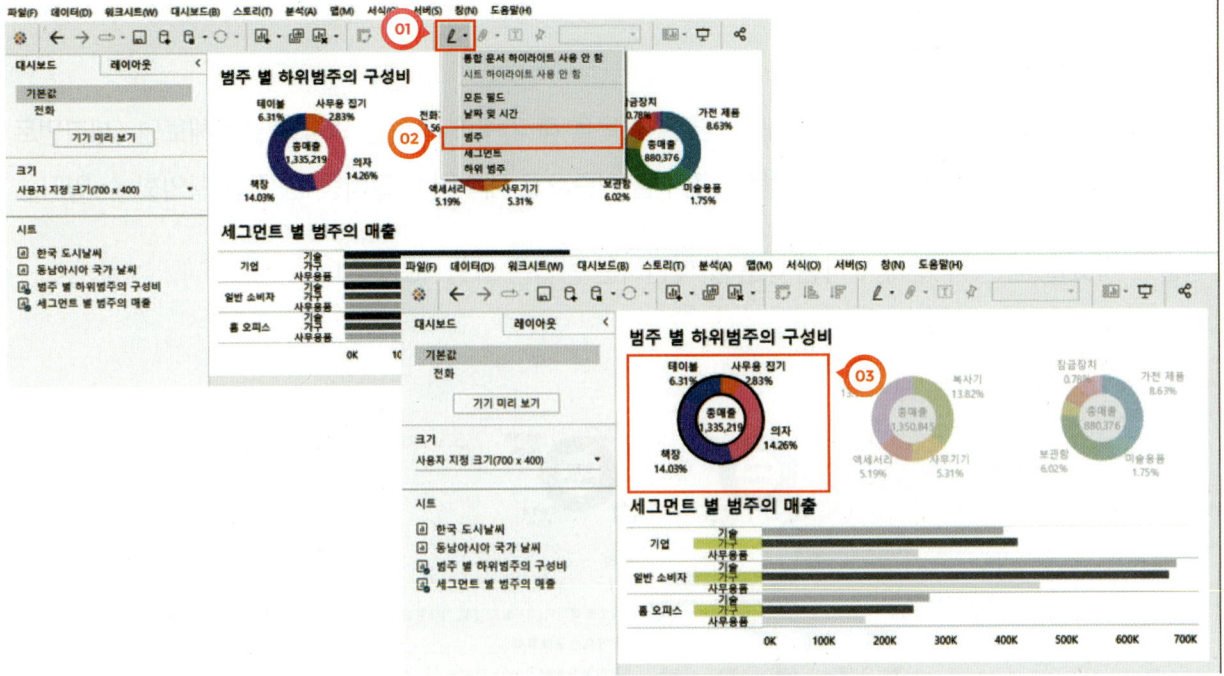

그림 41 하이라이트 동작 사용 방법

❶ 상단 툴바에서 하이라이트를 클릭한다.
❷ [범주]의 항목을 선택 시 하이라이트를 하기위해 [범주]를 클릭한다.
❸ 〈세그먼트별 범주의 매출〉 시트에서 범주 항목인 가구를 클릭하면 〈범주별 하위 범주의 구성비〉 시트에서 가구의 차트부분만 하이라이트 된 것을 확인할 수 있다.

동작 탭에 추가된 하이라이트 동작은 그림 42와 같다.

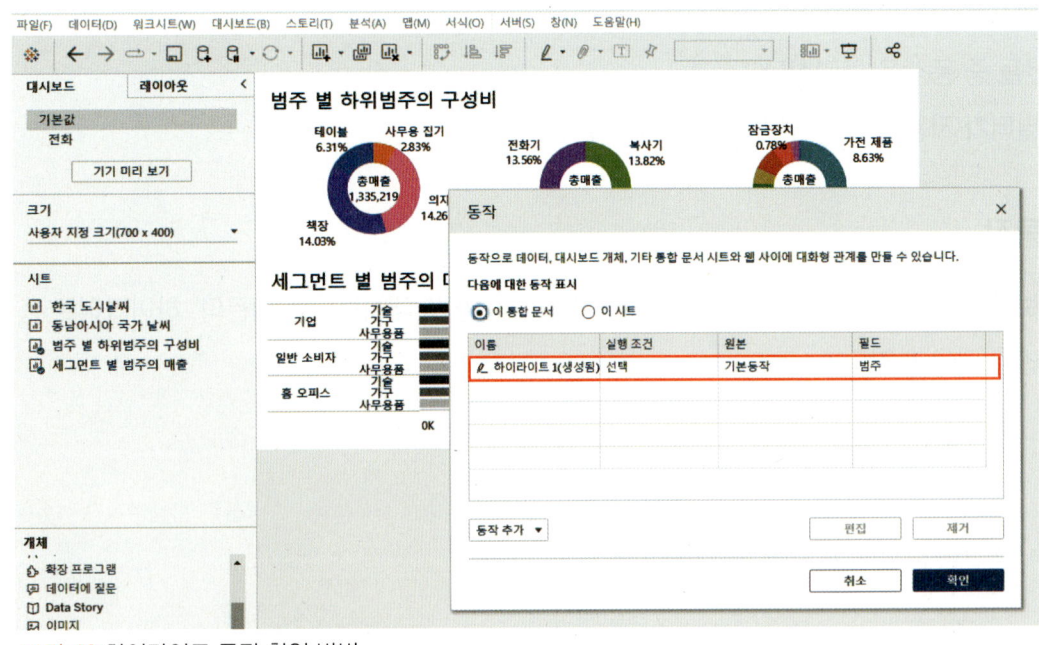

그림 42 하이라이트 동작 확인 방법

> **더 알아보기** 데이터 다중 선택 시 대시보드 동작

그림 43처럼 차트 내 데이터를 다중 선택해도 필터와 하이라이트 동작이 적용된다.

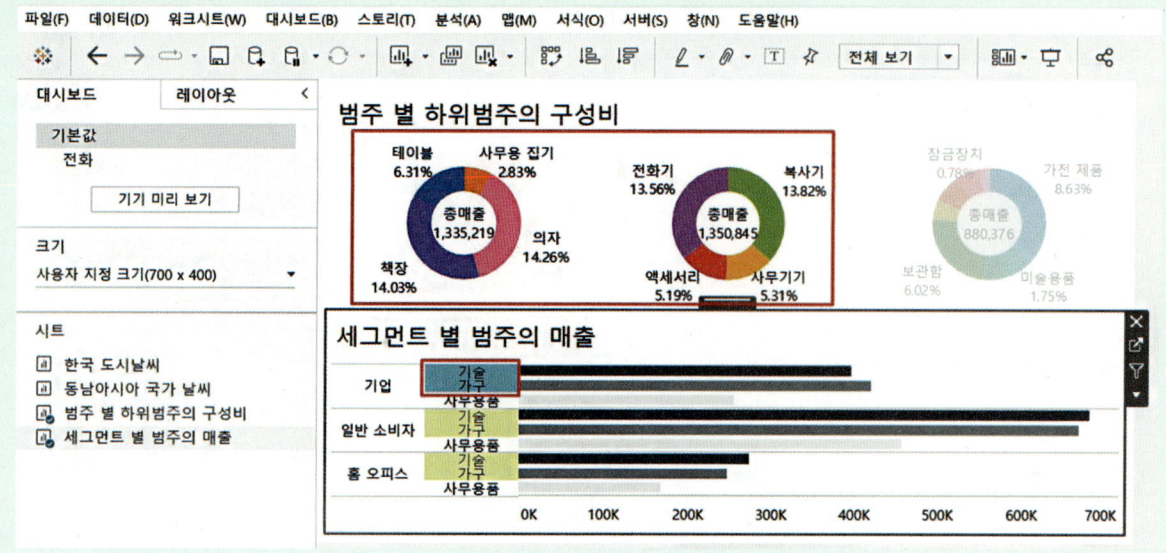

그림 43 다중 선택 시 대시보드 동작

다중선택은 Ctrl을 누른 상태에서 다른 항목들을 선택하거나 원하는 항목들이 포함되도록 드래그하여 선택하면 된다.

MEMO

PART 02

심화

Ch. 01 | 기초 함수 알아보기

Ch. 02 | 매개 변수 알아보기

Ch. 03 | 고급 함수 응용하기

Ch. 04 | 적재적소에 활용하기

Ch. 05 | 대시보드 동작 알아보기

Ch. 06 | 데이터 원본 편집하기

Ch. 07 | 고급 차트 만들기

CHAPTER 01 기초 함수 알아보기

태블로에서 계산식은 데이터를 가공하고 분석할 때 유용하다. 수식, 함수 및 논리 연산자를 사용하여 수학적, 통계적 또는 기타 계산을 수행하며, 데이터를 다양한 방식으로 가공하고 분석하는 데 유용하게 쓰인다. 예를 들어, 계산식을 사용하여 데이터를 필터링, 그룹화, 정렬하거나 새로운 파생 변수를 생성, 그리고 데이터의 특정 조건에 따라 계산을 수행할 수 있다. 이를 통해 데이터의 특정 측면을 강조하거나 분석 목적에 맞게 데이터를 변환할 수 있다.

1) 계산식 작성 방법

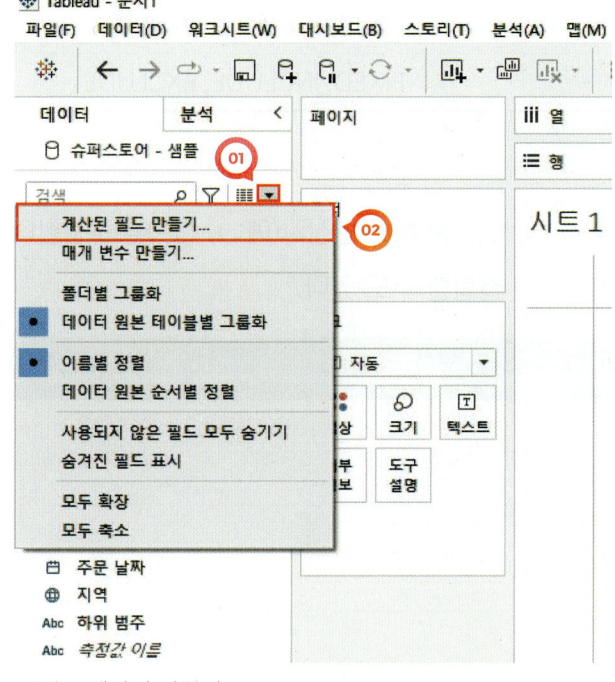

❶ 좌측 데이터 패널의 드롭다운 선택
❷ 계산된 필드 만들기 선택

그림 1 계산식 만들기

2) 계산식 구성 요소

① 필드

계산식에서 사용할 데이터 필드를 선택한다. 이는 테이블에 있는 열의 이름을 나타내며, 필드에는 수치, 텍스트 또는 날짜와 같은 여러 데이터 형식이 포함될 수 있다.

② 함수

계산식에서 사용할 수 있는 함수는 매우 다양하다. 일부 함수는 수학 함수(예: SUM, AVG, MAX, MIN)이며, 다른 함수는 문자열 함수(예: CONTAINS, LEFT, RIGHT) 또는 날짜 함수(예: DATEPART, DATEADD) 등 다양한 데이터 유형에 대한 함수를 제공한다.

구분	설명	예
집계	데이터를 집계	SUM, AVG, COUNT
숫자	수치데이터를 조작	MAX, ZN, ABS, SIGN
문자열	문자열 데이터를 조작	LEFT, RIGHT, CONTAINS
논리	조건이 부울 논리를 결정	IF, IIF, CASE
날짜	날짜를 조작	YEAR, DATEADD, DATETRUNC
유형 변환	다른 데이터 유형으로 변환	INT, STR, DATE
사용자	서버, 온라인에 사용자, 그룹을 참조	ISMEMBEROF, USERNAME
테이블 계산	테이블 내의 값에 대한 계산을 수행	LOOKUP, INDEX
공간	지리 정보 관련 계산	DISTANCE, BUFFER, AREA
LOD	데이터 원본 수준에서 값을 계산	FIXED, INCLUDE, EXCLUDE

③ **연산자**

계산식에서 사용할 수 있는 연산자는 수학 연산자(예: +, −, *, /) 및 비교 연산자(예: 〉, 〈, =)를 포함한다. 논리 연산자(예: AND, OR, NOT)를 사용하여 여러 조건을 결합할 수도 있다.

구분	연산자	설명
비교 연산자	== , =	같음
	〉	왼쪽이 큼
	〉=	왼쪽이 크거나 같음
	〈	왼쪽이 작음
	〈=	왼쪽이 작거나 같음
	!= , 〈〉	같지 않음
기본 연산자	+	덧셈
	−	뺄셈
	*	곱셈
	/	나눗셈
	%	모듈로(나머지)
	^	거듭제곱
논리 연산자	AND	앞의 조건과 뒤의 조건이 "TRUE"일 경우 "TURE"
	OR	앞의 조건 또는 뒤의 조건이 "TRUE"일 경우 "TURE"
	NOT	뒤의 조건이 반대되는 결과를 반환

01 집계 & 숫자 계산식 이해하기

1. 집계 계산식 개념

집계 계산식은 데이터를 집계하고 분석하는데 사용되며 간단한 계산부터 복잡한 분석까지 다양한 용도로 사용된다. 이러한 함수를 사용하여 데이터를 분석하거나 시각화 할 수 있으며 필터링, 그룹화 및 분류 등의 작업도 수행할 수 있다.

1) SUM

SUM 함수는 주어진 필드의 값의 합계를 반환하는 집계함수이다. 가장 많이 사용되는 집계 함수 중 하나이며, 데이터의 합계를 계산하고 비즈니스 인사이트를 도출하는데 매우 유용하다.

> **더 알아보기** 측정값 자동 집계
>
> 합계(매출)
>
> 측정값의 필드를 뷰에 표시할 경우 자동으로 집계되며, 따로 설정하지 않았을 경우 기본으로 합계로 나타나고 평균, 카운트 등 변경이 가능하다.
>
>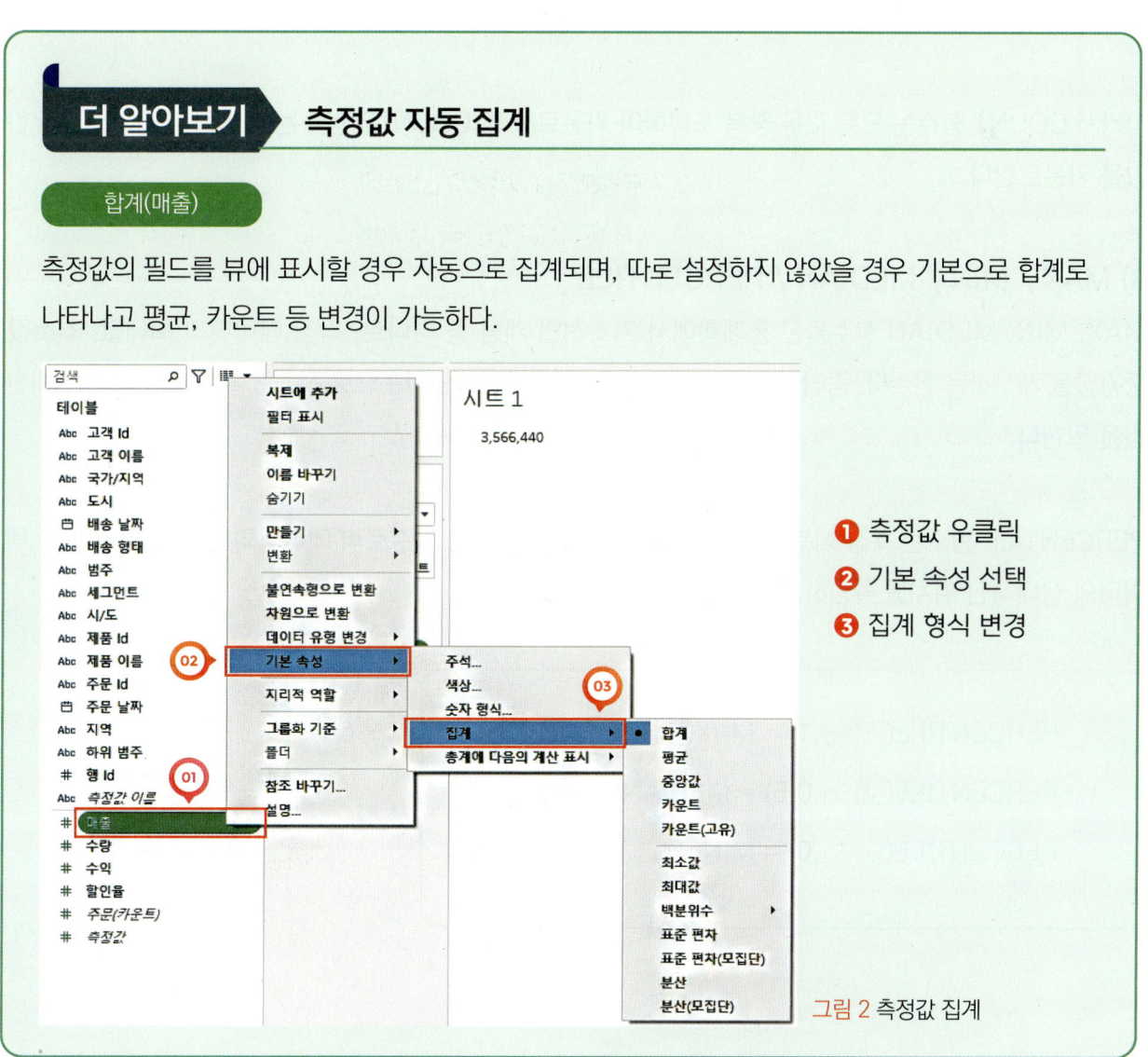
>
> ❶ 측정값 우클릭
> ❷ 기본 속성 선택
> ❸ 집계 형식 변경
>
> 그림 2 측정값 집계

기초 함수 알아보기 161

2) COUNT / COUNTD

COUNT와 COUNTD 함수는 데이터의 행 수를 계산하는 집계 함수다. 그러나 두 함수는 조금 다른 방식으로 작동한다.

① COUNT

COUNT 함수는 주어진 필드에서 NULL값을 제외한 값의 개수를 반환한다. 즉, 중복된 값이 여러 번 나타나더라도 그 값을 모두 카운트한다.

② COUNTD

반면에 COUNTD 함수는 주어진 필드에서 NULL값을 제외하고 중복되지 않은(distinct) 값을 가진 행의 수를 반환한다. 예를 들어, 고객 ID 필드에서 중복된 ID가 여러 번 나타날 경우, 그 ID를 하나의 고유한 값으로 취급하여 카운트한다.

따라서 COUNT 함수는 모든 값을 중복 포함하여 카운트하며, COUNTD 함수는 중복을 제거하여 고유한 값을 카운트한다.

3) MAX / MIN / MEDIAN / PERCENTILE

MAX, MIN, MEDIAN 함수들은 통계학에서 기초적인 개념 중 하나로, 각각 데이터의 최대값, 최소값, 중간값을 계산하는 함수다. 중간값은 데이터를 오름차순 또는 내림차순으로 정렬했을 때 가운데에 위치한 값을 말한다.

PERCENTILE 함수는 특정 백분위수에 해당하는 값을 계산하는 함수로써 데이터의 분포를 파악하고, 데이터의 상대적인 위치를 확인하는 데 유용하게 사용된다.

> PERCENTILE([매출],1) = MAX([매출])
>
> PERCENTILE([매출],0.5) = MEDIAN([매출])
>
> PERCENTILE([매출],0) = MIN([매출])

2. 숫자 계산식 개념

숫자 함수를 사용하면 필드의 데이터 값에 대한 계산을 수행할 수 있다. 숫자 함수는 숫자 값을 포함하는 필드에서만 사용할 수 있으며, 데이터의 수치적인 특징을 파악하는 데 중요한 역할을 한다. 데이터 분석이나 데이터 시각화 작업을 수행할 때는 이러한 함수를 적절히 사용하여 데이터의 특징을 파악하고, 이를 시각적으로 표현함으로써 데이터의 의미를 더 잘 전달할 수 있다.

1) DIV

DIV 함수는 나눗셈 연산을 수행하는 함수이다. DIV 함수는 두 개의 정수(숫자) 값을 인수로 받고, 첫 번째 숫자를 두 번째 숫자로 나눈 결과를 반환한다.

예를 들어, [매출] 필드의 합계에서 [수량] 필드의 합계로 나눈 결과를 반환하여 이를 통해 평균 매출 단가를 계산할 수 있다.

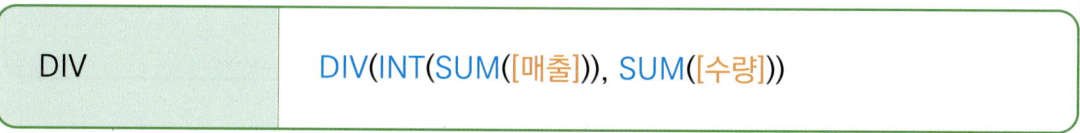

(계산식에서 INT 함수를 사용한 것은 매출 합계 값을 정수로 반환하기 위해서이다.)

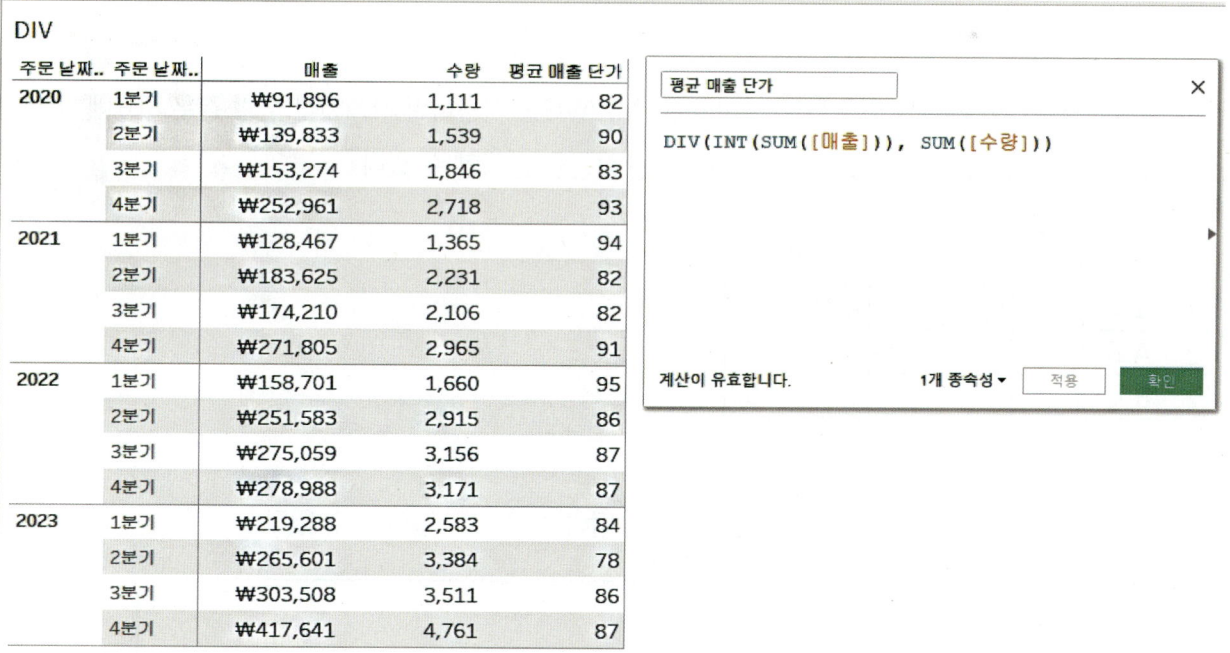

그림 3 DIV 함수 예시

> **더 알아보기** 연산자를 사용한 나머지 값 반환
>
> 태블로에서는 나머지를 반환하는 함수가 없지만, 연산자(%)를 사용하면 나머지 값을 반환할 수 있다.
>
>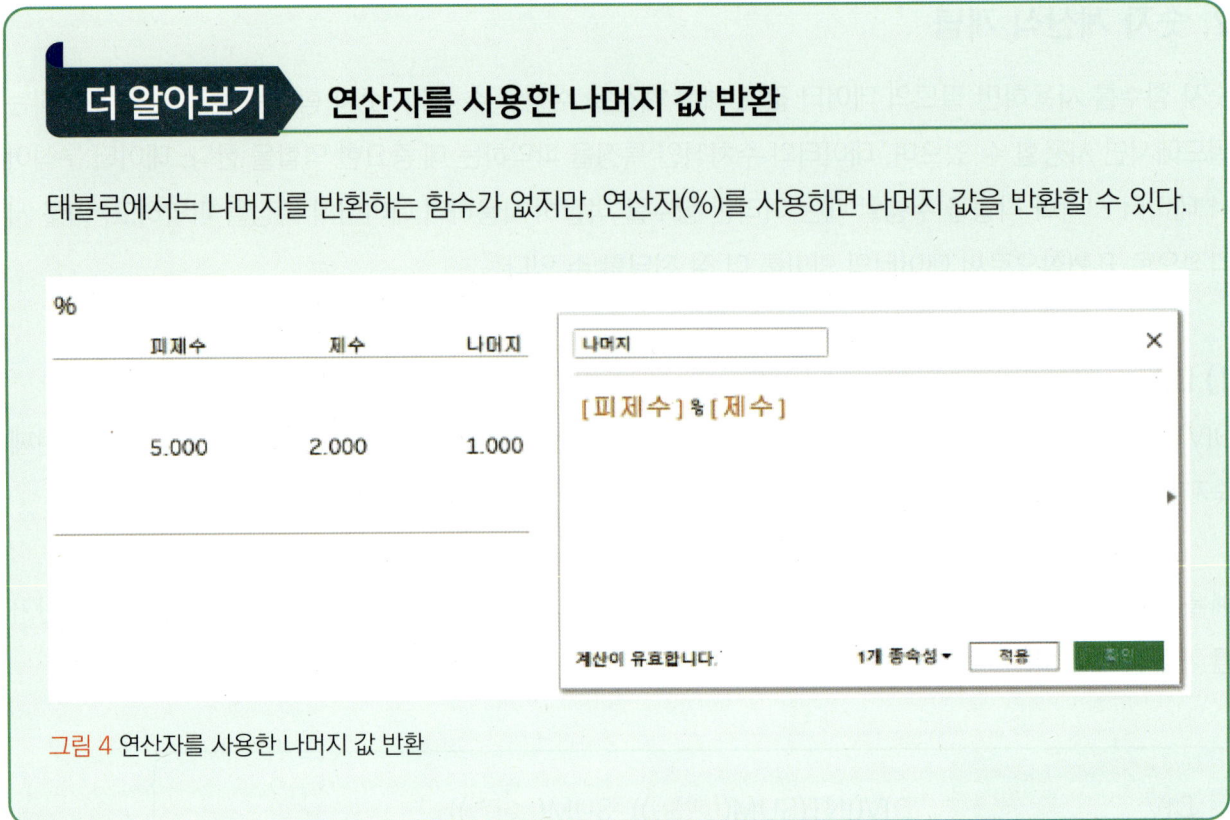
>
> 그림 4 연산자를 사용한 나머지 값 반환

2) ZN

ZN 함수는 NULL이 아니면 식을 반환하고, NULL이면 0을 반환한다. 이 함수를 통해 NULL 값 대신 0값을 사용한다.

주로 집계된 데이터를 계산할 경우 많이 쓰이고 SUM, AVG를 이용하여 사칙연산을 할 경우 지표에 NULL 값이 포함될 경우 원하는 결과 값이 안 나올 수 있는 상황을 방지할 수 있다.

	A	B	C
1	고객	매출	수익
2	A고객	100	
3	B고객		50

그림 5 엑셀 예시

위의 데이터가 있을 경우, ZN 함수 사용 여부 차이에 따라 결과 값이 달라질 수 있다.

ZN미사용	[매출] + [수익]
ZN사용	ZN([매출]) + ZN([수익])

고객	매출	수익	ZN미사용	ZN사용
A고객	100		100 + NULL = NULL	100 + 0 = 100
B고객		50	NULL + 50 = NULL	0 + 50 = 50
총합계			NULL + NULL = NULL	100 + 50 = 150

위 표처럼 NULL과 사칙연산을 하면 결과 값으로 NULL을 반환하기 때문에 원하는 결과 값이 나오지 않는다.

ZN함수비교

고객	매출	수익	ZN미사용	ZN사용
A고객	100			100
B고객		50		50
총합계	100	50		150

그림 6 ZN 함수 유무에 따른 계산 결과

3. 실습

계산식을 만들어 하위 범주 별 수익률을 알아본다.

- 수익률이 높은 순으로 가로막대 차트 구현
- 수익률을 색상으로 구분

실습영상

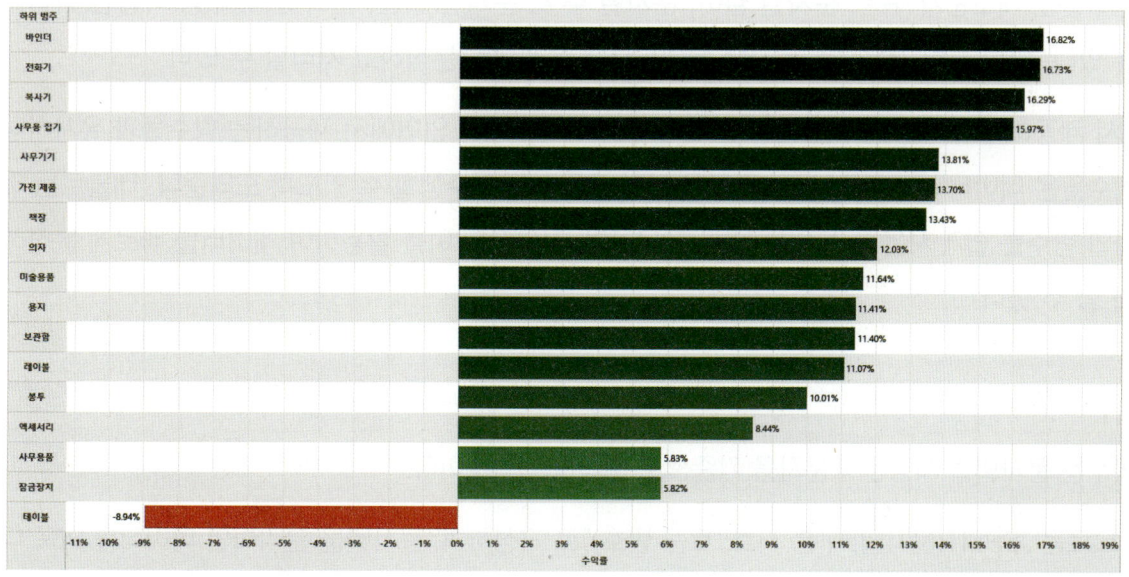

그림 7 수익률 막대 차트 완성화면

STEP 01 수익률 계산식 만들기

| C | 수익률 | SUM([수익]) / SUM([매출]) |

수익률이란?
수익이 매출에 얼마나 차지하는지에 대한 비중을 의미한다.

STEP 02 차트 구성요소에 맞게 구성

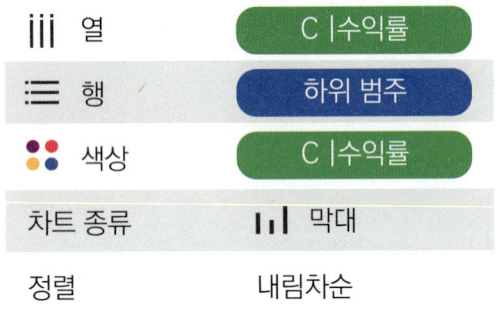

열	C	수익률
행	하위 범주
색상	C	수익률
차트 종류	막대
정렬	내림차순

02 문자열 계산식 이해하기

1. 문자열 계산식 개념

문자열 함수는 문자열 데이터를 다루는 데 특화된 함수들이며, 다양한 방식으로 변환하고 조작할 수 있는 기능을 제공한다.

이러한 함수들은 대소문자 구분, 문자열 길이, 문자열 추출, 문자열 결합, 문자열 대체 등 다양한 작업을 수행할 수 있다. 이를 통해 사용자는 문자열 데이터를 효율적으로 분석하고 처리할 수 있다.

태블로에서 제공하는 문자열 함수는 다른 분석 도구나 프로그래밍 언어에서 제공하는 함수들과 유사하다. 이러한 함수들은 데이터 시각화 및 분석 작업을 보다 효율적으로 수행할 수 있도록 도와준다. 태블로는 이러한 문자열 함수를 쉽게 사용할 수 있는 UI를 제공하며, 사용자는 이를 활용하여 데이터를 빠르게 분석하고 시각화 할 수 있다.

1) SPLIT

SPLIT 함수는 문자열을 지정된 구분자를 기준으로 분리하는 함수이다.

작성방법으로는 "SPLIT(문자열, 구분 기호, 토큰 번호)"로 구성하며, 문자열을 분리하면 데이터를 더욱 다양하게 분석하고 시각화할 수 있다.

예를 들어, 아래의 슈퍼스토어 데이터에 고객 데이터 중에서 고객 이름을 성과 이름으로 반환하는 함수로 SPLIT를 사용할 수 있다.

고객 Id	고객 이름	C l 이름	C l 성
AB-10015	Aaron Bergman	Aaron	Bergman
AH-10030	Aaron Hawkins	Aaron	Hawkins
AB-10060	Adam Bellavance	Adam	Bellavance
AH-10075	Adam Hart	Adam	Hart
BD-11770	Bryan Davis	Bryan	Davis

아래의 계산식을 해석해보면 [C l 성]는 [고객 이름] 필드에서 공백(" ")으로 분리하였을 때 두 번째 텍스트를 반환한다.

C l 이름	SPLIT([고객 이름], " ", 1)
C l 성	SPLIT([고객 이름], " ", 2)

2) TRIM / LTRIM / RTRIM

TRIM 함수는 주어진 문자열의 앞뒤에 있는 공백을 제거한 결과를 반환하여 문자열의 양 끝에 있는 공백을 제거하여 데이터를 정리할 수 있다. 예를 들어, 사용자 입력이나 데이터 소스에서 가져온 문자열에 앞뒤 공백이 포함되어 있는 경우 TRIM 함수를 사용하여 공백을 제거하여 데이터의 일관성을 유지하고, 데이터 전처리 단계에서 문자열 데이터의 정리와 가독성을 개선하는 데 유용하다.

3) LOWER / UPPER / PROPER

문자열의 대소문자를 변환하는 LOWER, UPPER, PROPER 함수들은 데이터의 일관성을 유지하고 가독성을 개선하기 위해 사용한다. 문자열 데이터의 대소문자를 일관되게 조정하거나, 특정 형식에 맞게 텍스트를 변환할 때 유용하게 쓰인다.

아래의 예시는 "HELLO tableau" 라는 문자열을 각각의 함수로 나타낸 결과 값이다.

계산식	결과
LOWER("HELLO tableau")	hello tableau

| UPPER("HELLO tableau") | HELLO TABLEAU |
| PROPER("HELLO tableau") | Hello Tableau |

> **더 알아보기** 대문자 "A"와 소문자 "a"는 다르다?
>
> 실제로 텍스트에서는 대문자 "A"와 소문자 "a"를 다르게 해석한다. 문자열 데이터는 정제되어 있지 않거나 대/소문자가 혼용되어 있는 경우가 많아서, 입력을 받아 비교하거나 문자열끼리 비교를 하는 경우, UPPER(LOWER)함수를 이용해서 기준을 맞추는 것이 중요하다.

4) CONTAINS

CONTAINS 함수는 조건부 함수 중 하나로, 특정 필드에서 지정된 값을 포함하는지 여부를 확인하는 데 사용된다. 이 함수는 불리언(Boolean) 값을 반환하여 결과가 True(참) 또는 False(거짓)로 나타난다.

아래의 데이터 샘플은 "Adam"이라는 고객을 찾을 때 다음과 같은 계산식을 작성할 수 있다.

고객 Id	고객 이름	C	Adam
AB-10015	Aaron Bergman	FALSE
AH-10030	Aaron Hawkins	FALSE
AB-10060	Adam Bellavance	TRUE
AH-10075	Adam Hart	TRUE
BD-11770	Bryan Davis	FALSE

| C | Adam | CONTAINS([고객 이름], "Adam") |

5) REPLACE

REPLACE 함수는 문자열에서 특정 문자를 다른 문자로 대체하는 함수이며, 문자열을 변경하거나 수정할 때 유용하게 쓰인다. 텍스트 데이터의 정제, 데이터 변환, 필드 값을 수정하는 등 다양한 작업에 활용할 수 있으며, 엑셀의 모두 바꾸기와 유사하다.

아래의 데이터 샘플을 예를 들어 "-"로 되어있는 고객Id를 "_"로 변경하도록 하겠다.

| C | REPLACE | REPLACE([고객 Id], "-", "_") |

고객 Id	고객 이름	C	REPLACE
AB-10015	Aaron Bergman	AB_10015
AH-10030	Aaron Hawkins	AH_10030
AB-10060	Adam Bellavance	AB_10060
AH-10075	Adam Hart	AH_10075
BD-11770	Bryan Davis	BD_11770

2. 실습

L사의 TV 모델명에 대해서 아래와 같은 의미가 있다.
'2.1.2 문자열 계산식 이해하기_실습 데이터'를 사용하여 계산식 통해 아래의 필드 (화면크기, 라인업, 출시 년도)를 만들어 보자.

실습영상

OLED 65 C 1 KN A

화면크기 | 라인업 | 출시년도
Z(시그니처) | 1(21년)
G(고급형) | X(20년)
C(중급형) | 9(19년)
B,A(보급형) | 8(18년)

그림 8 모델명 정보 예시

C	화면크기	MID([모델명], 5, 2) + "인치"
C	라인업	CASE MID([모델명], 7, 1) WHEN "Z" THEN "시그니처" WHEN "G" THEN "고급형" WHEN "C" THEN "중급형"

기초 함수 알아보기 169

	WHEN "B" THEN "보급형" WHEN "A" THEN "보급형" END
C | 출시년도	CASE MID([모델명], 8, 1) WHEN "1" THEN "2021-01-01" WHEN "X" THEN "2020-01-01" WHEN "9" THEN "2019-01-01" WHEN "8" THEN "2018-01-01" END

03 날짜형 계산식 이해하기

1. 날짜형 계산식 개념

날짜 계산식을 사용하면 데이터 소스의 날짜 필드를 활용하여 새로운 날짜 값을 계산하거나 날짜 형식을 변경하는 등의 작업을 할 수 있다. 이렇게 다양한 날짜 함수와 수식을 사용하여, 태블로에서 날짜와 관련된 데이터를 보다 쉽게 이해하고 분석할 수 있다.

※ 날짜 필드의 특징

① **날짜 계층 구조:** 날짜 필드는 계층 구조로 인식된다. 예를 들어, "연도"를 기반으로 "분기", "월", "일"과 같은 하위 계층으로 세분화할 수 있다. 또, 시간까지 다루는 필드라면 "시", "분", "초"까지 세분화가 가능하며, 이를 통해 데이터를 분석하고 필터링할 수 있다.

② **날짜 계산:** 날짜 필드를 활용하여 다양한 계산을 수행할 수 있다. 예를 들어, 날짜 간의 차이를 계산하거나 특정 기간 내의 데이터를 집계하는 등의 작업을 수행할 수 있다.

③ **날짜 필터링:** 날짜 필드를 사용하여 데이터를 필터링할 수 있다. 원하는 날짜 범위를 선택하거나 특정 날짜에 해당하는 데이터만 표시하는 등의 필터링 작업을 수행할 수 있다.
이를 통해 원하는 시간대의 데이터를 선택적으로 분석할 수 있다.

1) DATENAME / DATEPART

DATENAME 함수와 DATEPART 함수는 태블로에서 날짜 필드의 특정 부분을 반환하는 공통점이 있다. 하지만 DATENAME 함수는 날짜 값을 문자열(STR)로 반환하고, DATEPART 함수는 날짜 값을 숫자로 반환하기 때문에 이러한 차이점을 고려하여 필요에 따라 두 함수를 적절하게 사용하면 된다.

Ex) DATENAME('month', #2023-05-09#) → "May" : 해당 월의 문자열

Ex) DATEPART('year', #2023-05-09#) → 2023 : 해당 년의 숫자

2) DATETRUNC

이 함수는 날짜에서 지정된 구분에 따라 잘라내고 새 날짜를 반환하는데 지정된 날짜 부분까지 각 날짜 부분에 대해 가장 낮은 값으로 설정한다. 예를 들어 월 수준에서 월의 가운데에 있는 날짜를 잘라내면 이 함수는 월의 첫째 날을 반환한다.

Ex) DATETRUNC('month', #2023-05-09#) → 2023-05-01 : 해당 월의 첫째 날

> **더 알아보기** — **날짜함수의 인수**
>
> DATENAME, DATEPART, DATETRUNC처럼 날짜함수의 인수 중 날짜부분을 받는 함수들이 여러 개가 존재한다. 인수를 작성할 때는 'year', 'quarter', 'month', 'week', 'day', 'hour', 'minute', 'second' 와 같이 작은따옴표(' ')로 감싸며 소문자로 작성해야 한다.

3) TODAY / NOW

현재 날짜를 알려주는 함수 TODAY와 현재 시간을 알려주는 NOW 함수가 있다. 라이브의 경우 데이터 원본에서 사용되는 데이터베이스의 표준 시간대가 사용되는 반면, 추출의 경우 로컬 컴퓨터 운영 체제의 표준 시간대가 사용된다. 또한 두 함수 모두 인수를 받지 않고 TODAY(), NOW() 로 작성하면 된다.

2. 실습

주문별로 주문일로부터 배송일까지 배송기간 구하기
- 날짜계산식을 사용하여 주문 날짜와 배송날짜의 차이로 배송기간 구하기
- 간트 차트로 시각화 하기

실습영상

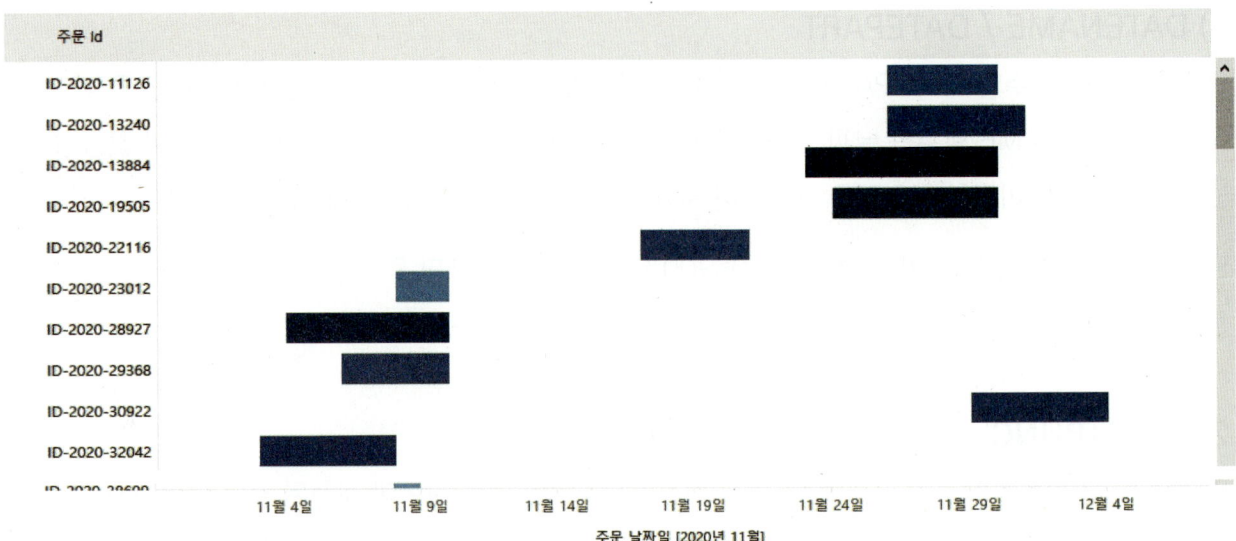

그림 9 배송기간 간트 차트 완성화면

STEP 01 배송기간 계산식 만들기

AVG 함수를 쓰는 이유는 한 개의 [주문 Id]에 여러 행이 있을 수 있어서 평균을 사용한다.

> C | 배송기간   AVG(DATEDIFF('day', [주문 날짜], [배송 날짜]))

STEP 02 차트 구성요소에 맞게 구성

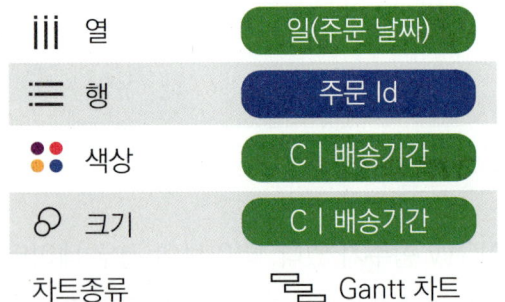

3. 실습2

달력 만들기

- 날짜함수를 사용하여 매월마다 1주차부터 시작하는 계산식을 작성
- 주문일자 필드를 '2020년 9월'로 필터 적용
- 매출을 색상과 레이블로 표현하는 하이라이트 차트 작성

실습영상

	일요일	월요일	화요일	수요일	목요일	금요일	토요일
1주차			1 ₩2,020	2 ₩3,923	3 ₩5,781	4 ₩438	
2주차	6 ₩2,204	7 ₩3,751	8 ₩720	9 ₩6,910	10 ₩435	11 ₩729	12 ₩749
3주차	13 ₩1,154	14 ₩660	15 ₩782	16 ₩3,283	17 ₩566	18 ₩509	
4주차	20 ₩2,897	21 ₩861	22 ₩202	23 ₩4,062	24 ₩3,088	25 ₩2,490	26 ₩5,176
5주차	27 ₩1,714	28 ₩4,115	29 ₩294	30 ₩902			

그림 10 달력 차트 완성화면

STEP 01 주차 계산식 만들기

해당주차에서 해당 월의 1일이 포함되어 있는 주차를 뺀 후 1을 더하여 주차로 표현한다.

| C | 주차 | STR(WEEK([주문 날짜]) - WEEK(DATETRUNC('month', [주문 날짜])) + 1) + "주차" |

STEP 02 차트 구성요소에 맞게 구성

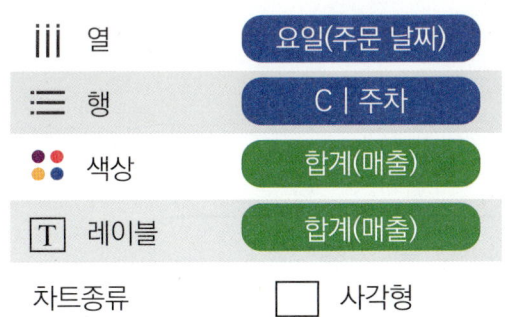

04 논리형 계산식 이해하기

1. 논리형 계산식 개념

논리 계산을 사용하면 특정 조건이 참인지, 아니면 거짓인지 여부를 결정할 수 있다. 시각화 분석 자료를 분석하다 보면 단순히 데이터를 정제하고 사용하는 것뿐만 아니라, 사용자 요구에 따른 조건이나 비교를 통한 분석이 필수적이다.

1) AND

AND를 사용한 위치를 기준으로 앞과 뒤의 조건이 모두 참(TRUE)일 경우, 참(TRUE)을 반환한다. 이해를 돕기 위해 아래의 계산식을 작성하여 시트로 표현했다.

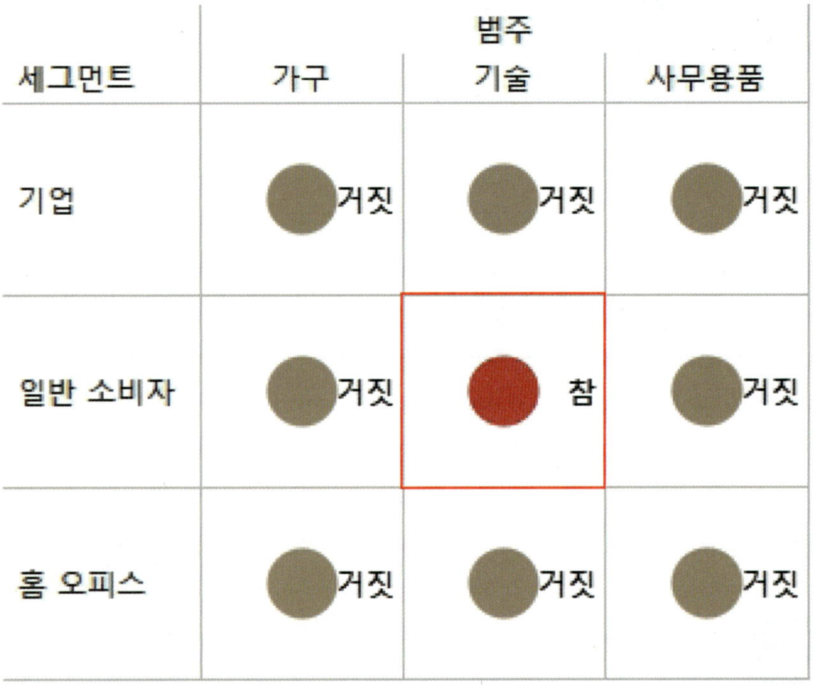

세그먼트	범주 가구	범주 기술	범주 사무용품
기업	거짓	거짓	거짓
일반 소비자	거짓	**참**	거짓
홈 오피스	거짓	거짓	거짓

그림 11 AND

| C \| AND | [세그먼트] = "일반 소비자" AND [범주] = "기술" |

그대로 계산식을 풀자면 [세그먼트]가 "일반 소비자"이면서 [범주]가 "기술"이면 참을 반환한다.

2) OR

OR을 사용한 위치를 기준으로 앞과 뒤의 조건이 둘 중 하나만 참(TRUE)이라도, 참(TRUE)을 반환한다.

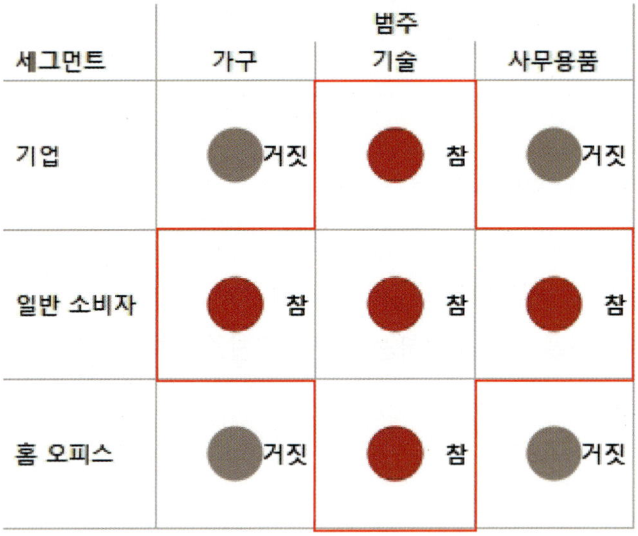

그림 12 OR

| C | OR | [세그먼트] = "일반 소비자" OR [범주] = "기술" |

3) NOT

NOT 함수 뒤에 오는 조건에 대하여 부정 값을 반환한다. 부정 값이란, 참(TRUE)일 경우 거짓(FALSE)으로 반환하고, 거짓(FALSE)일 경우 참(TRUE)으로 반환함을 뜻한다.

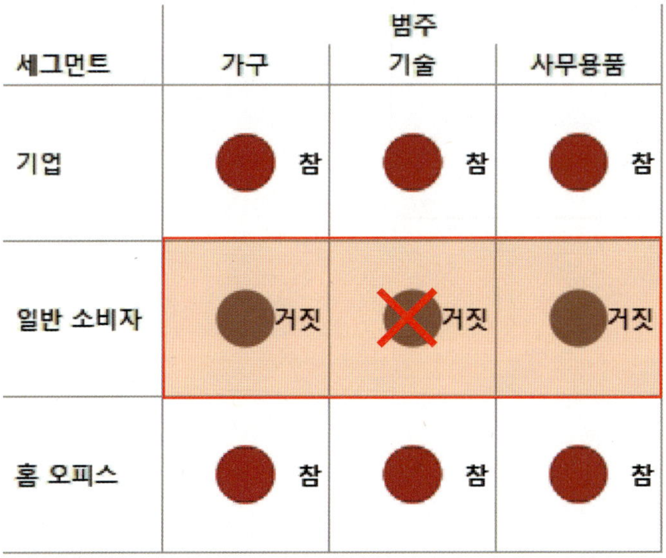

그림 13 NOT

| C | NOT | NOT [세그먼트] = "일반 소비자" |

그대로 계산식을 풀자면 [세그먼트]가 "일반 소비자"이면 "거짓", 반대일 경우는 "참"을 반환한다.

> **더 알아보기** — 논리 함수에서 괄호 "( )"의 중요성
>
> 다수의 AND, OR, NOT 함수를 사용할 때, 괄호 "( )"는 사칙연산과 같이 논리적인 조건의 그룹화와 계산 순서를 정하는데 중요하다. 괄호를 사용하여 조건을 묶으면 원하는 조건의 그룹을 명확하게 정의할 수 있고 함수의 동작을 정확히 제어할 수 있다.

4) IF문

IF문은 데이터 분석과 조건부 계산에 핵심적인 역할을 하는 함수로써, 조건을 평가하고 조건이 참인 경우에는 특정 값을 반환하는 역할을 한다. IF문에 포함되어 있는 함수는 THEN, ELSEIF, ELSE, END가 있으며 작성방법은 다음과 같다.

```
IF 조건1 THEN 조건1 TRUE인 경우
ELSEIF 조건2 THEN 조건2 TRUE인 경우
ELSE 조건N이 모두 아닐 경우
END
```

> **더 알아보기** **IF와 유사한 IIF**
>
> 태블로에는 IIF문이 있다. 이 함수의 사용방법은 "IIF(조건, TRUE인 경우, FALSE인 경우)"로 EXCEL의 IF문과 사용방법이 동일하다.
>
> Ex) 가격에 따른 조건 함수
>
> | | |
> |---|---|
> | IF | IF 5000 > [가격] THEN "싸다" ELSE "비싸다" END |
> | IIF | IIF(5000 > [가격], "싸다", "비싸다") |

5) CASE문

CASE문은 IF문과 같은 기능을 하는 함수이지만, 문법에서 차이가 있다. CASE문은 필드 혹은 표현식이 해당할 경우 특정 값을 반환하는 역할을 한다. CASE문에 포함되어 있는 함수는 WHEN, THEN, ELSE, END가 있으며 작성방법은 다음과 같다.

```
CASE 조건
WHEN "A" THEN "조건이 A일 경우"
WHEN "B" THEN "조건이 B일 경우"
ELSE 모두 아닐 경우
END
```

> **더 알아보기** IF와 CASE의 차이점
>
> 내용에도 설명되어 있지만 IF문과 CASE문은 같은 기능을 하는 함수다. CASE문은 하나의 표현식에 대하여 해당될 경우("=")에만 특정 값을 반환할 수 있다. 반면 IF문은 "=" 뿐만 아니라 모든 비교 연산자를 사용할 수 있고 다양한 필드를 사용하여 조건을 줄 수 있다.

2. 실습

손익분기고객 구하기

- 고객별 수익을 나타내는 막대 차트 구성
- IF문을 사용해서 총 수익과 0을 비교하여 손익분기 필드 생성
- 손익분기 필드로 색상 표현

실습영상

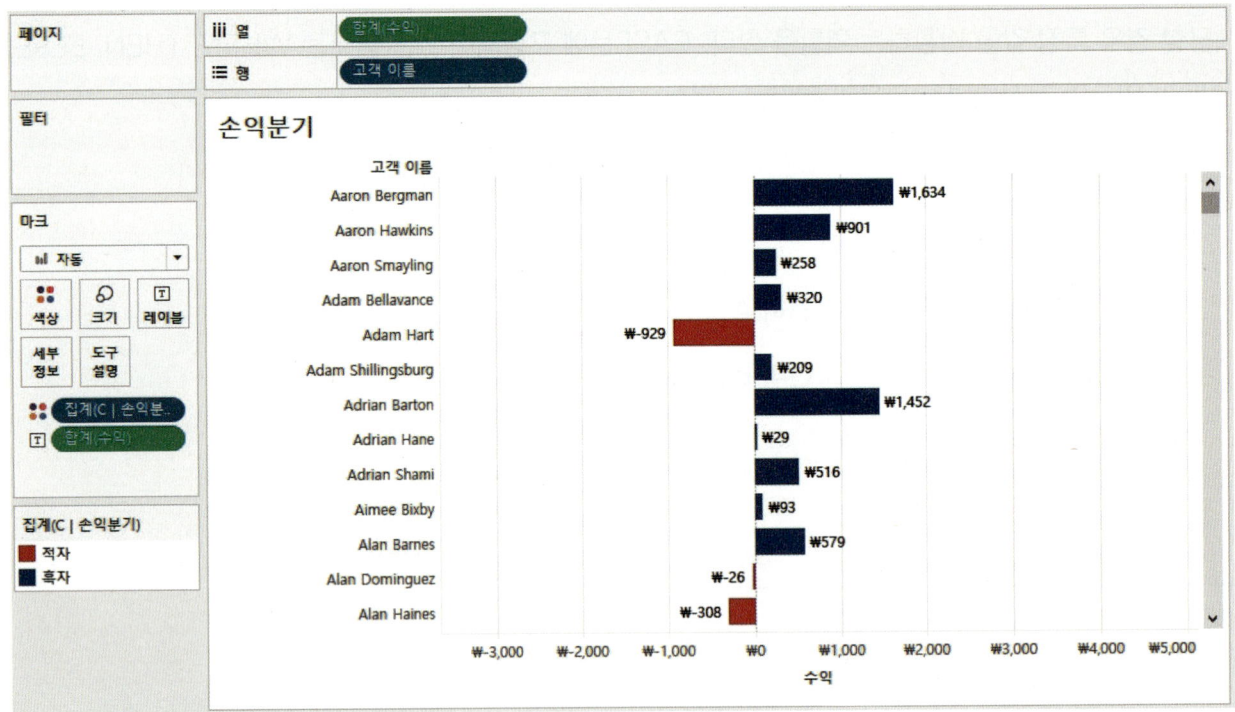

그림 14 손익분기 고객 막대 차트 완성화면

STEP 01 손익분기 계산식 만들기

수익의 합을 0 기준으로 나누어 분류해준다.

C | 손익분기	IF SUM([수익]) > 0 THEN "흑자" ELSEIF SUM([수익]) < 0 THEN "적자" ELSE "본전" END

STEP 02 차트 구성요소에 맞게 구성

열	합계(수익)
행	고객 이름
색상	C | 손익분기
레이블	합계(수익)
차트종류	막대

기초 함수 알아보기 179

CHAPTER 02 매개 변수 알아보기

매개 변수는 계산식, 필터 또는 참조선에 값을 대체할 수 있는 숫자, 날짜 또는 문자열의 타입을 가진 변수이다. 사용자는 매개 변수에 임의의 값을 입력하여 화면과 상호 작용할 수 있다. 이를 통해 데이터나 수식을 수동으로 변경할 필요 없이 다양한 관점에서 데이터를 분석할 수 있다. 하나의 매개 변수를 여러 데이터 원본, 시트들에 적용함으로써 일관된 설정 또는 값을 적용할 수도 있다.

1) 매개 변수 작성 방법

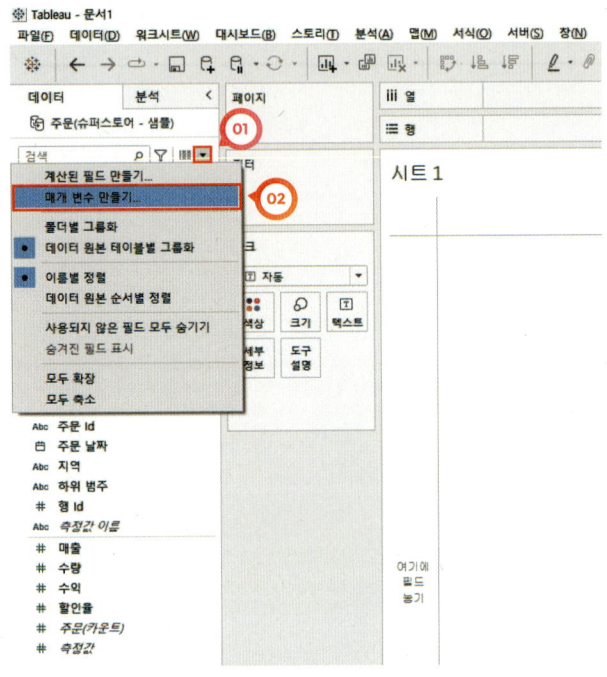

❶ 데이터 패널 상단 '역삼각형' 클릭
❷ '매개 변수 만들기' 선택

그림 1 매개 변수 만들기

2) 원하는 형식의 매개 변수 만들기

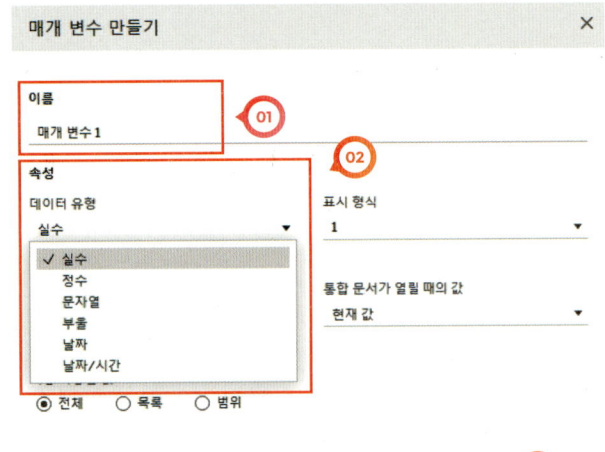

❶ 매개 변수에 이름을 지정
❷ 어떤 데이터 타입을 가진 매개 변수를 만들지 선택
❸ 매개 변수 생성 확인

그림 2 매개 변수 만들기

매개 변수 생성 시 속성에 대한 항목들은 다음과 같다.

데이터 유형	의미
실수	실수형 매개 변수를 사용하면 사용자가 0, 1, 2 등의 정수형 외에도 소수점으로 지정된 범위 내의 실수를 입력할 수 있음
정수	정수형 매개 변수를 사용하면 사용자가 0, 1, 2 등과 같이 지정된 범위 내의 정수를 입력할 수 있음
문자열	문자열 매개 변수를 사용하면 사용자가 텍스트를 입력할 수 있음
부울	부울 매개 변수를 사용하면 사용자가 True 또는 False를 선택할 수 있음
날짜(YYYYMMDD)	날짜 매개 변수를 사용하면 사용자가 지정된 범위 내에서 날짜 또는 날짜 범위를 선택할 수 있음
날짜/시간	날짜/시간 매개 변수를 사용하면 사용자가 지정된 범위 내에서 시간을 포함한 날짜 또는 날짜 범위를 선택할 수 있음

그 외에 추가적인 옵션은 데이터 유형별 매개 변수 챕터에서 설명하도록 하겠다.

3) 매개 변수 표시 및 편집

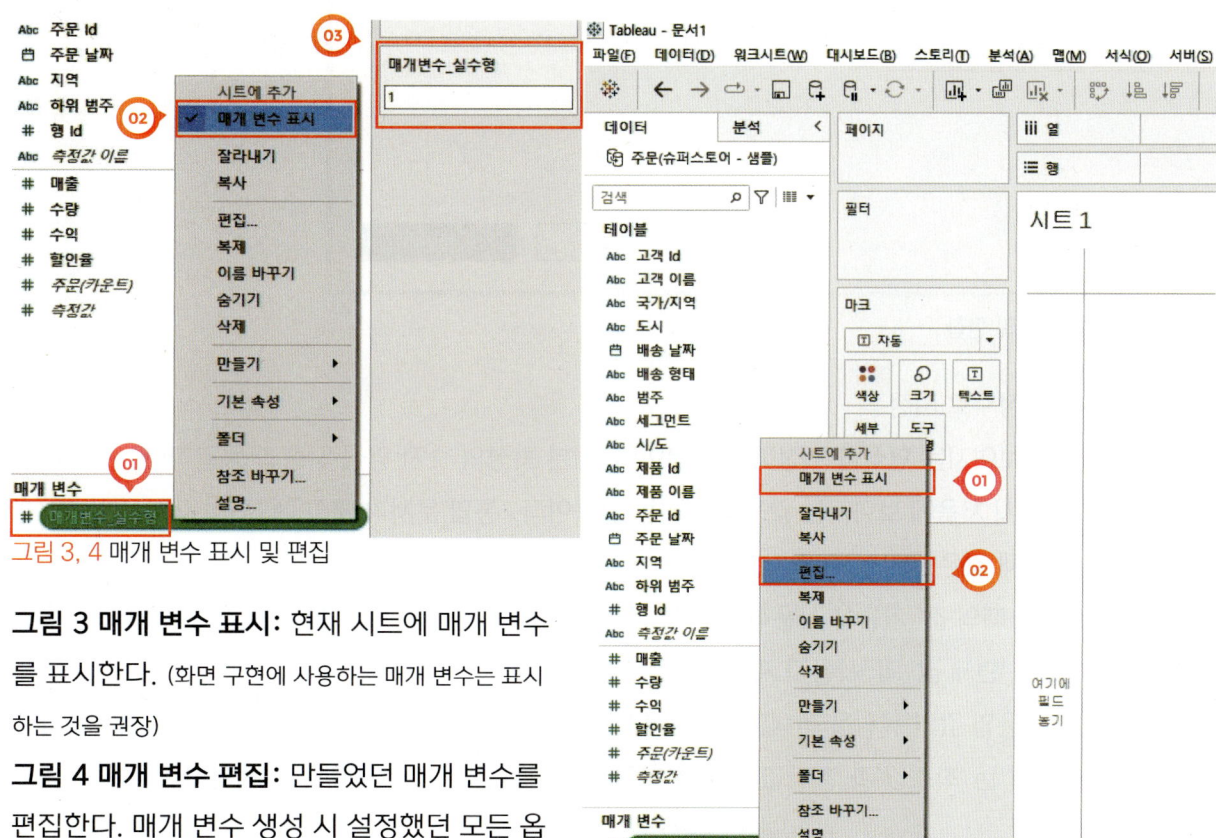

그림 3, 4 매개 변수 표시 및 편집

그림 3 매개 변수 표시: 현재 시트에 매개 변수를 표시한다. (화면 구현에 사용하는 매개 변수는 표시하는 것을 권장)

그림 4 매개 변수 편집: 만들었던 매개 변수를 편집한다. 매개 변수 생성 시 설정했던 모든 옵션에 대한 변경이 가능하다.

01 정수형 매개 변수 이해하기

1. 매개 변수 생성

1) 정수형 매개 변수 만들기

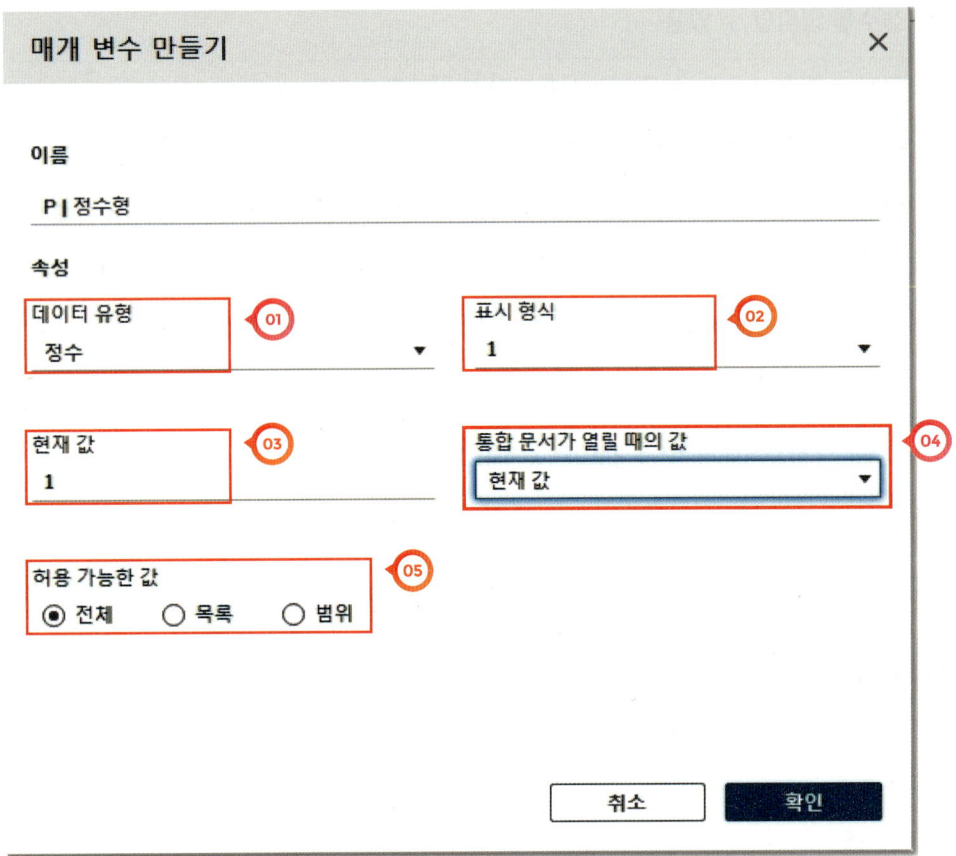

그림 5 매개 변수 표시 및 편집

❶ 데이터 유형을 정수로 지정

❷ 매개 변수에서 보여지는 형식을 지정하는 옵션이며, 기본 속성의 숫자 형식 지정과 동일하다.

❸ 매개 변수 생성 시 처음에 보여지는 값을 설정하는 항목이다. '통합 문서가 열릴 때의 값', '허용 가능 값'에 선택에 따라 현재 값은 달라질 수 있다.

❹ '통합 문서를 열 때의 값' 기능을 사용하면 통합 문서를 처음 열거나 새로 고칠 때 매개 변수의 초기 값을 정의할 수 있다. '현재 값' 과 '사용자 계산식' 중 선택 가능하다.

❺ 매개 변수에 사용할 값의 유형을 선택한다. '전체'는 모든 정수 값 입력이 가능하며, '목록'은 사용자가 지정한 목록, '범위'는 '최소값'과 '최대값'을 지정하여 사용자가 범위 내에서 값을 선택한다.

2) 허용 가능한 값 유형

① 전체
- 매개 변수에 모든 값을 입력할 수 있다.

② 목록
- **고정** : '고정' 옵션을 사용하면 매개 변수가 선택할 수 있는 값을 미리 정의할 수 있다.

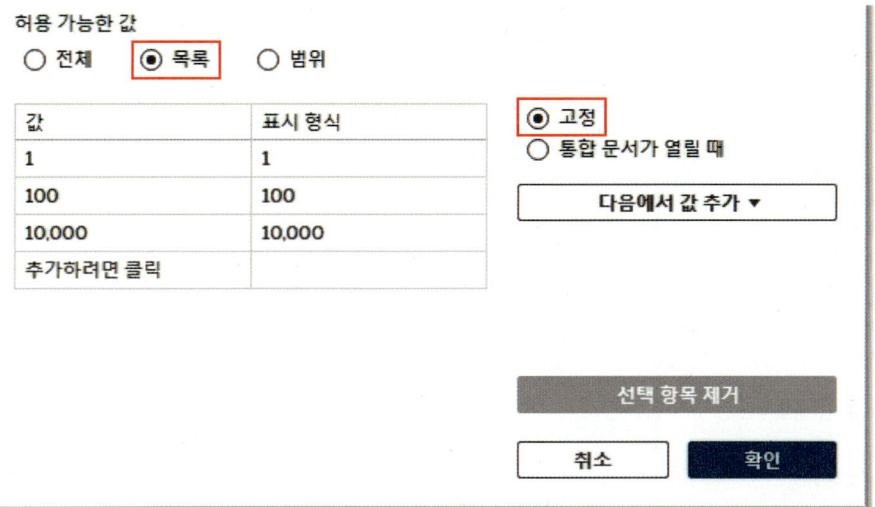

그림 6 허용 가능한 값 □ 목록 □ 고정

- **통합 문서가 열릴 때** : '통합 문서가 열릴 때' 옵션은 매개 변수와 같은 타입을 가진 정수형 필드를 선택하여 지정할 수 있다. 필드를 선택하면 고유한 값을 기준으로 자동 반영되기 때문에 필드 목록 외에 다른 임의의 값을 추가할 수 없으며 선택한 필드에 고유 값이 너무 많을 경우에는 일부만 나타낼 수 있다.

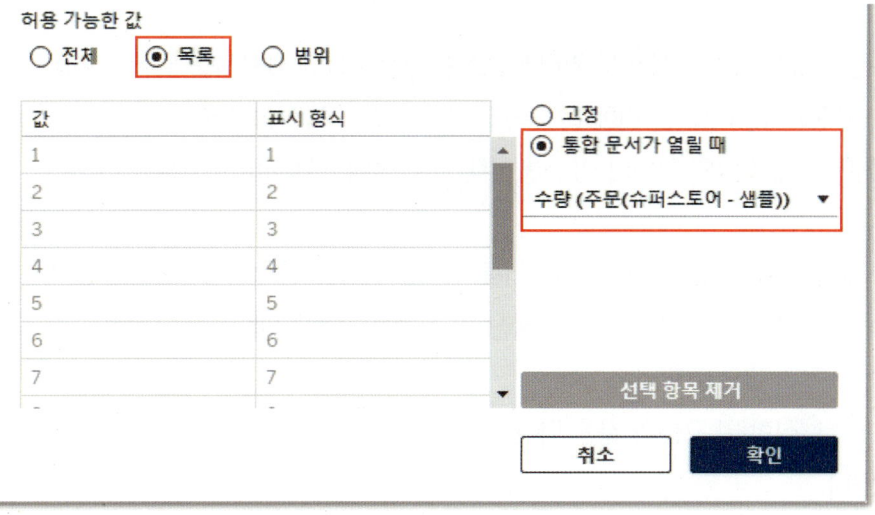

그림 7 허용 가능한 값 □ 목록 □ 통합 문서가 열릴 때

더 알아보기 › 매개 변수 다중 선택 불가

Q: 매개 변수 목록은 다중 선택은 불가능한가요?
A: 네! 필터, 집합은 다중 선택이 가능하지만 매개 변수는 단일 선택만 가능합니다.

〈목록 선택 시 매개 변수 표현 리스트〉

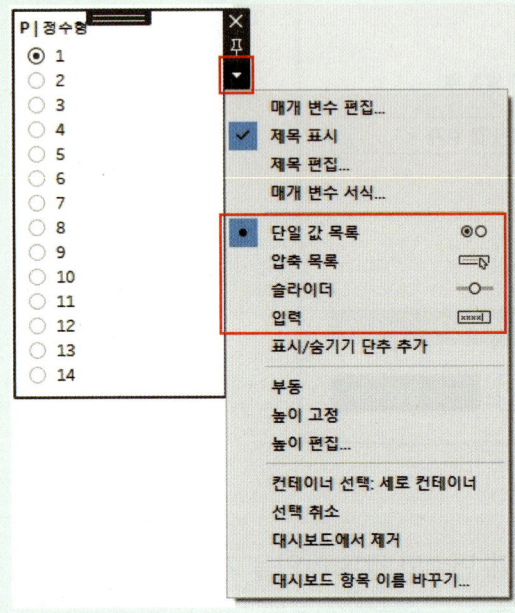

그림 8 단일 선택

매개 변수는 다음과 같은 몇 가지 이유로 다중 선택이 아닌 단일 선택만 가능하다.

① **단순성과 명확성:** 단일 선택 매개 변수는 사용자 인터페이스를 단순화하고 사용자를 위한 명확성을 향상한다. 단일 선택 항목을 사용하면 한 번에 하나의 값에 집중하여 복잡성을 줄일 수 있다.
② **데이터 일관성:** 특정 차원에 대해 하나의 값이나 범주를 선택하여, 선택한 데이터의 명확하고 직관적인 표현이 가능하다.
③ **성능 최적화:** 단일 선택 매개 변수는 특히 대용량 데이터를 처리할 때 성능을 최적화하는 데 도움이 될 수 있다. 단일 선택 매개 변수를 기반으로 하는 계산 및 집계는 종종 더 빠르고 복잡한 다중 선택에 비해 계산 리소스를 적게 필요로 한다.
④ **데이터 탐색 및 필터링:** 필터, 집합 및 그룹과 같은 다른 기능을 제공하여 고급 데이터 탐색 및 필터링 기능을 사용할 수 있다.

③ 범위

- **고정** : '고정' 옵션을 사용하면 사용자가 선택한 '최소값', '최대값', '단계 크기'를 직접 설정할 수 있다.

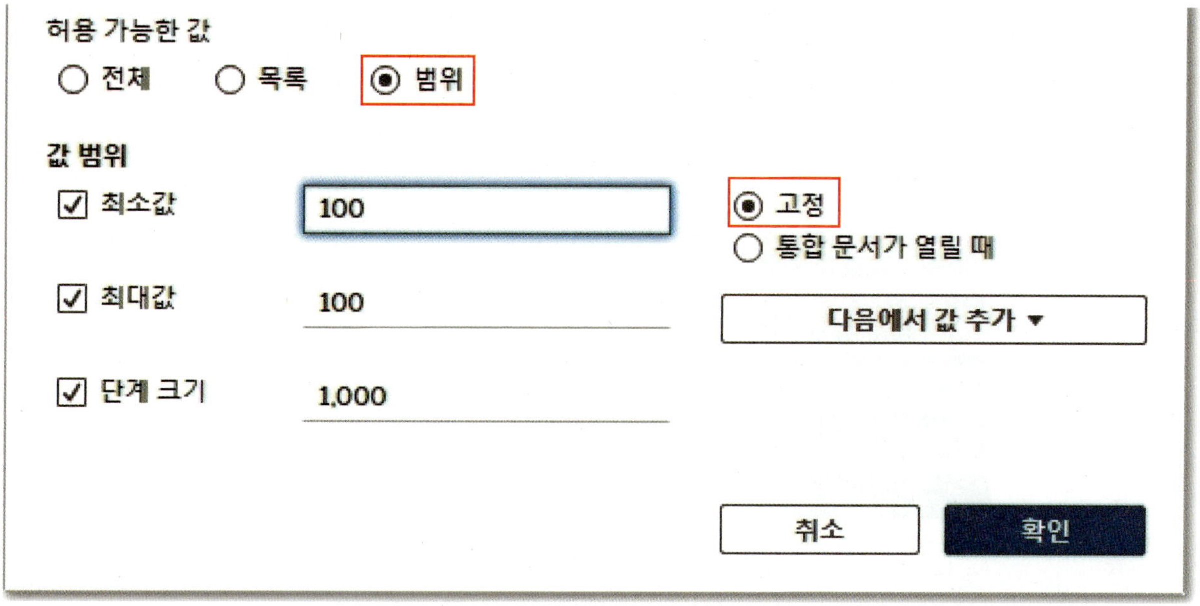

그림 9 허용 가능한 값 □ 범위 □ 고정

- **통합 문서가 열릴 때** : '통합 문서가 열릴 때' 옵션은 매개 변수와 같은 타입을 가진 정수형 필드를 선택하여 지정할 수 있다. 필드를 선택하면 고유한 값을 기준으로 '최소값', '최대값'에 범위가 자동 반영되며 '단계 크기'는 직접 선택할 수 있다.

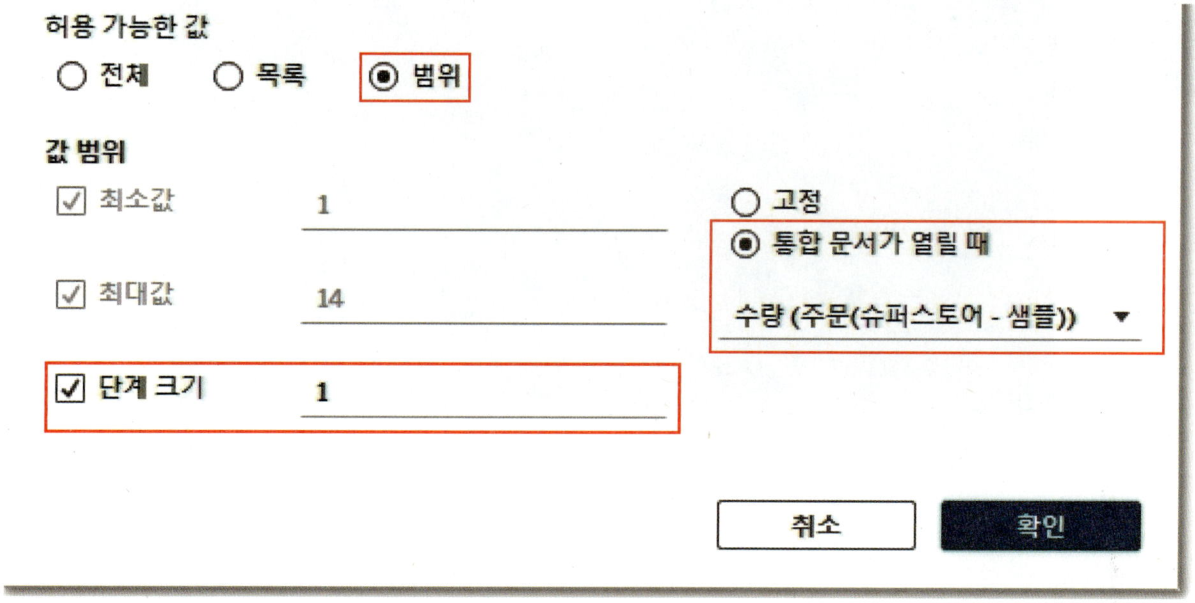

그림 10 허용 가능한 값 – 범위 – 통합 문서가 열릴 때

2. 실습

실습영상

정수형 매개 변수를 활용하여 매출 단위 구현하기

- 트리맵을 활용하여 하위 범주 별 매출 구현
- 정수형 매개 변수를 활용하여 적용 단위 만들기 (ex. 만원, 천원, 원)
- 단위 문자열로 표현하기

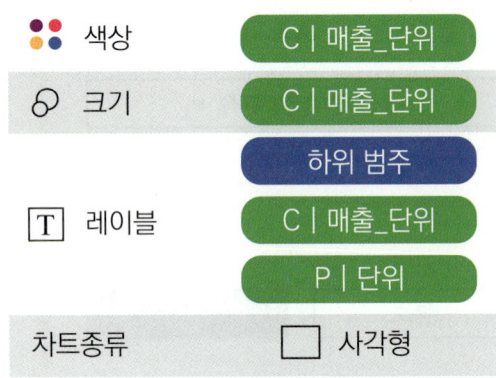

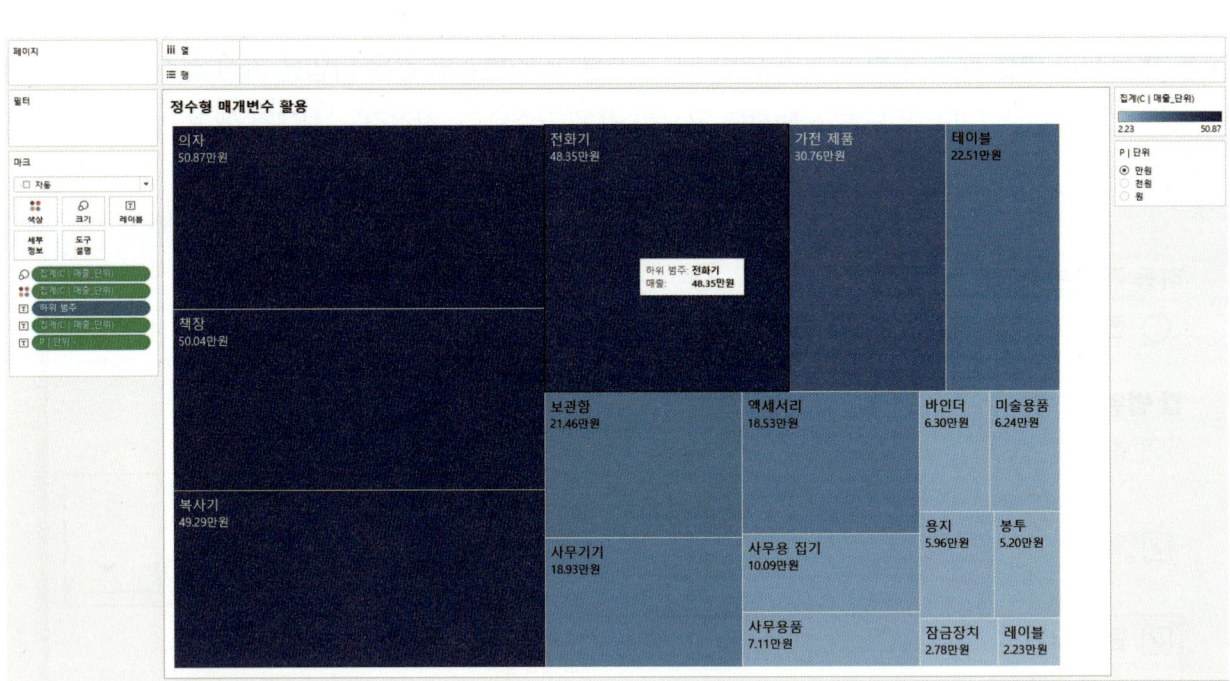

그림 11 매출 단위별 트리맵 완성화면

STEP 01 매개 변수 만들기

아래와 같이 허용 가능한 값은 '목록', '고정'으로 만원, 천원, 원으로 만든다.

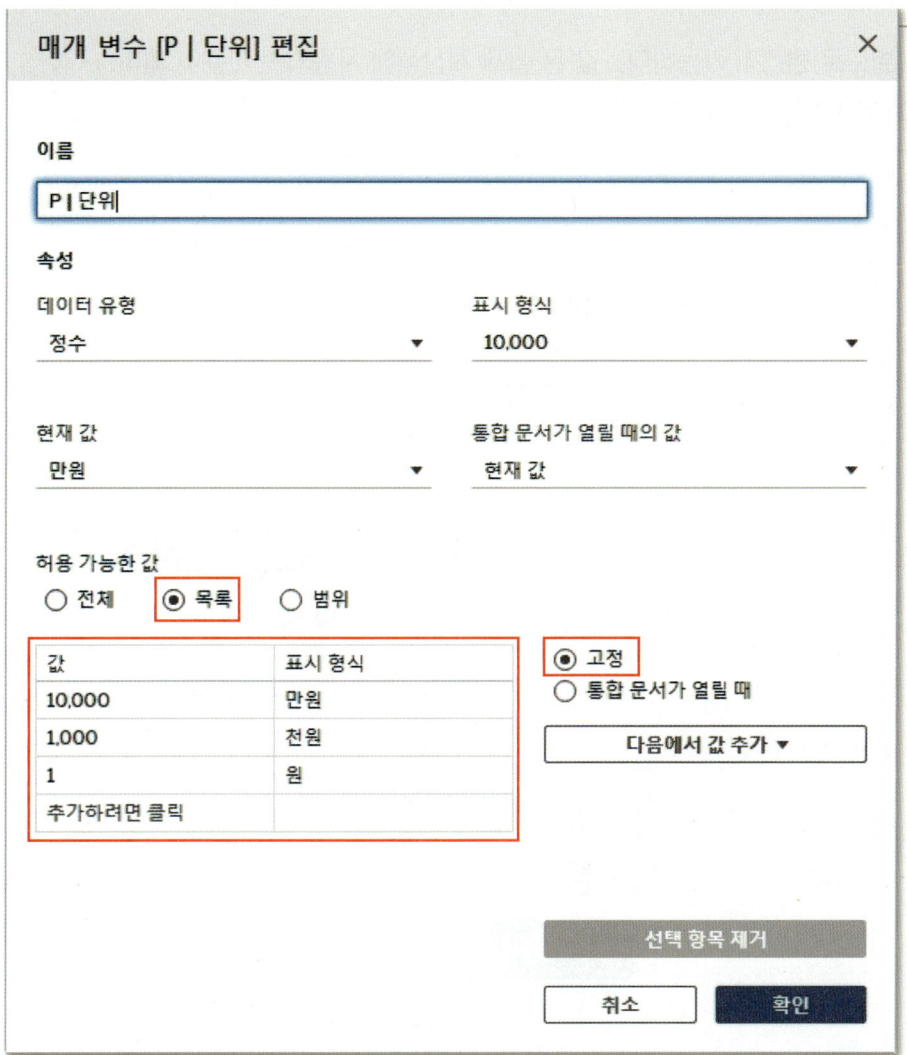

그림 12 매개 변수 편집

> **더 알아보기** 매개 변수 – 목록 : 매개 변수의 표시 형식 변경

매개 변수의 표시 형식은 별도로 변경이 가능하다. '값'은 실제 계산식에 사용되는 기준이 되며, '표시 형식'은 실제 화면에 보여지는 형식을 의미한다.

① **값**: 계산식에서 사용

C	값_예시	[P	단위] = 10000
IIF	IIF(5000 〉 [가격], "싸다", "비싸다")

② **표시 형식**

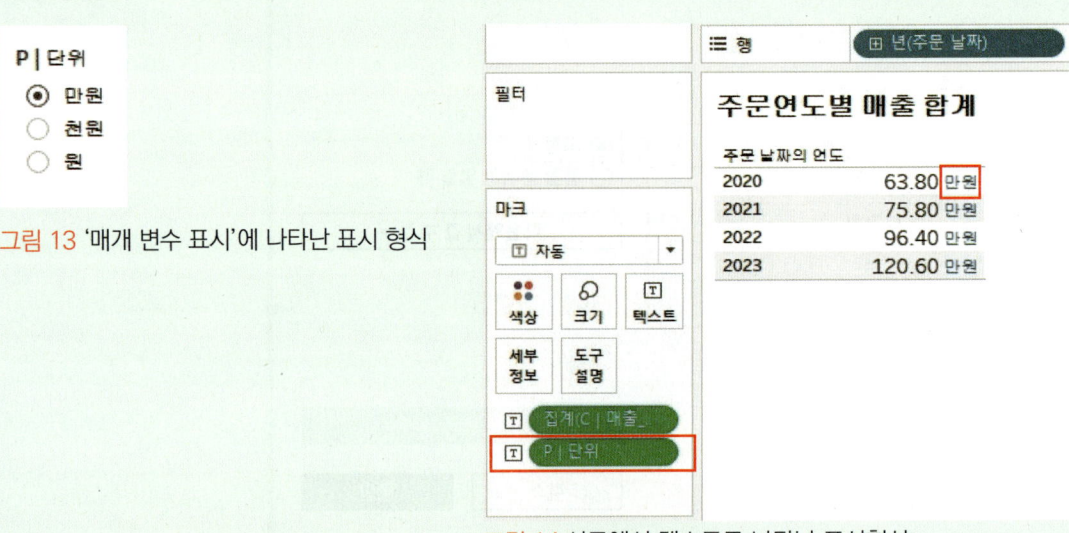

그림 13 '매개 변수 표시'에 나타난 표시 형식

그림 14 시트에서 텍스트로 나타난 표시형식

STEP 02 매개 변수를 활용한 계산식 적용

만원, 천원, 원 단위에 맞는 금액을 반환하기 위해 계산식을 만든다.

C	손익분기	IF [P	단위] = 10000 THEN SUM([매출]) / 10000 ELSEIF [P	단위] = 1000 THEN SUM([매출]) / 1000 ELSEIF [P	단위] = 1 THEN SUM([매출]) / 1 END

[P | 단위]의 값은 단위에 따른 값을 이미 가지고 있으므로 아래 계산식으로 간단히 표현할 수도 있다.

| C | 매출_단위 | SUM([매출]) / [P | 단위] |

STEP 03 트리맵 만들기

[하위 범주], [C | 매출_단위]를 활용하여 트리맵을 만든다.

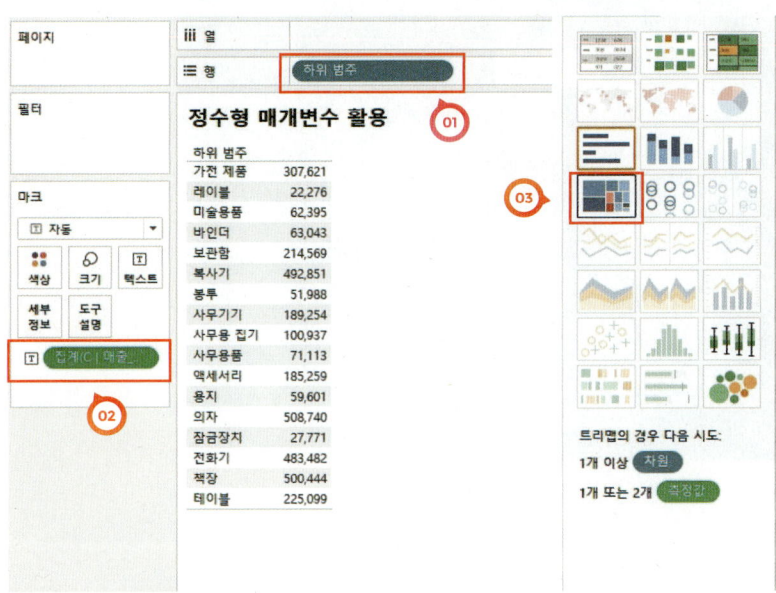

① [하위 범주] 필드를 행 선반에 드래그 앤 드랍
② [C | 매출_단위] 필드를 마크 카드의 레이블에 드래그 앤 드랍
③ 우측 상단 '표현방식'에서 트리맵 선택

그림 15 트리맵 만들기

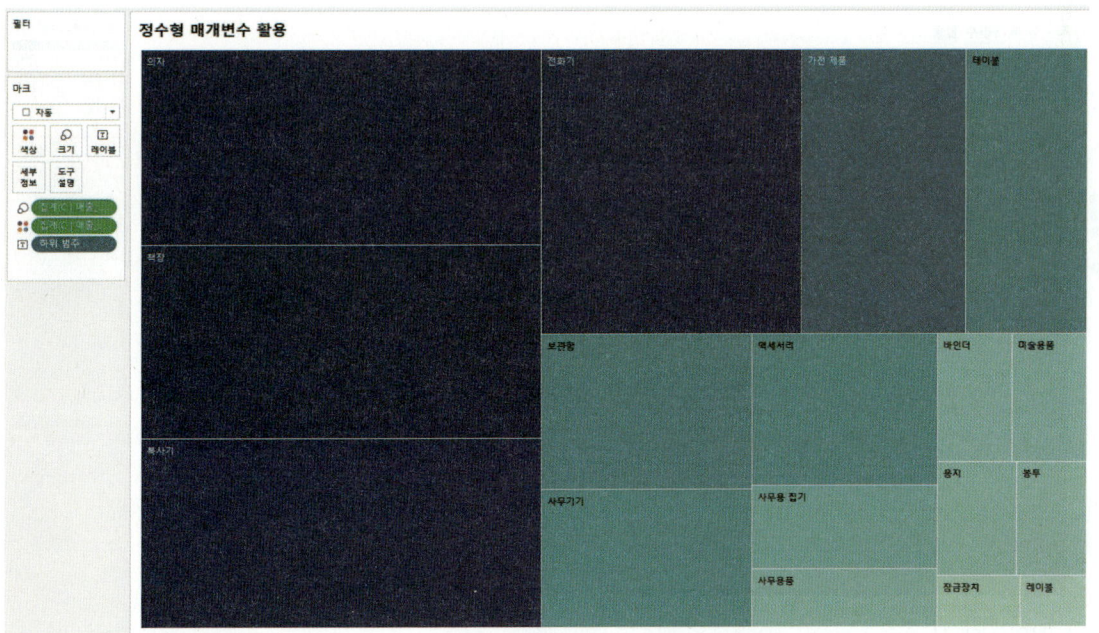

그림 16 완성된 트리맵

매개 변수 알아보기 189

이후 [C | 매출_단위], [P | 단위] 필드를 마크 카드의 레이블에 드래그 앤 드랍한다.

1) 매개 변수 선택: 만원

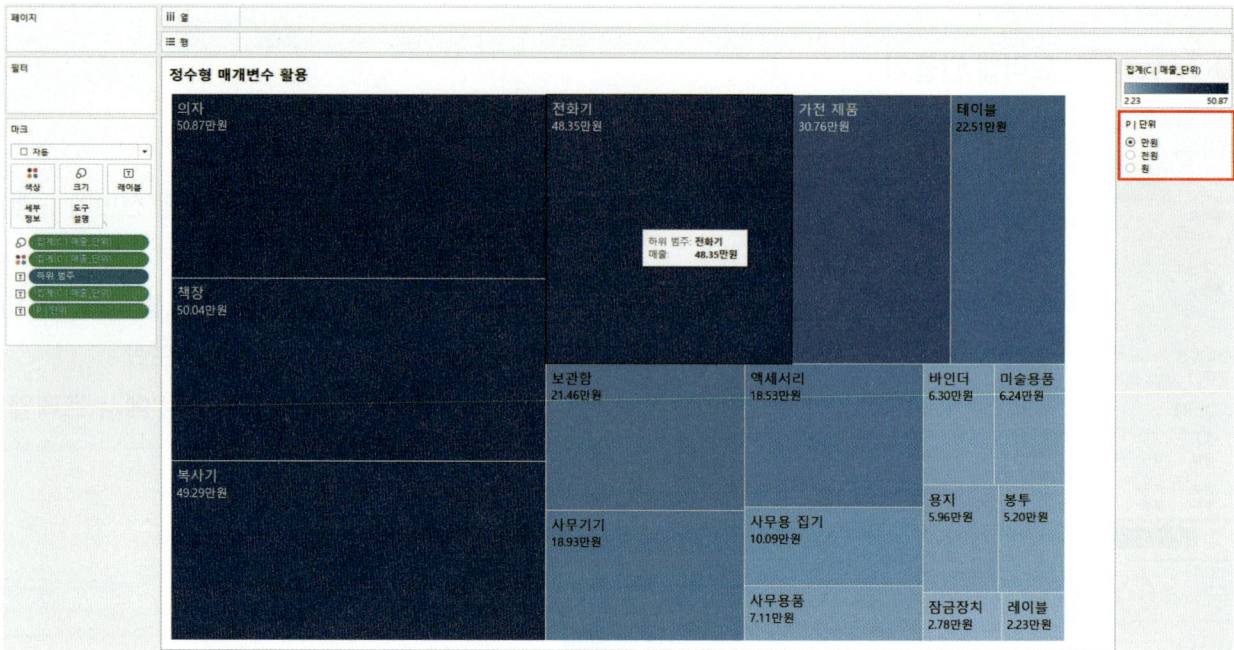

그림 17 매개 변수 만원 선택 시

2) 매개 변수 선택: 천원

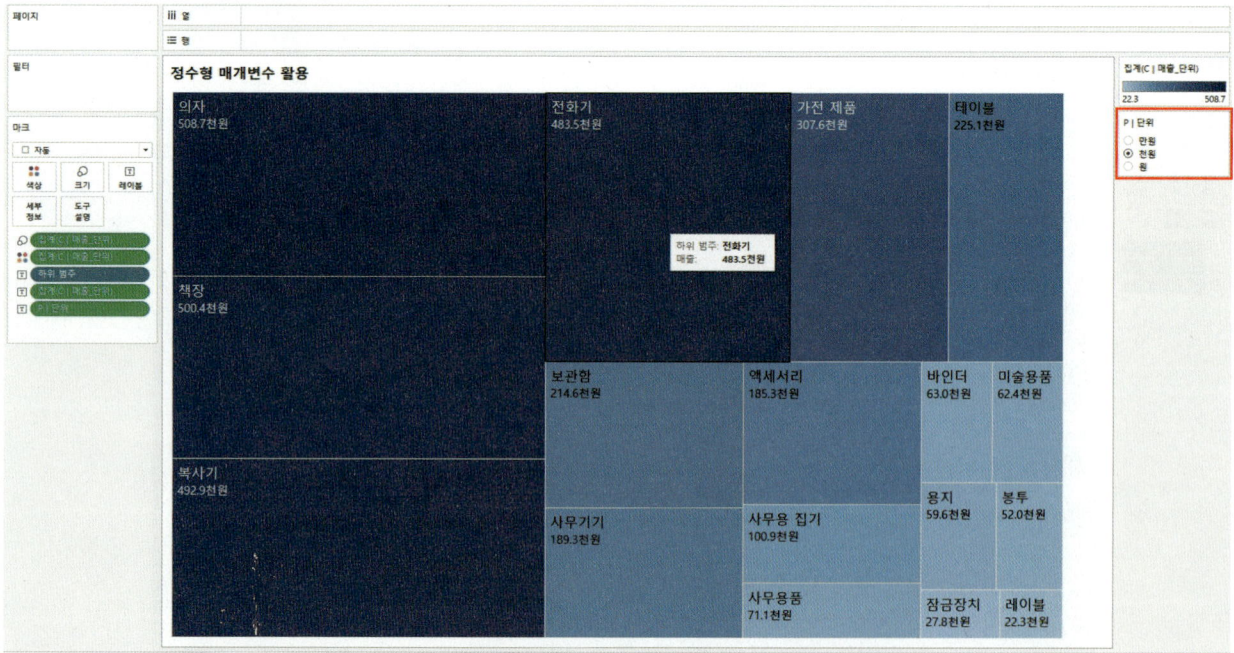

그림 18 매개 변수 천원 선택 시

3. 실습2

정수형 매개 변수의 값보다 큰 매출 표현하기

- 워드 클라우드를 활용하여 [하위 범주] 별 [매출] 구현
- 정수형 매개 변수를 활용하여 [매출] 범위 만들기 (최소값: 100,000, 최대값: 500,000, 단계 크기: 100,000)
- 매개 변수 값 기준에 따라 색상 표현

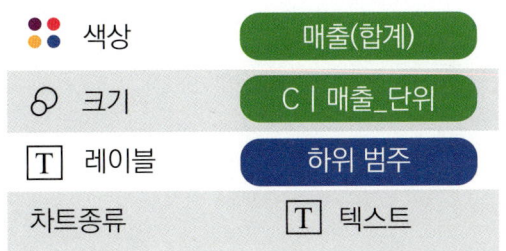

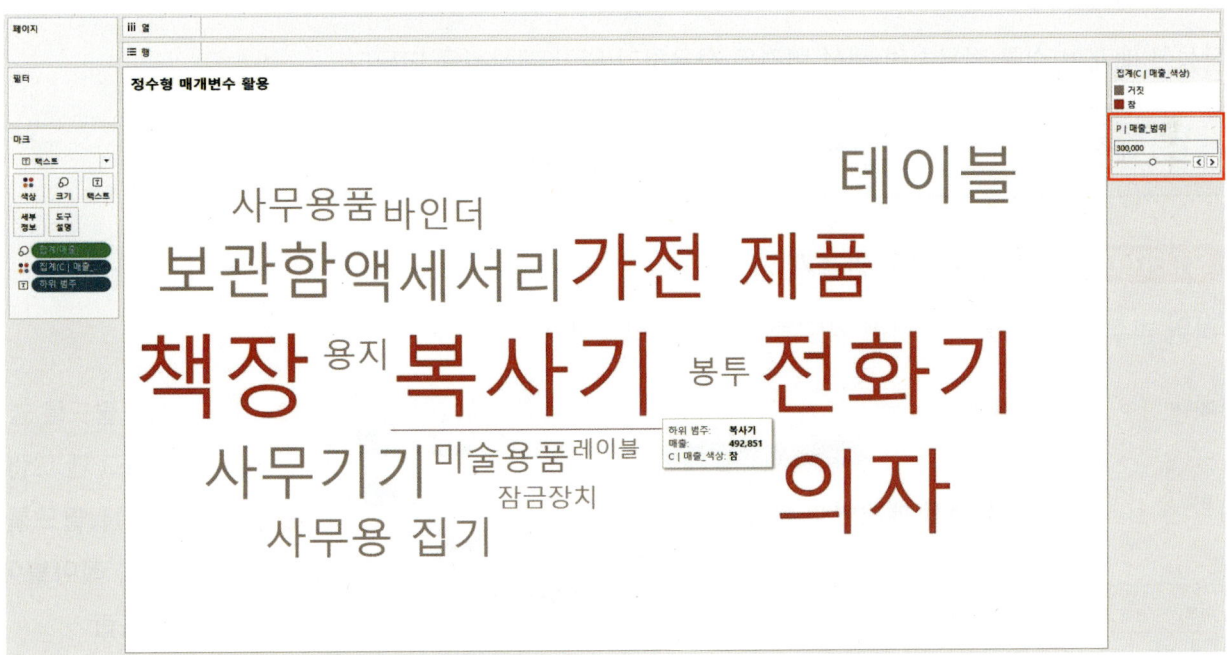

그림 19 워드 클라우드

STEP 01 매개 변수 만들기

아래와 같이 정수형 매개 변수를 만들고 허용 가능한 값은 '범위', '고정'으로 지정한다.

값 범위는 다음과 같다. (최소값: 100,000, 최대값: 500,000, 단계 크기: 100,000)

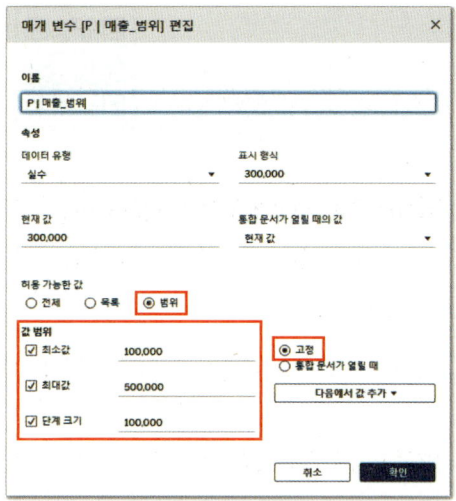

그림 20 매개 변수 편집

STEP 02 매개 변수 활용한 계산식 만들기

작성한 매개 변수를 활용하여 색상 변경을 적용하기 위한 계산식을 만든다.

| C | 매출_색상 | SUM([매출]) >= [P | 매출_범위] |

STEP 03 워드 클라우드 만들기

[하위 범주], [매출]를 활용하여 워드 클라우드를 작성한다.

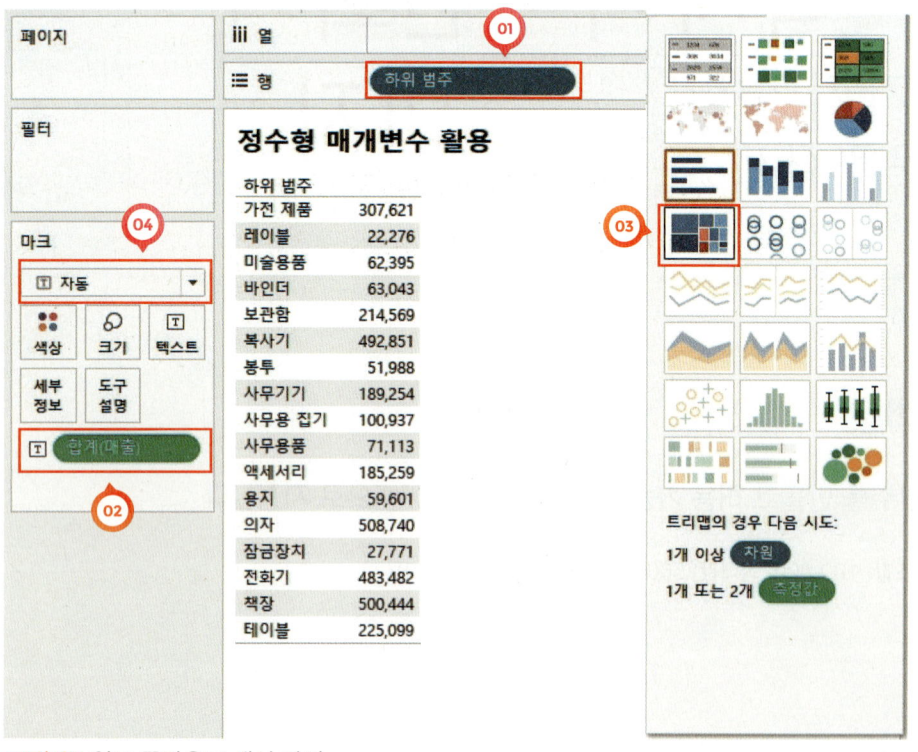

❶ [하위 범주] 필드를 행 선반에 드래그 앤 드랍

❷ [합계(매출)] 필드를 마크 카드의 레이블에 드래그 앤 드랍

❸ 우측 상단 '표현 방식' 에서 트리맵 선택

❹ 마크 카드의 유형을 텍스트로 변경

그림 21 워드 클라우드 생성 과정

완성된 워드 클라우드 차트는 아래와 같다.

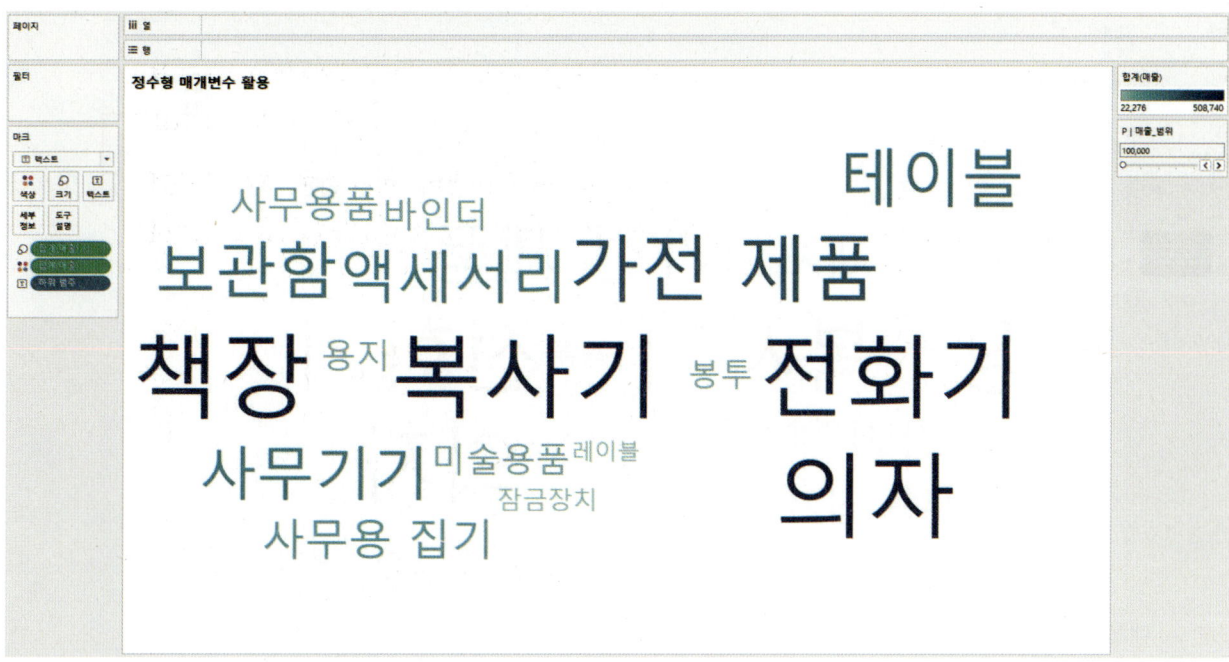

그림 22 워드 클라우드

이후 [C | 매출_색상] 필드를 마크 선반의 색상으로 변경한다.

1) 매개 변수 선택: 100,000

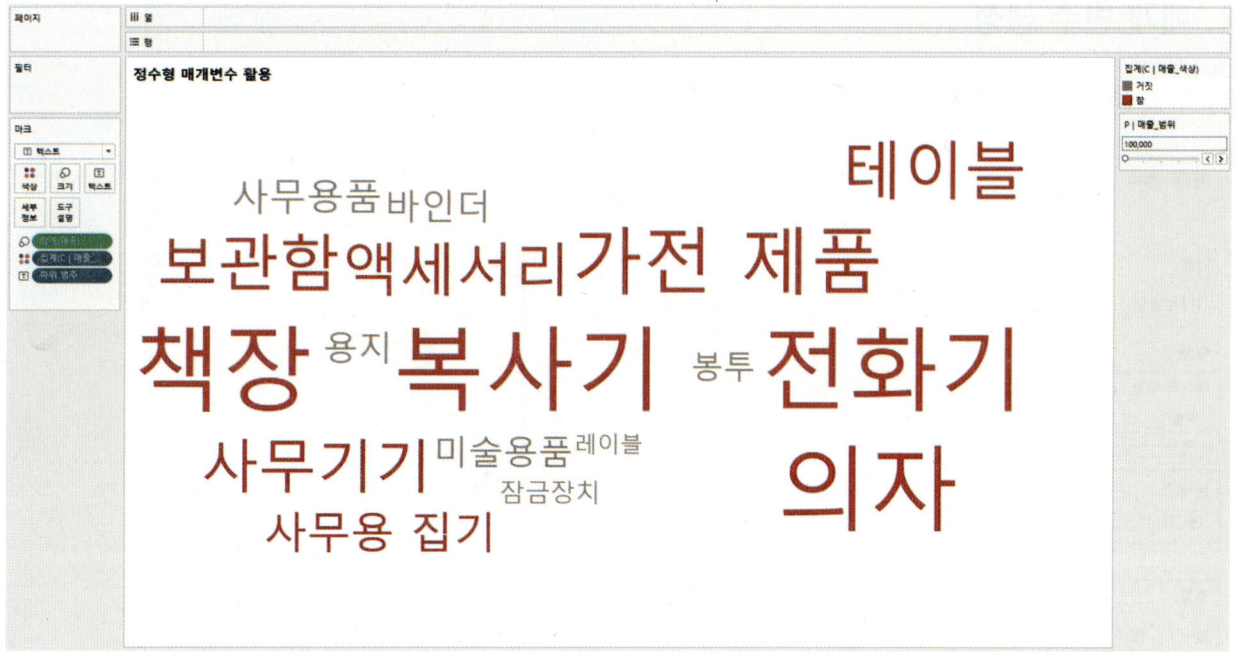

그림 23 매개 변수 100,000 선택 시

2) 매개 변수 선택: 400,000

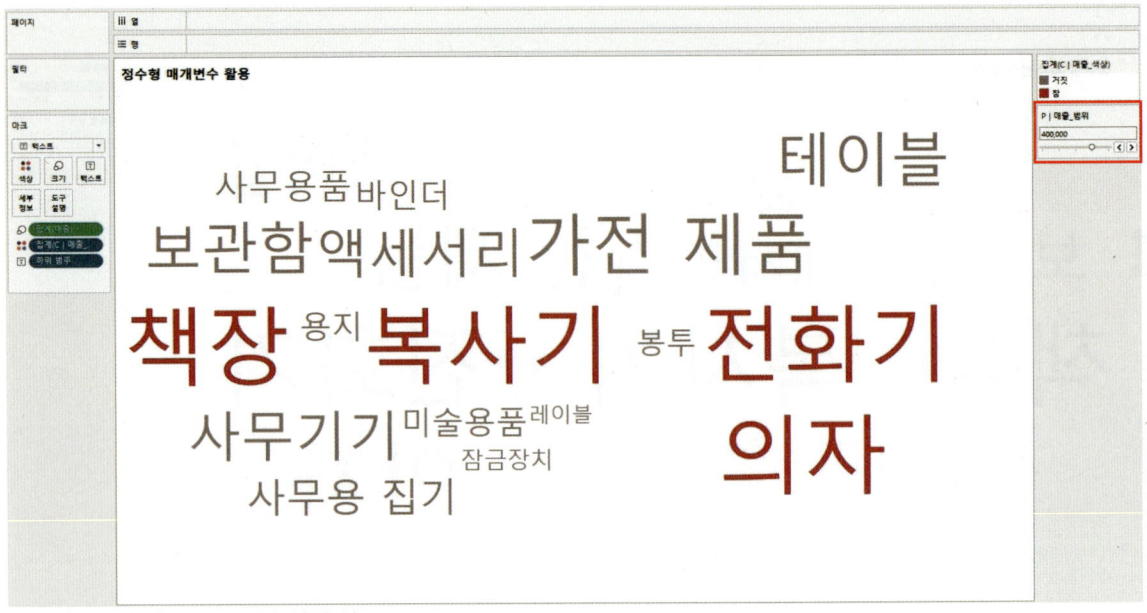

그림 24 매개 변수 400,000 선택 시

02 부울형 매개 변수 이해하기

1. 매개 변수 생성

1) 부울형 매개 변수 만들기

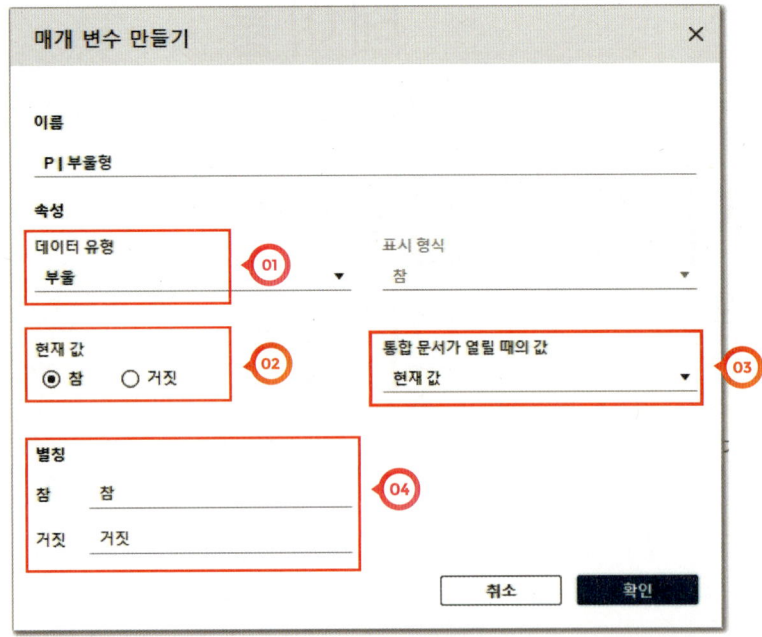

그림 25 부울형 매개 변수 편집

❶ 데이터 유형을 부울로 지정한다.
❷ 매개 변수 생성 시 처음에 보여지는 값을 설정하는 항목이다. '통합 문서가 열릴 때의 값', '허용 가능 값'에 선택에 따라 현재 값은 달라질 수 있다.
❸ '통합 문서를 열 때의 값' 기능을 사용하면 통합 문서를 처음 열거나 새로 고칠 때 매개 변수의 초기 값을 정의할 수 있다. '현재 값'과 '사용자 계산식' 중 선택하여 표현 가능하다.
❹ 매개 변수에 보여지는 '별칭'을 설정한다. (정수형 매개 변수의 표시 형식과 동일하다.)

2. 실습

부울형 매개 변수를 활용하여 수익이 양수이거나 음수인 건수 나타내기
- 총 주문건수를 기준으로 막대 차트 구현
- 부울형 매개 변수를 활용하여 색상 구분하기
- True일 때는 수익이 양수인 항목의 개수, False일 때는 수익이 음수인 항목의 개수

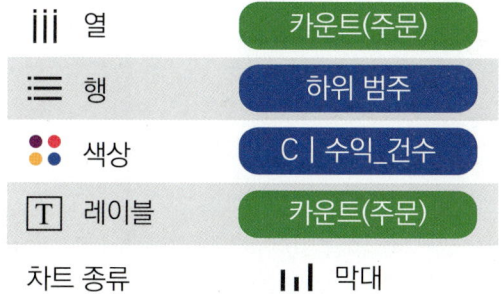

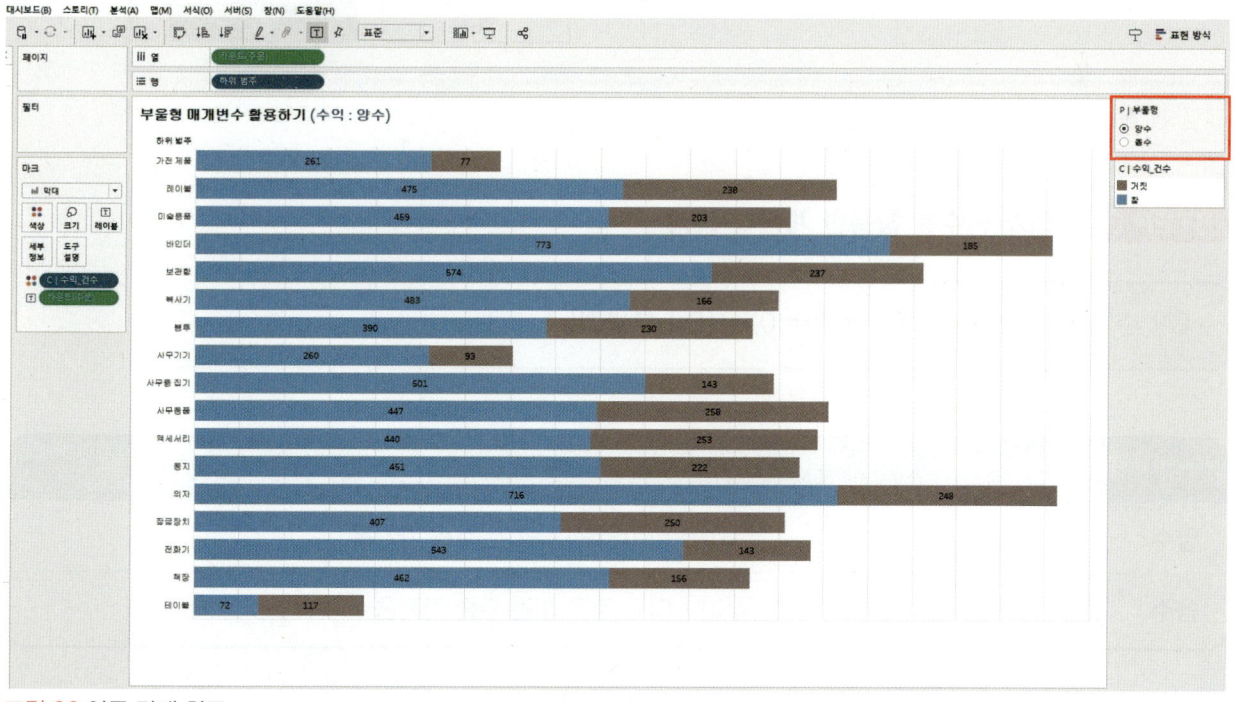

그림 26 이중 막대 차트

STEP 01 매개 변수 만들기

아래와 같이 참, 거짓에 대한 별칭을 지정한다.

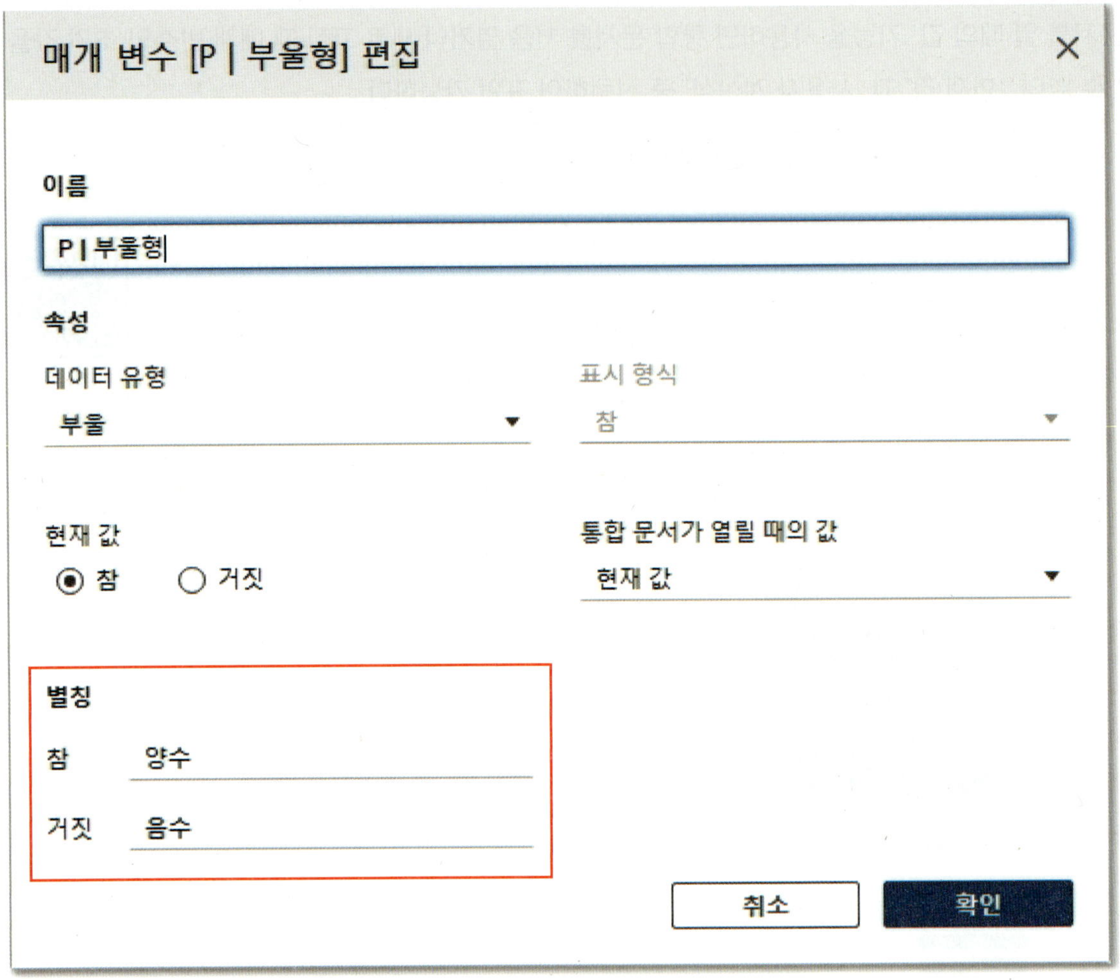

매개 변수 [P | 부울형] 편집

이름
P | 부울형

속성

데이터 유형
부울

표시 형식
참

현재 값
● 참   ○ 거짓

통합 문서가 열릴 때의 값
현재 값

별칭
참   양수
거짓   음수

취소   확인

그림 27 매개 편수 편집

STEP 02 매개 변수를 활용한 계산식 생성

| C | 수익_건수 | ([수익] >= 0) = [P | 부울형] |

매개 변수 선택	기준
양수	([수익] >= 0)인 경우의 건 수를 가져옴
음수	([수익] < 0)인 경우의 건 수를 가져옴

STEP 03 차트 구성하기

[주문(카운트)], [하위 범주]를 활용하여 막대 차트를 만든다.

그림 28 하위 범주, 주문 건수 막대 차트

[C | 수익_건수]를 마크 카드의 '색상' 위에, [주문(카운트)]를 마크 카드의 '레이블' 위에 드래그 앤 드롭한다.

1) 매개 변수 선택: 양수

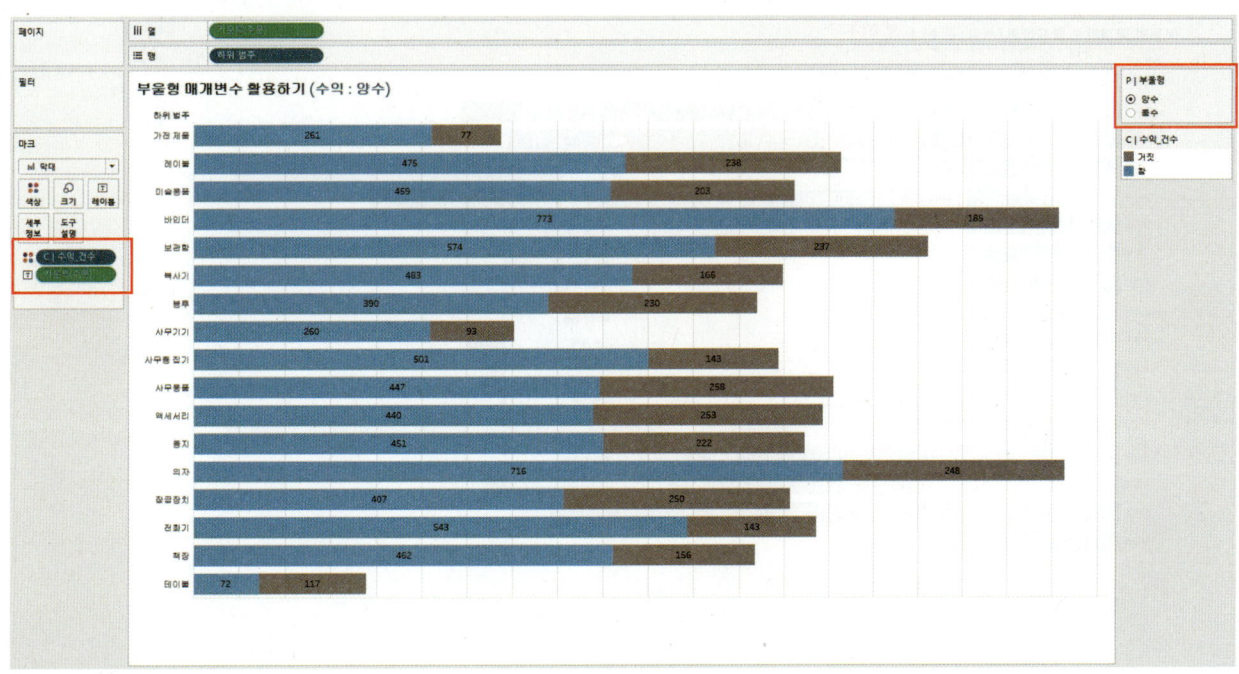

그림 29 매개 변수 양수 선택 시

매개 변수 알아보기 197

2) 매개 변수 선택: 음수

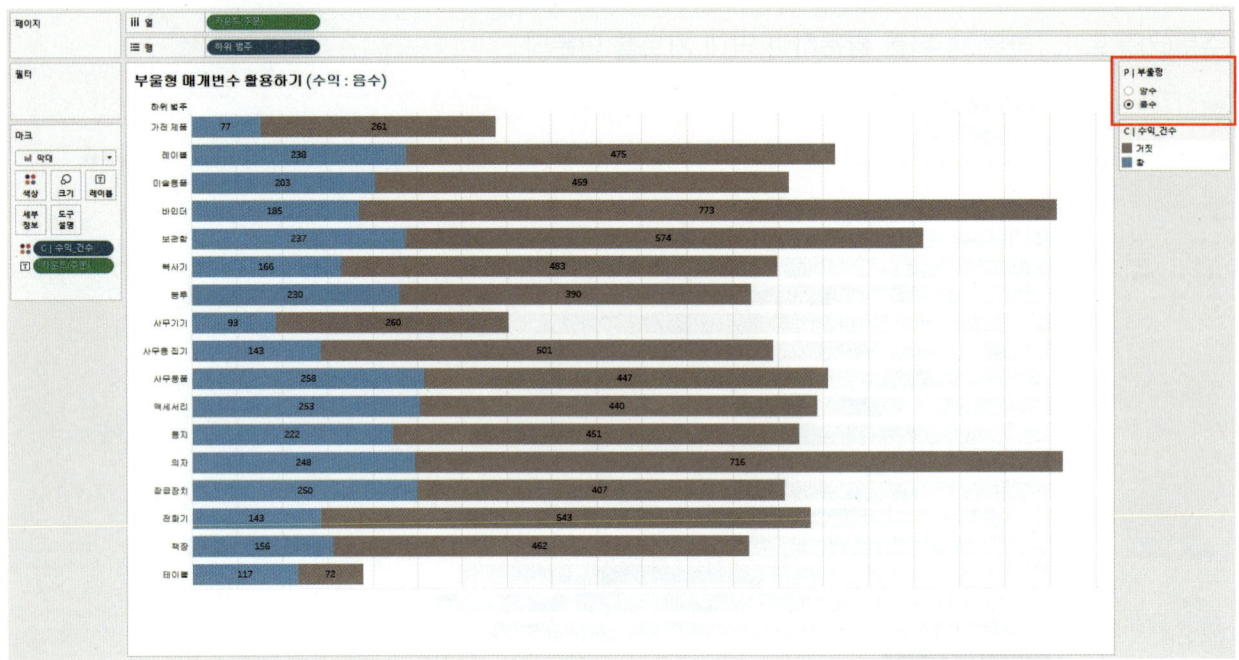

그림 30 매개 변수 음수 선택 시

> **더 알아보기**　매개 변수 값을 텍스트로 적용하기
>
> 매개 변수에서 선택한 항목 텍스트를 시트 이름, 대시보드 텍스트 개체 등에 적용할 수 있다. 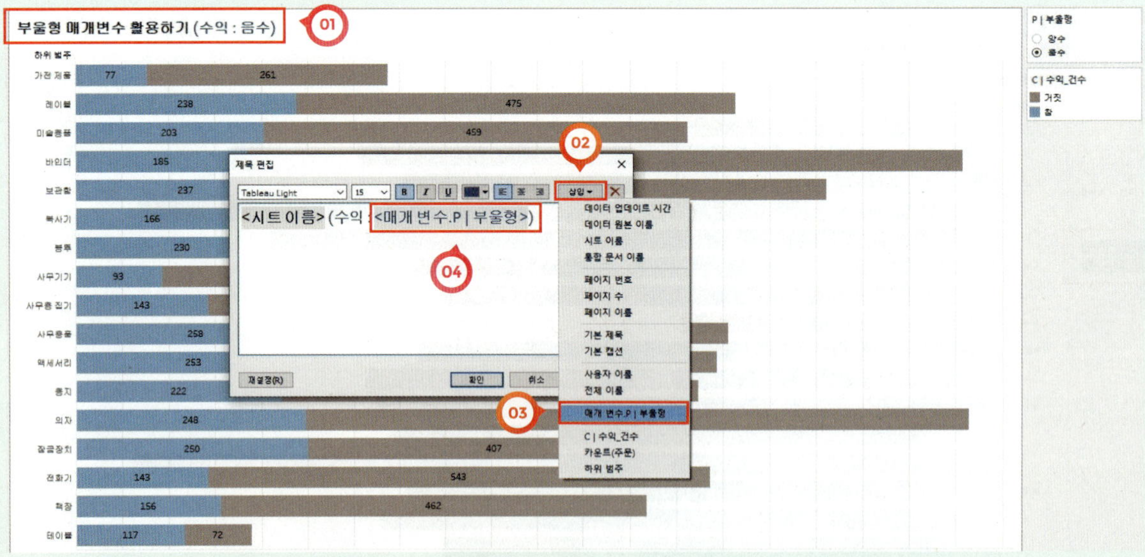
>
> 그림 31 매개 변수 값 텍스트로 적용

198 PART 02 심화

03 문자열 매개 변수 이해하기

1. 매개 변수 생성

1) 문자열 매개 변수 만들기

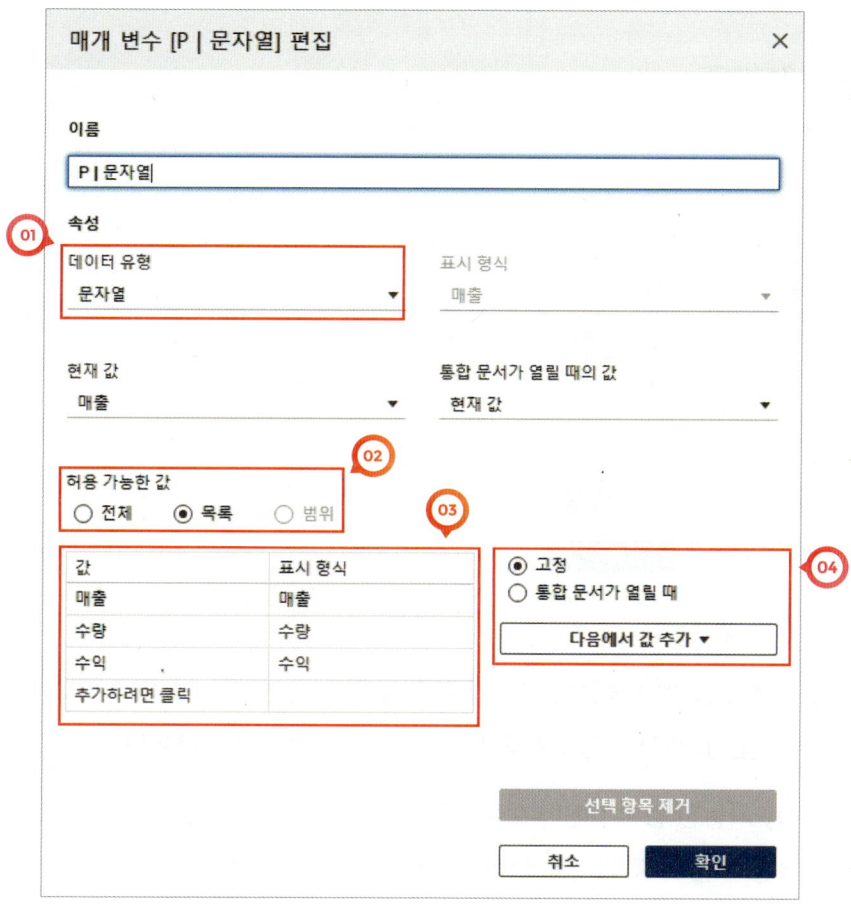

그림 32 부울형 매개 변수 편집

❶ 데이터 유형을 문자열로 지정한다.
❷ 매개 변수에 사용할 값의 유형을 선택한다. 목록을 선택할 경우 사용자가 지정한 값과 표시형식에 따른 값 목록을 사용하며, '범위'는 사용할 수 없다.
❸ '값'은 계산식이나 필터를 사용할 때 사용되는 목록이다. '표시 형식'은 각 값에 따라 뷰에 나타나는 목록이다.
❹ 매개 변수의 값과 표시형식을 지정하는 방법이다. '고정'은 사용자가 직접 값과 표시형식을 지정하는 방식이고, '다음에서 값 추가'는 매개 변수의 유형과 동일한 유형의 필드가 가진 값으로 매개 변수의 값과 표시 형식을 지정하는 방식이다.

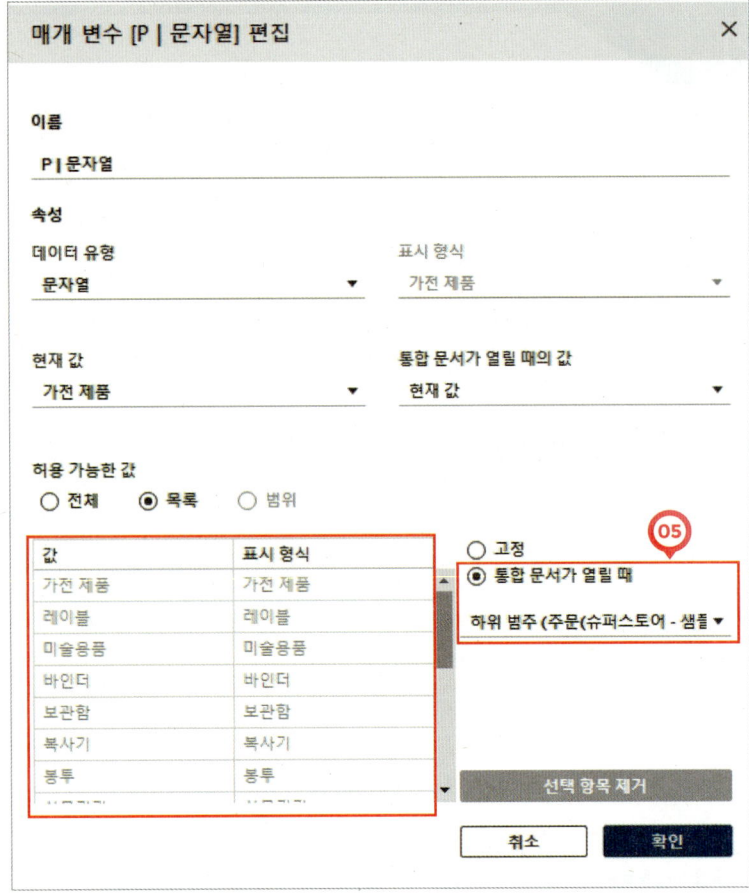

그림 33 문자열 매개 변수 편집 – '통합 문서가 열릴 때' 옵션

❺ '통합 문서가 열릴 때'는 매개 변수의 유형과 동일한 유형의 필드가 가진 값으로 매개 변수의 값과 표시형식을 지정하는 방식이며, 통합 문서가 열릴 때, 지정한 필드가 가진 값으로 매개 변수를 불러온다.

- '통합 문서가 열릴 때'로 지정하면 허용 가능한 값은 비활성화된다.
- 매개 변수의 데이터 유형과 동일한 유형의 필드 중 하나로 선택 가능하다.

2. 실습

실습영상

매개 변수 값 변경에 따라 해당하는 측정값으로 변경되는 라인 차트를 구현

- 매개 변수가 "매출"일 때 [매출], "수량"일 때 [수량], "수익"일 때 [수익]을 반환
- 범주별로 구분된 라인 차트 필요, 날짜 축은 년도와 월로 표시

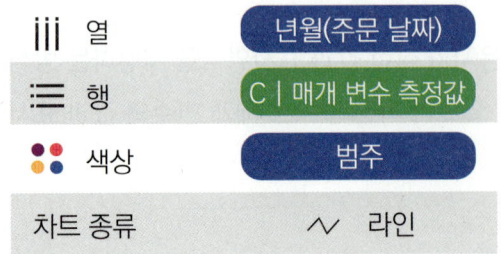

200 PART 02 심화

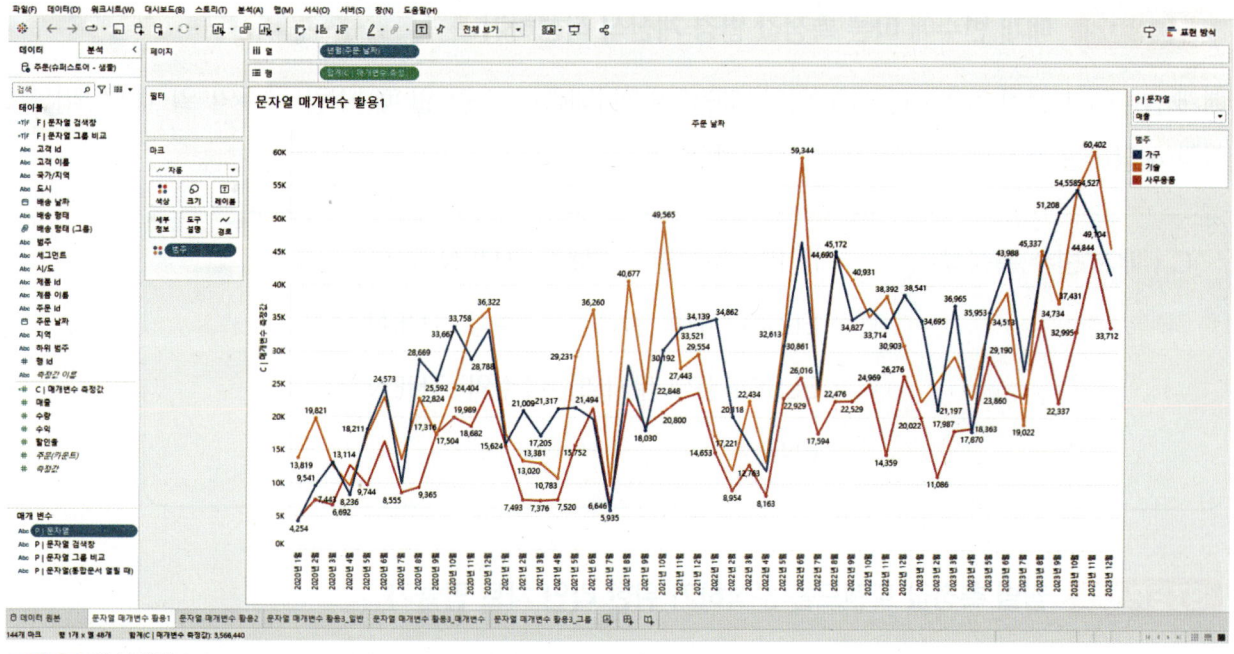

그림 34 완성화면

STEP 01 문자열 매개 변수 만들기

아래와 같이 매개 변수를 만들고 허용 가능한 값은 '목록', 값과 표시형식을 지정한다.

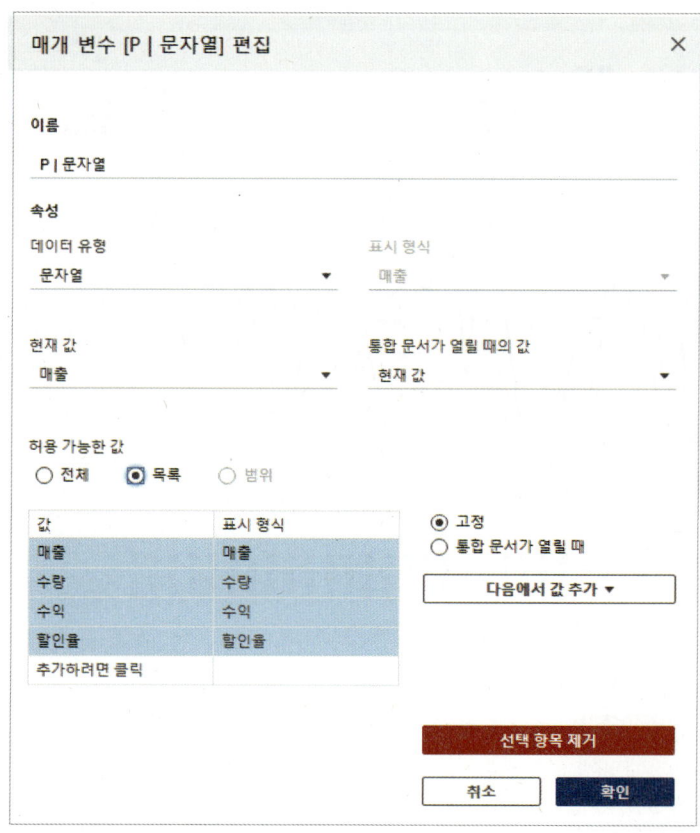

그림 35 매개 변수 편집

매개 변수 알아보기 201

STEP 02 매개 변수에 따른 측정값 변경 계산식 작성하기

매개 변수에 지정한 값과 계산식에 의해 "매출"일 때 [매출], "수량"일 때 [수량], "수익"일 때 [수익]으로 각각 해당하는 측정값이 반환되도록 작성한다.

| C | 매개 변수 측정값 | IF [P | 문자열] = "매출" THEN [매출]
ELSEIF [P | 문자열] = "수량" THEN [수량]
ELSEIF [P | 문자열] = "수익" THEN [수익]
END |

STEP 03 월별 측정값 트렌드를 분석하기 위한 라인 차트 만들기

차트를 구성하고 [P | 문자열]을 우클릭 후 '매개 변수 표시'를 체크한다. 매개 변수 목록을 변경하며 작동 여부를 확인한다.

1) 매개 변수 선택: 매출

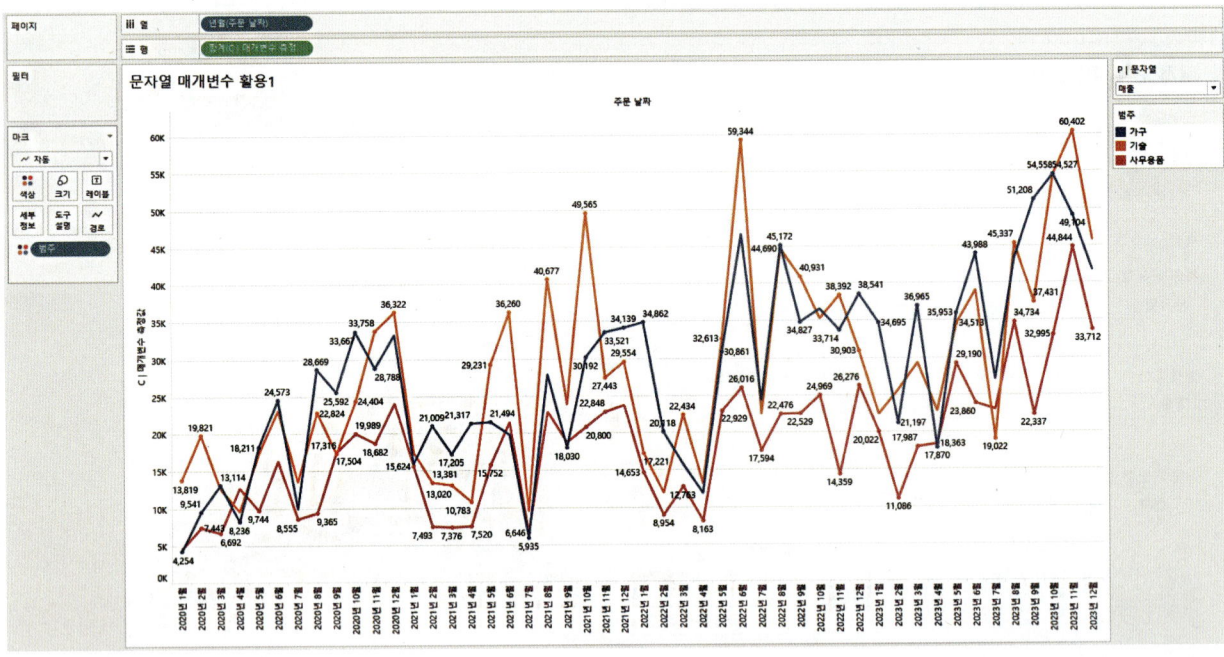

그림 36 매개 변수 매출 선택 시

2) 매개 변수 선택: 수량

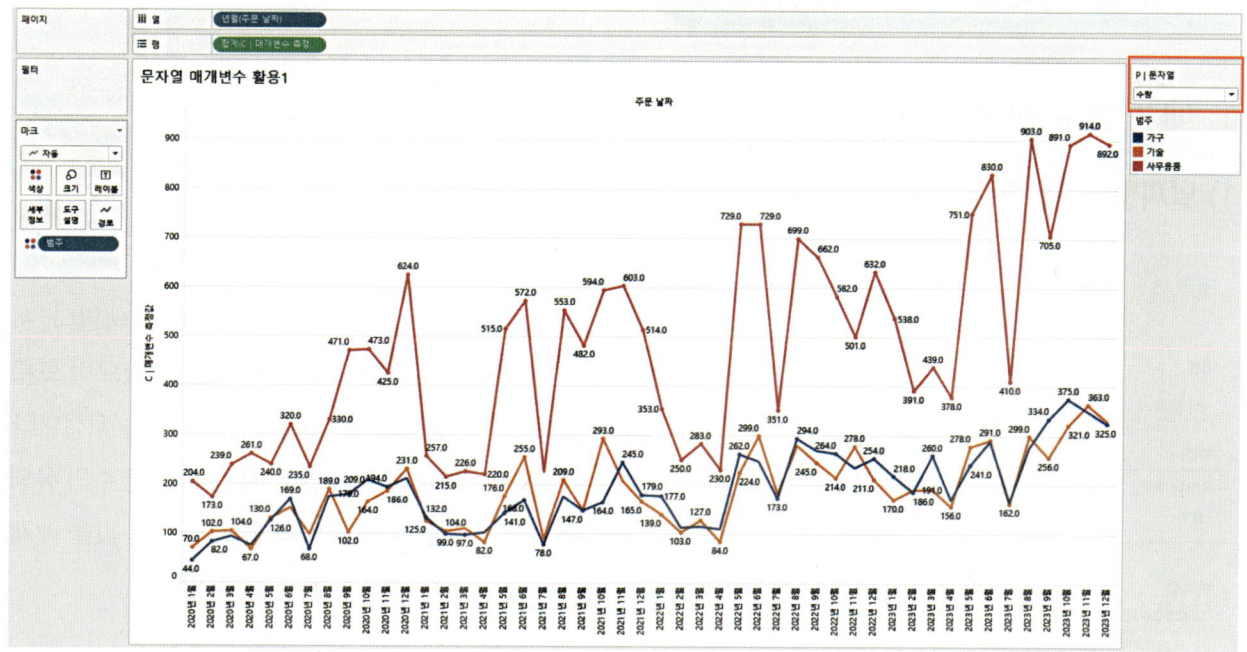

그림 37 매개 변수 수량 선택 시

3) 매개 변수 선택: 매출

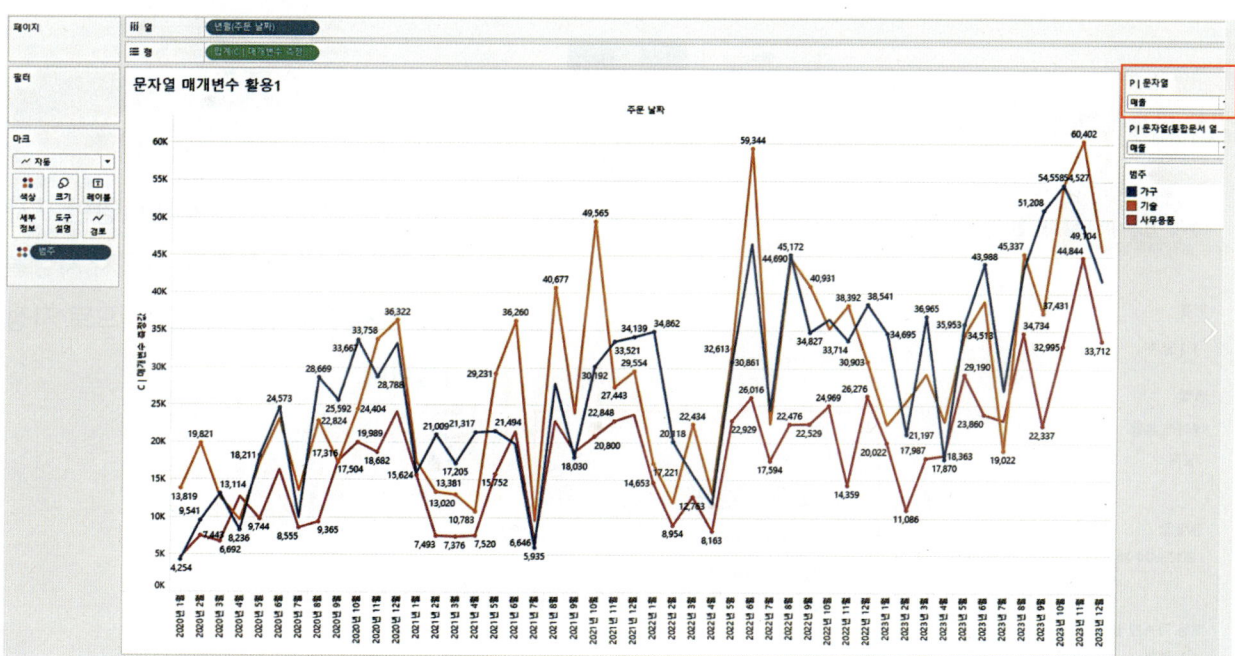

그림 38 매개 변수 매출 선택 시

04 날짜형 매개 변수 이해하기

1. 매개 변수 생성

1) 날짜형 매개 변수 만들기

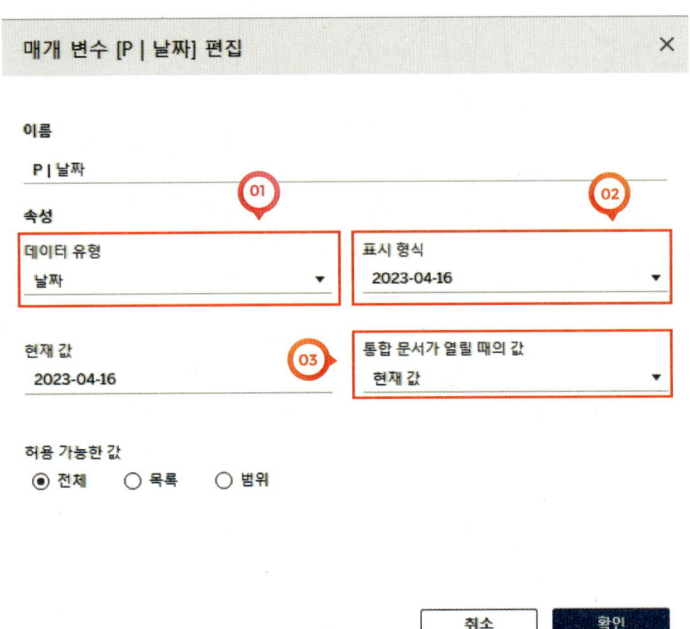

그림 39 매개 변수 편집 설정

❶ 데이터 유형을 날짜로 지정한다.
❷ 매개 변수가 표시될 유형을 선택한다. 사용자 지정 형식을 사용할 수 있으며 드롭 다운 메뉴를 통해 다양한 서식을 지정한다.
❸ '통합 문서가 열릴 때'는 매개 변수의 유형과 동일한 유형의 필드가 가진 값을 매개 변수 값으로 불러올 수 있다.

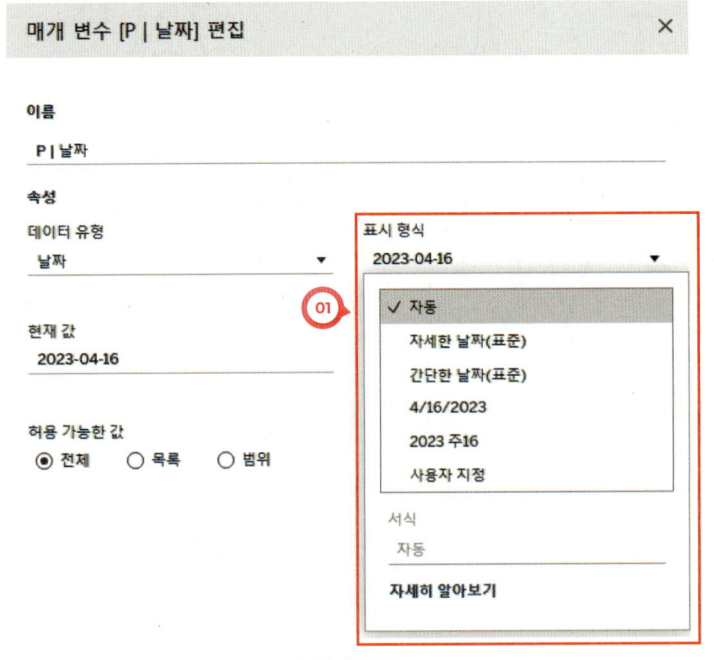

그림 40 날짜형 매개 변수 표시 형식 목록

❶ 드롭 다운 메뉴에서 제공된 다양한 표시 형식을 사용할 수 있으며, 사용자 지정을 통해 유저가 원하는 표시 형식으로 지정 가능하다.

> **더 알아보기** 통합문서가 열릴 때 옵션 활용하기

태블로를 처음 켰을 때 특정 날짜가 고정으로 설정되기를 원하거나 오늘 날짜를 가져오기를 원할 때 사용한다. 매번 오늘 날짜를 가져오기를 원한다면 아래와 같은 절차를 따르면 된다.

STEP 01 날짜형 매개 변수 만들기

현재의 날짜를 반환하는 함수이다.

| TODAY | TODAY() |

STEP 02 매개 변수에 적용하기

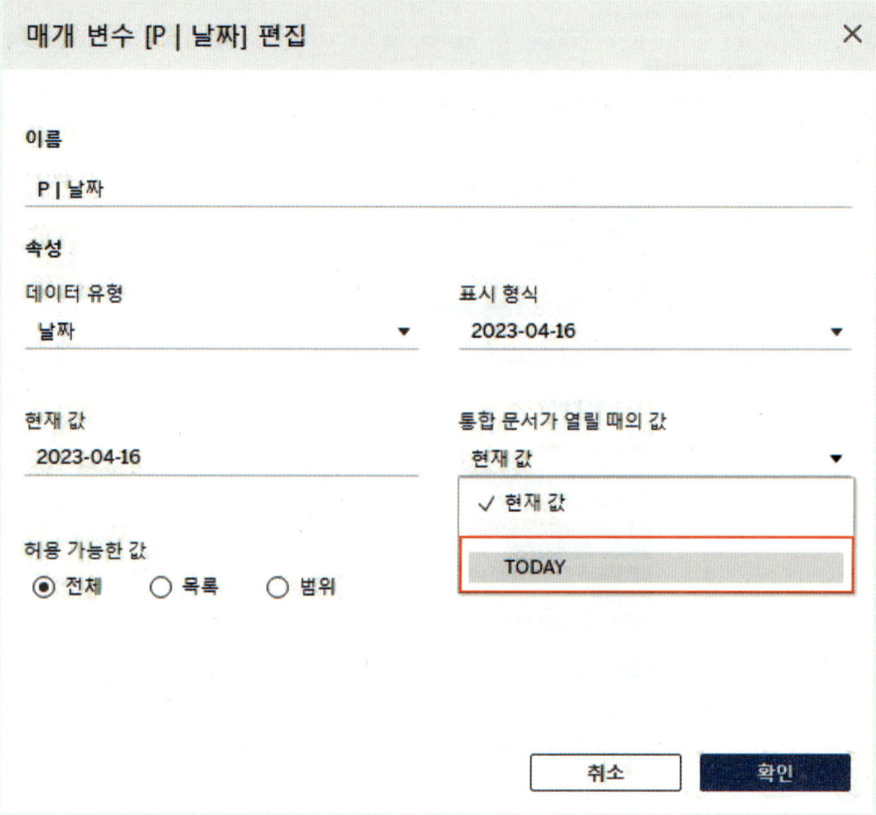

그림 41 '통합 문서가 열릴 때의 값' 옵션 적용

위와 같이 날짜형으로 생성된 TODAY 필드를 지정한 다음 통합문서를 저장하고 재실행하면 오늘 날짜 값이 매개 변수에 적용된다.

2. 실습

실습영상

날짜 매개 변수에서 지정한 특정 날짜의 매출 트렌드 살펴보기

- 주문 날짜의 년, 월, 일 / 매출을 나타내는 가로막대 차트 구현 (표시 형식은 년, 월, 일로 구분)
- 매개 변수의 날짜와 일치하는 날짜는 색상으로 구분

STEP 01 날짜형 매개 변수 만들기

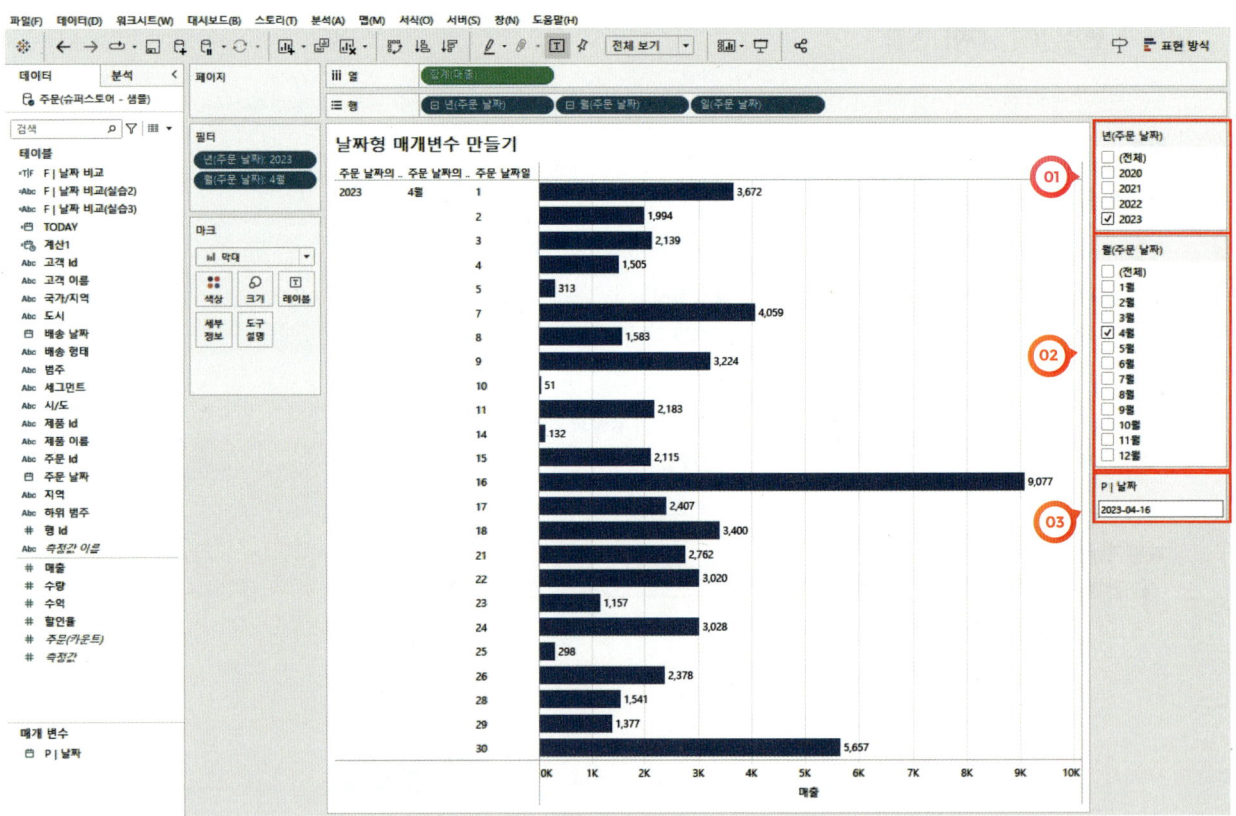

그림 42 가로 막대 차트 구현

❶ [주문 날짜(년)]의 2023년 기준으로 필터 지정한다.
❷ [주문 날짜(월)]의 4월 기준으로 필터 지정한다.
❸ [P | 날짜] 매개 변수 표시, 매개 변수의 날짜 부분을 클릭하여 달력에서 4월 16일을 선택한다.

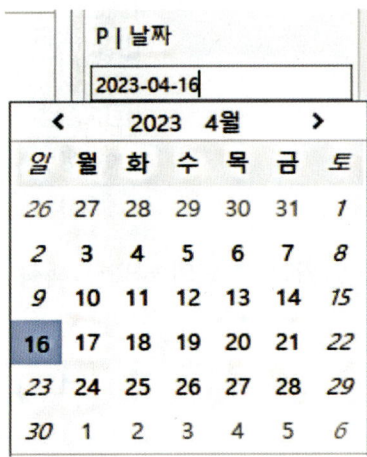

그림 43 매개 변수 날짜 선택

STEP 02 매개 변수와 동일한 날짜 계산식 작성하기

[P | 날짜]와 [주문 날짜]의 값이 동일한 값을 비교하는 계산식 필드 만들기

| F | 날짜 비교 | [주문 날짜] = [P | 날짜] |

앞서 지정한 [P | 날짜]인 "2023-04-16"과 [주문 날짜]가 동일할 경우 참, 아닐 경우 거짓을 반환하는 부울형 계산식 필드를 만든다.

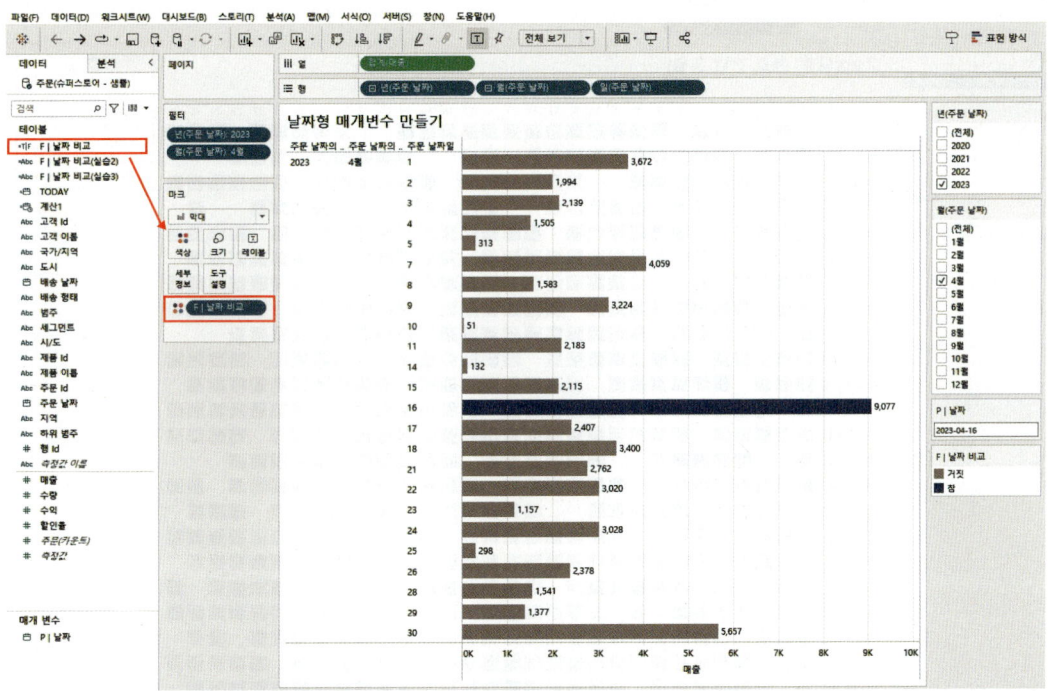

그림 44 날짜 매개 변수와 [주문 날짜] 필드가 같은 경우 표시

[F | 날짜 비교] 필드를 마크 선반의 색상으로 지정한다. 따라서 "2023-04-16"과 나머지 일수가 구분되어진 색상으로 시각화 되었다.

매개 변수 알아보기 207

3. 실습2

매개 변수에서 선택한 날짜에 따라 당월, 전월, 전년 동월 값 구하기

- 매개 변수 구성은 실습1 참고
- 년 기준으로 주문 날짜를 필터로 지정(2022년, 2023년 기준)
- 당월 값을 구분하는 부울형 계산식 필드를 생성하고, 해당 필드를 활용해 당월과 그 외의 날짜를 색상으로 구분한다.

실습영상

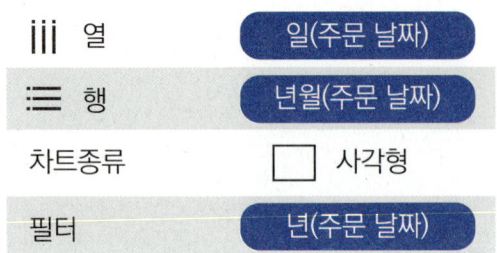

1) 당월 구하기

STEP 01 날짜 범위, 매개 변수 지정하기

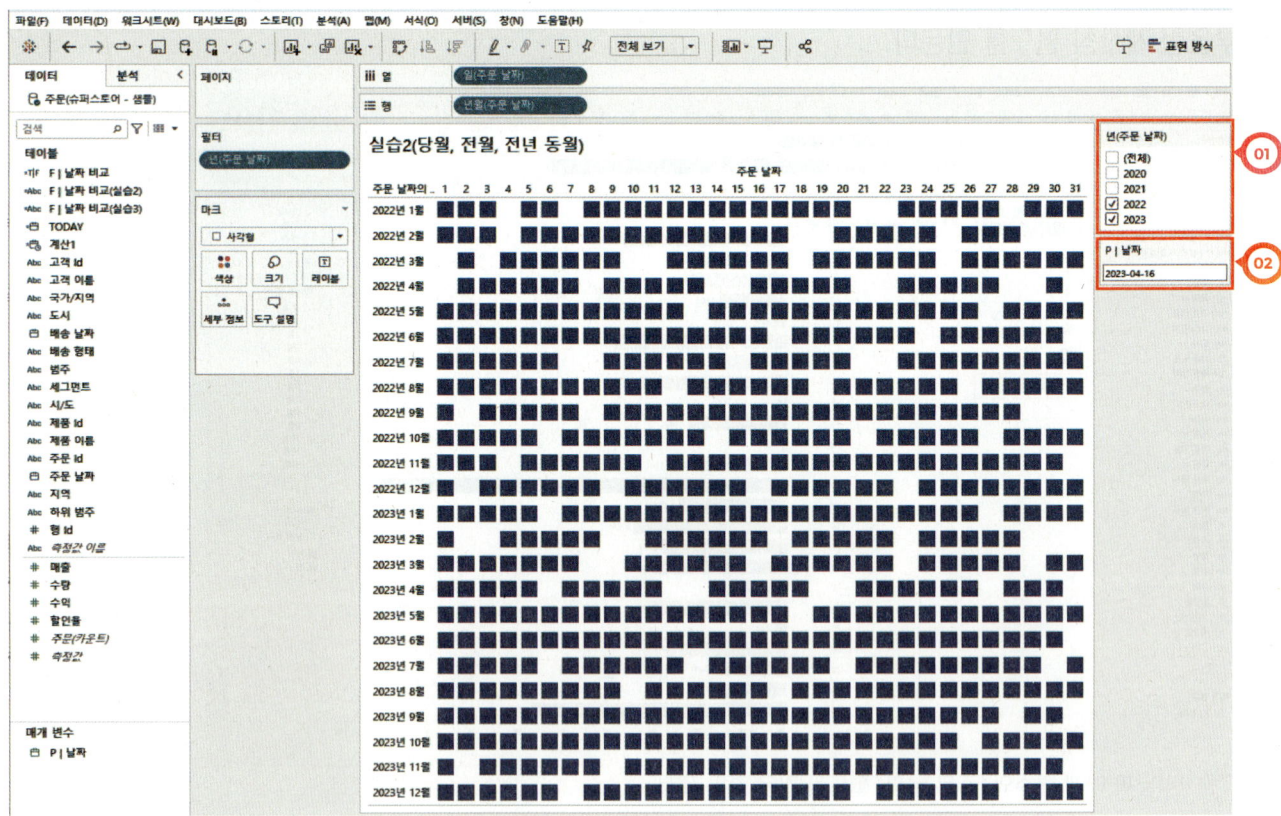

그림 45 사각형 차트의 필터 지정

❶ 필터의 기준은 2022년, 2023년 선택
❷ [P | 날짜]는 "2023-04-16" 기준

STEP 02 당월 계산식 필드 만들기

| F | 날짜 비교(실습2) | IF DATETRUNC('month', [주문 날짜]) = DATETRUNC('month', [P | 날짜]) THEN '당월' END |

문제 해결을 위해 여러 방법이 있지만, 본 교재에서는 DATETRUNC 함수를 사용하고자 한다.

위의 계산식을 통해 2023년 4월의 어떤 일자와 관계없이 해당 월의 첫번째 일자(2023-04-01)로 반환하여 2023년 4월에 해당하는 값으로 처리할 수 있다.

만든 계산식 필드를 마크 선반의 색상 탭으로 지정하여 시각화하면 아래와 같다.

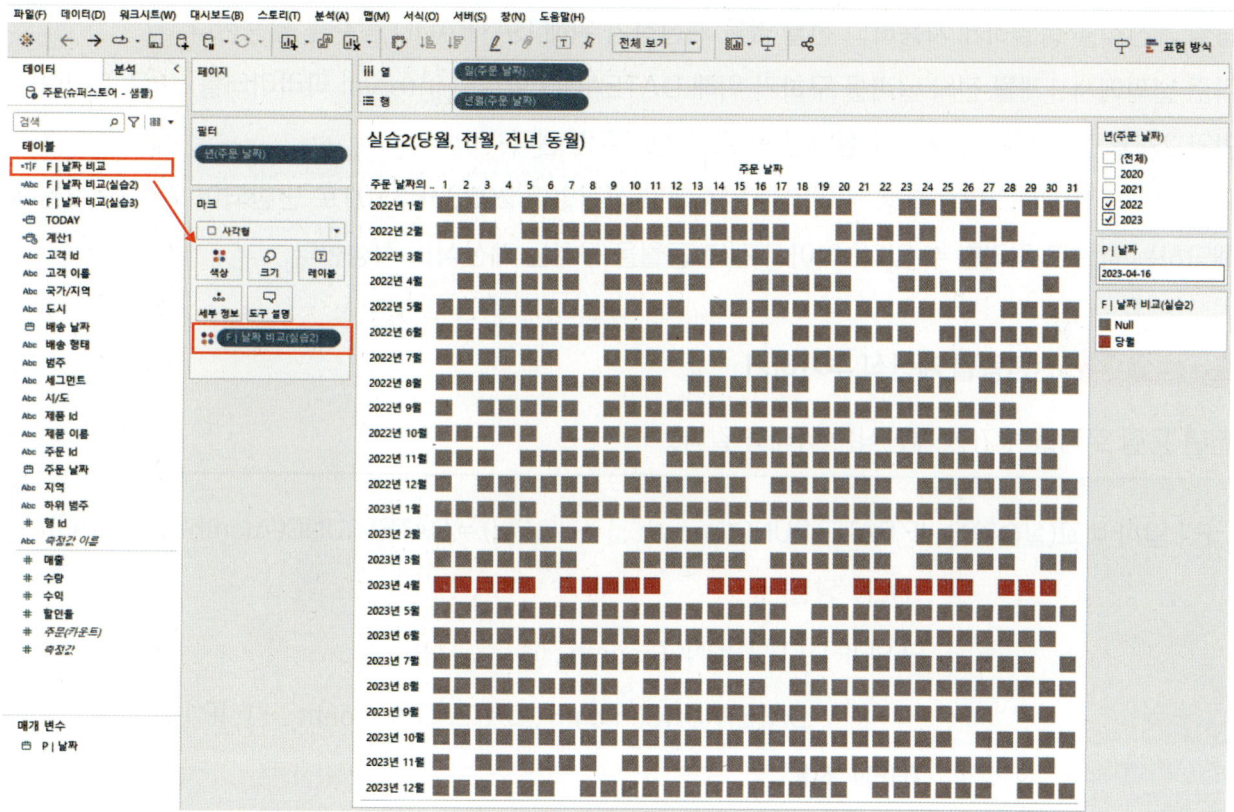

그림 46 날짜 매개 변수의 월에 따른 당월 표시(23년 4월)

위 그림과 같이 2023년 4월의 모든 일자가 "당월"로 구분되어진 것을 확인할 수 있다. 이어서 전월과 전년 동월을 구하는 계산식을 만들어보자.

2) 전월, 전년동월 값 구하기

[F | 날짜 비교(실습2)] 필드에서 작업을 진행하고 당월과 전월 모두 표기할 수 있도록 계산식을 작성한다.

STEP 01 전월 계산식 추가하기

당월, 전월을 구하는 계산식은 아래와 같다.

F	날짜 비교(실습2)	IF DATETRUNC('month', [주문 날짜]) = DATETRUNC('month', [P | 날짜]) THEN '당월' ELSEIF DATETRUNC('month', [주문 날짜]) 　　　= DATETRUNC('month', DATEADD('month', -1, [P | 날짜])) THEN '전월' END

당월 계산식을 동일하게 사용하되 전월 값을 계산하기 위해 DATEADD 함수를 활용한다.
기준 날짜에서 1개월 전의 날짜를 구하기 위해 DATEADD 함수의 interval 파라미터를 -1로 지정한다.
만약 2개월 전의 날짜를 구하고 싶다면 -2로 지정해주면 된다.
이후 DATETRUNC 함수를 통해 어떠한 일자에도 상관없이 2023-03-01로 반환되어 2023년 3월에 해당하는 값으로 처리할 수 있다. 이어서 전년 동월을 구하는 계산식도 작성한다.

STEP 02 전년동월 계산식 추가하기

전년 동월 로직을 추가한 계산식은 아래와 같다.

F	날짜 비교(실습2)	IF DATETRUNC('month', [주문 날짜]) = DATETRUNC('month', [P | 날짜]) THEN '당월' ELSEIF DATETRUNC('month', [주문 날짜]) 　　　=DATETRUNC('month', DATEADD('month', -1, [P | 날짜])) THEN '전월' ELSEIF DATETRUNC('month', [주문 날짜]) 　　　= DATETRUNC('month', DATEADD('year', -1, [P | 날짜])) THEN '전년동월' END

전월 계산식과 동일한 DATEADD 함수를 사용하며, 전년도의 값을 구해야 하기에 날짜 인수를 'month'가 아닌 'year'로 지정한다. 이때 DATEADD의 반환된 값은 "2022-04-16"이 되고 이 값을 DATETRUNC 함수의 기준 날짜로 사용되어 최종적으로 2022년 4월에 해당하는 값으로 처리된다.

이후 최종 결과는 아래의 그림과 같다.

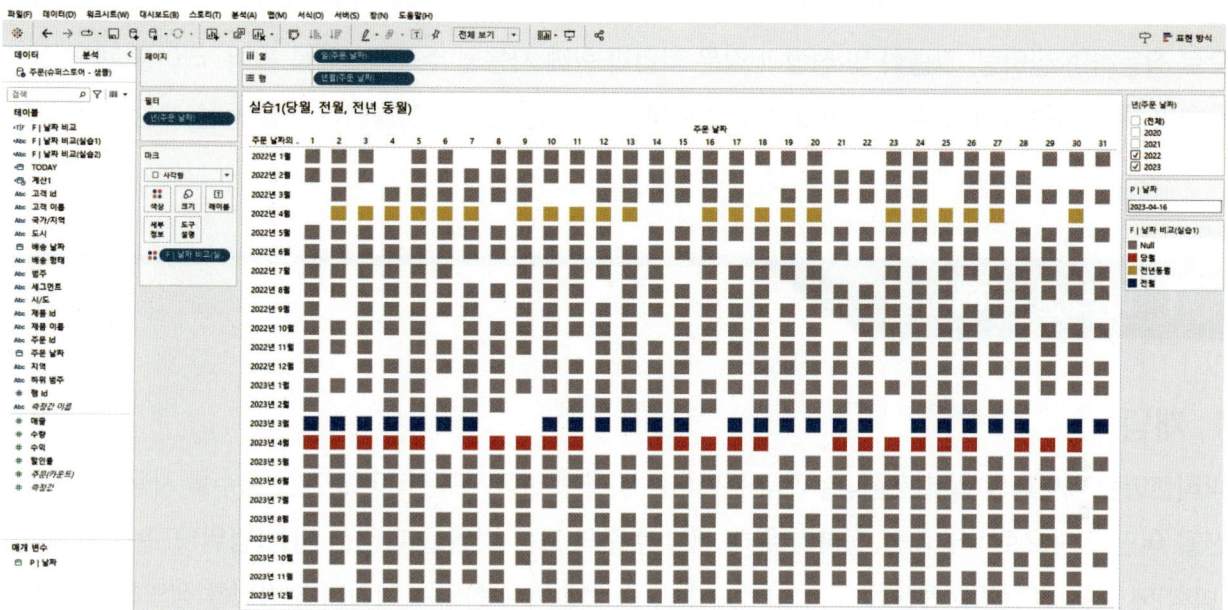

그림 47 날짜 매개 변수를 기준으로 당월, 전월, 전년 동월 표시

작성한 [F | 날짜 비교(실습2)] 계산식에 따라 당월, 전월, 전년 동월에 해당하는 데이터에 색상으로 구분하여 시각화 하였다.

CHAPTER 03 고급 함수 응용하기

이번 챕터에서는 앞 장에서 배운 태블로의 기본 계산식 외에 테이블계산 함수, LOD 등의 함수를 다뤄본다. 테이블 계산은 테이블의 행 또는 열에 대해 계산을 수행하는 기능이다. 이 기능은 주로 시계열 분석 및 비교 분석에 유용하며, 특정 기준에 따라 데이터를 비교하고 분석하는 데 사용된다. 보고서에서 동적으로 작동하며 필터링, 그룹화 및 정렬과 같은 작업과 함께 사용될 수 있다. 예를 들어, 테이블 계산을 사용하여 특정 기간의 매출 추이를 비교할 수 있으며, 이를 기반으로 성장률이나 비율 등을 계산할 수 있다.

01 파티션 이해하기

1. 개념

파티션이란 데이터의 일부분을 나누거나 분할하는 것을 뜻하며, 모든 테이블 계산 함수를 사용할 때 파티션을 어떤 기준으로 나눌지를 정하기 위해 세부 수준의 모든 차원을 파티션 지정(범위) 또는 주소 지정(방향)에 사용해야한다. 계산을 그룹화하는 방식, 즉 계산이 수행되는 데이터의 범위를 정의하는 차원을 파티션 지정 필드라고 한다. 테이블 계산은 각 파티션 내에서 개별적으로 수행되며, 테이블 계산이 수행되는 나머지 차원을 주소 지정 필드라고 하여 계산의 방향을 결정한다.

파티션 지정 필드가 뷰를 여러 개의 하위 뷰(또는 하위 테이블)로 분할하면 각 파티션 내의 마크에 테이블 계산이 적용된다. 계산이 이동하는 방향, 예를 들어 누계를 계산할지, 아니면 값 간의 차이를 계산할지는 주소 지정 필드로 결정된다. 따라서 테이블 계산 대화 상자의 특정 차원 섹션에서 필드의 순서를 위에서 아래로 지정할 때 해당 파티션의 다양한 마크에서 계산이 이동하는 방향을 지정하게 된다.

계산 옵션을 사용하여 테이블 계산을 추가할 경우 선택 결과에 따라 자동으로 일부 차원은 주소 지정 차원으로 식별되고 나머지 차원은 파티션 지정 차원으로 식별된다. 하지만 특정 차원을 사용할 경우에는 사용자가 주소 지정 차원과 파티션 지정 차원을 결정해야 한다.

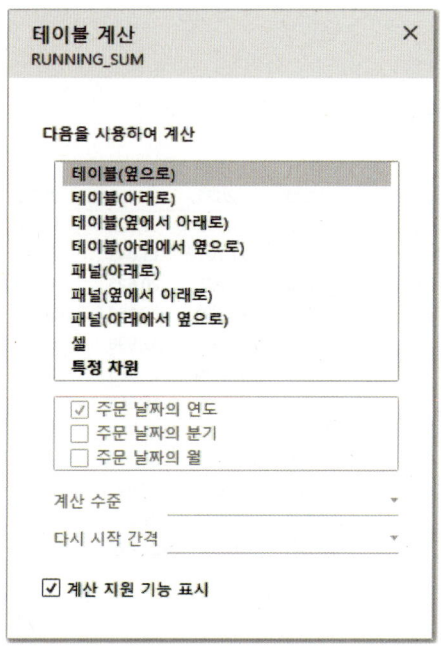

그림 1 테이블 계산

모든 테이블 계산은 위 그림과 같이 파티션을 지정해야 한다. 각 옵션에 대해 알아보자.

2. 실습

1) 테이블(옆으로)

실습영상

수익

주문 날짜의 ..	주문 날짜의 ..	주문 날짜			
		2020	2021	2022	2023
1분기	1월	1,009	7,310	6,522	5,509
	2월	5,240	3,881	4,521	4,392
	3월	5,708	2,482	9,582	10,185
2분기	4월	4,704	4,247	2,334	6,360
	5월	5,685	13,429	10,040	8,841
	6월	9,784	10,476	18,625	11,424
3분기	7월	1,454	1,074	8,242	7,672
	8월	6,934	13,203	11,847	8,984
	9월	6,229	4,336	13,018	18,189
4분기	10월	13,645	12,196	11,162	21,791
	11월	8,253	8,339	13,395	23,461
	12월	14,098	7,228	12,540	12,474

테이블(옆으로)

주문 날짜의 ..	주문 날짜의 ..	주문 날짜			
		2020	2021	2022	2023
1분기	1월	1,009	8,319	14,841	20,350
	2월	5,240	9,121	13,642	18,035
	3월	5,708	8,190	17,772	27,956
2분기	4월	4,704	8,951	11,285	17,645
	5월	5,685	19,114	29,154	37,995
	6월	9,784	20,261	38,886	50,310
3분기	7월	1,454	2,528	10,770	18,442
	8월	6,934	20,137	31,984	40,968
	9월	6,229	10,565	23,582	41,772
4분기	10월	13,645	25,841	37,003	58,794
	11월	8,253	16,592	29,987	53,449
	12월	14,098	21,327	33,866	46,340

그림 2 테이블(옆으로)

테이블의 가로 방향으로 계산하고 각 파티션마다 다시 계산을 시작한다.

그림 2의 경우 각 행(Month)에서 전체 열(Year)의 누적 합계 값을 반환한다.

2) 테이블(아래로)

수익

주문 날짜의 ..	주문 날짜의 ..	주문 날짜			
		2020	2021	2022	2023
1분기	1월	1,009	7,310	6,522	5,509
	2월	5,240	3,881	4,521	4,392
	3월	5,708	2,482	9,582	10,185
2분기	4월	4,704	4,247	2,334	6,360
	5월	5,685	13,429	10,040	8,841
	6월	9,784	10,476	18,625	11,424
3분기	7월	1,454	1,074	8,242	7,672
	8월	6,934	13,203	11,847	8,984
	9월	6,229	4,336	13,018	18,189
4분기	10월	13,645	12,196	11,162	21,791
	11월	8,253	8,339	13,395	23,461
	12월	14,098	7,228	12,540	12,474

테이블(아래로)

주문 날짜의 ..	주문 날짜의 ..	주문 날짜			
		2020	2021	2022	2023
1분기	1월	1,009	7,310	6,522	5,509
	2월	6,250	11,191	11,043	9,901
	3월	11,958	13,672	20,625	20,086
2분기	4월	16,662	17,919	22,958	26,446
	5월	22,348	31,348	32,998	35,286
	6월	32,132	41,825	51,623	46,710
3분기	7월	33,586	42,899	59,865	54,382
	8월	40,519	56,102	71,712	63,366
	9월	46,749	60,438	84,730	81,556
4분기	10월	60,393	72,634	95,892	103,347
	11월	68,646	80,973	109,287	126,808
	12월	82,745	88,202	121,826	139,282

그림 3 테이블(아래로)

테이블의 세로(행) 방향으로 테이블 계산하고 각 파티션마다 다시 시작한다.
그림 3의 경우 각 열(Year)에서 전체 행(Month)의 누적 합계 값을 반환한다.

3) 테이블(옆에서 아래로)

수익

주문 날짜의 ..	주문 날짜의 ..	주문 날짜			
		2020	2021	2022	2023
1분기	1월	1,009	7,310	6,522	5,509
	2월	5,240	3,881	4,521	4,392
	3월	5,708	2,482	9,582	10,185
2분기	4월	4,704	4,247	2,334	6,360
	5월	5,685	13,429	10,040	8,841
	6월	9,784	10,476	18,625	11,424
3분기	7월	1,454	1,074	8,242	7,672
	8월	6,934	13,203	11,847	8,984
	9월	6,229	4,336	13,018	18,189
4분기	10월	13,645	12,196	11,162	21,791
	11월	8,253	8,339	13,395	23,461
	12월	14,098	7,228	12,540	12,474

테이블(옆에서아래로)

주문 날짜의 ..	주문 날짜의 ..	주문 날짜			
		2020	2021	2022	2023
1분기	1월	1,009	8,319	14,841	20,350
	2월	25,590	29,471	33,992	38,385
	3월	44,093	46,575	56,156	66,341
2분기	4월	71,045	75,292	77,626	83,986
	5월	89,671	103,100	113,140	121,980
	6월	131,765	142,241	160,866	172,290
3분기	7월	173,744	174,818	183,060	190,732
	8월	197,665	210,869	222,716	231,700
	9월	237,930	242,265	255,283	273,472
4분기	10월	287,117	299,313	310,475	332,266
	11월	340,519	348,858	362,253	385,714
	12월	399,813	407,041	419,581	432,054

그림 4 테이블(옆에서 아래로)

테이블의 가로(열) 방향으로 테이블 계산한 다음 테이블의 세로(행) 방향으로 이어서 계산한다.
그림 4의 경우 전체 열(Year)을 계산한 다음 행(Month)에서 아래로 이동하고 다시 전체 열을 계산하는 방식으로 전체 행의 누적 합계 값을 반환한다.

4) 테이블(아래에서 옆으로)

수익

주문 날짜의 ..	주문 날짜의 ..	주문 날짜			
		2020	2021	2022	2023
1분기	1월	1,009	7,310	6,522	5,509
	2월	5,240	3,881	4,521	4,392
	3월	5,708	2,482	9,582	10,185
2분기	4월	4,704	4,247	2,334	6,360
	5월	5,685	13,429	10,040	8,841
	6월	9,784	10,476	18,625	11,424
3분기	7월	1,454	1,074	8,242	7,672
	8월	6,934	13,203	11,847	8,984
	9월	6,229	4,336	13,018	18,189
4분기	10월	13,645	12,196	11,162	21,791
	11월	8,253	8,339	13,395	23,461
	12월	14,098	7,228	12,540	12,474

테이블(아래에서옆으로)

주문 날짜의 ..	주문 날짜의 ..	주문 날짜			
		2020	2021	2022	2023
1분기	1월	1,009	90,054	177,468	298,282
	2월	6,250	93,935	181,989	302,674
	3월	11,958	96,417	191,571	312,859
2분기	4월	16,662	100,664	193,904	319,218
	5월	22,348	114,093	203,944	328,059
	6월	32,132	124,570	222,569	339,483
3분기	7월	33,586	125,644	230,811	347,155
	8월	40,519	138,847	242,658	356,139
	9월	46,749	143,183	255,676	374,328
4분기	10월	60,393	155,379	266,838	396,119
	11월	68,646	163,718	280,233	419,581
	12월	82,745	170,946	292,773	432,054

그림 5 테이블(아래에서 옆으로)

테이블의 세로(행) 방향으로 테이블 계산한 다음 테이블의 가로(열) 방향으로 이어서 계산한다. 그림 5의 경우 전체 행(Month)을 아래로 끝까지 계산한 다음 열(Year)에서 옆으로 이동하고 다시 행을 아래로 끝까지 계산하는 방식으로 전체 열의 누적 합계 값을 반환한다.

5) 패널(아래로)

수익

주문 날짜의 ..	주문 날짜의 ..	주문 날짜			
		2020	2021	2022	2023
1분기	1월	1,009	7,310	6,522	5,509
	2월	5,240	3,881	4,521	4,392
	3월	5,708	2,482	9,582	10,185
2분기	4월	4,704	4,247	2,334	6,360
	5월	5,685	13,429	10,040	8,841
	6월	9,784	10,476	18,625	11,424
3분기	7월	1,454	1,074	8,242	7,672
	8월	6,934	13,203	11,847	8,984
	9월	6,229	4,336	13,018	18,189
4분기	10월	13,645	12,196	11,162	21,791
	11월	8,253	8,339	13,395	23,461
	12월	14,098	7,228	12,540	12,474

패널(아래로)

주문 날짜의 ..	주문 날짜의 ..	주문 날짜			
		2020	2021	2022	2023
1분기	1월	1,009	7,310	6,522	5,509
	2월	6,250	11,191	11,043	9,901
	3월	11,958	13,672	20,625	20,086
2분기	4월	4,704	4,247	2,334	6,360
	5월	10,390	17,676	12,373	15,200
	6월	20,174	28,152	30,999	26,624
3분기	7월	1,454	1,074	8,242	7,672
	8월	8,387	14,278	20,089	16,656
	9월	14,617	18,613	33,107	34,846
4분기	10월	13,645	12,196	11,162	21,791
	11월	21,898	20,535	24,557	45,252
	12월	35,996	27,764	37,097	57,726

그림 6 패널(아래로)

패널의 세로(행) 방향으로 테이블 계산하고 각 파티션마다 다시 시작한다.

그림 6의 경우 분기, 월이 행에 있으므로, 행의 누적 합계 값이 분기마다 다시 계산한다.

고급 함수 응용하기 215

6) 패널(옆에서 아래로)

수익

주문 날짜의 ..	주문 날짜의 ..	주문 날짜			
		2020	2021	2022	2023
1분기	1월	1,009	7,310	6,522	5,509
	2월	5,240	3,881	4,521	4,392
	3월	5,708	2,482	9,582	10,185
2분기	4월	4,704	4,247	2,334	6,360
	5월	5,685	13,429	10,040	8,841
	6월	9,784	10,476	18,625	11,424
3분기	7월	1,454	1,074	8,242	7,672
	8월	6,934	13,203	11,847	8,984
	9월	6,229	4,336	13,018	18,189
4분기	10월	13,645	12,196	11,162	21,791
	11월	8,253	8,339	13,395	23,461
	12월	14,098	7,228	12,540	12,474

패널(옆에서아래로)

주문 날짜의 ..	주문 날짜의 ..	주문 날짜			
		2020	2021	2022	2023
1분기	1월	1,009	8,319	14,841	20,350
	2월	25,590	29,471	33,992	38,385
	3월	44,093	46,575	56,156	66,341
2분기	4월	4,704	8,951	11,285	17,645
	5월	23,330	36,759	46,799	55,639
	6월	65,424	75,900	94,525	105,949
3분기	7월	1,454	2,528	10,770	18,442
	8월	25,375	38,578	50,426	59,410
	9월	65,639	69,975	82,993	101,182
4분기	10월	13,645	25,841	37,003	58,794
	11월	67,047	75,386	88,781	112,242
	12월	126,341	133,569	146,109	158,582

그림 7 패널(옆에서 아래로)

가로(열) 방향으로 패널을 계산하고 아래 패널로 이동한다.

그림 7의 경우 분기, 월이 행에 있으므로, 열(Year)을 계산한 후 다음 행(Month)으로 이동하여 누적 합계 값이 계산되며 분기마다 다시 계산한다.

7) 패널(아래에서 옆으로)

수익

주문 날짜의 ..	주문 날짜의 ..	주문 날짜			
		2020	2021	2022	2023
1분기	1월	1,009	7,310	6,522	5,509
	2월	5,240	3,881	4,521	4,392
	3월	5,708	2,482	9,582	10,185
2분기	4월	4,704	4,247	2,334	6,360
	5월	5,685	13,429	10,040	8,841
	6월	9,784	10,476	18,625	11,424
3분기	7월	1,454	1,074	8,242	7,672
	8월	6,934	13,203	11,847	8,984
	9월	6,229	4,336	13,018	18,189
4분기	10월	13,645	12,196	11,162	21,791
	11월	8,253	8,339	13,395	23,461
	12월	14,098	7,228	12,540	12,474

패널(아래에서옆으로)

주문 날짜의 ..	주문 날짜의 ..	주문 날짜			
		2020	2021	2022	2023
1분기	1월	1,009	8,319	14,841	20,350
	2월	25,590	29,471	33,992	38,385
	3월	44,093	46,575	56,156	66,341
2분기	4월	4,704	8,951	11,285	17,645
	5월	23,330	36,759	46,799	55,639
	6월	65,424	75,900	94,525	105,949
3분기	7월	1,454	2,528	10,770	18,442
	8월	25,375	38,578	50,426	59,410
	9월	65,639	69,975	82,993	101,182
4분기	10월	13,645	25,841	37,003	58,794
	11월	67,047	75,386	88,781	112,242
	12월	126,341	133,569	146,109	158,582

그림 8 패널(아래에서 옆으로)

세로(행) 방향으로 패널을 계산하고 다음 가로(열)로 옆으로 이동하여 계산하고 아래 패널로 이동한다.

그림 8의 경우 분기, 월이 행에 있으므로, 행(Month)을 계산한 후 다음 열(Year)으로 이동하여 누적 합계 값이 계산되며 분기마다 다시 계산한다.

02 테이블 계산 함수 이해하기

1. 개념

테이블 계산 함수는 태블로에서 제공하는 함수로 데이터 분석과 시각화를 위해 사용된다. 이 함수들은 테이블 내의 특정 값을 계산하거나 처리하는 데 활용되며 다양한 목적으로 사용된다. 테이블 계산 함수는 현재 시점에 뷰에 나타난 테이블의 행 또는 열의 값을 기반으로 계산하며, 행 또는 열의 값을 이전 행/열이나 다음 행/열과 비교하거나 정렬된 데이터 내에서 이동하는 윈도우를 기반으로 계산을 수행할 수 있다.

테이블 계산 함수의 목적

① **데이터의 변형과 가공:** 테이블 계산 함수를 사용하여 데이터를 필터링하거나 변형하여 원하는 형식으로 조작할 수 있다. 예를 들어 데이터를 정렬하거나 특정 조건을 기반으로 필터링하는 등의 작업을 수행할 수 있다.

② **행/열 간의 비교와 계산:** 테이블 계산 함수를 사용하여 행이나 열 간의 관계를 분석하고 계산할 수 있다. 예를 들어 이동 평균을 계산하거나 이전 값과의 차이, 비율을 계산하는 등의 작업을 수행할 수 있다.

③ **순위 매기기:** 테이블 계산 함수를 사용하여 데이터를 기준에 따라 순위를 매길 수 있다. 예를 들어 매출액이 가장 높은 고객부터 순위를 매기거나 제품의 성능을 순위로 비교하는 등의 작업을 수행할 수 있다.

④ **시계열 분석:** 테이블 계산 함수를 사용하여 시간에 따른 데이터의 변화를 분석할 수 있다. 예를 들어 이전 시점과의 비교를 통해 매출액의 성장률을 계산하거나 이동 평균을 사용하여 추세를 파악하는 등의 작업을 수행할 수 있다.

2. 종류

1) FIRST / LAST / INDEX / SIZE

FIRST, LAST, INDEX, SIZE

주문 날짜의 ..	주문 날짜의 ..	FIRST	LAST	INDEX	SIZE
2020	1월	0	11	1	12
	2월	-1	10	2	12
	3월	-2	9	3	12
	4월	-3	8	4	12
	5월	-4	7	5	12
	6월	-5	6	6	12
	7월	-6	5	7	12
	8월	-7	4	8	12
	9월	-8	3	9	12
	10월	-9	2	10	12
	11월	-10	1	11	12
	12월	-11	0	12	12

그림 9 FIRST / LAST / INDEX / SIZE 계산식

FIRST: 파티션 내에서 FIRST()를 사용하는 경우, 현재 행으로부터 첫 번째 행까지의 오프셋 값을 반환한다. 예를 들어, 위의 뷰에서 다섯 번째 행부터 첫 번째 행까지의 오프셋 값은 -4이다.

LAST: 파티션 내에서 LAST()를 사용하는 경우, 현재 행으로부터 마지막 행까지의 오프셋 값을 반환한다. 예를 들어, 위의 뷰에서 다섯 번째 행부터 마지막 행까지의 오프셋 값은 7이다.

INDEX: 파티션 내에서 INDEX()를 사용하는 경우, 값에 대한 정렬 없이 파티션에 있는 현재 행의 인덱스를 반환하며, 첫 번째 행 인덱스는 1에서 시작한다.

SIZE: 파티션 내에서 SIZE()를 사용하는 경우, 현재 파티션의 행 수를 반환한다. 예를 들어, 위의 뷰는 1월~12월까지 있으므로 모든 행이 12를 반환한다.

2) LOOKUP

LOOKUP 함수는 이전 행이나 다음 행의 값을 가져오는 함수로 다양한 상황에서 활용될 수 있으며, LOOKUP 함수의 일반적인 사용법은 다음과 같다.

> LOOKUP(식, [오프셋])

식: 가져올 값이나 계산식을 지정

오프셋: 이전 행이나 다음 행에서 가져올 값의 오프셋을 지정, 음수 값을 사용하면 이전 행의 값을 가져오고 양수 값을 사용하면 다음 행의 값을 가져옴

LOOKUP

주문 날짜의 ..	주문 날짜의 ..	LOOKUP_-2	수익	LOOKUP_+2
2020	1월		1,009	5,708
	2월		5,240	4,704
	3월	1,009	5,708	5,685
	4월	5,240	4,704	9,784
	5월	5,708	5,685	1,454
	6월	4,704	9,784	6,934
	7월	5,685	1,454	6,229
	8월	9,784	6,934	13,645
	9월	1,454	6,229	8,253
	10월	6,934	13,645	14,098
	11월	6,229	8,253	
	12월	13,645	14,098	

그림 10 LOOKUP 계산식

C	LOOKUP_-2	LOOKUP(SUM([수익]), -2) ⓐ
C	LOOKUP_+2	LOOKUP(SUM([수익]), 2) ⓑ

ⓐ : 현재 행 기준으로 이전 두번째 행의 SUM([수익]) 값을 반환합니다.

ⓑ : 현재 행 기준으로 다음 두번째 행의 SUM([수익]) 값을 반환합니다.

3) RANK

파티션에 있는 현재 행의 경쟁 순위를 나타내는 RANK 함수 외에 다양한 순위 함수가 있다. 그림 11과 같이 RANK, RANK_DENSE, RANK_MODIFIED, RANK_UNIQUE, RANK_PERCENTILE의 함수들은 모두 순위를 나타내지만 값은 모두 다르며, 사용법은 다음과 같다.

RANK(식, 정렬순서)

식: 순위를 매길 기준이 되는 계산식을 지정

정렬순서: 오름차순(ASC), 내림차순(DESC)를 입력하여 정렬순서를 지정, 생략 시 내림차순 정렬

RANK

Name	Age	RANK	RANK_DENSE	RANK_MODIFIED	RANK_UNIQUE	RANK_PERCENTILE
H	20	1	1	3	1	100%
J	20	1	1	3	2	100%
K	20	1	1	3	3	100%
A	19	4	2	7	4	77%
C	19	4	2	7	5	77%
G	19	4	2	7	6	77%
I	19	4	2	7	7	77%
B	18	8	3	12	8	46%
D	18	8	3	12	9	46%
F	18	8	3	12	10	46%
M	18	8	3	12	11	46%
N	18	8	3	12	12	46%
E	17	13	4	14	13	8%
L	17	13	4	14	14	8%

그림 11 RANK 계산식

RANK: 같은 값에 같은 순위가 할당된다. RANK 칼럼을 확인해보면 가장 높은 세 개의 행에 순위 1이 지정되고 다음 동일한 값에 모두 순위 4가 지정되어 있다.

RANK_DENSE: 중복 값이 순위 지정 시퀀스의 다음 숫자가 모두 같은 순위로 할당된다. RANK_DENSE 칼럼을 확인해보면 중복 값 뒤의 다음 값은 중복 값이 단일 값인 것처럼 계산된다.

RANK_MODIFIED: 같은 값에 같은 순위가 할당된다. RANK_MODIFIED 칼럼을 확인해보면 가장 높은 세 개의 행에 순위 3이 지정되고 다음 네 개의 동일한 값에 모두 순위 7이 지정된다.

RANK_UNIQUE: 중복 값이 순위 지정 계산 방향에 따라 고유한 순위로 지정된다.

4) RUNNING_집계 함수

RUNNING_집계함수는 파티션에 있는 첫 번째 행부터 현재 행까지 주어진 식의 누계 값을 반환하여, 데이터 테이블의 행 또는 파티션 내에서 일련의 값을 계산하는 테이블 계산 함수이다.

RUNNING 함수는 행의 순서에 따라 계산을 수행하며, 데이터의 정렬 또는 파티션 구조에 따라 결과가 달라진다. 데이터의 누적 합계, 평균, 최소값, 최대값, 개수 등을 계산하여 데이터의 흐름이나 추이를 분석하고 시각화 하는 데 유용하다.

RUNNING_집계함수의 종류로는 RUNNING_AVG, RUNNING_SUM, RUNNING_MAX, RUNNING_MIN, RUNNING_COUNT가 있다.

종류	설명
RUNNING_AVG	첫 번째 행부터 현재 행까지의 누적 평균을 반환
RUNNING_SUM	첫 번째 행부터 현재 행까지의 누적 합계를 반환
RUNNING_MIN	첫 번째 행부터 현재 행까지의 누적 최소값을 반환
RUNNING_ MAX	첫 번째 행부터 현재 행까지의 누적 최대값을 반환
RUNNING_COUNT	첫 번째 행부터 현재 행까지의 누적 개수를 반환

RUNNING

주문 날짜의 ..	주문 날짜의 ..	수익	RUNNING_AVG	RUNNING_SUM	RUNNING_MAX	RUNNING_MIN
2020	1월	1,009	1,009	1,009	1,009	1,009
	2월	5,240	3,125	6,250	5,240	1,009
	3월	5,708	3,986	11,958	5,708	1,009
	4월	4,704	4,166	16,662	5,708	1,009
	5월	5,685	4,470	22,348	5,708	1,009
	6월	9,784	5,355	32,132	9,784	1,009
	7월	1,454	4,798	33,586	9,784	1,009
	8월	6,934	5,065	40,519	9,784	1,009
	9월	6,229	5,194	46,749	9,784	1,009
	10월	13,645	6,039	60,393	13,645	1,009
	11월	8,253	6,241	68,646	13,645	1,009
	12월	14,098	6,895	82,745	14,098	1,009

그림 12 RUNNING집계 함수 계산식

위 그림을 예로 들면 RUNNING_AVG의 3월의 경우, 수익의 1월~3월까지의 평균을 의미한다. 같은 맥락으로 첫 행부터 현재 행까지의 합계, 최대값, 최소값을 확인할 수 있다.

5) WINDOW 함수

WINDOW 함수는 데이터 테이블의 윈도우(창) 내에서 행 또는 파티션에 대한 계산을 수행하는 테이블 계산 함수이다.

WINDOW 함수는 행의 순서 및 파티션 구조에 따라 계산을 수행하며, 지정된 범위 내에서 값을 처리한다. WINDOW 함수는 행의 값을 집계하거나 통계적인 계산을 수행하는 데 사용된다.

사용법은 다음과 같다.

> WINDOW_집계(식, [시작, 종료])

WINDOW 함수의 특징으로 시작과 종료를 인수로 받는다. 예를 들어, "WINDOW_AVG(SUM([수익]), -2, 2)"의 계산식은 수익의 합계를 현재 행 기준으로 이전 2행부터 다음 2행까지의 평균을 의미한다.

시작과 종료에는 현재 행 기준으로 이전, 이후 행 수를 입력할 수 있고, FIRST(), LAST() 와 같이 첫 행과 마지막 행을 구하는 함수도 사용이 가능하다. 생략할 경우 FIRST(), LAST()와 같이 첫 행부터 마지막 행까지의 집계연산을 하여 반환한다.

WINDOW 함수의 종류

종류	설명
WINDOW_AVG	현재 행의 오프셋으로 창 내 식의 평균을 반환
WINDOW_SUM	현재 행의 오프셋으로 창 내 식의 합계를 반환
WINDOW_MAX	현재 행의 오프셋으로 창 내 식의 최대값을 반환
WINDOW_MIN	현재 행의 오프셋으로 창 내 식의 최소값을 반환
WINDOW_MEDIAN	현재 행의 오프셋으로 창 내 식의 중앙값을 반환
WINDOW_COUNT	현재 행의 오프셋으로 창 내 식의 개수를 반환

위 표에 있는 함수 외에도 WINDOW_PERCENTILE, WINDOW_CORR, WINDOW_STDEV 등 다양한 WINDOW 함수들이 있다.

> **더 알아보기** WINDOW 함수를 RUNNING 함수처럼
>
> WINDOW 함수를 RUNNING 함수처럼 사용할 수 있다.
>
> 아래처럼 첫 행과의 차이를 반환하는 FIRST 함수부터 현재 행을 의미하는 0을 오프셋에 넣으면 첫 행부터 현재 행까지의 데이터를 범위로 설정한다.
>
> 예시)
> RUNNING_SUM([매출]) = WINDOW_SUM([매출], FIRST(), 0)

6) TOTAL

TOTAL 함수는 데이터의 전체 범위에 대한 계산을 수행하는 함수이다. TOTAL 함수는 데이터를 파티션별로 분할하지 않고 전체 데이터에 대한 계산을 수행한다. 이를 통해 파티션 간의 비교나 전체 데이터에 대한 요약을 수행할 수 있다. 그림 13을 보면 2020년 월별 매출의 총계를 나타내고 옆에 TOTAL 함수를 사용하여 새 계산식을 만든다.

TOTAL

배송 날짜의 ..	배송 날짜의 ..	매출	TOTAL	구성비율
2020	1월	15,317	630,998	2.43%
	2월	40,211	630,998	6.37%
	3월	33,341	630,998	5.28%
	4월	32,588	630,998	5.16%
	5월	42,899	630,998	6.80%
	6월	57,982	630,998	9.19%
	7월	33,756	630,998	5.35%
	8월	59,933	630,998	9.50%
	9월	57,017	630,998	9.04%
	10월	82,199	630,998	13.03%
	11월	77,739	630,998	12.32%
	12월	98,016	630,998	15.53%

그림 13 TOTAL 계산식

TOTAL	TOTAL(SUM([매출]))

TOTAL을 사용하면 파티션 내, 즉 1월부터 12월까지의 매출의 총 합계인 630,998이 모든 행이 동일하게 적용되는 것을 볼 수 있다.

그림 13의 "구성비율" 또한 TOTAL 함수를 사용해 나타낸 것이다.

C | 구성비율	SUM([매출]) / TOTAL(SUM([매출]))

3. 실습

범주별 매출 TOP3 고객 나타내기

- 계산식을 사용하여 총 매출 순위를 나타내는 필드 생성
- 범주별로 총 매출 상위 고객 3명만 필터링하여 막대그래프로 표시
- 범주를 색상, 총 매출액을 텍스트로 표시

그림 14 TOP3 막대 차트 완성화면

STEP 01 RANK 계산식 만들기

| C | RANK | RANK_UNIQUE(SUM([매출]), 'DESC') |

STEP 02 차트 구성요소에 맞게 차트 구성

열	합계(매출)
행	범주 / 고객 이름 / C	RANK
색상	범주
레이블	합계(매출)
차트종류	막대

STEP 03 범주별 고객 순위 표현하기

행선반의 [C | RANK]를 우클릭하여 '불연속형'으로 변경한다.

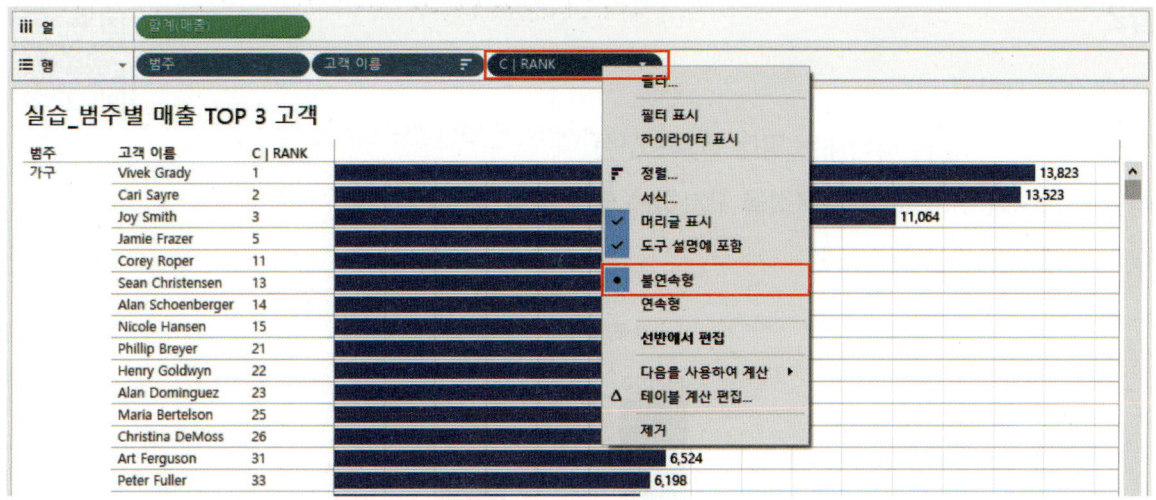

그림 15 RANK 필드 불연속형 변경

행선반의 [C | RANK]를 우클릭하여 '테이블 계산 편집' → '특정 차원' → "고객 이름" 체크한다.

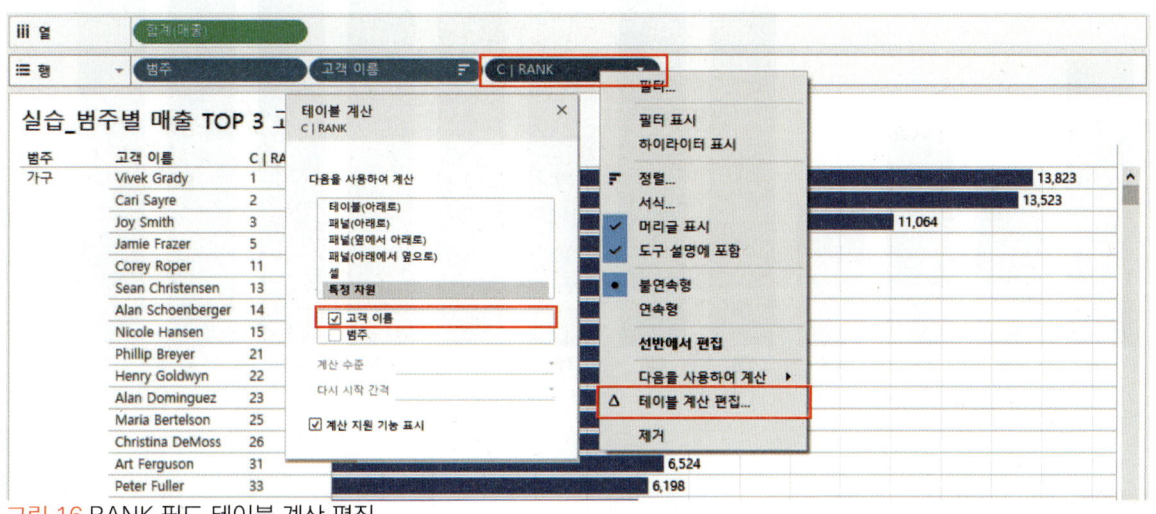

그림 16 RANK 필드 테이블 계산 편집

STEP 04 범주별 TOP3 고객 표현하기

[C | RANK]를 필터에 추가하여 1, 2, 3만 체크한다.

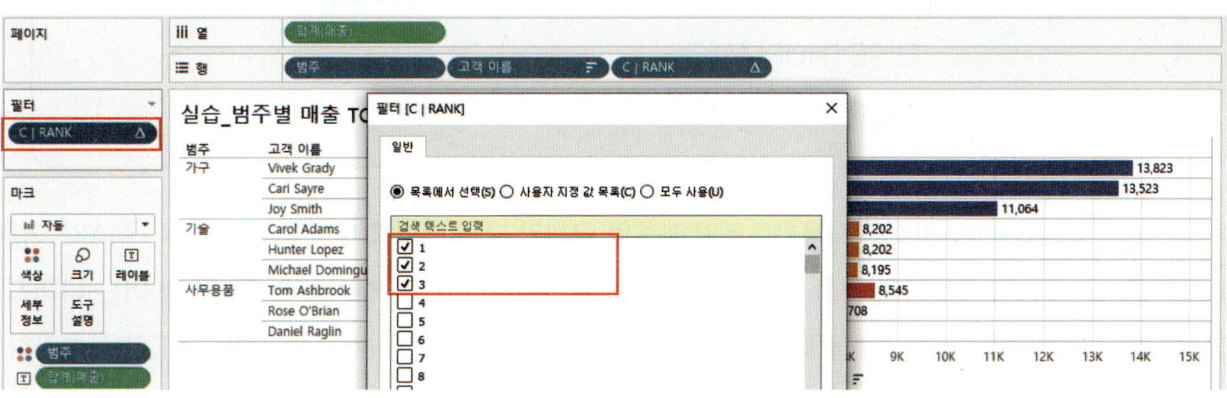

그림 17 RANK 필드 필터에 적용

고급 함수 응용하기 225

4. 실습2

최소값 최대값 표시하기

- 2022년을 월별로 매출을 나타내는 막대그래프 구현
- 계산식을 사용하여 MIN값과 MAX값을 구분하는 필드 생성
- 최소값과 최대값을 색상으로 표현

실습영상

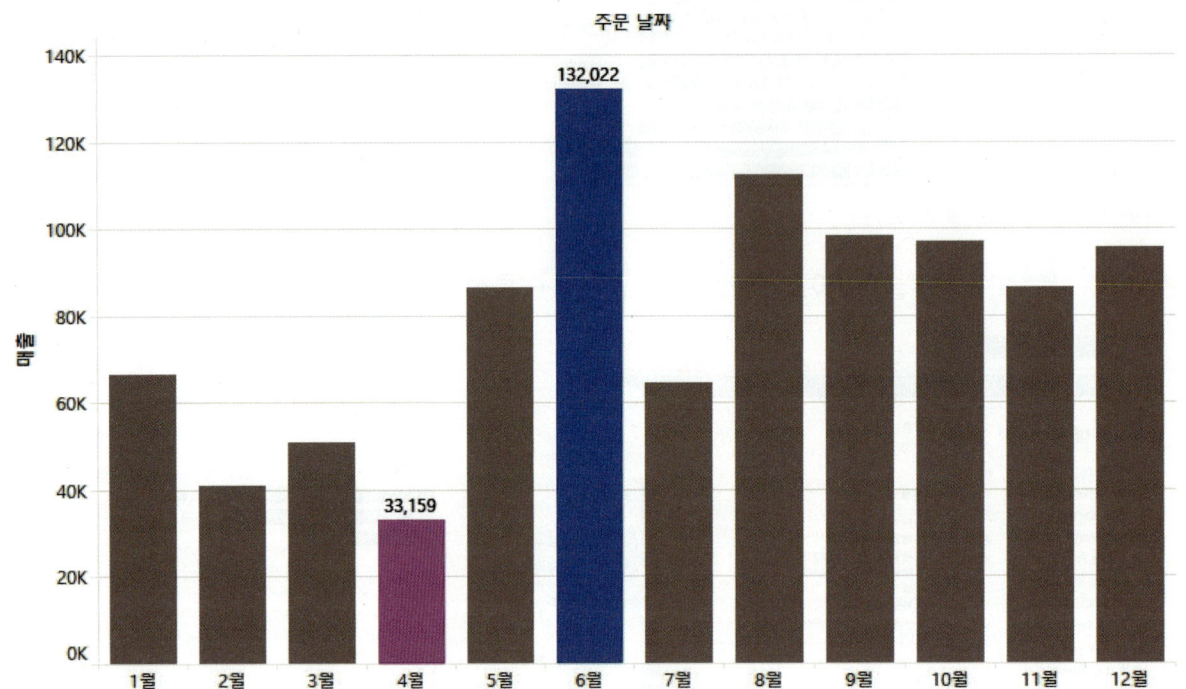

그림 18 최소 최대 막대 차트 완성화면

STEP 01 MIN / MAX 계산식 만들기

| C | MIN/MAX | IF SUM([매출]) = WINDOW_MAX(SUM([매출])) THEN "MAX"
ELSEIF SUM([매출]) = WINDOW_MIN(SUM([매출])) THEN "MIN"
ELSE "NORMAL"
END |

위 계산식은 WINDOW 함수를 사용함으로써 매출의 합계가 모든 행의 최대값과 같을 경우 "MAX" 매출의 합계가 모든 행의 최소값과 같을 경우 "MIN"을 반환하는 의미이다. 최대값과 최소값이 아닌 나머지 달은 NULL로 반환한다. NULL을 다른 내용으로 변경하고자 한다면 위 계산식에서 ELSE문을 추가하면 된다.

STEP 02 차트 구성요소에 맞게 차트 구성

색상은 원하는 색상에 맞게 변경해준다.

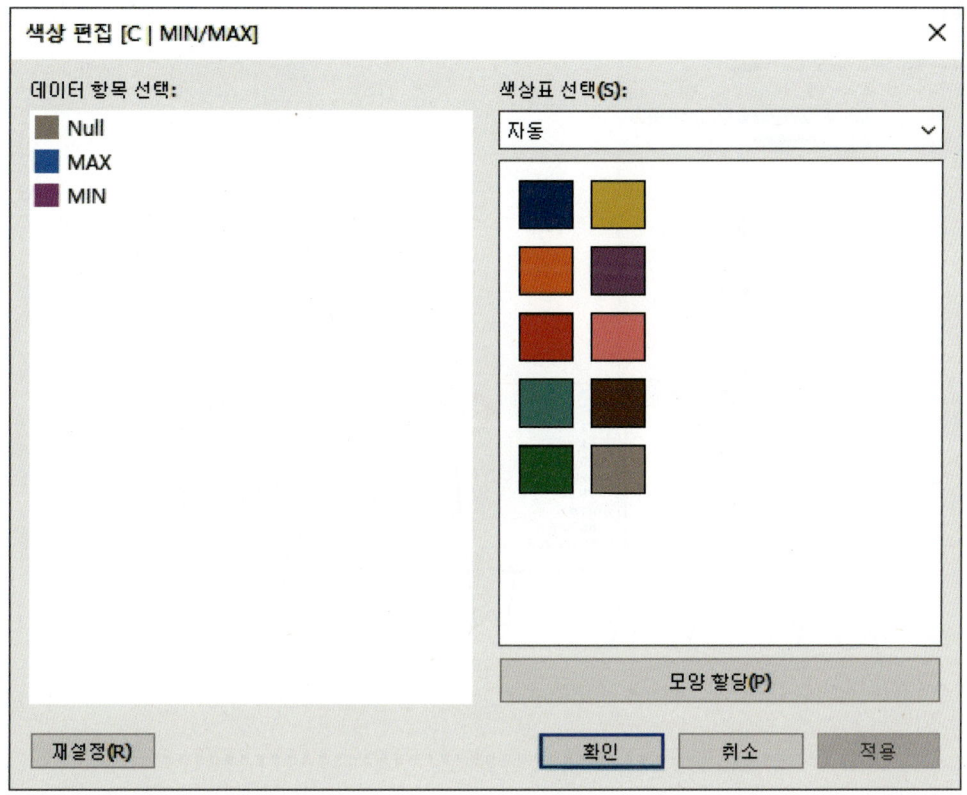

그림 19 차트 색상 지정

03 퀵 테이블 계산 이해하기

1. 개념

퀵 테이블 계산이란 이름 그대로 쉽고 빠르게 계산할 수 있는 기능이다. 태블로에서 빠르게 사용할 수 있는 계산 함수이며 실 생활에서 자주 사용하는 비즈니스 함수를 태블로에서 미리 정의해 놓아, 필드를 선택한 후 다음과 같은 방법으로 옵션을 선택하면 원하는 비즈니스 함수를 데이터에 적용할 수 있다. 이를 통해 보고서 작성을 더욱 쉽고 빠르게 할 수 있다.

퀵 테이블 계산 작성 방법

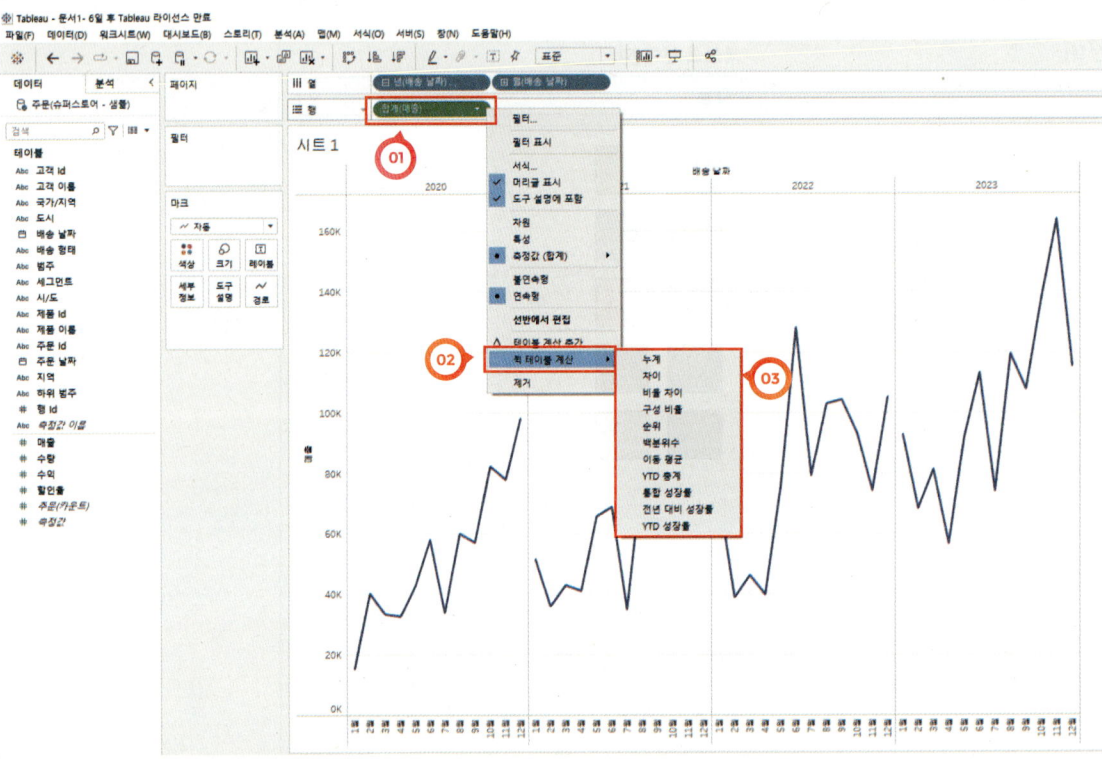

그림 20 퀵 테이블 계산 작성 방법

❶ 측정값을 작업영역에 올린 다음 우클릭
❷ '퀵 테이블 계산' 클릭
❸ 상황에 맞는 계산 선택

퀵 테이블 계산은 간단히 만들 수 있으며 아래 그림 21과 같이 측정값 필드 우측에 삼각형 모양(△)이 생긴다. 퀵 테이블 계산으로 만든 필드를 더블 클릭하면 내장된 계산식을 확인할 수 있다.

그림 21 퀵 테이블 계산식 확인

그리고 삼각형(△) 마크는 테이블 함수를 사용한 계산을 의미하며, 퀵 테이블 계산에는 11종의 계산이 담겨있다. 자주 사용하는 퀵 테이블 계산을 알아보도록 하자.

2. 종류

1) 누계

누계란 데이터의 연산을 순차적으로 누적하여 계산하는 것을 말한다. 일반적으로 누적 합계를 많이 사용해서 합계로 알고 있는 경우도 많지만, 합계 뿐만 아니라 누적 평균, 누적 최소값, 누적 최대값과 같은 연산을 사용할 수 있으며 순차적으로 연산하는 만큼 정렬을 반드시 해야 한다.누계에 대한 함수를 보면 RUNNING_집계 함수를 사용하고 있다.

아래 그림과 같이 테이블 계산 편집을 선택하면 연산 방법과 파티션을 선택할 수 있다.

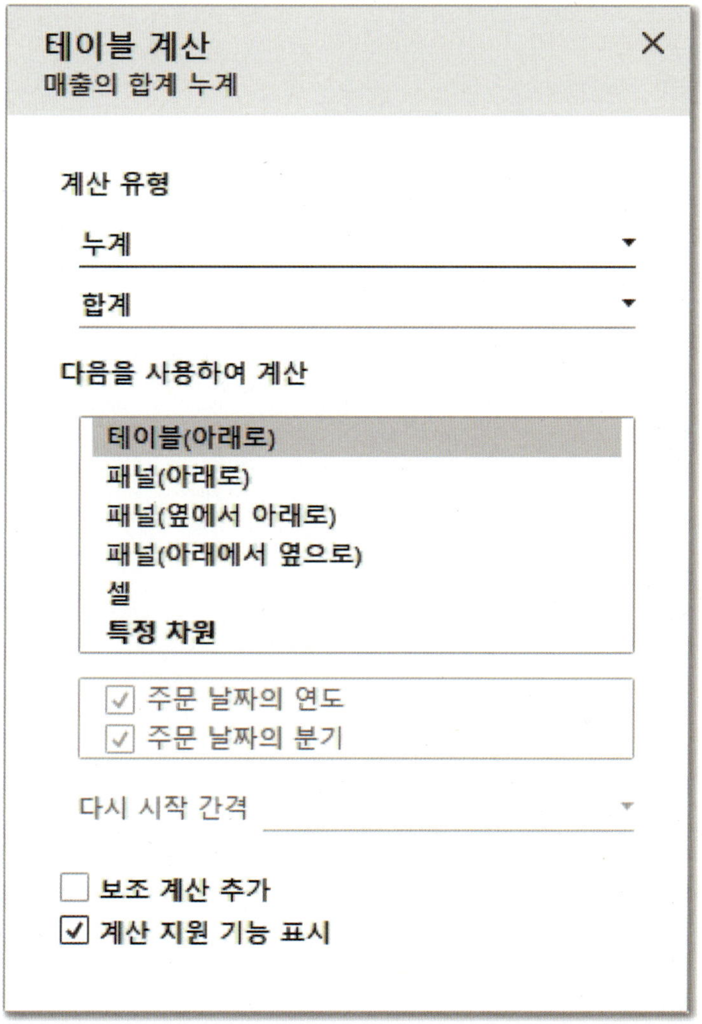

그림 22 테이블 계산 - 누계

2) 차이 / 비율 차이 / 비율

차이, 비율 차이, 비율 계산은 데이터의 비교와 관련하여 사용되는 계산 종류이다. 세 개의 계산에는 항상 두 개의 값인 현재 값과 비교할 대상의 값을 고려해야 한다.

대부분의 경우 위 절차와 마찬가지로 현재 값과 이전 값 간의 차이를 계산할 때 자주 사용하지만, 기준 옵션을 선택하여 비교할 값을 변경하는 것 또한 가능하다.

구분	설명
차이	비교할 값과 현재 행의 차이를 계산
비율차이	비교할 값과 현재 행의 상대적인 차이를 계산, 일반적인 증감률
비율	비교할 값과 현재 행의 비율을 계산

기준 옵션

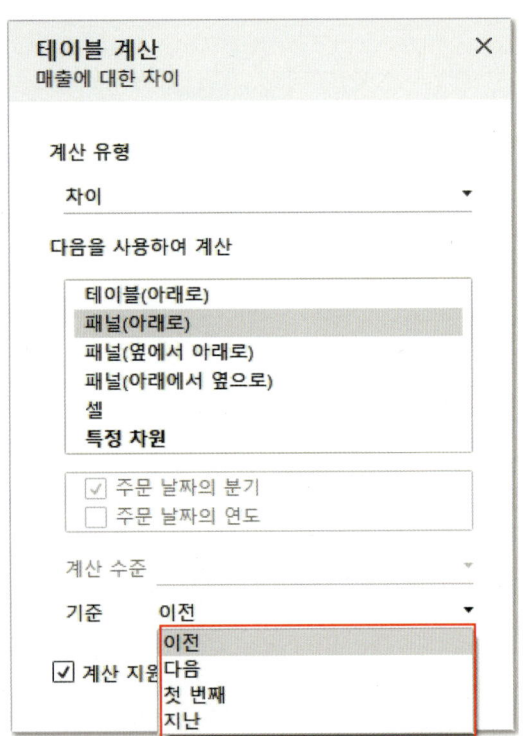

그림 23 테이블 계산 – 차이

기준 옵션에 대한 설명은 아래와 같다.

① **이전:** 파티션에서 현재 값과 이전 값 간의 차이를 계산한다. (Default)

② **다음:** 파티션에서 현재 값과 다음 값 간의 차이를 계산한다.

③ **첫 번째:** 파티션에서 현재 값과 첫 번째 값 간의 차이를 계산한다.

④ **지난:** 파티션에서 현재 값과 마지막 값 간의 차이를 계산한다.

3) 이동 계산

이동 계산은 이동 평균이나 이동 합계와 같은 이동 기간에 대한 계산을 수행하는 기능으로 이를 통해 데이터의 특정 기간 동안에 대한 집계값(합계, 평균, 최소값, 최대값)을 계산할 수 있다. 일반적으로 이동 계산은 장기 추세를 볼 수 있도록 데이터의 단기 변동을 완화하는데 사용된다.

예를 들어 주식의 주가 이동 평균 등과 같이 이동 계산을 사용하면 선택한 집계를 통해 요약할 값의 범위를 정의할 수 있다.

이동계산

주문 날짜의 연도	주문 날짜의 월	매출	패널(아래로) 기준으로 이전 ..	패널(아래로) 기준으로 이전 ..	패널(아래로) 기준으로 이전 ..
2020	1월	22,638	22,638	59,443	91,896
	2월	36,805	59,443	91,896	99,803
	3월	32,454	91,896	99,803	108,293
	4월	30,545	99,803	108,293	139,833
	5월	45,295	108,293	139,833	141,292
	6월	63,994	139,833	141,292	156,855
	7월	32,004	141,292	156,855	153,274
	8월	60,858	156,855	153,274	199,331
	9월	60,412	153,274	199,331	219,702
	10월	78,061	199,331	219,702	252,961
	11월	81,229	219,702	252,961	174,900
	12월	93,671	252,961	174,900	93,671

그림 24 테이블 계산 □ 이동계산   ⓐ ⓑ ⓒ

ⓐ : 이동 계산(합계), 이전 2, 다음 0 : 현재 행을 포함하여 이전 2행까지의 합계

ⓑ : 이동 계산(합계), 이전 1, 다음 1 : 현재 행을 포함하여 이전 1행과 다음 1행의 합계

ⓒ : 이동 계산(합계), 이전 0, 다음 2 : 현재 행을 포함하여 다음 2행까지의 합계

이동계산 옵션

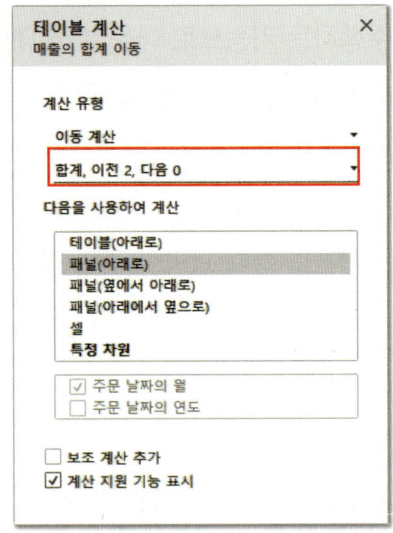
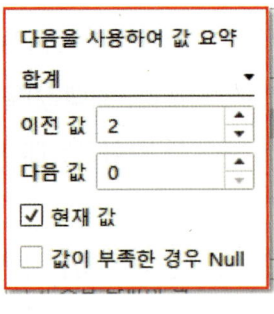

그림 25 테이블 계산 – 이동계산 옵션

이동 계산의 옵션을 보면 집계(합계, 평균, 최소값, 최대값)와 이전, 다음의 행을 고르는 항목이 있다. 이는 WINDOW_집계 함수의 오프셋 값에 들어가는 인수이다.

3. 실습

최소값 최대값 표시하기

- 2022년을 월별로 매출을 나타내는 막대그래프 구현
- 계산식을 사용하여 MIN값과 MAX값을 구분하는 필드 생성
- 최소값과 최대값을 색상으로 표현

실습영상

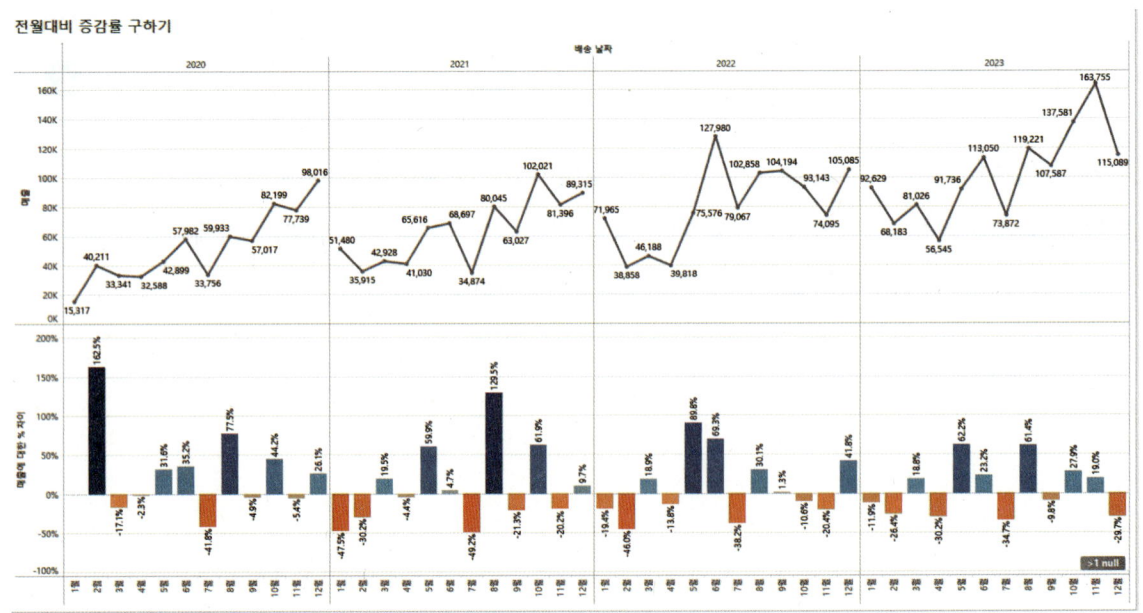

그림 26 증감량 차트 완성화면

STEP 01 차트를 구성요소에 맞게 작성하기

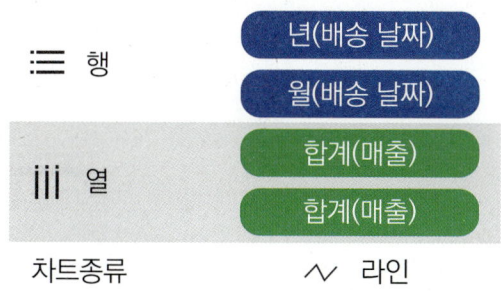

STEP 02 전월 대비 매출 증감량 표현

열의 두 번째 [매출]을 우클릭 → '퀵 테이블 계산' → '비율 차이'를 클릭한다.

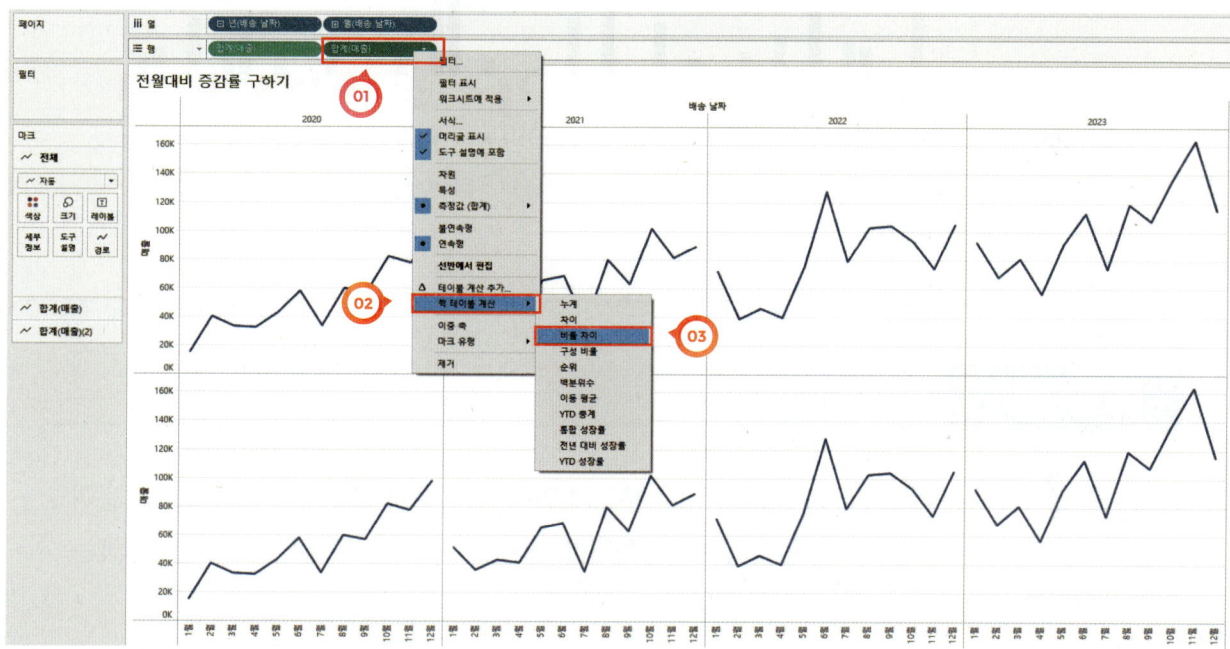

그림 27 퀵 테이블 계산 – 비율 차이 적용

'비율 차이'가 적용된 [매출△]을 막대 그래프로 변경한 후 Ctrl 키를 누른 채 '색상' 마크카드에 드래그 앤 드랍한다.

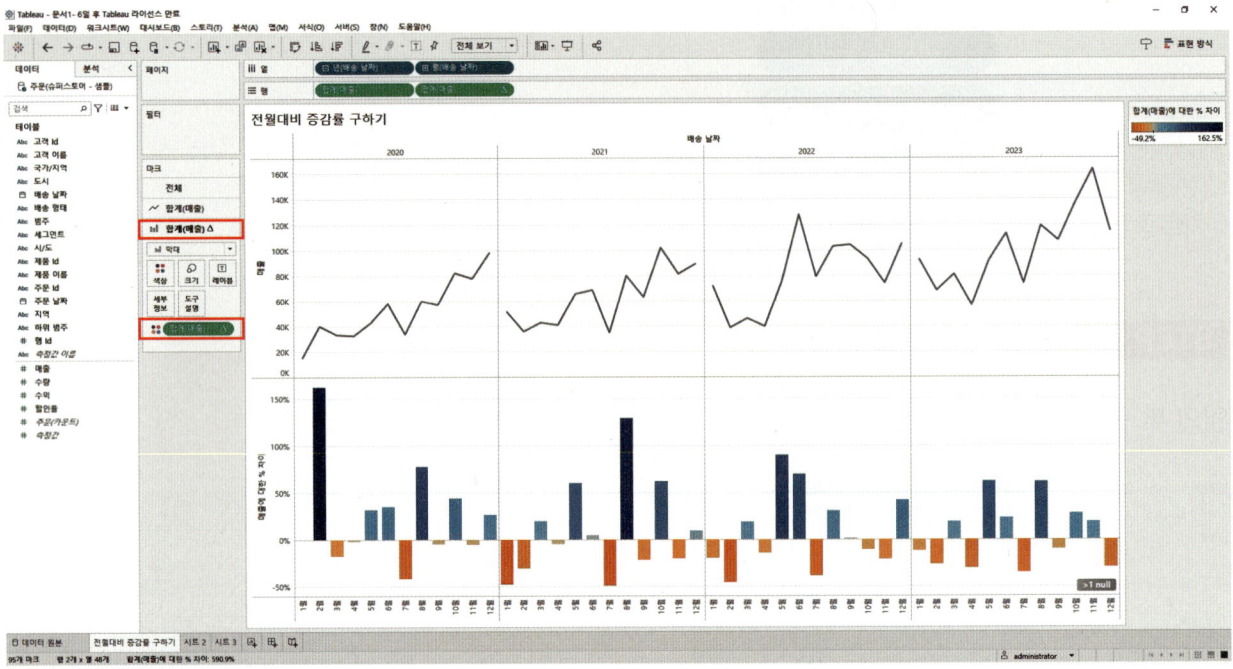

그림 28 차트 유형 변경 및 색상 적용

더 알아보기 ">1 null"

완성된 시트 우측 하단에 보면 ">1 null" 이라는 문구가 있다. 이는 축에 최소 1개 이상의 Null 값이 있을 때 나타나며, 위 실습에서는 전월과의 비율차이를 나타내므로 가장 첫 달인 2020년 1월에는 전월 데이터가 없으므로 Null이 표기된 것이다.

04 LOD(Level Of Detail) 계산식 이해하기

1. 개념

LOD(Level of Detail) 함수는 뷰에 올린 차원의 세부 수준과 다르게 데이터의 레벨을 지정하여 계산하는 함수이다. 태블로에서는 측정값들을 사용할 때 자동으로 집계가 되기 때문에 시트를 구성하는 차원과는 다른 기준으로 집계를 해야 할 때, LOD 함수를 사용해야 한다. 이 함수들은 차원에 따라 데이터의 레벨이 어떻게 구성되어 있는지에 따라 다른 결과를 반환한다.

LOD 함수 중 FIXED 함수를 사용하면 차원 값의 영향을 받지 않고 항상 동일한 결과를 반환할 수 있다. 즉, 다른 차원의 값을 필터링하거나 변경하더라도 FIXED 함수는 계산 결과에 영향을 받지 않는다.

LOD 함수는 총 세 가지 유형이 있으며 사용방법은 다음과 같다.

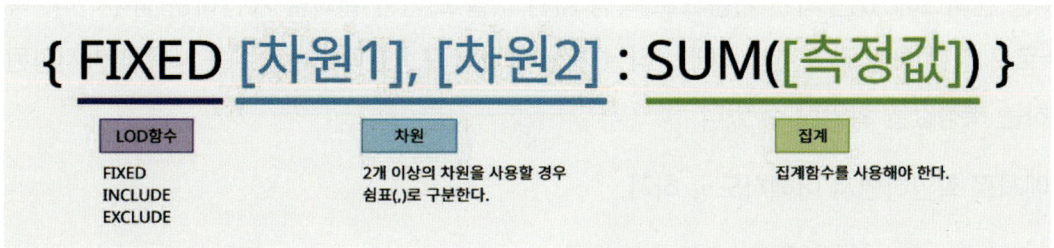

그림 29 FIXED 사용방법

1) FIXED

LOD 함수 중 가장 자주 사용되며 FIXED 함수는 데이터셋의 특정 차원 값을 기준으로 결과를 계산하는 함수이다. 이 함수를 사용하면 차원 값의 영향을 받지 않고 항상 동일한 결과를 반환할 수 있다. 즉, 다른 차원의 값을 필터링하거나 변경하더라도 FIXED 함수는 계산 결과에 영향을 받지 않는다.

아래 예시를 확인하면서 이해하도록 한다.

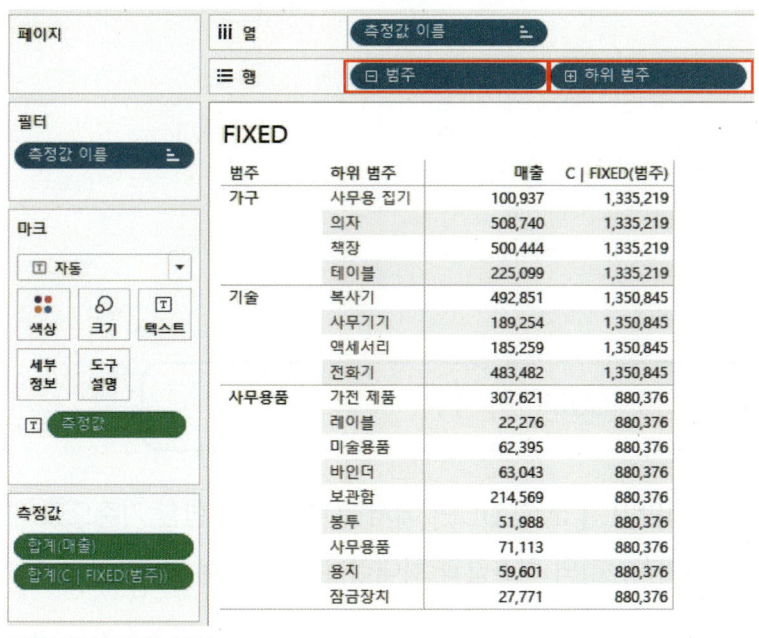

그림 30 FIXED 예시

C | FIXED(범주)　　{ FIXED [범주] : SUM([매출]) }

고급 함수 응용하기　235

그림 30을 보면 [범주], [하위 범주] 차원이 행에 있으므로 [매출]은 [범주], [하위범주]별 [매출]로 나타나게 된다. 하지만 [C | FIXED(범주)]의 계산식을 보면 차원이 [범주]만 되어있는 것을 볼 수 있고, 결과값 역시 범주별로 매출의 총합계를 나타낸다.

2) INCLUDE

INCLUDE 함수는 캔버스에 있는 차원 기준으로 특정 차원 값을 포함한 결과를 계산하는 함수이다. 즉, INCLUDE 함수로 지정한 차원 값을 캔버스에 나타낼 계산 결과에 포함한다. 이 함수를 사용하면 지정된 차원 값에 해당하는 측정값을 확인할 수 있다.

아래의 상황을 예시로 확인하면서 이해하도록 하자.

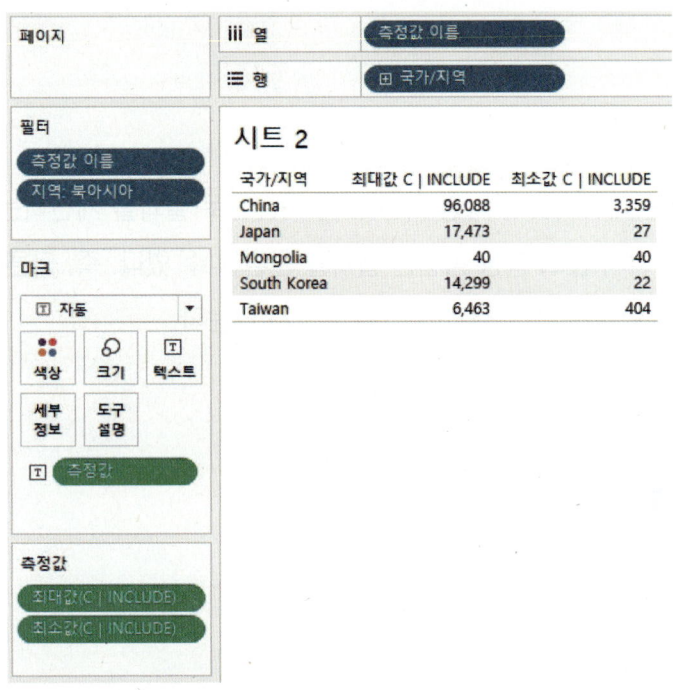

그림 31 INCLUDE 예시

| C | INCLUDE | { INCLUDE [시/도] : SUM([매출]) } |

그림 31과 같이 캔버스에는 [시/도]필드는 없지만 [C | INCLUDE]에서 [시/도]를 포함한 기준으로 매출의 합계를 집계했기 때문에 각 [국가/지역]별 [시/도]의 최소값과 최대값을 표시할 수 있다.

현재 캔버스 기준으로 [C | INCLUDE] 는 { FIXED : [국가/지역],[시/도] : SUM([매출]) }과 같은 값을 의미한다.

3) EXCLUDE

EXCLUDE 함수는 캔버스에 있는 차원 기준으로 특정 차원 값을 제외한 결과를 계산하는 함수이다. EXCLUDE 함수로 지정한 차원 값을 제외하여 결과를 계산하고 이 함수를 사용하면 지정된 차원 값을 제외한 측정값을 확인할 수 있다.

EXCLUDE 함수의 특징으로는 FIXED, INCLUDE와 다르게 특성으로 분류된다.

아래의 상황을 예시로 확인하면서 이해하도록 하자.

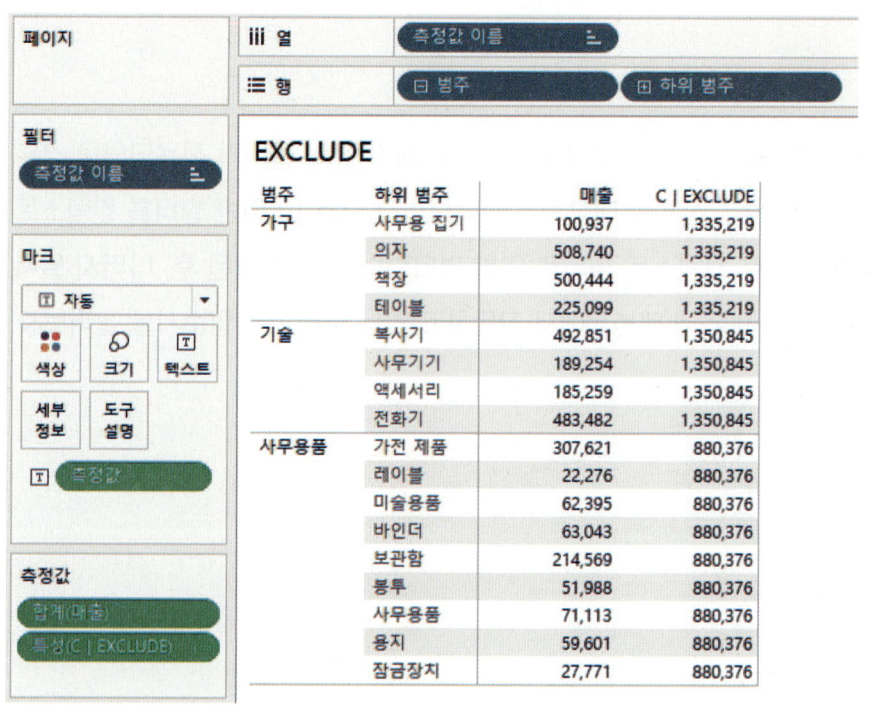

그림 32 EXCLUDE 예시

| C | EXCLUDE | { EXCLUDE [하위 범주] : SUM([매출]) } |

그림 30의 FIXED 예시에서 보았던 결과화면이랑 동일할 것이다.

현재 캔버스에 있는 차원은 [범주], [하위 범주]이고 EXCLUDE 함수에서 [하위 범주]를 제외했기 때문에 [범주] 기준으로 매출의 합계를 연산했기 때문이다. 그러므로 현재 캔버스 기준으로 [C | EXCLUDE]는 { FIXED : [범주] : SUM([매출]) } 와 같은 값을 의미한다.

이 때 중요한 것은 현재 캔버스 기준이다. 이 함수를 다른 캔버스에 쓰게 된다면 포함된 차원에 따라 결과 값이 달라지므로 특별한 상황이 아닐 때 FIXED 함수를 권장한다.

CHAPTER 04 / 적재적소에 활용하기

이번 파트에서는 태블로를 사용하고 있는 현업 개발자들이 프로젝트를 수행하면서 겪은 문제들을 바탕으로 태블로의 다양한 기능을 적재적소에 사용할 수 있게 설명하는 파트이다.

01 컨텍스트 필터

1. 개념

태블로에서 기본적으로 설정한 모든 필터는 독립적으로 적용된다. 두 개 이상의 필터가 적용되었을 경우 각 필터가 다른 필터와 관계없이 데이터 원본 전체를 대상으로 필터링한다. 하지만 일반 필터를 컨텍스트 필터로 지정할 경우, 해당 필드를 기준으로 컨텍스트 필터로 인한 필터링이 먼저 수행된 후, 나머지 필터를 통해 데이터가 필터링 된다. 이해를 돕기 위해 태블로에서 작동하고 있는 필터의 작업순서를 살펴보자.

1. 추출 필터

2. 데이터 원본 필터

3. 컨텍스트 필터

4. 차원에 대한 필터   ※ 필터 선반에 있거나 뷰의 필터 카드에 있는 경우

5. 측정값에 대한 필터   ※ 필터 선반에 있거나 뷰의 필터 카드에 있는 경우

그림 1 태블로 필터링 작업 순서

위에서 언급한 일반 필터는 필터링 작업순서에 나타난 4번, 5번에 해당한다. 따라서 컨텍스트 필터는 일반 필터보다 우선 순위로 적용된다.

컨텍스트 필터는 다음과 같은 용도로 사용된다.

- 태블로의 처리속도 향상을 위해 사용한다. 다만, 데이터 원본의 양이 많거나 적용된 필터의 수가 많을 경우, 처리속도가 저하될 수 있다.
- 상위, 하위 N 필터를 설정하기 위해 사용한다.

먼저 컨텍스트 필터를 적용하는 방법에 대해 알아보자.

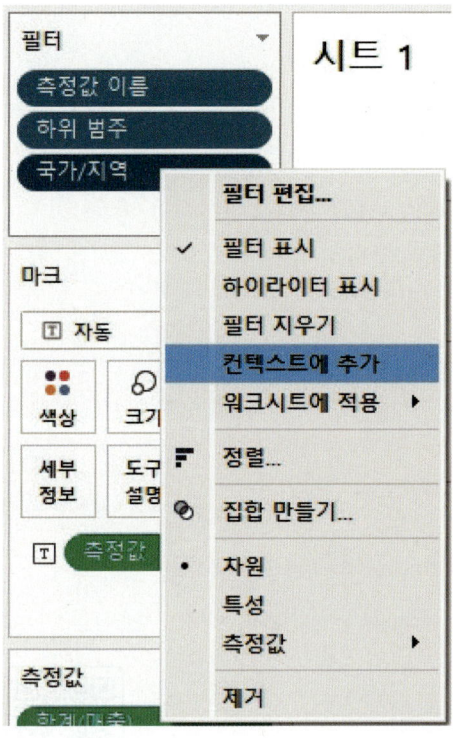

그림 2 컨텍스트 필터 적용

[국가/지역] 차원 필드를 필터로 적용한 후 컨텍스트 필터를 적용하는 필드를 우클릭 → '컨텍스트에 추가'를 선택한다. 컨텍스트 필터가 적용했을 때 [국가/지역] 필드에 대해 필터링을 진행한 다음 뷰에 아래의 그림과 같이 결과물이 나타난다.

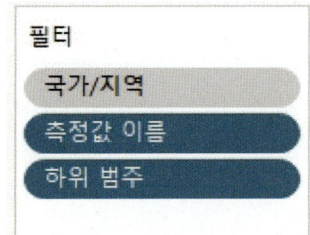

그림 3 컨텍스트 필터 적용 이미지

그림 3은 컨텍스트를 적용한 필터의 결과물이며 몇 가지 특징이 있다.

- 필터 선반 맨 위에 표시됨
- 필터 선반에 회색으로 표시됨
- 필터 선반에서 다른 필드와 정렬할 수 없음

컨텍스트 필터를 제거하기 위해 '컨텍스트에서 제거' 선택 시 일반 필터로 유지된다.

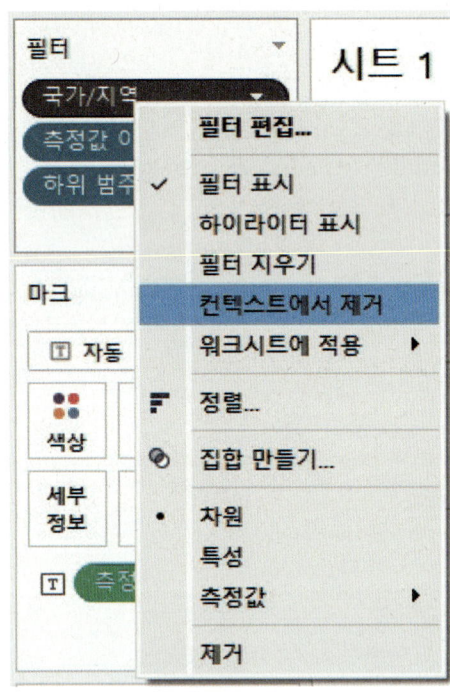

그림 4 컨텍스트 필터 제거

2. 실습

아래의 예제를 통해 일반 필터와 컨텍스트 필터의 차이점을 직접 확인해보자.

1) 상위 N 필터에 컨텍스트 필터 적용하기

STEP 01 차트를 구성요소에 맞게 작성하기

STEP 02 상위 필터 적용하기

필터에 [국가 지역] 필드를 [매출] 합계의 상위 10을 기준으로 한다.

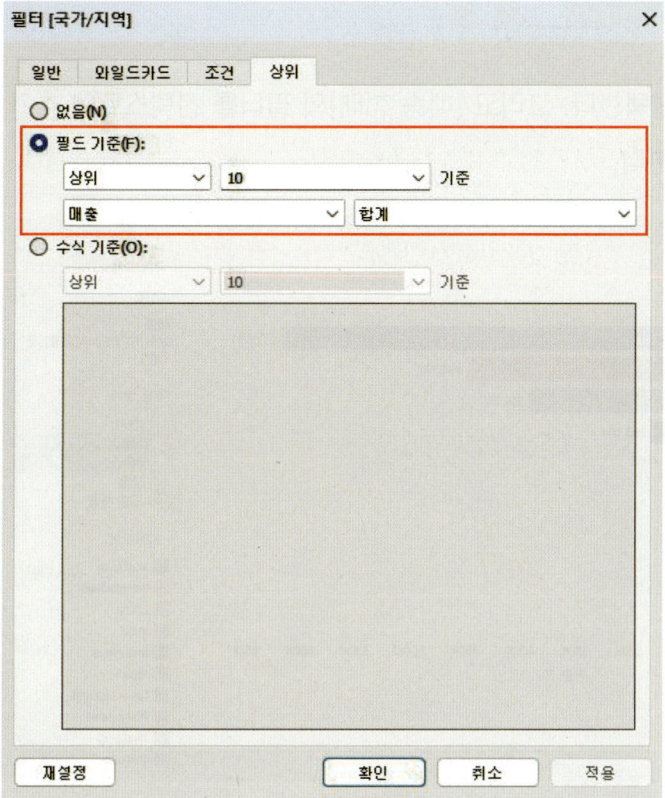

그림 5 상위 N 필터 적용

차트 구성 요소에 맞춰 만든 차트는 다음과 같다.

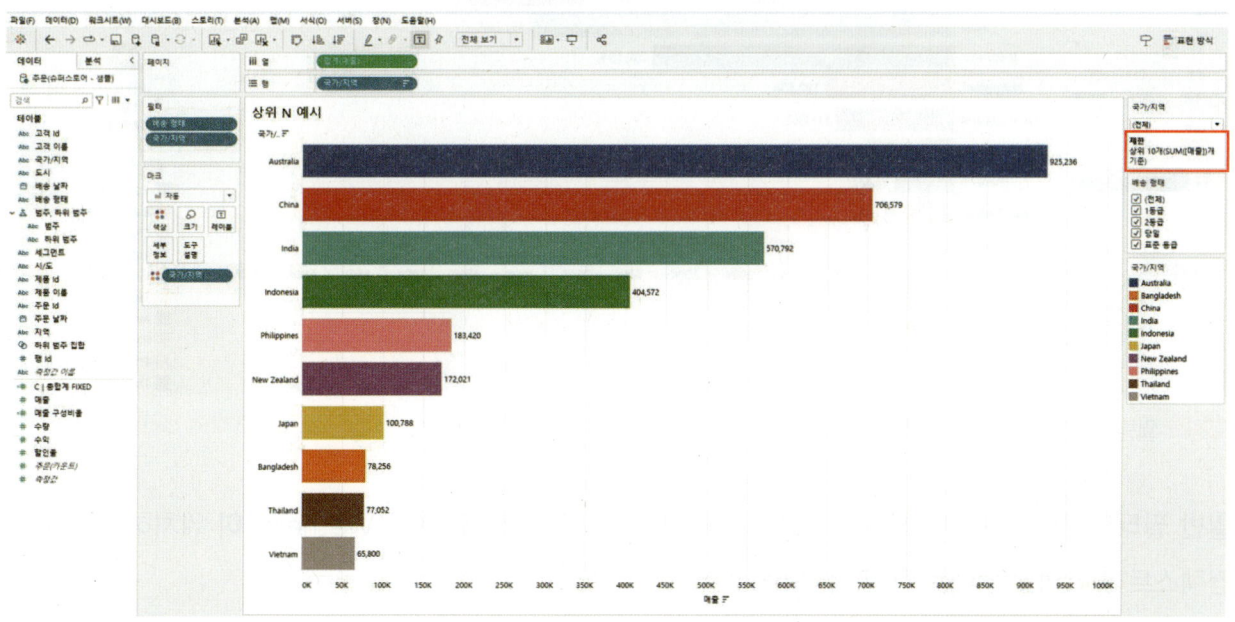

그림 6 상위 N 필터 적용

필터 표시를 통해 두 개의 필드 모두 표시해준다. 이 때, [국가/지역] 필터에 "제한 상위 10개(SUM([매출])개 기준)"이라는 문구를 확인한다.

STEP 03 컨텍스트 필터 적용하기

[배송형태]의 필터에서 "표준등급"과 "당일"을 선택한다. 그리고 [배송 형태]의 필터를 컨텍스트에 추가했을 때와 하지 않았을 때에 대한 차이점을 살펴본다.

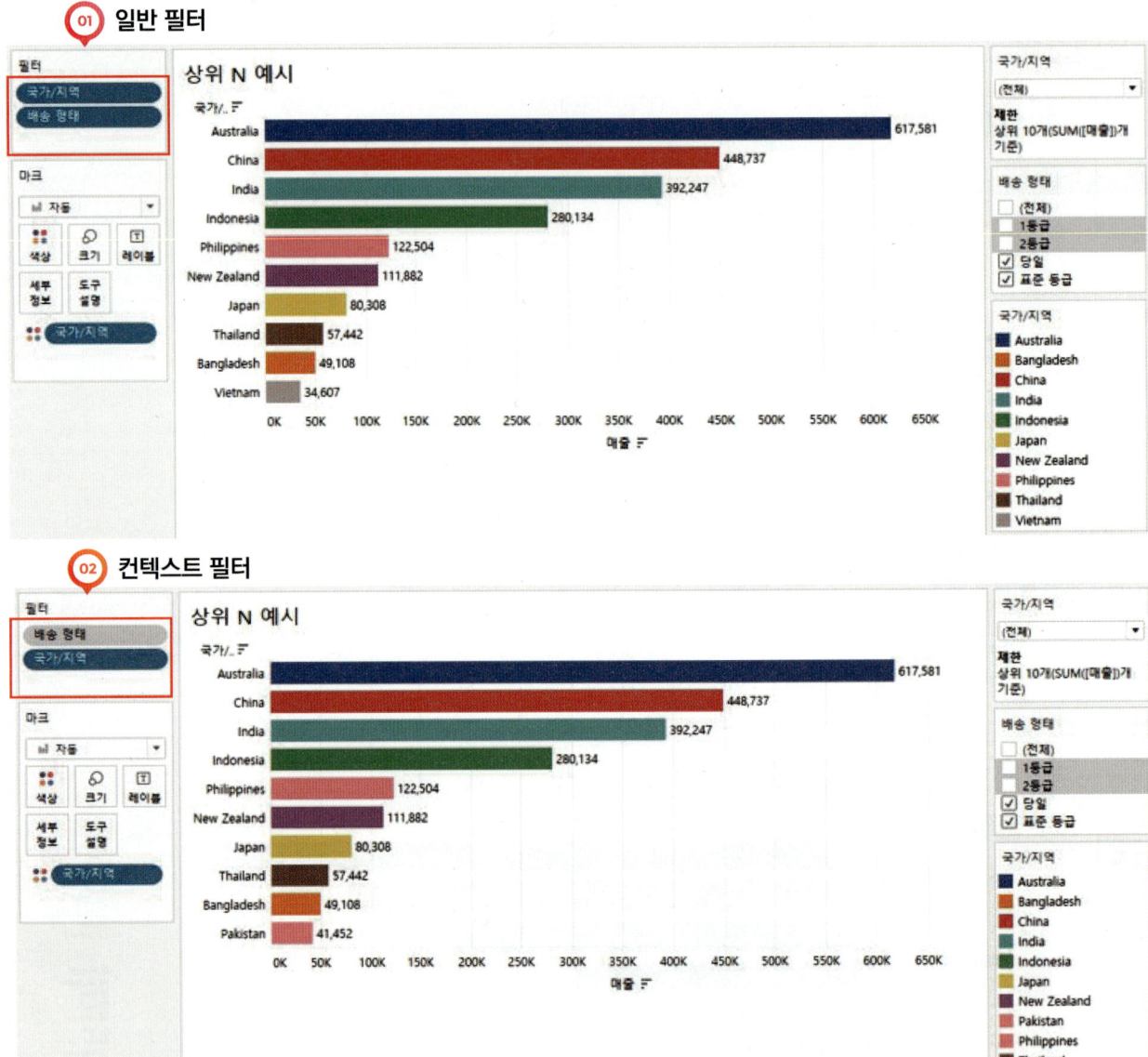

그림 7 일반 vs 컨텍스트 필터 시각적 차이

일반 필터의 경우 뷰에 표시된 총 10개의 [국가/지역] 중에서 10위에 "Vietnam"이 위치하고 있지만, 컨텍스트 필터의 경우에는 10위에 "Pakistan"으로 변경되었다.

일반필터가 적용된 뷰의 데이터 흐름을 살펴보면 [매출]의 합계가 높은 [국가/지역] 10개의 지역을 뷰에 나타낸 다음, 배송 형태가 "표준 등급"과 "당일"에 해당하는 매출액을 필터링한 것이다.

반면, 컨텍스트 필터가 적용된 뷰의 데이터 흐름은 데이터 원본에서 배송 형태가 '표준 등급'과 '당일'에 해당하는 데이터로 필터링 한 다음, 매출의 합계가 높은 국가/지역 10개의 지역을 뷰에 나타낸다.

이처럼 일반 필터와 컨텍스트 필터의 적용에 따라서도 서로 다른 뷰의 결과물을 나타내게 된다.

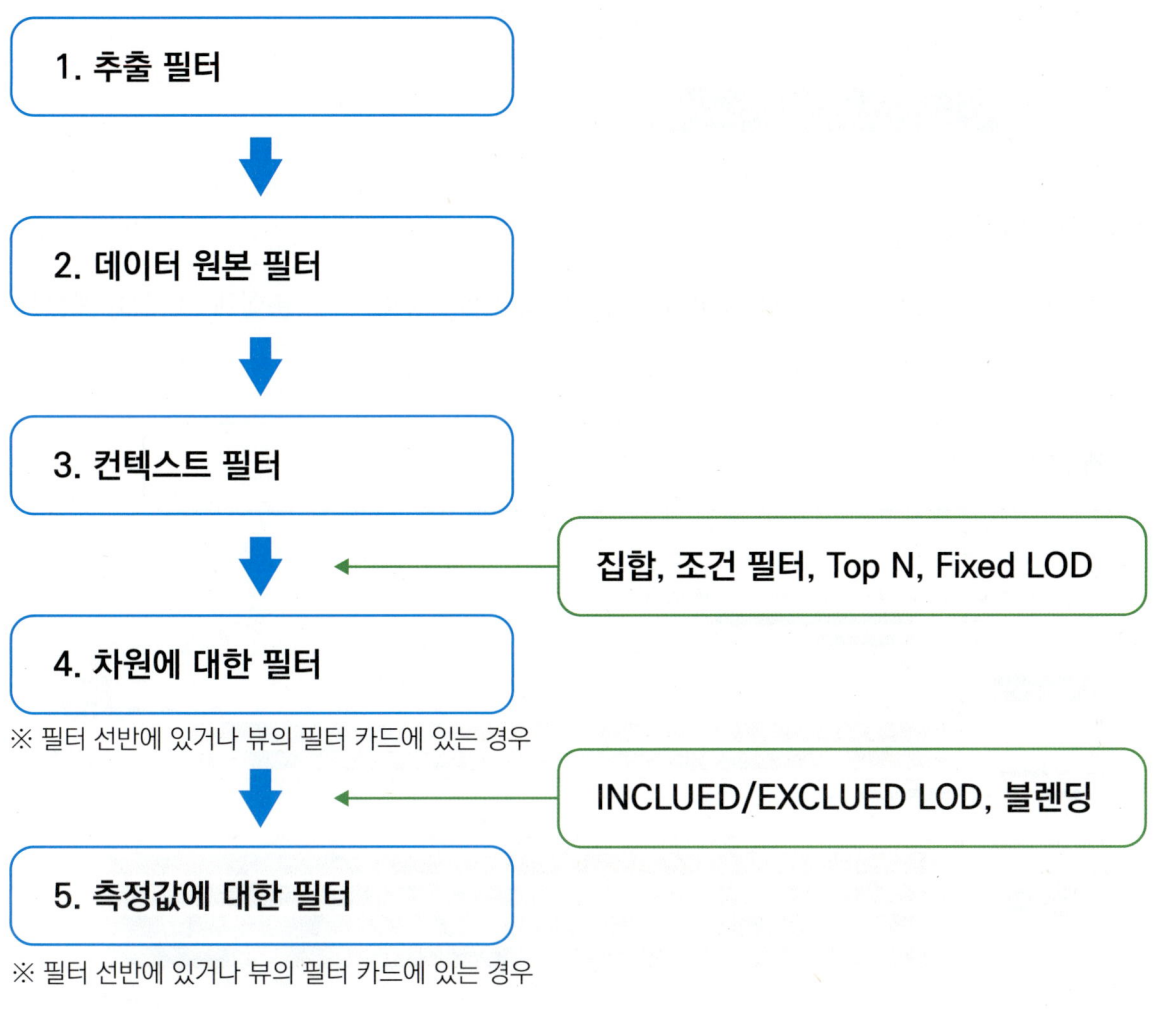

그림 8 태블로 필터링 세부 작업 순서

일반 필터(차원 및 측정값 필터)와 컨텍스트 필터 사이에 조금 더 세부적인 작업 순서가 존재한다. 집합, 조건 필터, Top N, LOD의 FIXED가 일반 필터와 컨텍스트 필터 사이의 작업 순서이며, 그 중에서 LOD의 FIXED를 사용한 예제를 함께 확인하고 이해해보자.

2) LOD를 사용했을 때 컨텍스트 필터 적용하기

STEP 01 차트를 구성요소에 맞게 작성하기

STEP 02 LOD 계산식 만들기

아래는 [국가/지역]이 "South Korea"에 해당하는 매출의 합계를 구하는 [C | 총합계 FIXED] 계산식이다.

C | 총합계 FIXED   {FIXED [국가/지역]="South Korea" : SUM([매출])}

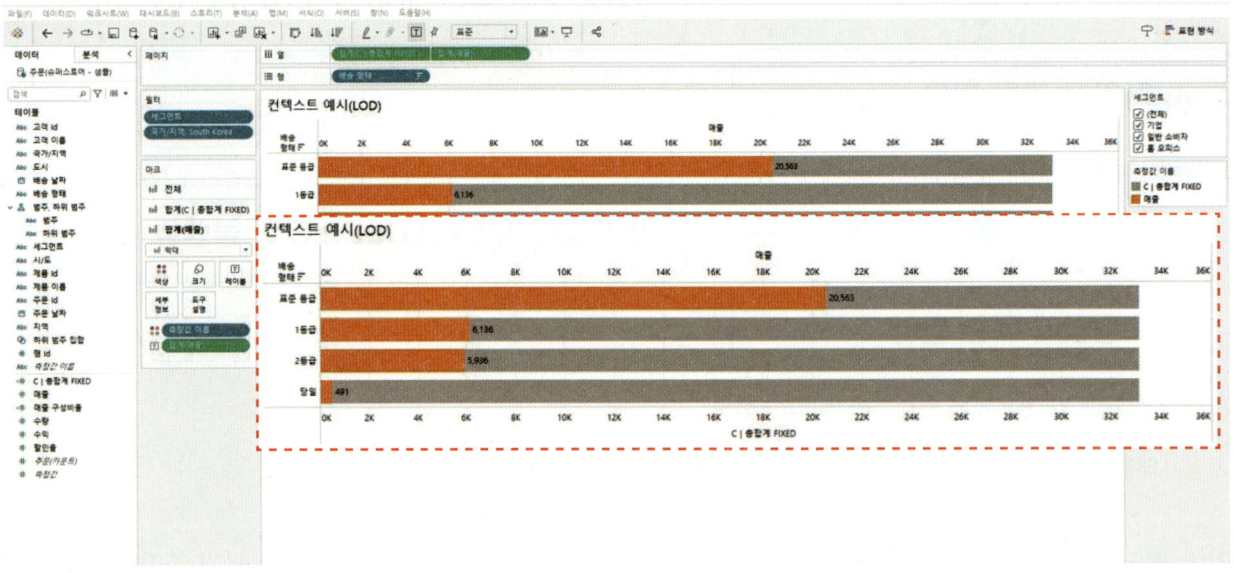

그림 9 LOD 예제 시트 구성

위의 차트를 살펴보면 "South Korea"인 [국가/지역]의 [매출]을 기반으로 전체 값에 대한 범위를 보여준다. 또한 [매출]의 이중축 기능을 사용하여 전체 매출액에 대한 배송 형태별 매출의 비율을 시각적으로 나타내었다.

아래의 차트는 [배송 형태]와 "South Korea"인 [국가/지역]에 해당하는 [매출]을 보여주었다. 이때 [세그먼트]가 "일반 소비자"에 해당하는 데이터만 분석한다면 필터로 [세그먼트]를 적용시키면 된다.

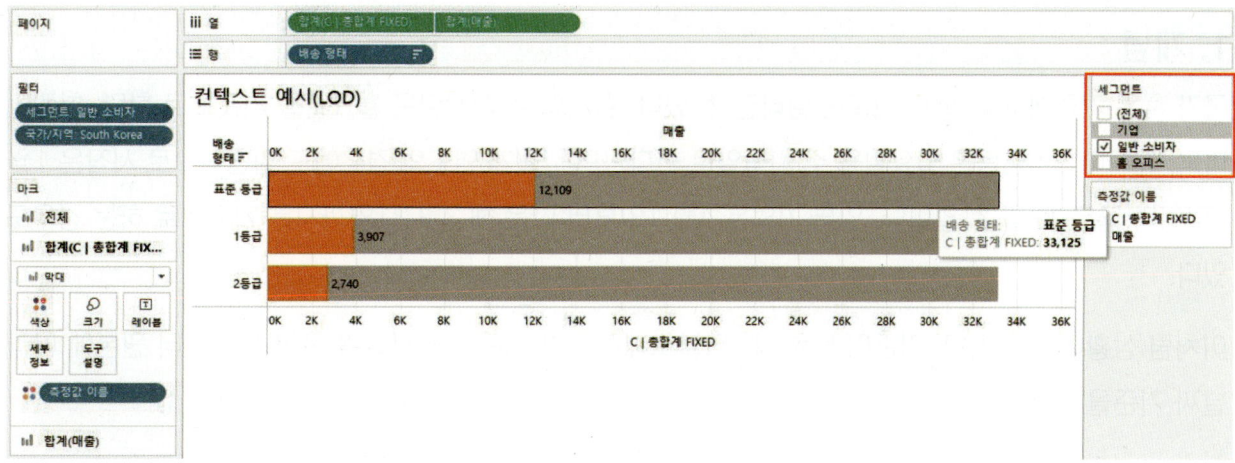

그림 10 일반 필터 적용

STEP 03 컨텍스트 필터 적용하기

[세그먼트] 필터가 적용되면 아래의 그림과 같이 [배송 형태] 값 중 '당일'을 제외한 3개의 범주만 차트에 나타난다. 또한, [배송 형태]의 '당일'을 제외한 [매출]의 총합이 18,757로 표기되지만 FIXED 세부 수준식은 [세그먼트] 필터가 적용되기 전의 [매출]을 나타낸다.

이로 인해 필터링 된 매출액이 과소 평가될 수 있고 잘못된 시각화의 가능성이 존재한다. 이러한 상황에서 [세그먼트] 필터링에 따라 총 매출액도 변경되도록 하려면 컨텍스트 필터를 적용하면 된다. [세그먼트] 필드를 컨텍스트 필터에 적용해보자.

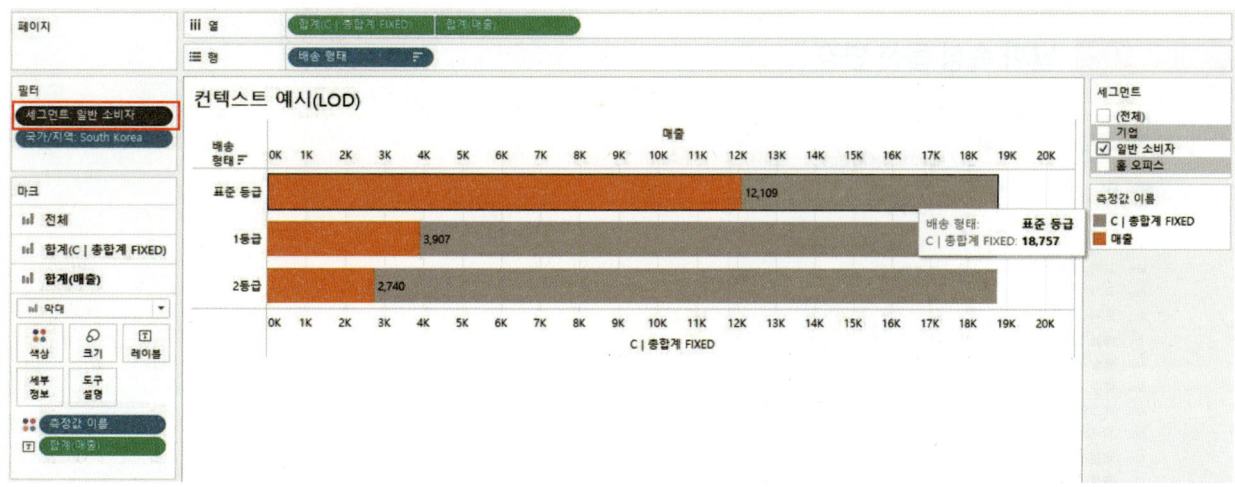

그림 11 컨텍스트 필터 적용

컨텍스트 필터가 적용되면 "일반 소비"인 [세그먼트]에 대한 데이터를 필터링하고, 나머지 조건에 따른 [매출]을 보여준다. 따라서, 이전과 같은 잘못된 시각화의 가능성이 배제된다.

02 날짜 속성

1. 개념

국가 혹은 기업에 따라 날짜 기준은 달라질 수 있다. 한국의 주 시작일은 월요일을 기준으로 한다. 하지만 미국, 캐나다, 일본 등은 일요일을 주 시작일로 한다. 또한, 회계 연도의 경우에도 일반적으로 시작은 1월 1일이며 끝은 12월 31일이다. 일부 기업은 4월 1일부터 다음 해 3월 31일까지를 기준으로 하는 경우도 있다.

이처럼 상황에 따라 날짜 기준이 다를 때, 태블로에서 '날짜 속성' 옵션을 활용하면 데이터 원본에 따라 날짜 기준을 변경할 수 있다.

2. 실습

주 시작일과 회계 연도가 다를 경우 날짜 기준을 변경해보자.

실습영상

STEP 01 차트를 구성요소에 맞게 작성하기

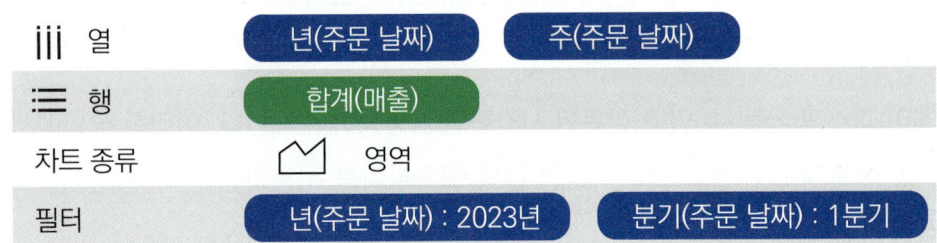

STEP 02 날짜 속성 옵션 변경

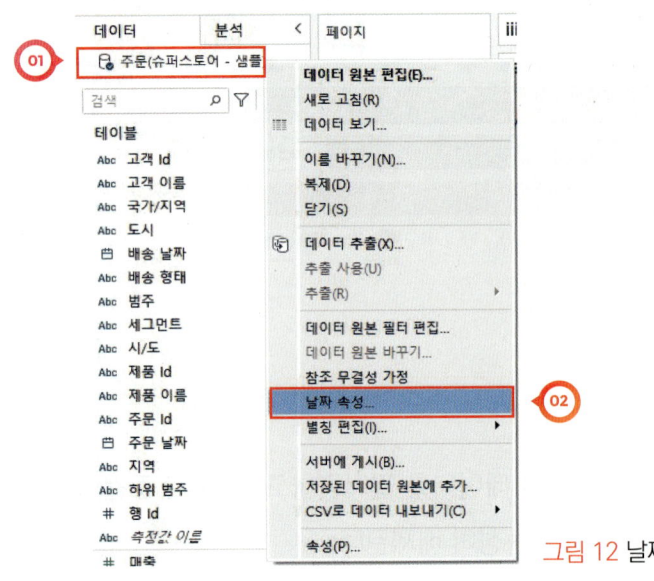

그림 12 날짜 속성 설정하는 방법

변경할 데이터 원본에서 우클릭 → '날짜 속성'을 선택한다.

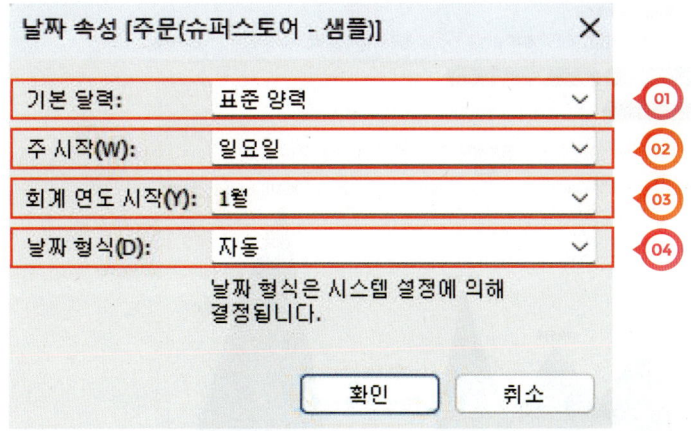

그림 13 날짜 속성 대화상자

날짜 속성 대화상자에 대한 설명은 아래와 같다.

❶ 표준 양력 또는 ISO-8601 주 기반 중에서 사용할 달력 시스템을 지정
❷ 주의 첫 번째 요일을 지정
❸ 회계 연도의 첫 번째 월을 지정
❹ 데이터 차원의 기본 형식을 지정

주별 매출 트렌드를 살펴보는 영역 차트를 구현하여 직접 변화를 확인한다.

1) 주 시작일

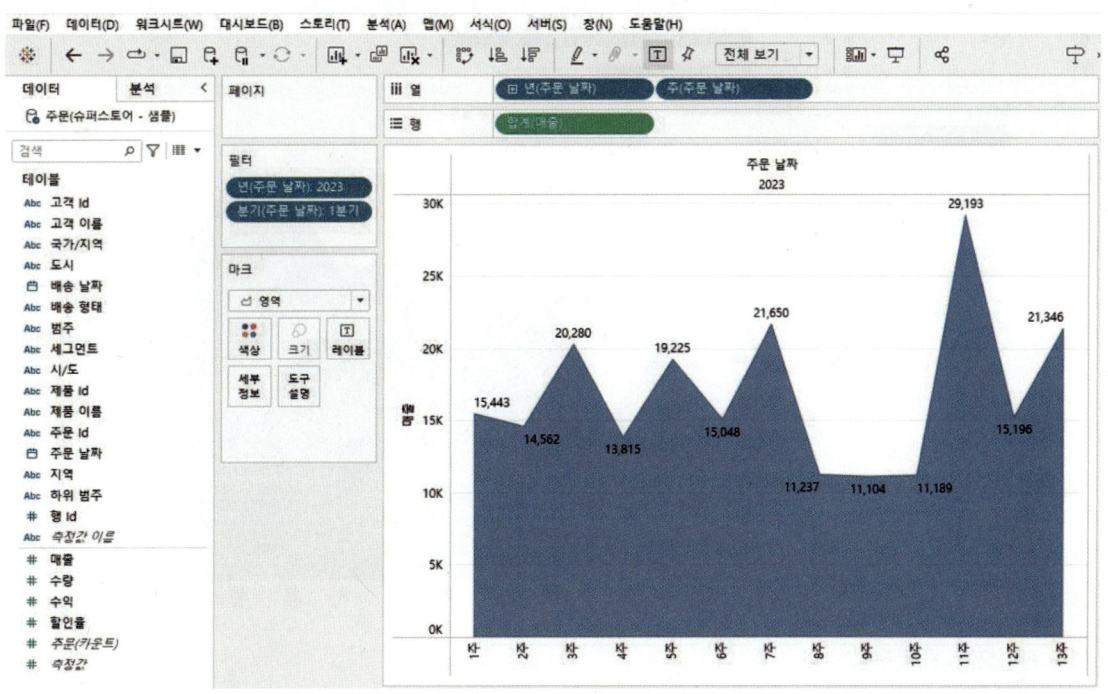

그림 14 주 시작일 : '일요일'일 때 결과

적재적소에 활용하기 247

주 시작일이 일요일 일 때의 결과는 위와 같고, 아래는 '월요일'로 변경했을 때의 결과이다.

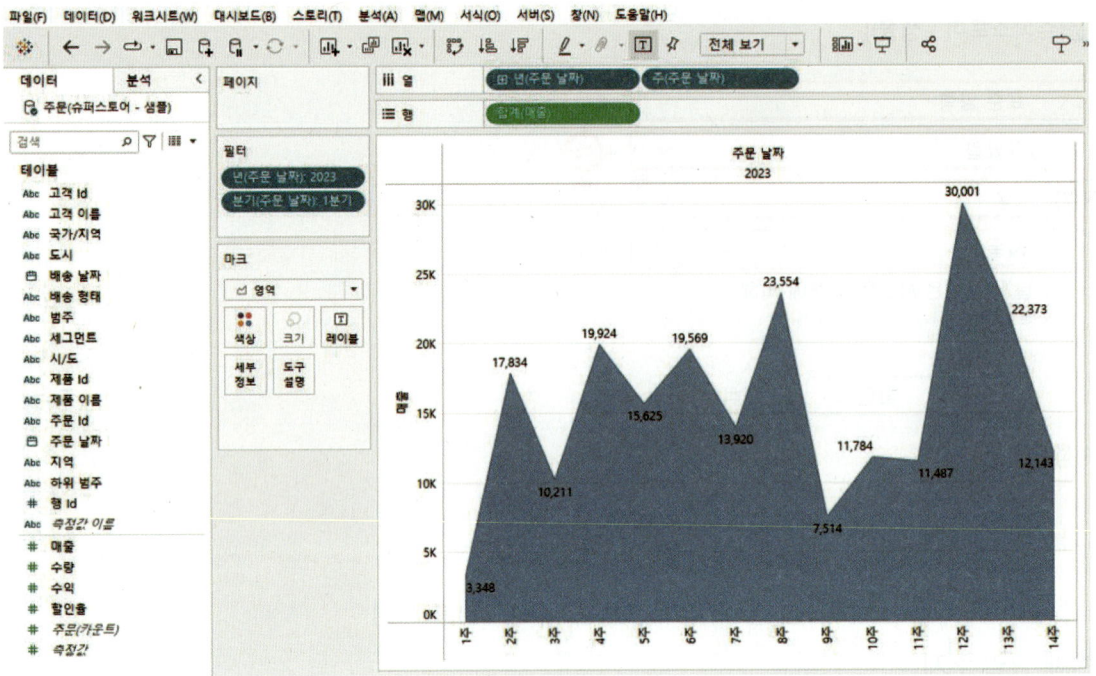

그림 15 주 시작일 : '월요일'일 때 결과

실제로 주 시작일이 월요일이지만, 변경하지 않은 채 분석을 진행했다면 다른 결과를 불러 왔을 것이다.

2) 회계 연도

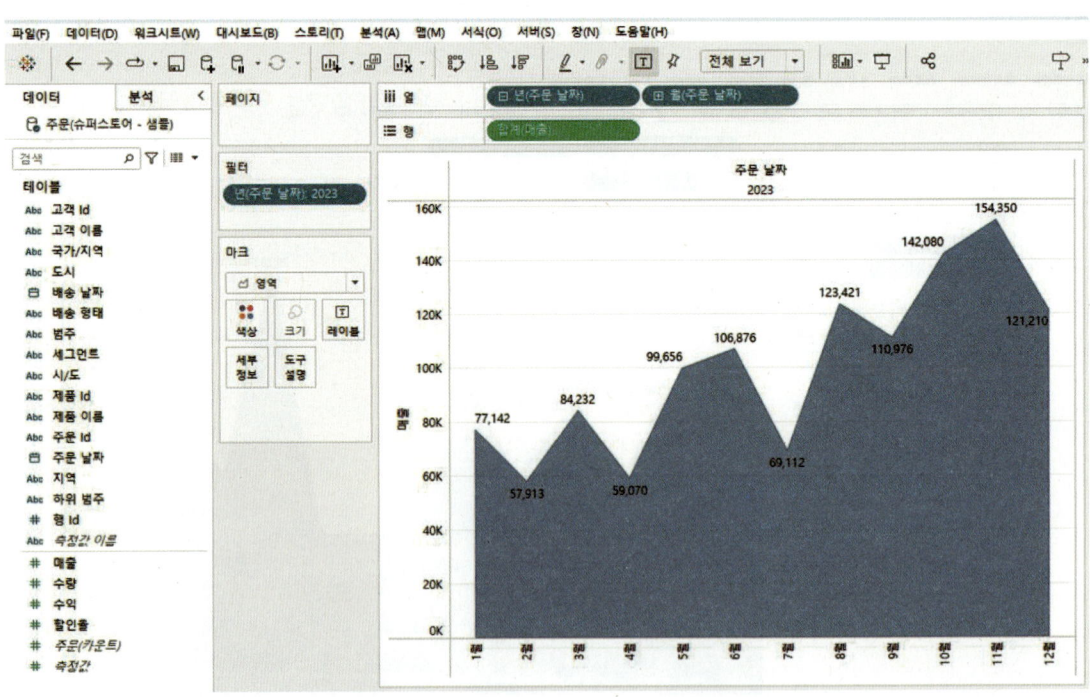

그림 16 회계 연도 관련 기본 차트 구성

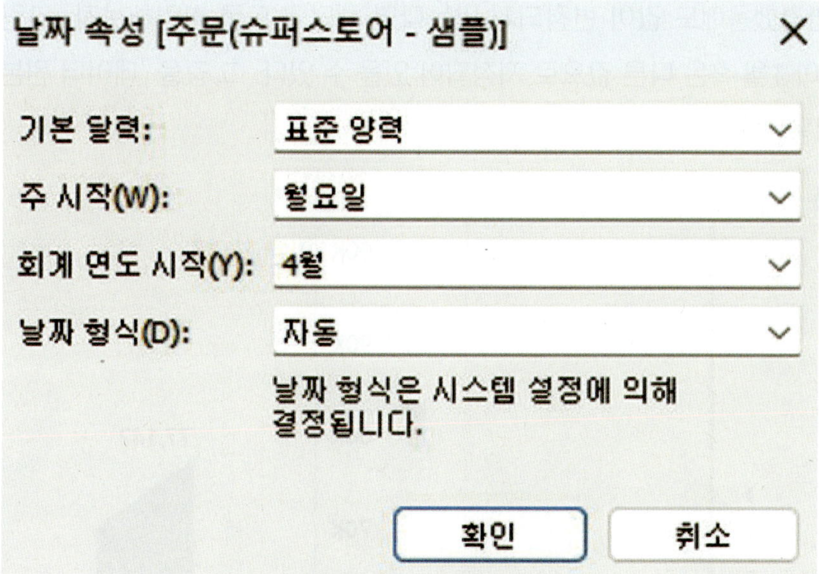

그림 17 날짜 속성 대화상자 변경(회계연도 4월)

[분기(주문 날짜)] 필터를 제거 한 후 앞서 말한 회계연도를 기준으로 날짜 속성을 변경한다. 시작을 4월을 기준으로 변경한 결과는 다음과 같다.

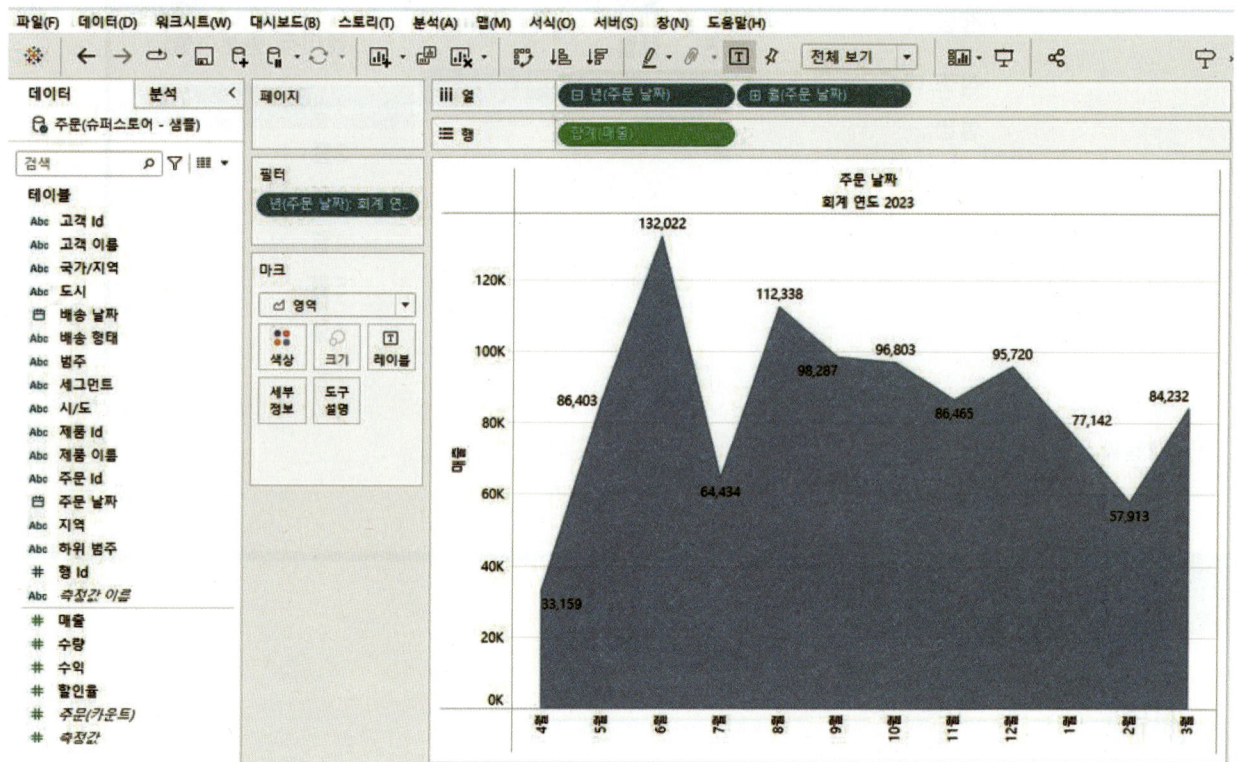

그림 18 회계 연도가 4월일 때 결과

적재적소에 활용하기

만약, 날짜 속성에서 회계연도를 변경했음에도 값이 변경되지 않는다면 해당 필드를 확인해보자. 그림 19와 같이 [주문 날짜] 필드의 속성이 1월 혹은 다른 값으로 지정되어 있을 수 있다. 그 값을 '데이터 원본 (4월)'으로 변경해주면 변경점이 적용된다.

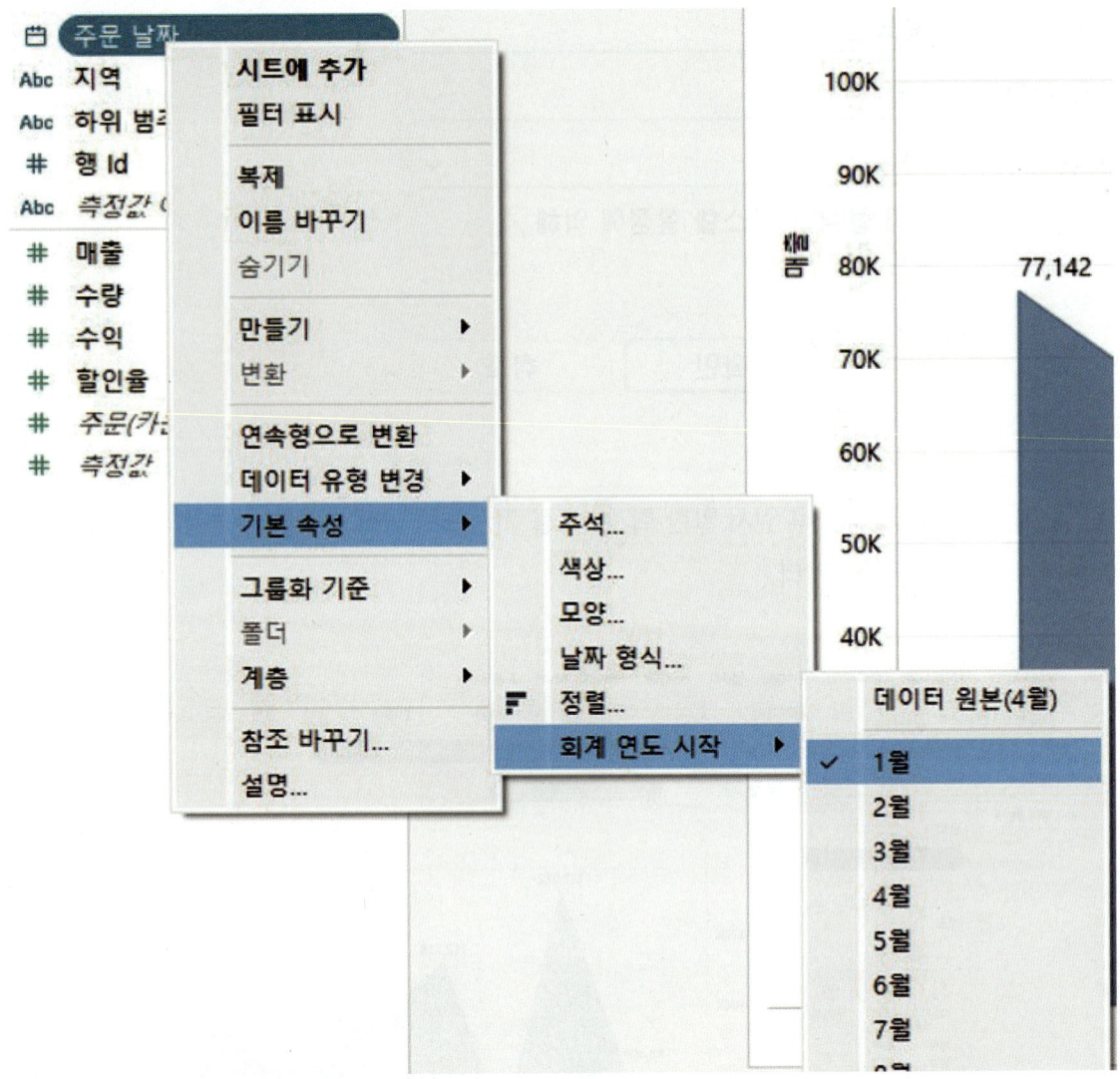

그림 19 날짜 필드의 회계 연도 속성 확인

03 빈 행, 빈 열 표시

1. 개념

데이터 소스에서 특정 필드에 항목으로 필터링했을 때, 제외된 항목도 나타내고 싶은 상황이 발생할 수 있다. '빈 행 표시'와 '빈 열 표시' 기능을 사용하면 제외된 행과 열에 항목도 포함하여 볼 수 있으며 이는 누락된 항목을 확인하기 용이하다.

2. 실습

'빈 행 표시', '빈 열 표시'를 어떻게 활용할 수 있는지 알아보자.

실습영상

STEP 01 차트를 구성요소에 맞게 작성하기

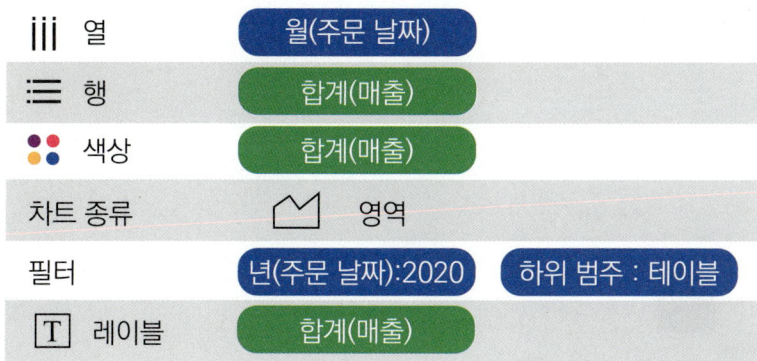

데이터를 확인해보면 2020년 4월에는 매출이 없어 빠져 있는 걸 확인할 수 있다.

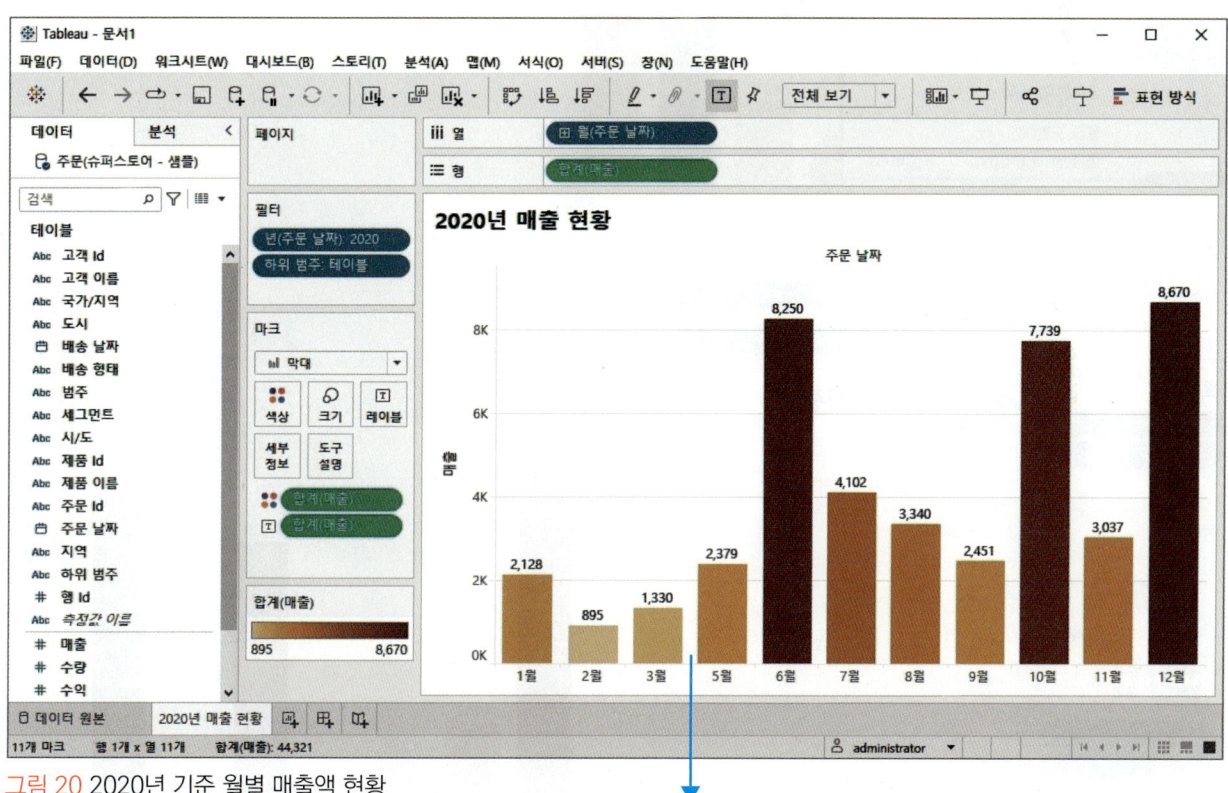

그림 20 2020년 기준 월별 매출액 현황

4월에는 매출이 없어 빠져 있어 표시되지 않음

적재적소에 활용하기 251

STEP 02 빈 열 표시하기

값이 없더라도 월 기준으로 모든 항목을 보고싶을 경우 '빈 열 표시' 기능을 사용하면 전체 항목을 확인할 수 있다.

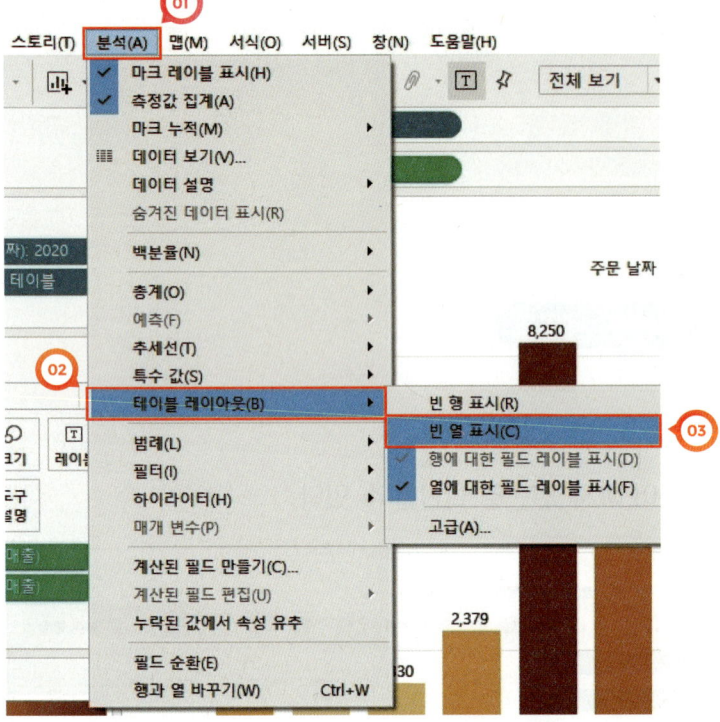

그림 21 '빈 열 표시' 활성화 방법

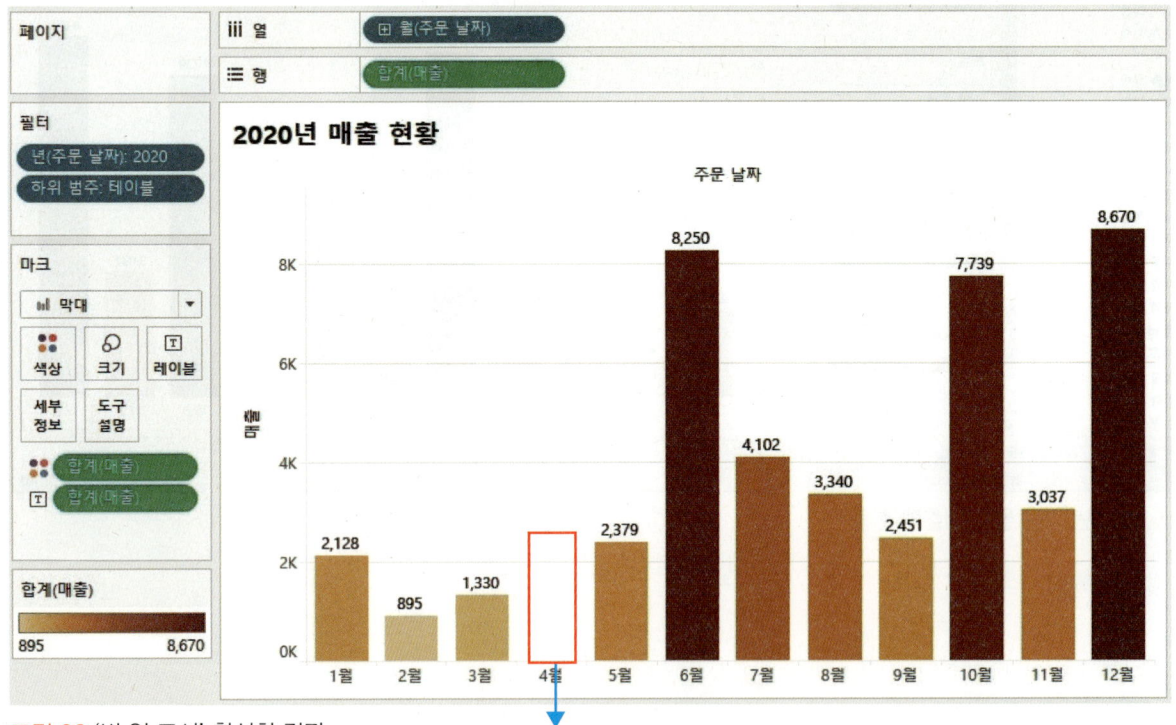

그림 22 '빈 열 표시' 활성화 결과

4월달 항목이 추가됨

'빈 열 표시'를 통해 4월 항목이 나타났지만 값은 없으므로 Null 값으로 표현된다. 그렇다면 '빈 열 표시' 기능을 좀 더 유용하게 사용하는 방법이 없을까? 활용성을 높이기 위해 〈2020년 매출 현황〉을 나타내는 요구사항에서 〈2020년 누적 매출 현황〉을 표현으로 바꿔서 만들어보자.

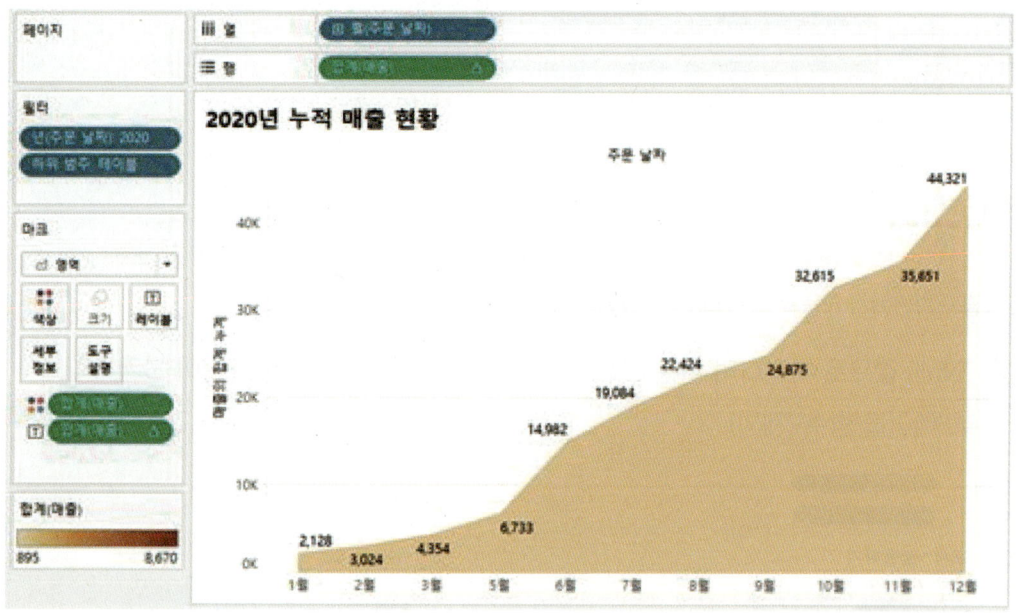

그림 23 2020년 기준 월별 누적 매출액 현황

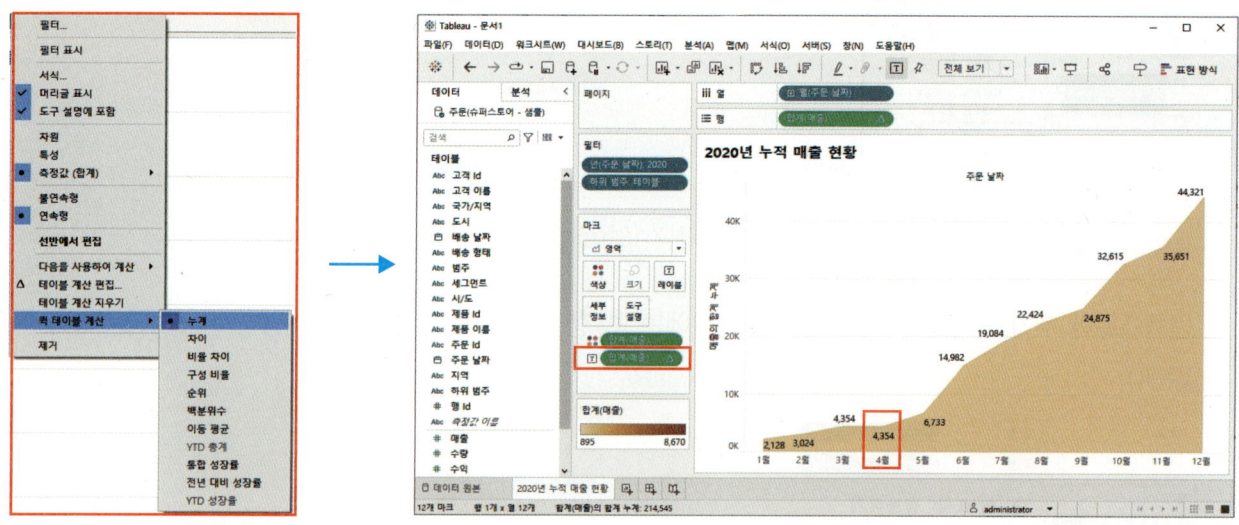

그림 24 2020년 기준 월별 누적 매출액 현황(4월 포함)   4월에 값이 누적으로 찍힘

> **더 알아보기** 빈 행, 빈 열 표시 적용 범위
>
> '빈 행 표시', '빈 열 표시' 설정 시 화면에서 사용된 모든 필드에 적용된다. (일부 필드만 선택하여 적용 불가)

적재적소에 활용하기 253

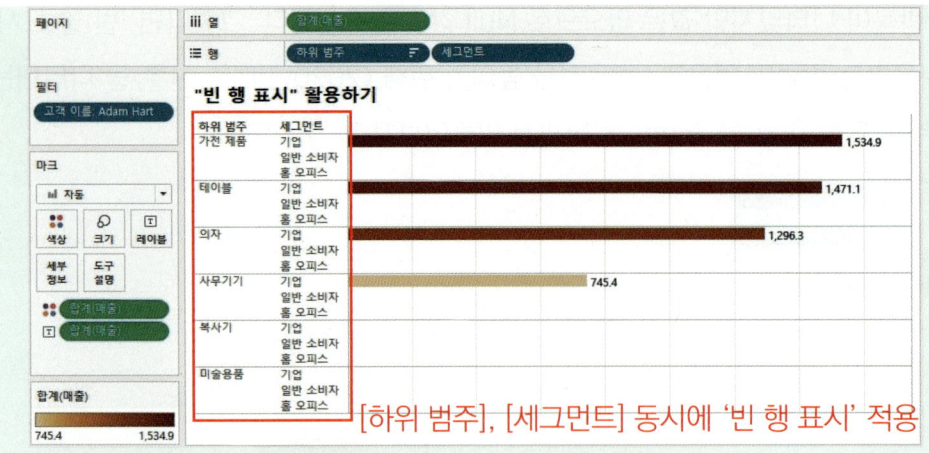

그림 25 빈 행 표시 특징 – 화면에서 사용된 모든 필드에 적용

추가된 항목에 값은 'Null' 값으로 나타나며 이는 ZN 함수를 사용하더라도 0값으로 표현이 불가하다. (단. 누계와 같은 일부 '테이블 함수' 제외)

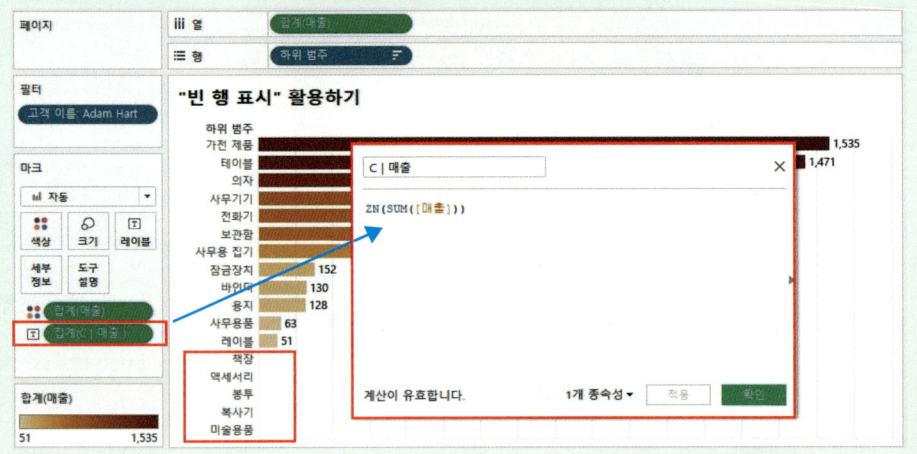

그림 26 빈 행 표시 특징 – Null 값   ZN 함수를 사용하더라도 '0' 값이 표현되지 않음

'컨텍스트에 추가' 옵션을 사용한 필드에 경우에는 '빈 행 표시', '빈 열 표시'를 설정하더라도 적용되지 않는다.

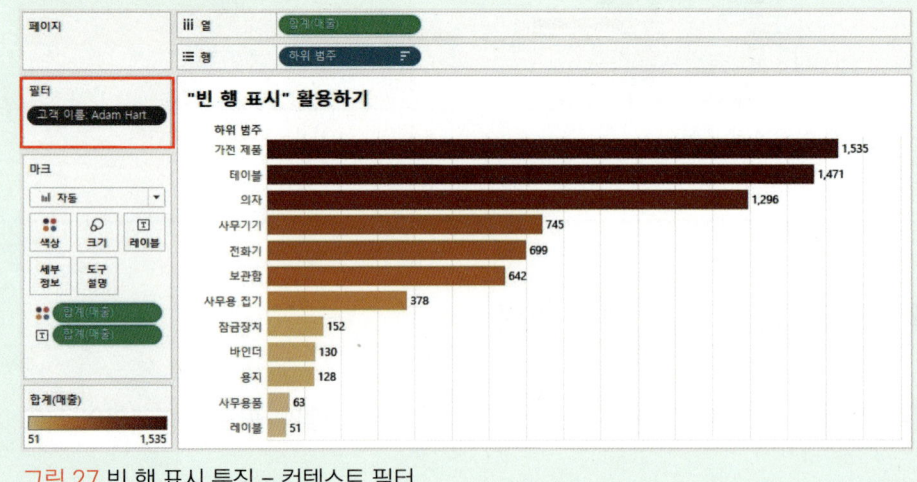

그림 27 빈 행 표시 특징 – 컨텍스트 필터

CHAPTER 05 대시보드 동작 알아보기

태블로 대시보드 동작은 대시보드의 데이터를 동적 분석할 수 있는기능이다. 대시보드 동작을 통해 사용자는 대시보드와 상호작용하며 데이터에 대해 더 깊이 이해하고 분석할 수 있다. 대시보드 동작은 사용자가 마크를 선택하거나, 마우스 오버하거나, 메뉴를 클릭하는 등의 행동을 통해 실행되며, 대시보드는 설정한 동작에 따라 즉시 응답하여 데이터를 시각화한다.

동작 기능은 상단 메뉴바에서 '대시보드' → '동작' 버튼을 눌러서 메뉴를 열 수 있다. 또는 'Ctrl + Shift + D' 단축키를 이용할 수도 있다.

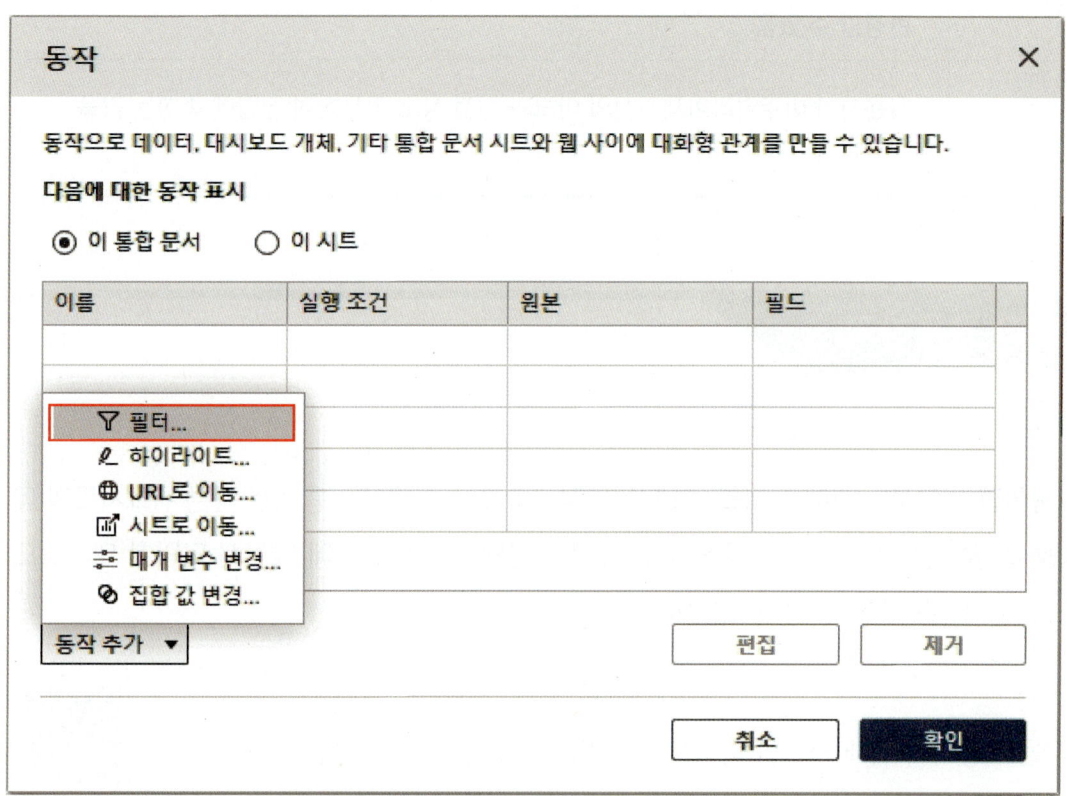

그림 1 대시보드 동작

동작 메뉴를 열면 다음과 같은 창이 나오게 되어 상단 라디오 버튼으로 통합 문서 전체에 적용할 것인지, 해당 시트(대시보드)에서만 적용할 것인지 선택할 수 있다. 또, 좌측 하단 '동작 추가' 버튼을 이용해서 동작을 생성할 수 있다.

다음은 태블로에서 제공하는 동작들의 요약과 설명이다.

동작	설명
필터	한 뷰의 데이터를 사용하여 다른 뷰의 데이터를 필터링하여 분석을 도움
하이라이트	특정 마크에 색상을 지정하고 다른 모든 마크는 흐리게 표시하여 해당 마크를 강조할 수 있음
URL로 이동	웹 페이지, 파일 또는 다른 태블로 워크시트와 같은 외부 리소스로 연결되는 하이퍼링크를 만듦
시트로 이동	간편하게 다른 워크시트, 대시보드 또는 스토리를 탐색할 수 있음
매개 변수 변경	사용자가 비주얼라이제이션의 마크와 직접 상호 작용하여 매개 변수 값을 변경할 수 있음
집합 값 변경	사용자가 비주얼라이제이션의 마크와 직접 상호 작용하여 집합에 속하는 값을 변경할 수 있음

01 필터 동작 응용하기

1. 개념

필터 동작을 이용하면 워크시트 간에 정보를 보낼 수 있다. 말 그대로 동작을 통해서 다른 워크시트의 데이터를 필터링할 수 있는 가장 기초적인 동작이다. 개념은 간단하지만 활용에 따라서 다양한 대시보드 구성을 할 수 있도록 해주는 중요한 동작 기능이다.

2. 실습

먼저, 필터 동작을 사용하기 위해 간단한 파이 차트와 막대 차트를 먼저 작성한다.

실습영상

STEP 01 대시보드구성

⟨Pl⟩

T 레이블	매출의 구성비
T 레이블	지역
각도	매출의 구성비
색상	지역
차트 종류	파이 차트

⟨Bar⟩

열	범주	하위 범주
행	측정값	
색상	측정값 이름	
차트 종류	막대 차트	
측정값	SUM(매출)	SUM(수익)

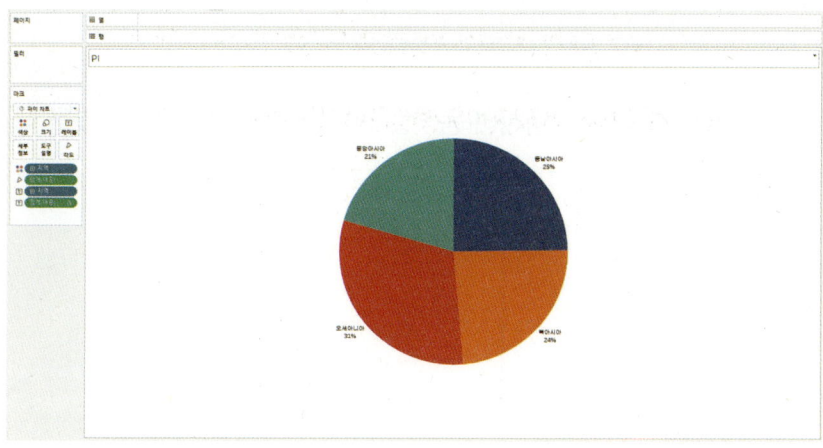

그림 2 파이 차트 완성화면

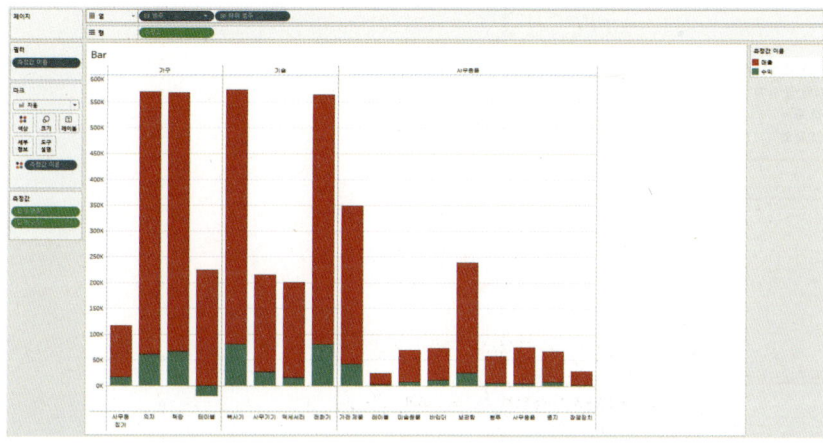

그림 3 막대 차트 완성화면

간단한 배치로 다음과 같은 대시보드를 구성하고, 제목은 숨김 처리 해준다.

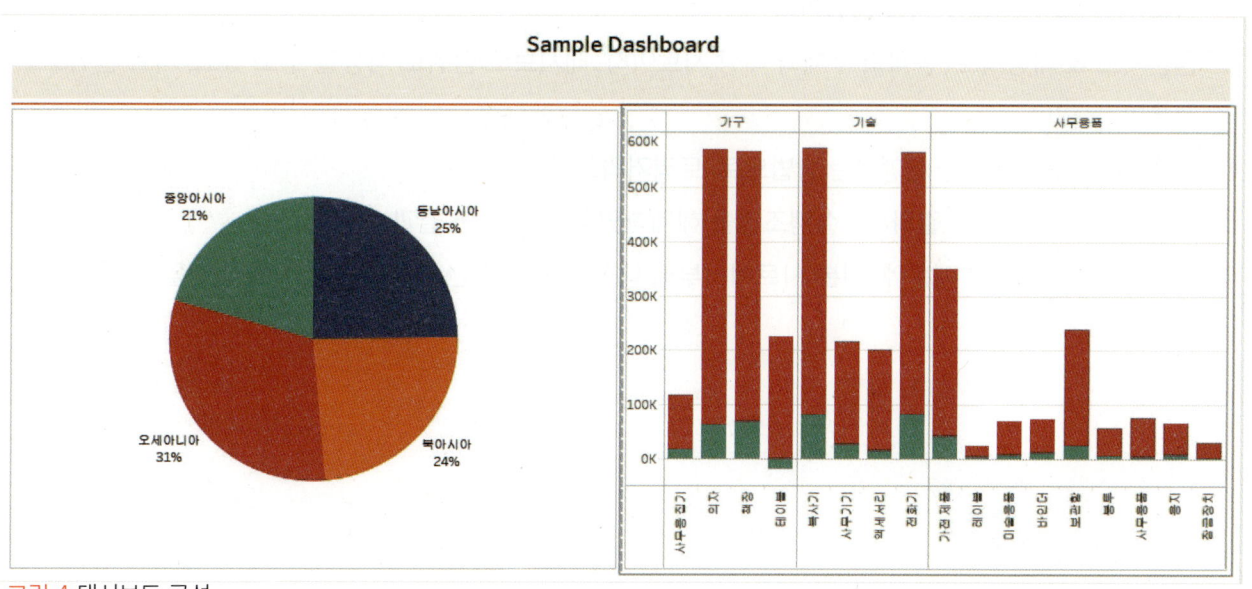

그림 4 대시보드 구성

대시보드 동작 알아보기 257

STEP 02 필터 동작 만들기

구성을 완료했다면 '동작 추가'를 클릭하고 '필터' 항목을 선택하여 동작을 만든다. '필터'를 추가하였을 때 기본 화면에 대한 세부 옵션 설명은 아래와 같다.

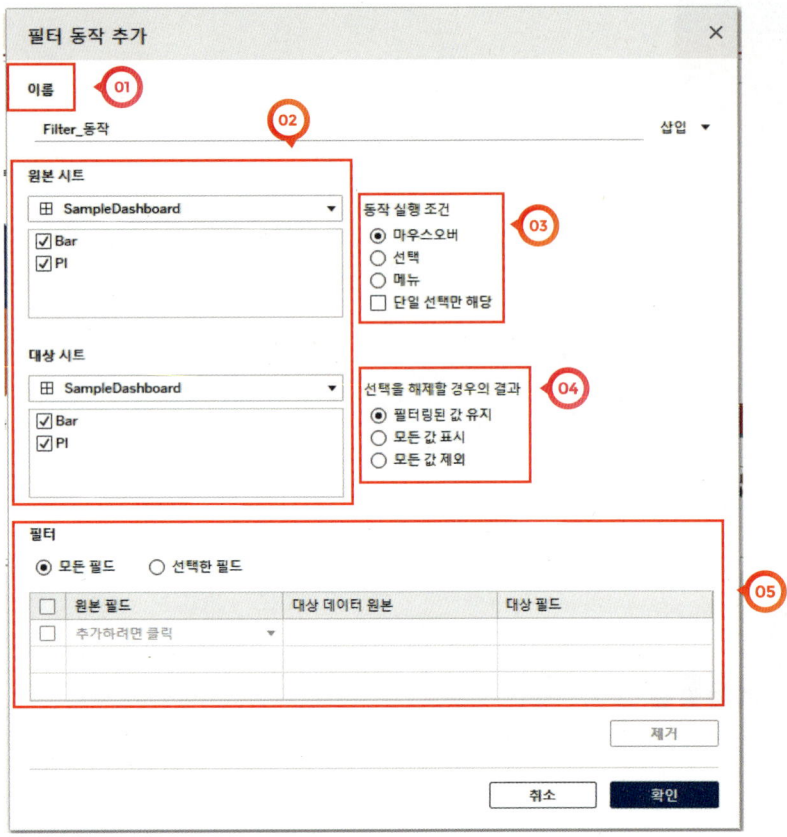

그림 5 필터 동작 추가

❶ **이름:** 생성할 동작의 명칭을 지정한다.
❷ **원본시트 & 대상시트:** 동작의 주체와 대상 시트이다. 대시보드 단위로 적용할 수도 있고, 시트 단위로도 적용할 수 있다.
❸ **동작 실행 조건:** 동작을 실행하는 방법으로, 트리거라고도 한다.
❹ **선택을 해제할 경우의 결과:** 위 실행조건을 해제하였을 때에 대한 결과 조건이다.
❺ **필터:** 필터 동작이기 때문에, 원본 시트에서부터 대상 시트로 어떤 필드를 이용하여 필터를 적용할 것인지 선택할 수 있다.

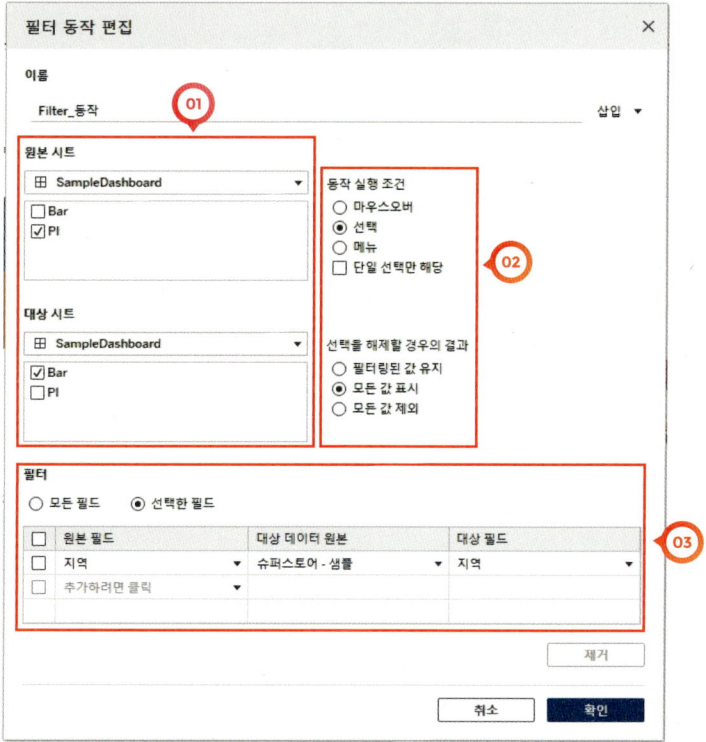

그림 6 필터 동작 조건

❶ 원본 시트는 'PI' 대상 시트는 'Bar'로 작성한다.
❷ 동작 실행 조건은 '선택', 선택 해제 시 '모든 값 표시' 로 설정한다.
❸ 필터를 '선택한 필드' 로 바꿔주고 필드를 [지역]으로 설정한다.

위 동작을 그림 7과 같이 파이 차트에서 선택하면 파이 차트에서 선택한 지역(예. 중앙아시아)으로 막대 차트의 데이터가 필터링 된다.

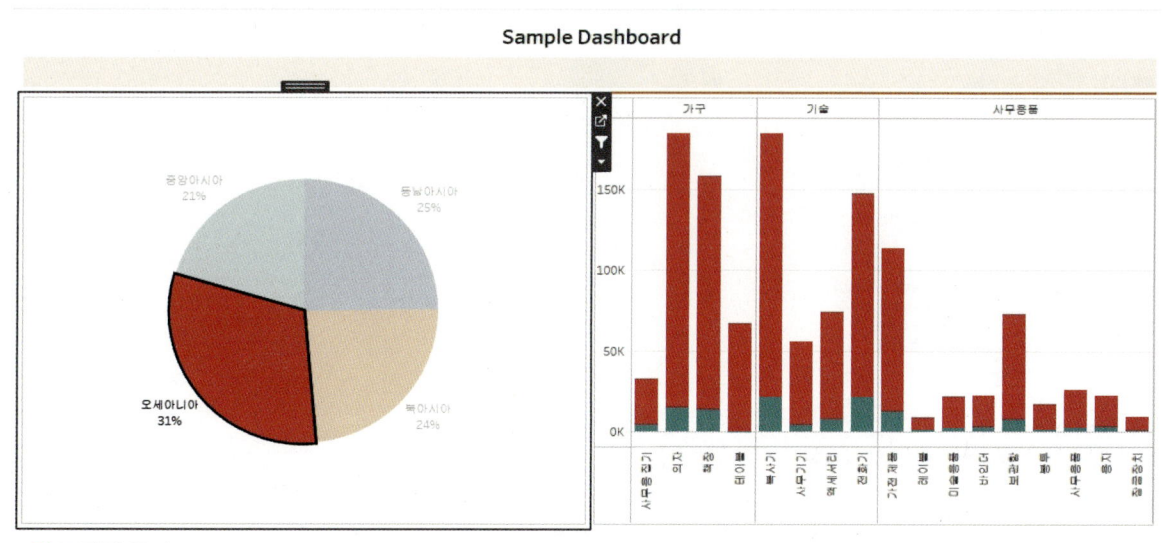

그림 7 필터 동작

선택을 해제할 경우, '모든 데이터 표시' 조건에 의해 원래의 상태로 돌아가게 된다.

대시보드 동작 알아보기 259

3. 실습2

현업 대시보드 구성에서 사용할 수 있는 필터 동작 활용 스킬을 알아보자.

STEP 01 버튼 시트 만들기

[범주] 필드를 이용해서 다음과 같이 작성한 다음, 서식을 사용해서 버튼 모양을 만든다.

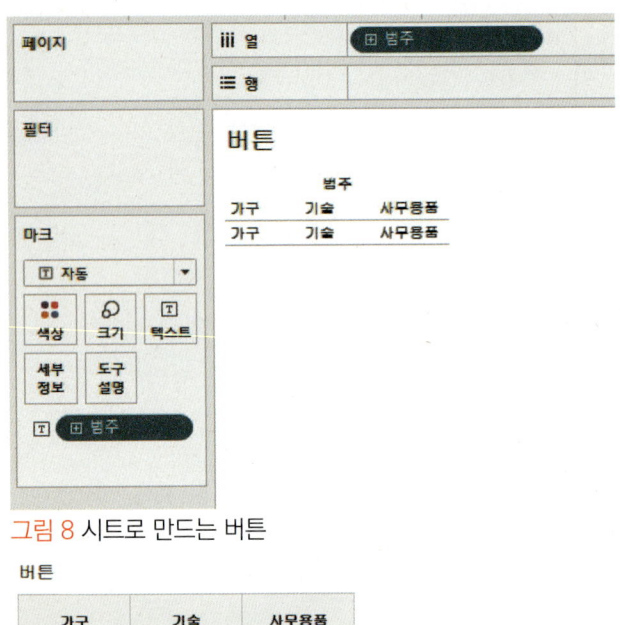

그림 8 시트로 만드는 버튼

그림 9 서식 변경 후 완성된 버튼

STEP 02 필터 동작 만들기

버튼 시트를 대시보드의 적절한 위치에 올리고, 아래와 같이 필터를 설정한다.

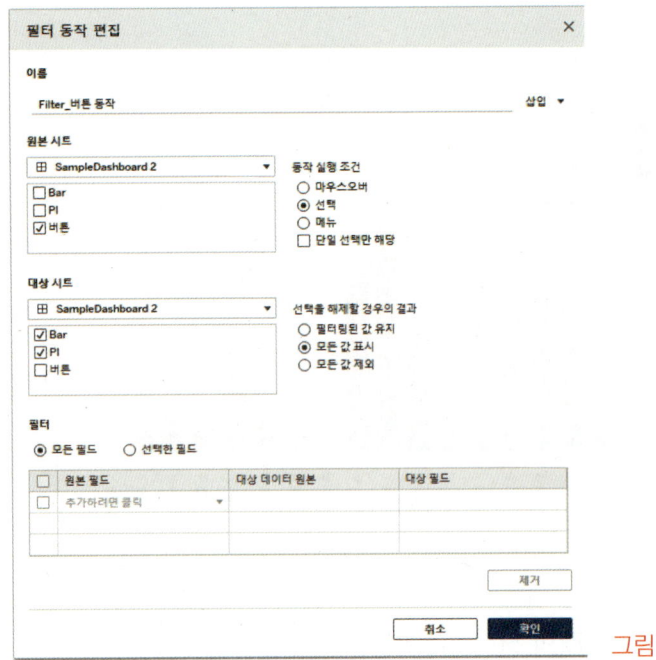

그림 10 필터 동작 설정

위 예시 기준으로 [범주] 필드를 이용해 작성했으므로, 버튼을 클릭하게 되면 아래와 같이 해당 필드의 값이 필터로 동작하여 다른 시트들에 적용된다.

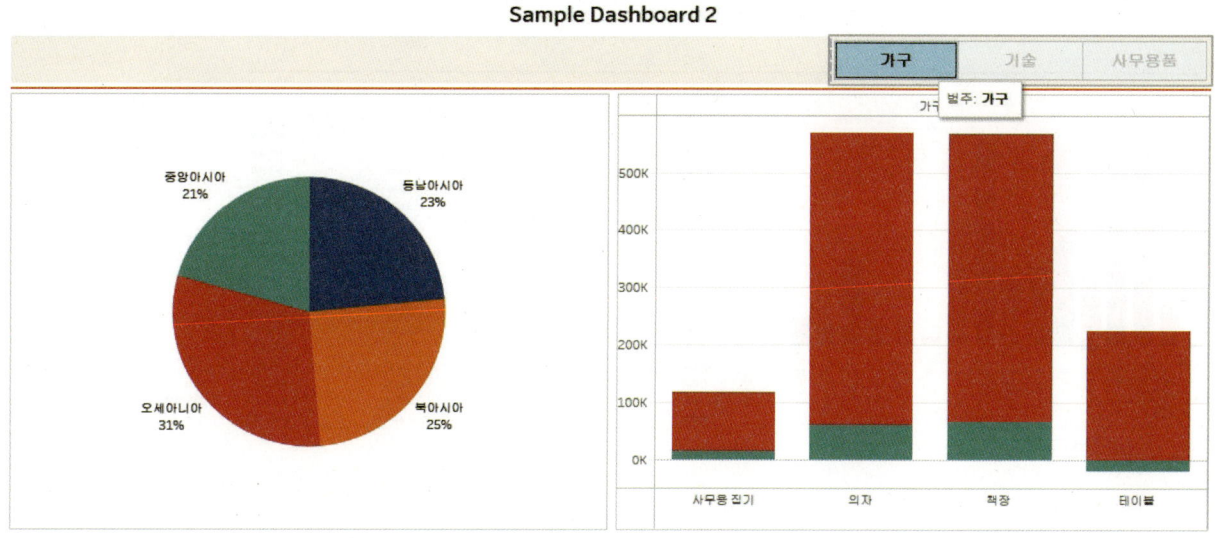

그림 11 버튼 필터 동작

02 하이라이트 동작 응용하기

1. 개념

태블로의 대시보드 하이라이트 기능은 사용자가 특정 데이터를 강조하고 관련 정보를 시각적으로 표시할 수 있는 기능이다. 이 기능을 사용하면 사용자는 대시보드의 다른 부분과 비교하여 데이터의 패턴, 추세 또는 관계를 빠르게 파악할 수 있다.

하이라이트 기능은 다양한 방식으로 작동할 수 있다. 가장 대표적인 방법은 마우스 오버 또는 선택을 통해서 데이터를 강조하는 것이다. 예를 들어, 대시보드의 특정 차트에서 마우스를 이동하면 해당 데이터 요소가 형광색으로 강조되어 표시된다.

또한, 하이라이트 기능은 다른 시각적 효과와 조합하여 사용할 수 있다. 예를 들어, 특정 데이터를 강조하는 동시에 해당 데이터와 관련된 다른 차트 또는 필터를 업데이트하여 해당 데이터와 관련된 정보를 자동으로 표시할 수 있다. 이는 대시보드에서 사용자의 상호작용을 최대한 활용하여 데이터를 탐색하고 이해하는 데 도움이 된다.

2. 실습

막대 차트를 클릭 시, 해당 [범주]가 하이라이트 되는 그리드 차트를 만들어보자.

실습영상

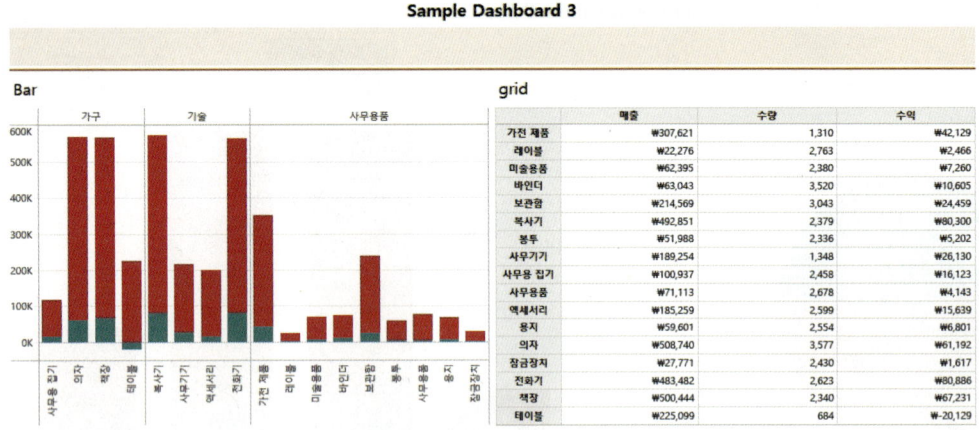

그림 12 대시보드 예시

STEP 01 그리드 차트 만들기

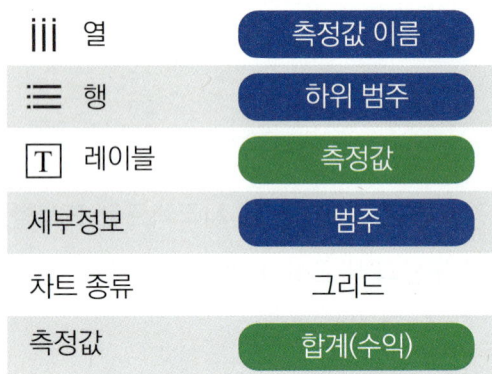

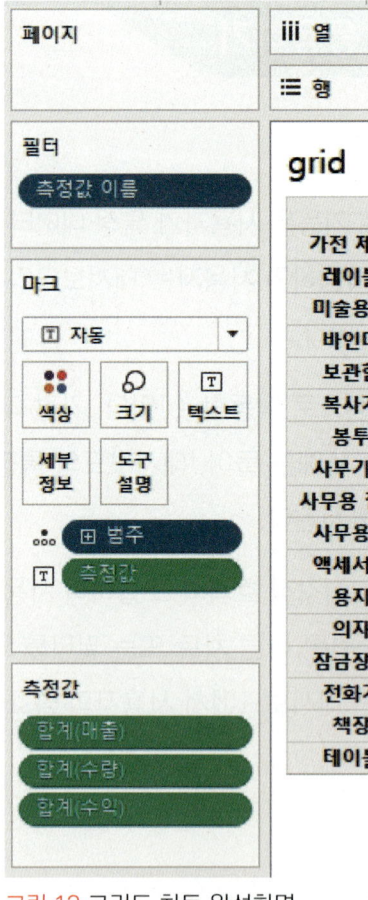

그림 13 그리드 차트 완성화면

다른 그리드 차트들과 차이점이 없어 보이지만 마크 카드에 있는 세부정보를 이용하는 차이점이 있다. 세부 정보에 필드를 드래그 앤 드랍하면 화면에는 차이점이 나타나지 않지만, 시트가 세부 정보로 사용한 필드의 정보를 포함하게 된다. 이는 하이라이트 동작을 만들 때 중요하게 작용한다.

하이라이트 동작은 기본적으로 같은 '필드'를 기반으로 작동하기 때문에, 만약 같은 필드가 시트 내에 존재하지 않는다면 정상적으로 작동하지 않는다. 이를 해결하기 위해 [범주]를 세부정보에 드래그한다.

STEP 02 하이라이트 동작 만들기

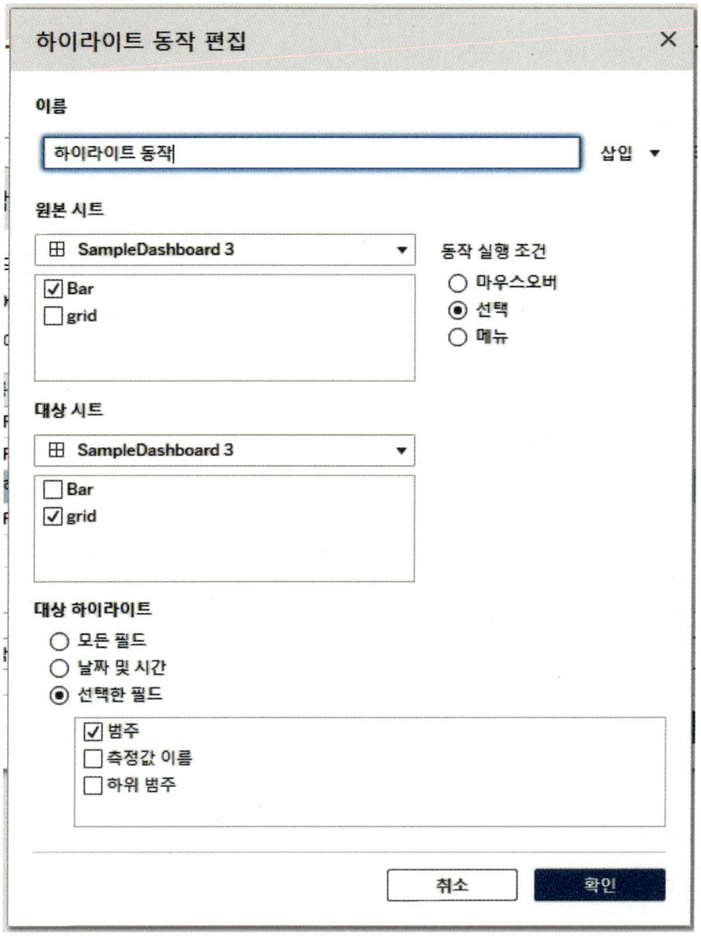

그림 14 하이라이트 동작 설정

그리드 차트의 내용에는 [범주]에 관련된 내용이 없이 [하위 범주]와 [측정값]들의 나열이지만, 세부 항목에 [범주]가 포함되어 있기 때문에 막대 차트에서 [범주]를 선택하면 해당 항목을 기준으로 하이라이트 동작이 정상적으로 작동한다.

사용자가 분석하고 싶은 데이터를 하이라이트 동작 기능을 이용하여 대시보드 전체에서 강조하면서 분석 기능을 강화할 수 있다.

03 집합 동작 응용하기

1. 개념

태블로의 집합(Set) 동작 기능은 데이터를 분석하고 조합하는 데 유용한 도구이다. 집합은 데이터의 특정 부분 집합을 나타내는데 사용되며, 이를 통해 데이터를 분할하고 필터링하는 데 사용할 수 있다. 태블로의 집합 동작은 기본적으로 IN과 OUT, 즉 집합에 포함되었는가 아닌가를 기준으로 정의된다.

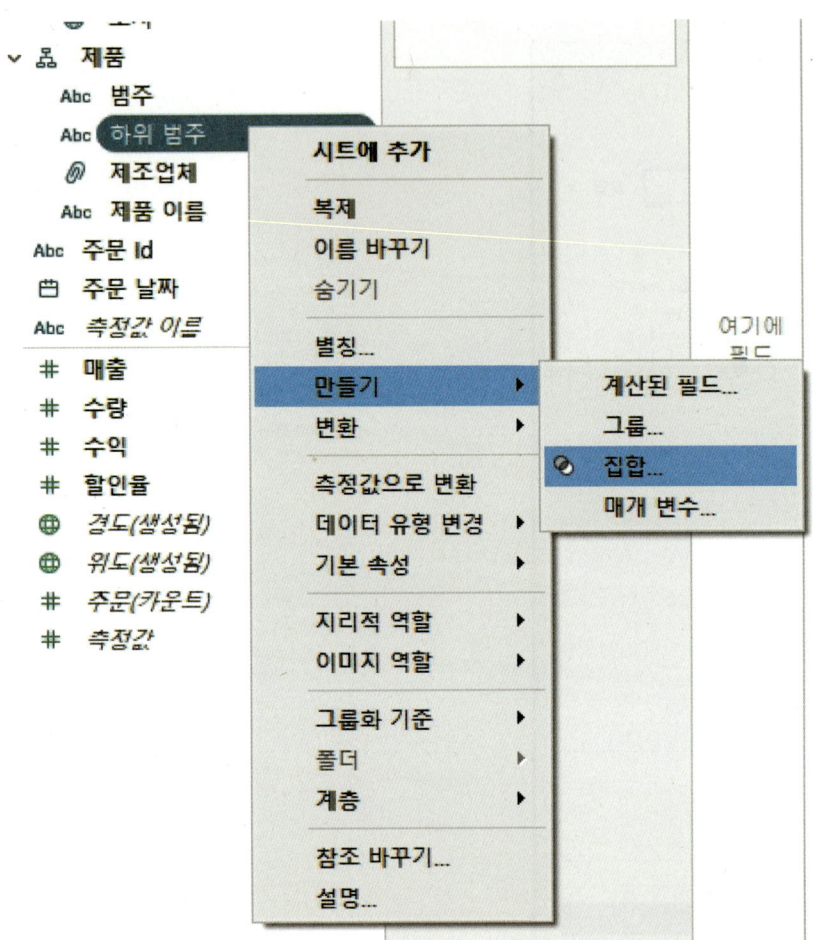

그림 15 집합 생성

집합을 생성하고 싶은 차원을 우클릭 하여 집합을 생성할 수 있다.

집합을 클릭하면 다음과 같은 창이 팝업 되는데, 예시로 임의의 5개의 필드를 선택한 다음 확인을 누르면 [하위 범주]로 이루어진 집합 생성이 완료된다.

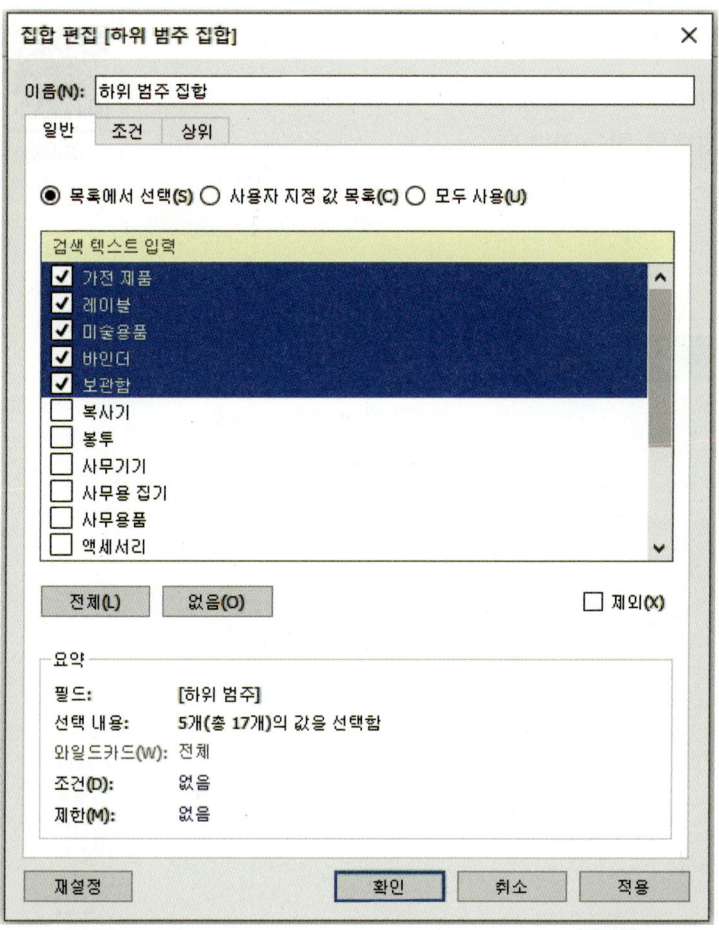

그림 16 집합 편집

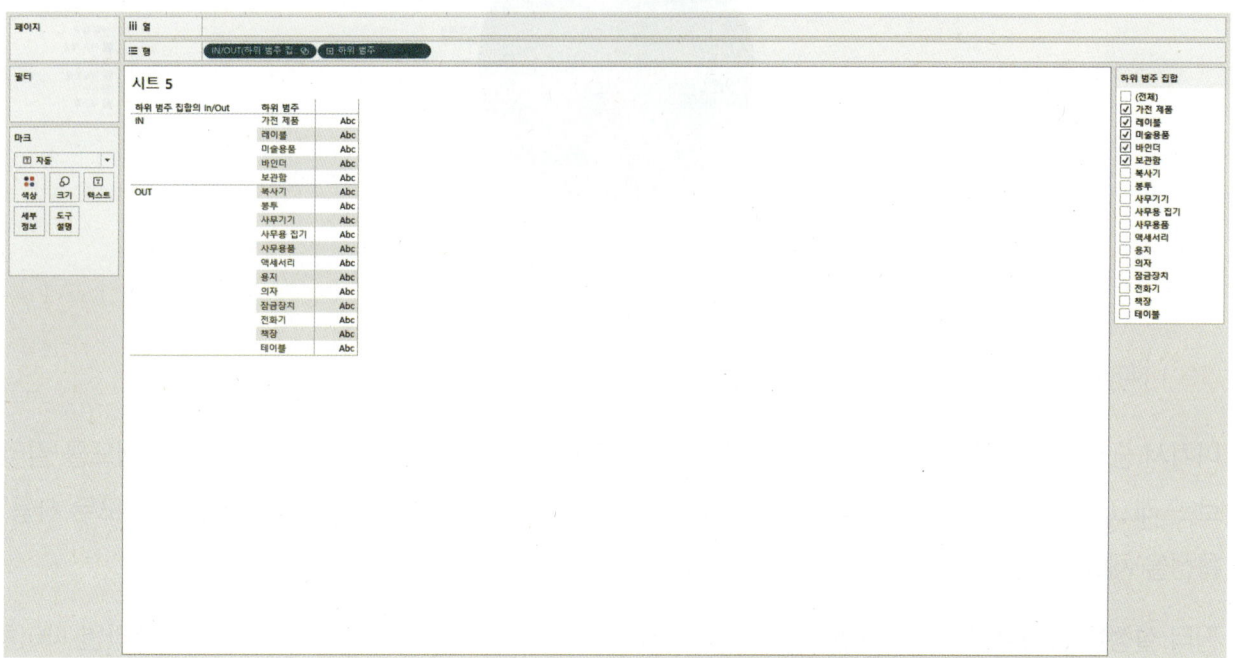

그림 17 집합 검증

2. 실습

[하위 범주] 로 이루어진 그리드 차트에서 [하위 범주] 필드들을 다중 클릭하면, 선택이 된 필드들의 매출로 구성되는 파이 차트를 만들어보자.

실습영상

STEP 01 파이 차트 만들기

〈Group_PI〉

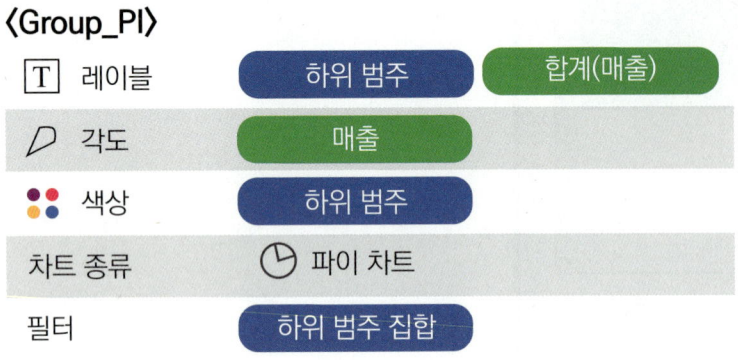

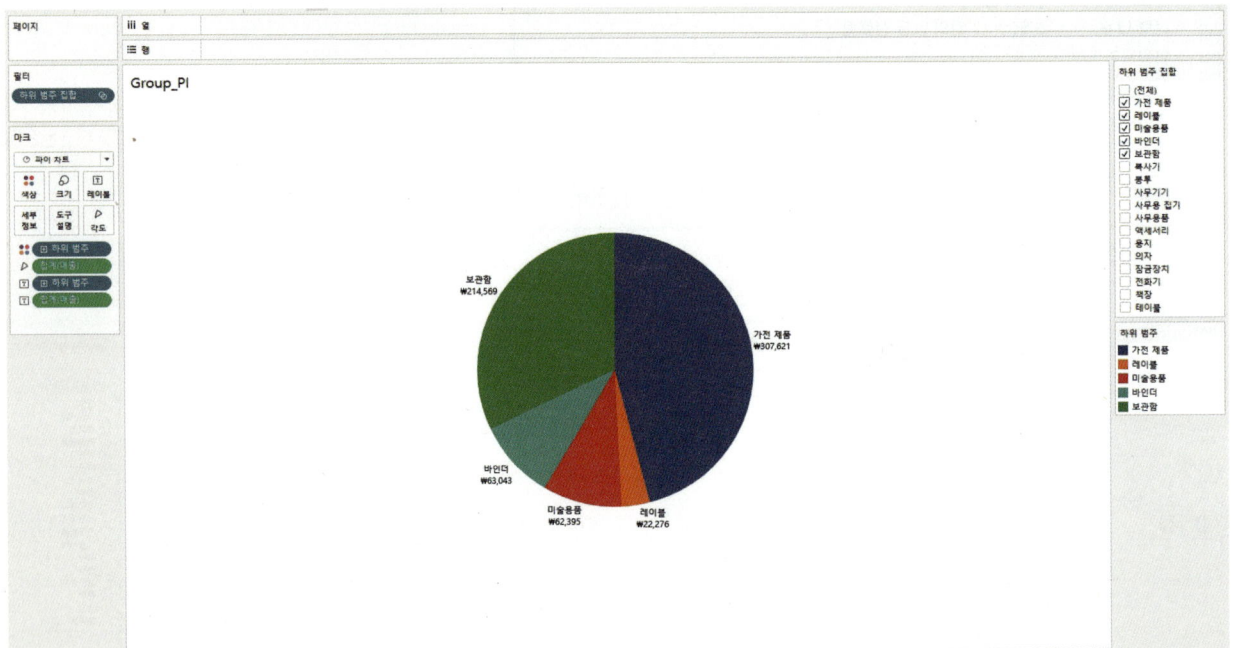

그림 18 파이 차트 완성화면

여기서 중요한 포인트는 만들었던 집합을 필터로 사용하는 것이다. 생성한 [하위 범주 집합] 필드를 필터로 드래그하면 선택했던 필드들이 체크가 되어있지만, 유동적으로 사용하기 위해 필터 상단 '모두 사용' 옵션을 체크한 후 확인을 눌러 필터로 사용한다.

필터 설정을 통해서 [하위 범주]의 집합에 IN 상태라면 파이 차트에 나타나게 되고, OUT 상태라면 파이차트에 나타나지 않는다.

STEP 02 | 대시보드 구성하기

실습 진행을 위한 대시보드를 작성한다.

Sample Dashboard 4

grid

	매출	수량	수익
가전 제품	₩307,621	1,310	₩42,129
레이블	₩22,276	2,763	₩2,466
미술용품	₩62,395	2,380	₩7,260
바인더	₩63,043	3,520	₩10,605
보관함	₩214,569	3,043	₩24,459
복사기	₩492,851	2,379	₩80,300
봉투	₩51,988	2,336	₩5,202
사무기기	₩189,254	1,348	₩26,130
사무용 집기	₩100,937	2,458	₩16,123
사무용품	₩71,113	2,678	₩4,143
액세서리	₩185,259	2,599	₩15,639
용지	₩59,601	2,554	₩6,801
의자	₩508,740	3,577	₩61,192
잠금장치	₩27,771	2,430	₩1,617
전화기	₩483,482	2,623	₩80,886
책장	₩500,444	2,340	₩67,231
테이블	₩225,099	684	₩-20,129

Group_PI

그림 19 대시보드 구성

우선, 필터에서 체크한대로 5가지의 [하위 범주]로 구성된 파이 차트가 나타나게 된다.

STEP 03 | 집합 동작 만들기

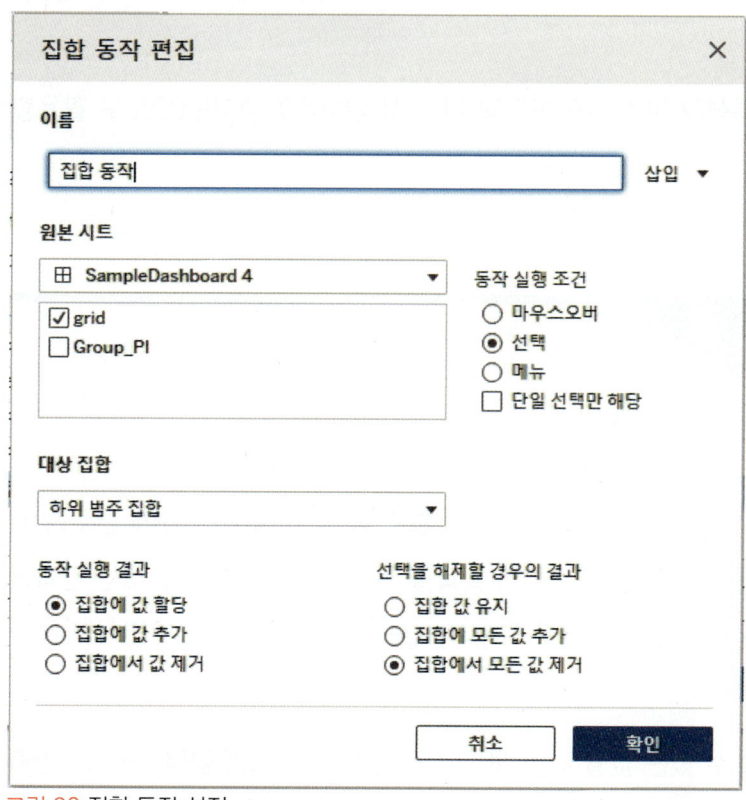

그림 20 집합 동작 설정

집합 동작은 〈grid〉시트에서 선택을 통해 '하위 범주 집합'에 집합 값을 할당한다. 그리고 선택을 해제할 경우 집합의 모든 값을 제거한다.

Ctrl 버튼을 이용한 다중 선택이나 드래그를 이용해서 여러 필드를 한 번에 선택하면, 아래 그림 우측과 같이 선택한 필드들이 집합에 할당되며 선택한 필드들만 파이 차트에 나타나게 된다. 또한 선택을 해제하면 파이 차트는 모든 필드가 집합에서 제거되기 때문에, 화면에서 파이 차트가 없는 것처럼 나타나게 된다.

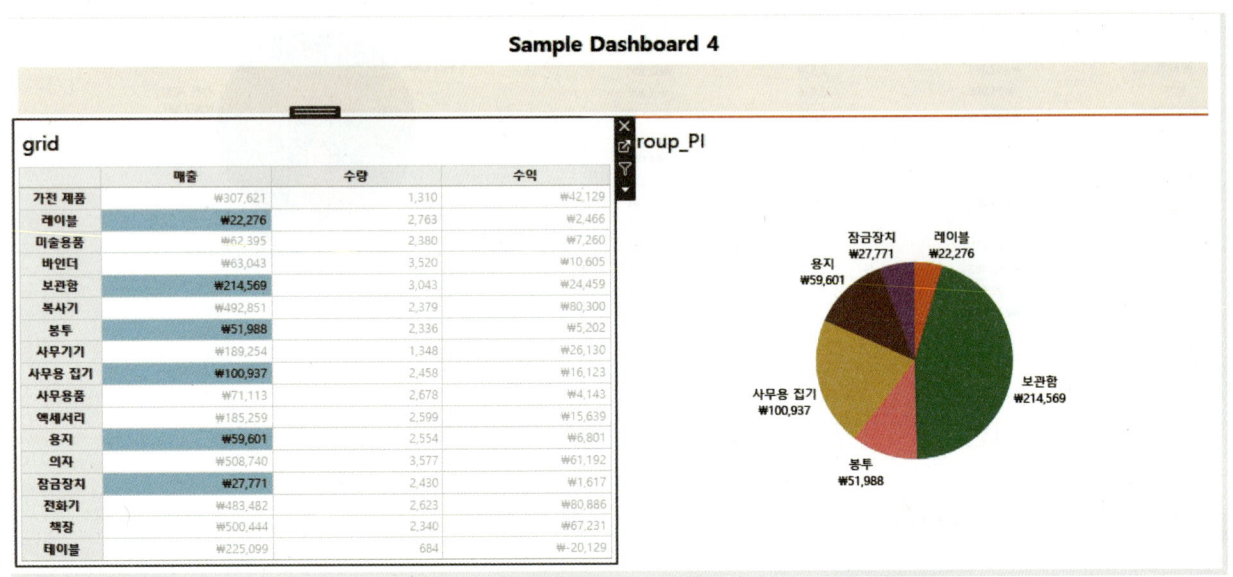

그림 21 집합 동작

이를 이용해서 유저 정보로 필터링하여 분석하거나 다른 동작과 다중 사용하여 검색 기능으로도 활용할 수 있다.

04 매개 변수 동작 응용하기

1. 개념

태블로에서 매개 변수(Parameter)는 데이터 시각화 및 분석에 유용한 기능 중 하나이다. 매개 변수는 사용자가 정의하고 조작할 수 있는 상호작용 요소로서, 시각화의 결과를 동적으로 조정하고 원하는 결과를 얻을 수 있도록 도와준다. 매개 변수를 이용한 매개 변수 동작은 대시보드나 보고서를 더 유연하게 해줄 수 있다.

매개 변수는 기본적으로 사용자가 선택할 수 있는 값을 나타내며 날짜 범위, 카테고리 필터, 텍스트 입력 등의 다양한 형태의 입력을 받을 수 있다. 사용자는 매개 변수 동작을 통해 매개 변수의 값을 변경하고 조작하여, 데이터를 필터링하거나 시각화의 특정 측면을 조정할 수 있다.

그리고 매개 변수를 통해 여러 시각화나 계산식에서 일관성을 유지할 수 있다는 것이 주요한 장점 중 하나이다. 다양한 변수를 통해 시트의 상호작용을 이끌어 낼 수 있는 매개 변수 동작은 가장 활용이 다양하며, 중요한 기능 중 하나이다.

2. 실습

[하위 범주]로 이루어진 그리드 차트에서 [하위 범주] 필드들을 클릭하면, 선택이 된 [하위 범주] 필드들의 [제조 업체]별 [매출]의 구성비를 확인하는 트리맵을 만들어보자.

실습영상

STEP 01 매개 변수 만들기

매개 변수 동작을 실습하기 위해 사용할 문자열 매개 변수를 작성한다.

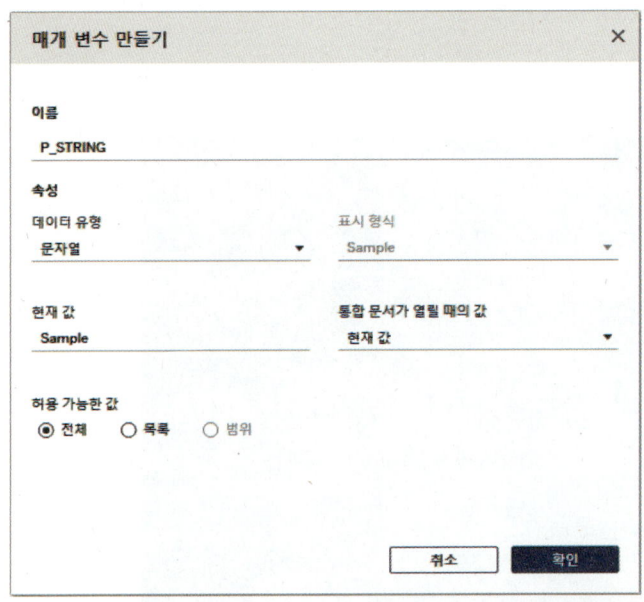

그림 22 매개 변수 만들기

매개 변수 동작은 설정한 동작을 통해 매개 변수의 값을 변경할 수 있으며 이를 위해서 매개 변수와 필드가 같은 데이터 타입을 가지고 있어야 한다. 이번 실습에서는 문자열 매개 변수를 사용한다.

먼저 필터로 사용하는 방법을 실습한다. 매개 변수와 [하위 범주] 필드를 비교하여 참일 경우를 사용할 수 있게 필터를 작성한다.

F | 하위범주   [하위 범주] = [P_STRING]

작성한 계산식을 필터로 올려 "참"일 경우로 사용하게 되면 [하위 범주] 필드 중에서 매개 변수의 값과 같은 것만 화면에 나타날 수 있도록 제어할 수 있다. 기본적인 개념은 필터를 조작하는 필터 동작과 유사하지만, 변수를 사용하여 작동한다는 점이 다르다.

STEP 02 트리맵 만들기

[매출]을 마크 카드의 '크기'로, '레이블'에는 [제조 업체]와 퀵 테이블 계산으로 구한 [매출]의 구성비를 드래그 앤 드롭한다. '색상'에는 [하위 범주]와 [제조 업체]를 동시에 드래그 앤 드롭한다.

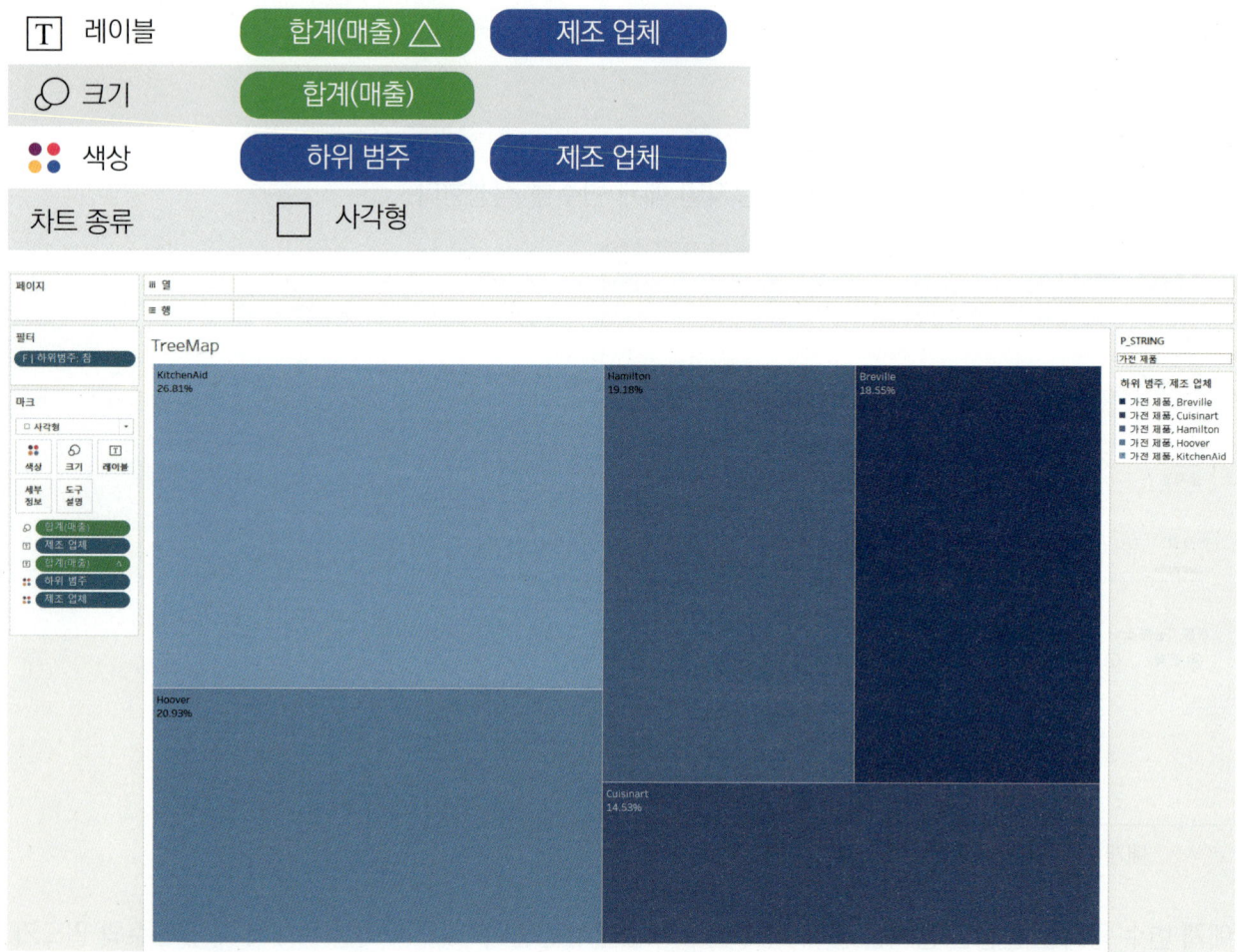

그림 23 트리맵 완성화면

STEP 03 대시보드 구성하기

작성한 시트를 이용하여 대시보드를 만들어 시트를 알맞은 위치에 배치하고, 대시보드 상단에 매개 변수를 드래그 앤 드롭한다.

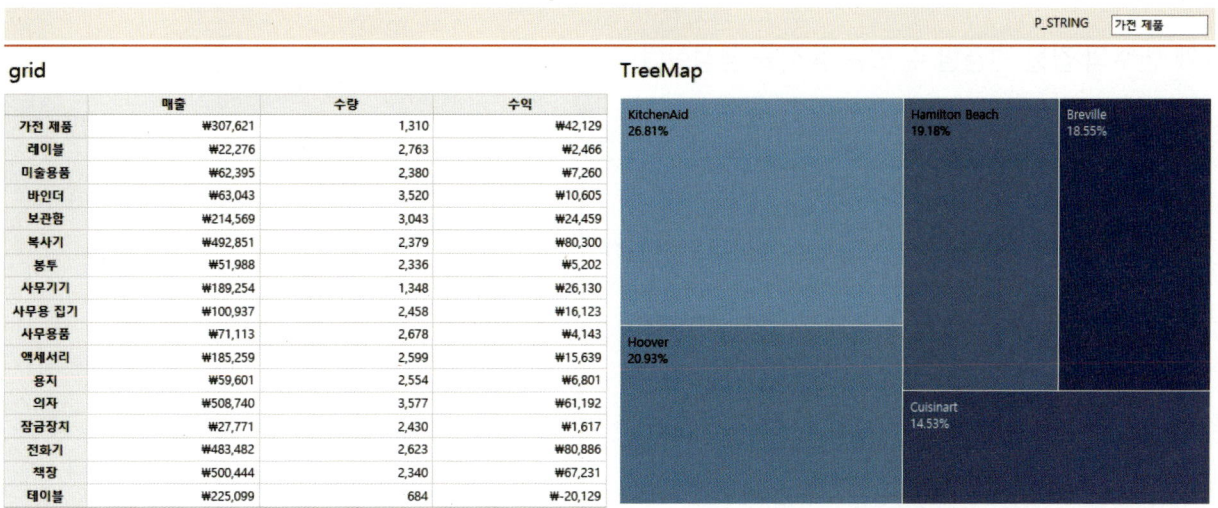

그림 24 대시보드 구성

> ### 더 알아보기 — 색상 2가지를 사용하는 법
>
> Tableau의 마크 카드는 기본적으로 하나의 속성당 하나의 필드밖에 사용하지 못한다. 하지만 [하위 범주] 필드를 색상 마크에 먼저 드래그하고, [제조 업체] 필드를 세부 설명 같은 다른 속성에 올린 다음 아이콘을 클릭하여 색상 속성으로 변경한다면, 위와 같이 여러 개의 필드를 한 가지 속성으로 이용할 수 있다.
>
>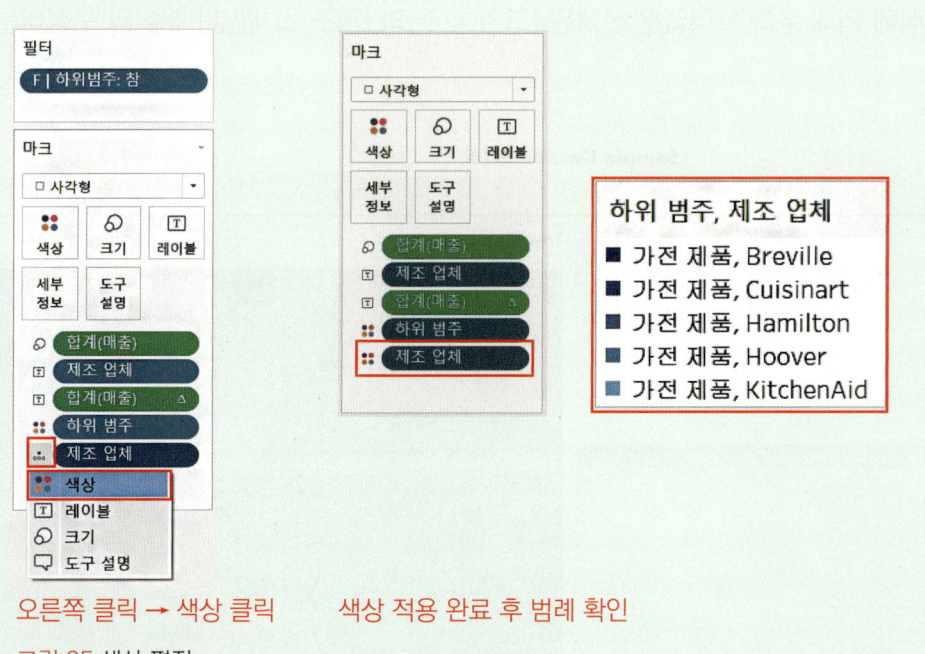
>
> 오른쪽 클릭 → 색상 클릭   색상 적용 완료 후 범례 확인
>
> 그림 25 색상 편집

대시보드 동작 알아보기 271

STEP 04 | 매개 변수 동작 만들기

매개 변수의 값을 변경할 수 있는 동작을 생성한다.

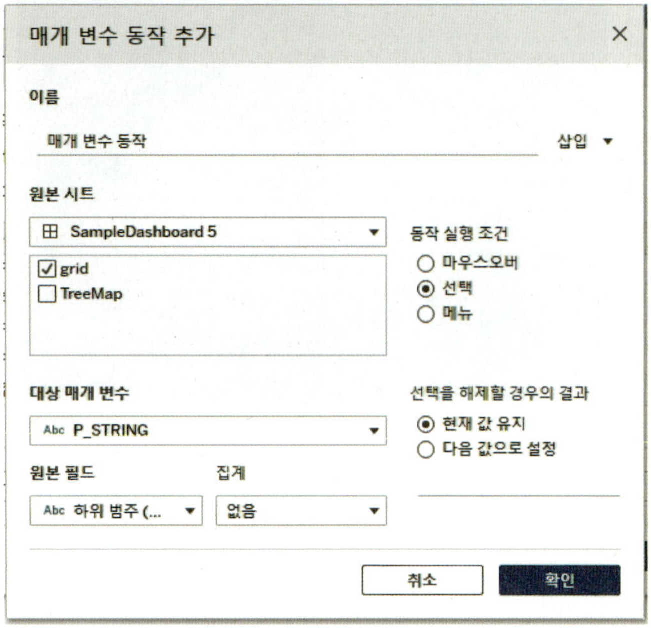

그림 26 매개 변수 동작 설정

그리드 차트에서 '선택'을 통해 만들었던 [P_STRING] 매개 변수에 선택한 [하위 범주]의 필드 값을 적용한다. 그리고 선택을 해제할 경우, 현재 값 유지 옵션을 통해 시트가 사라지지 않도록 한다.

동작을 작성한 뒤, 그리드 차트를 선택하면 선택된 [하위 범주]의 값으로 매개 변수의 값이 변경된다. 그리고 작성했던 필터 계산식에 의해 우측 트리맵은 선택된 [하위 범주]의 [제조 업체]별 [매출]의 구성비를 표현하게 된다.

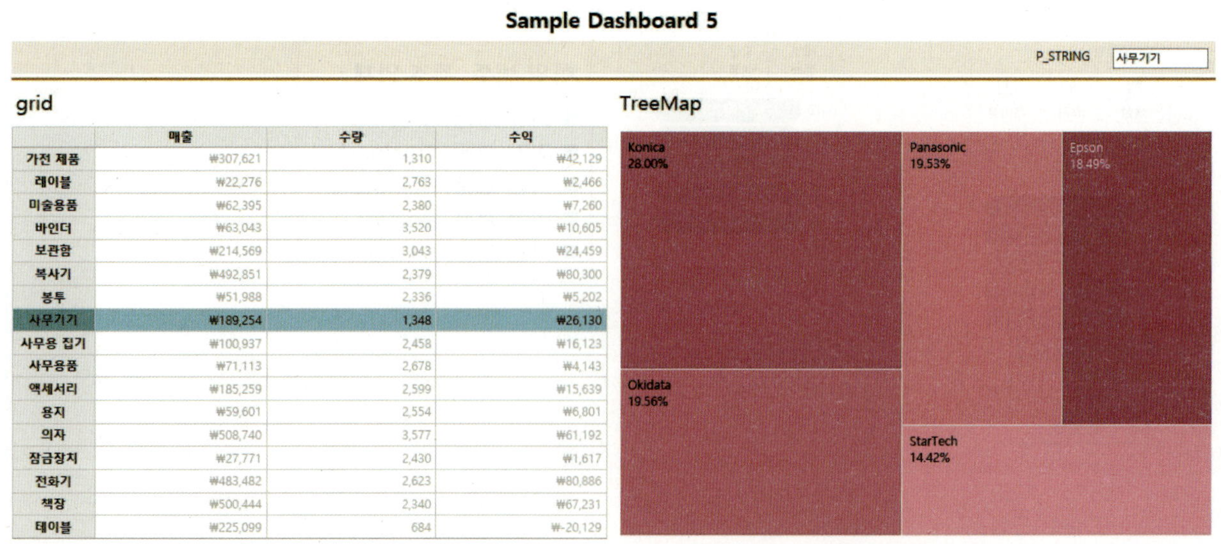

그림 27 매개 변수 동작

05 URL 동작 응용하기

1. 개념

URL은 "Uniform Resource Locator"의 약자로, 웹 페이지나 다른 인터넷 리소스의 위치를 가리키는 주소이다. URL 동작은 사용자가 태블로 내부에서 URL을 이용해서 웹페이지, 파일 또는 기타 웹 기반 리소스에 접근할 수 있도록 도와준다. URL 동작을 통해 새로운 웹 개체를 열 수 있고 또 대시보드에 개체를 통해 나타낼 수 있다. 데이터를 기반으로 링크 주소 값을 변경하여 적용하기 위해 URL에 매개 변수나 필드의 값을 자동으로 입력할 수 있다.

사용할 수 있는 옵션은 다음과 같다.

옵션	내용
웹 페이지 개체가 없는 경우 새 탭	웹 페이지 개체가 없는 시트의 경우 브라우저에서 URL이 열림 원본 시트가 전체 또는 데이터 원본으로 설정된 경우에는 선택하는 것이 좋음
새 브라우저 탭	기본 브라우저에서 열림
웹 페이지 개체	선택한 웹 페이지 개체에 열림. 단, 웹 페이지 개체가 있는 대시보드에만 사용이 가능함

06 시트로 이동 동작 응용하기

1. 개념

시트로 이동 동작은 다른 동작들보다 직관적이면서 가장 간단한 동작이다. 말 그대로 다른 시트 혹은 대시보드로 이동을 하는 동작으로 여태까지 다뤄왔던 '선택', '메뉴', '마우스 오버'를 통해서 다른 시트나 대시보드로 이동할 수 있다.

간단하지만 활용도가 낮다고는 할 수 없다. 동작의 활용 자체는 다른 뷰로 이동하는 것이지만 똑같은 레이아웃을 가지고 있는 여러 장의 대시보드들을 게시한 다음, 시트로 이동 동작을 사용해서 화면 전환을 하는 방법 등으로 활용할 수 있다.

2. 실습

시트 혹은 대시보드를 이동할 수 있는 화면전환 버튼을 만들어 보자.

실습영상

STEP 01 버튼 시트 만들기

〈GO TO SHEET〉

iii 열	'
T 레이블	GO TO SHEET
모양	화살표

〈BACK TO SHEET〉

iii 열	'
T 레이블	BACK TO SHEET
모양	화살표

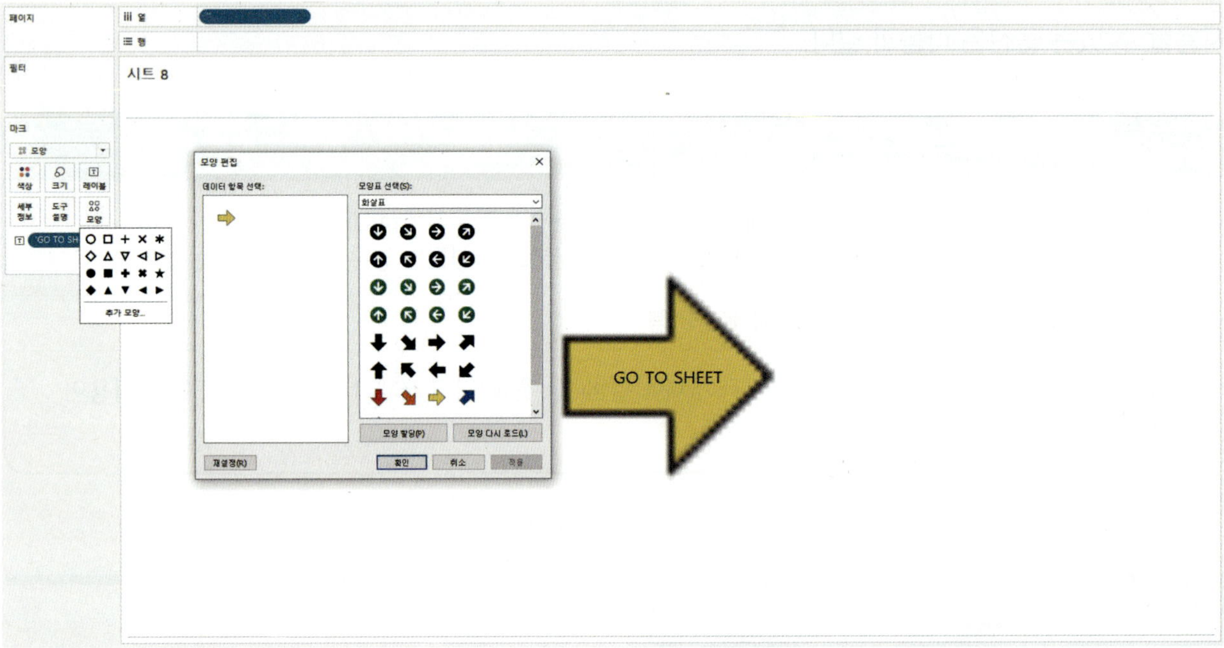

그림 28 버튼 시트 완성화면

그림 28과 같이 마크 카드를 더블 클릭하여 작은 따옴표(' ')와 함께 텍스트를 작성한다. 열 선반을 더블 클릭하여 작은 따옴표(' ') 작성을 통해 임의로 차원을 만들어주는 것과 동시에 텍스트 레이블 서식과 정렬을 조절해 다음과 같은 화살표 모양의 시트를 작성한다. 〈BACK TO SHEET〉 또한 동일하게 작성한다.

STEP 02 버튼 시트 배치하기

작성한 시트를 〈FROM DASH BORAD〉 좌측에 배치하고 구분을 위해 텍스트 개체를 이용하여, 아래 그림처럼 우측에 작성 및 배치한다.

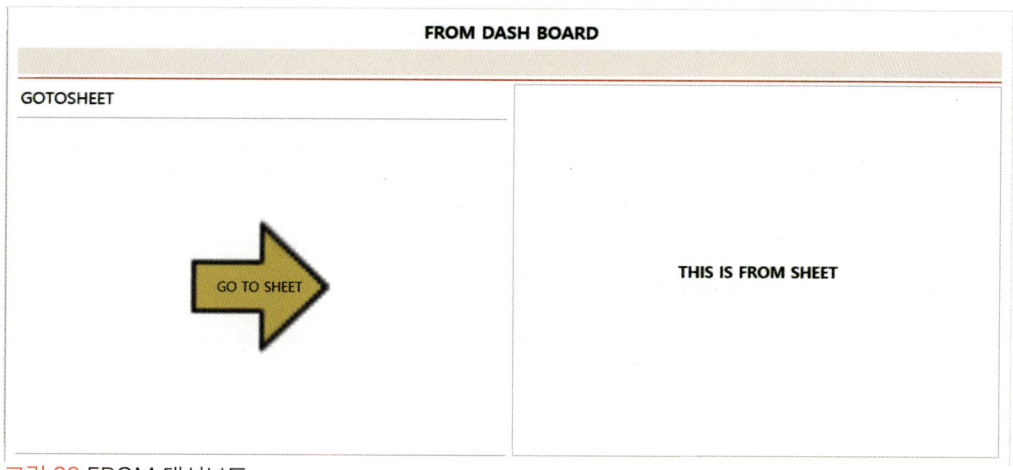

그림 29 FROM 대시보드

대시보드를 복사하여 '시트로 이동 동작'의 목적지로 이용할 〈TO DASH BORAD〉를 작성한다.

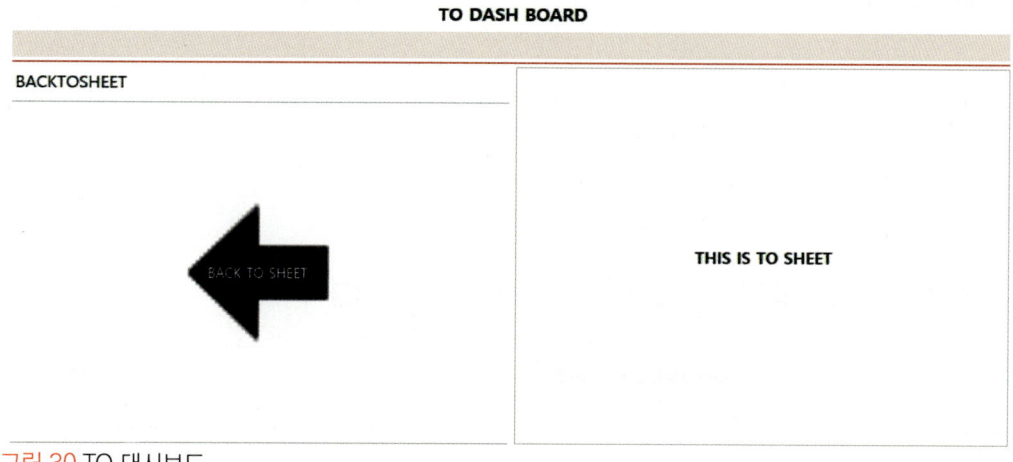

그림 30 TO 대시보드

STEP 03 대시보드를 이동할 동작 만들기

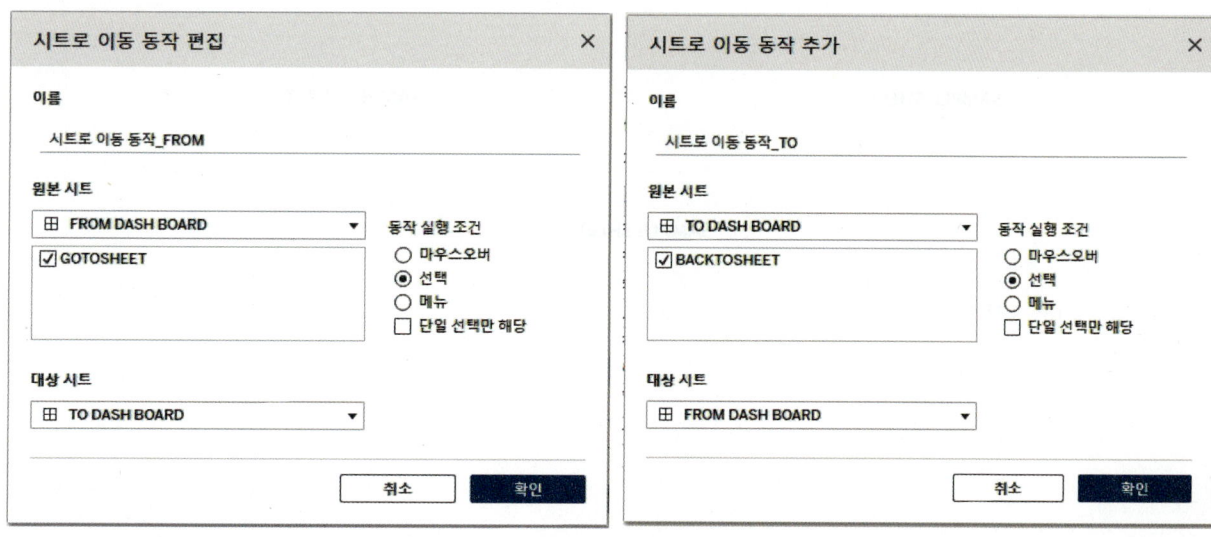

그림 31 시트로 이동 동작 설정

이후 각 대시보드의 화살표 모양 시트들을 클릭하면, 〈FROM DASH BORAD〉와 〈TO DASH BORAD〉를 사용자 입력을 통해 전환할 수 있다.

위의 간단한 예시 이외에 아래와 같이 시트들을 버튼처럼 이용하여 다른 대시보드들로 이동하는 기능으로 사용할 수 있다.

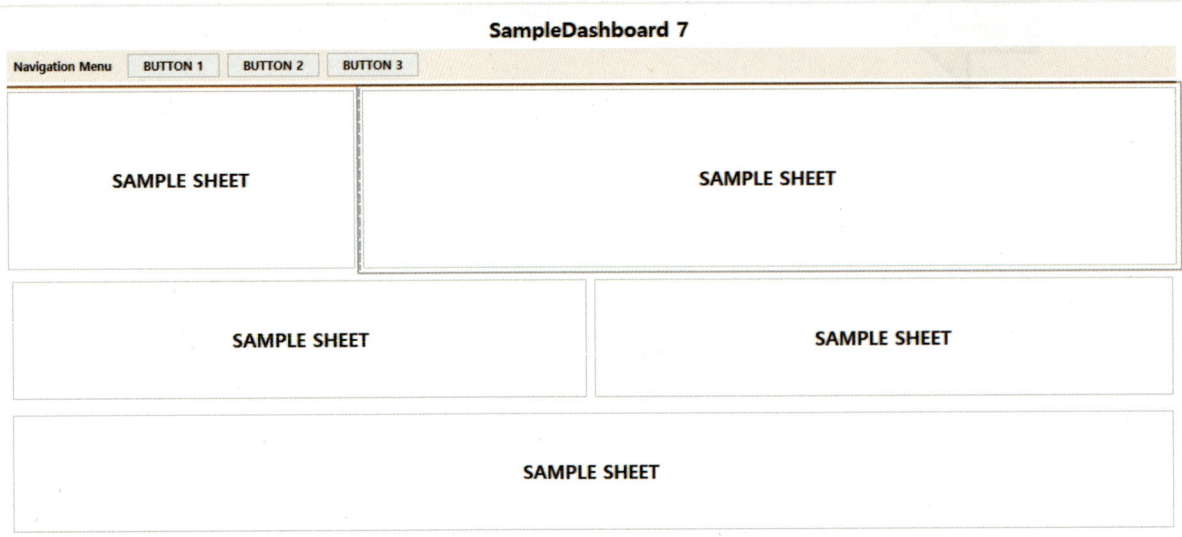

그림 32 시트로 이동 동작 활용 예시

또한, 부동 배치를 이용하여 앞으로/뒤로 버튼처럼 이용하는 방법도 고려해볼 수 있다.

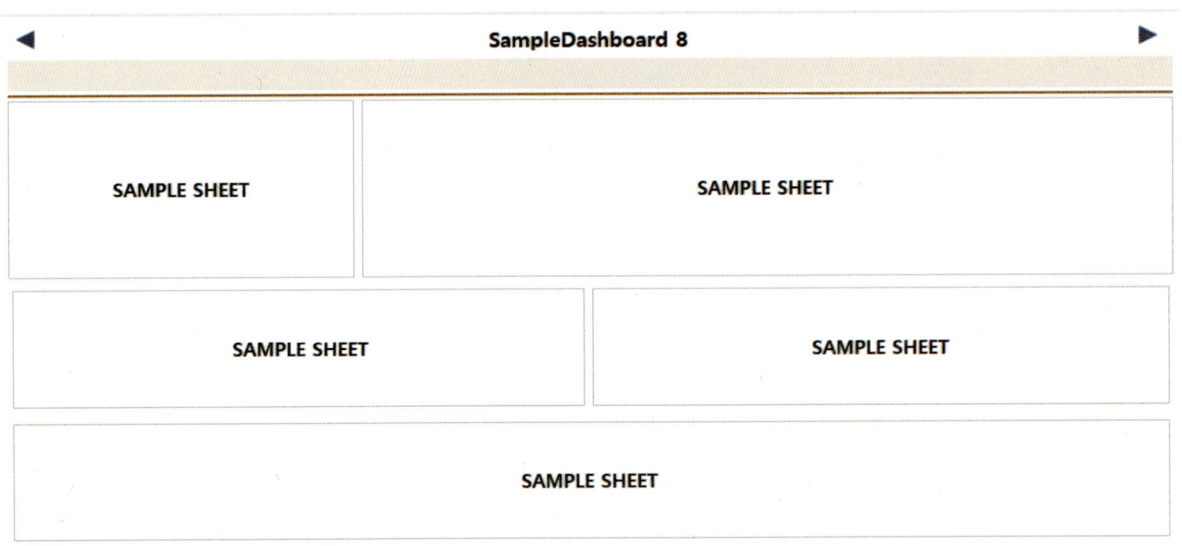

그림 33 시트로 이동 동작 활용 예시2

CHAPTER 06 데이터 원본 편집하기

데이터를 분석하고 시각화 하기 전에 먼저 데이터 원본을 가져와야 한다. Tableau Desktop은 다양한 종류의 파일 및 데이터베이스에 대한 연결을 지원한다. 연결된 데이터 원본을 라이브 & 추출 옵션을 통해 가져오면 시각화 작업을 수행할 수 있다.

또한 데이터 원본을 가공하여 가져올 수도 있다. 필터를 활용하여 데이터 양을 줄일 수 있으며 그룹, 계산식 만들기, 피벗을 통해 데이터 가공도 가능하다. 다중 원본을 가져와 통합하려고 한다면 유니온(Union)과 조인(Join), 관계(Relation)를 이용할 수도 있다.

01 데이터 결합 방식

1. 개념

관계를 사용하면 서로 다른 시트에 데이터를 논리적으로 결합할 수 있으며 조인, 유니온 같이 물리적으로 결합한 것이 아니기 때문에 데이터 원본의 형태가 변경되진 않는다. 관계를 맺은 데이터 원본은 시트에서 시각화할 때 적합한 조인 형태를 내부적으로 판단한 결과를 보여주기 때문에 관계 연결에서 조인 방식을 선택하지 않는 게 특징이다.

혼합 관계 편집(Blend)은 라이브, 추출을 통해 가져온 여러 데이터 원본을 사용하여 관계를 맺는 것을 말한다. 각 데이터 원본은 독립적으로 유지되며, 혼합 관계 편집을 통해 데이터 원본의 정보를 분석하고 시각화 할 수 있다. 관계를 맺는 기준에 따라 주 데이터 원본과 보조 데이터 원본으로 구분되며, 주 데이터 원본을 기준으로 외부 조인되는 것이 특징이다.

조인, 관계, 혼합 관계의 특징과 차이는 아래와 같다.

특징	조인	관계	혼합 관계
정의	필드를 기준으로 여러 테이블을 단일 테이블로 결합함 (물리적 테이블)	여러 테이블의 고유 상태를 유지한 상태로 필드와 연결함 (논리적 테이블)	여러 데이터 소스를 공통 키 없이 데이터를 통합함 (다중 데이터 원본)
데이터 원본	단일 데이터 원본 안에서 관계를 설정	단일 데이터 원본 안에서 관계를 설정	여러 데이터 원본을 가지고 관계를 설정
결합 방식	미리 정의한 조인 형태로 고정됨 (DB결합방식)	시트에 사용된 필드에 따라 조인 유형이 자동 선택됨 (카디널리티 방식)	주 데이터 원본을 기준으로 외부 조인

집계 수준	단일 행 기준으로 조인을 실행함	관계 있는 필드 수준으로 집계한 후, 조인을 실행함	집계 수준이 달라도 조인 가능
관계 필드 정의	데이터 원본 구성 단계에서 정의	데이터 원본 구성 단계에서 정의	워크시트 마다 정의

02 유니온(Union)

1. 개념

유니온은 서로 다른 원본을 행 기준으로 결합할 때 사용하는 기능을 말하며, Tableau Desktop에서 유니온을 하기 위해선 동일한 연결을 사용해야 한다.

2. 실습

STEP 01 데이터 준비

유니온 실습을 위해 2020년 ~ 2023년에 슈퍼스토어 데이터를 연도 단위로 파일을 분리하였다. 연도마다 별도의 파일로 데이터가 수급 된다고 할 때, 어떤 방식으로 유니온 할 수 있는지 알아보자.

실습영상

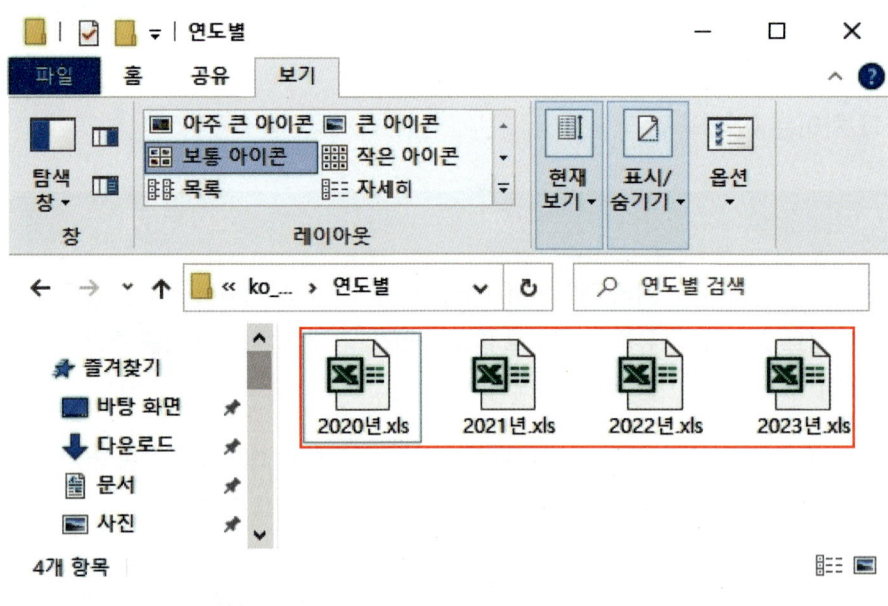

그림 1 결합할 파일 목록

STEP 02 유니온(Union) 만들기

유니온 작성 방법은 크게 2가지로 나뉜다.

❶ 연결 후 유니온으로 변환하기

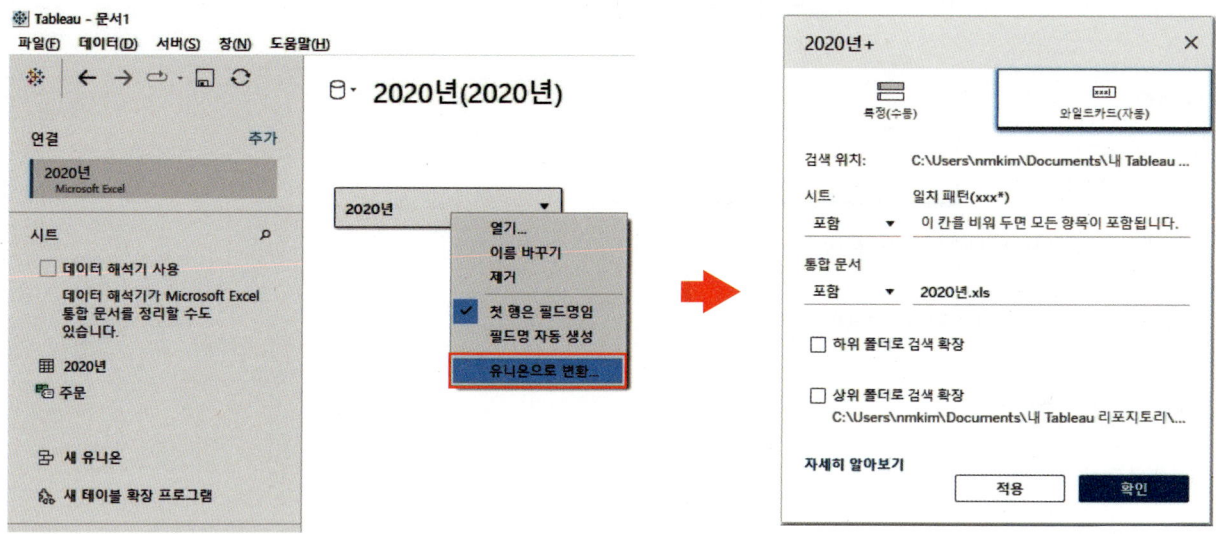

그림 2 유니온 변환 과정

"2020년.xls" 파일을 기준으로 연결하고, 오른쪽 클릭 후 유니온으로 변환을 선택한다.

❷ 새 유니온

좌측에 새 유니온 항목을 드래그 앤 드랍하여 캔버스에 가져온다.

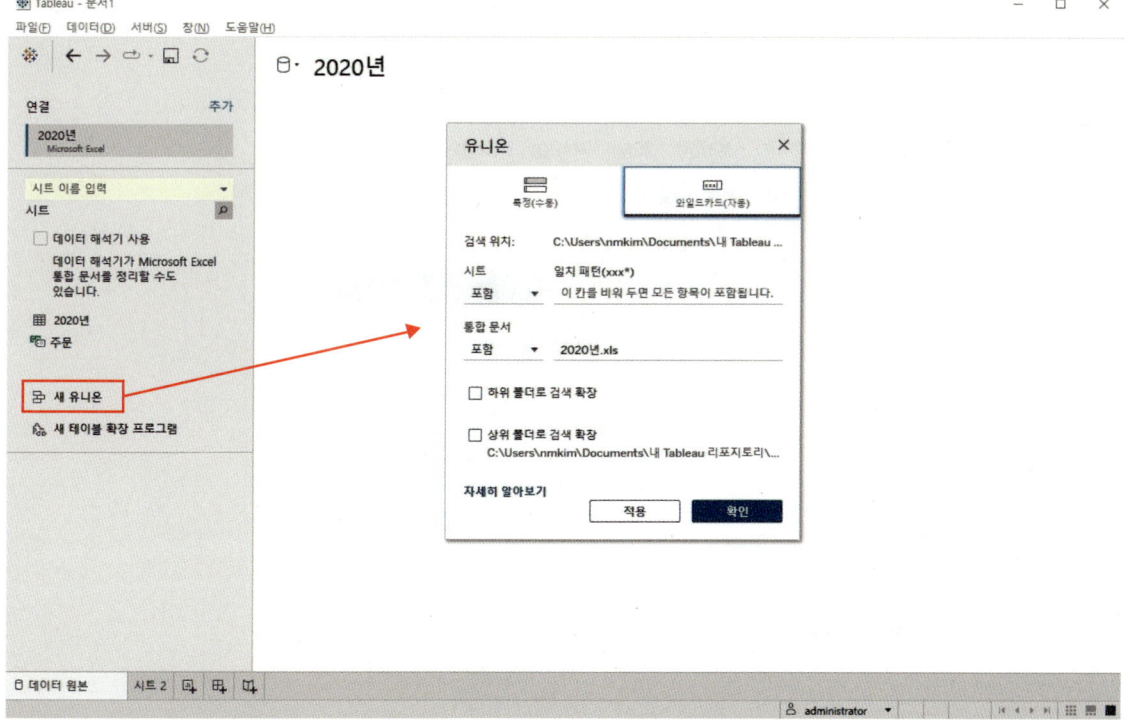

그림 3 유니온 항목 클릭 사용

위와 같은 방식으로 유니온을 만든 후, '특정(수동)', '와일드카드(자동)' 방식을 통해 유니온이 가능하다. '특정(수동)' 방식은 원하는 항목을 끌어서 유니온 하는 방식이며 '와일드카드(자동)' 방식은 시트, 통합 문서에 이름을 매칭하여 유니온 하는 방식이다. 그림 4는 통합 문서(엑셀 파일) 이름 앞자리가 "20"을 포함하는 데이터를 가져오도록 와일드카드를 설정한 것이다.

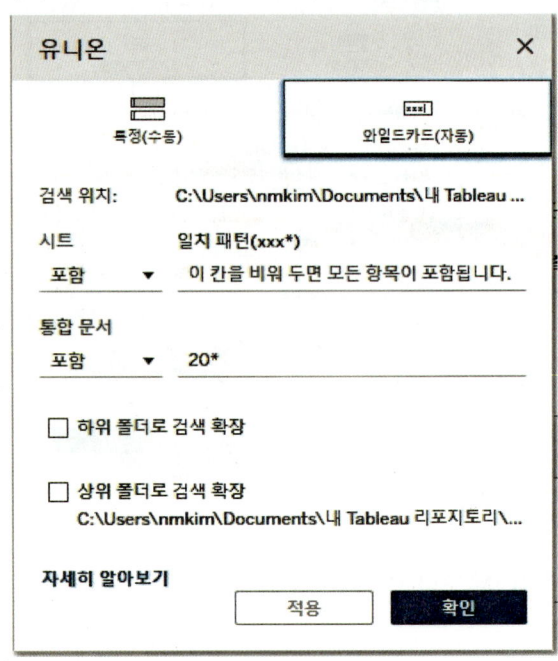

그림 4 와일드카드 작동 방식

'와일드카드(자동)'을 활용하여 유니온을 생성하면 [경로] 필드가 자동 생성된다. '시트'로 넘어가 [경로] 필드를 올려보면 유니온된 데이터 원본 리스트를 볼 수 있다.

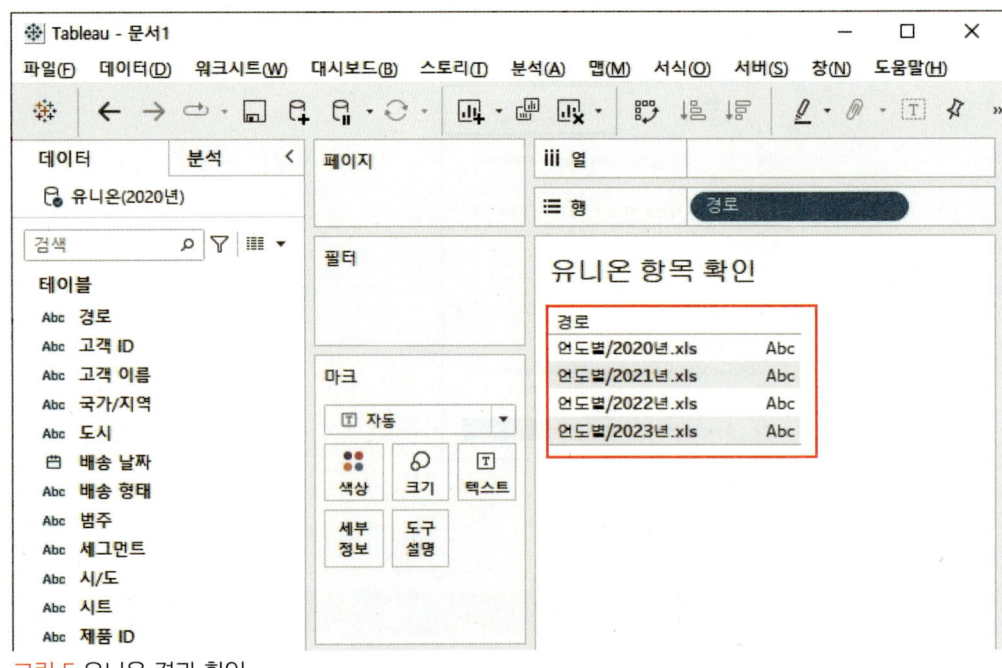

그림 5 유니온 결과 확인

03 조인(Join)

1. 개념

조인을 사용하여 서로 다른 시트에 데이터를 물리적으로 결합할 수 있으며, 조인을 하기 위해서는 기준이 되는 필드가 필요하다.

2. 실습

STEP 01 데이터 준비

실습영상

Desktop에서 조인 실습을 위해 슈퍼스토어 파일을 연결하여 '주문', '인력', '반품 정리' 시트를 활용한다.

그림 6 데이터 연결 후 시트 리스트 확인

STEP 02 물리적 계층 이동하기

'주문' 시트를 드래그한 후 '열기'를 클릭하여 물리적 계층으로 이동한다.

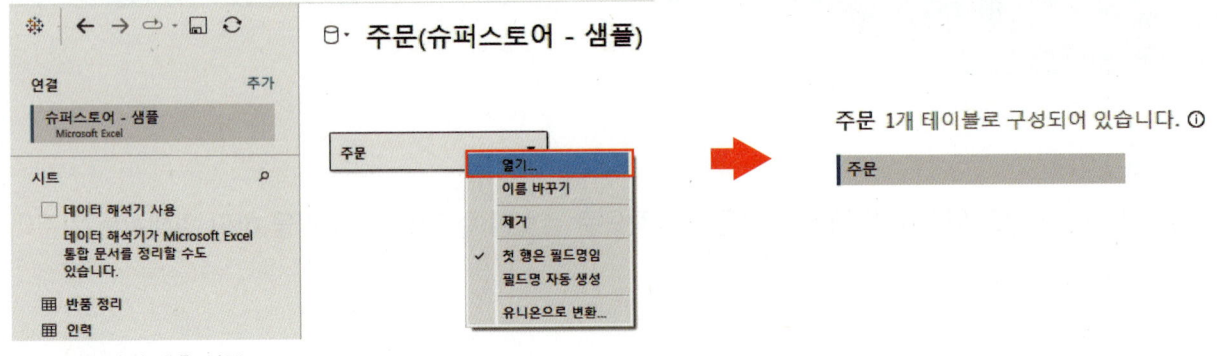

그림 7 물리적 계층 이동

STEP 03 조인(Join) 하기

'주문' 물리적 계층에 '인력' 시트를 드래그하여 조인한다.

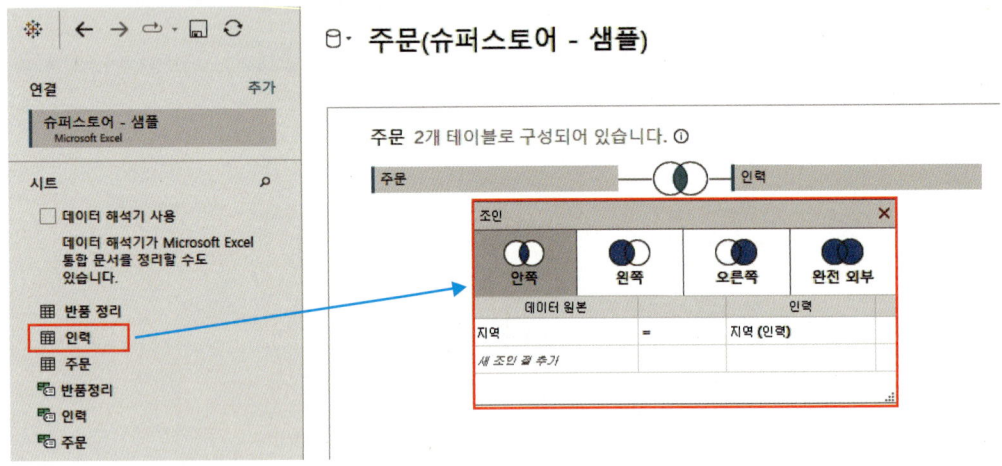

그림 8 물리적 계층 이동

조인 창이 뜨면 기준 필드를 지정하고 원하는 조인 형태를 선택한다.

Tableau Desktop에서 지원하는 조인의 종류는 총 4가지이며 각 기능은 다음과 같다.

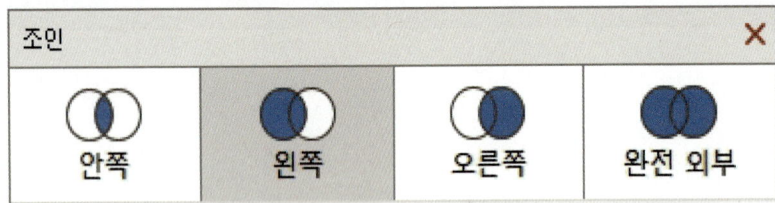

그림 9 조인의 종류

① **안쪽 조인** : 지정된 조건에 따라 두 테이블에서 일치하는 행만 반환하며, 일치하지 않는 레코드는 제외된다.

② **왼쪽 조인(또는 왼쪽 외부 조인)** : 왼쪽 조인은 오른쪽 테이블의 일치하는 행과 함께 왼쪽 테이블의 모든 행을 포함한다. 일치하는 항목이 없으면 오른쪽 테이블에 대해 Null 값이 포함된다.

③ **오른쪽 조인(또는 오른쪽 외부 조인)** : 오른쪽 조인은 왼쪽 조인과 마찬가지로 오른쪽 테이블의 모든 행과 왼쪽 테이블의 일치하는 행을 포함한다. 일치하는 항목이 없으면 왼쪽 테이블에 Null 값이 포함된다.

④ **완전 외부 조인** : 일치하는 레코드와 일치하지 않는 레코드를 포함하여 두 테이블의 모든 행을 결합한다. 일치하지 않는 레코드에는 Null 값이 포함된다.

조인에 기준이 되는 필드를 선택한다. 조인 필드가 없을 경우 '조인 계산 만들기'를 활용한 지정도 가능하다.

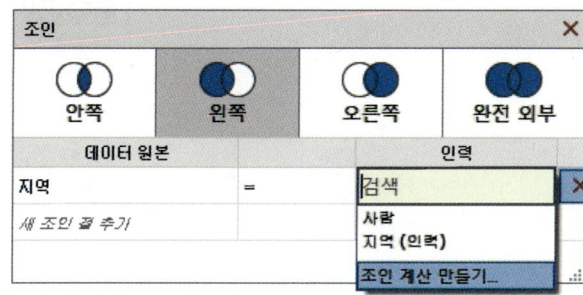

그림 10 조인 계산기 만들기 활용 예제

이러한 과정을 통해 조인을 할 수 있다. 하나의 물리적 계층에서는 여러 데이터 원본을 불러 다중 작업도 가능하다.

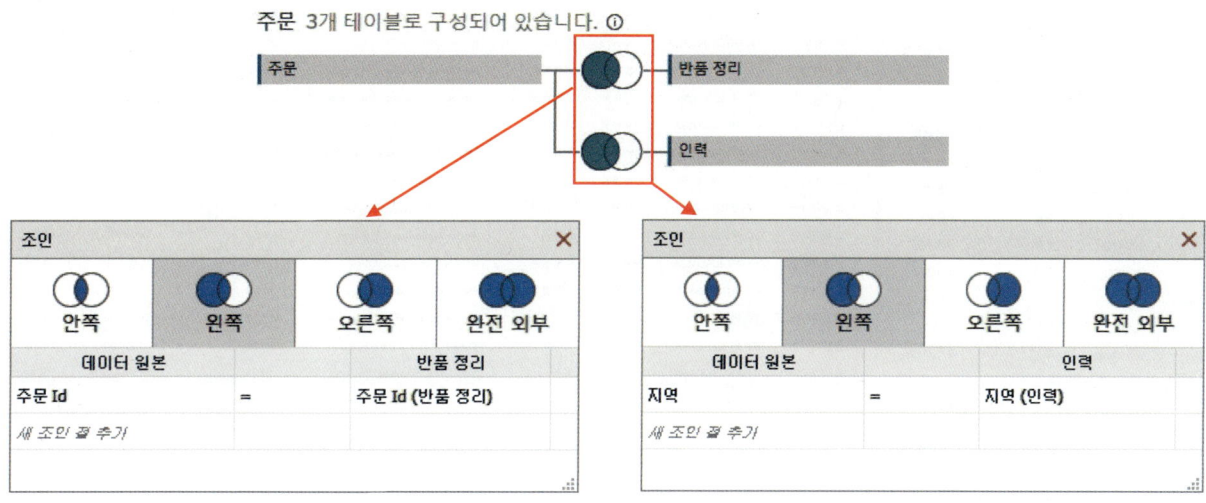

그림 11 〈주문〉, 〈인력〉, 〈반품 정리〉 시트를 활용한 조인 완성 화면

데이터 원본 편집하기 283

04 피벗(Pivot)

1. 개념

피벗은 열 값을 행으로 만들어 데이터를 재구성하는 작업을 말한다. 상황에 맞게 피벗을 활용하면 다양한 분석 및 시각화가 가능하다.

2. 실습

STEP 01 데이터 준비

실습영상

슈퍼스토어 파일을 연결하여 '주문' 시트를 활용한다.

그림 12 〈주문〉 시트 기본 설정

284 PART 02 심화

STEP 02 피벗(Pivot) 하기

[매출], [수량], [할인율], [수익] 필드를 다중 선택 후 우클릭하여 피벗을 선택한다.

그림 13 피벗 설정

피벗을 하면 기준 필드가 열에서 행으로 변환되면서 [피벗 필드명], [피벗 필드 값] 이 생성된 것을 확인할 수 있으며 명칭을 클릭해서 필드명을 변경할 수 있다.

그림 14 피벗 결과, 필드명

데이터 원본 편집하기 285

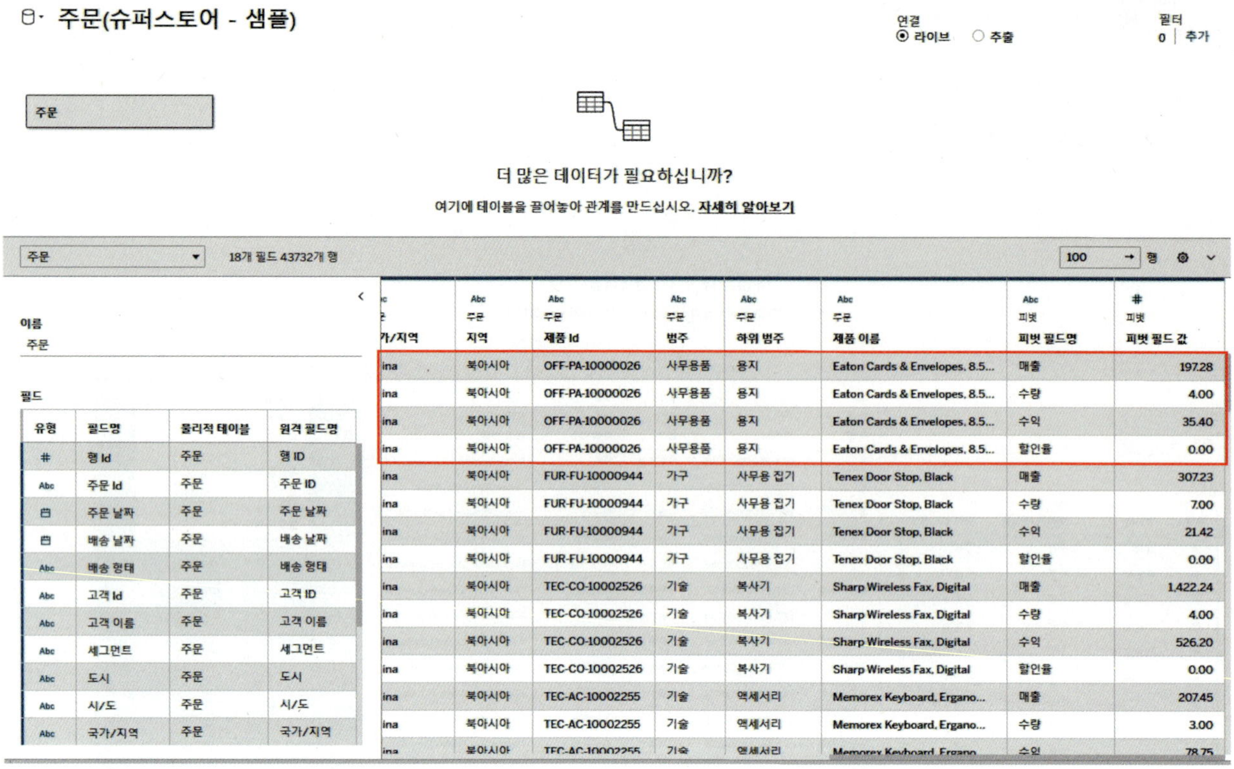

그림 15 피벗 결과, 필드명 변경 가능

피벗을 사용했기 때문에 피벗한 필드 개수만큼 행이 늘어나서, 기존 1개였던 행이 4개의 행으로 늘어난다.

CHAPTER 07　고급 차트 만들기

막대 그래프, 라인 그래프, 히스토그램 등 기본 차트 외에도 데이터의 성격과 상황을 고려한 다양한 차트를 만들 수 있다. 데이터의 관계와 추이를 시각화 하고자 할 때 혹 차트를 이용할 수 있으며, 지도 계층을 활용해 지도 차트를 더 효율적으로 사용할 수도 있다. 이러한 차트는 기본적으로 제공하지 않는 차트이므로 주로 사용하는 차트만 대표적으로 다뤄보자.

01 혹 차트

1. 개념

혹 차트(Bump Chart)는 일련의 항목의 순위를 시간에 따라 시각적으로 보여주는 차트로 각 항목들은 세로축에 표시되며, 가로축은 시간의 흐름을 나타낸다. 라인 차트와 비슷해 보이지만, 라인 차트와 달리 각 항목이 다른 항목과 어떻게 상호작용하는지를 비교하기 쉽게 나타낸다. 또, 항목들이 서로 교차하는 지점에서 순위가 바뀐 것을 나타내며, 이를 통해 각 항목의 성장 또는 감소 추세를 파악할 수 있다.

혹 차트는 시간에 따른 경쟁 업체의 매출 비교나 스포츠 경기에서 각 팀의 순위 추이를 비교하는 경우 등에 사용된다.

2. 실습

2022년 기준으로 지역별 매출 흐름을 나타낸 혹차트를 만들어보자.

실습영상

열	월(주문 날짜)	
행	합계(매출)	합계(매출)
색상	지역	
차트 종류	라인	도형
필터	년(주문 날짜) : 2022	

STEP 01　라인 차트 만들기

[매출], [주문 날짜]를 각각 행과 열 선반에 드래그하여 라인 차트를 만든 후, [지역]으로 색상을 구분해준다. 이 때, 날짜는 연속형 월로 변경해주고, "2022년" 데이터만 확인할 수 있게 필터를 설정한다.

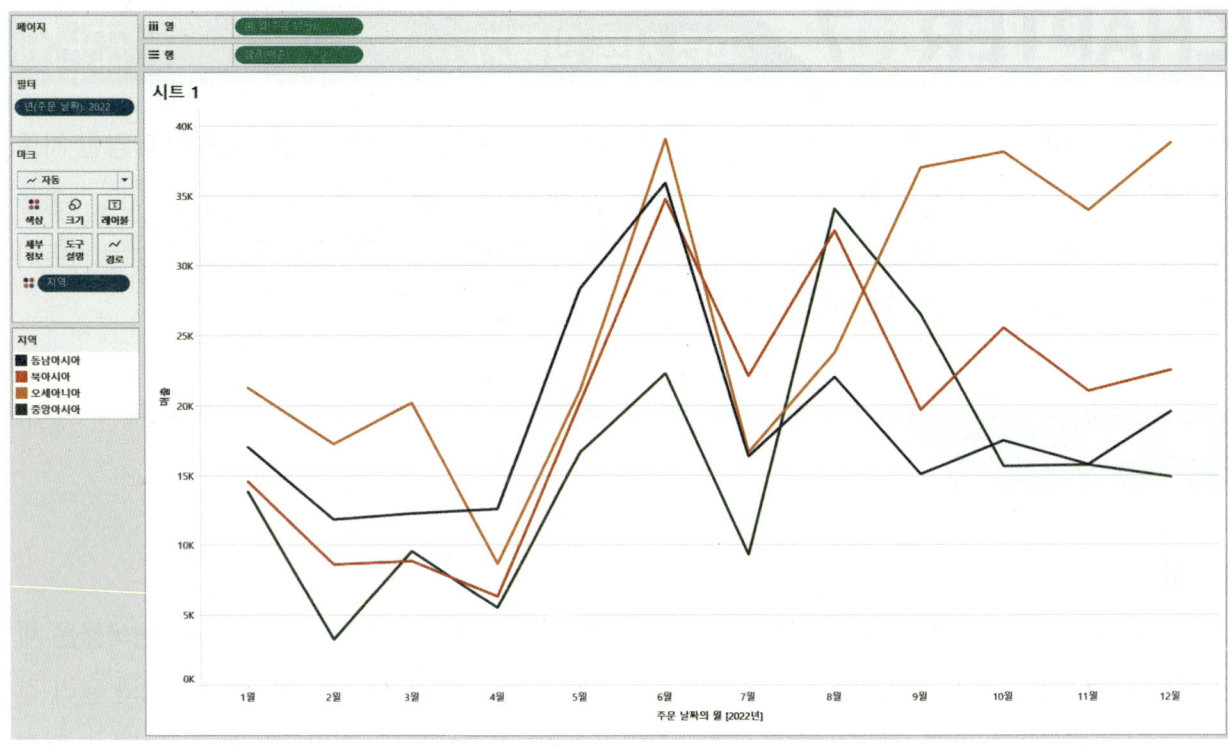

그림 1 라인

STEP 02 지역별 매출 순위 표현하기

지역별 매출 순위를 확인하기 위해 테이블 계산을 적용시켜준다. 행 선반의 [매출]을 우클릭 → '테이블 계산 편집'을 클릭하고, 계산 유형은 '순위', 계산 방법은 '특정 차원'의 [지역]별 순위로 계산한다.

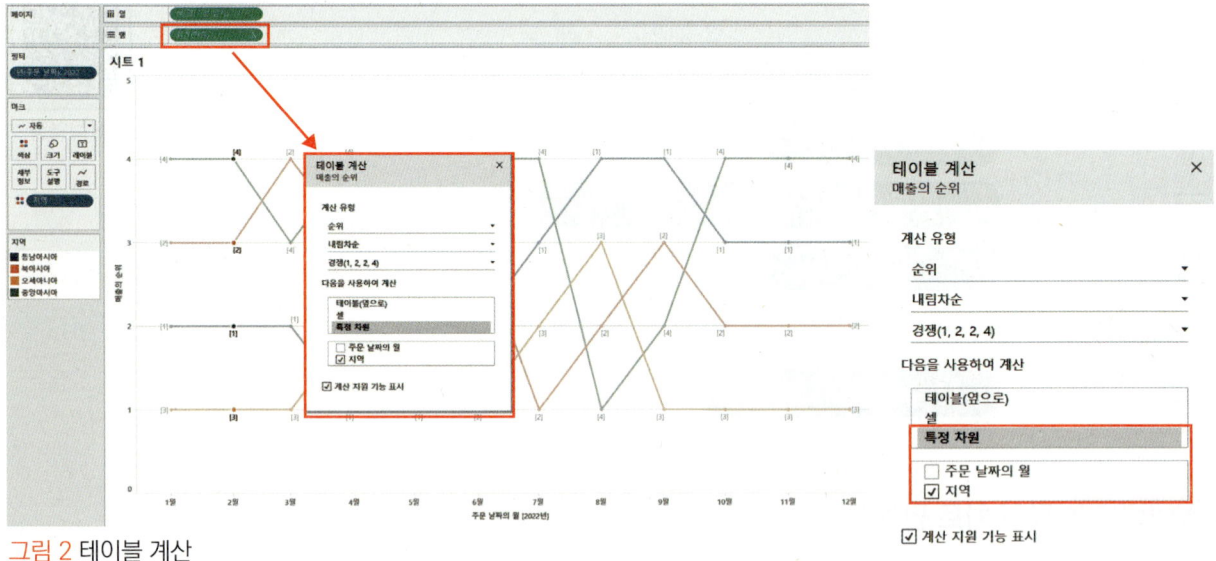

그림 2 테이블 계산

STEP 03 이중 조합을 통한 훅 차트 만들기

훅차트의 모양을 보면, 라인과 원형이 결합된 형태이므로, 두 개의 차트를 만들어 주기 위해 방금 테이블 계산한 [매출]을 행 선반에 복사해준다. 라인과 원형차트를 결합하기 위해 '이중 축'을 클릭하고 축 동기화를 진행한다.

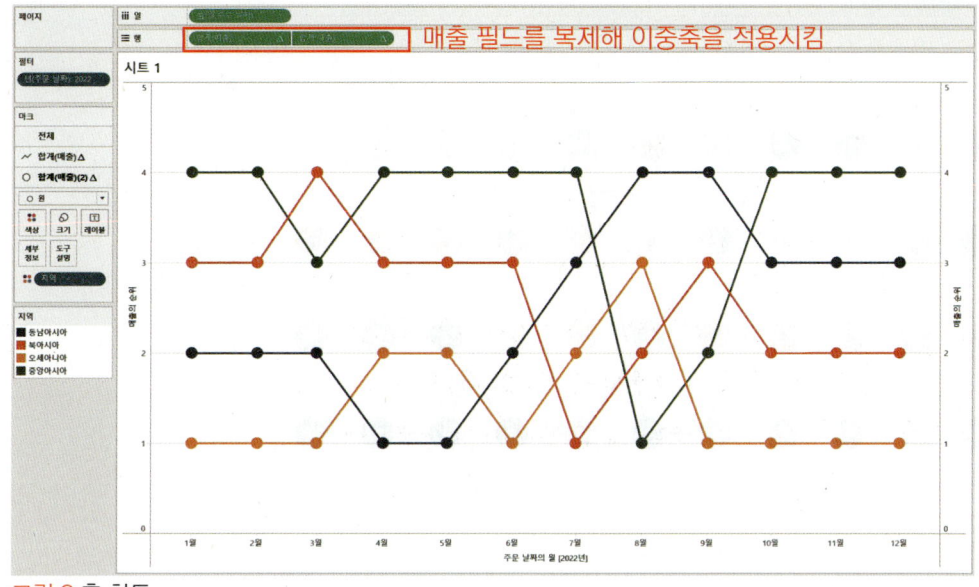

그림 3 훅 차트

STEP 04 순위 순서 변경하기

축을 보면, 4순위가 상단에 배치된 것을 확인할 수 있다. 1순위를 상단에 배치하기 위해서 '축 편집' → '반전'을 선택해주면 1순위가 상단에 나타나게 된다. 이전 단계에서 축 동기화를 하지 않으면 원형차트 또는 라인 차트의 축만 바뀌게 되니 축 동기화를 먼저 진행한다.

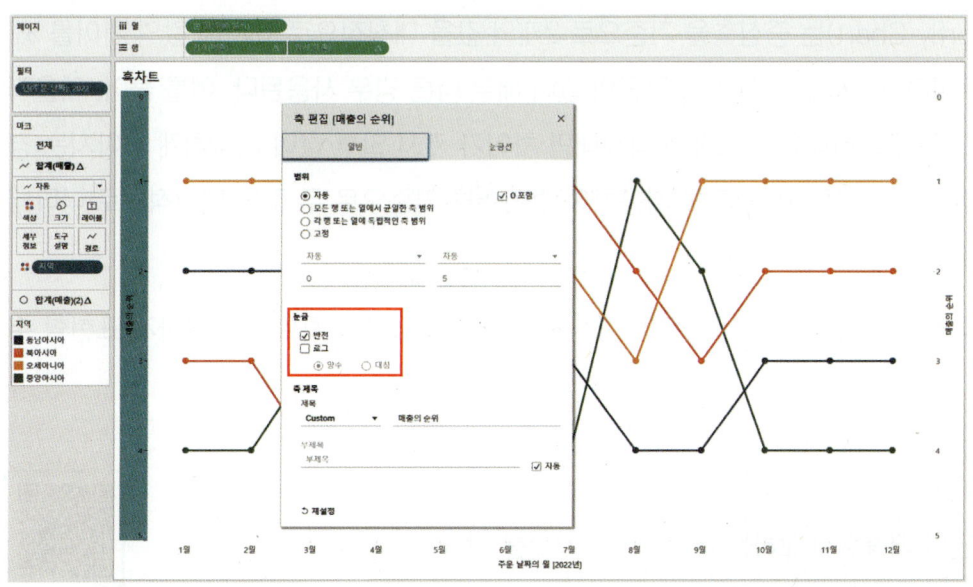

그림 4 축 반전

STEP 05 서식 수정하기

원형 마크의 크기를 키우고 테이블 계산된 [매출]을 '레이블'에 추가하여 순위를 표시하고, 레이블 크기와 위치를 가운데로 설정하면 혹차트가 완성된다.

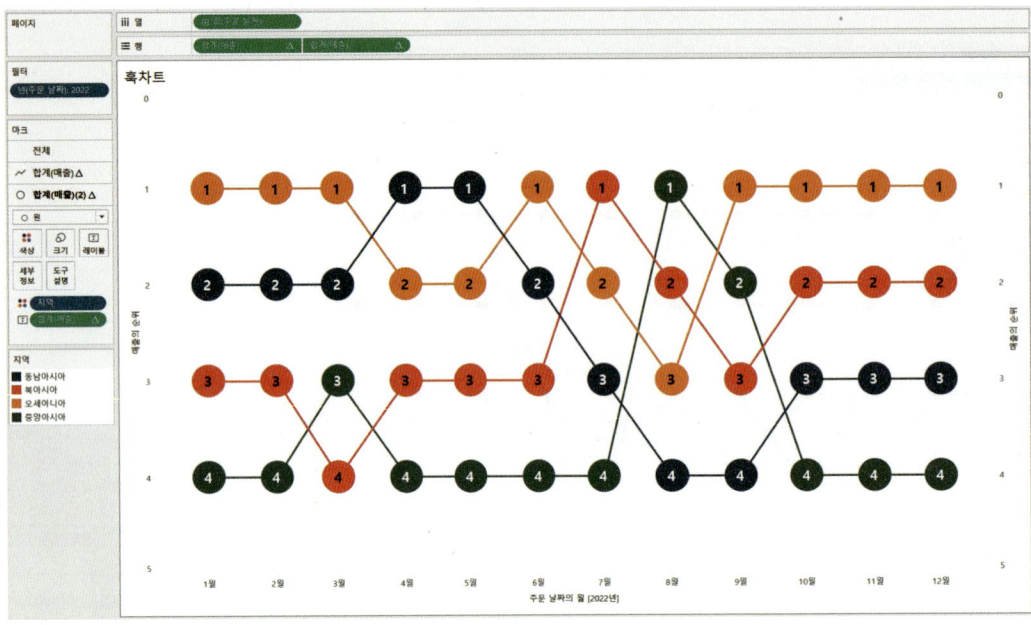

그림 5 혹 차트

02 버터플라이 차트

1. 개념

버터플라이 차트(Butterfly Chart)는 중심축을 기준으로 2개의 값을 대칭적으로 표시해 값의 차이를 시각적으로 보여주는 차트이다. 이 차트는 주로 양 극단의 값이 매우 다른 경우 사용된다. 예를 들어, 매출과 수익의 차이가 큰 경우, 두 값을 하나의 차트에서 나타내면 차이가 커서 일부 값이 지나치게 작아지는 경우에 사용된다. 이런 경우에 버터플라이 차트를 사용하여 중심축을 기준으로 두 값을 대칭적으로 나타내면 쉽게 비교할 수 있다.

버터플라이 차트는 대칭적인 모양을 가지기 때문에 중심축에 라벨을 추가해 차트를 명확하게 표현할 수 있다.

2. 실습

한국의 수도권/비수도권의 매출을 비교하는 버터플라이 차트를 만들어보자.

실습영상

1) 측정값 1개로 만들기

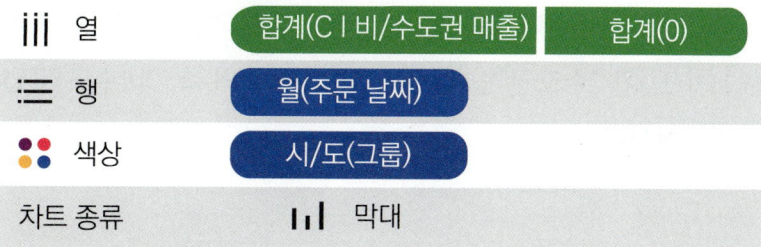

STEP 01 막대 차트 만들기

[주문 날짜]와 [매출]을 행과 열 선반에 드래그하여 가로 막대 차트를 그린 후 한국의 값만 보기 위해 [국가/지역]을 필터에 올리고 "South Korea"를 선택한다.

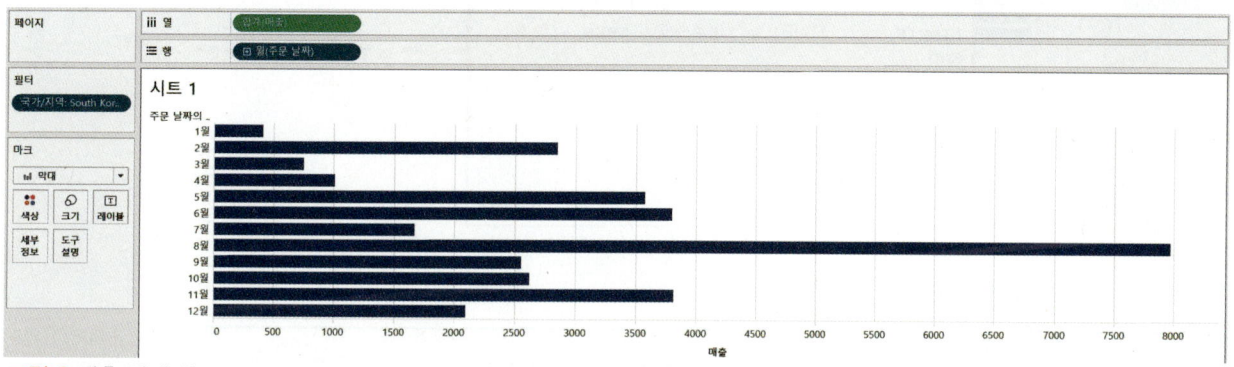

그림 6 매출 막대 차트

STEP 02 수도권/비수도권 그룹 만들기

수도권/비수도권으로 구분하기 위해 [시/도]필드로 그룹을 만들고, 색상마크에 드래그 앤 드랍한다. 수도권과 비수도권의 포함 요소는 다음과 같다.

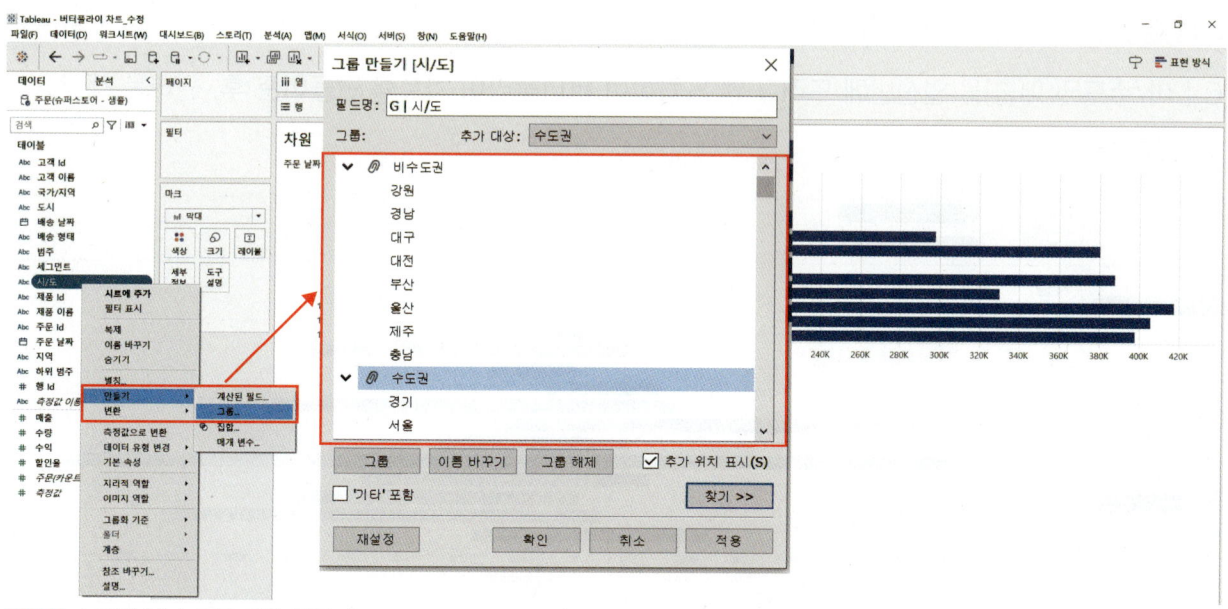

그림 7 수도권/비수도권 그룹 만들기

고급 차트 만들기 291

STEP 03 수도권/비수도권 매출 계산식 만들기

막대그래프를 버터플라이 모양으로 변경하기 위해서는 양쪽으로 축을 생성하기 위해 계산식으로 음의 축과 양의 축을 만든다. IF문을 사용하여 [G | 시/도]가 "수도권"인 경우에 [매출]을 양의 축, "비수도권"인 경우에 [매출]을 음의 축에 나타내는 계산식을 작성한다.

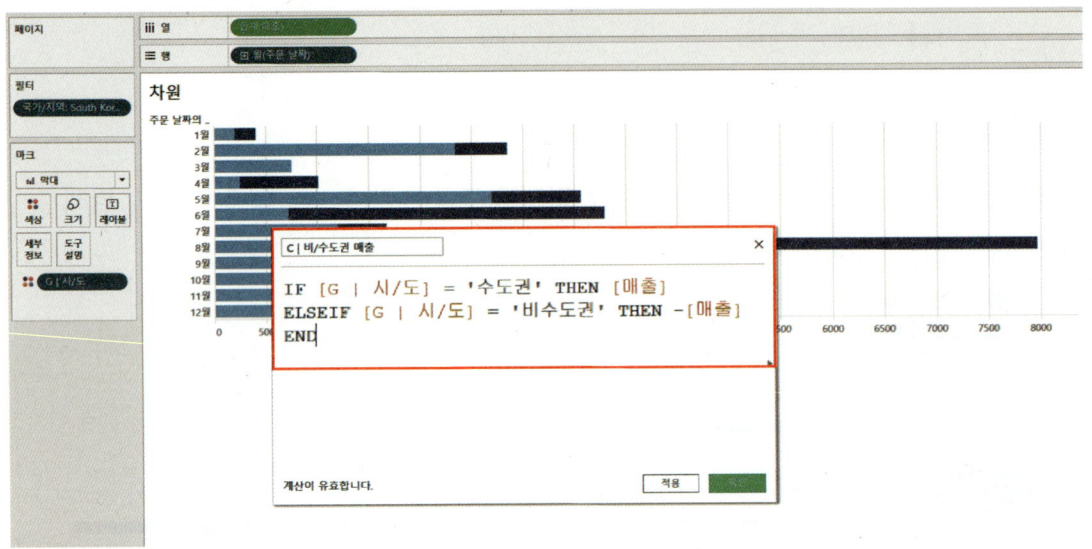

그림 8 수도권/비수도권 매출 계산식

C	비/수도권 매출	IF [G	시/도] THEN "수도권" THEN [매출] ELSEIF [G	시/도] = "비수도권" THEN -[매출] END

STEP 04 버터플라이 차트 만들기

[C | 비/수도권 매출]을 열선반에 드래그 앤 드랍하여 버터플라이 차트를 만들어준 후, 원하는 색상으로 변경한다.

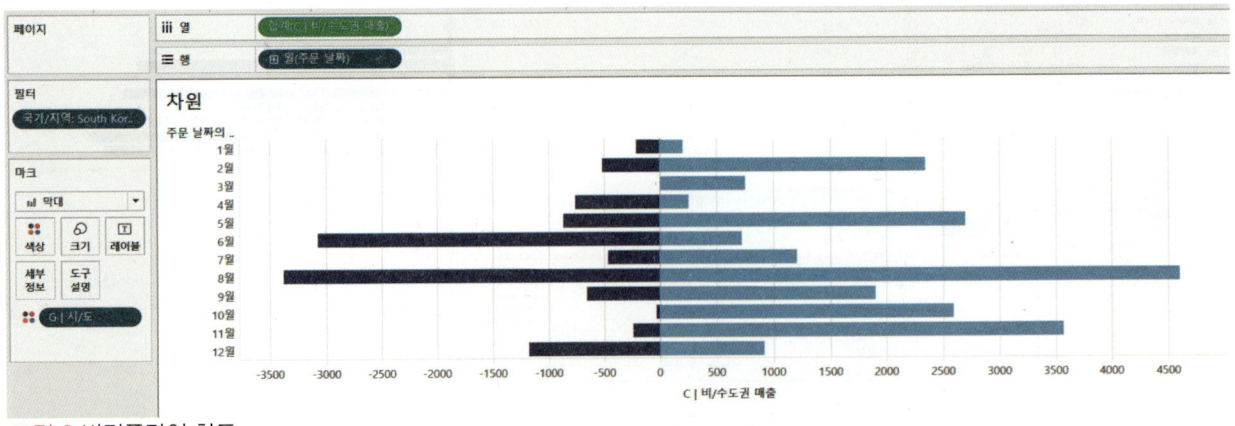

그림 9 버터플라이 차트

STEP 05 날짜 레이블 표현하기

축의 가운데 텍스트를 추가하기 위해 열 선반에 임의의 축 0을 입력한다. 0의 마크 카드에 [주문 날짜] 필드를 추가하여 레이블을 나타낸 후, '이중축', '축동기화'를 설정하면 버터플라이 차트가 완성된다.

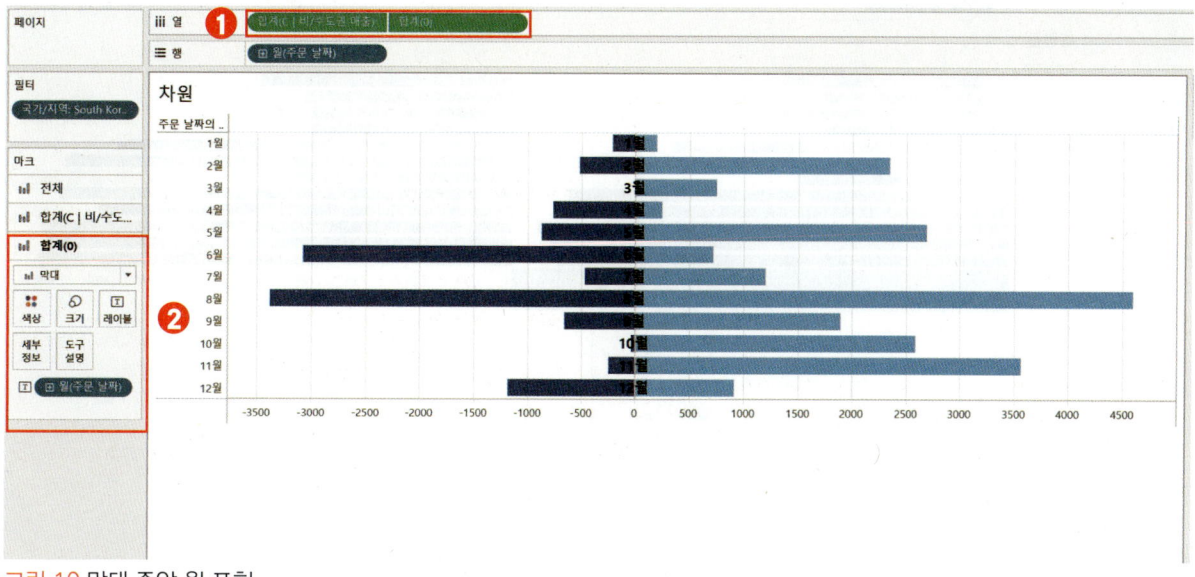

그림 10 막대 중앙 월 표현

2) 측정값 2개로 만들기

STEP 01 막대 차트 만들기

[주문 날짜]의 월과 [매출], [수량]을 행과 열의 선반에 드래그 앤 드랍하여 가로 막대 차트를 만든다.

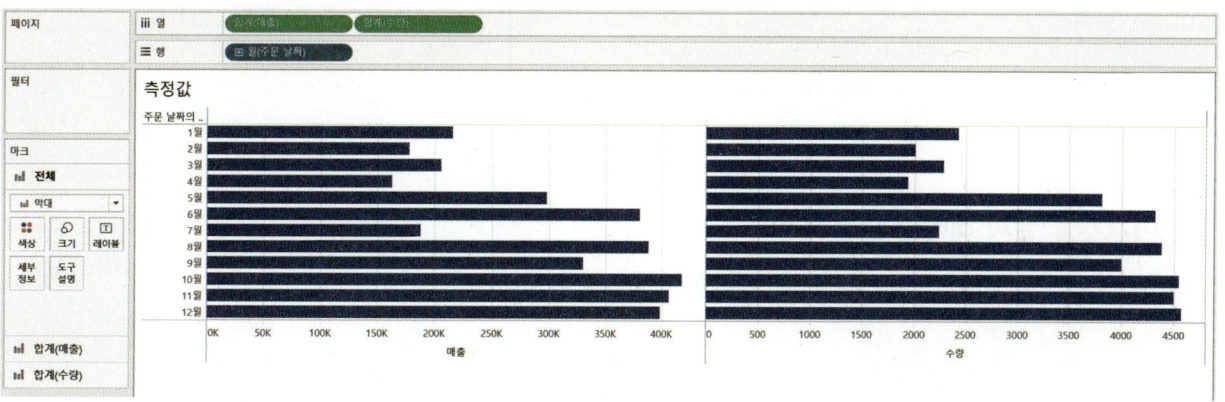

그림 11 매출, 수량 막대 차트

STEP 02 버터플라이 차트 만들기

왼쪽에 있는 필드 [매출]의 축을 우클릭 → '축 편집'을 클릭한다.

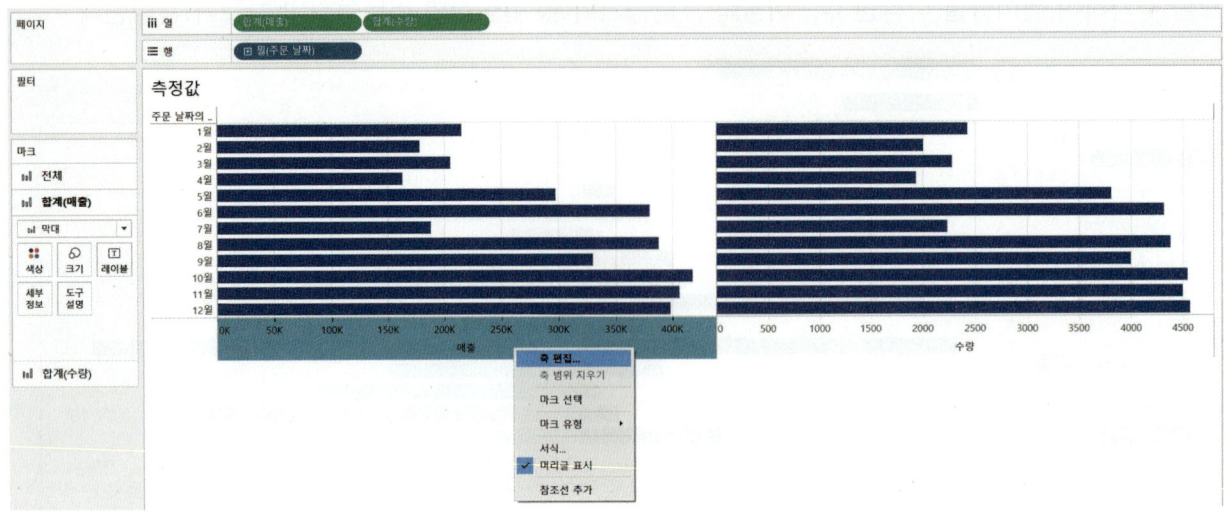

그림 12 축 편집

'축 편집' → '반전'을 선택하게 되면 버터플라이 차트 형태가 만들어진다.

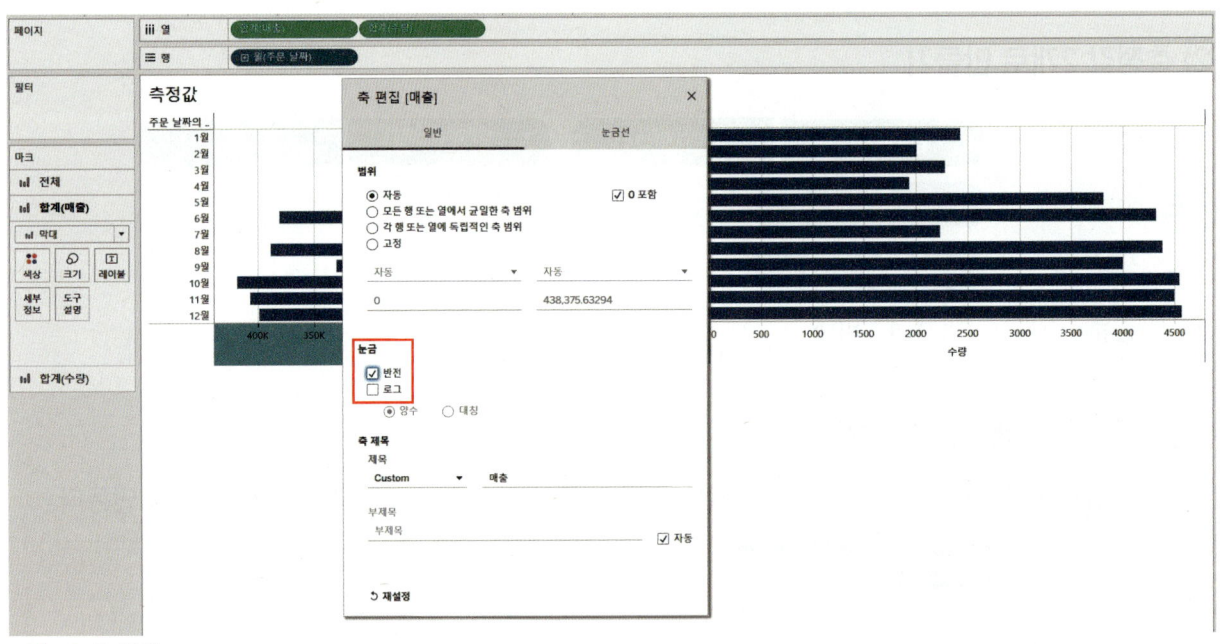

그림 13 축 반전

STEP 03 날짜 레이블 표현하기

가운데 축 부분을 만드는 작업을 위해 임의의 축 [0]을 열선반에 생성한다.

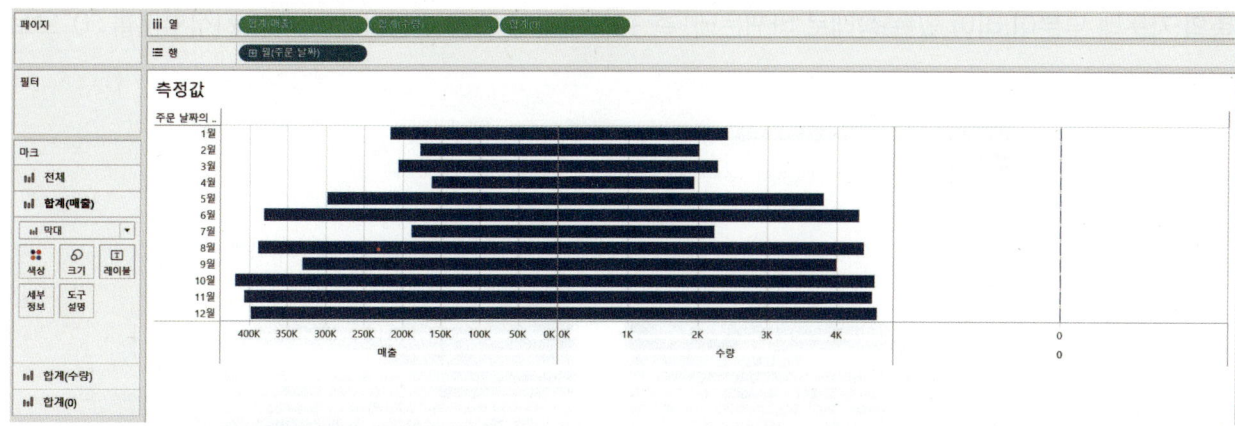

그림 14 막대 중앙에 월 표시를 위한 새로운 축 생성

'이중축', '축 동기화'를 설정해주고, 열 선반에 있는 필드 2개에 각각 적용한다.

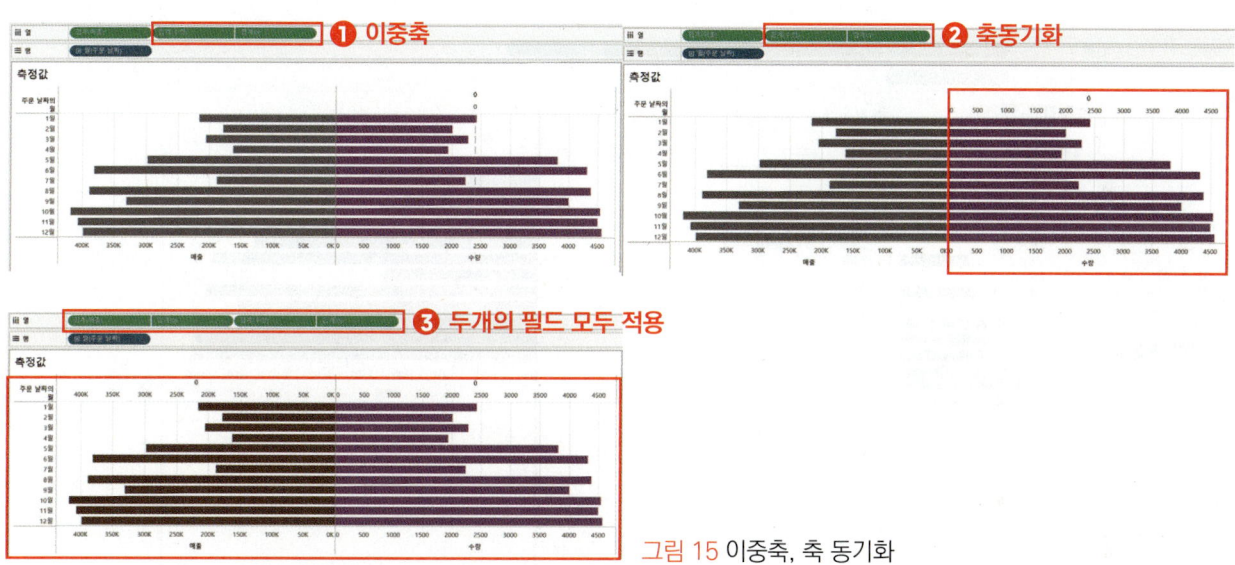

그림 15 이중축, 축 동기화

임의의 축 [0] 마크 유형을 막대에서 텍스트로 바꿔준다.

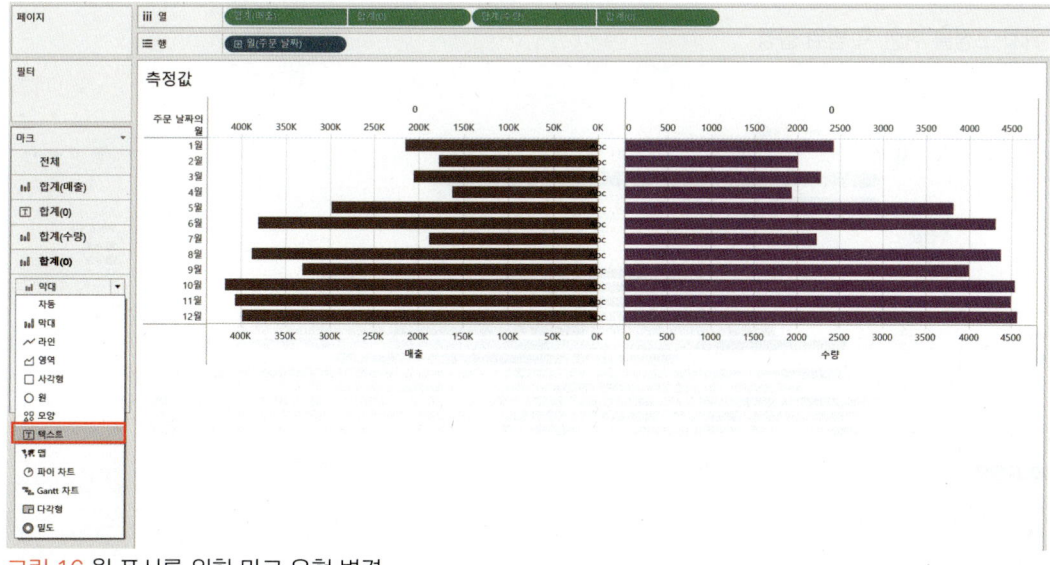

그림 16 월 표시를 위한 마크 유형 변경

고급 차트 만들기 295

축의 가운데 부분이 비어 있는 상태로 바뀌는데, 축 편집에서 범위를 고정을 선택하고 시작부분을 "0"으로 입력한다.

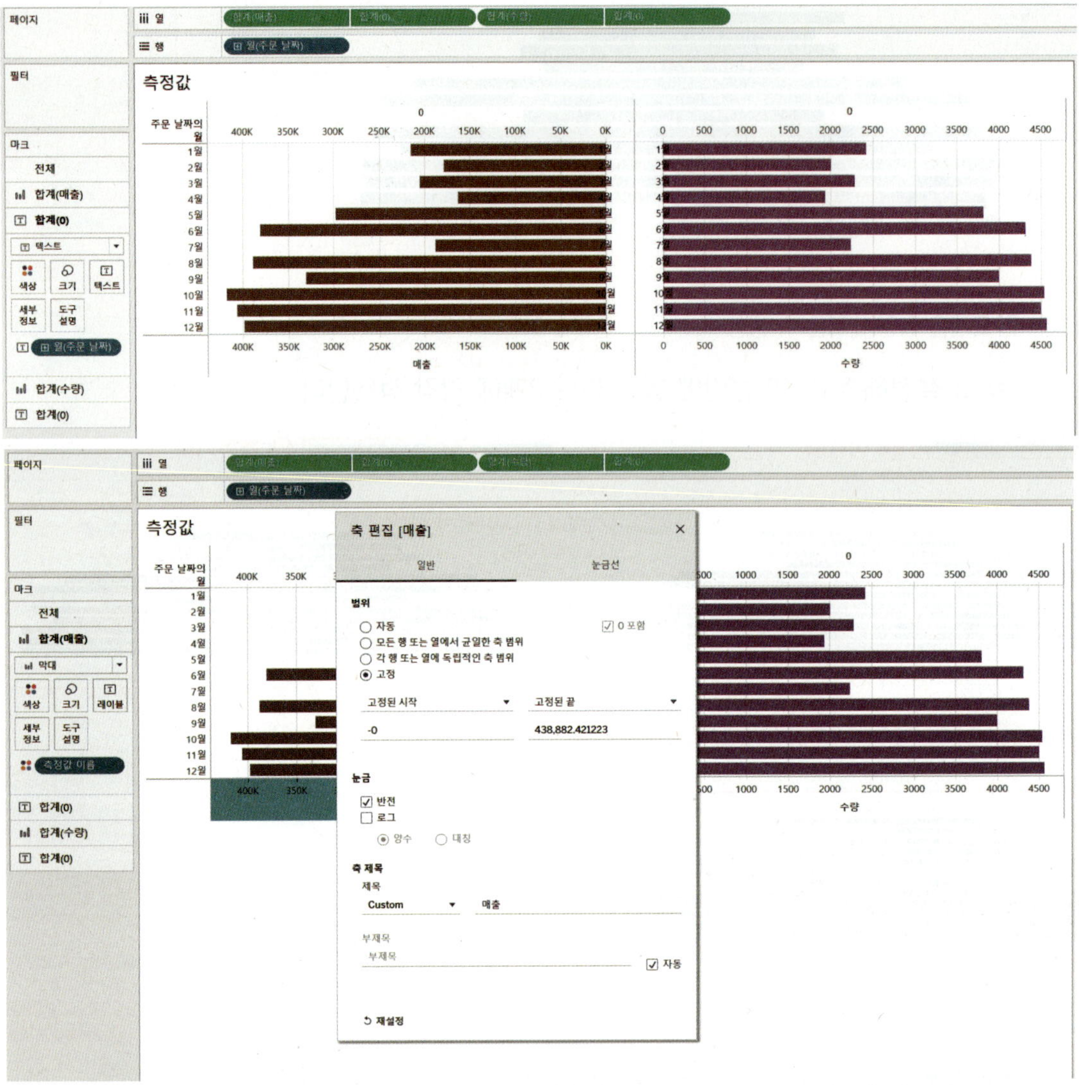

그림 17 월 텍스트 위치 고정을 위한 축 범위 설정

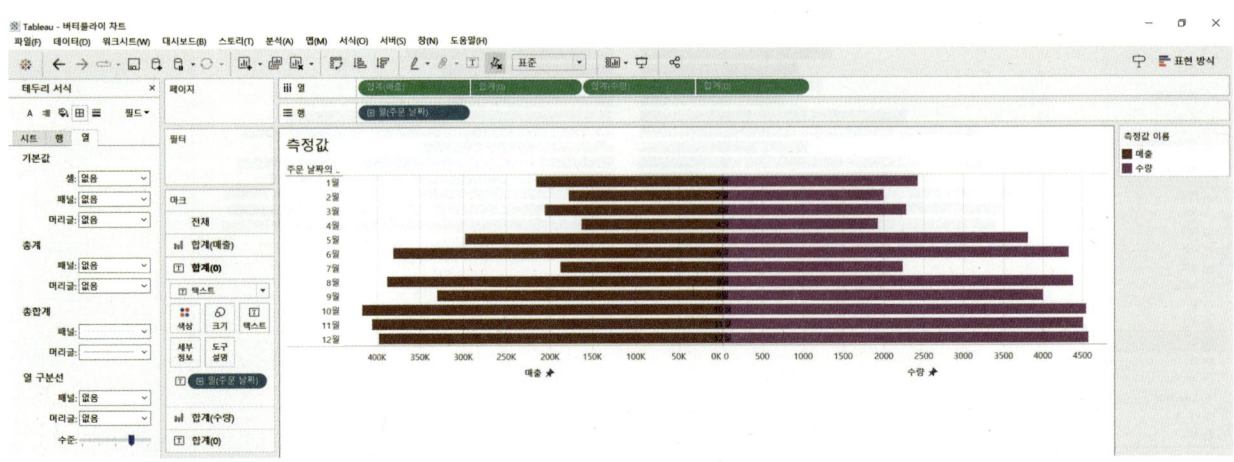

그림 18 버터플라이 차트

03 폭포수 차트

1. 개념

폭포수 차트(Waterfall Chart)는 시작 값에서 종료 값으로의 필드 값의 점진적인 전환을 나타내며, 연속적인 증감으로 누적 합계를 보여준다. 보통 누적 합계에서는 각 카테고리나 기여 요소가 전체 값에서 기여하는 방식을 볼 수 없다. 하지만 폭포수 차트에서는 각 카테고리의 값이 전체 값에 어떻게 증가시키고 감소시켜 최종 값에 이르는지 볼 수 있다. 이를 통해 차원 개별 요소가 어떻게 전체 값에 기여하는지에 대한 분석이 가능하다.

예를 들어, 매월 판매량을 추적하고자 한다면 폭포수 차트를 사용해 각 월별 판매량을 시각적으로 비교할 수 있다. 폭포수 차트의 막대는 월별 판매량을 나타내며, 막대의 길이는 해당 월의 판매량을 크기로 나타낸다. 막대의 색상은 월간 판매량의 증감을 시각적으로 표현할 수 있으며, 이전 월에 비해 판매량이 증가한 경우, 막대의 색상을 녹색으로 시각적 표현이 가능하다.

폭포수 차트는 데이터의 변화(증감)를 강조하고 추세나 패턴을 파악하는데 도움이 된다.

2. 실습

하위 범주별 수익을 나타낸 폭포수 차트를 만들어보자.

실습영상

STEP 01 간트 차트 만들기

[하위 범주]와 [수익]을 행과 열의 선반에 드래그 앤 드랍하여 간트 차트를 만든다.

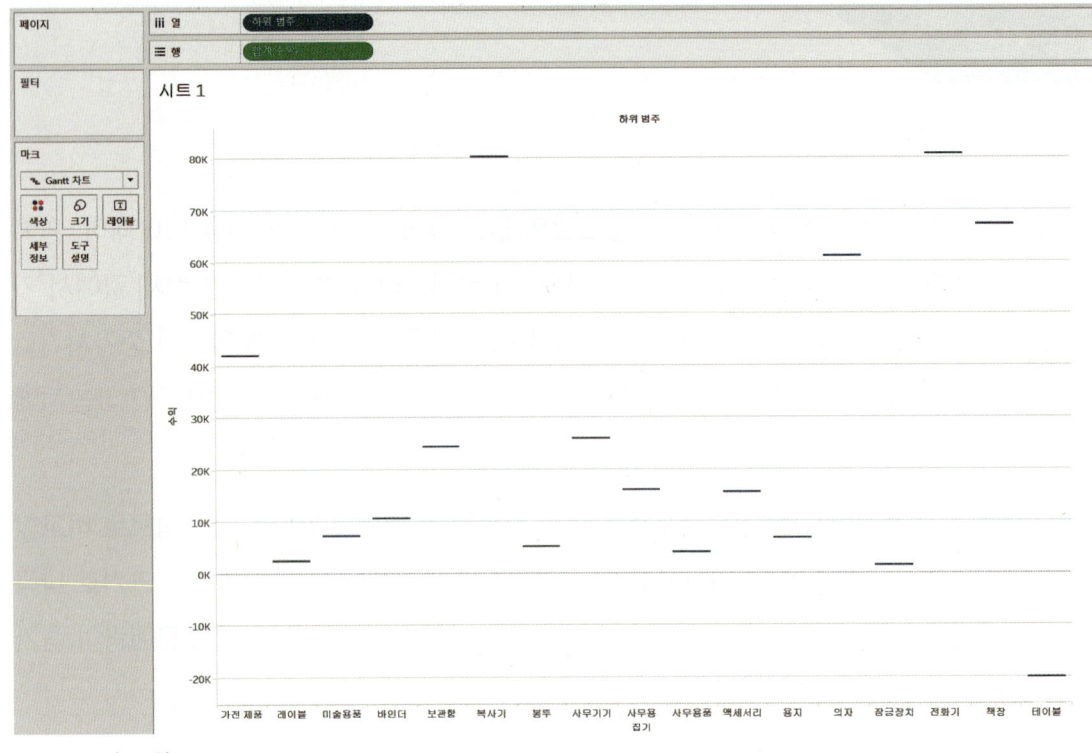

그림 19 간트 차트

STEP 02 누계 표현하기

각 하위 범주가 총 수익에 얼마나 기여하는 지와 총 누적 값을 동시에 보기 위해 [수익]에서 '퀵 테이블 계산' → '누계'를 선택한다.

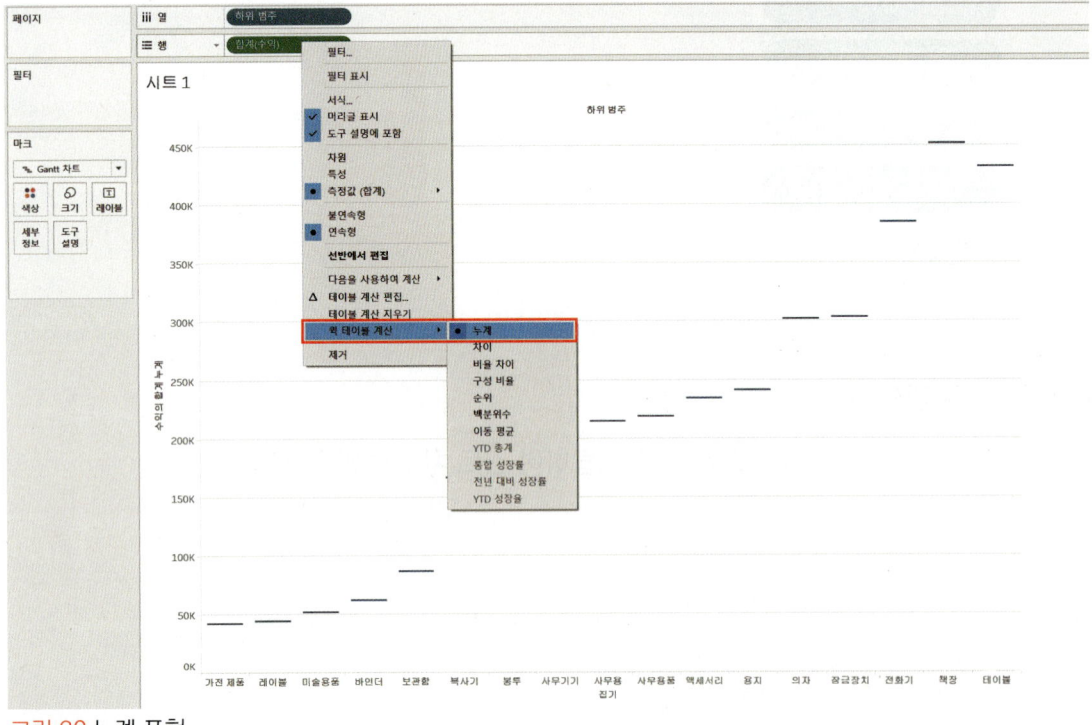

그림 20 누계 표현

STEP 03   폭포수 차트 형태 표현하기

단계별 증감 폭을 확인하기 위해 [C | -수익] 계산식을 만들어 크기를 올리면 폭포수 차트의 형태가 만들어진다.

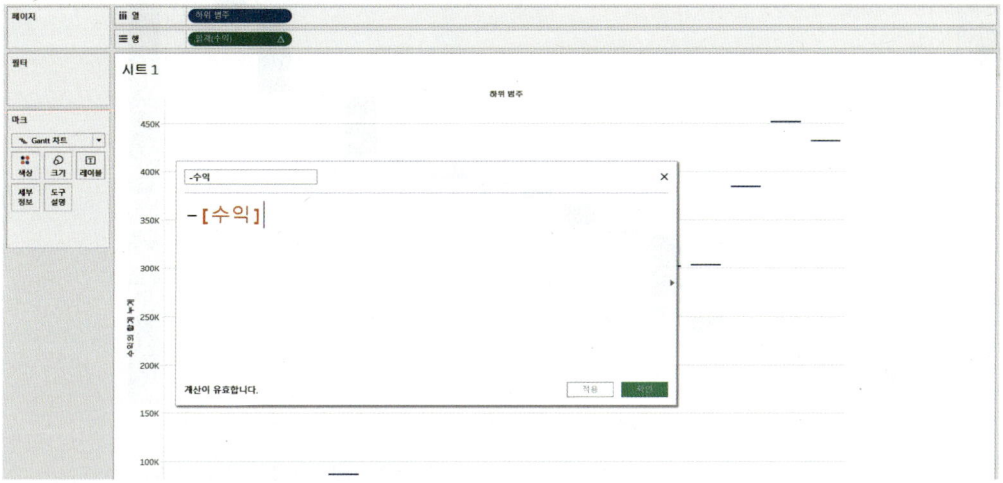

그림 21 간트 차트

STEP 04   증감 색상 표현하기

증감의 색상을 구분하기 위해 [수익]을 색상 마크에 드래그 앤 드랍한다. 색상을 2개로 나누기 위해 색상 편집창에서 '단계별 색상'을 2단계로 설정해주고, 가운데 값을 "0"으로 설정한다. "0"을 기준으로 증가하면 파란색, 감소하면 빨간색 색상이 적용된다.

그림 22 색상 지정

고급 차트 만들기 299

STEP 05 총계(누계)값 표현하기

총 누적 값을 확인하기 위해 '분석' 탭에서 '총계'를 적용시켜주면 폭포수 차트가 만들어진다.

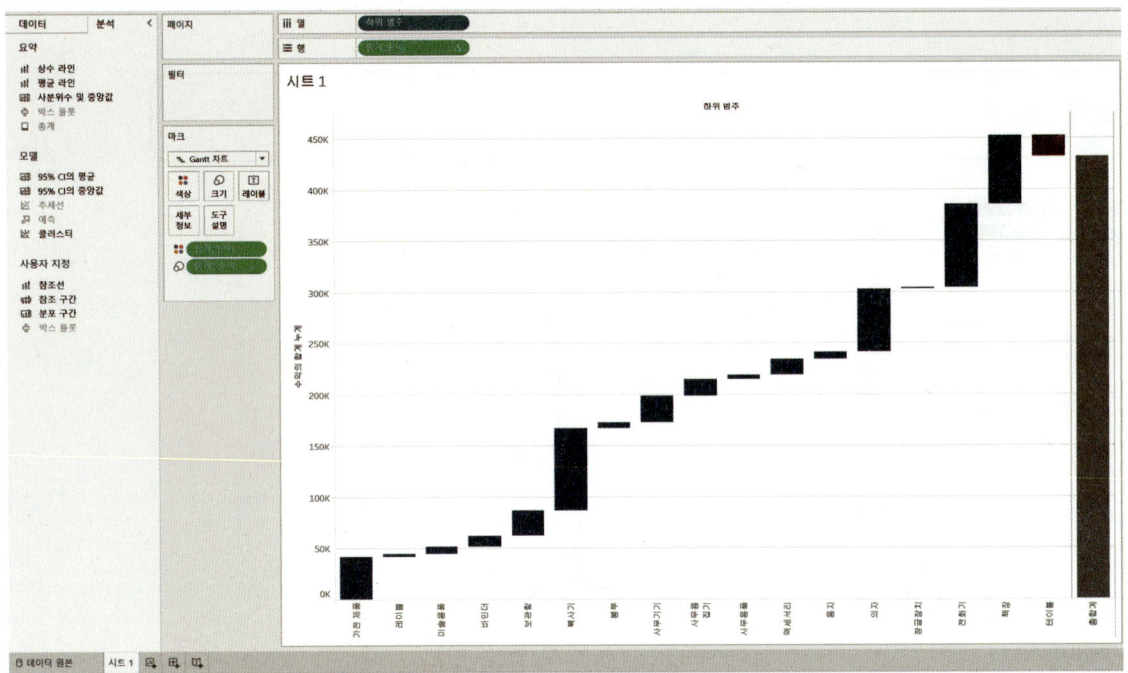

그림 23 폭포수 차트

04 하이라이트 테이블

1. 개념

하이라이트 테이블(Highlight Table)은 데이터의 특정 부분을 강조하여 시각화하는 기능이다. 이 테이블은 행과 열에 데이터를 배치하고, 특정 조건을 충족하는 데이터를 강조하여 표시한다. 예를 들어, 매출 데이터가 있는 테이블에서 특정 지역이나 기간의 매출이 평균보다 높거나 낮은 경우, 해당 셀을 강조하여 시각적으로 구분할 수 있다.

하이라이트 테이블에서 다중 측정값을 비교할 때, 각 측정값의 범위가 달라 하나의 색상으로 값의 크기를 구분하기 어렵다. 이때 측정값을 색상마크에 드래그 앤 드랍하여 별도의 범례 사용으로 각 측정값마다 다른 색상을 부여할 수 있으며, 별도의 범례를 사용함으로써 시각화에서 다양한 속성을 표현하고 정보를 구분하는 데 도움이 된다.

하이라이트 테이블을 사용하면 데이터의 특정 패턴이나 동향을 시각적으로 파악할 수 있다. 사용자는 특정 조건에 따라 데이터를 필터링하거나 조정하여 원하는 정보에 집중할 수 있다. 이를 통해 데이터의 관계와 추이를 파악하고 의사 결정에 필요한 인사이트를 얻을 수 있다.

2. 실습

국가별 매출과 수익, 수량, 할인율을 나타내는 하이라이트 테이블을 만들어보자.

실습영상

열	측정값 이름			
행	국가지역			
색상	측정값			
텍스트	측정값			
차트 종류	사각형			
측정값	합계(매출)	합계(수량)	합계(수익)	합계(할인율)

STEP 01 하이라이트 테이블 만들기

[국가/지역]과 [매출], [수량], [수익], [할인율]을 활용하여 그리드 차트를 만든다. 하이라이트 테이블을 만들기 위해 마크의 유형을 사각형으로 변경하고 [측정값]을 색상마크에 추가한다.

그림 24 하이라이트 테이블

STEP 02 측정값별 색상 적용

하이라이트 테이블을 만들기 위해 색상을 적용하려고 할 때, 모든 측정값을 총괄하는 색상 범례가 생성된다. 이러한 경우 측정값의 범위가 다름에도 단일한 범위를 기준으로 색상이 적용되는데, 이럴 경우 각 측정값 별 색상을 지정하기 위해 색상 마크에 올라간 측정값을 우클릭 → '별도의 범례 사용'을 선택해준다.

그림 25 별도의 범례 사용

별도 범례 같은 경우는 전체 범례와 달리 색상 편집을 개별적으로 진행해야 한다. 각 측정값의 색상을 지정해주면 별도의 범례를 사용한 하이라이트 차트가 만들어진다.

그림 26 별도의 범례 사용 결과

05 코호트 차트

1. 개념

코호트 차트(Cohort Chart)는 고객이나 사용자를 동일한 특성이나 행동을 가진 그룹으로 분류하여 그룹별로 특정 기간 동안의 동향과 성과를 분석하는 차트이다. 보통 시간의 흐름을 기준으로 코호트를 분석하며, 일반적으로 코호트 형성 시점을 기준으로 일정 기간을 선택한다.

코호트 차트는 고객 행동의 변화나 특정 이벤트에 대한 영향력 등을 파악하는데 유용하다. 예를 들어, 새로운 기능 도입 후 코호트 분석을 통해 해당 기능이 사용자 유지율에 어떤 영향을 미치는지 확인할 수 있다. 이 분석은 고객 유지, 매출 증대, 서비스 개선 등을 위해 사용될 수 있으며, 마케팅 전략 수립에 도움을 줄 수 있다.

2. 실습

고객 ID를 기준으로 분기별로 재구매한 고객 수를 알아볼 수 있는 코호트 차트를 만들어보자.

기존의 슈퍼스토어 데이터를 사용하여 분석 결과를 확인하면 데이터의 양이 부족하기 때문에 아래의 그림과 같이 그래프에 빈 공간이 발생하여 분석 결과를 정확히 확인하기 힘들다. 이번 분석에서는 데이터의 양이 더 많은 Global_Superstore 데이터를 이용하여 코호트 분석 차트를 그려보자.

예) 기존 23.1 버전 슈퍼스토어로 만든 코호트 차트

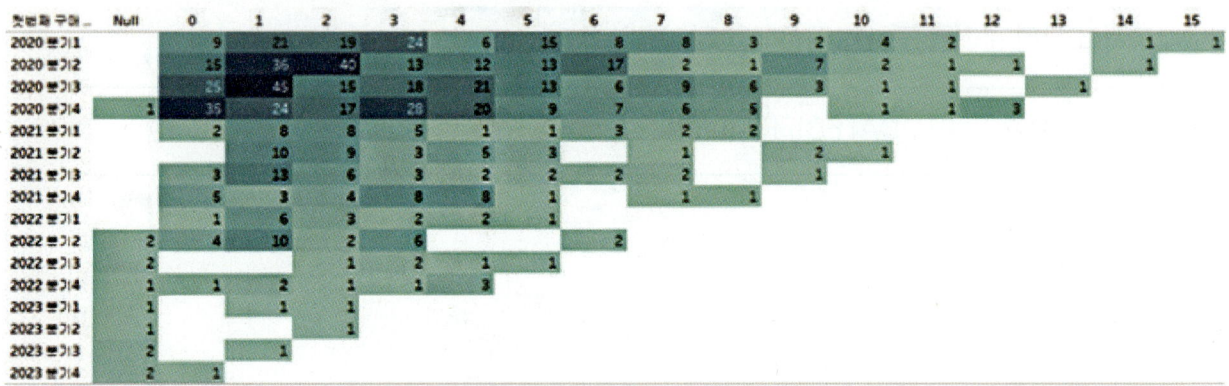

그림 27 슈퍼스토어 코호트 차트

고급 차트 만들기　303

STEP 01 코호트 차트 날짜 범위 계산식 만들기

고객 ID를 기준으로 분기별 재구매한 고객 수를 알아보기 위해 첫 번째 구매 일자, 재구매 일자, 두 번째 구매 일자, 재구매 소요 분기 계산식을 차례로 만들어주도록 한다.

① 첫 번째 구매 일자

각각 [Customer ID]를 기준으로 고정하여 [Order Date]가 가장 최근인 날짜를 구한다.

| 첫번째 구매 일자 | { FIXED [Customer ID] : MIN([Order Date]) } |

② 재구매 일자

만약 주문을 한 [Order Date]가 계산식 [첫 번째 구매 일자]보다 크면 그대로 [Order Date]를 반환하고, 그렇지 않으면 Null 값을 반환하는 계산식을 작성한다. 다시 말해 첫 번째 구매 이후 구매 이력이 있다면 재구매한 날짜를 반환하고, 첫 구매 이후 재구매한 이력이 없다면 Null 값으로 반환한다.

| 재구매 일자 | IIF([Order Date] > [첫번째 구매 일자], [Order Date], NULL) |

③ 두 번째 구매 일자

첫 번째 구매 일자를 구했던 계산식과 동일하게 [Customer ID]를 기준으로 고정하고, [재구매 일자]가 가장 최근인 날짜를 구한다.

| 두번째 구매 일자 | { FIXED [Customer ID] : MIN([재구매 일자]) } |

④ 재구매 소요 분기

재구매까지 소요된 분기를 구하는 계산식을 작성한다.

| 재구매 소요 분기 | DATEDIFF('quarter', [첫번째 구매 일자], [두번째 구매 일자]) |

STEP 02 코호트 차트 만들기

[Customer ID]를 기준으로 만든 계산식들을 드래그 앤 드랍하여 데이터가 잘 계산이 되었는지 확인한다.

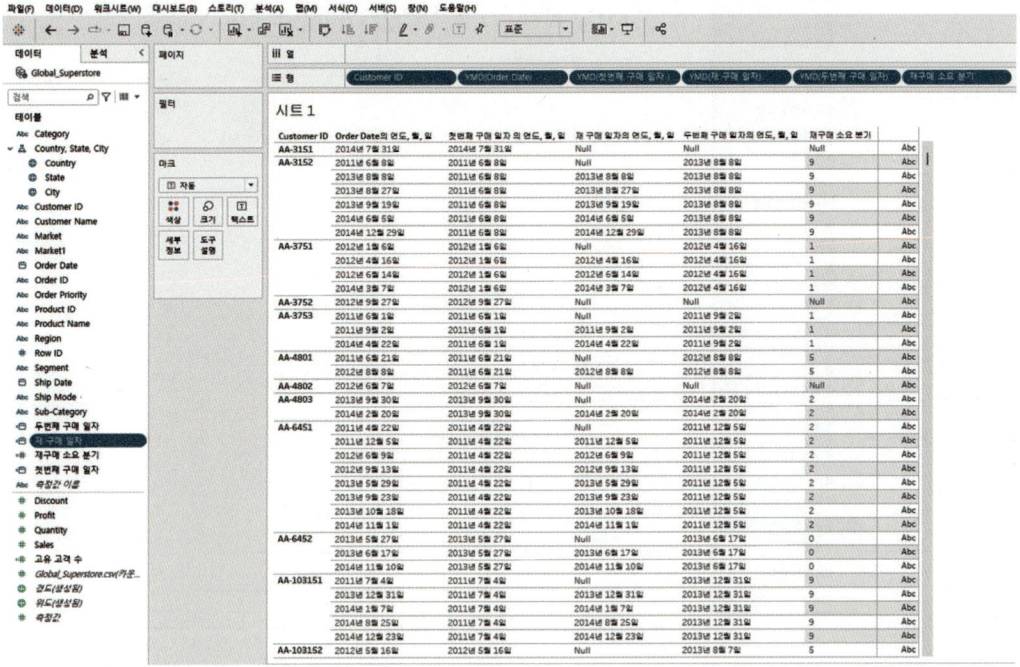

그림 28 계산식 확인

열 선반에 재구매 소요 분기를 행 선반에 [첫번째 구매 일자]를 올린 후, 날짜 형식은 연속형 분기를 선택해 준다.

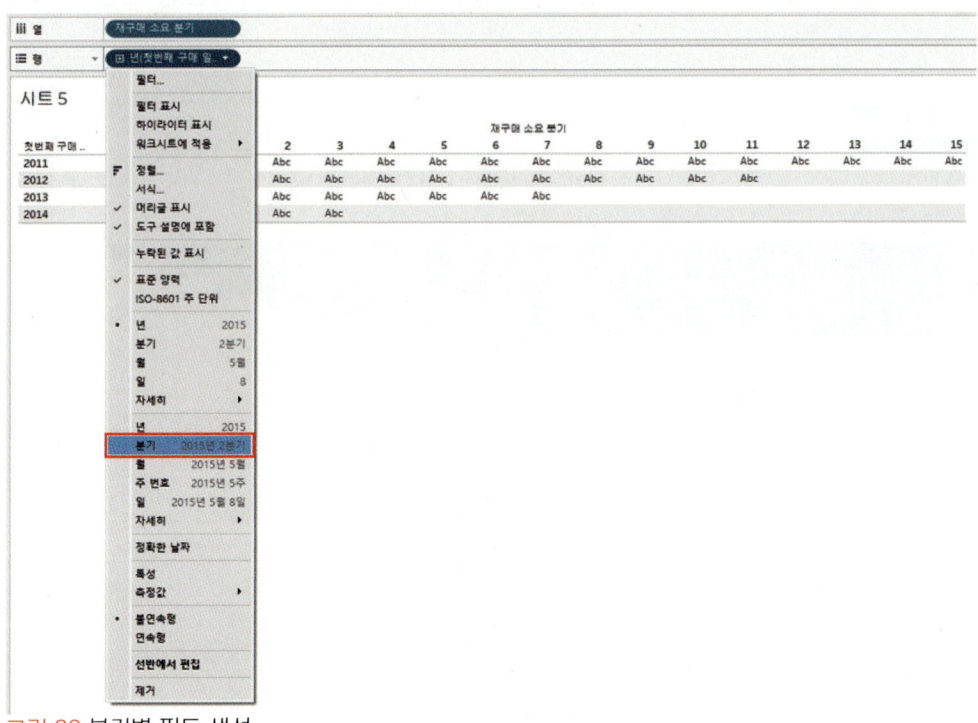

그림 29 분기별 필드 생성

고급 차트 만들기 305

[첫번째 구매 일자] 계산식을 연속형 분기로 변경했으면 이어 필드를 다시 우클릭 → '불연속형'으로 변경해준다.

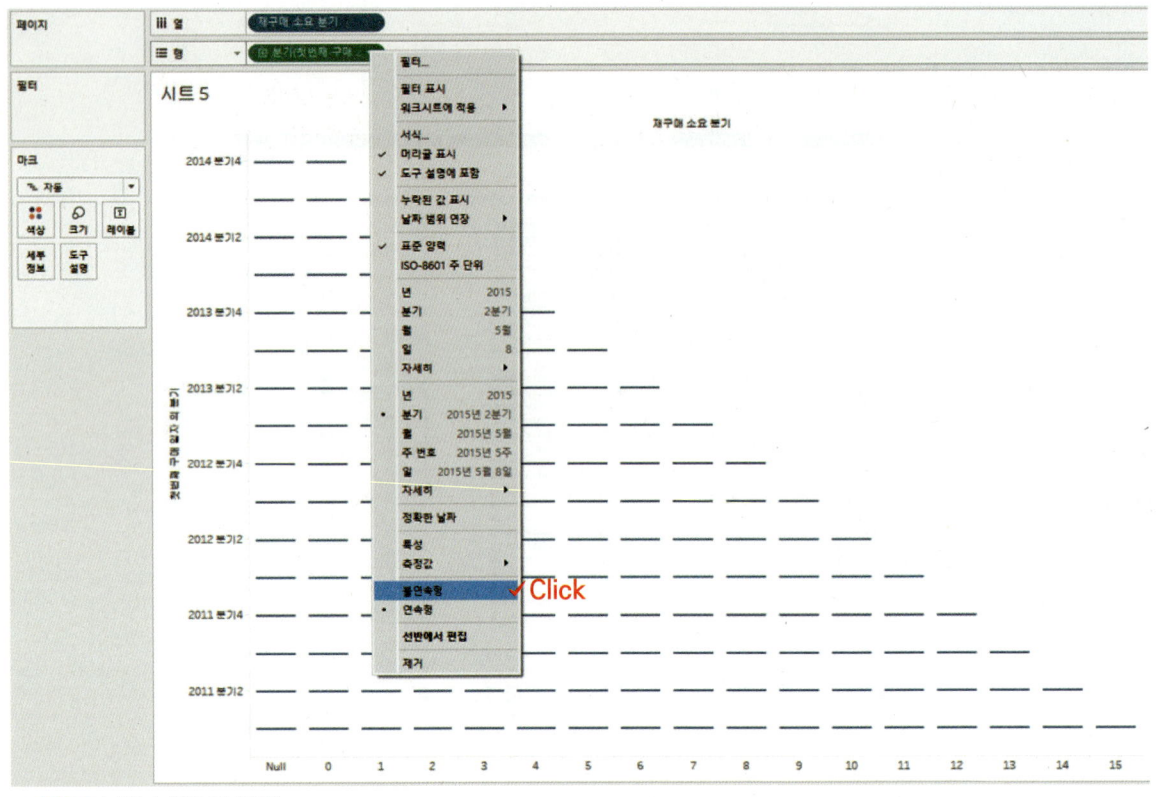

그림 30 불연속형으로 변환

고유 고객 수를 구하는 계산식을 작성하고 마크 카드를 사각형으로 변경해준 뒤, 레이블과 색상에 [고유 고객 수]를 추가한다.

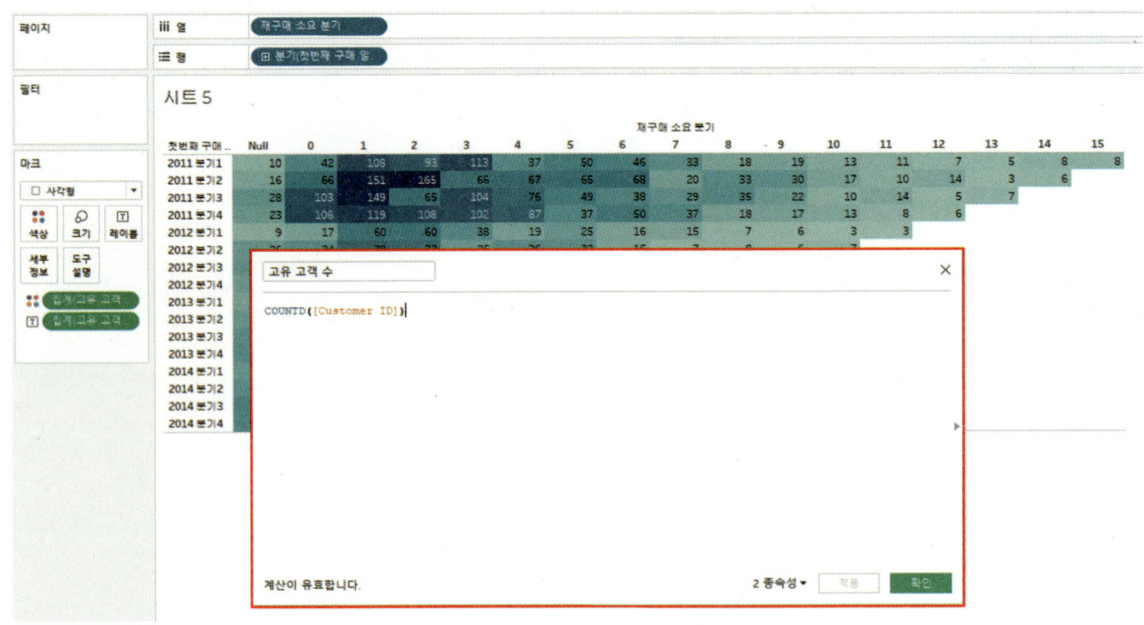

그림 31 고객 수 계산식

고유 고객 수	COUNTD([Customer ID])

STEP 03 색상 편집하기

오른쪽 색상카드를 우클릭 → '색상 편집'에서 원하는 색상으로 변경해준다.

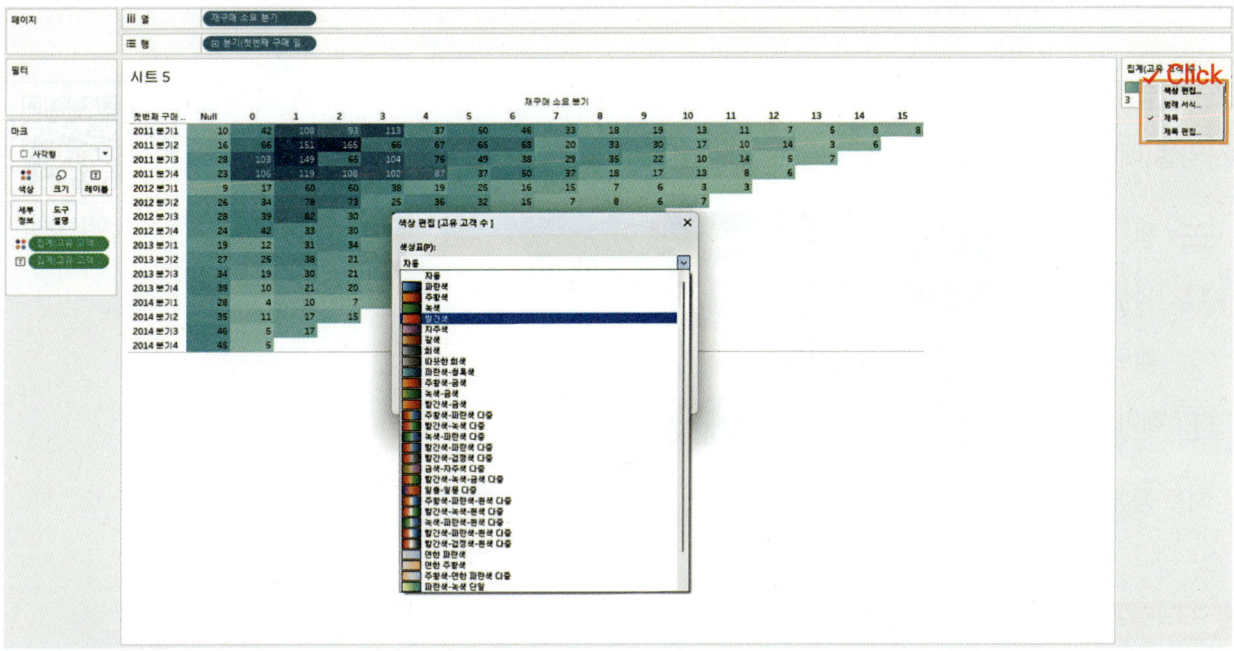

그림 32 차트 색상 변경

첫 번째 구매 이후 재구매 분기에 대한 코호트 차트를 볼 수가 있다.

								재구매 소요 분기								
첫번째 구매..	Null	0	1	2	3	4	5	6	7	8	9	10	11	12	13	14	15
2011 분기1	10	42	108	93	113	37	50	46	33	18	19	13	11	7	5	8	8
2011 분기2	16	66	151	165	66	67	65	68	20	33	30	17	10	14	3	6	
2011 분기3	28	103	149	65	104	76	49	38	29	35	22	10	14	5	7		
2011 분기4	23	106	119	108	102	87	37	50	37	18	17	13	8	6			
2012 분기1	9	17	60	60	38	19	25	16	15	7	6	3	3				
2012 분기2	26	34	78	73	25	36	32	15	7	8	6	7					
2012 분기3	28	39	82	30	29	33	29	13	11	8	3						
2012 분기4	24	42	33	30	35	29	11	8	15	10							
2013 분기1	19	12	31	34	17	6	15	6	6								
2013 분기2	27	25	38	21	21	12	13	9									
2013 분기3	34	19	30	21	20	10	6										
2013 분기4	38	10	21	20	14	14											
2014 분기1	28	4	10	7	7												
2014 분기2	35	11	17	15													
2014 분기3	46	5	17														
2014 분기4	45	5															

그림 33 코호트 차트

06 도넛 차트

1. 개념

도넛 차트(Donut Chart)는 파이 차트를 응용하여 만든 것으로 특정 차원들에 대한 구성 비율을 시각적으로 보여주기 위해 사용된다.

2. 실습

지역별 매출 비율을 나타내는 도넛 차트를 만들어 보자.

실습영상

STEP 01 파이 차트 만들기

마크 유형을 파이 차트로 변경하고 [지역]을 색상, [매출]를 각도로 지정하여 파이 차트를 만든다.

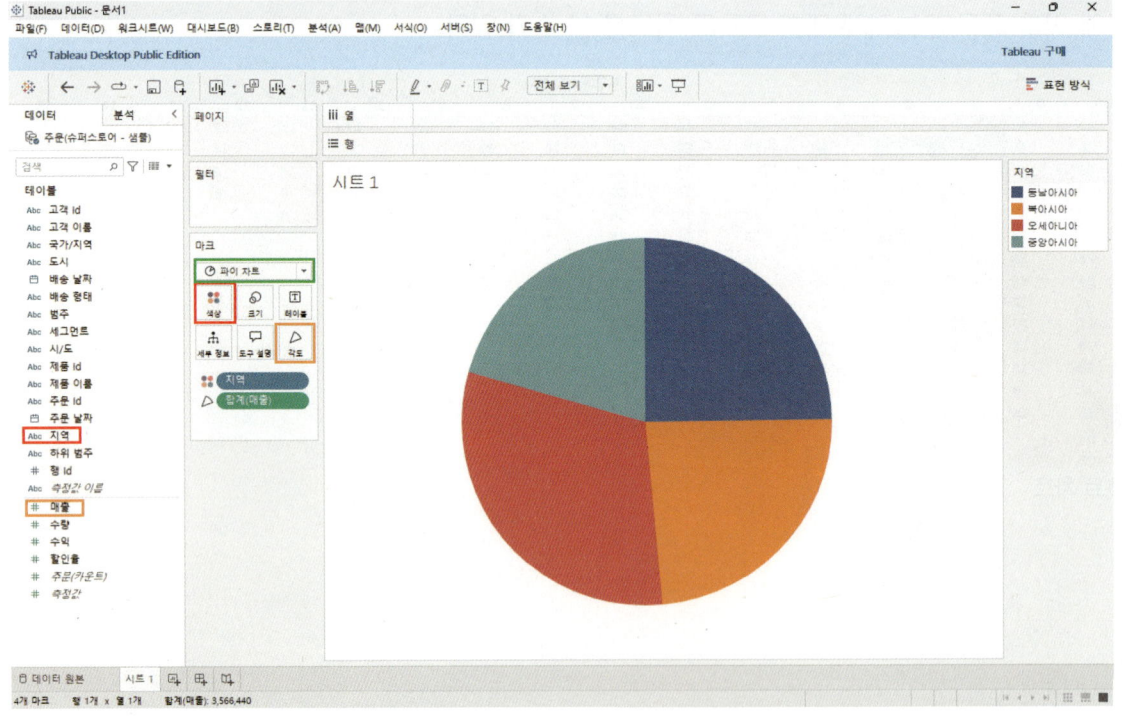

그림 34 파이 차트

STEP 02 임의의 축 생성하기

도넛 형태를 만들어주기 위해 임의의 축을 만들어 이중축 기능을 사용할 것이다. 행과 열 선반 중 아무 선반이나 더블 클릭하여 숫자 "0"을 입력한 후, 마크 카드의 크기를 조정한다.

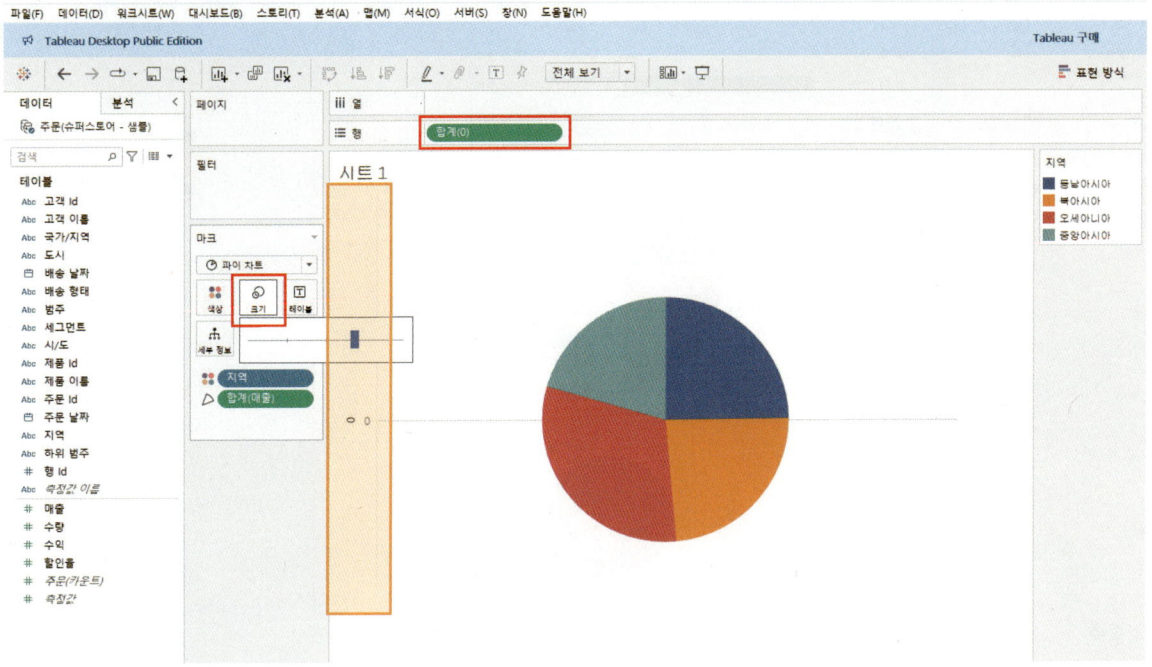

그림 35 임의의 축 생성

위 방법과 동일하게 임의의 축을 하나 더 만들어 축의 개수만큼 마크 카드가 생성이 된 것을 볼 수가 있다. 두 번째 마크 카드에 지정된 필드를 모두 제거하고 앞서 만든 파이 차트보다 크기만 작게 설정한다.

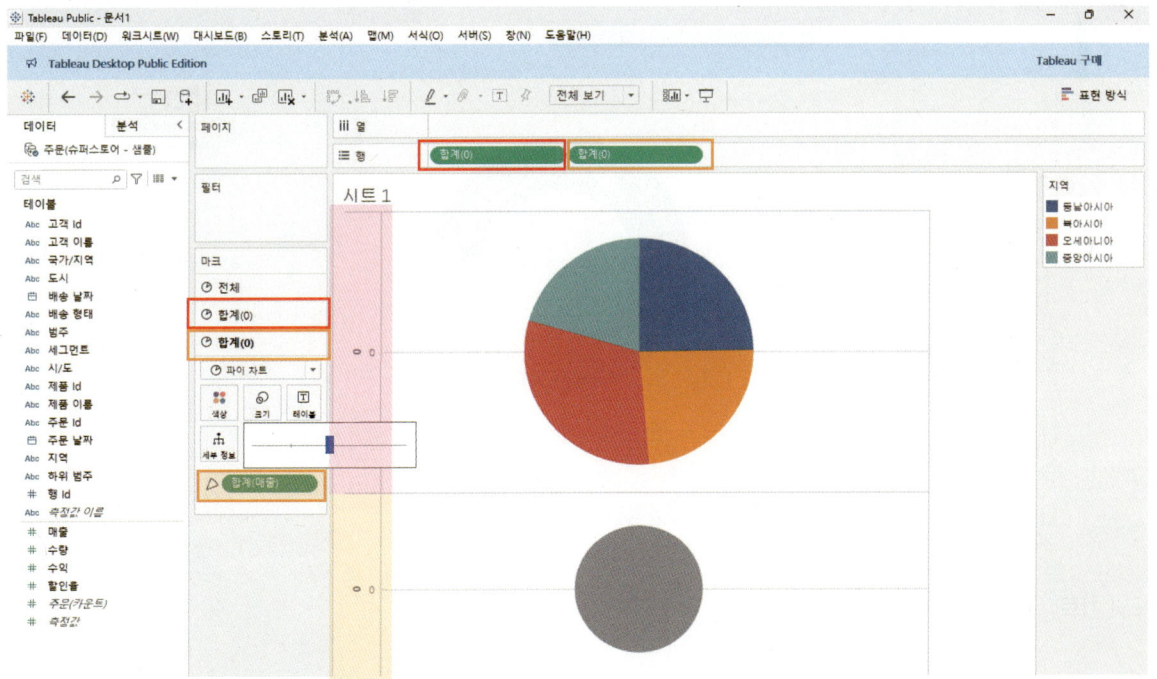

그림 36 도넛 차트에 사용될 내부 원 제작

STEP 03 이중 축 적용하기

임의로 만들었던 두 개의 축에 '이중 축' 기능을 적용한다.

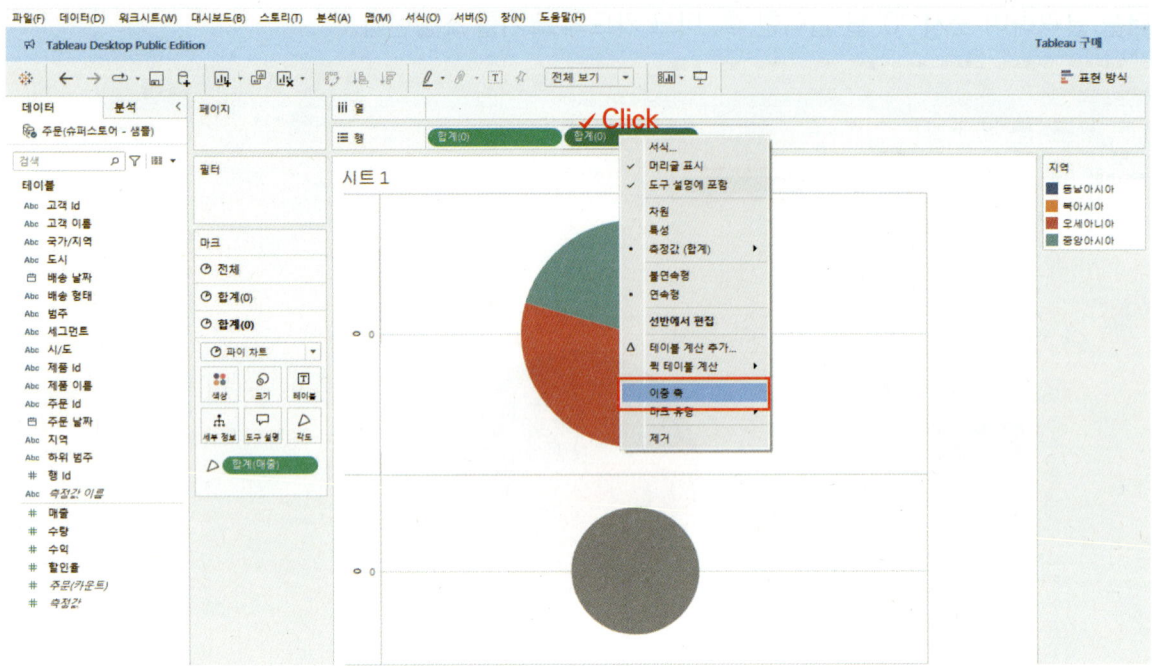

그림 37 이중축

'이중 축'으로 합친 뒤 원의 색상을 흰색으로 변경해주면 도넛 차트의 형태가 완성된다.

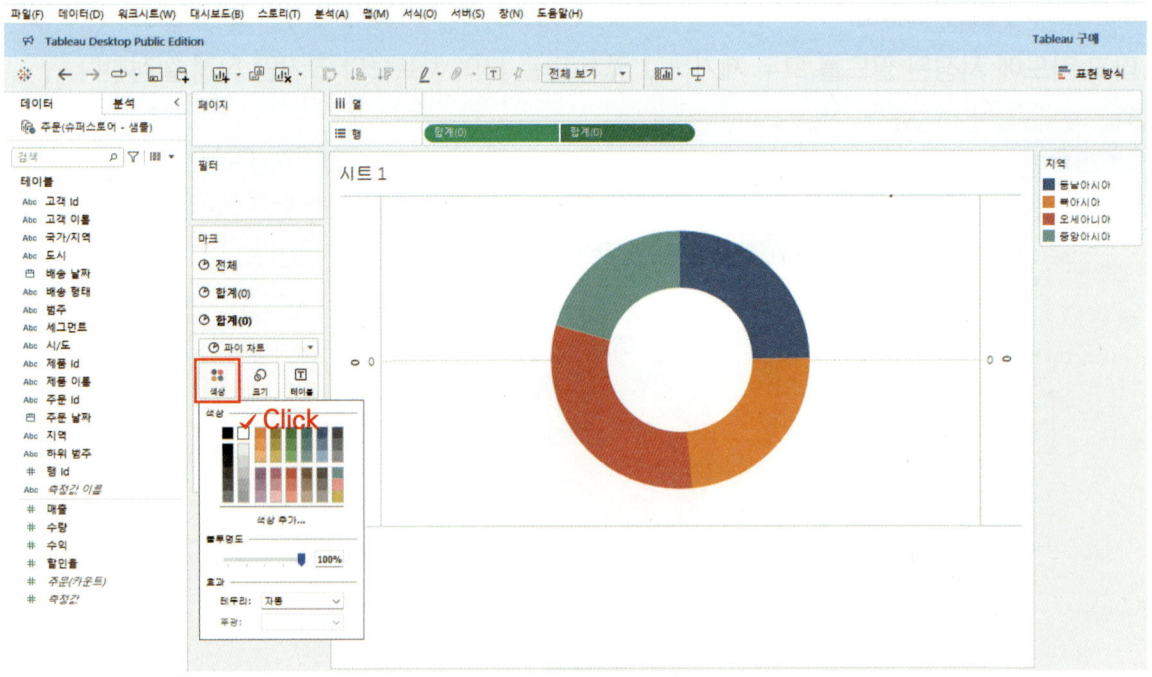

그림 38 도넛 차트

310 PART 02 심화

STEP 04 도넛 차트 만들기

첫 번째 축 마크 카드의 레이블에 [매출]을 추가하고 레이블을 표시해준 뒤 [매출] 필드를 우클릭 → '퀵 테이블 계산' → '구성 비율'로 선택한다.

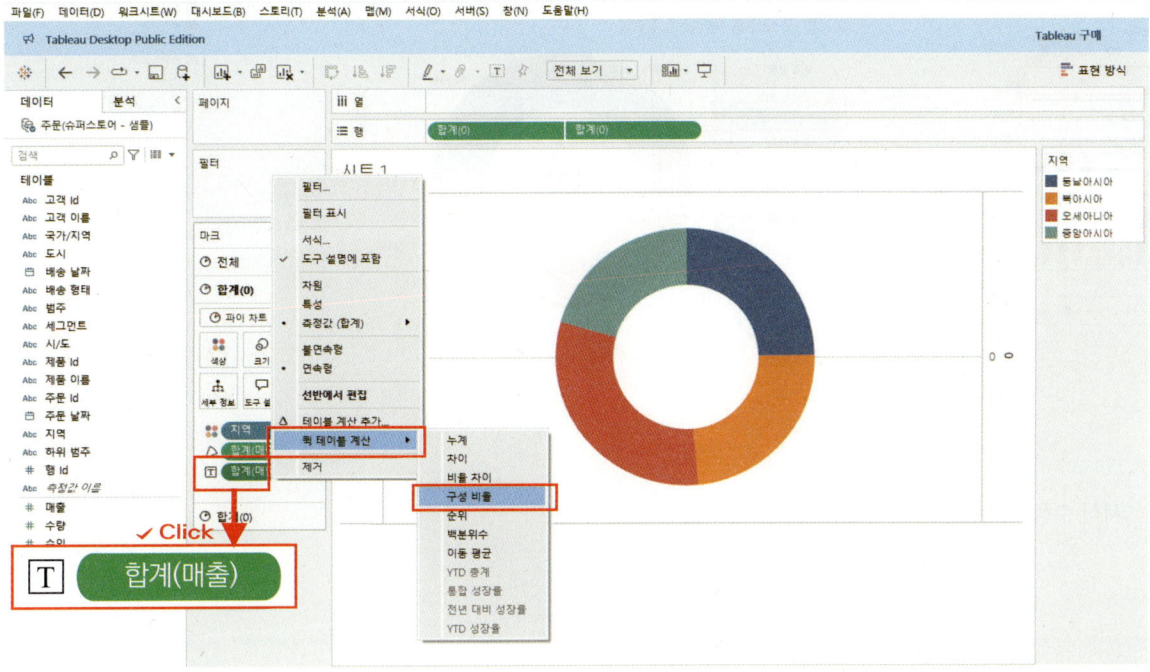

그림 39 구성 비율 표현

다음 두 번째 축 마크 카드를 열어 레이블을 동일하게 추가해준 뒤 레이블 편집을 통해 가운데에 Total 값을 표현한다.

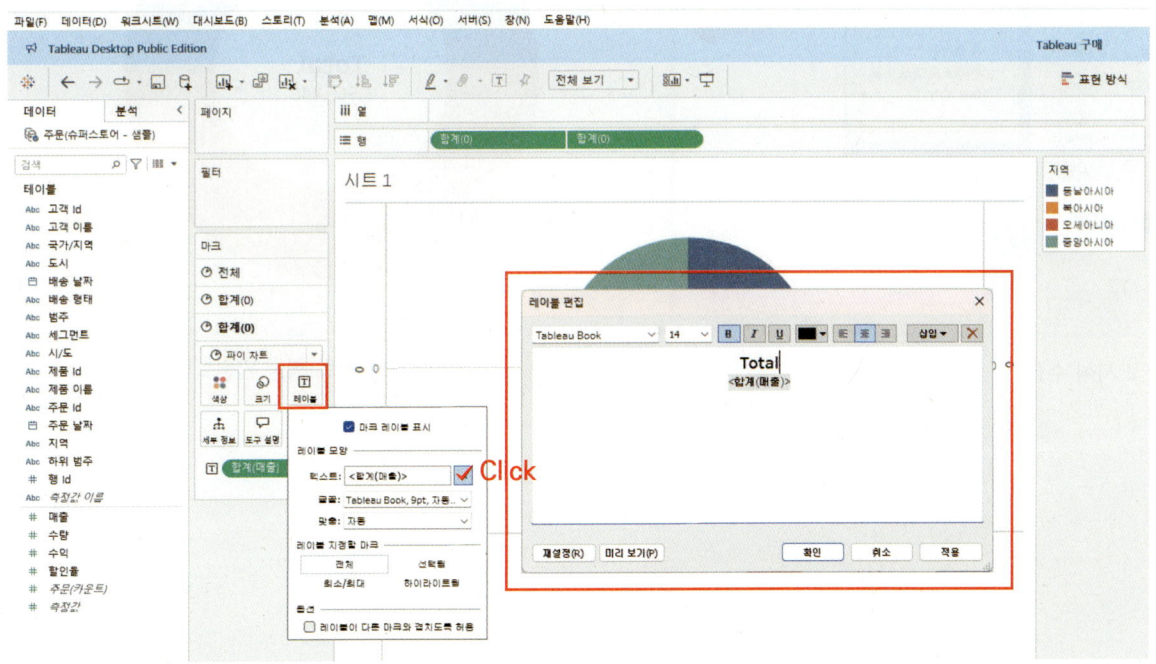

그림 40 레이블 수정

고급 차트 만들기 311

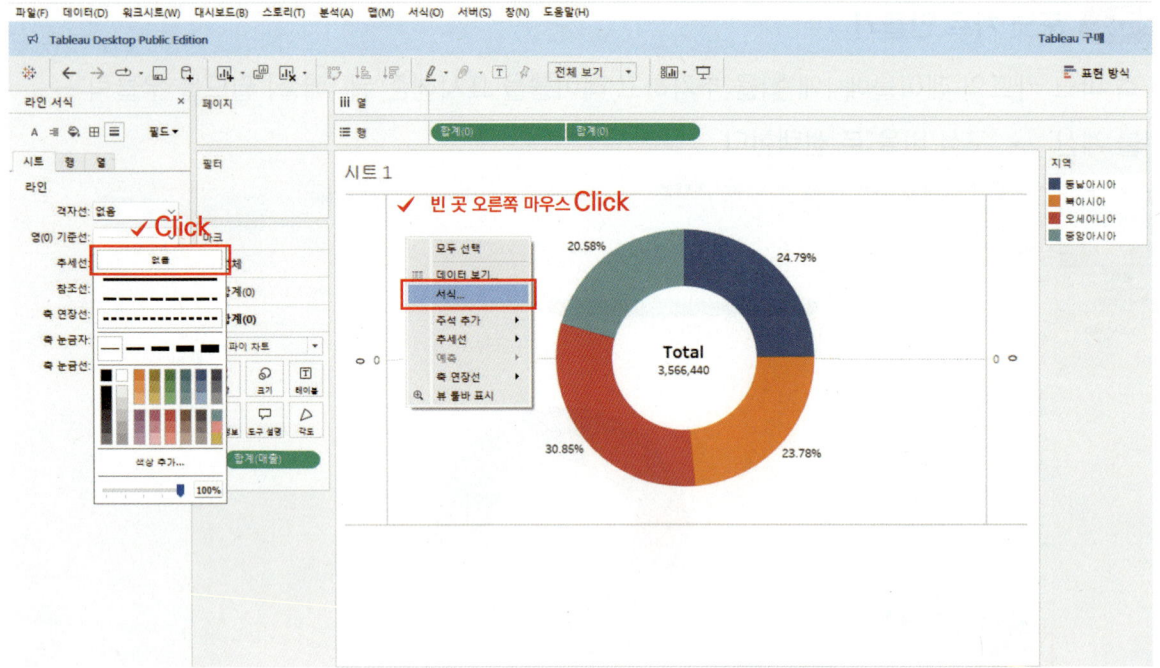

그림 41-1 서식 수정

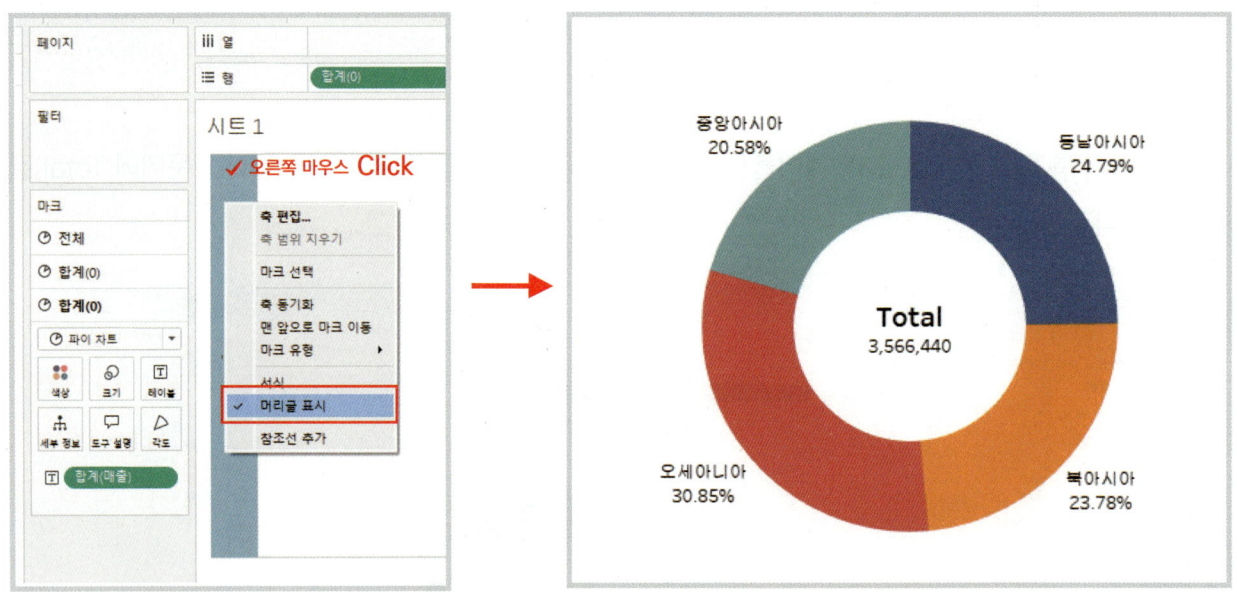

그림 41-2 서식 수정

그림 42 도넛 차트 최종 완성화면

PART 03

모의고사

유의사항

- ‘유의사항’, ‘문제 및 데이터 안내’에 따라 시험에 응시하여야 하며, 이를 소홀히 하여 발생한 불이익과 책임은 수험자 본인에게 있습니다.
- 시험이 시작되면 즉시 문제 데이터 파일 존재여부와 답안 파일의 www.dataedu.kr 차트, 표, 데이터가 보이는지 확인하시기 바랍니다.
  - 문제 데이터 파일 위치: www.dataedu.kr 접속 후 상단 메뉴의 [도서구매]-[참고자료실]에서 확인 및 다운로드
  - 문제 데이터파일은 존재여부만 확인하며 엑셀 등으로 열면 실격 처리
  - 답안파일 위치: https://naver.me/Gj7D66bM
  - 화면에 띄워진 답안파일의 필드 완성 파일 확인
- 시험 중 인터넷 통신 오류 팝업 메세지가 발생할 경우 엑스(X)표 클릭하여 팝업 메시지창을 제거 후 진행하시기 바랍니다.
- 아래는 답안의 저장 관련 안내입니다.
  - 메뉴 ‘파일’-‘저장’으로 저장(툴바 저장 아이콘 또는 ‘Ctrl+S’ 사용금지) [오류발생/저장불가]
  - 엑셀 데이터 추출 확인 메시지 창이 나올 경우 반드시 ‘추출 만들기’ 버튼 누름
  - 시험 진행 중 답안은 수시로 중간 저장
- 별도의 지시사항이 없는 경우, 다음과 같이 처리할 때 [실격 처리]됩니다.
  - 제시된 파일, 페이지/대시보드, 데이터 원본의 이름, 차원/측정값 속성을 임의로 변경한 경우
  - 제시된 파일, 데이터 원본을 임의로 삭제, 추가, 변경한 경우
  - 시트/워크시트/대시보드를 임의로 삭제, 추가하거나 명칭을 변경한 경우
  - 제시된 답안 파일의 경로 또는 파일명을 변경한 경우
  - 문제 데이터를 시험 시작 전에 열어보는 경우
  - 실기시험 프로그램 이외의 프로그램(엑셀 등)으로 데이터를 열어보는 경우
- 반드시 답안작성은 문제에서 지시한 위치에 작업하여야 하며 다음과 같이 처리시 해당 작업 또는 그 작업에 영향을 미치는 문제, 개체, 시트 등은 [오답 처리]됩니다.
  - 제시된 함수가 있으면 제시된 함수만을 사용해야 하며 그 외 함수를 사용해 풀이한 경우
  - 지시하지 않은 차트, 컨테이너, 매개변수 등을 임의로 이동, 수정(변경), 삭제 등으로 인해 위치 및 내용이 변경된 경우
  - 임의로 기본 설정값(Default)을 변경한 경우
  - 숫자데이터를 임의로 문자화하여 처리한 경우
  - 개체가 해당 영역을 벗어난 경우
  - 개체가 너무 작아 해당정보 확인이 눈으로 어려운 경우
  - 지시사항과 띄어쓰기, 대소문자 등이 다른 경우(계산식 제외)
- 시험지에 제시된 [완성 화면 그림]은 문제풀이 순서 또는 시각적 개체 작성 순서, PC 환경등의 이유로 수험자가 작성한 개체의 모니터 화면과 모양, 색상 등이 다를 수 있습니다.
- 본 문제와 용어는 태블로 데스크톱 퍼블릭 에디션(Tableau Desktop Public Edition) 2024.3.0 버전을 기준으로 작성되었습니다.

경영정보시각화능력 실기 태블로
제 1 회 모의고사

프로그램명 : 태블로 데스크톱   제한시간 : 70분

안내 문제 및 데이터

1. 최종 제출해야 할 답안파일은 1개입니다. 문제1, 문제2, 문제3의 답을 하나의 답안파일(.twbx) 로 제출하십시오.

2. 문제1, 문제2, 문제3은 각각 독립적으로 구성되어 있어 앞 문제를 풀지 않아도 다음 문제 풀이가 가능합니다.

3. 문제2와 문제3 풀이를 위해 필요한 일부 측정값, 필터가 답안파일에 미리 적용되어 있을 수 있습니다.
   - 지시사항에 제시되지 않은 것은 변경하지 마십시오.
   - 사전에 적용된 필터 등이 삭제되지 않도록 '시트 지우기' 기능을 절대 사용하지 마시오.

4. 하위문제(①, ②, ③)별로 점수가 부여되며, 하위문제의 지시사항(▶ 또는 - 표시)을 이행하지 않을 경우 점수가 부여되지 않습니다.

5. 이 시험을 위한 데이터 파일은 6개이며, 문제1을 위한 데이터와 문제2의 데이터가 구분됩니다.
   - 가. 문제1 풀이에는 '슈퍼스토어_주문_2021.xlsx' ~ '슈퍼스토어_주문_2024.xlsx'와 'JOIN TABLE.xlsx'를 사용하십시오.

파일명	슈퍼스토어_주문_2021.xlsx ~ 슈퍼스토어_주문_2024.xlsx							
테이블	구조							
주문	주문 Id	주문날짜	배송날짜	배송형태	고객 ID	고객이름	세그먼트	도시	시/도
	국가/지역	지역	제품 ID	범주	하위범주	제품이름	매출	수량	할인율	수익

파일명	JOIN TABLE.xlsx
테이블	구조

반품정리	주문 id	반품
	ID-2021-17286	예

마스터 테이블	CATEGORY	CODE	CODE_NM
	A	A	홈 오피스

- 나. 문제2와 문제3의 풀이에는 '초등학교 학생학급수.xlsx'를 사용하십시오.

파일명	초등학교 학생학급수.xlsx
테이블	구조

초등학교 학생학급수 (필드23개)	기준년도	시도교육청	교육지원청	지역	정보공시학교코드	학교명	설립구분	제외여부
					S000003511	초등학교	02	

제외사유	1학년학급수	1학년학생수	2학년학급수	2학년학생수	3학년학급수	3학년학생수

4학년학급수	4학년학생수	5학년학급수	5학년학생수	6학년학급수	6학년학생수

문제 1   작업준비(20점)

〈필드 완성화면〉 각 세부문제 풀이 후 필드가 아래와 같이 구성되도록 하시오.

유형	필드명	물리적 테이블	원격 필...
Abc	주문 Id	주문테이블	주문 ID
📅	주문 날짜	주문테이블	주문 날짜
📅	배송 날짜	주문테이블	배송 날짜
Abc	배송 형태	주문테이블	배송 형태
Abc	고객 Id	주문테이블	고객 ID
Abc	고객 이름	주문테이블	고객 이름
Abc	도시	주문테이블	도시
Abc	시/도	주문테이블	시/도
Abc	국가/지역	주문테이블	국가/지역
Abc	제품 Id	주문테이블	제품 ID

유형	필드명	물리적 테이블	원격 필...
Abc	범주	주문테이블	범주
Abc	하위 범주	주문테이블	하위 범주
Abc	제품 이름	주문테이블	제품 이름
#	매출	주문테이블	매출
#	수량	주문테이블	수량
#	할인율	주문테이블	할인율
#	수익	주문테이블	수익
Abc	반품	반품정리	반품
=Abc	반품구분	계산	Calculati...
=Abc	반품개수	계산	Calculati...
Abc	세그먼트명	세그먼트!마스터	CODE_NM
Abc	지역명	지역!마스터	CODE_N...

1. 답안파일을 열고 다음의 지시사항에 따라 작업을 수행하시오. (10점)

① 연결 패널을 이용하여 데이터 파일을 열고 데이터 원본 편집창에서 데이터를 편집하시오. (3점)

▶ 데이터 원본 추가: '슈퍼스토어_주문_2021.xlsx'의 〈주문〉 테이블

▶ 슈퍼스토어_주문_2021.xlsx'의 〈주문〉 테이블을 와일드카드 유니온을 사용하여 시트이름이 '주문'인 파일을 유니온(UNION)하여 데이터 결합

▶ 결합한 유니온(UNION)의 물리적 테이블 이름 변경: 〈주문테이블〉

② 데이터 원본 편집창에서 〈주문테이블〉 테이블을 편집하고 데이터 파일을 추가하시오. (3점)

▶ 데이터 추가: 'JOIN TABLE.xlsx' 파일의 〈반품정리〉 테이블 추가

▶ 〈주문테이블〉과 〈반품정리〉테이블의 [주문 id] 필드 내부 조인(INNER JOIN)

▶ 데이터 추가: 'JOIN TABLE.xlsx' 파일의 〈마스터 테이블〉 테이블 추가

▶ 〈주문테이블〉 테이블에 [세그먼트] 필드와 〈마스터 테이블〉 테이블에 조인 계산을 사용하여 필드를 내부 조인(INNER JOIN)

  - 조인 계산: [Category] 필드의 필드값 "A"와 [Code] 필드를 사용

  - 사용 함수: END, IF, THEN

  - 물리적 테이블 이름 변경 : 〈세그먼트_마스터〉

③ 데이터 원본 편집창에서 〈주문테이블〉 테이블을 편집하고 데이터 파일을 추가하시오. (3점)
- ▶ 〈주문테이블〉 테이블에 [지역] 필드와 〈마스터 테이블〉 테이블에 조인 계산을 사용하여 필드를 내부 조인(INNER JOIN)
  - 조인 계산: [Category] 필드의 필드값 "B"와 [Code] 필드를 사용
  - 사용 함수: END, IF, THEN
  - 물리적 테이블 이름 변경 : 〈지역_마스터〉
- ▶ 데이터원본명을 "슈퍼스토어_Summary_Data"로 변경

2. 세부문제1에서 모델링한 데이터를 아래 지시사항에 따라 편집하시오. (10점)

① 데이터 원본의 필드 이름을 변경하고, 일부 필드를 숨기기 처리하시오. (3점)
- ▶ 필드를 숨기기 처리
  - 〈주문테이블〉테이블: [경로], [시트], [세그먼트], [지역] 필드
  - 〈세그먼트_마스터〉테이블: [Category], [Code]
  - 〈지역 마스터〉테이블: [Category], [Code]
  - 〈반품정리〉테이블: [주문 Id (반품정리)]
- ▶ 필드 이름 변경
  - 〈세그먼트_마스터〉 테이블에 [Code_NM] 필드를 [세그먼트명]으로 변경
  - 〈지역_마스터〉 테이블에 [Code_NM] 필드를 [지역명]으로 변경

② [반품구분] 필드를 생성하시오. (3점)
- ▶ 필드 이름: 반품구분
  - [반품] 필드에 데이터 값이 '예'가 아닌 Null 값을 '아니오' 로 반환
  - 사용 함수: IFNULL

③ [반품개수] 필드를 생성하시오. (4점)
- ▶ 필드 이름: 반품개수
  - [반품구분] 필드의 필드값 '예' 인 [주문 Id] 개수를 반환
  - 사용 함수: COUNT, END, IF, THEN

문제 2   단순요소 구현(30점)

〈시각화 완성화면〉 각 세부문제 풀이 후 아래와 같은 결과가 도출되어야 합니다.

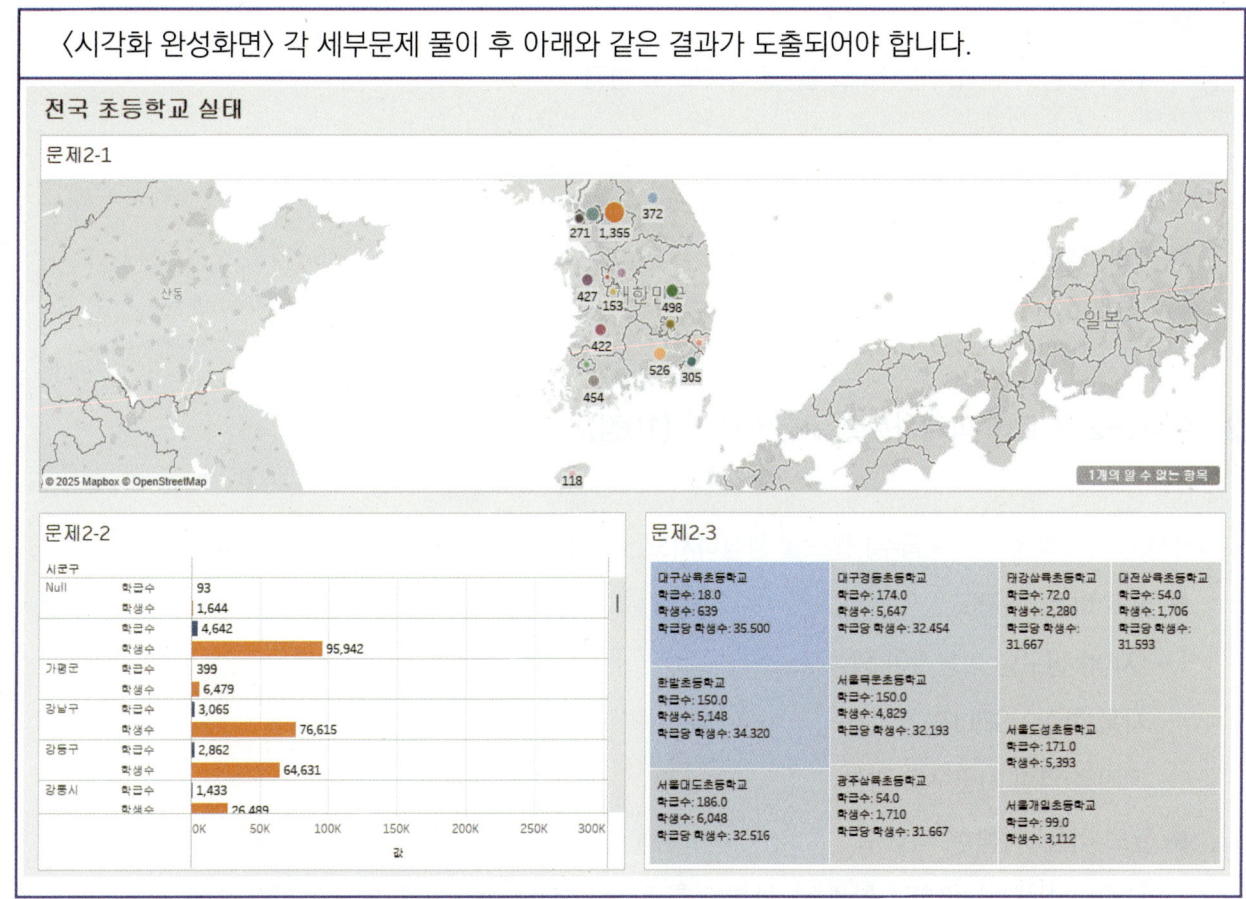

계산식 작성에 사용되는 문자열은 쌍따옴표(" ")를 사용하여 작성하시오.

1. '문제2-1' 시트에 지도차트를 구현하시오. (10점)

  ① [주시도], [학교수] 필드를 생성하시오. (4점)

    ▶ 필드 이름: 주시도

     - [지역] 필드를 이용하여 생성

     - 사용 함수 : SPLIT

     - 지리적 역할 주/시/도 로 변경

    ▶ 필드 이름: 학교수

     - [정보공시 학교코드] 필드를 이용하여 생성

     - 사용 함수 : COUNTD

② [주시도], [학교수] 필드를 사용하여 지도차트를 구현하시오. (3점)
  ▶ 차트 유형: 원형
  ▶ 사용 필드: [주시도], [학교수]
  - 위치 편집 : '전북특별자치도'를 '전라북도'로 변경

③ 라인차트의 레이블과 색상을 설정하시오. (3점)
  ▶ 색상: [주시도] 필드 적용
  ▶ 마크레이블 표시

2. '문제2-2' 시트에 막대차트를 구현하시오. (10점)

① [시군구], [학생수], [학급수] 필드를 생성하시오. (4점)
  ▶ 필드 이름: 시군구
  - [지역] 필드를 이용하여 생성
  - 사용 함수 : SPLIT
  - 지리적 역할 시군구로 변경
  ▶ 필드 이름: 학생수, 학급수
  - [1학년 학생수]~[6학년 학생수], [1학년 학급수]~[6학년 학급수] 필드 이용하여 생성
  - 사용 함수: 없음

② [시군구], [학생수], [학급수] 필드를 사용하여 막대차트를 구성하시오 (3점)
  ▶ 열: [학생수], [학급수] 필드
  ▶ 행: [주시도], [측정값 이름] 필드
  ※ 이중축은 사용하지 않음

③ 마크 카드에 지시사항을 적용하시오. (3점)
  ▶ 색상
  - 학생수 #f28e2b, 학급수 #4e79a7
  ▶ 레이블
  - 병렬 막대의 측정값을 마크카드 레이블에 표현

3. '문제2-3' 시트에 트리맵을 구현하시오. (10점)

① [학급당 학생수] 필드를 생성하시오. (3점)

▶ 필드 이름: 학급당 학생수

- 사용 함수 : SUM

- [학생수] 필드를 [학급수] 필드로 나눠 평균 학생 수 계산

② 트리맵을 구현하시오. (4점)

▶ 크기, 색상: [학급당 학생수] 필드

▶ 레이블: [학교명], [학생수], [학급수], [학급당 학생수] 필드

▶ 필터: [학급당 학생수]필드 합계가 상위 10위인 [학교명]

③ 마크 편집하여 레이블과 색상을 완성화면과 같이 수정하시오. (3점)

▶ 레이블

- 학급수 : xx, 학생수 : xx, 학급당 학생수 : xx

▶ 색상

- 색상표에 연한 파란색 선택

대우초등학교 학급수 : 54 학생수 : 1,450	삼등초등학교 학급수 : 121 학생수 : 2,977
	국산초등학교 학급수 : 121 학생수 : 2,920

〈 참고-레이블 표시〉

문제 3   복합요소 구현(40점)

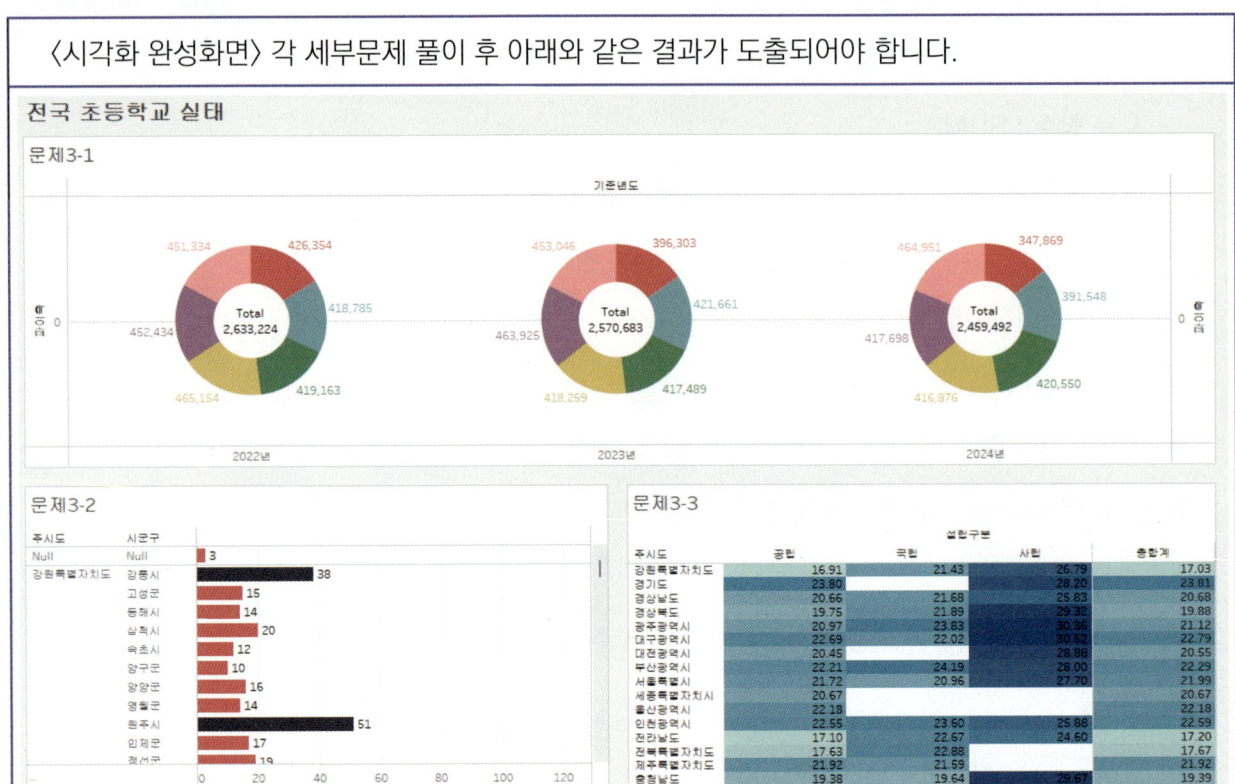

1. '문제3-1' 시트에 도넛차트를 구현하시오. (10점)

   ① '문제3-1' 시트에 도넛차트 생성하시오. (3점)

   ▶ 사용 필드: [1학년 학년수] ~[6학년 학년수], [기준년도]

   ② 완성화면과 같은 도넛차트를 구현하시오. (4점)

   ▶ 이중축 기능을 사용하여 완성화면과 같이 파이차트, 원차트 복합차트를 구현

   ▶ 추가 사용 필드: [파이축]

   ▶ 원 차트 색상 : #ffffff

   ▶ 파이차트 크기: 가운데로 설정

③ 도넛차트의 레이블을 설정하시오. (3점)

▶ 레이블:

- 파이차트: [측정값] 필드

- 파이차트: 마크 색상 일치

- 원차트: Total [학생수]를 완성화면과 같이 표시

- 원차트: 레이블 맞춤 가로, 세로 "가운데"로 설정

2. '문제3-2' 시트에 막대차트를 구현하시오. (10점)

① 매개변수와 필드를 생성하시오. (3점)

▶ 매개변수 이름: P_Value

- 데이터 유형 : 실수

- 허용 가능값 : 전체

▶ 필드 이름: 색구분 지역별

- [학교수], [P_Value] 필드 이용하여 생성

- 사용 함수 : END, ELSE, IF, THEN

- [학교수]가 [P_Value] 보다 크면 '검정', 그 외에는 '빨강'을 반환

② [주시도], [시군구], [학교수] 필드를 사용하여 완성화면과 같은 막대차트를 구현하시오. (5점)

▶ 행: [주시도], [시군구] 필드

▶ 열: [학교수] 필드

③ 마크 편집하여 레이블과 색상을 완성화면과 같이 수정하시오. (3점)

▶ 색상: [색구분 지역별] 필드, 빨강: #e15759, 검정 : #434343

▶ 레이블: [학교수] 필드

3. '문제3-3' 시트에 하이라이트 차트를 구현하시오. (10점)

① [주시도_NULL제외] 필드를 생성하시오. (3점)

▶ 필드 이름: 주시도_NULL제외

- [시도] 필드와 집합을 사용하여 NULL 값 제외

② 하이라이트 차트을 구현하시오. (4점)

▶ 사용 필드: [주시도], [설립구분], [학급당 학생수]

▶ 열, 행의 총계를 표현

③ 색상, 필터를 적용하시오. (3점)

▶ 색상

- [학급당 학생수] 필드

- 색상편집 파란색-청록색

▶ 총계 색상 포함

▶ [주시도_NULL제외] 필드를 필터로 적용

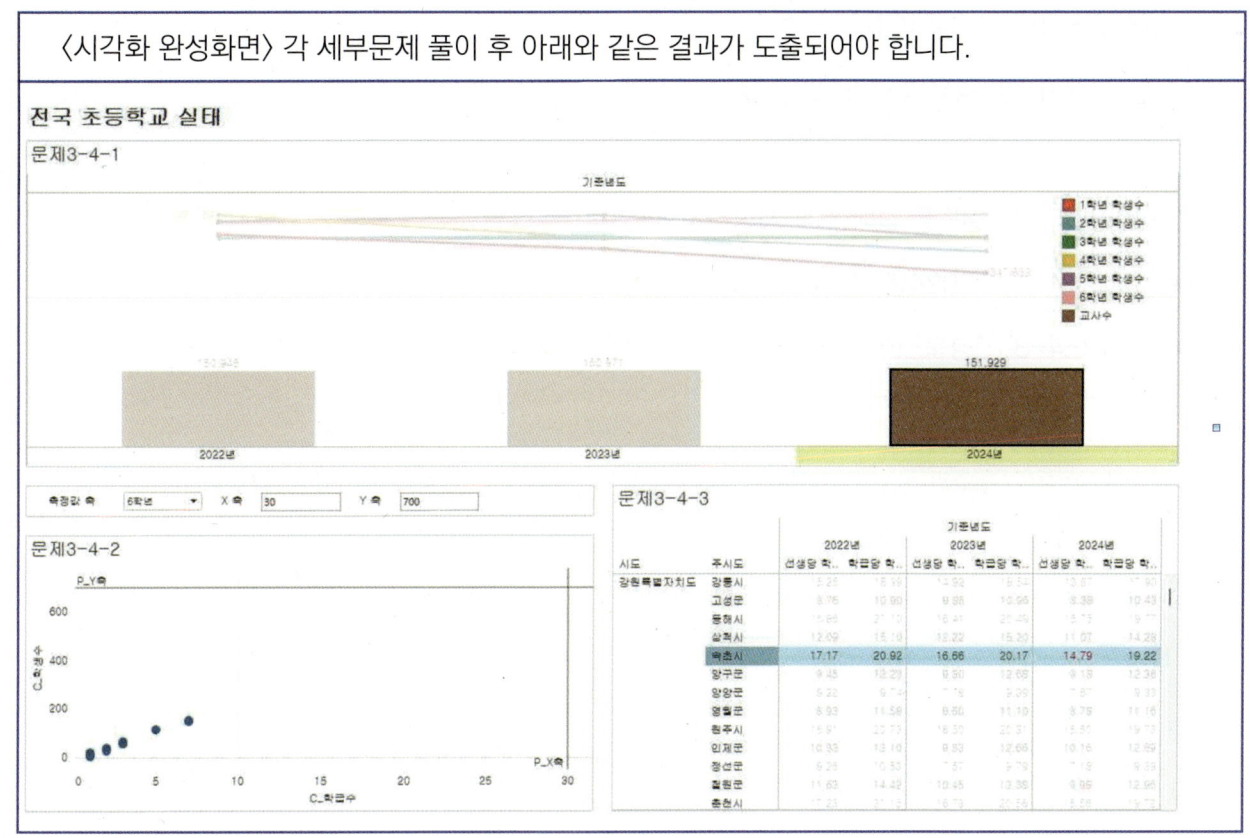

4. '문제3-4' 대시보드에 동작필터를 적용하시오. (10점)

① '문제3-4-3'에 동작을 적용하시오. (3점)

▶ 필터 동작 이름: 지역_동작

- 원본 시트: '문제 3-4-3'

- 대상 시트: '문제3-4-2'

- 동작 실행 조건: 메뉴

- 선택한 필드: [지역(그룹)]

- 선택을 해제할 경우의 결과: 필터링된 값 유지

② '문제3-4-1', '문제3-4-3' 시트에 동작필터를 적용하시오. (5점)

▶ 필터 동작 이름: 기준년도_동작

- 원본 시트: '문제 3-4-1'

- 대상 시트: '문제 3-4-2'

- 동작 실행 조건: 선택

- 선택한 필드: [기준년도]

- 선택을 해제할 경우의 결과: 모든 값 표시

③ 완성화면과 같이 필드를 선택한 후 저장하시오. (3점)

▶ '문제3-4-1': "2024년" 선택

▶ '문제3-4-3': "경북" 메뉴 필터 선택

문제 1   작업준비(30점)

실습영상

01 답안파일을 열고 다음의 지시사항에 따라 작업을 수행하시오. (10점)

① 연결 패널을 이용하여 데이터 파일을 열고 데이터 원본 편집창에서 데이터를 편집하시오. (3점)

STEP 01   데이터 연결하기

답안파일을 실행하여 연결에 "Microsoft Excel"에서 '슈퍼스토어_주문_2021.xlsx'을 선택하고 "열기"를 클릭하거나 데이터 원본 으로 이동하여 '새 데이터 원본 추가'를 클릭하여 파일을 선택하고 열기를 클릭한다.

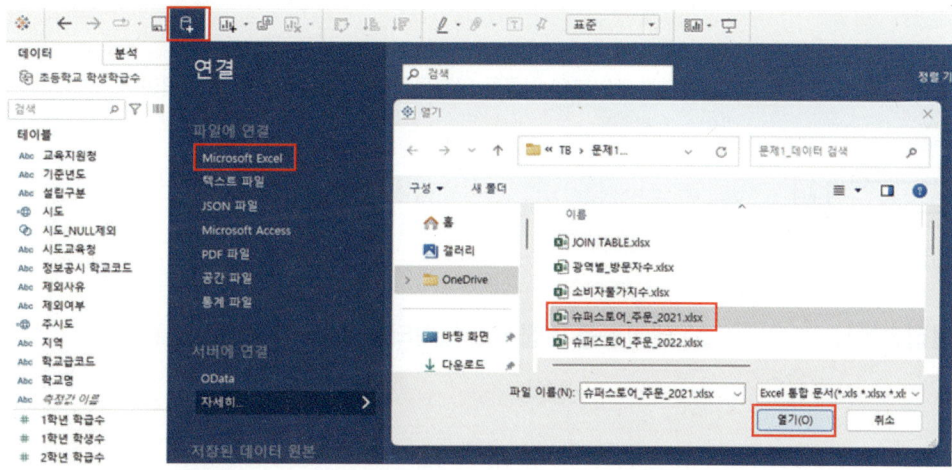

그림 1   데이터 연결하기

STEP 02   와일드카드를 사용하여 유니온하기

캔버스에 〈주문〉 논리적 테이블에 마우스우클릭 또는 ▼버튼을 클릭하여 '유니온으로 변환'을 선택한다.

'와일드카드(자동)'을 선택하고 통합문서의 일치패턴을 '슈퍼스토어_주문_2021.xlsx' 에서 '슈퍼스토어_주문_*'으로 변경하고, 시트에 '주문'을 입력하고 확인을 클릭한다.

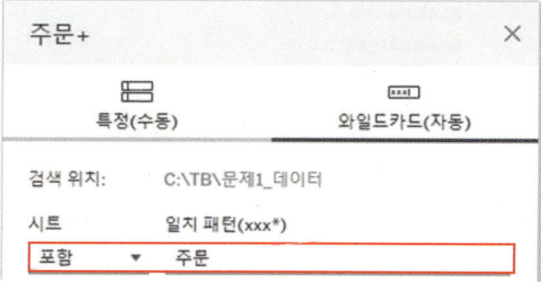

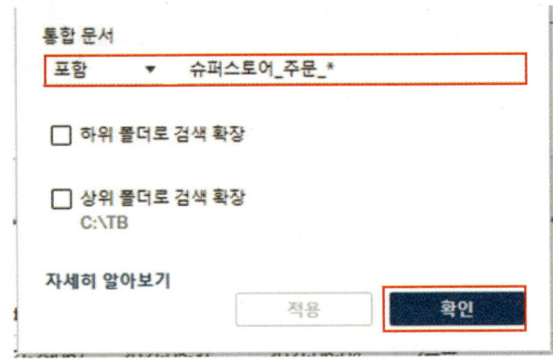

그림 2 와일드카드 유니온(UNION)하기

STEP 03

논리적 테이블 〈주문〉 테이블을 더블클릭하고 물리적 테이블의 이름을 더블클릭하여 '주문테이블'로 입력한다.

그림 3 물리적 테이블 이름 바꾸기

② 데이터 원본 편집창에서 〈주문테이블〉 테이블을 편집하고 데이터 파일을 추가하시오. (3점)

STEP 01

연결에 추가를 클릭하여 'JOIN TABLE.xlsx' 파일을 클릭하고 열기를 클릭한다.

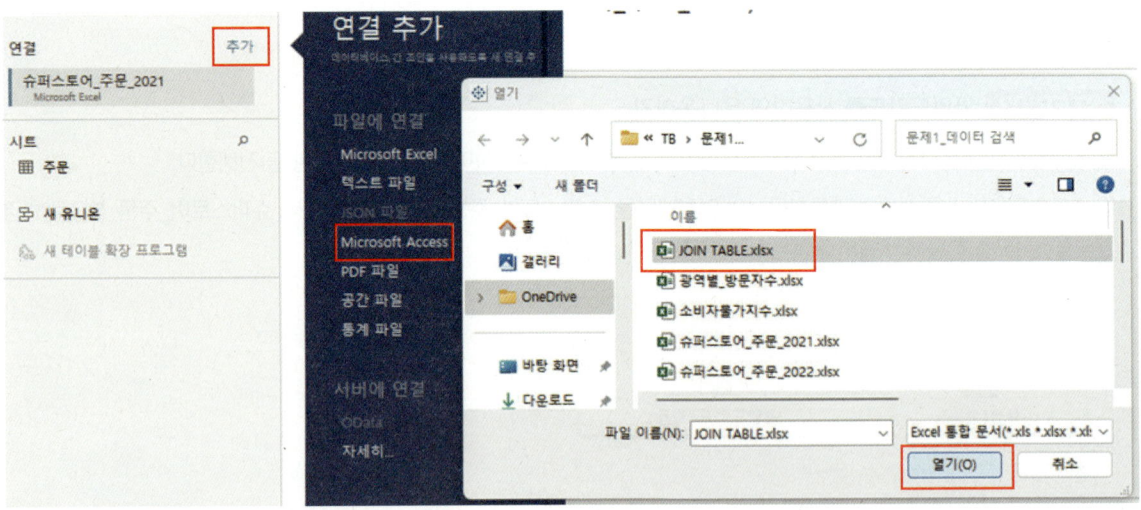

그림 4 데이터 연결 추가 하기

논리적 테이블 <주문> 테이블을 더블클릭하고 'JOIN TABLE.xlsx' 파일에 <반품정리> 테이블을 드래그 앤 드랍한다. 다이어그램 중 내부 조인을 선택한다. 키가 되는 필드는 [주문 Id]로 연결이 되었는지 확인한다.

STEP 02

캔버스에 <마스터 테이블> 테이블을 드래그 앤 드랍하고, 내부 조인을 선택하고 키가 되는 필드를 [세그먼트]와 '조인 계산 만들기…'를 클릭하여 다음과 같이 작성한다.

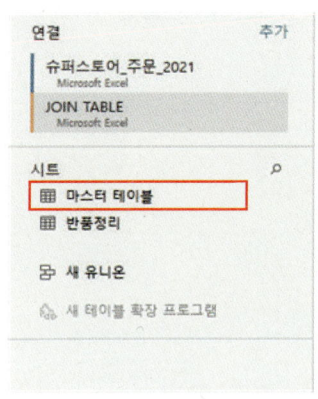 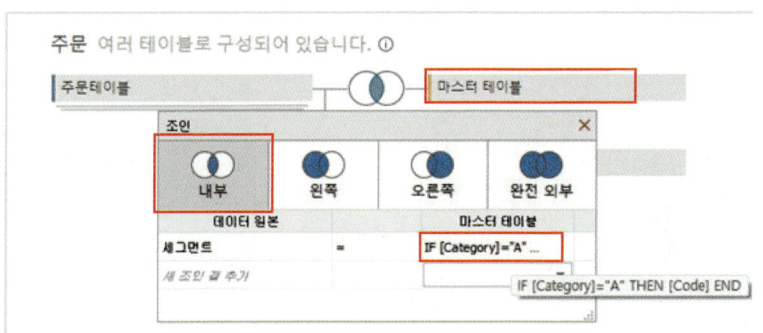

그림 5 데이터 결합하기

| 조인 계산 | IF [Category] = "A" THEN [Code] END |

<마스터 테이블> 테이블을 더블클릭하고 '세그먼트_마스터'로 이름을 입력한다.

③ 데이터 원본 편집창에서 <주문테이블> 테이블을 편집하고 데이터 파일을 추가하시오. (3점)

STEP 01

캔버스에 <마스터 테이블> 테이블을 드래그 앤 드랍하고, 내부 조인을 선택하여 [지역] 필드와 '조인 계산 만들기…'를 클릭하여 다음과 같이 작성한다. <마스터 테이블> 테이블을 더블클릭하고 '지역_마스터'로 이름을 입력한다.

| 조인 계산 | IF [Category] = "B" THEN [Code] END |

STEP 02

캔버스 데이터 원본명을 클릭하고 '슈퍼스토어_Summary_Data'로 입력한다.

02 세부문제1에서 모델링한 데이터를 아래 지시사항에 따라 편집하시오. (10점)

① 데이터 원본의 필드 이름을 변경하고, 일부 필드를 숨기기 처리하시오. (3점)

STEP 01

데이터 그리드에서 키보드 Ctrl키를 누르고 [경로], [시트], [세그먼트], [지역], [Category], [Code], [주문 Id(반품정리)], [Category(마스터 테이블)], [Code(마스터 테이블)] 필드 9개를 다중선택하고 마우스우클릭 또는 ▼버튼을 클릭하여 "숨기기"를 클릭한다.

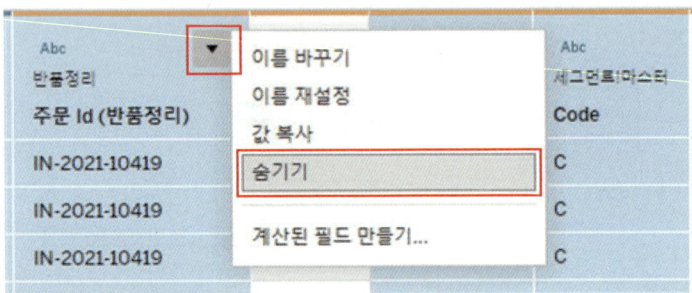

그림 6 필드 숨기기

STEP 02 필드 이름 바꾸기

데이터 그리드에서 [Code_nm] 필드의 이름을 더블클릭 또는 ▼버튼을 클릭하여 이름바꾸기를 선택하고 "세그먼트명"으로 입력한다.

[Code_nm(마스터 테이블)] 필드도 동일한 방법으로 "지역명"으로 입력한다.

그림 7 필드 이름 바꾸기

② [반품구분] 필드를 생성하시오. (3점)

STEP 01

데이터 그리드에서 [반품] 필드 마우스우클릭 또는 ▼버튼을 클릭하고 '계산된 필드 만들기…'를 클릭하여 다음과 같이 반품구분 계산식을 작성한다.

그림 8 계산된 필드 만들기

| 반품구분 | IFNULL([반품],'아니오') |

③ [반품개수] 필드를 생성하시오. (4점)

[반품구분] 필드 마우스우클릭 또는 ▼버튼을 클릭하고 '계산된 필드 만들기…'를 클릭하여 다음과 같이 반품개수 계산식을 작성한다.

| 반품개수 | COUNT(IF [반품구분] = '예' THEN [주문 Id] END) |

문제 2 단순요소 구현(30점)

실습영상

01 '문제2-1' 시트에 지도차트를 구현하시오. (10점)

① [주시도], [학교수] 필드를 생성하시오. (4점)

STEP 01

'문제2-1' 시트로 이동하여 '초등학교 학생학급수' 데이터 원본을 바꿔 클릭하고, '계산된 필드 만들기…'를 클릭하여 주시도 계산식을 다음과 같이 작성한다.

| 주시도 | SPLIT([지역],' ',1) |

[주시도] 필드의 데이터 유형을 클릭하여 '지리적 역할'에 "주/시/도"를 선택한다.

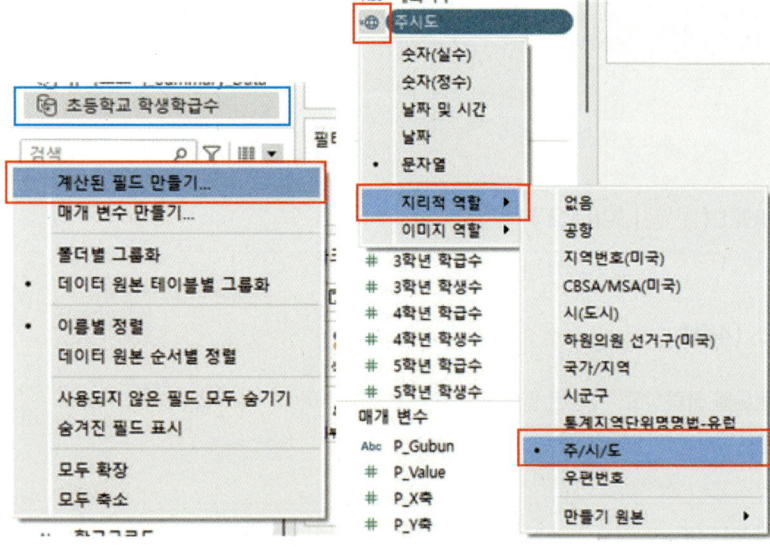

그림 9 지리적 역할 설정하기

STEP 02

'계산된 필드 만들기…'를 클릭하여 [정보공시 학교코드] 필드를 사용하여 학교수 계산식을 다음과 같이 작성한다.

| 학교수 | COUNTD([정보공시 학교코드]) |

② [주시도], [학교수] 필드를 사용하여 지도차트를 구현하시오. (3점)

STEP 01

키보드 Ctrl키를 누르고 [주시도], [학교수] 필드를 다중선택하고 표현방식에 '기호 맵'을 클릭하여 지도 차트를 구현한다.

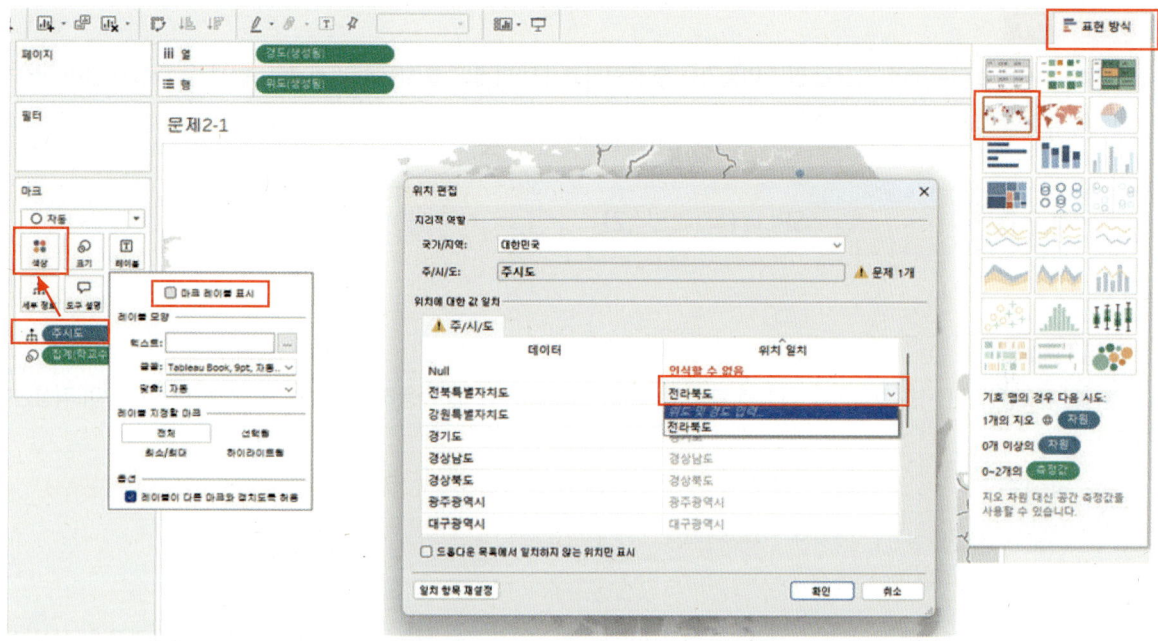

그림 10 지도차트 구현하기

[주시도] 필드를 색상으로 드래그 앤 드랍하여 주시도별 색상을 구분한다.

마크 카드의 '레이블'을 클릭하고 '마크 레이블 표시'를 ☑ 한다. 지도 하단의 '2개의 알 수 없는 항목'을 클릭하고 '위치편집…'을 클릭하고 데이터가 있는 '전북특별자치도'를 '전라북도'로 입력하고 확인을 클릭한다.

02 '문제2-2' 시트에 막대차트를 구현하시오. (10점)

① [시군구], [학생수], [학급수] 필드를 생성하시오. (4점)

STEP 01

'문제2-2' 시트로 이동하여 '계산된 필드 만들기…'를 클릭하고, [지역] 필드를 사용하여 시군구 계산식을 다음과 같이 작성하고 데이터 유형의 지리적 역할을 '시군구'로 설정한다.

| 시군구 | SPLIT([지역],' ',2) |

STEP 02

'계산된 필드 만들기…'를 클릭하고, [1학년 학생수]~[6학년 학생수] 필드를 사용하여 학생수 계산식을 다음과 같이 작성한다.

| 학생수 | [1학년 학생수] + [2학년 학생수] + [3학년 학생수] + [4학년 학생수] + [5학년 학생수] + [6학년 학생수] |

'계산된 필드 만들기…'를 클릭하고, [1학년 학급수]~[6학년 학급수] 필드를 사용하여 학급수 계산식을 다음과 같이 작성한다.

| 학급수 | [1학년 학급수] + [2학년 학급수] + [3학년 학급수] + [4학년 학급수] + [5학년 학급수] + [6학년 학급수] |

② 가로축과 세로축이 아래와 같은 가로막대차트를 구성하시오. (3점)

STEP 01

키보드 Ctrl키를 누르고 [시군구], [학급수], [학생수] 필드를 다중 선택하고 표현 방식에 '병렬 막대'를 선택한다.
'행과 열 바꾸기' 버튼을 클릭하여 가로 막대로 구현한다.

STEP 02

마크 카드에 색상을 클릭 '색상 편집…'을 클릭하고, [학급수], [학생수] 각각 더블클릭하여 색상코드를 입력하고 확인을 클릭한다.

데이터 패널에 [측정값] 필드를 마크 카드 레이블에 드래그 앤 드랍한다. 또는 키보드 Ctrl키를 누르고 열 선반에 [측정값] 필드를 레이블에 드래그 앤 드랍한다.

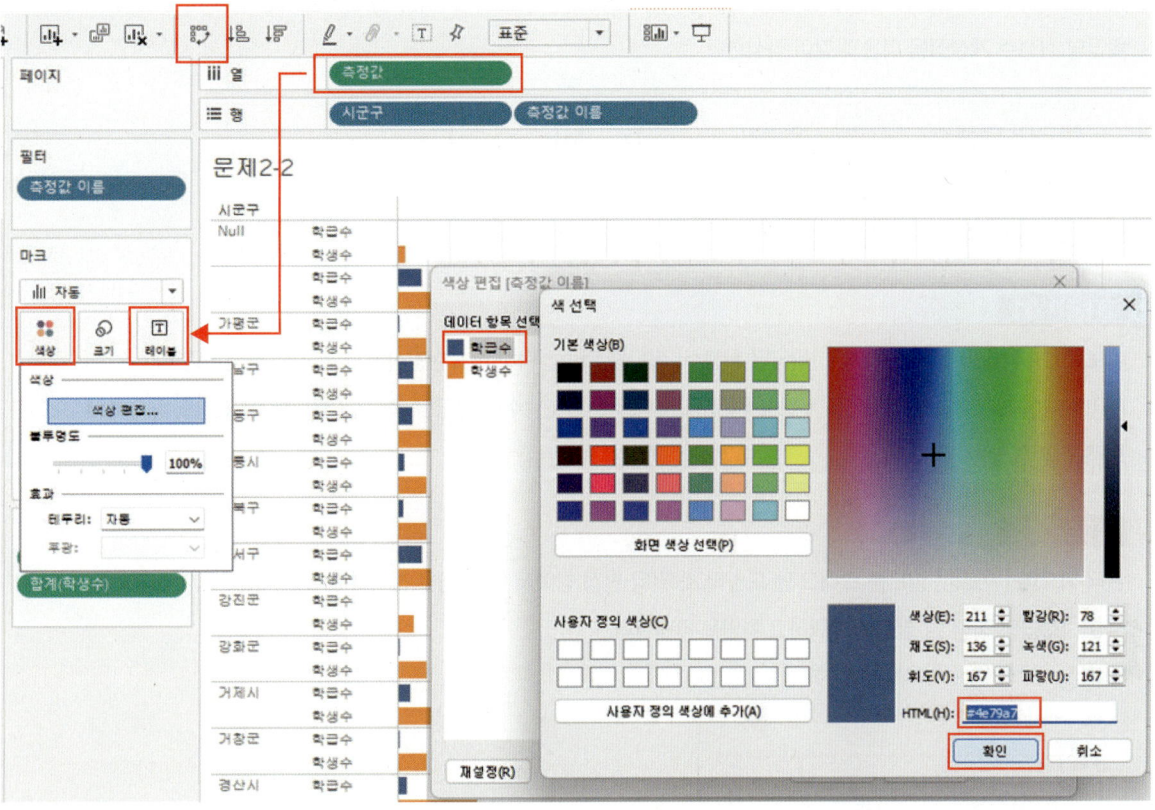

그림 11 막대차트 구현하기

03 '문제2-3' 시트에 트리맵을 구현하시오. (10점)

① [학급당 학생수] 필드를 생성하시오. (3점)

STEP 01

'문제2-3' 시트로 이동하여 '계산된 필드 만들기…'를 클릭하고, [학생수], [학급수] 필드를 사용하여 학급당 학생수 계산식을 다음과 같이 작성한다.

| 학급당 학생수 | SUM([학생수])/SUM([학급수]) |

② 트리맵을 구현하시오. (4점)

STEP 01

키보드 Ctrl키를 누르고 [학교명], [학급당 학생수] 필드를 다중선택하고 표현방식에서 '트리맵'을 선택한다.
데이터 패널에서 키보드 Ctrl키를 누르고 [학교명], [학급수], [학생수], [학급당 학생수] 필드를 마크 카드 레이블에 드래그 앤 드랍한다.

STEP 02

필터 카드에 [학교명] 필드를 드래그 앤 드랍하고, 필터 편집 창에서 상위 탭을 선택하고 '필드 기준'에서 상위 "10", [학급당 학생수] 필드를 선택하고 확인을 클릭한다.

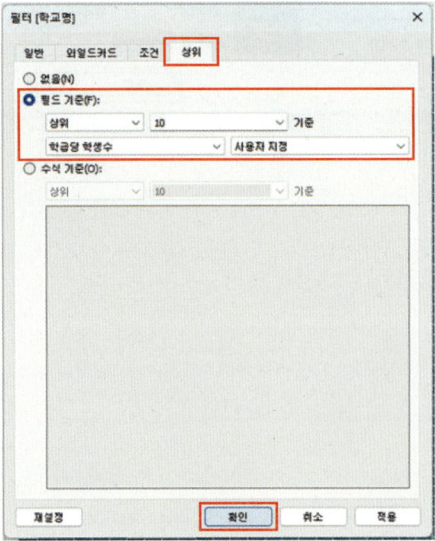

그림 12 필터 적용하기

③ 마크 편집하여 레이블과 색상을 완성화면과 같이 수정하시오. (3점)

STEP 01

마크 카드 레이블을 클릭하고 텍스트에 …을 클릭하여 레이블 편집 창에서 다음과 같이 입력한다.

〈학교명〉

학급수 : 〈합계(학급수)〉

학생수 : 〈합계(학생수)〉

학급당 학생수 : 〈집계(학급당 학생수)〉

STEP 02

[학급당 학생수] 컬럼 마크 색상을 색상표에 연한 파란색으로 수정한다.

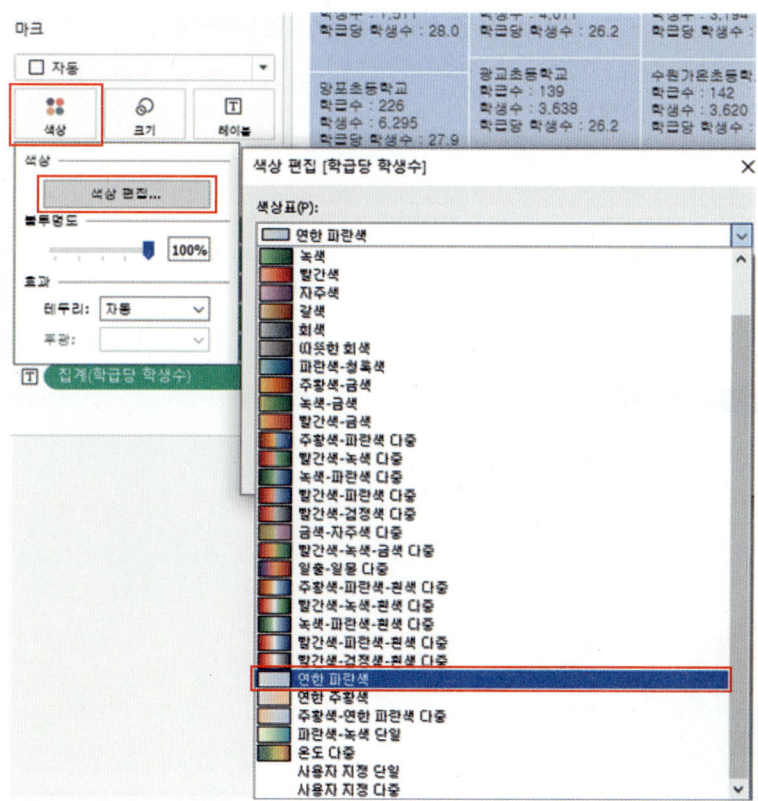

그림 13 색상 편집하기

문제 3 복합요소 구현(40점)

실습영상

01 '문제3-1' 시트에 도넛차트를 구현하시오. (10점)

① '문제3-1' 시트에 파이차트 생성하시오. (3점)

STEP 01

'문제3-1' 시트로 이동하여, 키보드 Ctrl키를 누르고 [기준년도], [1학년 학생수] ~ [6학년 학생수] 필드를 다중선택 후 표현방식에 '텍스트 테이블'을 클릭한다.

마크 차트 유형을 '파이 차트'로 변경하고, 열 선반의 [측정값 이름] 필드를 마크 카드 색상에 드래그 앤 드랍하고, 마크 카드 레이블의 [측정값] 필드를 각도에 드래그 앤 드랍한다.[기준년도] 필드를 열 선반으로 드래그 앤 드랍한다.

② 완성화면과 같은 도넛차트를 구현하시오. (4점)

STEP 01

데이터 패널에서 [파이축] 필드를 행 선반에 2번 드래그 앤 드랍한다.

행 선반의 오른쪽 [파이축] 필드를 마우스우클릭 또는 ▼버튼을 클릭하고 '이중축'을 선택한다.

그림 14 이중축 설정하기

STEP 02

왼쪽 마크 카드에서 각각 마크 카드를 레이블, 크기와 색상을 설정한다.

파이 차트 마크 카드에서 크기를 '가운데' 로 이동하고, [측정값] 필드를 레이블에 드래그 앤 드랍한다.

레이블 글꼴에서 '마크 색상 일치'를 선택한다.

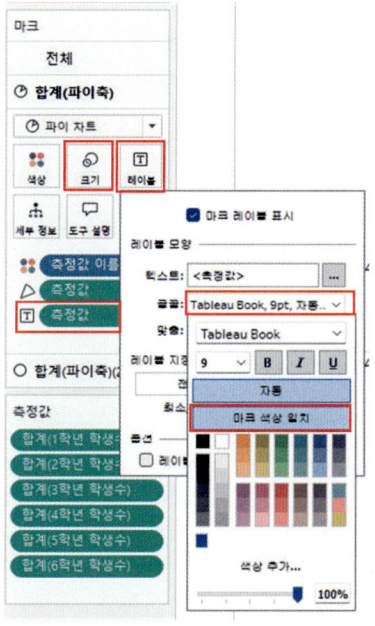

그림 15 파이차트 마크 카드 설정하기

원 차트 마크 카드의 색상을 '#ffffff'로 변경하고, [학생수] 필드를 레이블에 드래그 앤 드랍하고, 레이블 편집에서 'Total'을 다음과 같이 입력한다. 레이블 맞춤을 가로, 세로 모두 '가운데'로 설정한다.

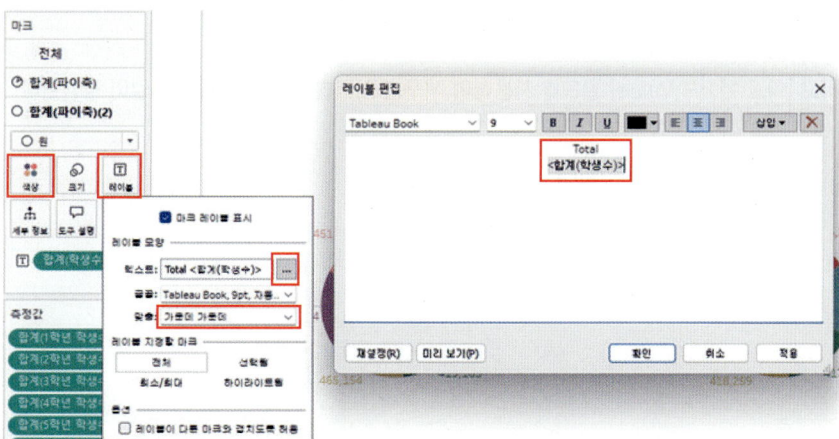

그림 16 원 차트 마크 카드 설정하기

02 '문제3-2' 시트에 막대차트를 구현하시오. (10점)

① 매개변수와 필드를 생성하시오. (3점)

STEP 01

'문제3-2' 시트로 이동하여 '매개 변수 만들기…'를 클릭하고 P_Value 매개변수를 다음과 같이 설정한다.

데이터 유형을 '실수', 허용 가능한 값을 '전체' 로 설정하고 확인을 클릭한다.

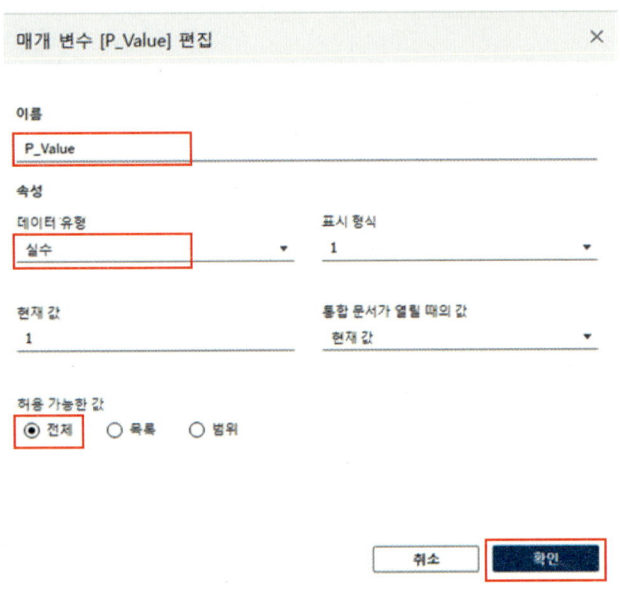

그림 17 매개 변수 만들기

STEP 02

'계산된 필드 만들기…'를 클릭하고 [학교수], [P_Value] 필드를 사용하여 색구분 지역별 계산식을 다음과 같이 작성한다.

| 색구분 지역별 | IF [학교수] > [P_Value] THEN '검정'
ELSE '빨강'
END |

② [주시도], [시군구], [학교수] 필드를 사용하여 완성화면과 같은 막대차트를 구현하시오. (5점)

STEP 01

키보드 Ctrl키를 누르고 [주시도], [시군구], [학교수] 필드를 다중선택하고 표현방식에 '가로 막대'를 클릭한다.

③ 마크 편집하여 레이블과 색상을 완성화면과 같이 수정하시오. (3점)

STEP 01

마크 카드 색상에 [색구분 지역별] 필드를 드래그 앤 드랍하고, 마크 카드의 색상을 클릭하고 '색상 편집…'에서 필드값 '검정', '빨강'의 색상을 '#434343', '#e15759'로 설정한다.

STEP 02

마크 카드 레이블에 [학교수] 필드를 드래그 앤 드랍하여 레이블을 표시한다.

03 '문제3-3' 시트에 하이라이트 차트를 구현하시오. (10점)

① [주시도_NULL제외] 필드를 생성하시오. (3점)

STEP 01

'문제3-3' 시트로 이동하여 [주시도] 필드에 마우스우클릭 또는 ▼버튼을 클릭하여 만들기에 '집합…'을 선택한다.

집합 편집 창에서 이름을 '주시도_NULL제외'로 입력하고, 필드 값 'Null'을 ☑하고 제외(X)도 ☑하고 확인을 클릭한다.

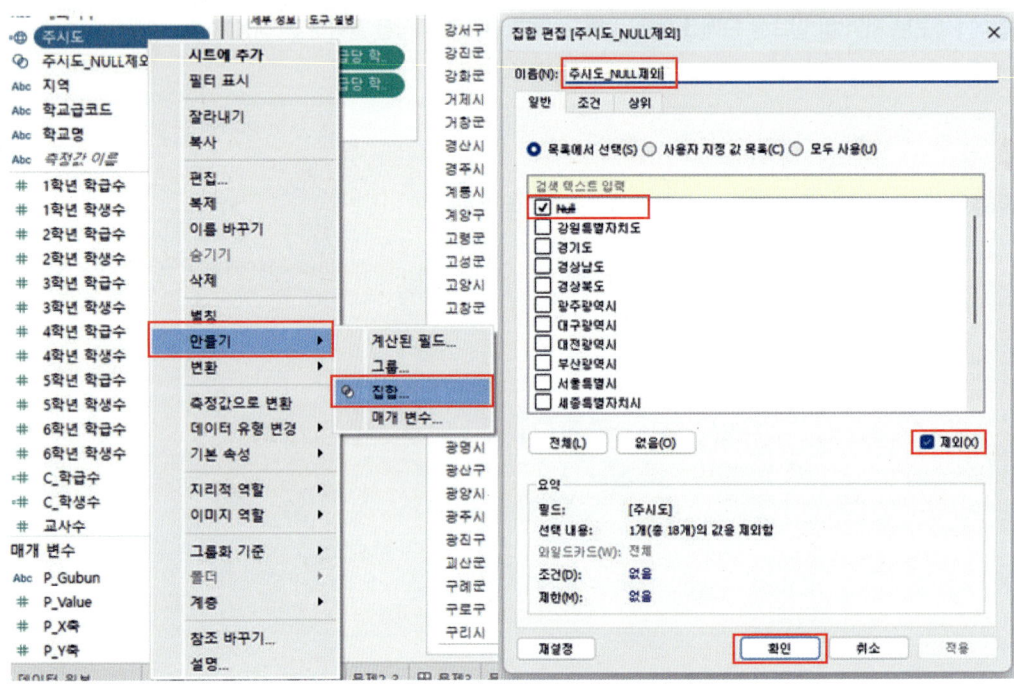

그림 18 집합 만들기

② 하이라이트 차트을 구현하시오. (4점)

STEP 01

키보드 Ctrl키를 누르고 [주시도], [설립구분], [학급당 학생수] 필드를 다중선택하고 표현방식의 '하이라이트 테이블'을 선택한다.

'행과 열 바꾸기' 버튼을 클릭하여 완성화면과 같은 차트를 구현한다.

STEP 02

데이터 패널에서 분석 탭으로 이동하여 '총계'를 열 총합계, 행 총합계에 각각 드래그 앤 드랍한다.

③ 색상, 필터를 적용하시오. (3점)

STEP 01

마크 카드 색상을 클릭하고 '색상 편집…'을 클릭하여 색상을 '파란색-청록색'으로 변경한다. '총계 포함(I)'에 ✔하고 확인을 클릭한다.

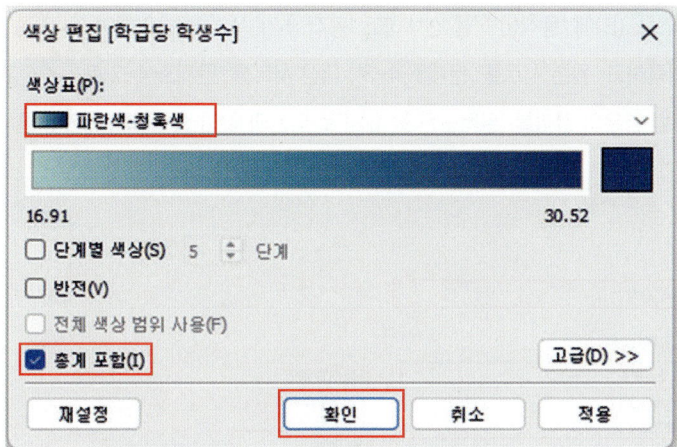

그림 19 총계 포함하기

STEP 02

[주시도_NULL제외] 필드를 필터 카드에 드래그 앤 드랍한다. 하이라이트 테이블에 Null이 제외되었는지 확인한다.

04 '문제3-4' 대시보드에 동작필터를 적용하시오. (10점)

① '문제3-4-3'에 동작을 적용하시오. (3점)

STEP 01

'문제3-4' 대시보드로 이동하여 상단 메뉴에 대시보드(B)에 '동작(I)…'을 선택하고 '동작 추가' 버튼을 클릭하여 '필터 동작' 편집 창에서 문제에 제시된 이름 '지역_동작'을 입력하고, 원본 시트를 '문제3-4-3', 대상 시트를 '문제3-4-2'로 ✔하고, 동작 실행 조건을 '메뉴'로 선택하고, 선택을 해제할 경우의 결과를 '필터링된 값 유지'로 다음과 같이 설정하고 확인을 클릭한다.

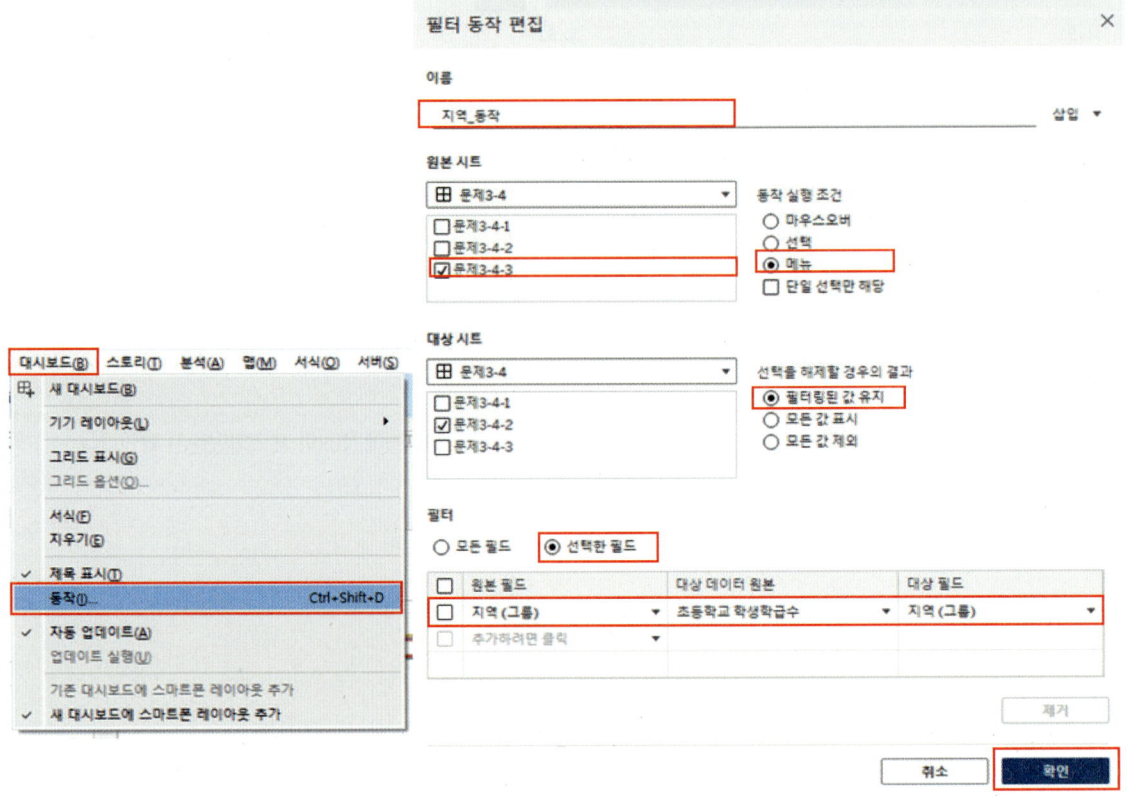

그림 20 지역_동작 설정하기

② '문제3-4-1', '문제3-4-3' 시트에 동작필터를 적용하시오. (5점)

STEP 01

동작 추가에서 필터 동작을 클릭하고, 필터 동작 편집 창에서 이름 '기준년도_동작'을 입력하고, 원본 시트 '문제3-4-1', 대상 시트 '문제3-4-2', 동작 실행 조건을 '선택'으로 선택하고, 선택을 해제할 경우의 결과를 '모든 값 표시'로 다음과 같이 설정하고 확인을 클릭한다.

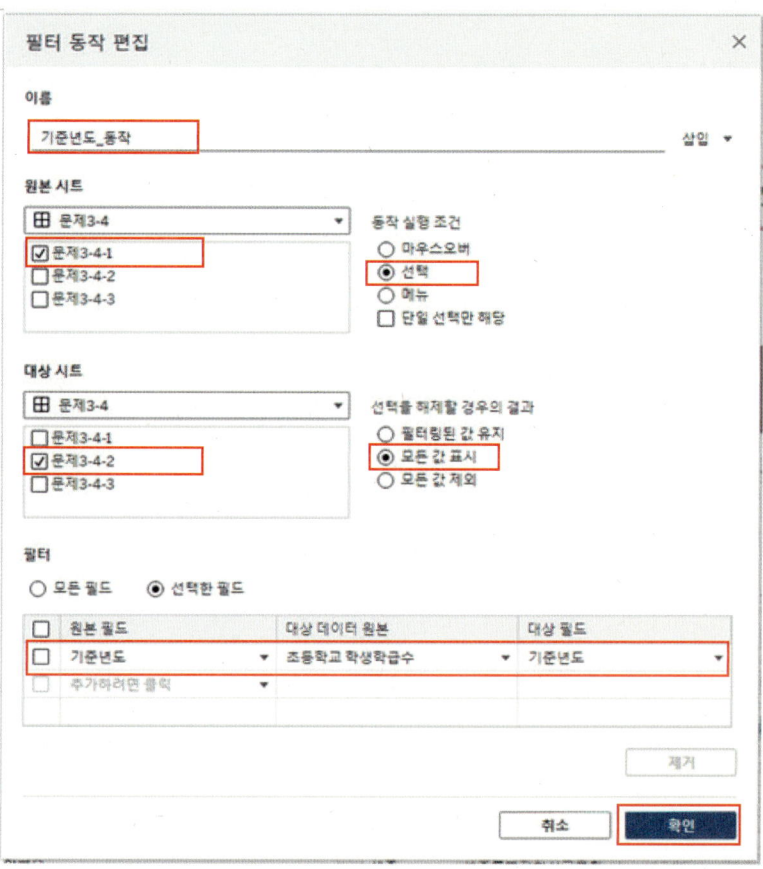

그림 21 기준년도_동작 설정하기

③ 완성화면과 같이 필드를 선택한 후 저장하시오. (3점)

STEP 01

'문제3-4-1' 시트에서 "2024년"을 클릭하고, '문제3-4-3' 시트에서 "경북"을 클릭하고 도구설명 창에서 지역_동작 을 클릭하여 필터 동작을 적용한다.

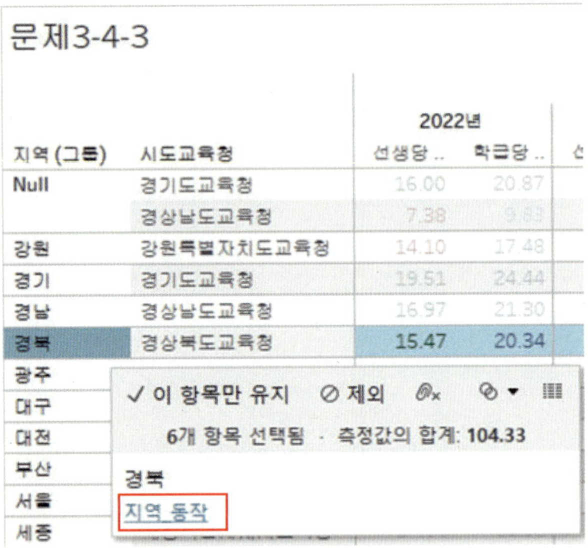

그림 22 도구설명 지역_동작 적용하기

STEP 02

상단 메뉴바에서 파일(F)에서 저장(S)를 클릭하여 동작이 설정된 상태로 저장한다.

경영정보시각화능력 실기 태블로
제 2 회 모의고사

프로그램명 : 태블로 데스크톱   제한시간 : 70분

안내 | 문제 및 데이터

1. 최종 제출해야 할 답안파일은 1개입니다. 문제1, 문제2, 문제3의 답을 하나의 답안파일(.twbx) 로 제출하십시오.

2. 문제1, 문제2, 문제3은 각각 독립적으로 구성되어 있어 앞 문제를 풀지 않아도 다음 문제 풀이가 가능합니다.

3. 문제2와 문제3 풀이를 위해 필요한 일부 측정값, 필터가 답안파일에 미리 적용되어 있을 수 있습니다.
   - 지시사항에 제시되지 않은 것은 변경하지 마십시오.
   - 사전에 적용된 필터 등이 삭제되지 않도록 '시트 지우기' 기능을 절대 사용하지 마시오.

4. 하위문제(①, ②, ③)별로 점수가 부여되며, 하위문제의 지시사항(▶ 또는 – 표시)을 이행하지 않을 경우 점수가 부여되지 않습니다.

5. 이 시험을 위한 데이터 파일은 9개이며, 문제1을 위한 데이터와 문제2의 데이터가 구분됩니다.

- 가. 문제1 풀이에는 – '어린이집기본정보조회(정기)-기준일(20230731)_경기.xls'~
'어린이집기본정보조회(정기)-기준일(20230731)_인천.xls'을 사용하십시오.

파일명	어린이집기본정보조회(정기)-기준일(20230731)_경기.xls ~ _인천.xls'
테이블	구조

시도	시군구	어린이집명	어린이집유형구분	운영현황	주소
경기도	고양시일산구	우성어린이집	가정	폐지	경기도 고양시 일산서구 대산로 184

어린이집전화번호	어린이집팩스번호	보육실 수	보육실 면적	놀이터 수	보육교직원 수	정원수	현원수
031-811-3484	031-811-3484	3	33	0	0	11	0

위도	경도	통학차량운영여부	홈페이지 주소	인가일자	휴지시작일자	휴지종료일자	폐지일자
37.67748	126.75758	미운영		2007-0809	0	11	2015-08-13

- 나. 문제2와 문제3의 풀이에는 '구매이력_데이터.xlsx'를 사용하십시오.

파일명	구매이력_데이터.xlsx
테이블	구조

구매이력

ORDER ID	Date	TIME	location_Country	location_State	location_City
147125805	1/1/2020	11:04:00	United States	Florida	Pensacola

items_Code	coupon_flag	discount_ratio	Sales_amt
16	Yes	0.32	45.29

아이템_마스터

items_code	items_type
1	Electronics

문제 1 　 작업준비(30점)

〈필드 완성화면〉 각 세부문제 풀이 후 필드가 아래와 같이 구성되도록 하시오.

유형	필드명	물리적 테이블	원격 필드명
Abc	시도	어린이집1유...	시도
=Abc	지역구분	계산	Calculation_...
Abc	시군구	어린이집1유...	시군구
Abc	어린이집명	어린이집1유...	어린이집명
Abc	어린이집유형구분	어린이집1유...	어린이집유형...
Abc	운영현황	어린이집1유...	운영현황
Abc	우편번호	어린이집1유...	우편번호
Abc	주소	어린이집1유...	주소
=#	어린이집수	계산	Calculation_...
Abc	어린이집전화번호	어린이집1유...	어린이집전화...
Abc	어린이집팩스번호	어린이집1유...	어린이집팩스...
#	보육실수	어린이집1유...	보육실수
Abc	보육실면적	어린이집1유...	보육실면적
#	놀이터수	어린이집1유...	놀이터수
#	보육교직원수	어린이집1유...	보육교직원수
#	정원수	어린이집1유...	정원수
=#	충원비율	계산	Calculation_...
=#	충원비율_나머지	계산	Calculation_...
=#	담당비율_나머지	계산	Calculation_...
=#	담당비율	계산	Calculation_...
#	현원수	어린이집1유...	현원수
⊕	위도	어린이집1유...	위도
⊕	경도	어린이집1유...	경도
Abc	통학차량운영여부	어린이집1유...	통학차량운영...
Abc	홈페이지주소	어린이집1유...	홈페이지주소
📅	인가일자	어린이집1유...	인가일자
📅	휴지시작일자	어린이집1유...	휴지시작일자
📅	휴지종료일자	어린이집1유...	휴지종료일자
📅	폐지일자	어린이집1유...	폐지일자

1. 작업에 필요한 답안파일(.twbx)에 엑셀파일(.xlsx)을 열고 다음의 지시사항에 따라 데이터 가져오기 및 편집을 수행하시오. (10점)

   ① 연결 패널을 이용하여 C:\TB\문제1_데이터 내의 '어린이집기본정보조회(정기)-기준일(20230731)_경기.xls' 파일을 사용하여 테이블을 연결하고 데이터 유형을 변환하시오.(4점)

   ▶ "문제1" 폴더의 모든 파일을 와일드카드 유니온

   ▶ 논리적 테이블

   - '어린이집기본정보'로 이름 바꾸기

   ▶ 데이터 유형을 "숫자(정수)"로 변환

   - 대상 필드: [보육실수], [놀이터수], [보육교직원수], [정원수], [현원수]

   ② [위도], [경도] 필드를 사용하여 지리적 역할을 설정하시오. (3점)

   ▶ [위도], [경도] 필드 "숫자(실수)"로 데이터 유형 변환

   ▶ 필드 이름과 동일한 지리적 역할을 설정

   ③ 데이터 원본에서 대상 필드의 데이터 유형을 변경하고, 필드 숨기기를 설정하시오. (3점)

   ▶ 데이터 유형 변경

   - 대상 필드: [인가일자], [폐지일자], [휴지시작일자], [휴지종료일자]

   - 데이터 유형을 "날짜"로 변환

   ▶ 시트 숨기기

   - 대상 필드: [경로], [시트]

2. 문제1에서 모델링한 데이터에 대해 아래 지시문에 제시된 대로 구현하시오. (10점)

   ① [시도] 필드를 사용하여 계산식을 작성하시오.(5점)

   ▶ 필드 이름 : 지역구분

   - [시도] 필드가 '서울특별시', '경기도', '인천광역시' 이면 '수도권', 그 밖의 지역은 '비수도권'

   - 사용 함수: END, ELSE, IF, IN, THEN

② 데이터 원본과 물리적테이블의 이름을 변경하시오. (5점)

▶ 물리적 테이블 이름 바꾸기
- "어린이집_유니온"

3. 측정값, 계산식을 작성하는 과정을 수행하시오. (10점)

① 어린이집의 수를 구하는 계산된 필드를 만드시오. (3점)

▶ 필드 이름: [어린이집수]
- [주소] 필드를 이용하여 중복되는 주소를 하나만 집계할 수 있도록 설정
- 사용 함수: COUNTD

② [현원수], [정원수], [보육교직원수] 필드를 사용하여 등원비율, 담당비율 계산식을 만드시오. (4점)

▶ 필드 이름: [등원비율]
- 사용 필드: [현원수], [정원수]
- 사용 함수: SUM

▶ 필드 이름: [담당비율]
- 사용 필드: [현원수], [보육교직원수]
- 사용 함수 : SUM

③ [등원비율], [담당비율] 필드를 사용하여 계산된 필드를 생성하시오. (3점)

▶ 필드 이름 : [등원비율_나머지], [담당비율_나머지]
- 1(100%)에서 [등원비율], [담당비율]을 뺀 나머지 비율을 구하기 위한 필드를 생성

문제 2 단순요소 구현(30점)

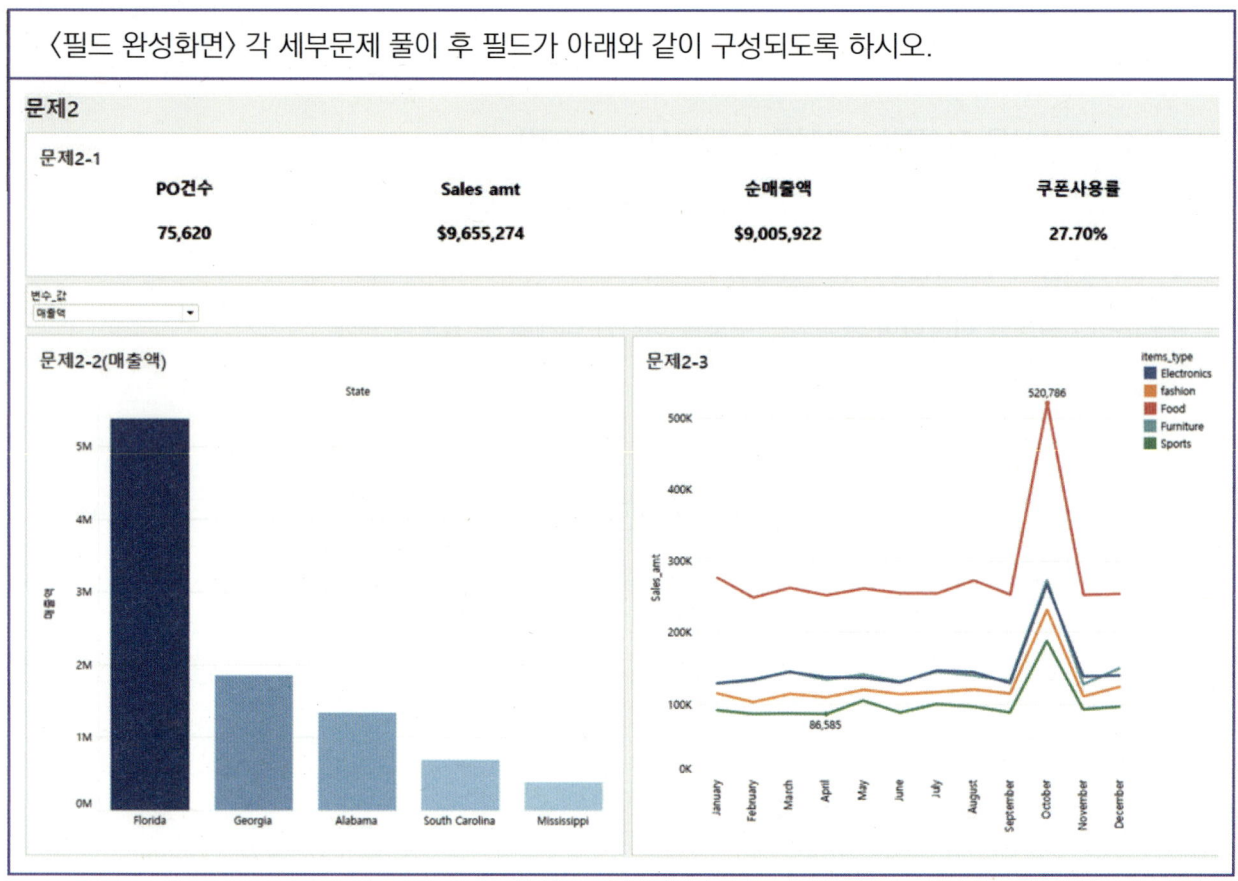

1. "문제2-1"시트에서 다음의 작업을 수행하여 차트를 구현하시오. (10점)

   ① [ORDER ID] 필드를 사용하여 계산된 필드를 생성하시오.(2점)

   ▶ 필드 이름: PO건수

   - 사용 함수 : COUNTD

   - 데이터 유형 : 정수

   ② [Sales_amt], [discount_ratio], [PO건수], [쿠폰건수] 필드를 사용하여 계산된 필드를 생성하시오.(4점)

   ▶ 필드 이름: 순매출액

   - 사용 필드: [Sales_amt], [discount_ratio]

   - 계산식: 매출액*(1-할인율)

   - 데이터 유형: 숫자(정수)

▶ 필드 이름: 쿠폰사용률

- 사용 필드: [PO건수], [쿠폰건수]
- 계산식: 쿠폰건수/구매건수
- 데이터 유형 : 숫자(실수)

③ [PO건수], [Sales_amt], [순매출액], [쿠폰사용률] 필드를 사용하여 완성화면과 같이 그리드를 구현하고, 서식을 변경하시오.(4점)

▶ 글꼴 서식

- 머리글, 패널 : 14pt, 굵게 / 색상 : #000000

▶ 테두리 서식

- 머리글, 셀, 패널, 행, 열 구분선 모두 없음

▶ 맞춤 서식

- 머리글, 패널 : '가로' 가운데

▶ 필드 서식

- [Sales_amt], [순매출액] : 통화 사용자 지정에서 "$" 추가
- [쿠폰사용률] : 백분율 (소수점 2자리)

2. "문제2-2"시트에서 다음의 작업을 수행하여 차트를 구현하시오. (10점)

① 매개변수를 생성하시오. (2점)

▶ 필드 이름: PO건수

- 데이터 유형 : 문자열
- '목록' 값 : 매출액, 순매출액, PO건수

② [변수_값] 매개변수의 값이 "매출액"일 때 [Sales_amt], "순매출액"일 때 [순매출액], 그 외에는 [PO건수]를 의미하는 계산된 필드를 생성하시오. (4점)

▶ 필드 이름 : 값_변경

- 데이터 유형: 숫자(실수)
- 사용 함수: ELSE, END, IF, SUM, THEN

③ [State], [값_변경] 필드를 활용하여 완성화면과 같이 막대차트를 구현하시오. (4점)

▶ 마크 색상

- [값_변경] 필드로 차트 색상을 표현

▶ 축 제목

- [변수_값] 매개변수의 목록 값으로 변경되도록 축 제목 설정

▶ 정렬

- [값_변경] 필드의 합계를 기준으로 내림차순 정렬

3. "문제2-3" 시트에서 다음의 작업을 수행하여 차트를 구현하시오. (10점)

① [일시], [Sales_amt] 필드를 활용하여 완성화면과 같이 라인차트를 구현하시오.

- [일시] '월' 불연속형
- 색상 : [items_type]
- 열에 대한 필드 레이블 숨기기

② 라인차트의 레이블을 설정하시오. (3점)

▶ 레이블

- 마크 레이블 표시
- 각 라인별로 최대값, 최소값만 표현

▶ 날짜 표현 방식- 영어(미국)로 설정

- 예상 결과: 1월 → January

③ 통합문서와 "문제2" 대시보드의 배치와 서식을 설정하시오. (5점)

▶ 전체

- 글꼴 : 맑은 고딕
- 글꼴 색상 : #000000

▶ '문제2-2' 시트 제목

- 예상 결과: 문제2-2([변수_값]) 문제2-2(매출액)
- 매개변수를 완성화면과 같이 배치
- 매개변수 너비: 200

문제 3 복합요소 구현(40점)

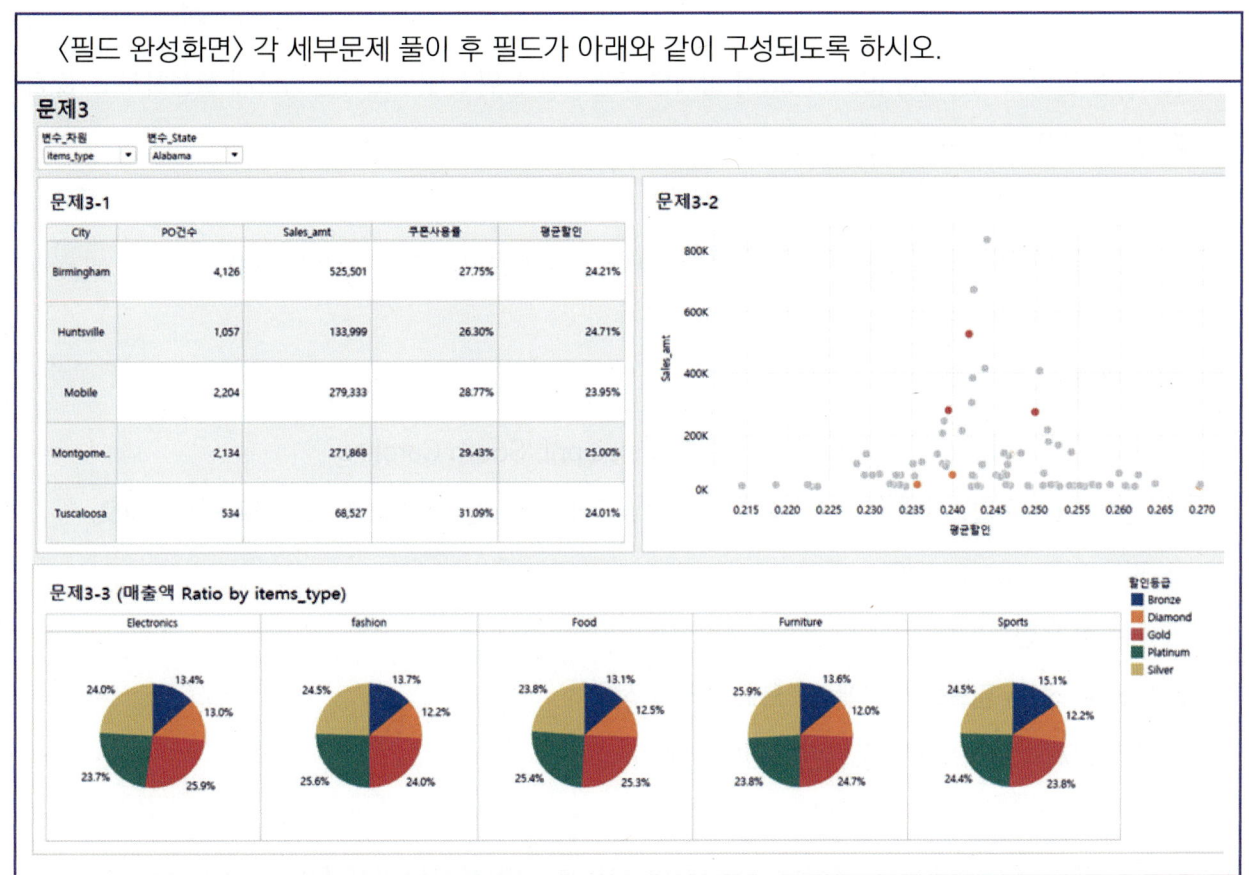

1. "문제3-1" 시트에서 다음의 작업을 수행하여 차트를 구현하시오. (10점)

   ① [City], [Sales_amt], [PO건수], [평균할인], [쿠폰사용률] 필드를 사용하여 그리드 차트를 구현하고, 서식을 수정하시오.(3점)

   ▶ 맞춤 서식

   - 머리글 : '가로' 가운데

   ▶ 음영 서식

   - 머리글 : #f5f5f5 / 행 색상 교차 : 없음

   ▶ 테두리 서식

   - 머리글, 셀 : 실선 / 행 구분선 : 없음

   - 실선 색상 코드 : #d4d4d4

   ▶ 필드 서식

- 쿠폰사용률: 백분율

- 평균할인 : 백분율

② [City]를 필터로 사용하여 [Sales_amt] 합계를 조건으로 상위 5개의 도시만 나오게 설정하시오. (2점)

▶ '상위 → '필드 기준'으로만 작성

③ 주를 지정할 매개변수를 작성하고, 매개변수를 사용하는 계산식을 작성하시오.(5점)

▶ 매개변수 이름 : 변수_State

- 데이터 유형 : 문자열

- 목록 값 : Alabama, Florida, Georgia, Mississippi, South Carolina

▶ [변수_State] 가 "Alabama"인 경우 "Alabama"에 해당되는 도시들 중 TOP5로 구현하시오.

- 필드 이름 : State_선택

- 데이터 유형 : 부울

▶ [State_선택] 필드를 필터에 '참'으로 필터를 적용

▶ 해당 문제의 완성화면과 동일한 화면이 나와야 함.

2. "문제3-2" 시트에서 다음의 작업을 수행하여 차트를 구현하시오. (10점)

① [Sales_amt], [평균할인], [City] 필드를 사용하여 분산형 차트를 구현하시오.(4점)

▶ 마크 유형은 '원'으로 설정

▶ [평균할인]의 축 범위는 0포함 해제

② 집합을 생성하고, 해당 집합과 [State_선택]에 모두 해당하는 값을 색상으로 구분하시오.(6점)

▶ [City] 필드로 상위 20위 집합을 생성

- 필드 이름: City 집합

- 상위: '필드 기준'

- [Sales_amt]

▶ 색상 설정

- '테두리' 색상코드 : #ffffff

- [City 집합], [State_선택] 필드에 포함되는 색상 코드 : #e15759
- [State_선택] 필드에 포함되는 색상 코드 : #f28e2b
- 그 외 색상 코드 : #d5d5d5

3. "문제3-3" 시트에서 다음의 작업을 수행하여 차트를 구현하시오. (10점)

① 차원 지정에 사용할 매개변수를 생성하시오.(3점)
- 매개변수 이름: 변수_차원
- 데이터 유형: 문자열
- 목록 값: items_type, State

② [변수_차원]에 따라 차원이 변경되는 필드를 생성하시오.(3점)
▶ [변수_차원] 매개변수가 "items_type"일 경우 [items_type] 필드로 분류, "State" 일 경우 [State] 필드로 분류
- 필드 이름: 차원_변경
- 사용 함수: ELSE, END, IF, THEN

③ [차원_변경], [할인등급], [값_변경] 필드를 활용하여 각 [차원_변경]별 [할인등급]의 [값_변경]구성 비율을 나타내는 파이차트를 구현하고, 서식을 수정하시오.
▶ 필터
- [할인등급] 필드를 중 "None"은 제외
▶ [차원_변경]별 구성비율의 합은 100%
▶ [값_변경]의 구성비율 서식
- 백분율, 소수 자릿수 첫째자리 표시
▶ 테두리 서식
- 머리글, 셀 : 실선
- 실선 색상 코드 : #d4d4d4
▶ 열에 대한 필드 레이블 숨기기

357

4. "문제3" 대시보드의 배치와 서식을 설정하시오. (10점)

① "문제3" 대시보드의 항목 계층 가장 상위에 위치한 '바둑판식' 개체의 레이아웃을 다음과 같이 변경하시오.(5점)

- '바둑판식' 백그라운드 색상 : #f5f5f5
- '바둑판식' 안쪽 여백 : 위쪽 '12', 왼쪽 '12', 아래쪽 '12', 오른쪽 '12'

② 매개 변수와 범례를 배치하고 "문제3-3" 시트 제목을 설정하시오.(5점)

▶ "문제3" 대시보드에 [변수_차원], [변수_State] 매개변수와 "문제3-3" 시트의 색상범례 표시

▶ 너비
- 매개변수: 120
- 색상범례: 120

▶ "문제3-3" 시트 제목
- 예상 결과: 문제3-3([변수_값] Ratio by [변수_차원]) ☒ 문제3-3 (매출액 Ratio by items_type)

문제 1 작업준비(30점)

실습영상

01 작업에 필요한 답안파일(.twbx)에 엑셀파일(.xlsx)을 열고 다음의 지시사항에 따라 데이터 가져오기 및 편집을 수행하시오. (10점)

① 연결 패널을 이용하여 C:\TB\문제1_데이터 내의
'어린이집기본정보조회(정기)-기준일(20230731)_경기.xls' 파일을 사용하여 테이블을
연결하고 데이터 유형을 변환하시오. (4점)

STEP 01 데이터 연결하기

연결 'Microsoft Excel'을 클릭하고 C:\TB\문제1_데이터 '어린이집기본정보조회(정기)-기준일(20230731)_경기.xls'을 선택하고 열기를 클릭한다.

〈어린이집기본정보조회(정기)-기준일(20230731)〉 테이블을 캔버스에 드래그 앤 드랍한다.

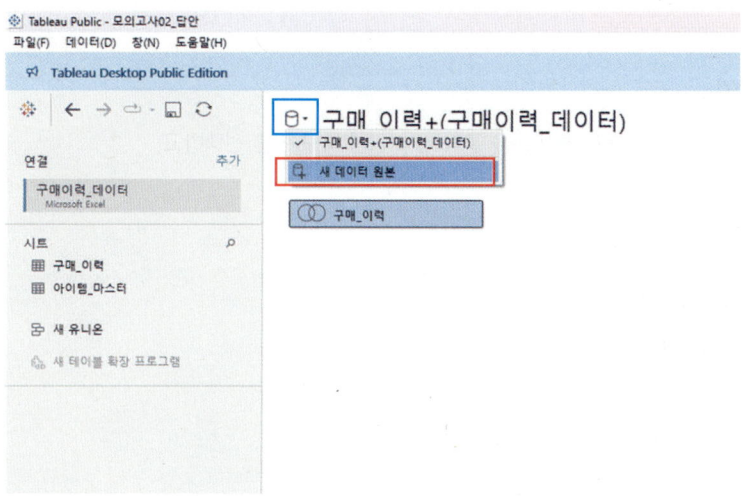

그림 1 데이터 연결

STEP 02 와일드카드를 사용하여 유니온하기

캔버스에 생성된 논리적 테이블에 마우스우클릭하고 '유니온으로 변환'을 선택한다.
'와일드카드(자동)'을 선택하고 통합문서의 일치패턴을 '어린이집기본정보조회(정기)-기준일(20230731)_경기.xls' 에서
어린이집기본정보조회(정기)-기준일(20230731)_*'으로 변경한다. (경기.xls를 *으로 변경)

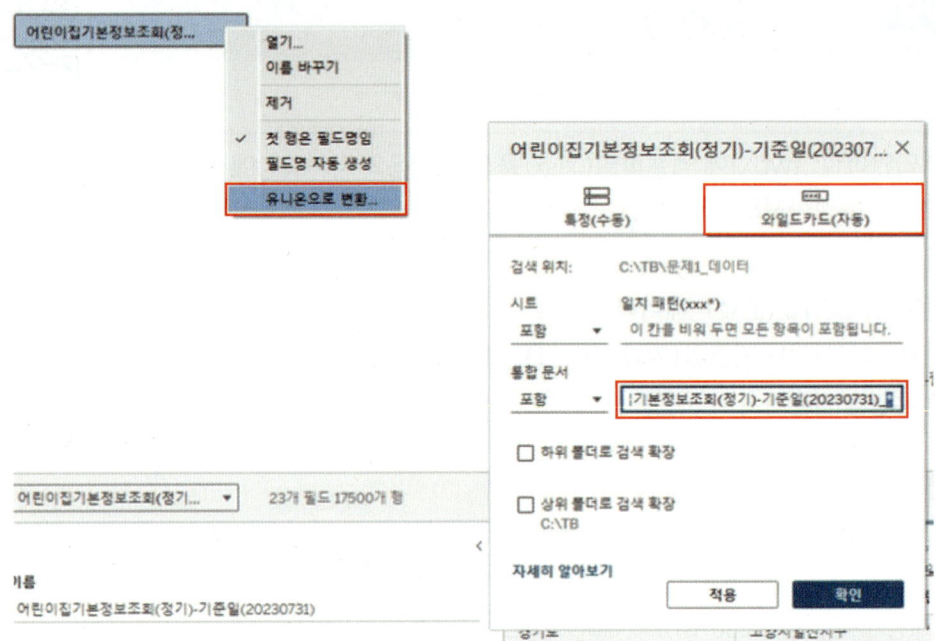

그림 2 와일드카드 유니온(UNION) 하기

STEP 03 논리적 테이블 이름변경하기

마찬가지로 생성된 유니온 테이블에 마우스우클릭하여 또는 ▼버튼을 클릭하여 '이름 바꾸기'를 선택하고, '어린이집기본정보'로 이름을 변경한다.

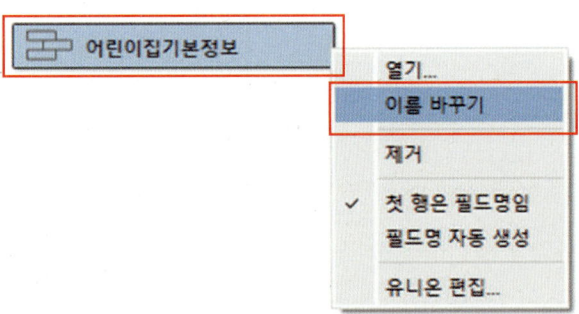

그림 3 논리적 테이블 이름 바꾸기

STEP 04 데이터 유형 변경하기

오른쪽 하단의 데이터 그리드에서 [보육실수], [놀이터수], [보육교직원수], [정원수], [현원수] 필드 5개를 각각 데이터 유형을 클릭한 후 "숫자(정수)"로 유형을 변경한다.

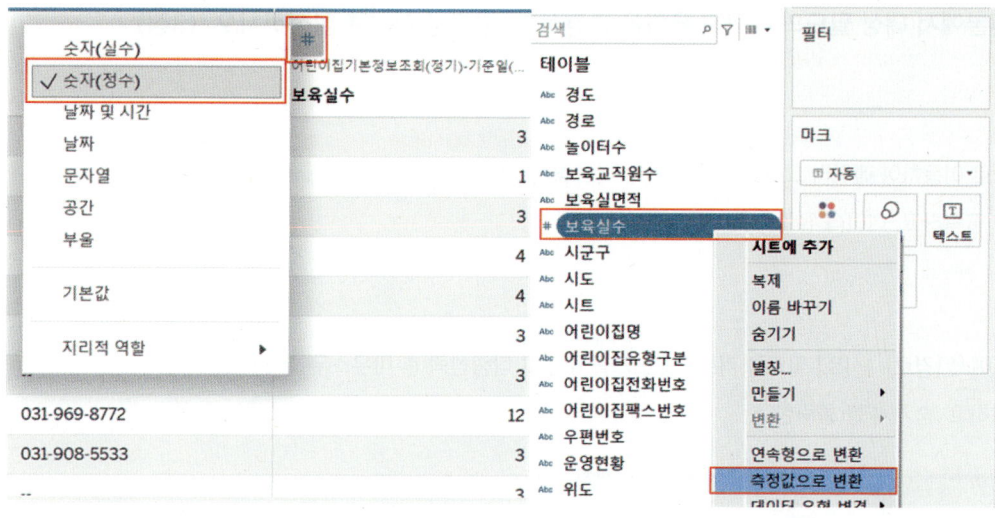

그림 4 데이터 유형 변경하기

② [위도], [경도] 필드를 사용하여 지리적 역할을 설정하시오. (3점)

STEP 01 유형 변환하기

데이터 그리드에서 [위도]와 [경도] 필드 상단 아이콘 클릭 → "숫자(실수)"를 클릭한다.

STEP 02 지리적 역할 설정하기

워크 시트로 이동하여 [위도], [경도] 필드를 각각 마우스우클릭 또는 데이터 유형 필드 클릭, ▼ 버튼 클릭하여 지리적 역할에서 각 필드 이름과 동일한 지리적 역할 '위도', '경도'를 설정한다.

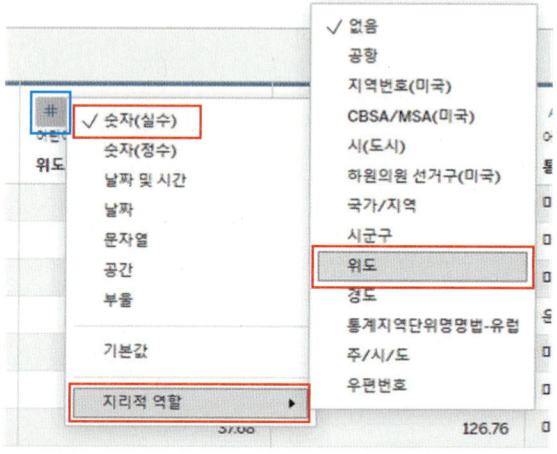

그림 5 지리적 역할 설정하기

③ 데이터 원본에서 대상 필드의 데이터 유형을 변경하고, 필드 숨기기를 설정하시오. (3점)

STEP 01

데이터 원본으로 이동하여 데이터 그리드에서 [인가일자], [폐지일자], [휴지시작일자], [휴지종료일자] 필드를 각각 데이터 유형을 클릭하고, 데이터 유형을 "날짜"로 변경한다.

STEP 02

데이터 그리드에서 [경로], [시트] 필드를 키보드 Ctrl키를 누르고 다중선택 후 마우스우클릭 또는 ▼버튼을 클릭하고 '숨기기'를 클릭한다.

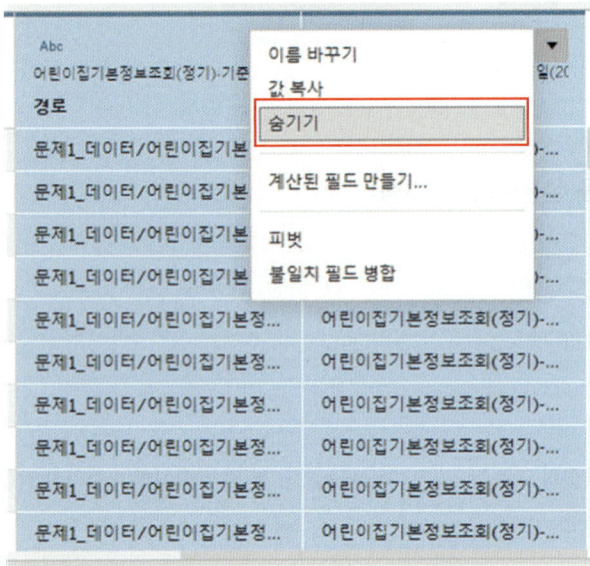

그림 6 필드 숨기기

02 문제1에서 모델링한 데이터에 대해 아래 지시문에 제시된 대로 구현하시오. (10점)

① [시도] 필드를 사용하여 계산식을 작성하시오. (5점)

[시도] 필드 마우스우클릭 또는 ▼버튼 클릭하여 '계산된 필드 만들기…'를 클릭하고, '지역구분' 이름과 계산식을 다음과 같이 작성한다.

| 지역구분 | IF [시도] IN ("서울특별시", "경기도", "인천광역시") THEN "수도권" ELSE "비수도권" END |

② 데이터 원본과 물리적테이블의 이름을 변경하시오. (5점)

STEP 01 데이터 원본명 변경하기

데이터 원본에서 상단 데이터 원본의 텍스트를 클릭하고, '통합_어린이집기본정보' 로 입력한다.

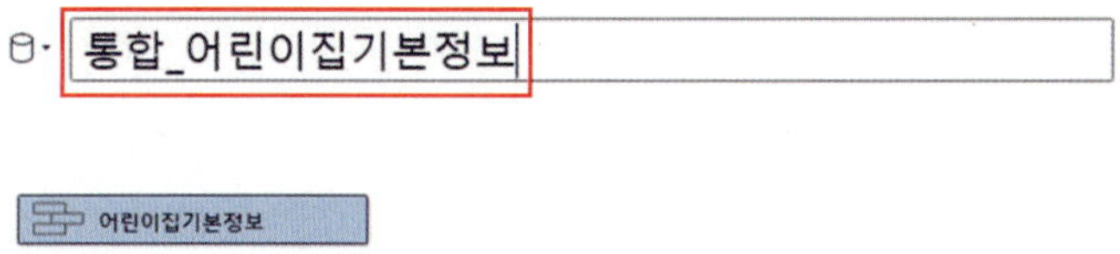

그림 7 데이터원본 이름 바꾸기

STEP 02

논리적 테이블을 더블클릭하여 물리적 테이블의 이름을 더블클릭하여 이름을 '어린이집_유니온'으로 입력한다.

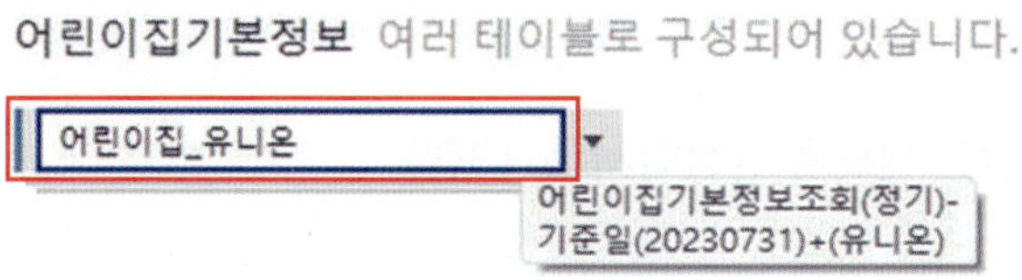

그림 8 물리적 테이블 이름 바꾸기

03 측정값, 계산식을 작성하는 과정을 수행하시오. (10점)

① 어린이집의 수를 구하는 계산된 필드를 만드시오. (3점)

STEP 01

[주소] 필드 마우스우클릭 또는 ▼버튼을 클릭하여 '계산된 필드 만들기…'에 [주소] 필드와 함수를 사용하여 어린이집수 계산식을 다음과 같이 작성한다.

| 어린이집수 | COUNTD([주소]) |

② [현원수], [정원수], [보육교직원수] 필드를 사용하여 등원비율, 담당비율 계산식을 만드시오. (4점)

STEP 02

[현원수] 혹은 [정원수] 필드 마우스우클릭 또는 ▼버튼을 클릭하여 '계산된 필드 만들기…'에 다음과 같은 등원비율 계산식을 작성한다.

| 등원비율 | SUM([현원수]) / SUM([정원수]) |

STEP 03

[현원수] 혹은 [보육교직원수] 필드 마우스우클릭 또는 ▼버튼을 클릭하여 '계산된 필드 만들기…'에 다음과 같은 담당비율 계산식을 작성한다.

| 담당비율 | SUM([현원수]) / SUM([보육교직원수]) |

③ [등원비율], [담당비율] 필드를 사용하여 계산된 필드를 생성하시오. (3점)

STEP 01

[등원비율] 혹은 [담당비율] 필드 마우스우클릭 또는 ▼버튼을 클릭하여 '계산된 필드 만들기…'에 다음과 같은 계산식을 작성한다. 100%의 전체는 1이므로 1에서 [등원비율], [담당비율] 필드를 빼서 계산한다.

| 등원비율_나머지 | 1 - [등원비율] |
| 담당비율_나머지 | 1 - [담당비율] |

문제 2 단순요소 구현(30점)

실습영상

01 "문제2-1"시트에서 다음의 작업을 수행하여 차트를 구현하시오. (10점)

① [ORDER ID] 필드를 사용하여 계산된 필드를 생성하시오.

STEP 01

"문제2-1" 시트로 이동하여 '계산된 필드 만들기'를 클릭하고 주문건수를 집계하는 PO건수 계산식을 다음과 같이 작성한다.

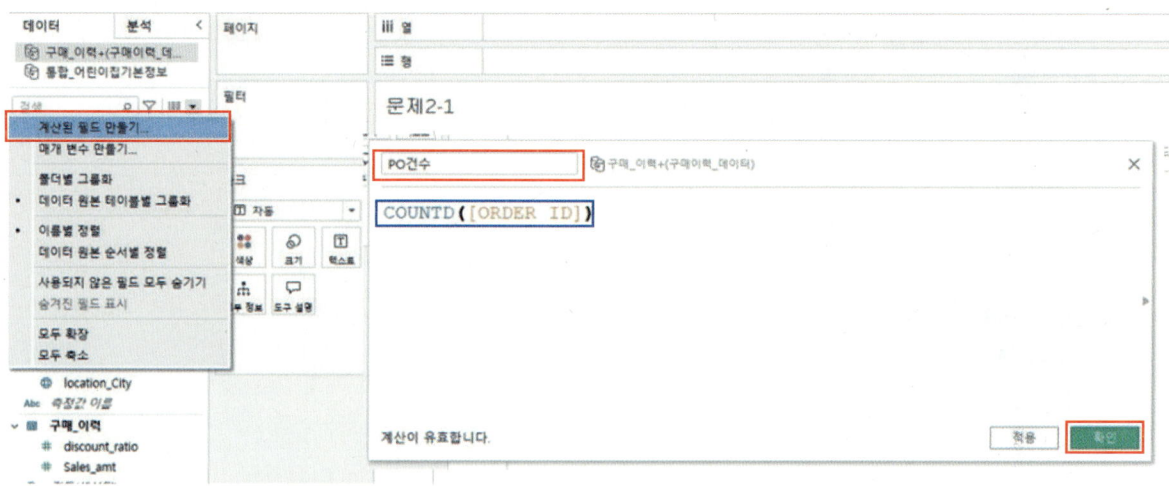

그림 9 [PO건수] 필드 계산된 필드 만들기

PO건수	COUNTD([ORDER ID])

② [Sales_amt], [discount_ratio], [PO건수], [쿠폰건수] 필드를 사용하여 계산된 필드를 생성하시오. (3점)

STEP 01 '계산된 필드 만들기'를 클릭하고 순매출액과 쿠폰사용률을 다음과 같이 작성한다.

순매출액	[Sales_amt] * (1-[discount_ratio])
쿠폰사용률	[쿠폰건수] / [PO건수]

③ [PO건수], [Sales_amt], [순매출액], [쿠폰사용률] 필드를 사용하여 완성화면과 같이 그리드를 구현하고, 서식을 변경하시오.

STEP 01 그리드 구현하기

데이터 패널에 있는 키보드의 Ctrl키를 누르고 [PO건수], [Sales_amt], [순매출액], [쿠폰사용률] 필드를 다중선택한 후 오른쪽 상단에 "표현방식"을 클릭하고 텍스트 테이블을 클릭하여 그리드 차트를 구현한다.

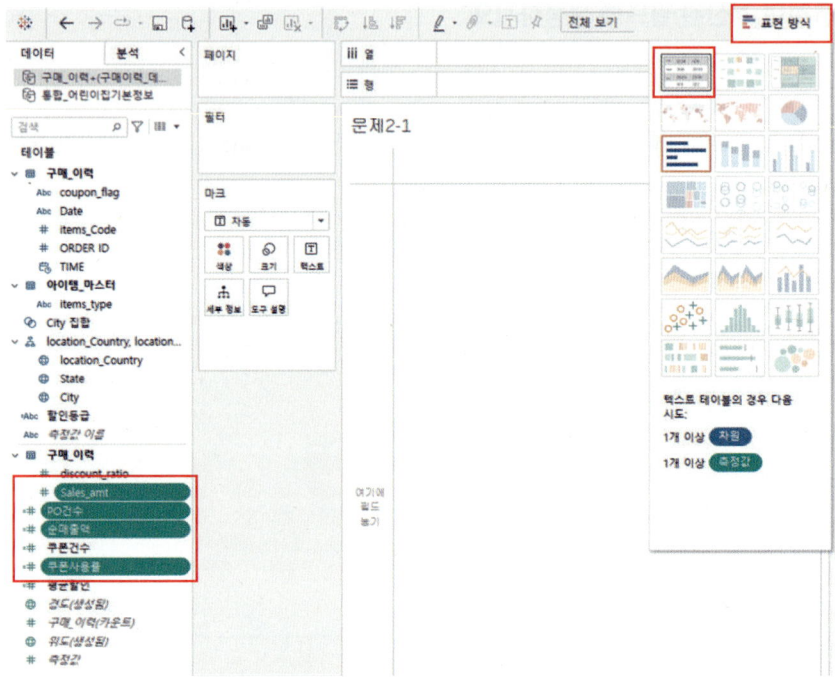

그림 10 표현방식 사용하여 차트 구현하기

STEP 02

상단의 행과 열 바꾸기를 클릭하여 제시된 차트와 같은 모양을 구현한다.

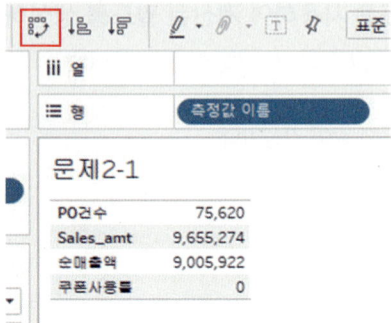

그림 11 행과 열 바꾸기

STEP 03 글꼴 서식 변경하기

'문제2-1' 시트에서 차트에 마우스우클릭하여 "서식…"을 클릭하고 글꼴 서식 머리글, 패널 의 크기를 14, 굵기를 선택한다.

그림 12 글꼴 서식 변경하기

STEP 04 테두리 서식 변경하기

글꼴 서식 옆의 표 모양의 테두리 서식을 선택하고, 기본값을 모두 '없음' 으로 선택한다. 시트의 행 구분선도 '없음'으로 선택한다.

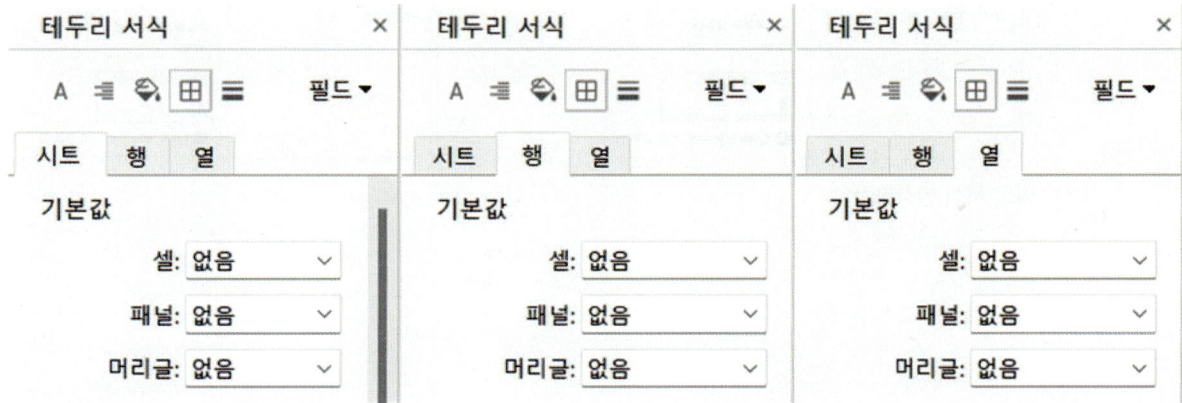

그림 13 테두리 서식 변경하기

STEP 05 맞춤 서식 변경하기

글꼴 서식 옆의 맞춤 서식을 선택하고 기본값의 패널, 머리글의 가로 '가운데'를 선택한다.

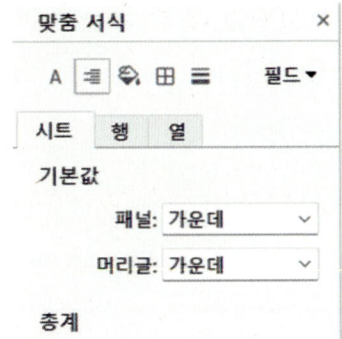

그림 14 맞춤 서식 변경하기

STEP 06 필드 서식 변경하기

'측정값' 패널에 있는 [Sales_amt], [순매출액] 필드를 각각 마우스우클릭 또는 ▼버튼을 클릭하여 '서식…'을 클릭한다.
패널 기본값 숫자를 클릭하고 문제의 제시된 내용으로 $로 입력한다.

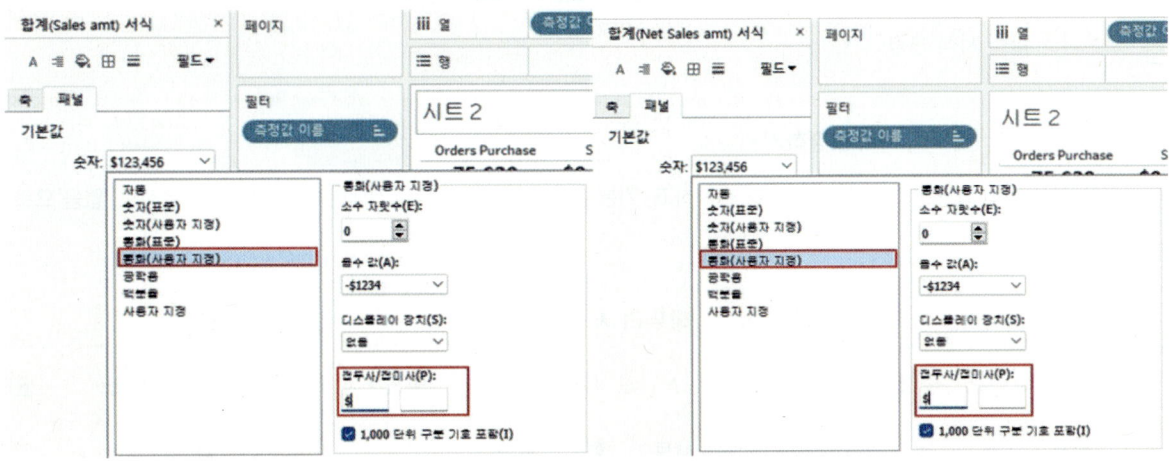

그림 15 필드 서식 변경하기

STEP 07

'측정값' 패널에 있는 [쿠폰사용률] 필드를 마우스우클릭 또는 ▼버튼을 클릭하여 '서식…'을 클릭한다.

기본값 숫자에서 '백분율'을 클릭하여 서식을 변경한다.

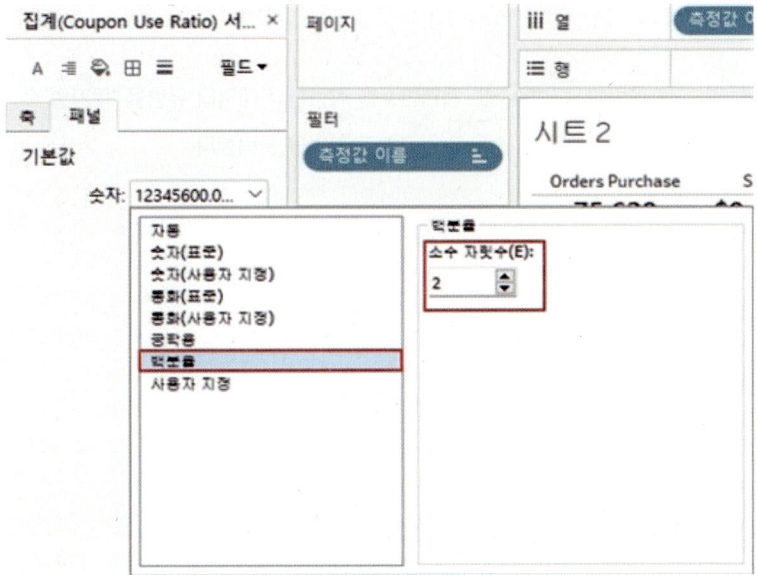

그림 16 백분율 설정하기

02 "문제2-2"시트에서 다음의 작업을 수행하여 차트를 구현하시오. (10점)

① 매개변수를 생성하시오. (2점)

STEP 01

'문제2-2'시트로 이동하여 '매개 변수 만들기…'을 클릭하고 '변수_값' 매개변수를 작성한다. 데이터 유형을 '문자열'로, 허용 가능한 값을 '목록'으로 선택하여 매출액, 순매출액, PO건수 순으로 입력하고 확인을 클릭한다.

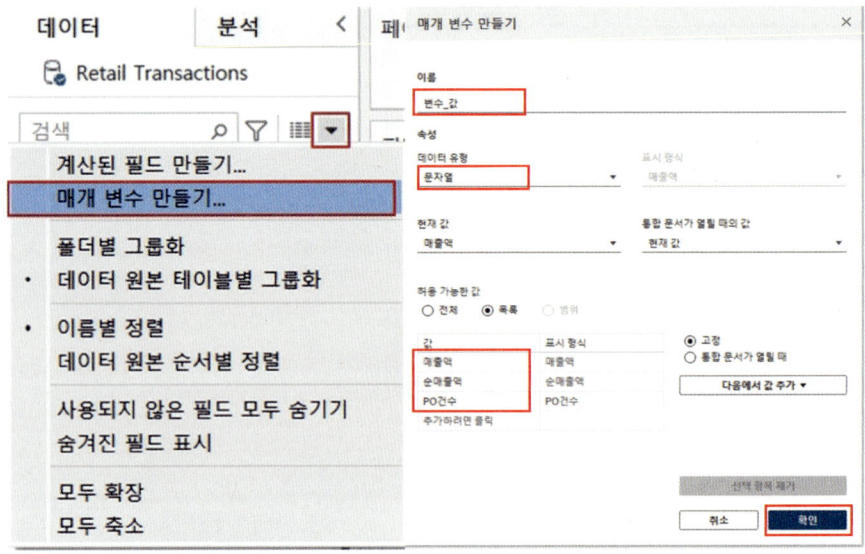

그림 17 매개 변수 만들기

② [변수_값] 매개변수의 값이 "매출액"일 때 [Sales_amt], "순매출액"일 때 [순매출액], "PO"일 때 [PO건수]를 의미하는 계산된 필드를 생성하시오. (4점)

STEP 01

'계산된 필드 만들기…'를 클릭하고 매개변수와 필드를 사용하여 값_변경 계산식을 다음과 같이 작성한다.

| 값_변경 | IF [변수_값] = '매출액' THEN SUM([Sales_amt])
ELSEIF [변수_값] = '순매출액' THEN SUM([순매출액])
ELSE [PO건수]
END |

③ [State], [값_변경] 필드를 활용하여 완성화면과 같이 막대차트를 구현하시오.

STEP 01 막대차트 구현하기

키보드의 Ctrl 키를 누른 상태로 [State], [값_변경] 필드를 다중선택하고, 표현방식의 "가로 막대"를 클릭한다.
행과 열 바꾸기 버튼을 클릭하여 세로 막대차트로 변경한다.

STEP 02 색상 설정하기

마크 카드에 [값_변경] 필드를 드래그 앤 드랍하여 색상을 지정한다.

STEP 03 축 제목 설정하기

축을 마우스우클릭 또는 ▼버튼을 클릭하여 '축 편집…'을 클릭한다.
다음과 같이 '축 제목'을 [변수_값] 매개변수로 설정한다.

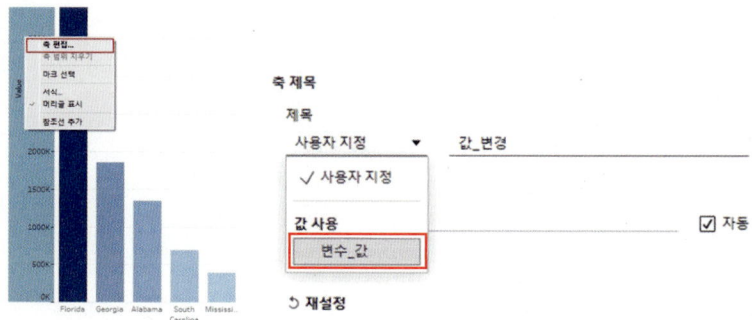

그림 18 축 제목 설정하기

STEP 04 정렬 설정하기

열 선반의 [State] 필드를 마우스우클릭 또는 ▼버튼을 클릭한 후 '정렬…'을 클릭한다.
'정렬 기준'을 "필드"로, '정렬 순서'를 "내림차순"으로 설정하고 필드명을 [값_변경]으로 변경한다.

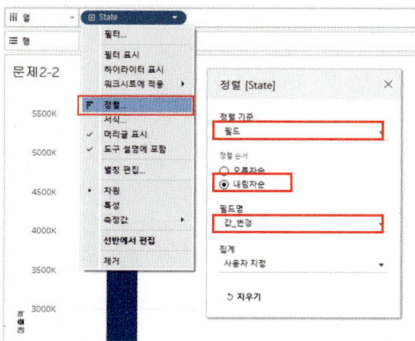

그림 19 필드 정렬하기

03 "문제2-3" 시트에서 다음의 작업을 수행하여 차트를 구현하시오. (10점)

① [일시], [Sales_amt] 필드를 활용하여 완성화면과 같이 라인차트를 구현하시오. (3점)

STEP 01 라인차트 구현하기

'문제2-3' 시트로 이동하여 키보드의 Ctrl을 누르고 [일시], [Sales_amt] 필드를 다중선택한 후 표현방식에서 '라인(불연속형)'을 선택한다. 열 선반에 있는 [일시] 필드를 클릭한 후 다음과 같이 '월'을 클릭한다.

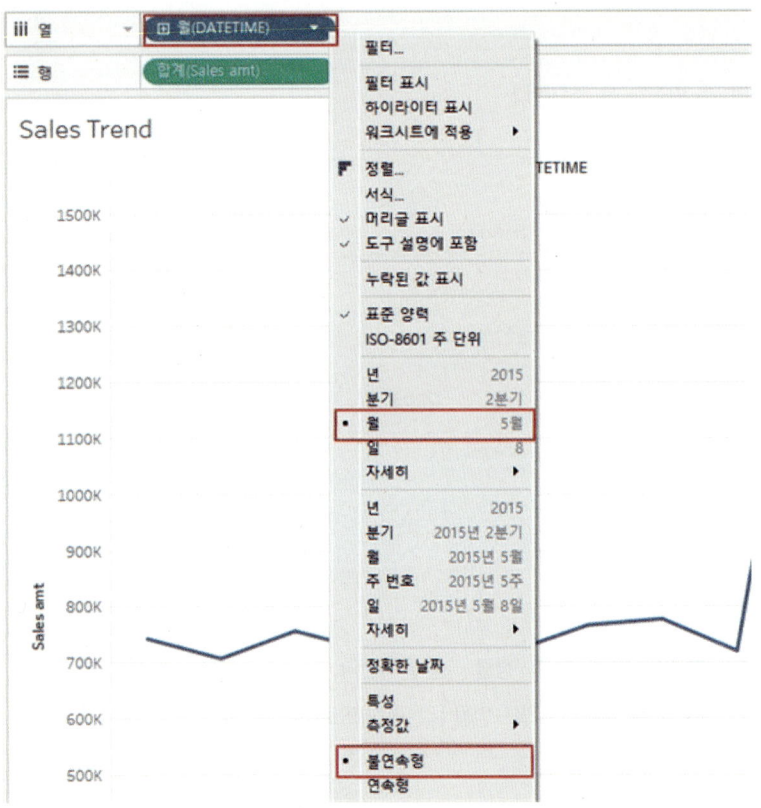

그림 20 날짜 타입 변경하기

STEP 02 색상 지정하기

마크 카드의 색상에 [items_type] 필드를 드래그 앤 드랍한다.

STEP 03 열에 대한 필드 레이블 숨기기

차트 상단 '일시' 필드 레이블을 마우스우클릭한 후 '열에 대한 필드 레이블 숨기기'를 클릭한다.

또는 '분석' → '테이블 레이아웃'을 클릭한 후 '열에 대한 필드 레이블 표시' 체크를 해제한다.

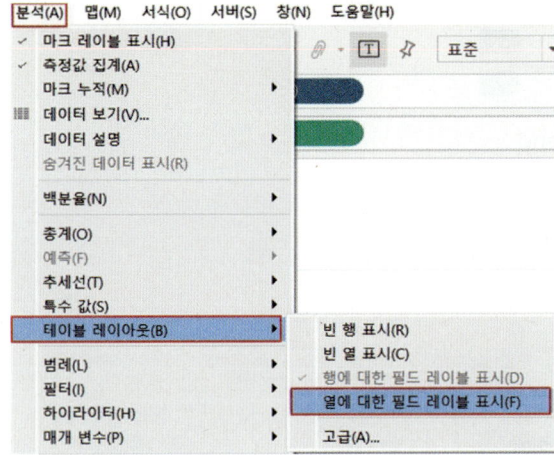

그림 21 필드 레이블 숨기기

② 라인차트의 레이블을 설정하시오. (3점)

STEP 01 라인차트 구현하기

마크 카드에서 '레이블'을 클릭한 후 '마크 레이블 표시'를 체크한다. 레이블 지정할 마크에서 '최소/최대'를 클릭한다.

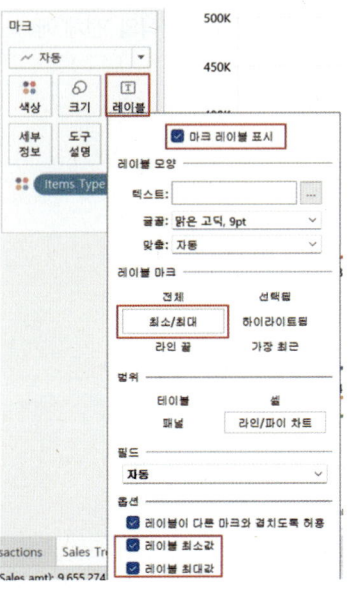

그림 22 레이블 설정하기

STEP 02

'파일' → '통합 문서 로캘' → '영어(미국)' 을 클릭한다.

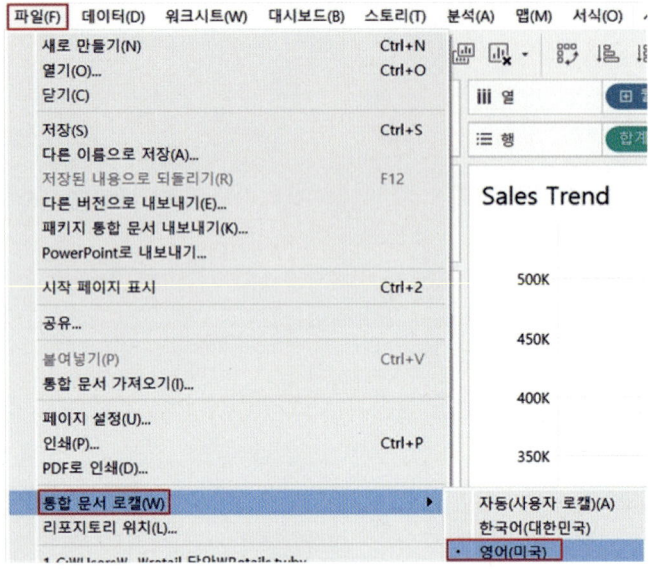

그림 23 날짜 표현 방식 변경하기

③ 통합문서와 "문제2" 대시보드의 배치와 서식을 설정하시오. (5점)

STEP 01 라인차트 구현하기

'문제2' 대시보드로 이동하여 화면 상단의 서식(O)를 클릭하고 통합 문서(W)…을 클릭하여 통합 문서 서식의 '전체'에 글꼴을 '맑은 고딕', 색상을 '#000000'으로 설정한다.

그림 24 통합 문서 서식 설정하기

STEP 02 매개변수 배치하기

'문제2-2' 시트를 선택하고, ▼ 버튼을 클릭하여 매개 변수(E)에서 [변수_값] 매개변수를 클릭한다.

대시보드에 [변수_값] 매개변수를 드래그 앤 드랍하여 완성화면과 같은 위치에 배치한다. [변수_값]의 ▼ 버튼을 클릭하여 너비 편집… 에 '200'을 입력하여 너비를 조정한다.

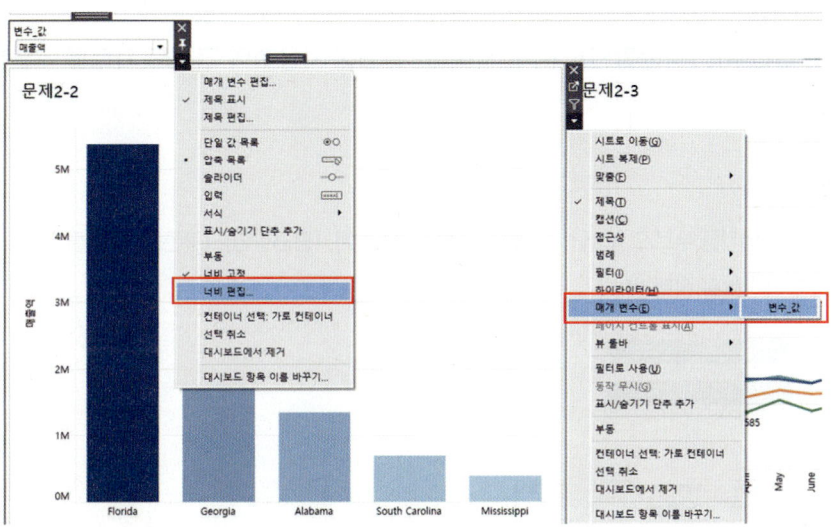

그림 25 매개변수 불러오기

STEP 03 시트 제목 변경하기

'문제2-2' 시트 제목을 더블클릭하여 텍스트 편집 창에서 삽입 [변수_값] 매개변수를 삽입한다.
문제의 예상결과와 같이 <시트 이름>(<매개 변수.변수_값>) 으로 입력한다.

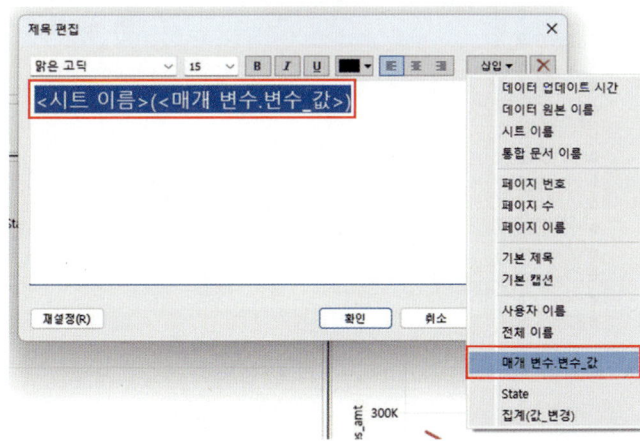

그림 26 시트 제목 변경하기

문제 3   단순합요소 구현(40점)

실습영상

01 "문제3-1" 시트에서 다음의 작업을 수행하여 차트를 구현하시오. (10점)

① [City], [Sales_amt], [PO건수], [평균할인], [쿠폰사용률] 필드를 사용하여 그리드 차트를 구현하고, 서식을 수정하시오. (3점)

STEP 01 그리드 차트 구현하기

'문제3-1' 시트로 이동하여 키보드의 Ctrl키를 누르고 [City], [Sales_amt], [PO건수], [평균할인], [쿠폰사용률] 필드를 다중 선택하고 표현 방식에서 텍스트 테이블을 선택한다.

그림 27   그리드 차트 구현하기

STEP 02 맞춤 서식 변경하기

차트에 마우스우클릭하여 '서식…'을 클릭하여 맞춤 서식에서 기본값 머리글을 가로 '가운데'로 지정한다.

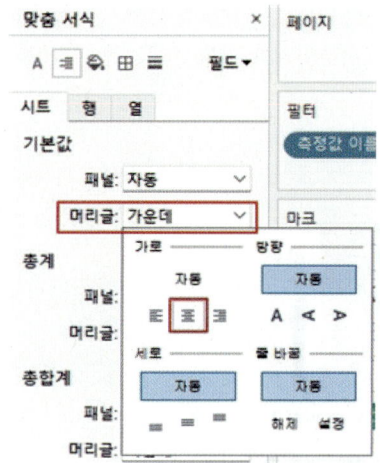

그림 28 맞춤 서식 변경하기

STEP 03 음영 서식 변경하기

음영 서식에서 머리글에서 색상을 #f5f5f5로 지정한다.

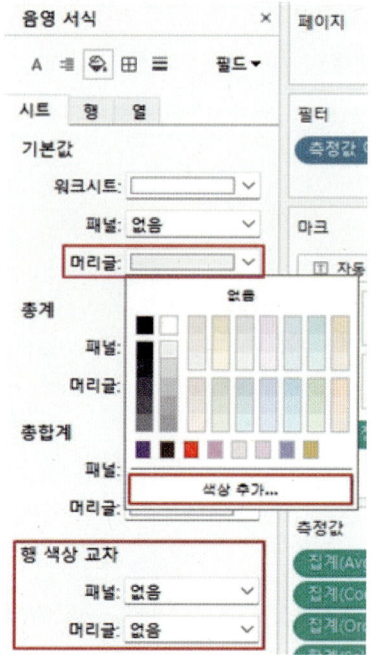

그림 29 음영 서식 변경하기

STEP 04 테두리 서식 변경하기

테두리 서식을 클릭한 후 기본값의 셀과 머리글을 실선으로 색상은 #d4d4d4로 지정한다.

'행 구분선'을 패널과 머리글 모두 "없음"으로 지정한다.

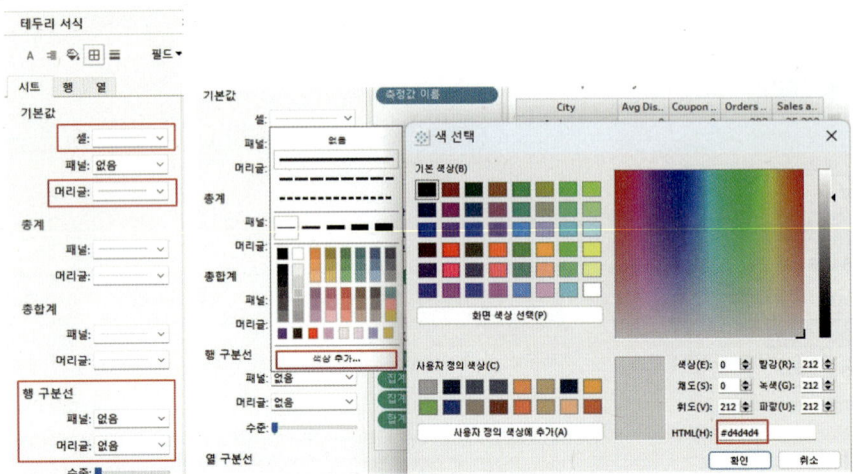

그림 30 테두리 서식 변경하기

STEP 05 필드 서식 변경하기

측정값 마크에서 [평균할인], [쿠폰사용률] 필드를 각각 마우스우클릭한 후 '서식…'을 클릭하고 패널 기본값 '백분율'을 클릭한다.

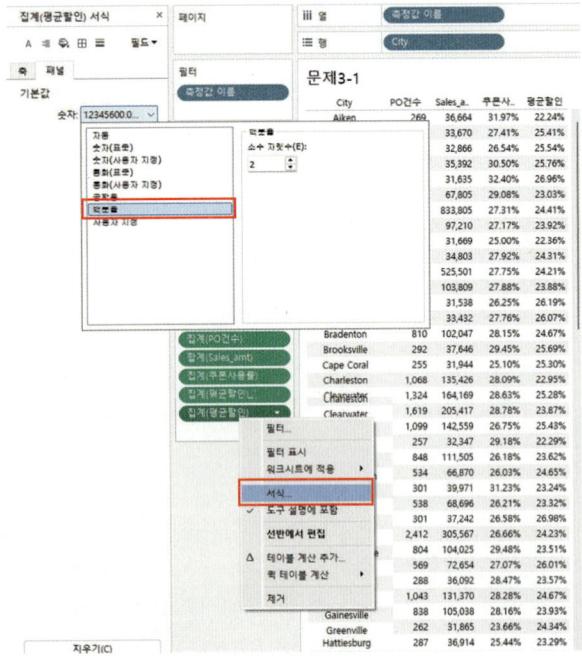

그림 31 필드 서식 변경하기

② [City]를 필터로 사용하여 [Sales_amt] 합계를 조건으로 상위 5개의 도시만 나오게 설정하시오. (2점)

STEP 01 TOP 5 City 필터하기

필터 카드에 [City] 필드를 드래그 앤 드랍한다.

필터 창에서 '상위' 탭에 '필드 기준'에서 [Sales_amt] 필드 합계로 설정하고 확인한다.

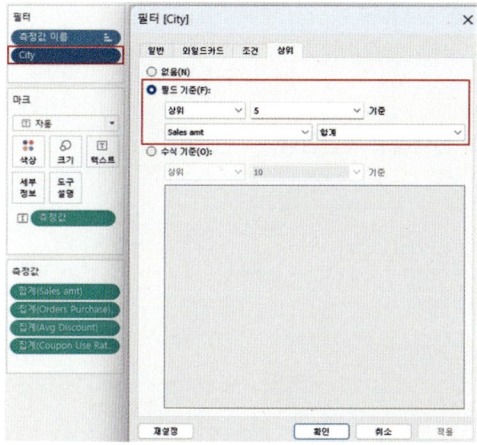

그림 32 필터 설정하기

③ 주를 지정할 매개변수를 작성하고, 매개변수를 사용하는 계산식을 작성하시오. (5점)

STEP 01 매개변수 만들기

'매개 변수 만들기…'를 클릭한다. '데이터 유형'을 "문자열"로 지정하고, '목록'을 클릭하고 '다음에서 값 추가'를 클릭하여 [State] 필드를 선택한다.

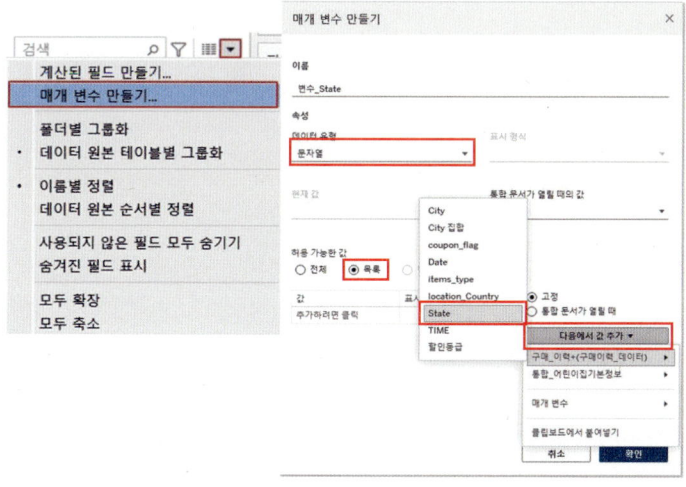

그림 33 매개변수 만들기

STEP 02 계산식 만들기

'계산된 필드 만들기…'를 클릭하고 [State], [변수_State] 매개변수를 사용하여 State_선택 계산식을 다음과 같이 작성한다.

| State_선택 | [State] = [변수_State] |

STEP 03 컨텍스트 필터 구현하기

[State_선택] 필드를 필터에 드래그 앤 드랍 하여 필터 창에서 'True'를 선택하고 확인한다.

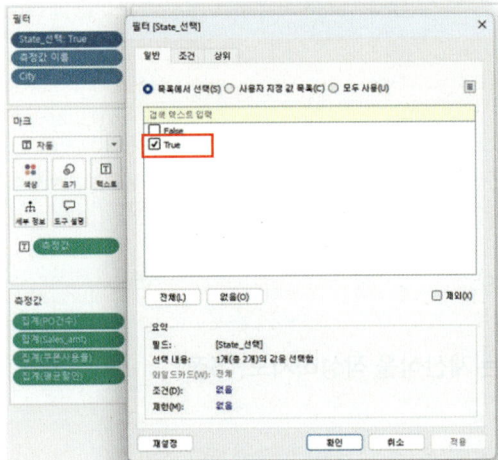

그림 34 필터 적용하기

필터 카드에 [State_선택] 필드에 마우스우클릭 또는 ▼버튼을 클릭하여 '컨텍스트에 추가'를 선택한다.

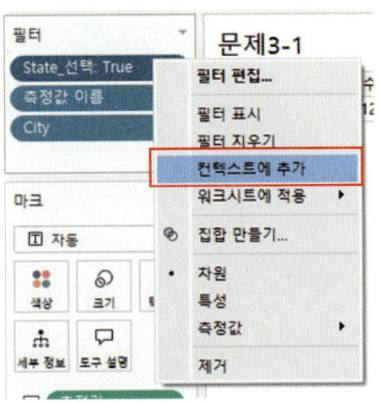

그림 35 필터에 컨텍스트 추가하기

02 "문제3-2" 시트에서 다음의 작업을 수행하여 차트를 구현하시오. (10점)

① [Sales_amt], [평균할인], [City] 필드를 사용하여 분산형 차트를 구현하시오. (4점)

STEP 01 분산형 차트 구현하기

'문제3-2' 시트로 이동하여 키보드 Ctrl키를 누르고 [Sales_amt], [평균할인], [City] 필드를 다중선택 한 후 표현방식에서 분산형 차트를 클릭한다.

마크 카드의 차트 유형을 '원'으로 변경한다.

STEP 02 축 편집하기

하단에 '평균할인' 머리글을 우클릭한 후 '축 편집'을 클릭한다.

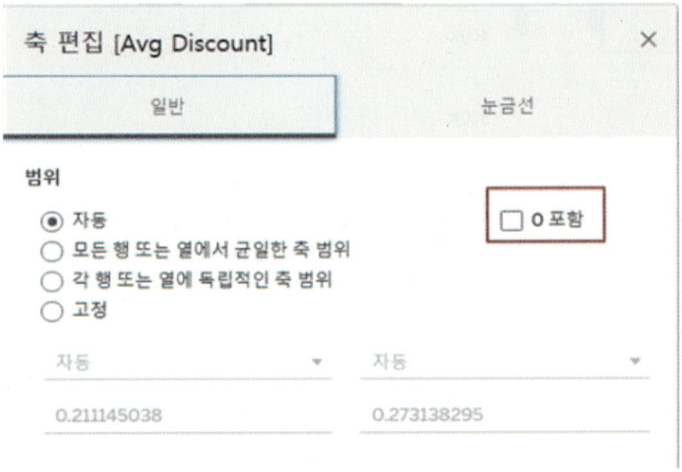

그림 36 축 편집하기

[평균할인] 축 편집에서 '0 포함'의 ☑를 해제한다.

② 집합을 생성하고, 해당 집합과 [State_선택]에 모두 해당하는 값을 색상으로 구분하시오. (6점)

STEP 01 집합 생성하기

[City] 필드를 마우스우클릭하여 또는 ▼버튼을 클릭하여 '만들기'에서 '집합'을 클릭한다.

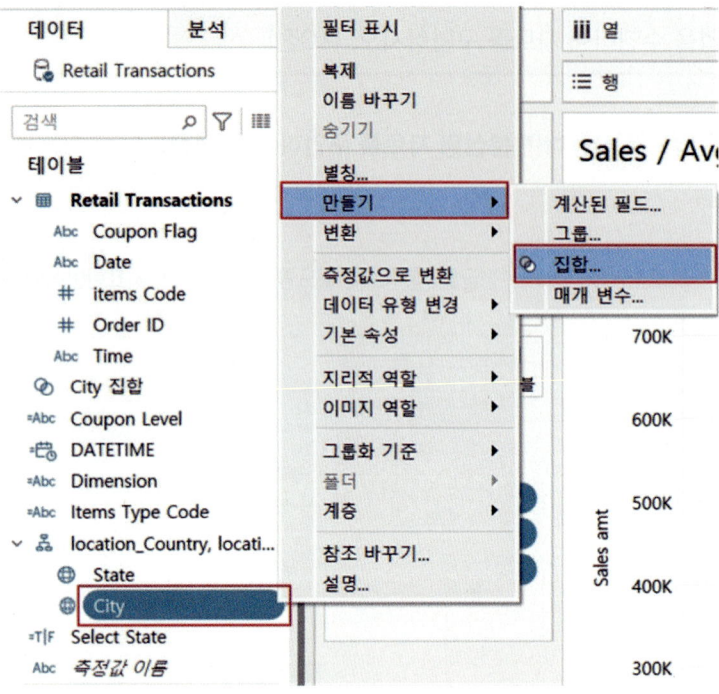

그림 37 집합 만들기

집합 편집 창에서 '상위' 탭을 클릭하여 '필드 기준'을 선택하고 상위 '20', [Sales_amt] 필드 합계를 선택하고 확인을 클릭한다.

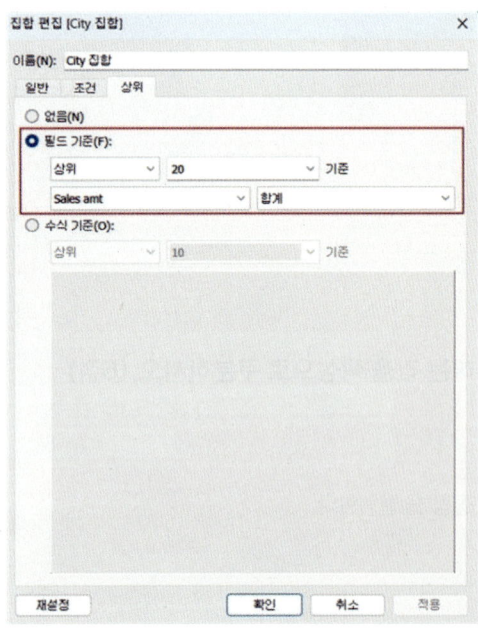

그림 38 집합 필터하기

STEP 02 색상 설정하기

키보드 Ctrl키를 누르고 [City 집합] , [State_선택] 필드를 다중선택하여 마크 카드에서 '색상'으로 드래그 앤 드랍한다.

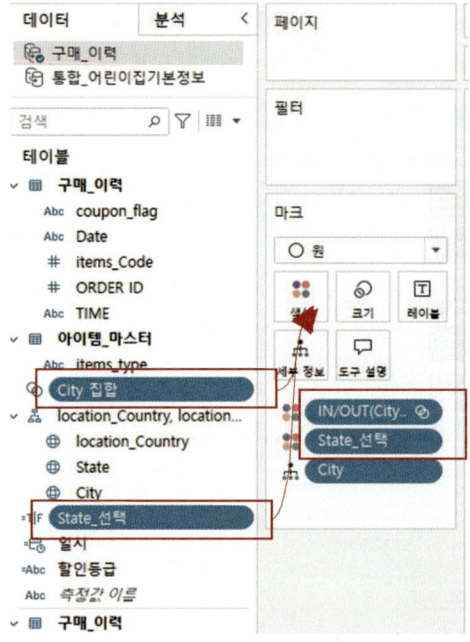

그림 39 색상 설정하기

STEP 03

마크 카드에서 '색상' 클릭하여 '테두리'를 선택하고 색상을 '#ffffff'로 다음과 같이 설정한다.

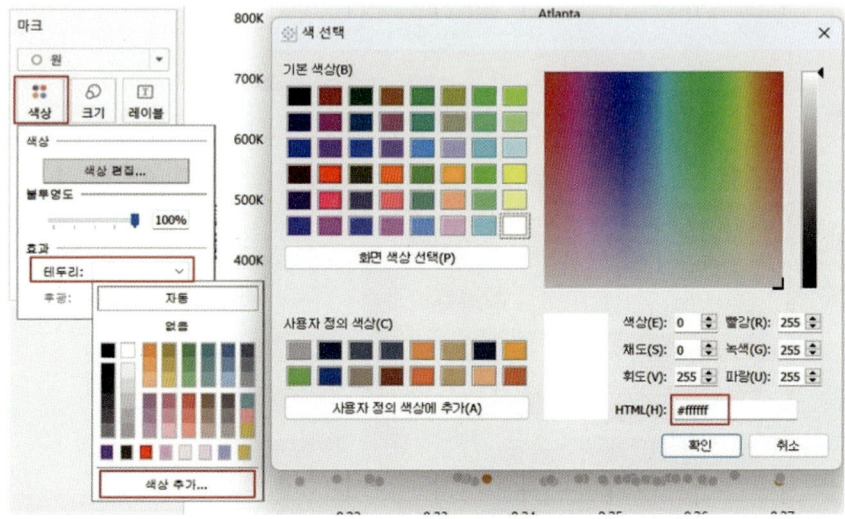

그림 40 테두리 색상 설정하기

STEP 04 색상 설정하기

마크 카드에서 '색상'에서 '색상 편집'을 클릭하거나 색상 범례를 더블클릭하여 색상편집창을 활성화 한 후 문제에 제시된 색상을 다음과 같이 '#e15759', '#f28e2b', '#d5d5d5'로 설정한다.

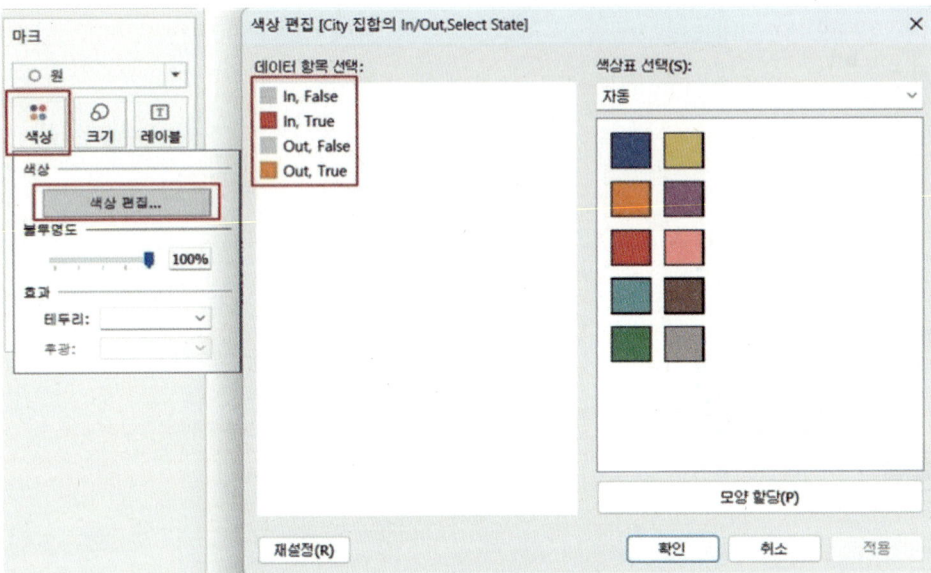

그림 41 색상 설정하기

03 "문제3-3" 시트에서 다음의 작업을 수행하여 차트를 구현하시오. (10점)

① 매개변수를 생성하시오. (3점)

STEP 01

"문제3-3" 시트로 이동하여 '매개 변수 만들기…'를 클릭한다. '데이터 유형'을 "문자열"로 지정하고, '목록'을 클릭하여 다음과 같이 작성한다.

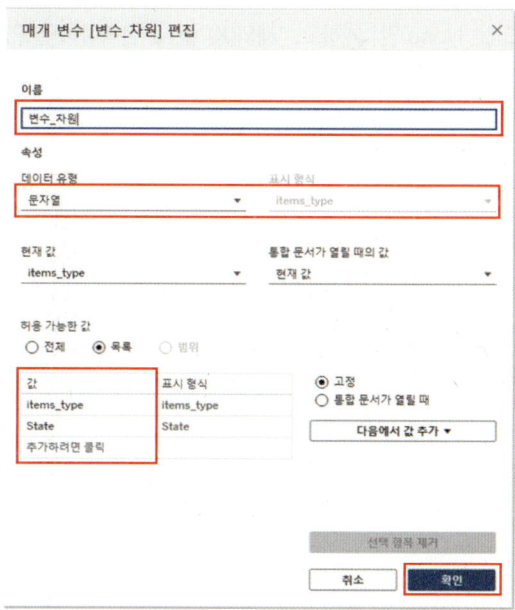

그림 42 색상 설정하기

② [변수_차원]에 따라 차원이 변경되는 필드를 생성하시오. (3점)

STEP 01

'계산된 필드 만들기…'를 클릭하고 [변수_차원] 매개변수와 [items_type], [State] 필드를 사용하여 차원_변경 계산식을 다음과 같이 작성한다.

차원_변경	IF [변수_차원] = 'items_type' THEN [items_type] ELSEIF [변수_차원] = 'State' THEN [State] END

③ [차원_변경], [할인등급], [값_변경] 필드를 활용하여 각 [차원_변경]별 [할인등급]의
   [값_변경]구성비율을 나타내는 파이차트를 구현하고, 서식을 수정하시오. (4점)

STEP 01   파이차트 구현하기

'문제3-3' 시트의 마크 카드의 차트 유형을 '파이 차트'로 변경하고, 열 선반에 [차원_변경] 필드를 드래그 앤 드랍한다.
마크 카드의 [값_변경] 필드를 각도, [할인등급] 필드를 색상에 각각 드래그 앤 드랍한다.

STEP 02   [할인등급] 필터하기

필터에 [할인등급] 필드를 드래그 앤 드랍하여 필터 편집 창에서 필드 값 'None'만 ✓하고, "제외(X)"를 ✓선택하여 필드값을
제외로 필터로 적용한다.

그림 43 필터 편집하기

STEP 03

마크 카드에 [값_변경] 필드를 마우스우클릭 또는 ▼버튼을 클릭하여 퀵 테이블 계산에서 '구성 비율'을 선택한다.
다시 [값_변경] 필드를 마우스우클릭 또는 ▼버튼을 클릭하여 다음을 사용하여 계산에서 '테이블(아래로)'를 선택하여
각 파이차트의 구성비율이 100%인 상태로 변경한다.

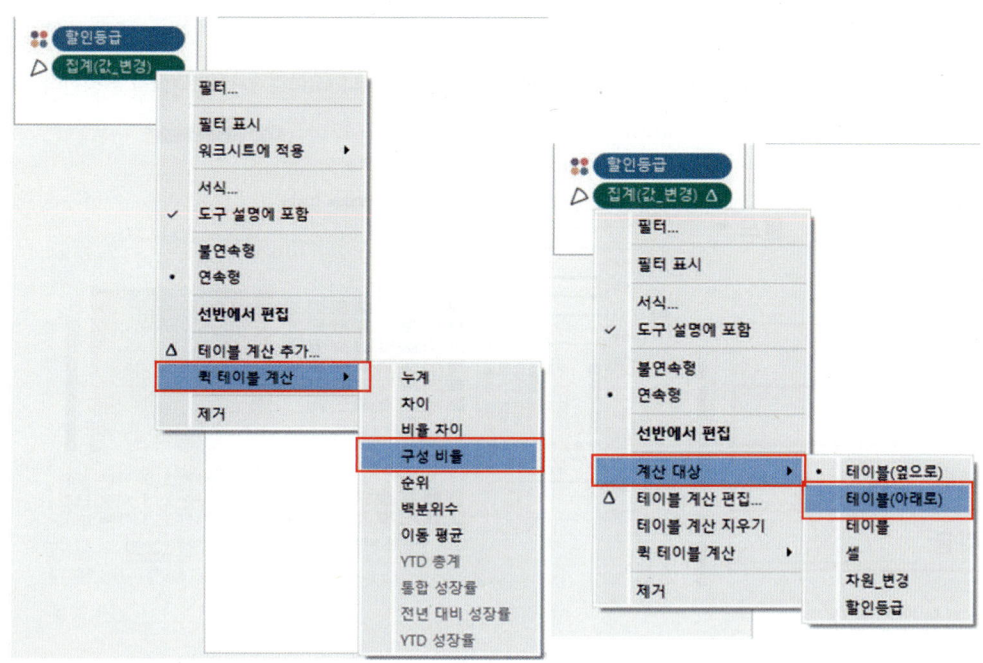

그림 44 퀵 테이블 계산하기

STEP 04 백분율 서식 설정하기

키보드 Ctrl키를 누른 상태로 마크 카드의 [값_변경] 필드를 레이블에 드래그 앤 드랍하여 레이블을 표시한다.

마크 카드 레이블에 올라간 [값_변경] 필드의 마우스우클릭 또는 ▼버튼을 클릭하고 '서식…'을 선택하여 패널 탭의 기본값 숫자 를 클릭하고 "백분율", 소수 자릿수를 "1"로 설정한다.

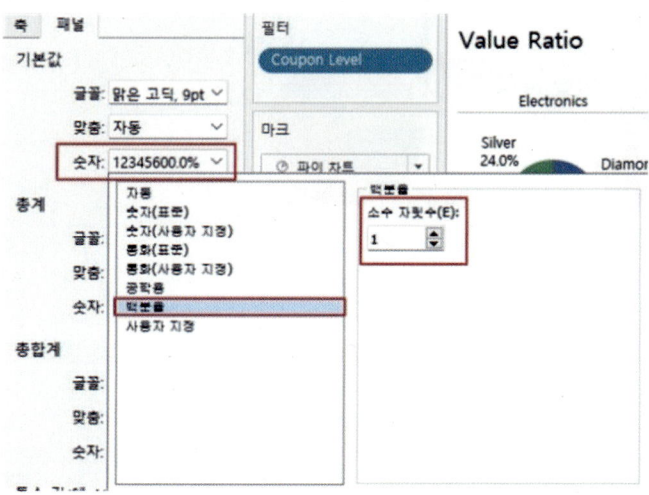

그림 45 백분율 서식 설정하기

STEP 05 테두리 서식 설정하기

'테두리 서식'을 클릭하고 시트 탭에 기본값 셀, 머리글을 각각 실선으로 선택하고 #d4d4d4로 실선의 색상을 설정한다.

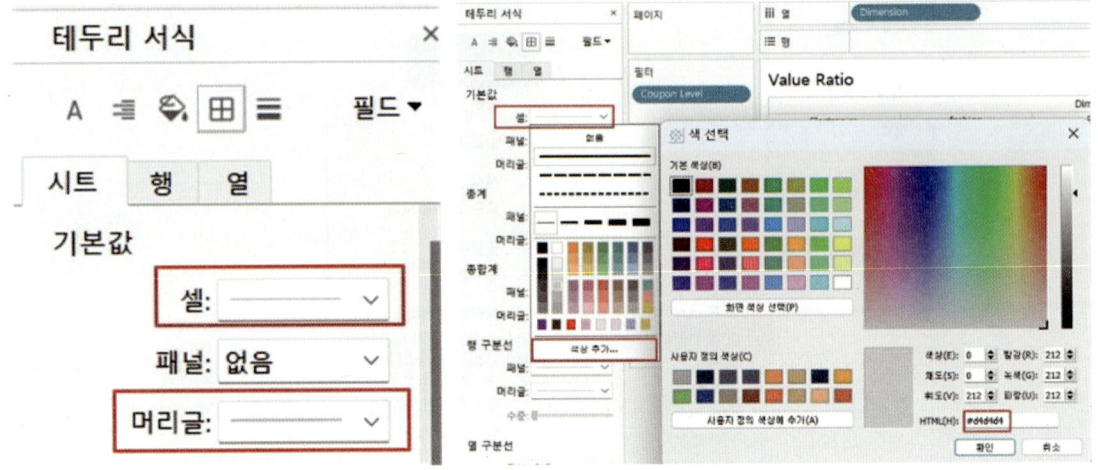

그림 46 테두리 서식 설정하기

STEP 06 필드 레이블 숨기기

차트에서 '차원_변경' 필드 레이블을 마우스우클릭하고 '열에 대한 필드 레이블 숨기기'를 클릭한다.

혹은 메뉴 상단 '분석(A)'에 '테이블 레이아웃(B)'을 선택하고 '열에 대한 필드 레이블 표시(F)'를 체크 해제한다.

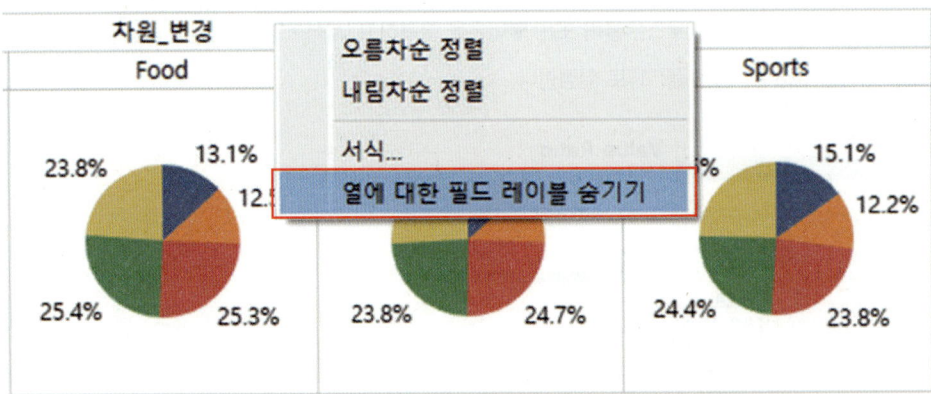

그림 47 필드 레이블 숨기기

04 "문제3" 대시보드의 배치와 서식을 설정하시오. (10점)

① "문제3" 대시보드의 항목 계층 가장 상위에 위치한 '바둑판식' 개체의 레이아웃을 다음과 같이 변경하시오. (5점)

STEP 01

"문제3" 대시보드로 이동하여 왼쪽 상단에 레이아웃 탭을 클릭하고, 하단 항목 계층의 '바둑판식'을 클릭한다.

왼쪽 중앙의 '백그라운드'에서 색상을 #f5f5f5로 설정하고, '안쪽 여백'에서 여백을 설정한다.

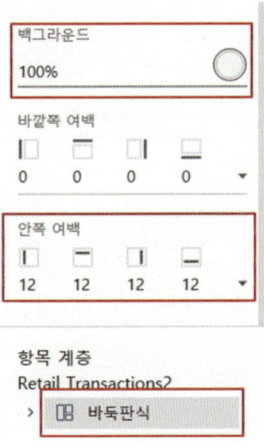

그림 48 레이아웃 개체 설정하기

② 매개 변수와 범례를 배치하고 "문제3-3" 시트 제목을 설정하시오. (5점)

STEP 01

"문제3" 대시보드에서 "문제3-3"시트를 선택하고 ▼ 버튼을 클릭하고, 매개 변수(E)를 선택 [변수_차원], [변수_State] 매개변수를 각각 클릭한다. 동일한 방법으로 색상 범례(할인등급)을 클릭하여 추가한다.

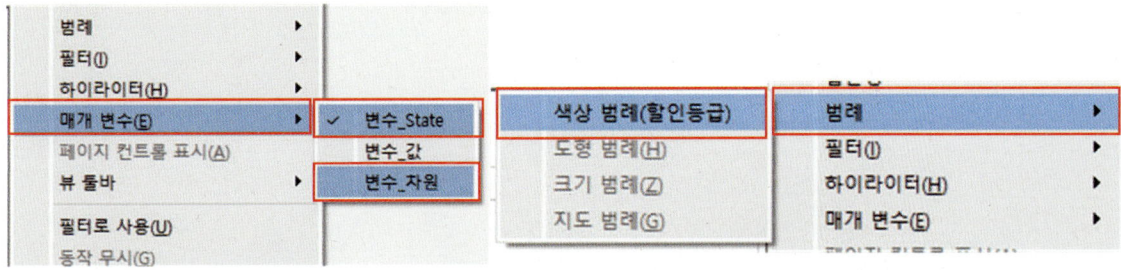

그림 49 매개변수 및 범례 불러오기

STEP 02

매개 변수와 범례를 드래그하여 문제에 제시된 완성화면과 같이 이동하여 배치하고 각 매개 변수, 범례의 ▼버튼을 클릭하여 '너비 편집…'을 선택하고 "120"을 입력하여 크기를 고정한다.

STEP 03

"문제3-3" 시트의 제목을 더블클릭하여 제목 편집 창에서 삽입에서 매개변수를 삽입하고 제목을 <시트 이름> (<매개 변수.변수_값> Ratio by <매개 변수.변수_차원>) 와 같이 설정한다.

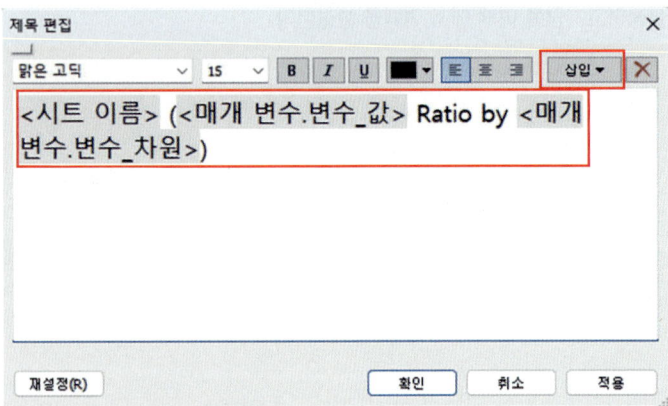

그림 50 시트 제목 편집하기

경영정보시각화능력 실기 태블로

제 3 회 모의고사

프로그램명 : 태블로 데스크톱 제한시간 : 70분

 안내 문제 및 데이터

1. 최종 제출해야 할 답안파일은 1개입니다. 문제1, 문제2, 문제3의 답을 하나의 답안파일(.twbx) 로 제출하십시오.

2. 문제1, 문제2, 문제3은 각각 독립적으로 구성되어 있어 앞 문제를 풀지 않아도 다음 문제 풀이가 가능합니다.

3. 문제2와 문제3 풀이를 위해 필요한 일부 측정값, 필터가 답안파일에 미리 적용되어 있을 수 있습니다.
   - 지시사항에 제시되지 않은 것은 변경하지 마십시오.
   - 사전에 적용된 필터 등이 삭제되지 않도록 '시트 지우기' 기능을 절대 사용하지 마시오.

4. 하위문제(①, ②, ③)별로 점수가 부여되며, 하위문제의 지시사항(▶ 또는 - 표시)을 이행하지 않을 경우 점수가 부여되지 않습니다.

5. 이 시험을 위한 데이터 파일은 3개이며, 문제1을 위한 데이터와 문제2의 데이터가 구분됩니다.

   - [문제1] 데이터 파일수: 2개 / 데이터명: '승차정보.xlsx', '하차정보.xlsx'

파일명	승차정보.xlsx						
테이블	구조						
2023 (필드16개)	NO	LINE	CODE	이름	202301	~	202312
	1	1	150	서울역(1)		~	
2024 (필드16개)	NO	LINE	CODE	이름	202401	~	202412
	1	1	150	서울역(1)		~	

파일명	하차정보.xlsx					
테이블	구조					
2023	기준년월	NO	LINE	CODE	이름	인원
	202310	1	1	150	서울역(1)	1086865
2024	기준년월	NO	LINE	CODE	이름	인원
	202310	1	1	150	서울역(1)	1086865

- - [문제2,3] 데이터 파일수: 1개 / 데이터명: '슈퍼스토어_통합.xlsx'

파일명	슈퍼스토어_통합.xlsx							
테이블	구조							
2024 (필드16개)	Date	시도	세그먼트	나이대	구분	전체	1그룹	2그룹
	2024-01-07	강원	일반소비자	20대 이하	매출	34.7	275	264
	사무용집기		테이블		책장		의자	
	36		66.3		60.4		59.3	

문제 1 작업준비 (30점)

〈필드 완성화면〉 각 세부문제 풀이 후 필드가 아래와 같이 구성되도록 하시오.

필드

유형	필드명	물리적 테이블	원격 필드명
#	NO	2023+	NO
#	Line	2023+	LINE
#	Code	2023+	CODE
Abc	이름	2023+	이름
#	202301	2023+	202301
#	230302	2023+	230302
#	230303	2023+	230303
#	230304	2023+	230304
#	230305	2023+	230305
#	230306	2023+	230306
#	230307	2023+	230307
#	230308	2023+	230308
#	230309	2023+	230309
#	230310	2023+	230310
#	230311	2023+	230311
#	230312	2023+	230312
Abc	시트	2023+	Sheet
Abc	테이블 이름	2023+	Table Name

1. 다음 지시사항에 따라 데이터 불러오기 및 편집을 수행하시오. (10점)

   ① 데이터 원본 페이지의 연결 패널에 데이터 파일을 "연결", "연결 추가" 하시오. (3점)

   ▶ 연결: '승차정보.xlsx' 파일의 〈2023〉, 〈2024〉 테이블

   ▶ 연결 추가: '하차정보.xlsx' 파일의 〈2023〉, 〈2024〉 테이블

   ② 데이터 원본 편집 창에서 각각의 테이블을 물리적으로 결합하시오. (4점)

   ▶ '승차정보.xlsx' 파일의 〈2023〉, 〈2024〉 테이블을 수동으로 유니온(UNION) 통합하고 [202301]부터 [202412]까지의 24개 필드를 피벗(Pivot)

▶ '하차정보.xlsx' 파일의 〈2023〉, 〈2024〉 테이블을 수동으로 유니온(UNION) 통합

▶ '승차정보.xlsx' 파일의 테이블을 통합한 유니온(UNION)을 기준으로 '하차정보.xlsx' 파일의 테이블을 통합한 유니온(UNION)을 완전 외부 조인 (FULL OUTER JOIN)으로 결합

- 승차인원 유니온(UNION)의 [Code], [Line], [피벗 필드명] 필드를 기준으로 완전 외부 조인

③ 물리적 테이블에서 지시한 필드를 "숨기기" 하시오. (3점)

▶ 테이블의 [시트], [No], [테이블 이름] 필드를 숨기기

- "시트", "No", "테이블 이름"을 포함하는 중복 필드 모두 숨기기

2. 세부문제1에서 모델링한 데이터를 다음 지시사항에 따라 작업하시오. (10점)

① [이름] 필드를 이용하여 계산된 필드를 만드시오. (4점)

▶ 계산된 필드 이름: 역명

- [이름] 필드의 값 형식 "역(호선)"을 "역"으로 입력
- 예상 결과: "가락시장(3)" -> "가락시장", "종각" -> "종각"
- 사용 함수: SPLIT
- 데이터 유형: 문자열

② [피벗 필드명] 필드를 이용하여 계산된 필드를 만드시오. (3점)

▶ 계산된 필드 이름: 날짜

- 사용 함수: DATEPARSE
- 데이터 유형: 날짜 및 시간

③ 데이터 원본 편집창에서 다음 지시사항에 따라 데이터를 편집하시오. (3점)

▶ 모델링한 논리적 테이블 이름 바꾸기: 탑승집계

▶ '승차정보.xlsx' 파일의 〈2023〉, 〈2024〉 테이블을 유니온(UNION)으로 통합한 물리적 테이블 이름 바꾸기: 승차

▶ '하차정보.xlsx' 파일의 〈2023〉, 〈2024〉 테이블을 유니온(UNION)으로 통합한 물리적 테이블 이름 바꾸기: 하차

▶ 데이터 원본 이름 바꾸기: 월별_탑승내역

3. 다음 지시사항에 따라 측정값 및 필드를 만드시오. (10점)

① 측정값 [탑승인원] 필드를 만드시오. (3점)

▶ 측정값 이름: 탑승인원

- 〈탑승집계〉 테이블에서 [피벗 필드 값] 필드에 수치적 값이 없을 경우 [인원], 이 외에는 [피벗 필드 값]을 반환
- 사용 함수: ELSE, END, IF, ISNULL, THEN
- 데이터 유형: 숫자(정수)

② 지하철 역의 중복 건수와 역별 평균 방문자수를 구하는 측정값을 만드시오. (4점)

▶ 측정값 이름: 복수역

- [역명] 필드의 중복 데이터 건수를 반환
- 사용 필드: [역명]
- 사용 함수: COUNT
- 데이터 유형: 숫자(정수)

▶ 측정값 이름: 평균_탑승자수

- 전체 탑승인원에서 중복건수를 나눈 평균 탑승인원
- 사용 필드: [탑승인원], [복수역]
- 사용 함수: SUM
- 데이터 유형: 숫자(실수)

③ 승차와 하차를 구분 짓는 필드를 만드시오. (3점)

▶ 필드 이름: 탑승구분

- [피벗 필드 값] 필드의 값을 기준으로 값이 NULL 또는 0보다 작거나 같으면 "거짓", 값이 0보다 크면 "참"을 반환하는 계산된 필드
- 사용 함수: IIF, ZN
- 데이터 유형 : 부울

문제 2   단순요소 구현(30점)

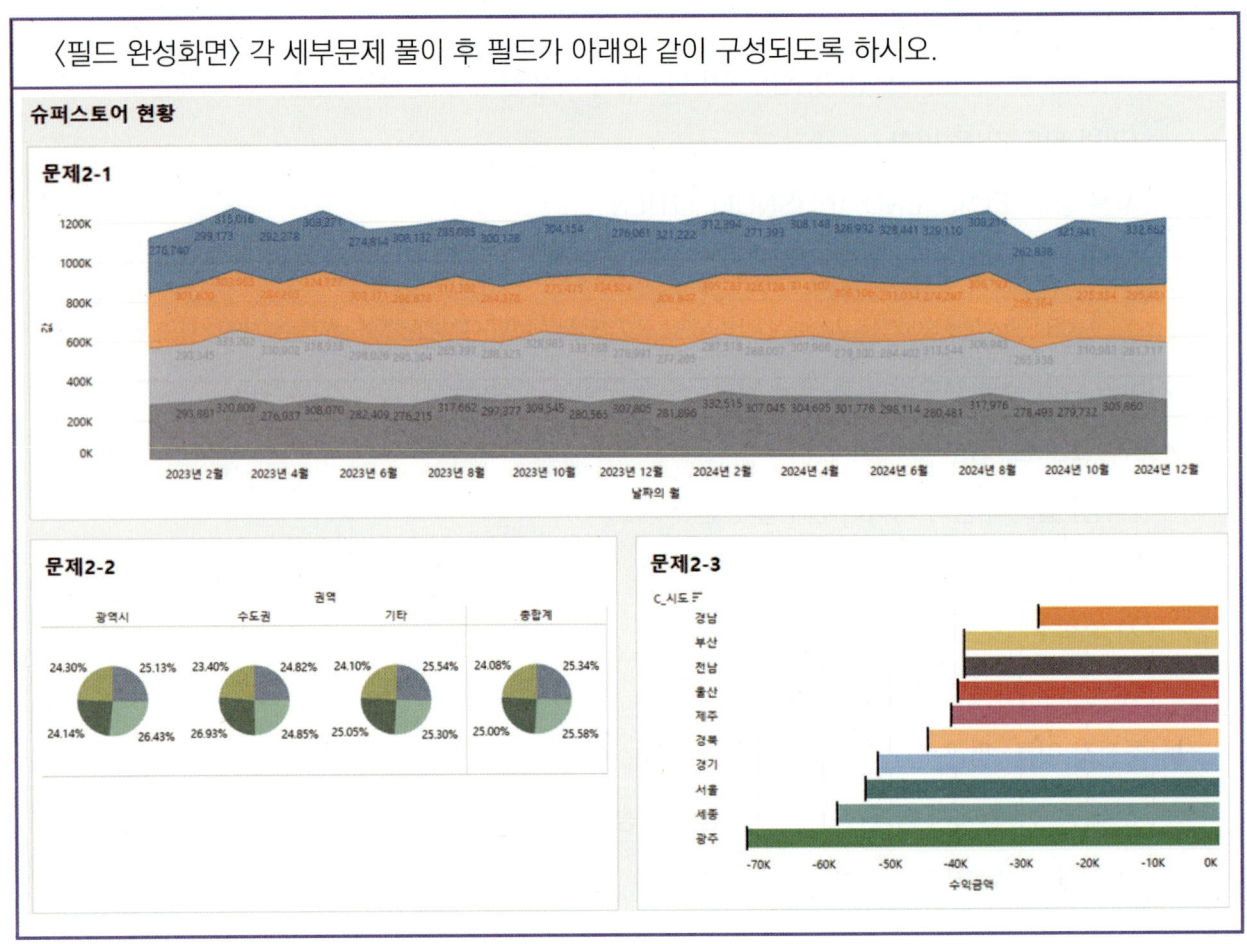

1. 다음 지시사항에 따라 서식을 설정하시오. (5점)

   ① 통합문서의 서식을 지정하시오. (3점)

   ▶ 전체의 서식 지정
   - 글꼴: 맑은 고딕
   - 색상: #000000

   ▶ 워크시트 제목, 대시보드 제목 서식 지정
   - 글꼴 사이즈: 16
   - 글꼴 굵기: 굵게

② 대시보드 제목과 필드 색상을 변경하시오. (2점)

▶ '문제2' 대시보드의 제목을 "슈퍼스토어 현황"으로 편집

　- '문제2' 대시보드의 제목 편집

▶ '문제2-1' 시트 [나이대] 필드 기본속성 중 색상 변경

　- 색 상: "방앗간 돌"로 "모양 할당" 적용

2. '문제2-1' 시트에 다음 작업을 수행하여 영역 차트를 구현하시오. (5점)

① '문제2-1' 시트에 제품군별 월별 매출을 나타내는 영역 차트를 구현하시오. (3점)

▶ [날짜], 측정값 필드들을 사용하여 월별 영역 차트 구현하기

　- 측정값 필드: [사무용집기], [테이블], [책장], [의자]

　- [날짜] 필드를 사용하여 완성화면과 같이 '월'로 선택

　- 범례의 색상은 "색맹" 선택 후 "모양 할당"

② '문제 2-1' 시트에 필터와 레이블 설정을 적용하시오. (2점)

▶ [값구분] 필드를 사용하여 "매출"을 필터로 적용

▶ 레이블 설정

　- 마크 레이블 표시

　- 글꼴: 마크 색상 일치

3. '문제2-2' 시트에 다음 작업을 수행하여 파이차트를 구현하시오. (10점)

① '문제2-2' 시트에 나이대별 수량을 나타내는 파이차트를 구현하시오. (3점)

▶ [나이대], [전체], [권역] 필드를 사용하여 파이 차트 구현하기

▶ [나이대] 필드의 NULL 값이 표시되지 않도록 필터의 "제외" 기능 활용

▶ [값구분] 필드를 사용하여 "수량"을 필터로 적용

② '문제2-2' 시트에 레이블을 표시하고 백분율로 서식을 지정하시오. (4점)

▶ [권역]별 파이차트의 원 크기는 동일

▶ [나이대], [전체] 필드를 사용하여 나이대, 구성비율 레이블 표시

- 퀵 테이블 계산을 사용하여 레이블 표시

- 패널의 숫자를 백분율로 서식 지정 (소수 자릿수 2자리)

- 백분율 합계는 100% 완성화면을 참고

③ '문제2-2' 시트에 총계와 레이블 설정을 적용하시오. (3점)

▶ 레이블 설정

- 글꼴: 마크 색상 일치

▶ 행 총합계 표시

4. '문제2-3' 시트에 다음 작업을 수행하여 막대 그래프를 구현하시오. (10점)

① [시도], [값구분] 필드를 이용하여 계산된 필드를 만드시오. (3점)

▶ 계산된 필드 이름: C_시도

- [시도] 필드의 앞 2개 문자만 표현되는 값으로 반환

- 사용 함수: LEFT

- 데이터 유형: 문자열

▶ 계산된 필드 이름: 수익금액

- [값구분]이 "수익"이면 [전체]인 수익을 의미

- 사용 함수: END, IF, THEN

- 데이터 유형: 숫자(실수)

② '문제2-3' 시트에 시도별 수익금액을 나타내는 막대 그래프를 구현하시오. (4점)

▶ [C_시도], [수익금액] 필드를 사용하여 막대 그래프 구현하기

- 막대크기: [수익금액]의 합계

- 참조선: [수익금액]의 평균 "라인": #000000

- 마크 색상: [C_시도] 필드

③ '문제2-3' 시트에 정렬과 필터를 적용하시오. (3점)

▶ [C_시도] 필드를 사용하여 필터로 적용

- [수익금액]의 평균이 상위 10위인 [C_시도] 필드를 필터로 적용
- [C_시도]의 정렬을 [수익금액]의 합계로 내림차순 정렬

▶ [날짜] 필드를 사용하여 필터로 적용

- "2023"만 표시되도록 필터로 적용
- [C_시도] 필드의 필터가 "2023"에 해당하는 상위 10위만 보이도록 적용

문제 3   복합요소 구현(40점)

<필드 완성화면> 각 세부문제 풀이 후 필드가 아래와 같이 구성되도록 하시오.

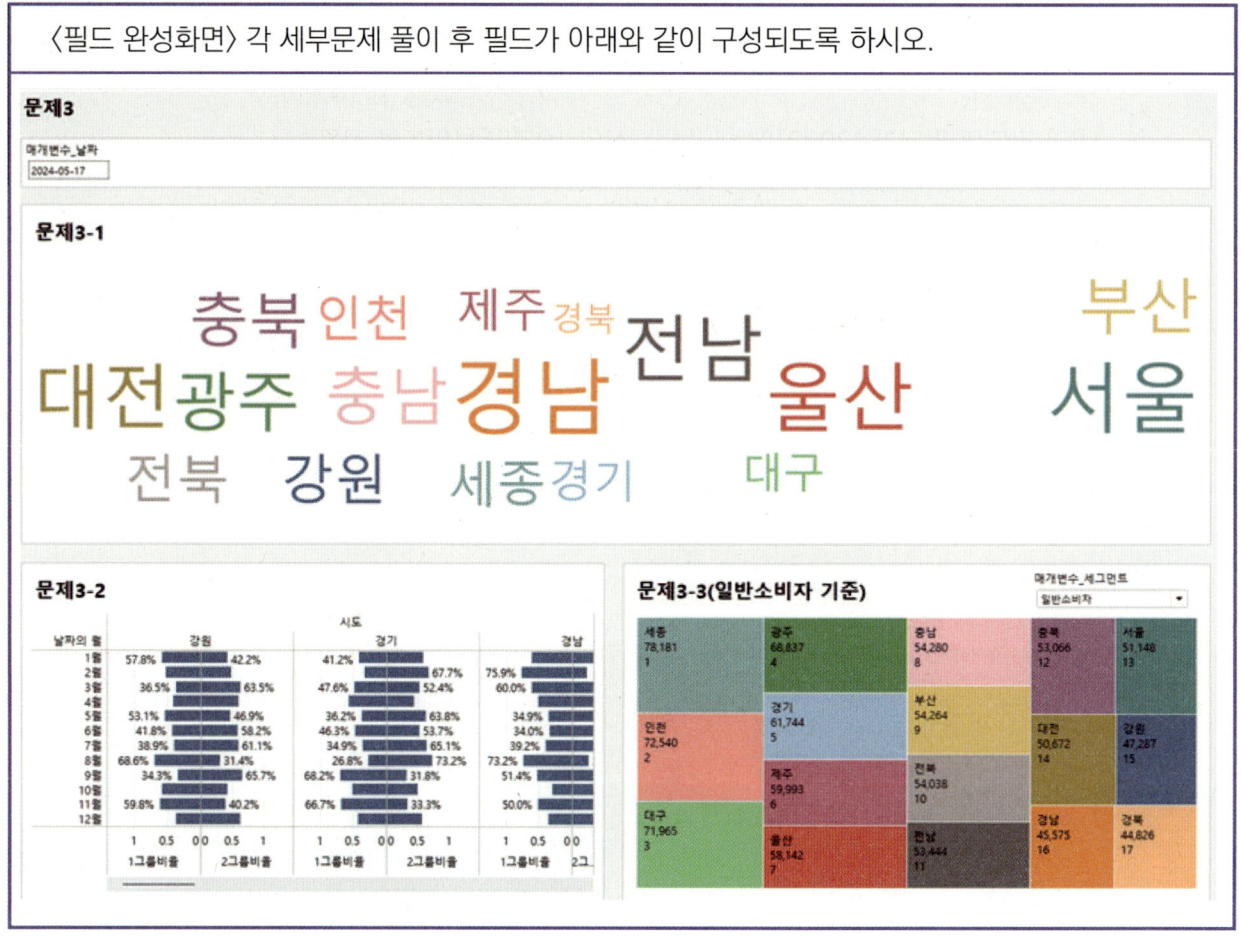

1. '문제3-1' 시트에서 다음의 작업을 수행하여 워드 클라우드 시각화를 구현하시오. (10점)

   ① 계산된 필드를 만드시오. (4점)

   ▶ 계산된 필드 이름: 수량, 매출

   - [값구분]이 "수량", "매출" 이면 [전체]인 전체 수량, 전체 매출을 의미
   - 사용 함수: END, IF, THEN
   - 데이터 유형: 숫자(정수)

   ▶ 계산된 필드 이름: 건당매출

   - 전체 [매출금액]을 전체 [수량]로 나눈 평균 건당 매출금액을 의미
   - 사용 함수: SUM
   - 데이터 유형: 숫자(실수)

400 제3회 모의고사

② '문제3-1' 시트에 다음의 작업을 수행하여 워드 클라우드 시각화를 구현하시오. (3점)

▶ [시도], [건당매출] 필드를 사용하여 워드 클라우드(텍스트) 시각화 만들기

▶ [세그먼트] 필드의 "일반소비자"가 표시되지 않도록 필터의 "제외" 기능 활용

③ 계산된 필드, 매개변수를 만들고, '문제 3-1' 시트에 필터를 적용하시오. (3점)

▶ 계산된 필드 이름: 문서일자

- 오늘 날짜에서 1년 전인 날짜를 의미 (표시 예 : 오늘날짜가 2025-06-28인 경우 2024-06-28)

- 사용 함수: DATEADD, TODAY

- 데이터 유형 : 날짜 및 시간

▶ [문서일자] 필드 데이터 유형을 "날짜"로 변경

▶ 매개 변수 이름: 매개변수_날짜

- 데이터 유형: 날짜

- 허용 가능한 값: 전체

- 통합 문서가 열릴 때의 값: [문서일자] 필드

▶ 계산된 필드 이름: F_YM

- [날짜] 필드와 [매개변수_날짜] 매개변수가 같은 년월을 의미

- 사용 함수: DATETRUNC

- 데이터 유형: 부울

▶ '문제3-1'에 [F_YM] 필드로 "참"으로 필터로 적용

2. '문제3-2' 시트에 나비(버터플라이) 차트를 구현하시오. (10점)

① [1그룹], [2그룹], [전체] 필드를 사용하여 [1그룹비율], [2그룹비율] 측정값 필드를 만드시오. (3점)

▶ 측정값 이름: [1그룹비율], [2그룹비율]

- 1그룹과 2그룹을 합한(전체 모수) 각 그룹의 값으로 나누어 구성 비율 산출

- 사용 함수: SUM

- 데이터 유형: 숫자(실수)

② [시도], [날짜], [1그룹비율], [2그룹비율] 필드를 사용하여 월별 수익금액 구성비를 나타내는 나비 (버터 플라이) 차트를 구현하시오. (4점)

▶ [시도], [날짜], [1그룹비율], [2그룹비율] 필드 사용하여 월별 나비 (버터 플라이) 차트 만들기

- [날짜] 필드를 사용하여 완성화면과 같이 월별로 선택
- [1그룹비율]의 눈금을 반전
- [1그룹비율], [2그룹비율]의 패널 서식은 백분율 (소수 자릿수 1자리)

③ '문제3-2' 시트에 날짜함수를 이용한 필터와 레이블을 적용하시오. (3점)

▶ [값구분] 필드를 사용하여 '매출'을 필터로 적용

▶ 계산된 필드 이름: F_YEAR

- [날짜] 필드와 [매개변수_날짜] 매개변수가 같은 년도를 의미
- 사용 함수: YEAR
- 데이터 유형: 부울

▶ '문제 3-2'에 [F_YEAR] 필드를 "참" 필터로 적용

▶ [1그룹비율], [2그룹비율]의 마크 레이블 표시

3. '문제3-3' 시트에서 다음 작업을 수행하여 트리맵을 구현하고, '문제3' 대시보드에서 다음을 설정하시오. (10점)

① 매개변수와 계산된 필드를 만드시오. (3점)

▶ 매개 변수 이름: 매개변수_세그먼트

- 데이터 유형: 문자열
- 허용 가능한 값: 목록
- 목록에 "일반소비자", "홈오피스"로 순으로 값 입력
- 현재 값: 일반소비자

▶ 계산된 필드 이름: F_세그먼트

- [세그먼트] 필드 값이 [매개변수_세그먼트]과 같을 경우 "참", 아닐 경우 "거짓"
- 사용 함수: 없음
- 데이터 유형: 부울

② 다음 조건으로 계산된 필드를 만들고 지역별 금액 순위를 나타내는 트리맵을 구현하시오. (4점)

▶ 계산된 필드 이름: ABS_전체
  - [전체] 필드 값이 음수여도 크기는 양수의 크기로 표현
  - 사용 함수: ABS
  - 데이터 유형: 숫자(실수)

▶ 계산된 필드 이름: 순위
  - [전체] 필드의 집계순으로 순위를 표현
  - 사용 함수: RANK, SUM
  - 데이터 유형: 숫자(정수)

▶ [시도], [순위], [전체], [ABS_전체] 필드를 사용하여 트리맵 구현하기
  - 사각형의 크기는 [ABS_전체] 필드를 사용
  - 색상은 [시도] 필드를 사용
  - 차트의 순위는 [시도] 필드를 기준으로 계산
  - [시도], [전체], [순위] 필드를 사용하여 완성 화면과 같이 레이블 설정

③ '문제3-3' 시트에 필터를 적용하고, '문제3' 대시보드에 제목 작성 후 필터와 매개변수를 배치하시오. (3점)

▶ '문제3-3' 시트에 [값구분] 필드를 사용하여 "매출"을 필터로 적용
▶ '문제3-3' 시트에 [F_세그먼트] 필드를 사용하여 "참"을 필터로 적용
▶ '문제3' 대시보드에 완성화면과 같이 필터, 매개변수 배치
  - '문제3-1'의 [매개변수_날짜] 매개변수를 완성화면과 동일하게 대시보드 상단에 바둑판식으로 배치하고 너비를 "100"으로 설정
  - '문제 3-1'에서 설정한 [F_YM] 필터로 "선택한 워크시트"를 사용하여 '문제 3-1'과 '문제 3-3' 워크시트에 적용
  - [매개변수_세그먼트] 매개변수 변동 시 '문제 3-3' 시트 제목이 변경되도록 '문제3-3'의 시트 제목에 "([매개변수_세그먼트]기준)" 추가
  - 예상 결과: '문제3-3' □ '문제3-3(일반소비자 기준)'
  - [매개변수_세그먼트]은 부동으로 완성화면과 같이 배치
  - [매개변수_세그먼트]의 너비는 168, 높이는 55로 설정

문제 1 작업준비(30점)

01 답안파일을 열고 다음의 지시사항에 따라 작업을 수행하시오. (10점)

① 연결 패널을 이용하여 데이터 파일을 열고 데이터 원본 편집창에서 데이터를 편집하시오. (3점)

STEP 01

'모의고사03_답안.twbx'를 실행하여, 파일을 확인하고, 데이터원본 또는 시트를 클릭하여 데이터 연결을 할 수 있는 화면으로 이동한다.

그림 1 데이터원본 이동하기

"새 데이터 원본"을 클릭하고, 파일에 연결을 클릭 ' Microsoft Excel'을 클릭하여, C:\TB\문제1_데이터 경로에서 '승차정보.xlsx' 파일을 선택하고 "열기"를 클릭한다.

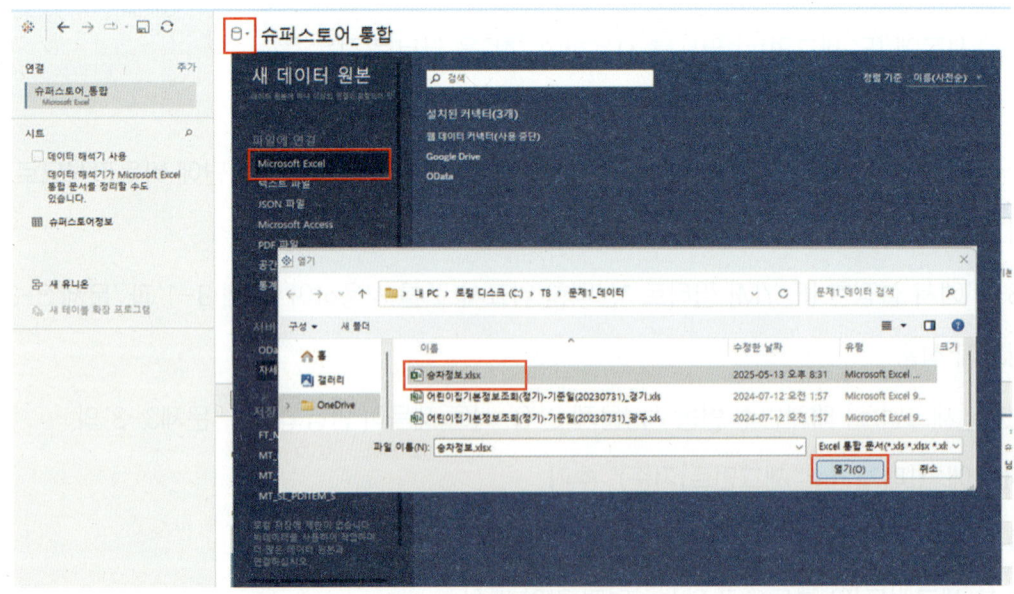

그림 2 데이터원본 연결하기

STEP 02

연결 추가에서 '하차정보.xlsx' 파일을 선택하고 열기를 클릭한다.

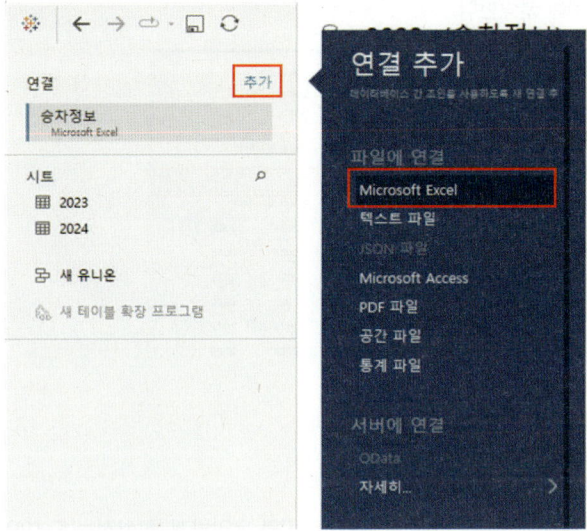

그림 3 연결 추가하기

② 데이터 원본 편집 창에서 각각의 테이블을 물리적으로 결합하시오. (4점)

STEP 01

〈2023〉 테이블을 "데이터 모델을 만들려면 여기로 테이블 끌기"로 드래그 앤 드랍한다.

2023 이라고 쓰인 논리적 테이블을 더블 클릭하고 2023 물리적 테이블을 마우스 우클릭하여 유니온으로 변환을 클릭한다.

〈2024〉 테이블을 드래그 앤 드랍하여 유니온 테이블에 추가하고, 확인을 클릭한다.

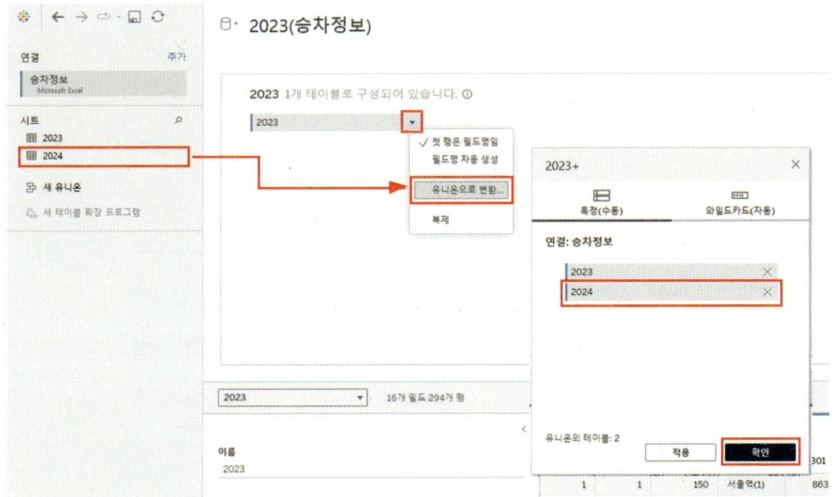

그림 4 데이터 원본 유니온(UNION) 하기

STEP 02

데이터 그리드 영역에서 키보드 Ctrl키를 누르고 [202301] ~ [202412] 총 24개의 필드를 다중선택하고 필드 이름 마우스우클릭 또는 ▼버튼을 클릭하고 피벗(Pivot)을 클릭한다.

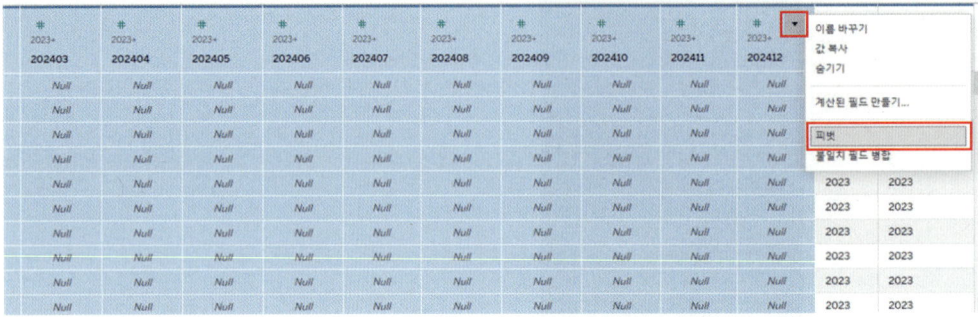

그림 5 피벗(Pivot) 하기

STEP 03

연결에 '하차정보'를 선택하고 〈2023〉 테이블을 드래그 앤 드랍하고, 유니온으로 '승차정보'와 동일하게 '하차정보'도 〈2023〉, 〈2024〉 테이블을 유니온 결합한다. '승차정보'는 파랑, '하차정보'는 주황으로 데이터를 구분할 수 있다.

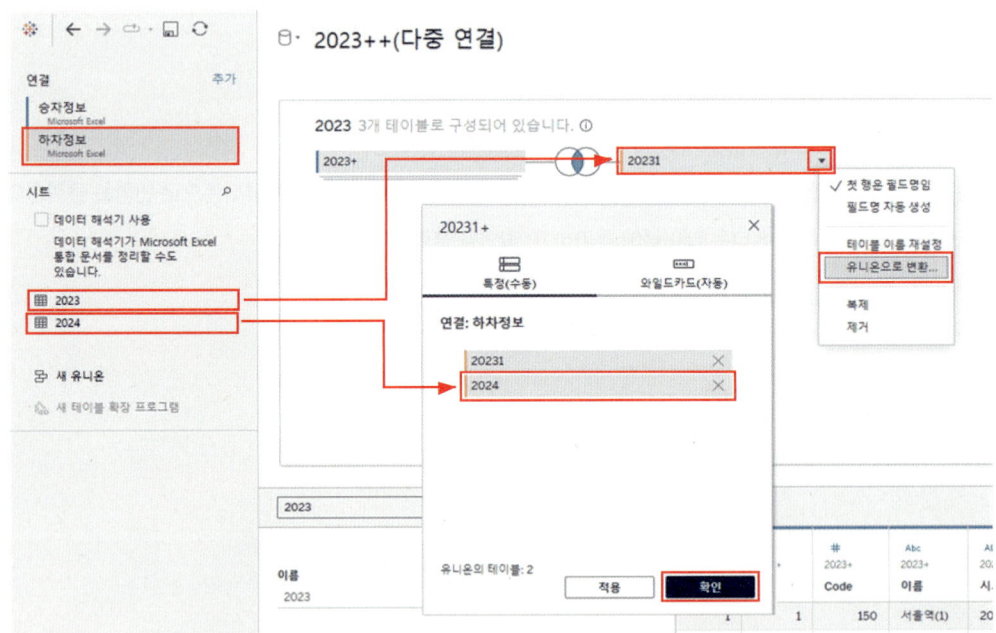

그림 6 하차정보 테이블 유니온(UNION)하기

STEP 04

데이터 결합에 다이어그램을 클릭하고 '완전 외부'를 클릭하고, '승차정보'의 데이터원본에 [Code], [Line], [피벗 필드명] 필드를 '하차정보'의 [CODE], [LINE], [기준년월] 필드로 조인한다.

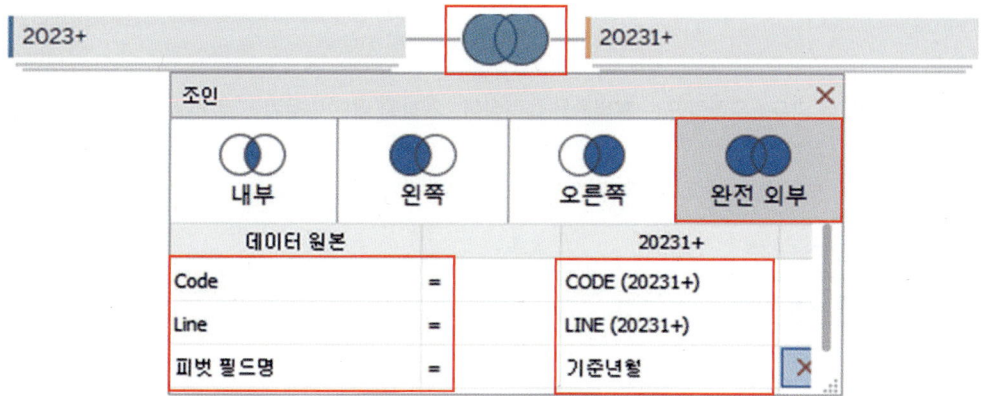

그림 7 조인(JOIN) 하기

③ 물리적 테이블에서 지시한 필드를 "숨기기" 하시오. (3점)

STEP 01

데이터 그리드에서 키보드 Ctrl키를 누르고, [시트], [No], [테이블 이름] 필드를 포함하는 6개의 필드를 다중선택 후 필드 이름 마우스우클릭 또는 ▼버튼을 클릭하고 '숨기기'를 클릭하여 필드를 숨긴다.

그림 8 필드 숨기기

02 세부문제1에서 모델링한 데이터를 다음 지시사항에 따라 작업하시오. (10점)

① [이름] 필드를 이용하여 계산된 필드를 만드시오. (4점)

STEP 01

데이터 그리드에서 [이름] 필드를 마우스우클릭 또는 ▼버튼을 클릭하여, '계산된 필드 만들기…'로 역명 계산식을 다음과 같이 작성한다.

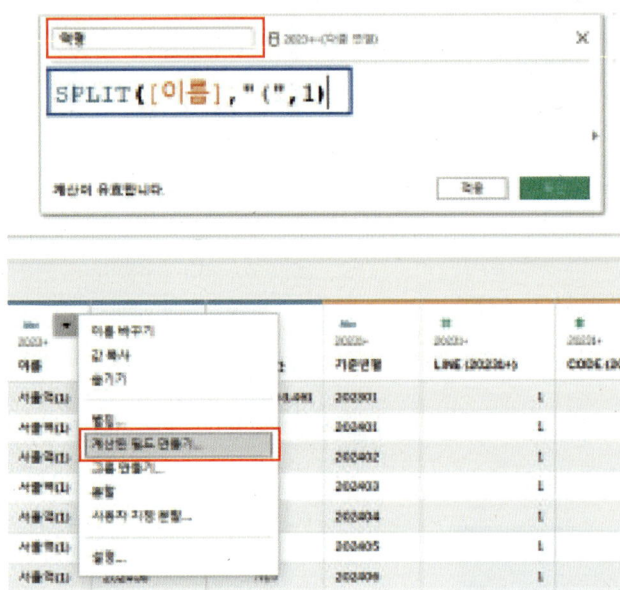

그림 9 필드 숨기기

| 역명 | SPLIT ([이름],"(",1) |

② [피벗 필드명] 필드를 이용하여 계산된 필드를 만드시오. (3점)

STEP 01

[피벗 필드명] 필드를 마우스우클릭 또는 ▼버튼을 클릭하여, '계산된 필드 만들기…'로 날짜 계산식을 다음과 같이 작성한다.

| 날짜 | DATEPARSE ("yyyy-MM-dd",[피벗 필드명]) |

③ 데이터 원본 편집창에서 다음 지시사항에 따라 데이터를 편집하시오. (3점)

STEP 01

논리적 테이블에 마우스우클릭 또는 ▼버튼을 클릭하여 "이름 바꾸기"를 클릭하고 "탑승집계"로 이름을 변경한다.

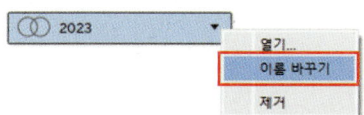

그림 10 논리적 테이블 이름 바꾸기

STEP 02

'승차정보.xlsx' 파일을 사용한 테이블에 물리적 테이블 이름 2023+을 더블클릭하고, "승차"로 이름을 변경한다.
'하차정보.xlsx' 파일을 사용한 테이블에 물리적 테이블 이름을 "하차"로 변경한다.

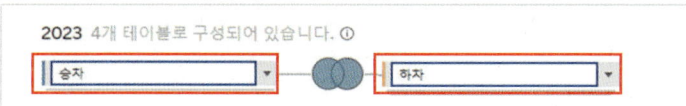

그림 11 물리적 테이블 이름 바꾸기

STEP 03

'2023++(다중 연결)'이 쓰인 데이터 원본 이름을 더블클릭하여 "월별_탑승내역"으로 데이터 원본 이름을 변경한다.

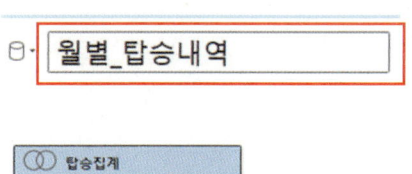

그림 12 데이터 원본 이름 바꾸기

03 다음 지시사항에 따라 측정값 및 필드를 만드시오. (10점)

① 측정값 [탑승인원] 필드를 만드시오. (3점)

STEP 01

[피벗 필드 값] 필드를 마우스우클릭 또는 ▼버튼을 클릭하여, '계산된 필드 만들기…'로 탑승인원 계산식을 다음과 같이 작성한다.

차원_변경	IF ISNULL([피벗 필드 값]) THEN [인원] ELSE [피벗 필드 값] END

② 지하철 역의 중복 건수와 역별 평균 방문자수를 구하는 측정값을 만드시오. (4점)

STEP 01

[역명] 필드를 마우스우클릭 또는 ▼버튼을 클릭하여, '계산된 필드 만들기…'로 복수역 계산식을 다음과 같이 작성한다.

복수역	COUNT([역명])

STEP 02

[탑승인원] 필드 또는 [복수역] 필드를 마우스우클릭 또는 ▼버튼을 클릭하여, '계산된 필드 만들기…'로 평균_탑승자수 계산식을 다음과 같이 작성한다.

평균_탑승자수	SUM([탑승인원])/ SUM([복수역])

③ 승차와 하차를 구분 짓는 필드를 만드시오. (3점)

STEP 01

[피벗 필드 값] 필드를 마우스우클릭 또는 ▼버튼을 클릭하여, '계산된 필드 만들기…'로 탑승구분 계산식을 다음과 같이 작성한다.

탑승구분	IIF(ZN([피벗 필드 값])>0, TRUE, FALSE)

문제 2   단순요소 구현(30점)

실습영상

01   다음 지시사항에 따라 서식을 설정하시오. (5점)

① **통합문서의 서식을 지정하시오. (3점)**

STEP 01

'문제2-1' 시트로 이동하여, '슈퍼스토어_통합' 데이터 원본을 선택한다. 상단 메뉴에서 '서식(O)'를 선택하고, '통합 문서(W)'를 클릭하여 통합문서 서식을 변경한다.

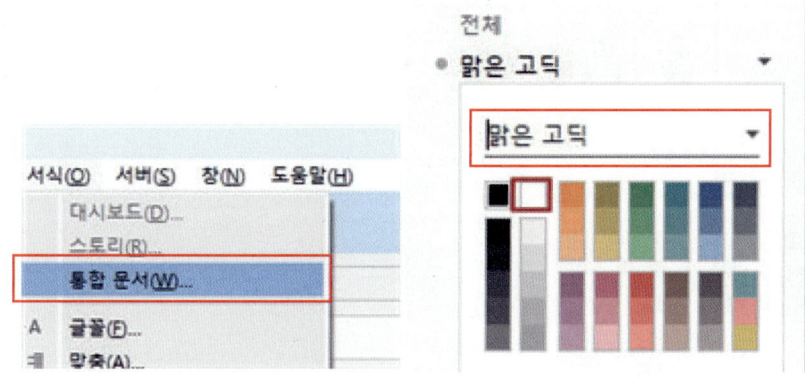

그림 13 통합 문서 서식 변경하기

② 대시보드 제목과 필드 색상을 변경하시오. (2점)

STEP 01

'문제2' 대시보드로 이동하여 대시보드의 제목을 더블클릭하고, "슈퍼스토어 현황"으로 변경하여 작성한다.

STEP 02

'문제2-1' 시트로 이동하여 [나이대] 필드를 마우스우클릭 또는 ▼버튼을 클릭하여 기본속성을 선택하고 '색상…'을 클릭하여 색상표 선택에서 '방앗간 돌'을 선택하고, "색상표 할당(P)"를 클릭한다.

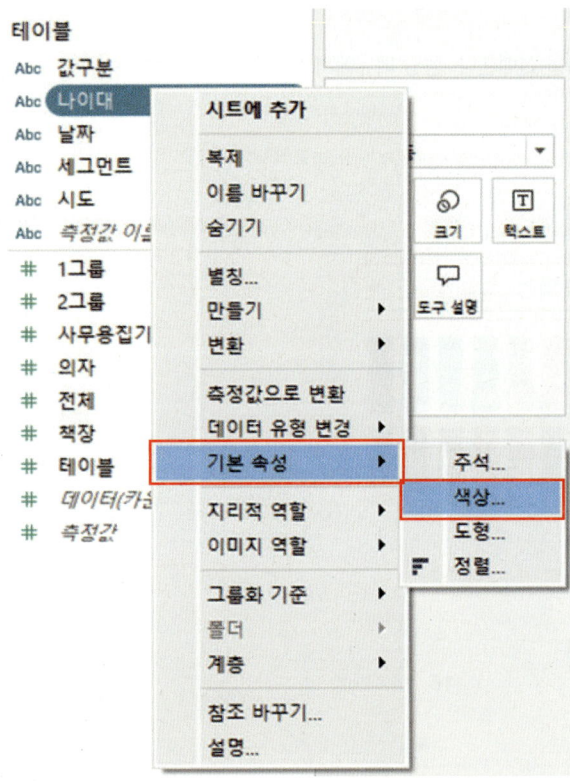

그림 14 기본 속성 변경하기

02 '문제2-1' 시트에 다음 작업을 수행하여 영역 차트를 구현하시오. (5점)

① '문제2-1' 시트에 제품군별 월별 매출을 나타내는 영역 차트를 구현하시오. (3점)

STEP 01

키보드 Ctrl 키를 누르고 [날짜], [사무용집기], [테이블], [책장], [의자] 필드를 다중 선택하고 표현 방식에서
'텍스트 테이블'을 클릭한다. 행 선반의 [측정값 이름] 필드를 마크 카드 색상에 드래그 앤 드랍한다.
마크 카드 레이블의 [측정값] 필드를 행 선반에 드래그 앤 드랍한다. 마크 카드에서 차트 유형을 '영역'으로 변경한다.

STEP 02

열 선반의 [날짜] 필드를 마우스우클릭 또는 ▼버튼을 클릭하고 하단부의 '월 2015년 5월'을 클릭하여
월별 영역차트를 구현한다.

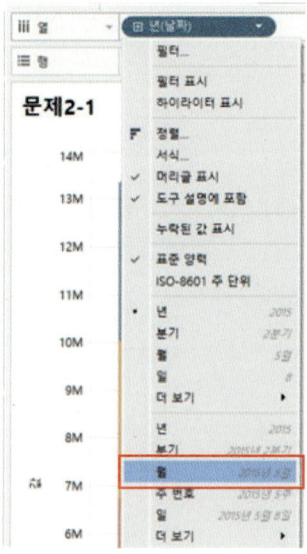

그림 15 기본 속성 변경하기

STEP 03

마크 카드의 색상에서 '색상 편집…'을 클릭하거나 왼쪽 측정값 이름 '색상 범례'를 더블클릭하여 색상 편집 창에서
색상표 선택(S) 목록에서 '색맹'을 선택하고 "색상표 할당(P)"를 클릭하고 확인을 클릭한다.

② '문제 2-1' 시트에 필터와 레이블 설정을 적용하시오. (2점)

STEP 01

[값구분] 필드를 필터 선반에 드래그 앤 드랍한다. 필터 편집 창에서 '매출'을 ☑ 하고 확인을 클릭한다.

STEP 02

마크 카드 레이블을 클릭하고 '마크 레이블 표시' ☑ 하고, 글꼴에서 '마크 색상 일치'를 클릭한다.

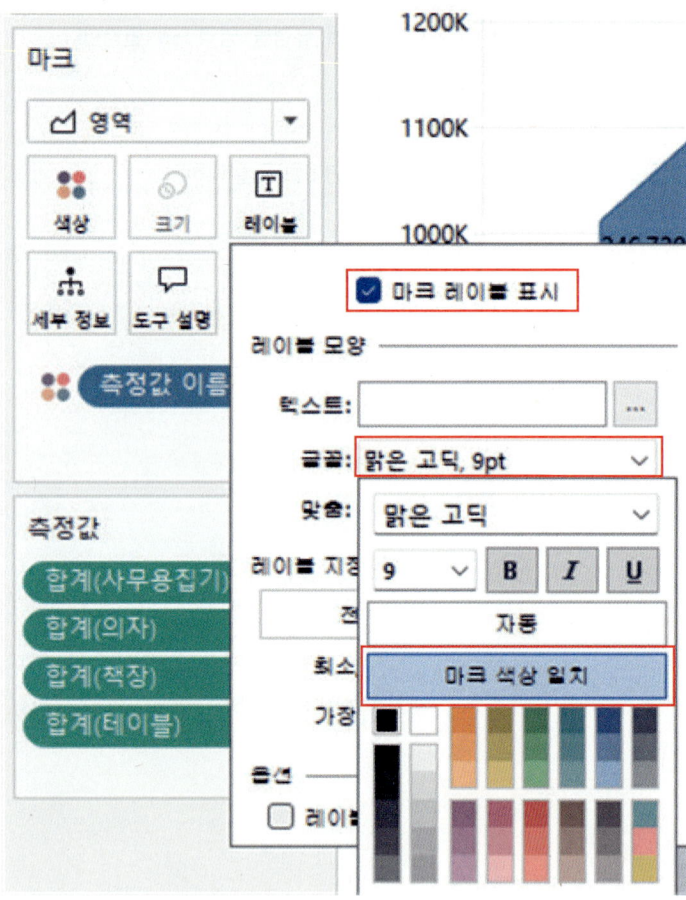

그림 16 기본 속성 변경하기

03 '문제2-2' 시트에 다음 작업을 수행하여 파이차트를 구현하시오. (10점)

① '문제2-2' 시트에 나이대별 수량을 나타내는 파이차트를 구현하시오. (3점)

STEP 01

'문제2-2' 시트로 이동하여 키보드 Ctrl키를 누르고 [나이대], [전체] 필드를 다중 선택하고 표현 방식에서 파이차트를 선택한다. [권역] 필드를 열 선반에 드래그 앤 드롭하여 다중 파이차트를 구현한다.

STEP 02

파이차트에서 NULL값을 클릭하고 '⊘ 제외'를 클릭하거나 [나이대] 필드를 필터 선반에 드래그 앤 드롭하여, NULL을 ☑ 하고 제외(X)를 ☑ 한다.

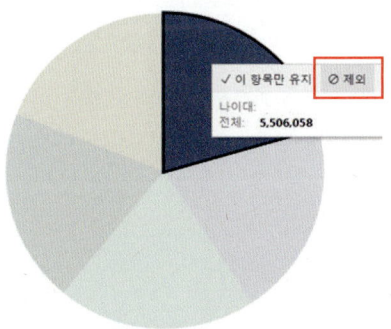

그림 17 기본 속성 변경하기

STEP 03

[값구분] 필드를 필터 선반에 드래그 앤 드롭하여 '수량'을 ☑ 하고 확인을 클릭한다.

② '문제2-2' 시트에 레이블을 표시하고 백분율로 서식을 지정하시오. (4점)

STEP 01

권역별 파이차트의 원 크기를 동일하게 하기 위해 마크 카드 크기에 [전체] 필드는 클릭하여 Delete키를 눌러 제거하거나 드래그 아웃한다.

STEP 02

[전체] 필드를 마크 카드 레이블에 드래그 앤 드랍하고, 레이블의 [전체] 필드에 마우스우클릭 또는
▼버튼을 클릭하여 퀵 테이블 계산에 '구성 비율'을 클릭하여 백분율로 변경한다.

STEP 03

레이블의 [전체] 필드의 마우스우클릭 또는 ▼버튼을 클릭하여 서식…을 선택하고 패널의 기본값 숫자에서 백분율을 선택하고
자릿수를 확인한다.

STEP 04

구성비율이 전체가 100%일 경우 레이블 [전체] 필드의 퀵 테이블 계산에서 '다음을 사용하여 계산'을
"테이블(아래로)" 로 변경한다.

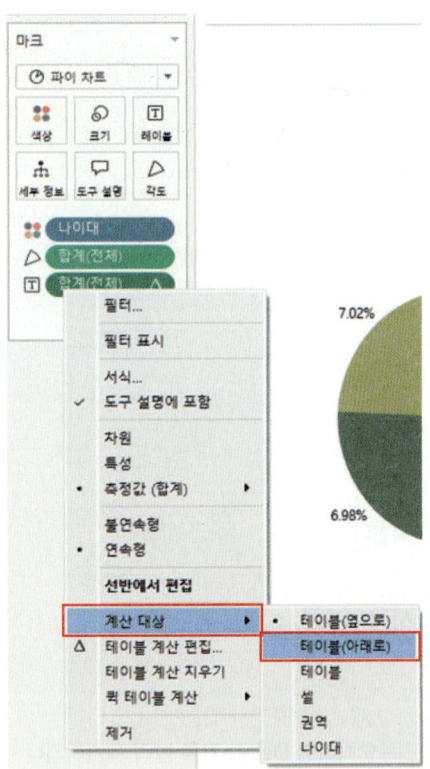

그림 18 퀵 테이블 계산하기

③ '문제2-2' 시트에 총계와 레이블 설정을 적용하시오. (3점)

STEP 01

마크 카드 레이블에 글꼴을 클릭하고 '마크 색상 일치'를 클릭한다.

STEP 02

분석 탭에서 총계를 드래그 하여 행 총합계에 드래그 앤 드랍하여 총합계를 표시한다.

그림 19 총합계 표시하기

04 '문제2-3' 시트에 다음 작업을 수행하여 막대 그래프를 구현하시오. (10점)

① [시도], [값구분] 필드를 이용하여 계산된 필드를 만드시오. (3점)

STEP 01

'문제2-3' 시트로 이동하여, '계산된 필드 만들기…'를 클릭하고 C_시도 계산식을 [시도] 필드를 사용하여 다음과 같이 작성한다.

| C_시도 | LEFT([시도],2) |

STEP 02

'계산된 필드 만들기…'를 클릭하고 수익금액 계산식을 [값구분], [전체] 필드를 사용하여 다음과 같이 작성한다.

| 수익금액 | IF [값구분] = "수익" THEN [전체] END |

② '문제2-3' 시트에 시도별 수익금액을 나타내는 막대 그래프를 구현하시오. (4점)

STEP 01

키보드 Ctrl키를 누르고 [C_시도], [수익금액] 필드를 다중선택하고 표현 방식에서 '가로 막대'를 클릭한다.

STEP 02

[수익금액] 축에 마우스우클릭하여 '참조선 추가'를 클릭하고 셀별 수익금액 평균 참조선을 다음과 같이 추가한다.
참조선의 색상은 '#000000'으로 설정하고 투명도를 100%로 변경한다.

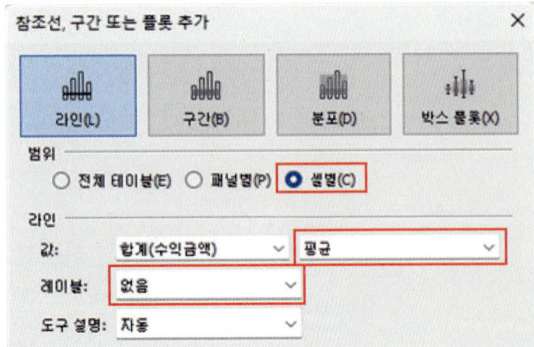

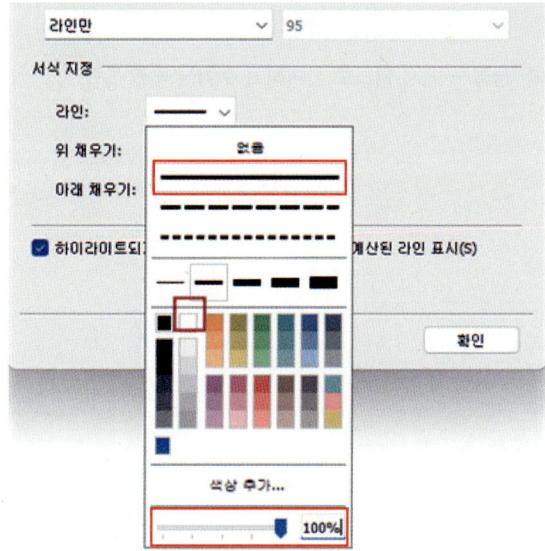

그림 20 참조선 설정하기

STEP 03

[C_시도] 필드를 마크 카드 색상에 드래그 앤 드랍한다.

③ '문제2-3' 시트에 정렬과 필터를 적용하시오. (3점)

STEP 01

필터 선반에 [C_시도] 필드를 드래그 앤 드랍하고 상위 탭을 선택하여 필드 기준으로 수익금액의 평균 상위 10위만 설정하여 확인을 클릭한다.

STEP 02

행 선반의 [C_시도] 필드를 마우스우클릭 또는 ▼버튼을 클릭하여 '정렬…'에서 필드로 선택하고 수익금액 합계로 내림차순 정렬로 다음과 같이 설정한다.

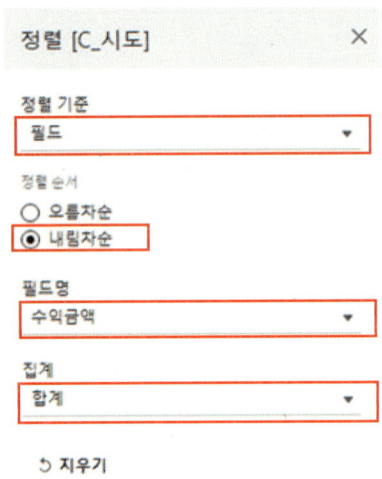

그림 21 내림차순 정렬하기

STEP 03

필터 선반에 [날짜] 필드를 드래그 앤 드랍하여 필터 편집 창에서 '년'를 선택하고 '2024'를 ☑ 하고 확인을 클릭한다.

STEP 04

필터 선반의 [날짜] 필드를 마우스우클릭 또는 ▼버튼을 클릭하여 '컨텍스트 추가'를 클릭하여 필터링의 우선권을 날짜 필드에 부여한다.

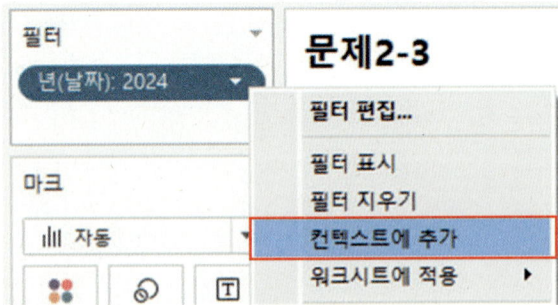

그림 22 컨텍스트 필터하기

문제 3 복합요소 구현(50점)

실습영상

01 '문제3-1' 시트에서 다음의 작업을 수행하여 워드 클라우드 시각화를 구현하시오. (10점)

① 계산된 필드를 만드시오. (4점)

STEP 01

'문제3-1' 시트로 이동하여 '계산된 필드 만들기…'로 [값구분], [전체] 필드를 사용하여 수량, 매출 계산식을 다음과 같이 작성한다.

수량	IF [값구분] ="수량" THEN [전체] END
매출	IF [값구분] ="매출" THEN [전체] END

STEP 02

'계산된 필드 만들기…'를 클릭하고 [수량], [매출] 필드와 문제에 제시된 함수를 사용하여 건당매출 계산식의 이름과 계산식을 작성하고 확인을 클릭한다.

건당매출	SUM([매출])/SUM([수량])

② '문제3-1' 시트에 다음의 작업을 수행하여 워드 클라우드 시각화를 구현하시오. (3점)

STEP 01

키보드 Ctrl키를 누르고 [시도], [건당매출] 필드를 다중선택하여 표현 방식에 '채워진 버블'을 클릭하고, 마크 카드 차트 유형을 "텍스트"로 변경한다.

그림 23 마크 유형 변경하기

STEP 02

[세그먼트] 필드를 필터 선반에 드래그 앤 드랍하고 '일반소비자'를 ✓하고, 제외(X)를 ✓한다.

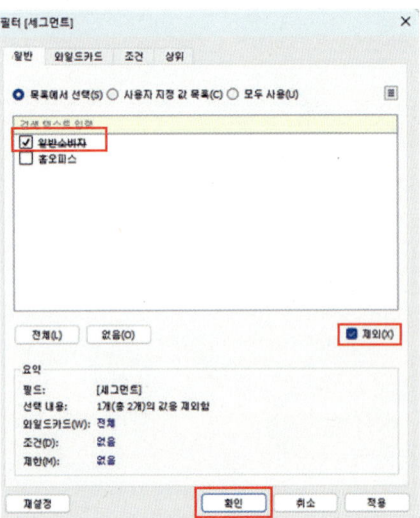

그림 24 필터적용하기

③ 계산된 필드, 매개변수를 만들고, '문제 3-1' 시트에 필터를 적용하시오. (3점)

STEP 01

'계산된 필드 만들기…'를 클릭하고 문제에 제시된 함수를 사용하여 문서일자 계산식을 작성하고 확인을 클릭한다.

| 문서일자 | DATEADD ('year',-1, TODAY ()) |

데이터 유형을 '날짜 및 시간'에서 '날짜'로 변경한다.

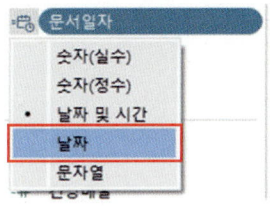

그림 25 데이터 유형 변경하기

STEP 02

'매개 변수 만들기…'를 클릭하고 데이터 유형을 '날짜'로 선택하고, 통합문서가 열릴 때의 값에 [문서일자] 필드를 설정하고 확인을 클릭한다.

STEP 03

'계산된 필드 만들기…'를 클릭하고 [매개변수_날짜], [날짜] 필드와 문제에 제시된 함수를 사용하여 F_YM 계산식을 작성하고 확인을 클릭한다.

| F_YM | DATETRUNC ("month",[날짜]) = DATETRUNC ("month",[매개변수_날짜]) |

STEP 04

필터 선반에 [F_YM] 필드를 드래그 앤 드랍하여 "참","TRUE"를 ☑ 하고 확인을 클릭한다.

02 '문제3-2' 시트에 나비(버터플라이) 차트를 구현하시오. (10점)

① [1그룹], [2그룹], [전체] 필드를 사용하여 [1그룹비율], [2그룹비율] 측정값 필드를 만드시오. (3점)

STEP 01

'계산된 필드 만들기…'를 클릭하고 [1그룹], [2그룹], [전체] 필드와 문제에 제시된 함수를 사용하여 1그룹비율, 2그룹비율 계산식의 이름과 계산식을 작성하고 확인을 클릭한다.

1그룹비율	SUM([1그룹])/SUM([전체])
2그룹비율	SUM([1그룹])/SUM([전체])

② [시도], [날짜], [1그룹비율], [2그룹비율] 필드를 사용하여 월별 수익금액 구성비를 나타내는 나비 (버터 플라이) 차트를 구현하시오. (4점)

STEP 01

키보드 Ctrl키를 누르고 [1그룹비율], [2그룹비율], [날짜] 필드를 다중선택하고 표현 방식에 '가로 막대'를 클릭한다. [시도] 필드를 열 선반에 드래그 앤 드랍한다.

STEP 02

행 선반의 [날짜] 필드를 마우스우클릭 또는 ▼버튼을 클릭하여 '월 5월'을 선택한다.

STEP 03

[1그룹비율] 축에 마우스우클릭하여 '축 편집..'을 선택하고 눈금 '반전'을  한다.

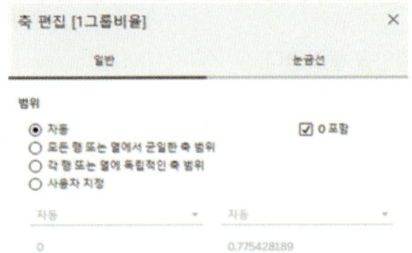

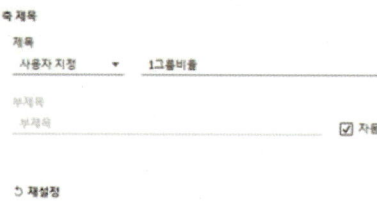

그림 26 축 편집하기

열 선반에 [1그룹비율], [2그룹비율] 필드를 각각 마우스우클릭 또는 ▼버튼을 클릭하여 '서식…'에서 패널 기본값 숫자를 '백분율'에 '소수 자릿수 1자리'로 설정한다.

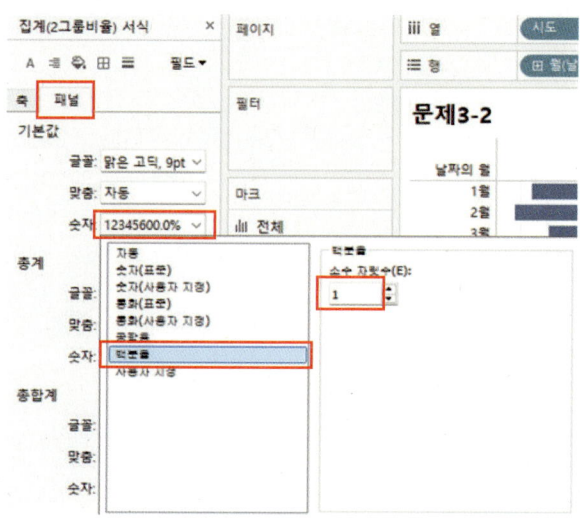

그림 27 측정값 서식 설정하기

③ '문제3-2' 시트에 날짜함수를 이용한 필터와 레이블을 적용하시오. (3점)

STEP 01

필터 선반에 [값구분] 필드를 드래그 앤 드랍하고 '매출'을 ☑ 하고 확인을 클릭한다.

STEP 02

'계산된 필드 만들기…'를 클릭하고 [날짜], [매개변수_날짜] 필드와 문제에 제시된 함수를 사용하여 F_YEAR계산식의 이름과 계산식을 작성하고 확인을 클릭한다.

| F_YEAR | YEAR([날짜]) = YEAR([매개변수_날짜]) |

STEP 03

[F_YEAR] 필드를 필터 선반에 드래그 앤 드랍하고 "참","TRUE"를 ☑ 한다.

STEP 04

상단 메뉴에서 '마크 레이블 표시' 버튼을 클릭한다.

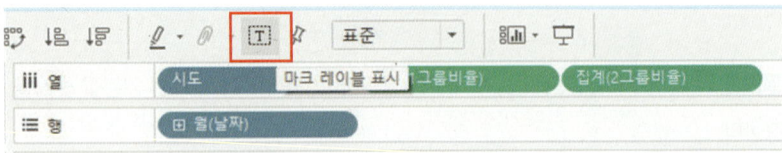

그림 28 마크 레이블 표시하기

03 '문제3-3' 시트에서 다음 작업을 수행하여 트리맵을 구현하고, '문제3' 대시보드에서 다음을 설정하시오. (10점)

① 매개변수와 계산된 필드를 만드시오. (3점)

STEP 01

'문제3-3' 시트로 이동하여 '매개 변수 만들기…'를 클릭하고 매개변수_세그먼트를 다음과 같이 설정하고 확인을 클릭한다.

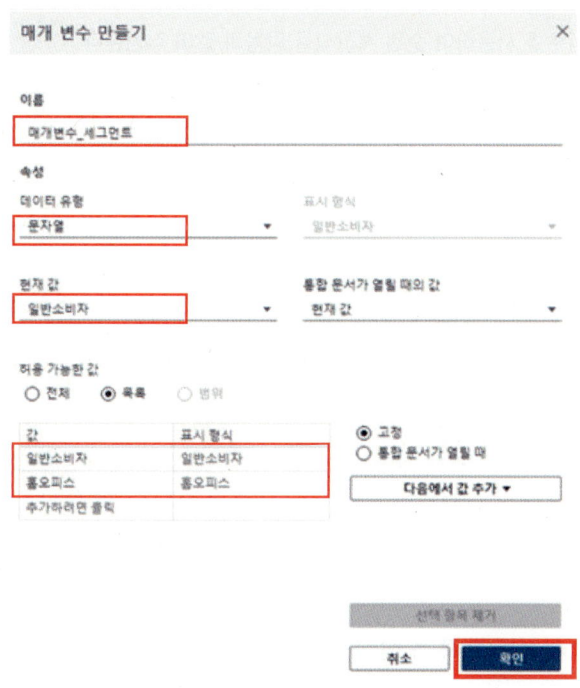

그림 29 매개변수 설정하기

STEP 02

'계산된 필드 만들기…'를 클릭하고 [세그먼트], [매개변수_세그먼트] 필드를 사용하여 F_세그먼트 계산식을 다음과 같이 작성한다.

| F_세그먼트 | [세그먼트] = [매개변수_세그먼트] |

② 계산된 필드를 만들고 시도별 금액 순위를 나타내는 트리맵을 구현하시오. (4점)

STEP 01

'계산된 필드 만들기…'를 클릭하고 [전체] 필드와 제시된 함수를 사용하여 ABS_전체 계산식을 다음과 같이 작성한다.

| ABS_전체 | ABS([전체]) |

STEP 02

'계산된 필드 만들기…'를 클릭하고 [전체] 필드와 제시된 함수를 사용하여 순위 계산식을 다음과 같이 작성한다.

| 순위 | RANK(SUM([전체])) |

STEP 03

키보드 Ctrl키를 누르고 [시도], [ABS_전체] 필드를 다중선택하여 표현 방식에 '트리맵'을 클릭한다.

[시도] 필드를 마크 색상에 드래그 앤 드랍한다.

키보드 Ctrl키를 누르고 [시도], [순위], [전체] 필드를 마크 카드 레이블에 드래그 앤 드랍한다.

STEP 04

마크 카드 레이블에 [순위] 필드를 마우스우클릭 또는 ▼버튼을 클릭하여 '다음을 사용하여 계산'을 '시도'를 선택한다.

③ '문제3-3' 시트에 필터를 적용하고, '문제3' 대시보드에 제목 작성 후 필터와 매개변수를 배치하시오. (3점)

STEP 01

[값구분] 필드를 필터 선반에 드래그 앤 드랍하고 "매출"을 ✓ 한다.

STEP 02

[F_세그먼트] 필드를 필터 선반에 드래그 앤 드랍하고 "참","TRUE"를 ✓ 한다.

STEP 03

'문제3' 대시보드로 이동하여 '문제3-1' 시트를 선택하고 ▼버튼을 클릭하여 매개변수에서 [매개변수_날짜]를 클릭하고 대시보드 상단에 다음과 같이 배치한다. [매개변수_날짜]에서 ▼버튼을 클릭하여 너비 편집에서 '100'을 입력한다.

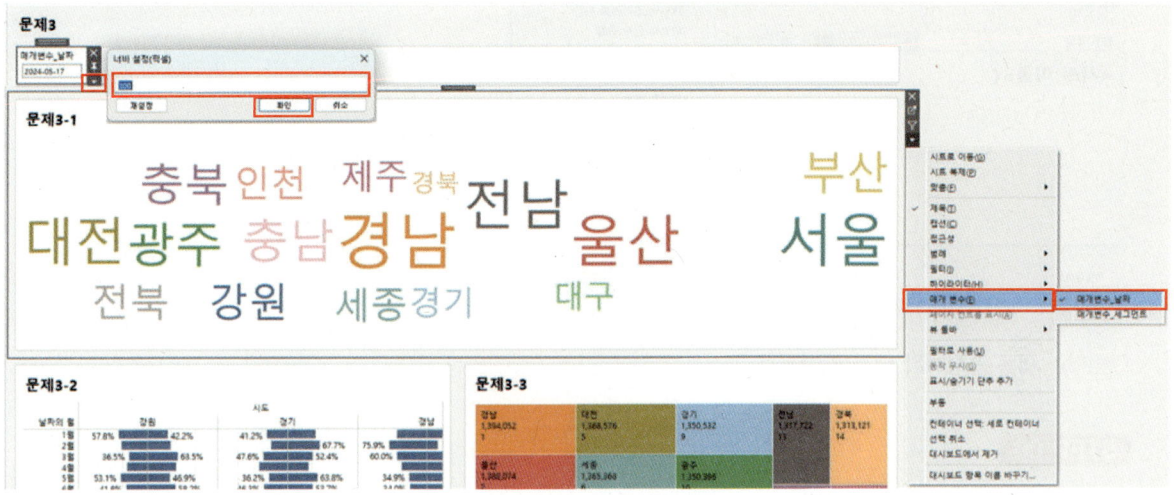

그림 30 매개변수 배치하기

STEP 04

'문제3-1' 시트로 이동하여 필터 카드 [F_YM] 필드에 마우스우클릭 또는 ▼버튼을 클릭하여 '워크시트에 적용'에 "선택한 워크시트"를 선택하고 '문제3-3'을 ✔ 하고 확인을 클릭한다.

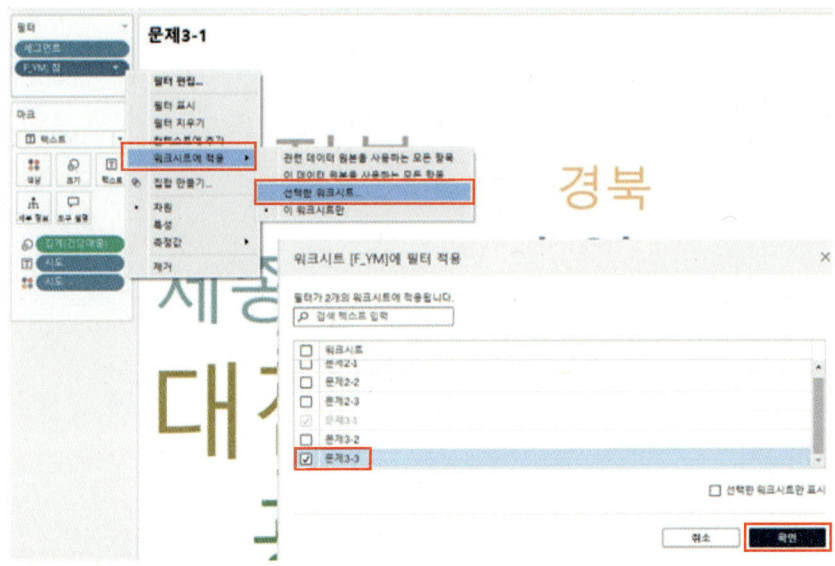

그림 31 매개변수 만들기

STEP 05

'문제3' 대시보드 또는 '문제3-1' 시트로 이동하여 시트 제목을 더블클릭하고 삽입에서 매개변수_세그먼트를 클릭하고 제목을 다음과 같이 작성한다.

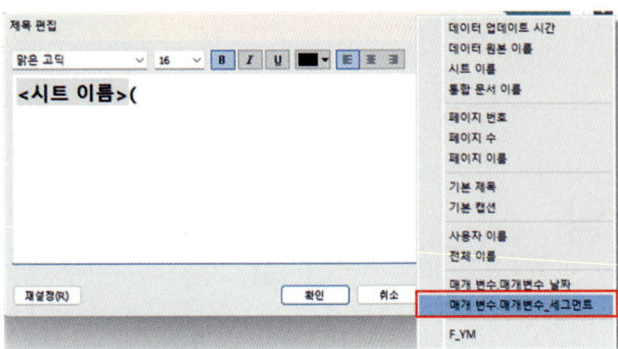

그림 32 제목 편집하기

STEP 06

'문제3' 대시보드로 이동하여 '문제3-3' 시트를 클릭하고 ▼버튼을 클릭하여 매개변수에서 [매개변수_세그먼트]를 클릭한다. 키보드의 Shift키를 클릭하고 [매개변수_세그먼트]를 드래그 아웃하여 '부동'형태로 변경한다.

STEP 07

[매개변수_세그먼트] 를 완성화면과 같이 '문제3-3'에 이동시키고 레이아웃 탭에서 너비를 '168', 높이를 '55'로 입력한다.

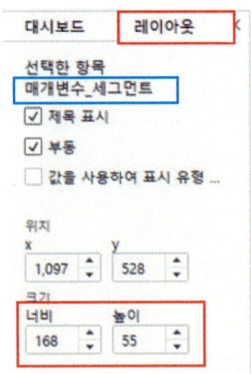

그림 33 레이아웃 변경하기

04 PART

시행처 공개문제

경영정보시각화능력 실기 태블로

시행처 공개문제 A형

프로그램명: 태블로 데스크톱 **제한시간**: 70분

문제 및 데이터 안내

1. 수험자가 작성할 답안파일은 1개입니다. 문제1, 문제2, 문제3의 답을 하나의 답안파일(.twbx)로 저장하십시오.

2. 문제1, 문제2, 문제3은 각각 독립적으로 구성되어 앞 문제를 풀지 않아도 다음 문제 풀이가 가능합니다.

3. 문제1은 데이터 불러오기를 통해 문제를 풀이하고, 문제2와 문제3은 답안에 이미 데이터가 포함되어 있어 다시 데이터를 불러오지 말고 바로 문제 풀이를 하십시오.
 - 데이터 파일은 문제1을 위한 데이터 파일과 문제2,3을 위한 데이터 파일로 구성되어 있습니다.

4. 문제2와 문제3 풀이를 위해 필요한 일부 측정값, 필터가 답안파일에 미리 적용되어 있을 수 있습니다.
 - 지시사항에 제시되지 않은 것은 변경하지 마십시오.
 - 사전에 적용된 필터 등이 삭제되지 않도록 '시트 지우기' 기능을 절대 사용하지 마십시오.

5. 문제는 문제(문제1~3) - 세부문제(1~4) - 지시사항(①~③) - 세부지시사항(▶, -) 단위로 구성됩니다.

6. 지시사항(①~③)별로 점수가 부여되며, 지시사항의 전체 세부지시사항(▶, -)을 작업하지 않을 경우 점수가 부여되지 않습니다. ※부분 점수 없음

7. 본 시험에서 사용되는 데이터 파일 수와 데이터명은 아래와 같습니다.
 - [문제1] 데이터 파일수 : 2개 / 데이터명: '2023년_월별서울인구정보.xlsx', '행정동코드_매핑정보.xlsx'

파일명	2023년_월별서울인구정보.xlsx								
테이블	구조								
1월	※ 4개 테이블의 구조 동일								
2월	기준일ID	행정동코드	남자20세미만	남자20세부터39세	남자40세부터59세	남자60세이상	여자20세미만	여자20세부터39세	여자40세부터59세	여자60세이상
3월	2023년01월	11230750	1246	1911	2569	1559	1243	2192	2431	2223
4월										

파일명	행정동코드_매핑정보.xlsx				
테이블	구조				
행정동코드	통계청행정동코드	행자부행정동코드	시도명	시군구명	행정동명
	1101053	11110530	서울	종로구	사직동

- [문제2] 데이터 파일수 : 1개 / 데이터명 : '호텔예약현황.xlsx'

파일명	호텔예약현황.xlsx						
테이블	구조						
Hospitality (필드14개)	예약ID	예약일자	체크인일자	숙박일수	성인	어린이	객실유형
	000025-X2-1117-GE	2022-03-13	2022-03-13	9	2	2	Double
	특별요청	예약채널	예약현황	할인여부	지점	주말구분	객실요금
	No	홈페이지	체크인완료	Yes	부산	주말	882,900

문제1 작업준비(20점)

〈필드 완성화면〉 각 세부문제 풀이 후 필드가 아래와 같이 구성되도록 하시오.

유형	필드명	물리적 테이블	원격 필드명
📅	기준일자	계산	Calculation_...
Abc	행정동코드	서울인구정보	행정동코드
Abc	나이대	계산	Calculation_...
Abc	성별	계산	Calculation_...
#	인구수	피벗	피벗 필드 값
#	통계청행정동코드	행정동코드	통계청행정동...
Abc	행자부행정동코드	행정동코드	행자부행정동...
Abc	시도명	행정동코드	시도명
Abc	시군구명	행정동코드	시군구명
Abc	행정동명	행정동코드	행정동명

1. 답안파일을 열고 다음의 지시사항에 따라 작업을 수행하시오. (10점)
   ① 연결 패널을 이용하여 데이터 파일을 열고 데이터 원본 편집창에서 데이터를 편집하시오. (3점)
      ▶ 데이터 원본 추가: '2023년_월별서울인구정보.xlsx'
      ▶ '2023년_월별서울인구정보.xlsx'의 <1월>, <2월>, <3월> 테이블을 유니온(UNION)으로 결합
      ▶ 결합한 유니온(UNION)의 물리적 테이블 이름 변경: <서울인구정보>
   ② 데이터 원본 편집창에서 <서울인구정보> 테이블을 편집하고 데이터 파일을 추가하시오. (3점)
      ▶ <서울인구정보>의 [행정동코드] 필드 데이터 유형 변경: 숫자(정수) → 문자열
      ▶ 데이터 추가: '행정동코드_매핑정보.xlsx'의 <행정동코드> 테이블
      ▶ <서울인구정보> 테이블의 [행정동코드] 필드와 <행정동코드> 테이블의 [행자부행정동코드] 필드를 내부 조인(INNER JOIN)
   ③ [남자20세미만]부터 [여자60세이상]까지의 8개 필드를 피벗(Pivot)하시오. (4점)

2. 세부문제1에서 모델링한 데이터를 아래 지시사항에 따라 편집하시오. (10점)
   ① <서울인구정보>에 [기준일자] 필드를 생성하시오. (3점)
      ▶ 필드 이름: 기준일자
        - <서울인구정보>의 [기준일ID] 필드 활용
        - 사용 함수: DATE, DATEPARSE
        - 데이터 유형: 날짜
   ② <서울인구정보>에 [성별] 필드를 생성하시오. (3점)
      ▶ 필드 이름: 성별
        - [피벗 필드명]에 '남자'가 포함되면 '남자'로 표현, '여자'가 표현되면 '여자'로 표현, 그 외에는 '미정'으로 표현
        - 사용 함수: CONTAINS, END, ELSE, ELSEIF, IF, THEN
   ③ <서울인구정보>에 [나이대] 필드를 생성하시오. (4점)
      ▶ 필드 이름: 나이대
        - [피벗 필드명]을 활용하여 우측 표와 같이 데이터 변경
        - 사용 함수: MID, REPLACE

피벗 필드명	나이대
남자20세미만	20세미만
남자20세부터39세	20세~39세
...	...
여자40세부터59세	40세~59세
여자60세이상	60세이상

문제2 단순요소 구현(30점)

〈시각화 완성화면〉 각 세부문제 풀이 후 아래와 같은 결과가 도출되어야 합니다.

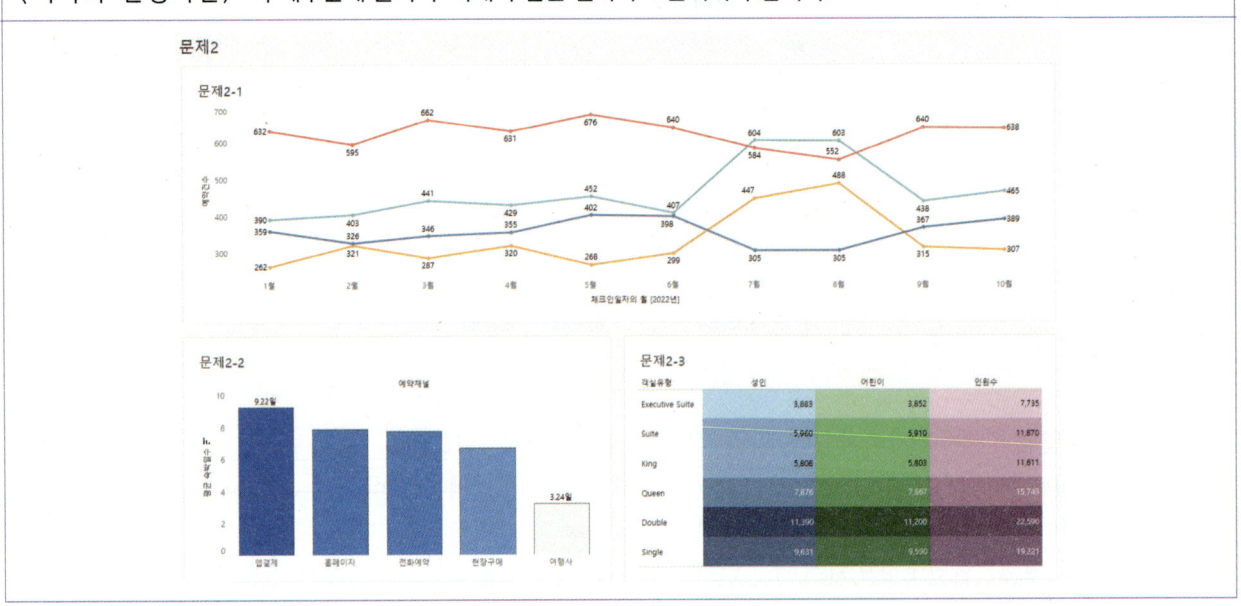

1. 데이터 원본을 '호텔예약현황'으로 변경 후 '문제2-1' 시트에 라인차트를 구현하시오. (10점)
   ① '문제2-1' 시트에 [예약건수] 필드를 생성하시오. (4점)
      ▶ 필드 이름: 예약건수
         - [예약ID] 필드를 이용하여 생성
         - 사용 함수: COUNT
   ② 가로축과 세로축이 아래와 같은 라인차트를 구현하시오. (3점)
      ▶ 마크종류: 라인차트
      ▶ 가로축: [체크인일자] 필드의 월, 연속형으로 적용
      ▶ 세로축: [예약건수] 필드
   ③ 라인차트의 레이블과 색상을 설정하시오. (3점)
      ▶ 레이블: [예약건수] 필드 표시
      ▶ 색상: [지점] 필드 적용
         - 경주: #6388b4, 부산: #ffae34, 서울: #ef6f6a, 제주: #8cc2ca

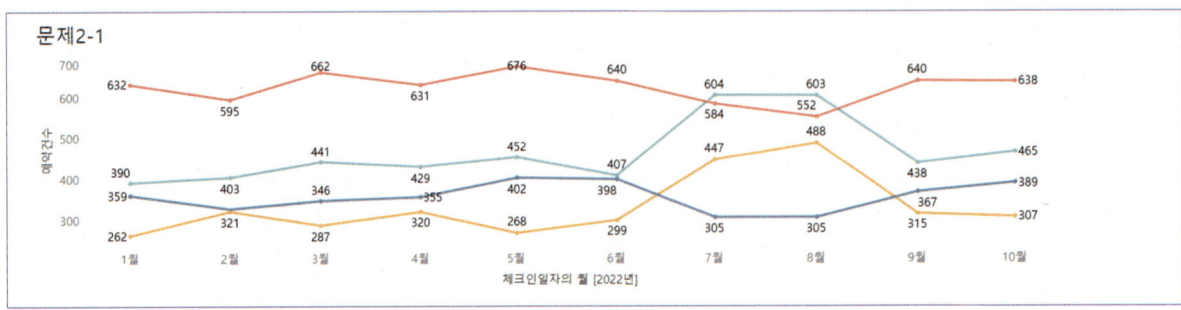

<참고> 범례의 색상

2. '문제2-2' 시트에 막대차트를 구현하시오. (10점)
    ① 가로축과 세로축이 아래와 같은 세로막대차트를 구성하시오. (3점)
        ▶ 가로축: [예약채널] 필드
        ▶ 세로축: 계산식을 사용하지 않고 도출한 [숙박일수] 필드의 평균
            - 정렬: [숙박일수] 필드의 평균 기준, 내림차순 정렬
    ② 레이블을 설정하시오. (4점)
        ▶ 레이블: [숙박일수] 필드 평균의 최솟값(3.24)과 최댓값(9.22)만 표시
        ▶ 서식: '숫자(사용자지정)' 옵션 사용, '소수점 아래 2자리'까지 표현, 접미사에 '일' 추가
    ③ 차트의 색상을 설정하시오. (3점)
        ▶ [숙박일수] 필드의 평균 기준, 막대색상이 5단계 단계별 색상으로 표현되도록 설정
        ▶ 색상: 단일색상 #0a6fcb, 테두리 #666666

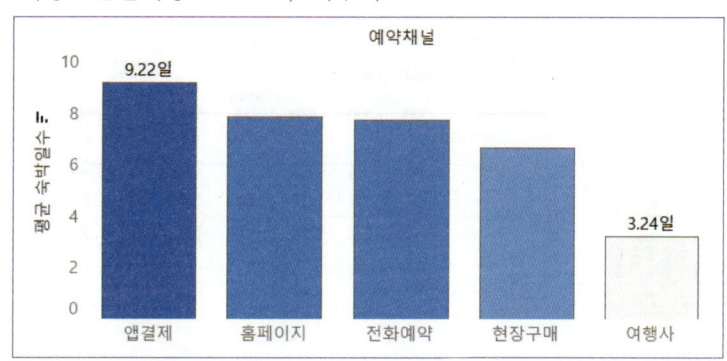

<참고> 막대차트 색상

3. '문제2-3' 시트에 하이라이트 테이블을 구현하시오. (10점)
    ① 차트 구현을 위한 [인원수] 필드를 생성하시오. (3점)
        ▶ 필드 이름: 인원수
            - [성인] 필드와 [어린이] 필드 합산
    ② 하이라이트테이블을 구현하시오. (4점)
        ▶ 가로축: [성인] 필드, [어린이] 필드, [인원수] 필드의 계
        ▶ 세로축: [객실유형] 필드
    ③ 색상 편집의 색상표를 이용하여 측정값의 색상을 설정하시오. (3점)
        ▶ [성인]은 '파란색', [어린이]는 '녹색', [인원수]는 '자주색'
            - 색상 편집의 색상표에 제시된 색상을 그대로 적용

객실유형	성인	어린이	인원수
Double	11,390	11,200	22,590
Executive Suite	3,883	3,852	7,735
King	5,808	5,803	11,611
Queen	7,876	7,867	15,743
Single	9,631	9,590	19,221
Suite	5,960	5,910	11,870

<참고> 측정값 색상

문제3   복합요소 구현(50점)

〈시각화 완성화면〉 각 세부문제 풀이 후 아래와 같은 결과가 도출되어야 합니다.

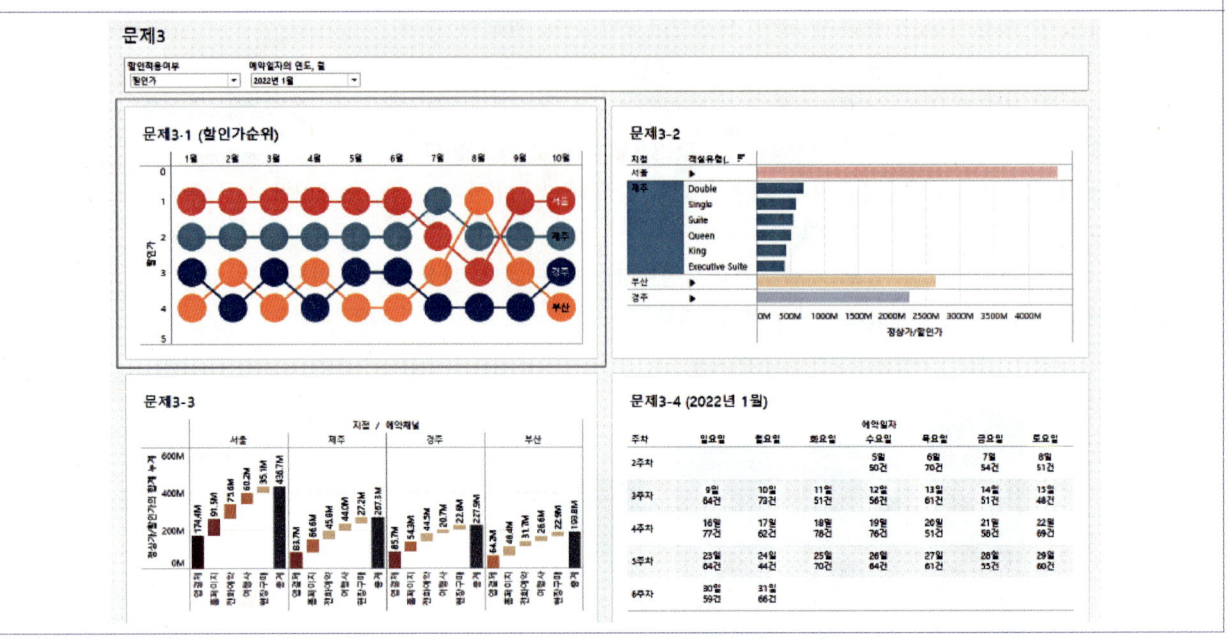

1. 매개변수와 필드를 생성하고, 매개변수를 '문제3' 대시보드에 배치하시오. (10점)
   ① 다음의 조건에 맞는 [할인적용여부] 매개변수와 [할인율] 필드를 생성하시오. (4점)
   ▶ 매개변수 이름: 할인적용여부
      - 참일 경우 '할인가'를 반환하고, 거짓일 경우 '정상가'를 반환하는 부울(Boolean)형 매개변수
   ▶ 필드 이름: 할인율
      - [숙박일수] 필드와 [할인여부] 필드를 기준으로 할인율 적용
      - [할인율] = [숙박일수] 기준의 할인율 + [할인여부] 기준의 할인율
      - 사용 함수: IF문, 계산식 내에 계산된 필드를 포함해서는 안 됨.

[숙박일수] 기준	할인율
50일 이상	20%
30일 이상	15%
10일 이상	10%
5일 이상	5%
그 외	0%

[할인여부] 기준	할인율
Yes	5%
그 외	0%

   ② [할인금액] 필드와 [할인가] 필드를 생성하시오. (3점)
   ▶ 필드 이름 : 할인금액
      - [객실요금] 필드와 [할인율] 필드의 곱
   ▶ 필드 이름 : 할인가
      - [객실요금] 필드에서 [할인금액] 필드 차감(-)
   ③ 매개변수를 적용하는 [정상가/할인가] 필드를 생성하시오. (3점)
   ▶ 필드 이름 : 정상가/할인가
      - [할인적용여부] 매개변수가 참일 경우 [할인가] 필드 반환, [할인적용여부] 매개변수가 거짓일 경우 [객실요금] 필드 반환
      - 사용 함수 : CASE문

▶ [할인적용여부] 매개변수를 '문제3' 대시보드 상단에 배치

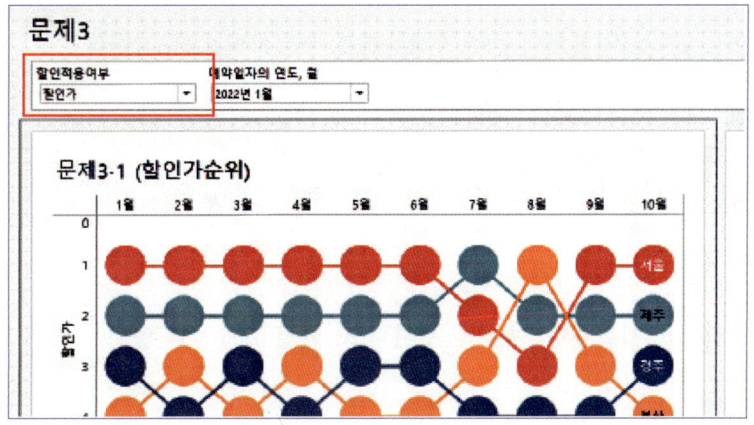

<참고> 매개변수 배치

2. '문제3-1' 시트에 혹 차트(bump chart)를 구현하시오. (10점)
   ① '문제3-1' 시트에 혹 차트(bump chart)를 구현하시오. (4점)
   ▶ 가로축: [체크인일자] 필드의 월, 불연속형으로 적용
   ▶ 세로축: [정상가/할인가] 필드의 순위
      - 퀵 테이블 계산을 활용하여 [지점]별 [정상가/할인가] 필드 순위 반영
      - 정렬: 합계가 가장 큰 순위(1순위) [지점]이 상단에 위치
   ▶ 세로축 설정
      - 숫자는 왼쪽 세로축만 표시
      - 왼쪽 세로축 제목 : [할인적용여부] 매개변수
        ('정상가' 선택 시 '정상가', '할인가' 선택 시 '할인가' 반영)
   ▶ 표시 설정 : 라인과 원으로 구성
   ② 레이블 및 색상을 설정하시오. (3점)
   ▶ 레이블
      - [지점] 필드를 원의 중앙(가로 '가운데', 세로 '가운데')에 표시
      - 차트의 가장 최근만 표시
   ▶ 색상: [지점] 필드를 기준으로 색상 구분
   ③ '문제3-1' 시트 제목 뒤에 [할인적용여부] 매개변수를 추가하시오. (3점)
   ▶ 시트 제목: 문제3-1 (정상가순위)
      - [할인적용여부] 매개변수에서 '정상가' 선택 시 '문제3-1 (정상가순위)',
        '할인가' 선택 시 '문제3-1(할인가순위)' 적용

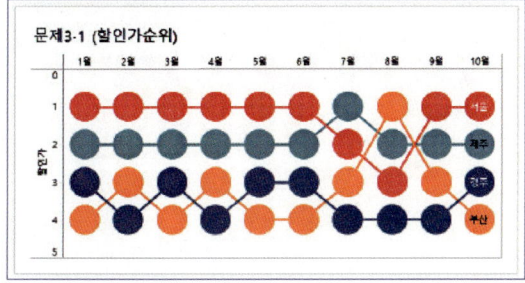

<참고> '문제3-2' 시트 제목

3. '문제3-2' 시트에 가로막대차트를 구현하시오. (10점)

   ① [지점] 필드와 [정상가/할인가] 필드를 사용하여 가로막대차트를 구현하시오. (3점)
   ▶ 세로축: [지점] 필드
   ▶ 가로축: [정상가/할인가] 필드
   ▶ 색상: [지점] 필드를 기준으로 색상 구분
   ② [지점 집합] 집합 필드를 생성하고, 이에 대한 조건을 설정하는 [객실유형(선택)] 필드를 추가하시오. (3점)
   ▶ 필드 이름: 지점 집합
     - [지점] 필드를 기준으로 생성
   ▶ 필드 이름: 객실유형(선택)
     - 값이 [지점 집합] 집합 필드면 [객실유형] 필드를 반환하고, 아닐 경우 "▶"를 반환하는 필드
     - 사용 함수: ELSE, END, IF, THEN
   ▶ [객실유형(선택)] 필드를 [지점] 필드의 오른쪽에 추가
   ▶ [지점] 필드와 [객실유형(선택)] 필드를 [정상가/할인가] 필드의 합계 내림차순으로 정렬
   ③ [지점 집합] 집합에 값을 할당하는 워크시트 동작을 생성하시오. (4점)
   ▶ 동작 이름: 유형별_상세보기
     - 동작 실행 조건: 선택
     - 동작 실행 결과: [지점 집합] 집합 필드에 값 할당
     - 선택 해제할 경우의 결과: 집합에서 모든 값 제거

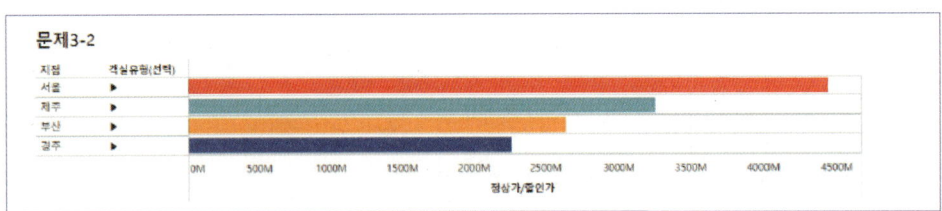

〈참고〉 [지점] 선택 전

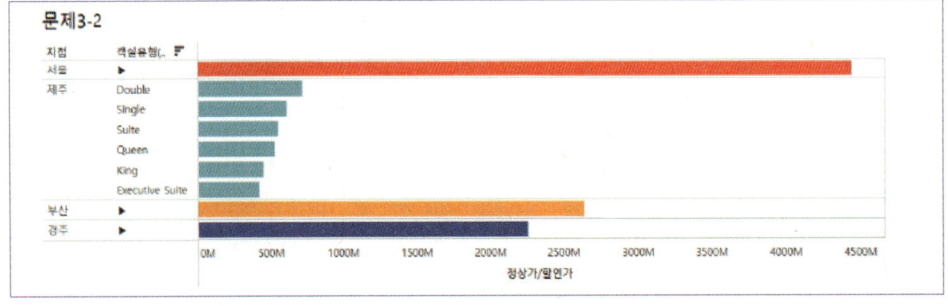

〈참고〉 [지점] "제주" 선택 시

4. '문제3-3' 시트에 워터폴차트를 구현하시오. (10점)

　① [지점]별로 [예약채널]별 [정상가/할인가]의 누계를 보여주는 워터폴차트를 구현하시오. (4점)
　　▶ 가로축: [지점] 필드, [예약채널] 필드
　　▶ 세로축: [지점]별 [정상가/할인가] 필드의 합계
　　　- 퀵 테이블 계산 사용
　　▶ 정렬: [지점] 필드와 [예약채널] 필드를 각각 [정상가/할인가] 필드의 합계 내림차순으로 정렬
　　▶ 크기: [정상가/할인가(워터폴)] 필드를 생성하여 반영
　　　- [정상가/할인가(워터폴)] 필드는 [정상가/할인가]의 누계 표현 시 추가된 수치를 표현하는 필드
　② 워터폴차트의 색상을 설정하시오. (3점)
　　▶ 색상: [정상가/할인가] 필드의 합계에 따라 색상표의 "갈색"으로 5단계로 구분
　③ 워터폴차트의 레이블을 설정하시오. (3점)
　　▶ 레이블: [정상가/할인가] 필드의 합계
　　　- 서식: 숫자 서식 '소수점 1자리', 디스플레이 장치 '백만(M)'으로 설정

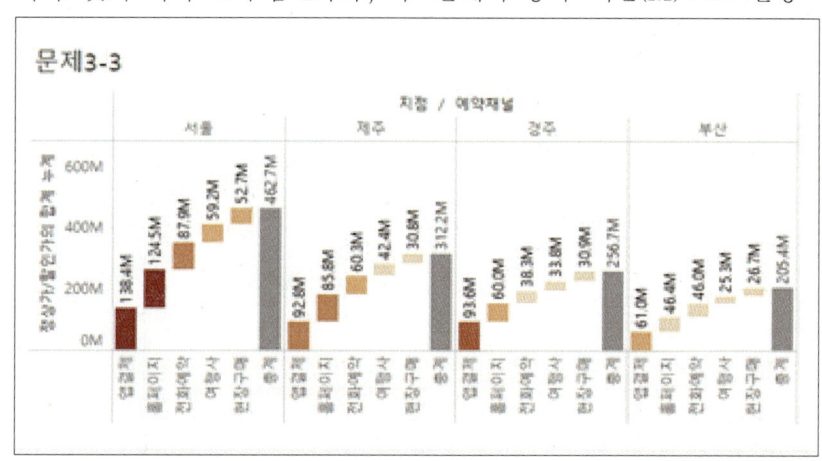

<참고> 레이블 단위

5. '문제3-4' 시트에 캘린더차트를 구현하시오. (10점)

　① [주차] 필드를 생성하여 "2022년 5월"의 데이터를 표시하는 캘린더차트를 구현하시오. (4점)
　　▶ 마크종류: 텍스트
　　▶ 필드 이름: 주차
　　　- [예약일자] 필드를 기준으로 각 월의 주차(각 월의 몇 번째 주인지) 계산
　　　- 사용 함수: DATETRUNC, STR, WEEK
　　　- 예상 결과: 2022-05-01 → 1주차
　　▶ 가로축: [예약일자] 필드의 "요일"
　　▶ 세로축: [주차] 필드
　　▶ 필터: [예약일자] 필드의 '2022년 5월'
　　　- 필터를 하나만 사용
　　　- 워크시트에 필터의 전체 값이 안 보이도록 설정
　　　- 서식: 단일 값(드롭다운) 설정

② 캘린더차트의 레이블을 설정하시오. (3점)
▶ 레이블: [예약일자] 필드의 "일", [예약건수] 필드
- 정렬: 가운데 정렬

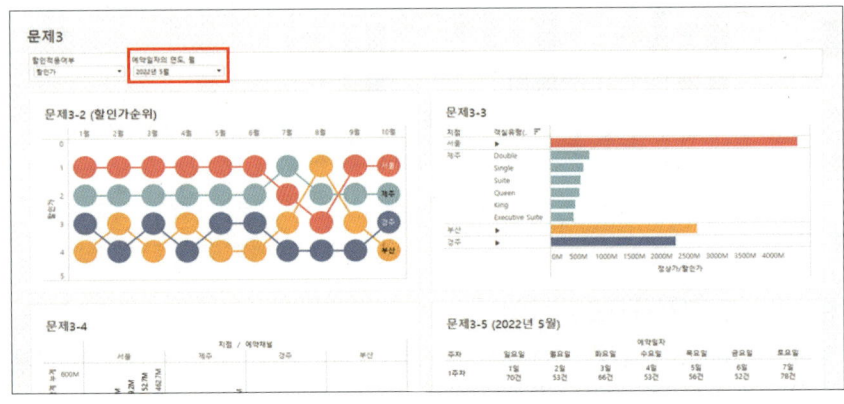

<참고> '문제3-4' 레이블

③ '문제3-4' 시트 제목 뒤에 [예약일자] 필드를 추가하고, 필터를 설정하시오. (3점)
▶ 시트 제목: 문제3-4 (2022년 5월)
- '년월(예약일자)' 필터 변경 시 시트 제목이 함께 변경되도록 설정
▶ '년월(예약일자)' 필터 배치 및 설정
- '문제3' 대시보드 상단에 배치
- 필터 너비: 200
- 문제3-3 시트에도 함께 적용되도록 설정

시행처 공개 문제 A형 답안

문제 1 작업준비(30점)

실습영상

C드라이브 TB폴더를 생성하고 실기 모의문제_태블로(A형)의 소스 폴더의 폴더와 파일을 C:\TB 경로에 붙여넣기 한 후에 A형답안.twbx를 실행하시오.

01 답안파일을 열고 다음의 지시사항에 따라 작업을 수행하시오. (10점)

① 연결 패널을 이용하여 데이터 파일을 열고 데이터 원본 편집창에서 데이터를 편집하시오. (3점)

STEP 01 파일 실행과 데이터 연결하기

'A형 답안.twbx'를 실행하여, 파일을 확인하고, 데이터 원본 또는 시트를 클릭하여 데이터 연결을 할 수 있는 화면으로 이동한다.

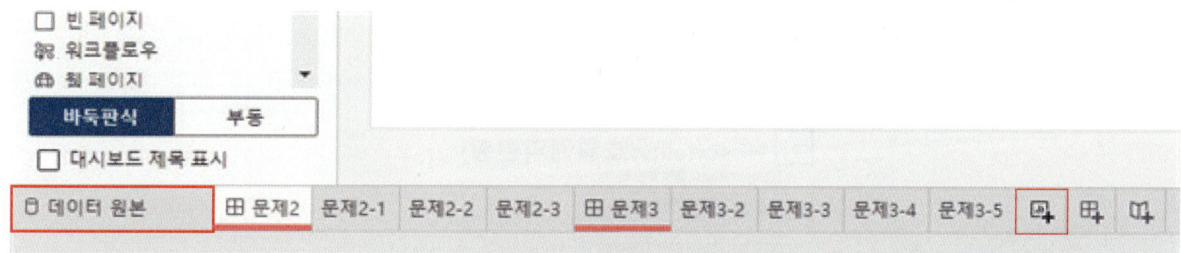

그림 1 데이터 원본 이동

"새 데이터 원본"을 클릭하고, 파일에 연결을 클릭 ' Microsoft Excel'을 클릭하여,
C:\TB\문제1_데이터 경로에서 '2023년_월별서울인구정보.xlsx' 파일을 선택하고 "열기"를 클릭한다.

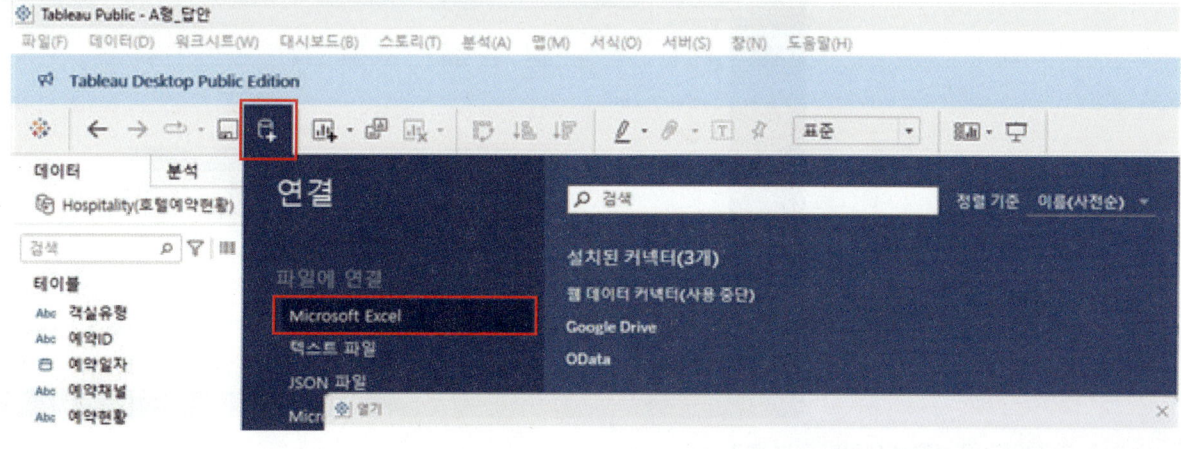

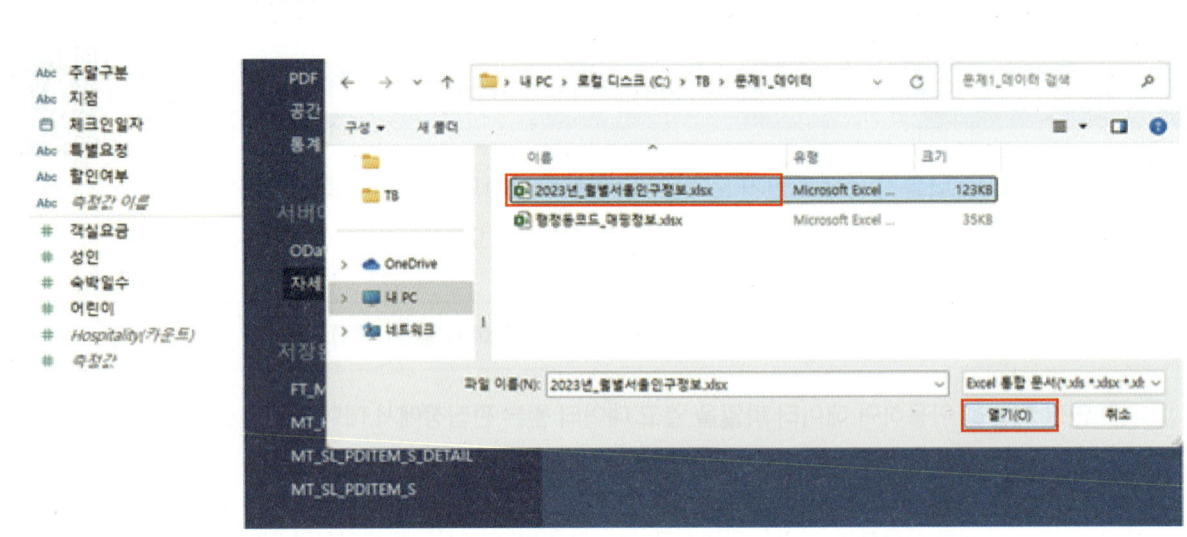

그림 2 시트에서 데이터 원본 연결

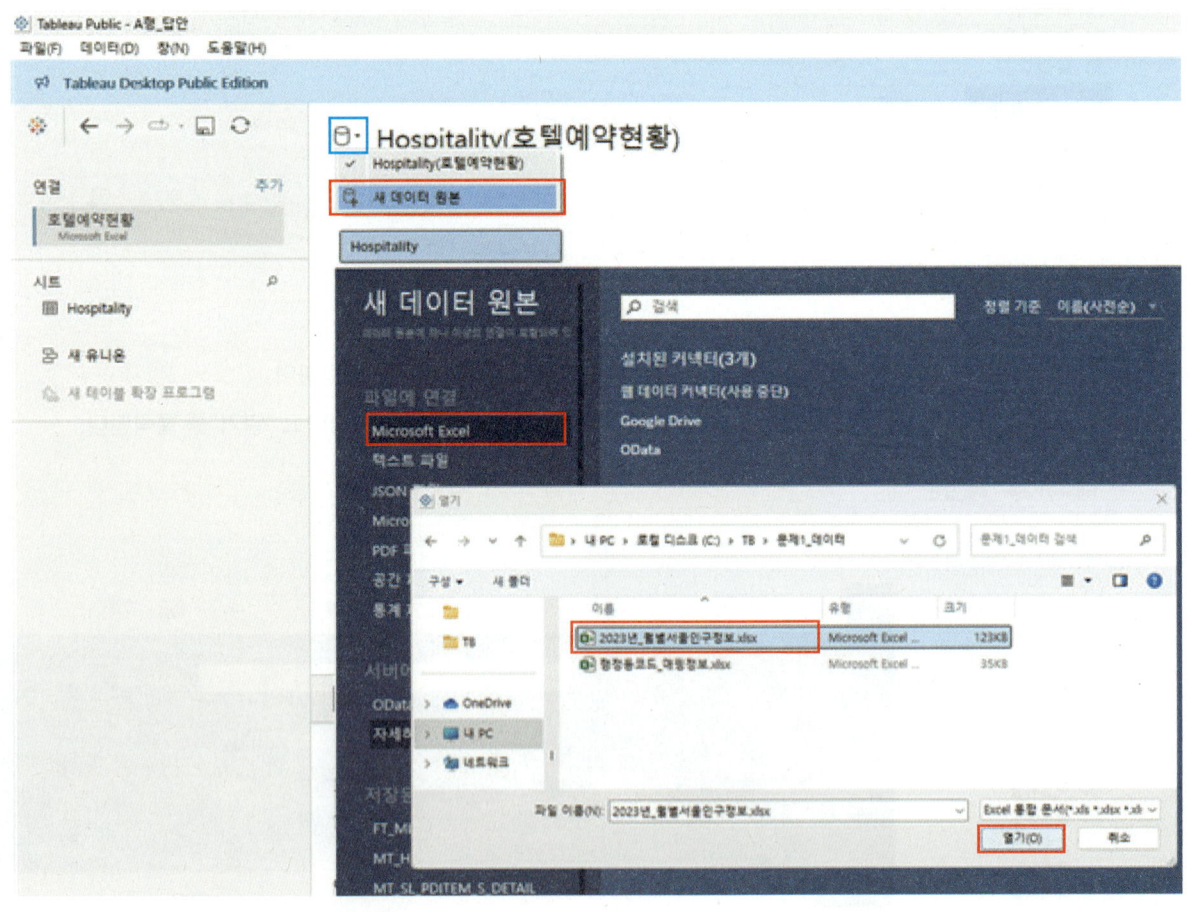

그림 3 데이터 원본에서 데이터 원본 연결

STEP 02 데이터 원본 유니온(UNION) 하기

〈1월〉 테이블을 "데이터 모델을 만들려면 여기로 테이블 끌기"로 드래그 앤 드랍한다.

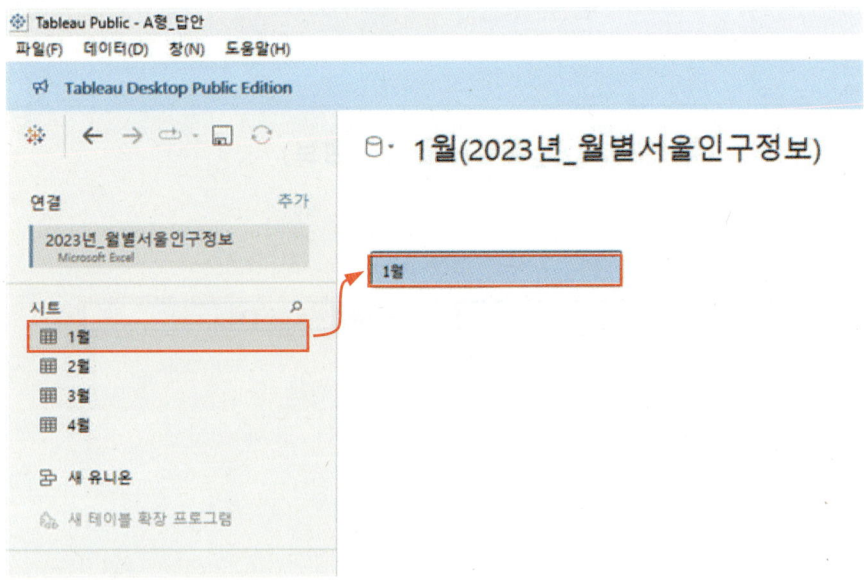

그림 4 〈1월〉 테이블 가져오기

1월 이라고 쓰인 논리적 테이블을 더블 클릭하고 1월 물리적 테이블을 마우스 우클릭하여 유니온으로 변환을 클릭한다.

2월~4월 테이블을 드래그 앤 드랍하여 유니온 테이블에 추가하고, 확인을 클릭한다.

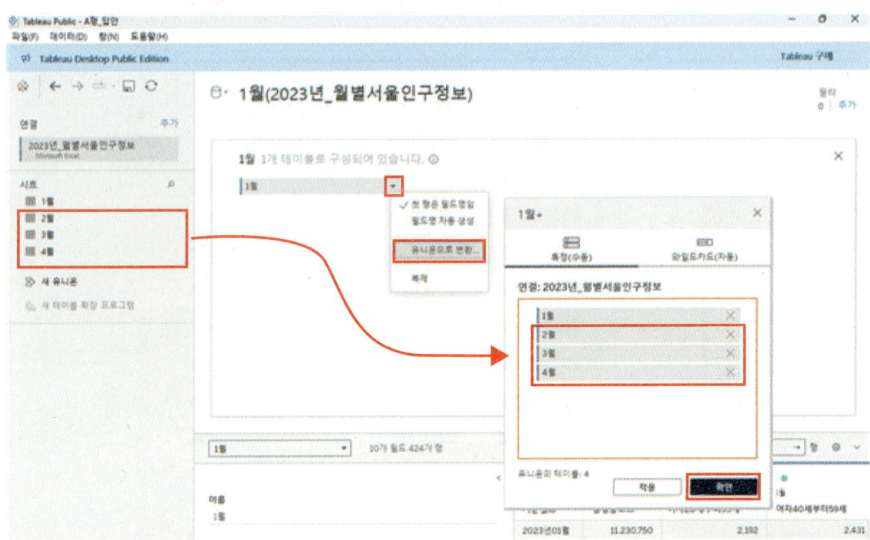

그림 5 수동 유니온(UNION)하기

STEP 03 물리적 테이블 이름 변경하기

'1월+'인 물리적 테이블 이름을 더블클릭 또는 마우스우클릭 이름바꾸기 를 클릭하여 '서울인구정보'로 이름을 변경한다.

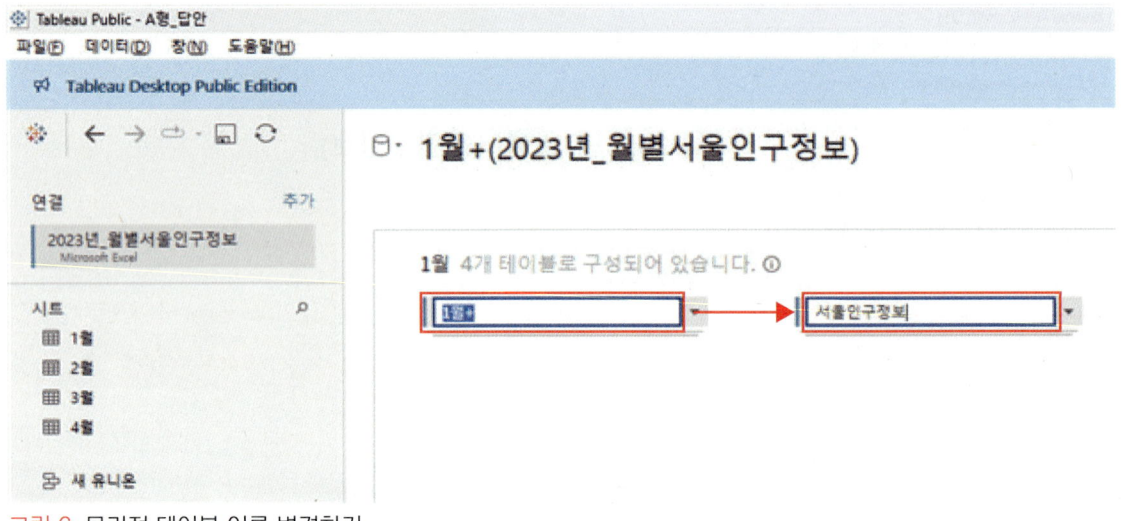

그림 6 물리적 테이블 이름 변경하기

② 데이터 원본 편집창에서 〈서울인구정보〉 테이블을 편집하고 데이터 파일을 추가하시오. (3점)

STEP 01 데이터 유형 변경하기

데이터 원본 편집창 오른쪽 아래에서 '행정동코드'를 찾아 데이터 유형을 클릭하여, #을 Abc 로 변경한다.

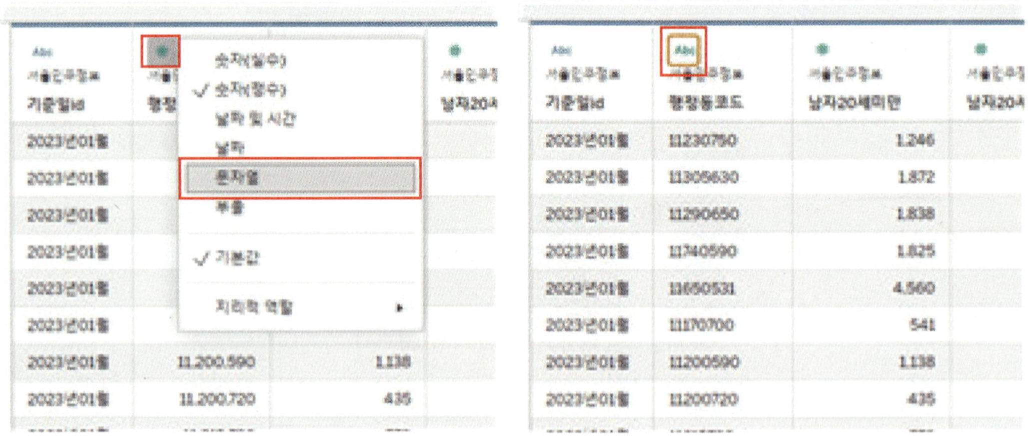

그림 7 데이터 유형 변경하기

STEP 02 연결 추가하기

데이터 원본 편집창 왼쪽 위 연결에 "추가"를 클릭하고, 'Microsoft Excel'을 클릭한다.

'행정동코드_매핑정보.xlsx' 파일을 선택하고, "열기" 버튼을 클릭하여 데이터 원본을 연결 추가한다.

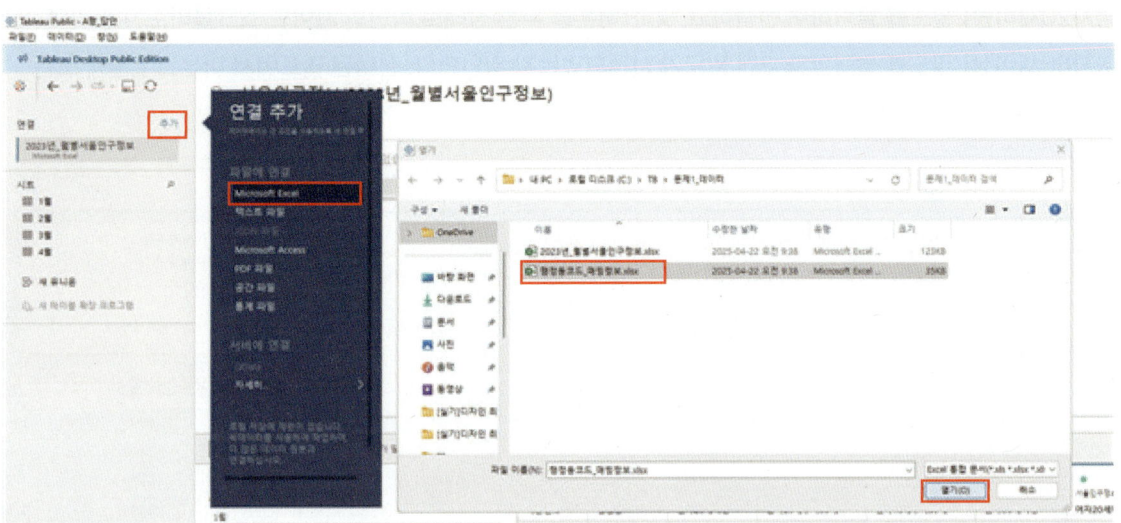

그림 8 데이터 연결 추가하기

STEP 03 조인(Join)하기

다이어그램을 클릭하고 조인유형을 "내부"를 선택하고 〈서울인구정보〉 테이블의 [행정동코드] 필드와 〈행정동코드〉테이블에 [행자부행정동코드] 필드로 조인키(KEY)를 설정한다.

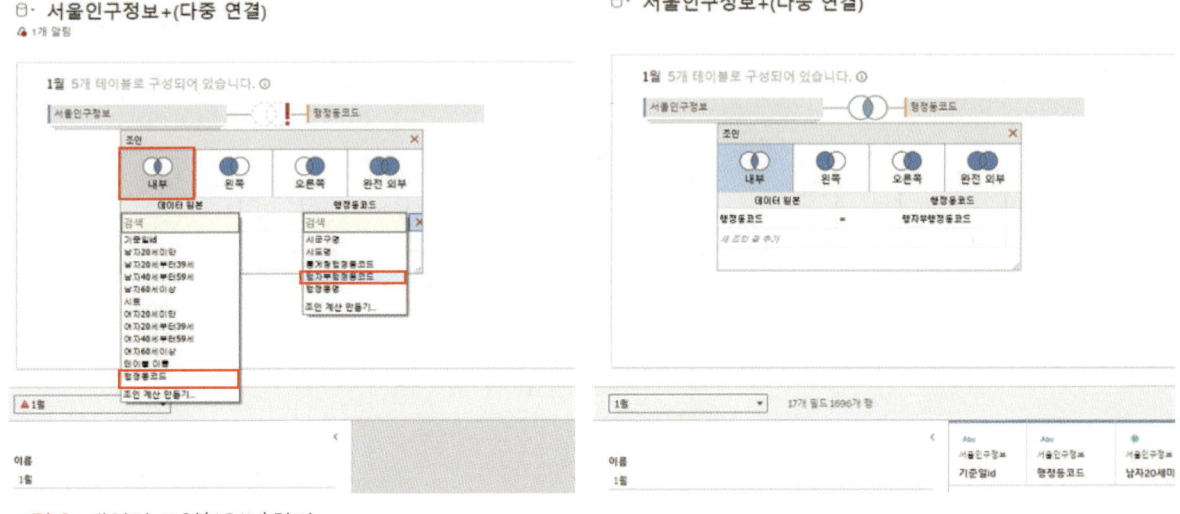

그림 9 데이터 조인(JOIN)하기

② [남자20세미만]부터 [여자60세이상]까지의 8개 필드를 피벗(Pivot)하시오. (4점)

STEP 01 피벗(Pivot)하기

[남자20세미만] 필드를 클릭하여 선택하고, Shift버튼을 누른 상태로 하단의 사이드 스크롤바로 이동하여 [여자60세이상] 필드를 클릭한다. 8개 필드가 선택되었는지 확인한다. 선택된 필드에서 마우스우클릭 또는 ▼버튼을 클릭하여 "피벗"을 선택한다.

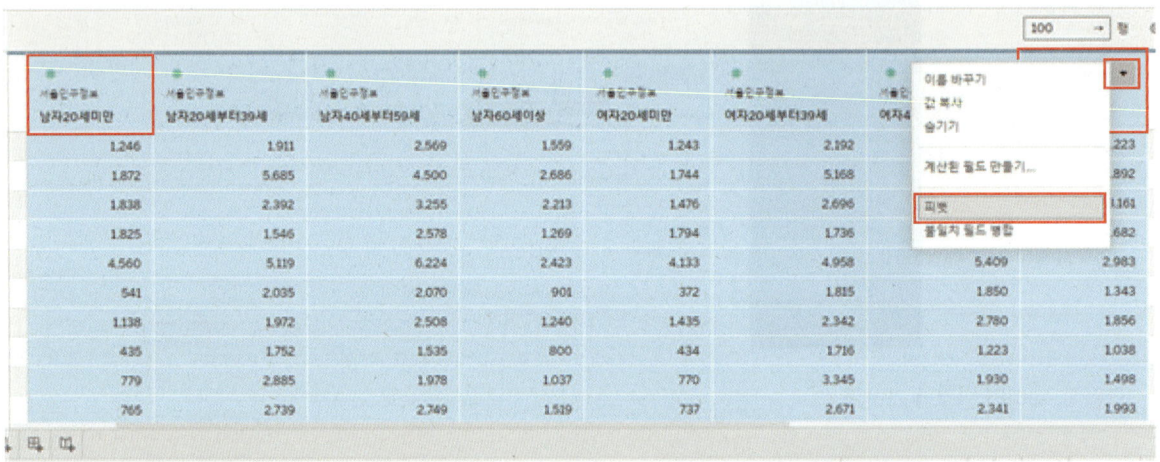

그림 10 피벗(Pivot)하기

02 세부문제1에서 모델링한 데이터를 아래 지시사항에 따라 편집하시오. (10점)

① 〈서울인구정보〉에 [기준일자] 필드를 생성하시오. (3점)

STEP 01

[기준일id] 필드에서 마우스우클릭 또는 ▼버튼을 클릭하여 "계산된 필드 만들기"를 클릭하고 "기준일자" 계산식의 이름과 계산식을 작성하고 확인을 클릭한다.

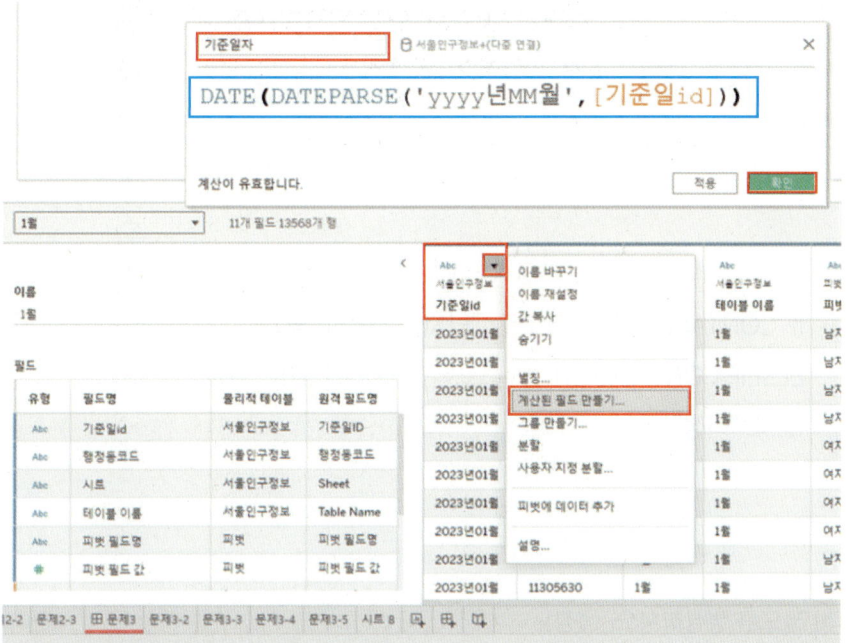

그림 11 [기준일자] 필드 만들기

| 기준일자 | DATE(DATEPARSE('yyyy년MM월',[기준일id])) |

② 〈서울인구정보〉에 [성별] 필드를 생성하시오. (3점)

STEP 01

[피벗 필드명] 필드에 "계산된 필드 만들기"를 클릭하고 문제에 제시된 함수를 사용하여 "성별" 계산식의 이름과 계산식을 작성하고 확인을 클릭한다.

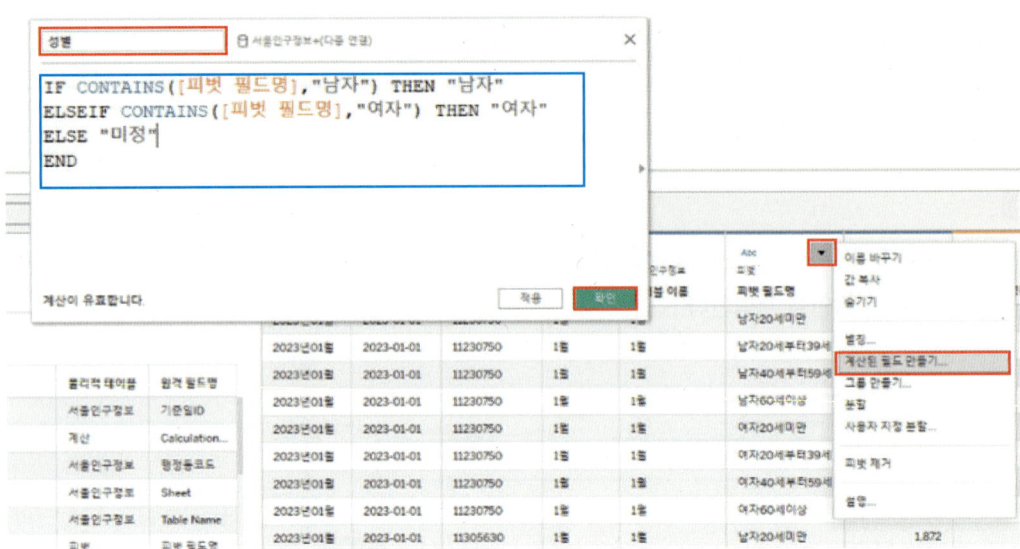

그림 12 [성별] 필드 만들기

| 성별 | IF CONTAINS([피벗 필드명],"남자") THEN "남자"
ELSEIF CONTAINS([피벗 필드명],"여자") THEN "여자"
ELSE "미정"
END |

③ 〈서울인구정보〉에 [나이대] 필드를 생성하시오. (4점)

STEP 01

[피벗 필드명] 필드에 "계산된 필드 만들기"를 클릭하고 문제에 제시된 함수를 사용하여 "나이대" 계산식의 이름과 계산식을 작성하고 확인을 클릭한다.

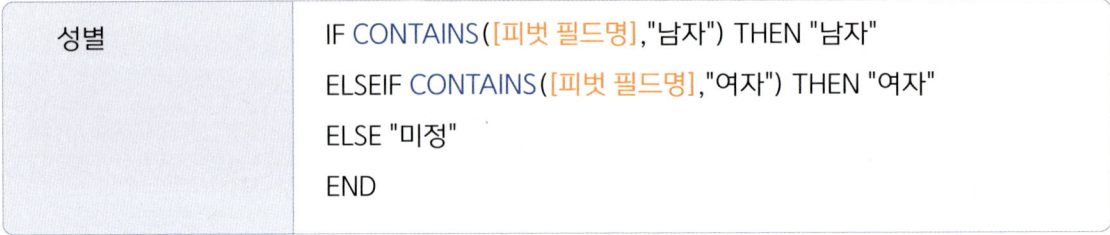

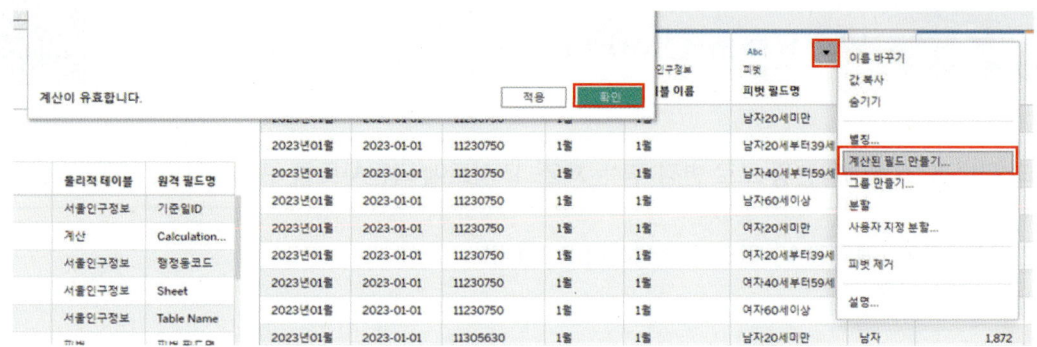

그림 13 [나이대] 필드 만들기

| 나이대 | REPLACE(MID([피벗 필드명],3),"부터","~")
또는
MID(REPLACE([피벗 필드명],"부터","~"),3) |

문제 2 단순요소 구현(30점)

실습영상

01 데이터 원본을 '호텔예약현황'으로 변경 후 '문제2-1' 시트에 라인차트를 구현하시오. (10점)

① '문제2-1' 시트에 [예약건수] 필드를 생성하시오. (4점)

STEP 01

'문제2-1' 시트를 클릭하고, 'Hospitality(호텔예약현황)' 데이터 원본을 선택한다.
"계산된 필드 만들기"를 클릭하고 [예약ID] 필드와 문제에 제시된 함수를 사용하여 "예약건수" 계산식의 이름과 계산식을 작성하고 확인을 클릭한다.

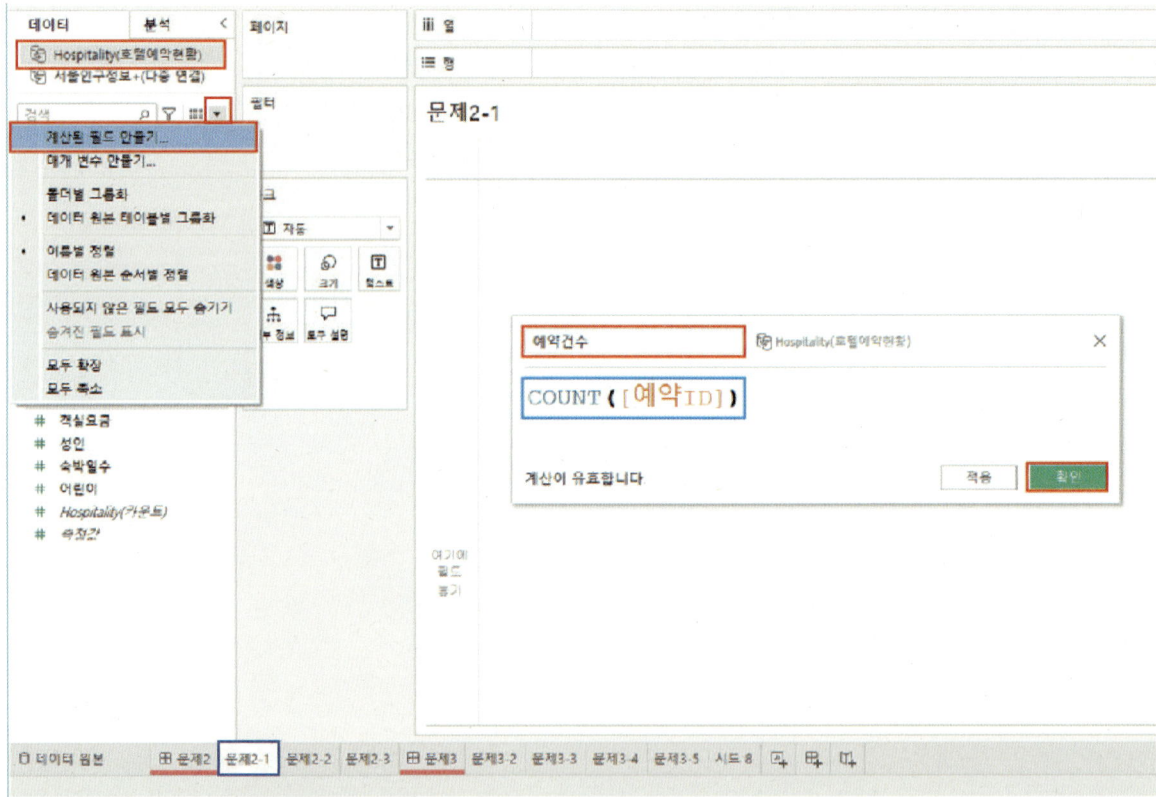

그림 14 [예약건수] 필드 만들기

| 예약건수 | COUNT([예약ID]) |

② 가로축과 세로축이 아래와 같은 라인차트를 구현하시오. (3점)

STEP 01

대표적인 구현방법은 2가지이다.

첫번째 방법은 키보드의 Ctrl 키를 클릭하고 [체크인일자] 필드와 [예약건수] 필드를 다중선택한 후 표현방식을 클릭하여 라인(연속형) 차트를 클릭하여 라인차트를 구현한다.

열 선반의 년(체크인일자)를 드릴다운 하여 월(체크인일자)로 변경한다.

두번째 방법은 열선반에 [체크인일자]를 드래그 앤 드랍하고, 년(체크인일자)를 마우스 우클릭하거나 ▼버튼을 클릭하여 월 2015년5월 을 클릭한다. 연속형(초록)으로 변경되면 드릴다운하여 월(체크인일자)로 변경한다. 행선반에 [예약건수] 필드를 드래그 앤 드랍한다.

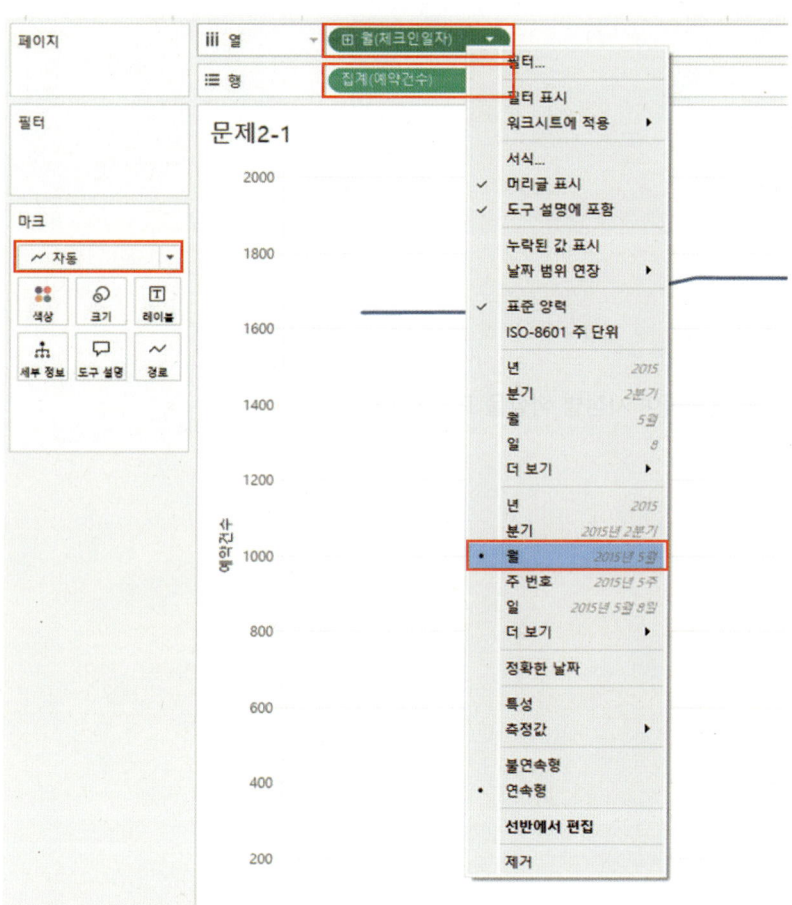

그림 15 라인차트 구현하기

③ 라인차트의 레이블과 색상을 설정하시오. (3점)

STEP 01

레이블을 표시하는 방법도 2가지 이다. "마크 레이블 표시" 기능을 활용하거나 레이블에 [예약건수] 필드를 드래그 앤 드랍하여 레이블을 표시할 수 있다.

"마크 레이블 표시"가 명시되지 않았으므로 드래그앤 드랍하여 레이블을 표시한다.

그림 16 레이블 표시하기

STEP 02

[지점] 필드를 마크 색상에 드래그 앤 드랍하여 지점별 색상을 표시한다.

그림 17 색상 표시하기

STEP 03

마크 색상의 "색상 편집"을 클릭하거나 [지점] 필드의 색상 범례를 더블클릭한다.

색상 편집 창에서 각 색상을 더블클릭하여 색 선택 창에서 "HTML (H)"에 색상코드를 입력하여 색상을 변경하고 확인을 클릭한다.

색상편집 창에서 확인을 클릭하여 워크시트 영역에서 차트를 확인한다.

경주: #6388b4, 부산 : #ffae34, 서울 : #ef6f6a, 제주 : #8cc2ca 로 HTML 코드를 변경하여 표현한다.

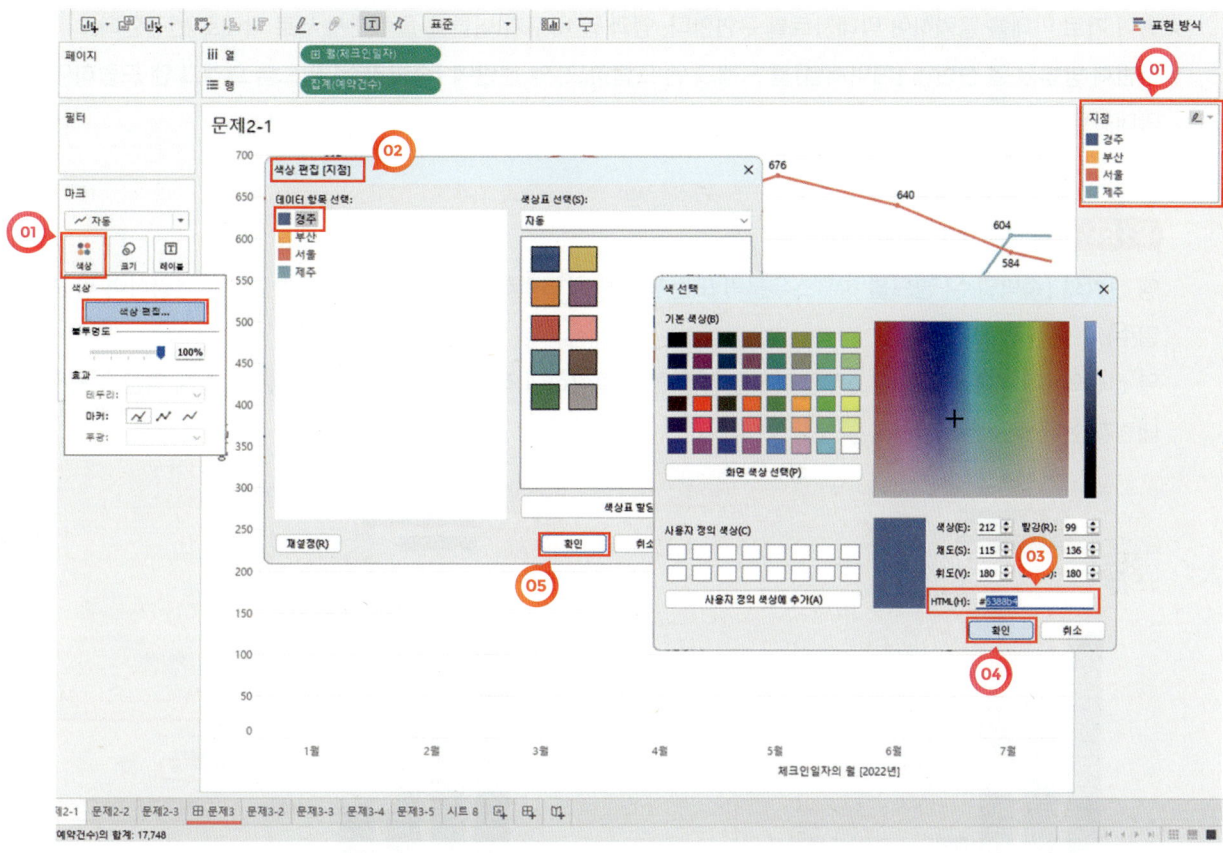

그림 18 색상 편집하기

02 '문제2-2' 시트에 막대차트를 구현하시오. (10점)

① 가로축과 세로축이 아래와 같은 세로막대차트를 구성하시오. (3점)

STEP 01

막대차트를 만드는 대표적인 구현방법은 2가지이다.
첫번째 방법은 키보드의 Ctrl 키를 클릭하고 [예약채널] 필드와 [숙박일수] 필드를 다중선택한 후 표현방식을 클릭하여 가로 막대를 클릭하여 막대차트를 구현한다. 행과 열 바꾸기 버튼을 클릭해서 세로 막대로 변경한다.
두번째 방법은 열 선반에 [예약채널]를 드래그 앤 드랍하고, 행 선반에 [숙박일수] 필드를 드래그 앤 드랍하여 세로 막대차트를 구현한다.

STEP 02

행 선반의 [숙박일수] 필드를 마우스우클릭 또는 ▼버튼을 클릭하여 측정값(합계)를 평균으로 변경하여 평균(숙박일수)로 변경한다.
열 선반의 [예약채널]을 마우스우클릭 또는 ▼버튼을 클릭하여 정렬에서 필드 [숙박일수]의 집계 평균을 기준으로 내림차순 정렬한다.

그림 19 막대차트를 만들고, 설정하기

② 레이블을 설정하시오. (4점)

STEP 01

마크 레이블에 [숙박일수]를 드래그 앤 드랍하고, 합계(숙박일수) 필드를 마우스우클릭 또는 ▼버튼을 클릭하여 평균(숙박일수)로 측정값 합계를 평균으로 변경한다.

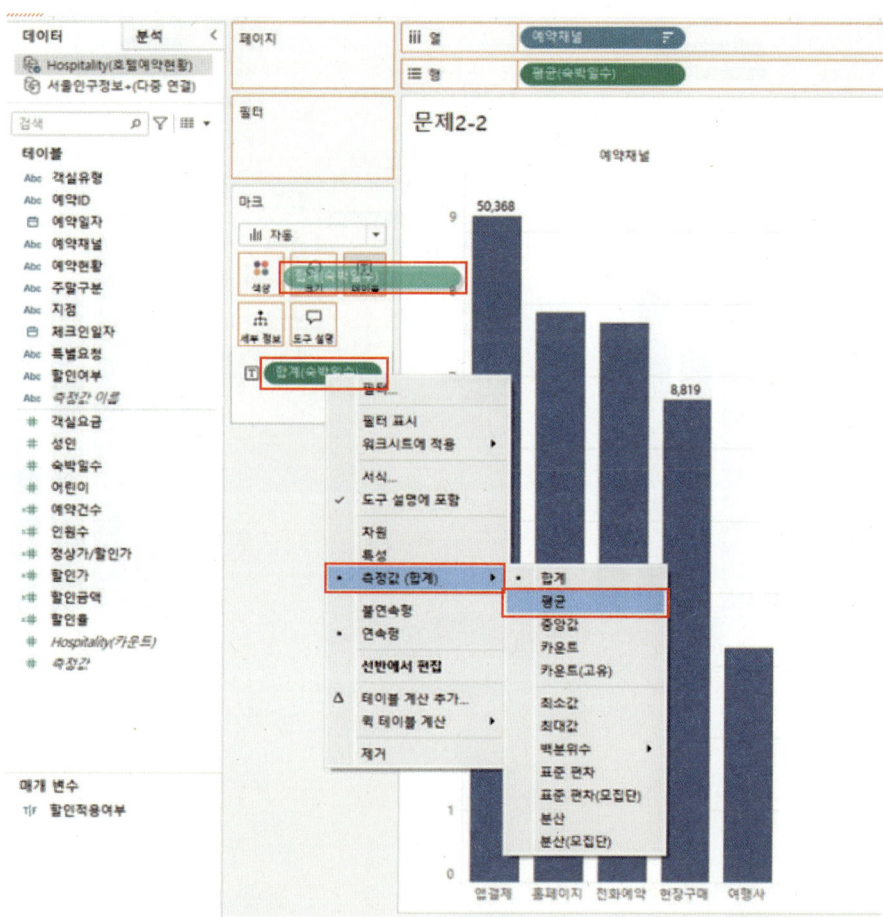

그림 20 레이블 평균(숙박일수) 표시하기

STEP 02

마크 레이블에 드래그 앤 드랍한 평균(숙박일수) 필드의 마우스우클릭 또는 ▼버튼을 클릭하여 서식을 클릭한다. 패널 서식의 기본값에서 숫자(사용자지정)을 선택하고, 접미사에 "일"을 입력하여 문제에 제시된 내용대로 설정한다. 데이터 패널로 돌아가기 위해서 서식 상단의 평균(숙박일수) 서식 옆 X버튼을 클릭한다.

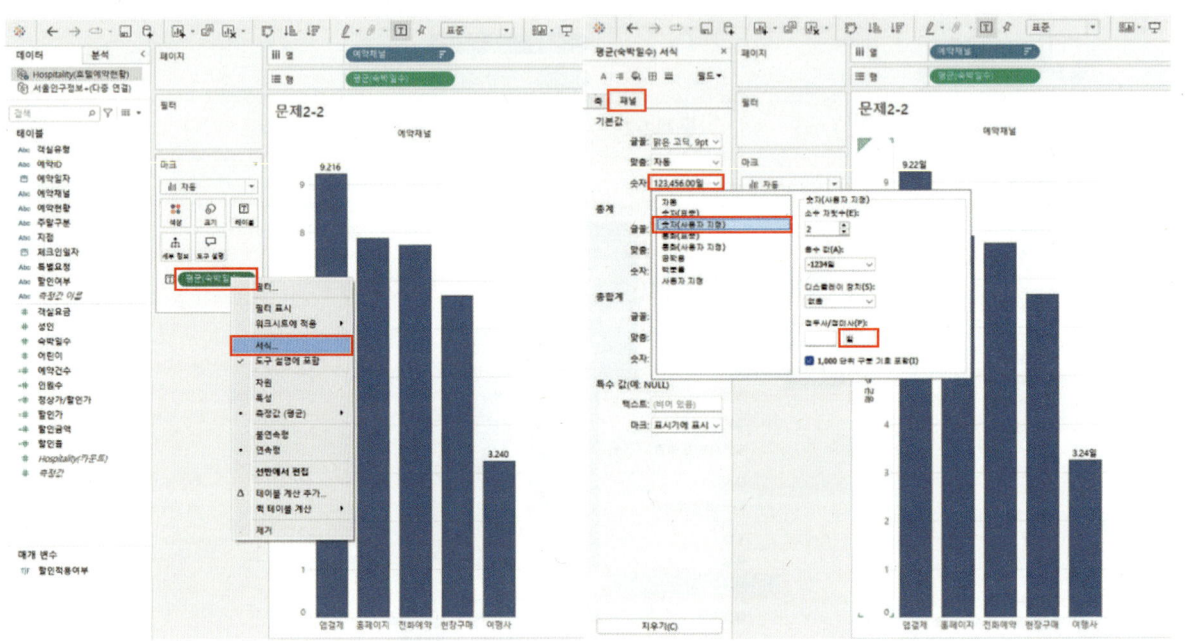

그림 21 레이블 서식 설정하기

③ 차트의 색상을 설정하시오. (3점)

STEP 01

마크 레이블 평균(숙박일수) 필드를 키보드의 Ctrl키를 클릭한 상태로 마크 색상에 드래그 앤 드랍하여 복제한 필드로 표시한다.

마크 색상의 "색상 편집…"을 클릭하여 단계별 색상을 체크하여 5단계로 설정하고 색상을 클릭하여 '#0a6fcb'로 색상코드(HTML)를 입력하고 확인을 클릭한다.

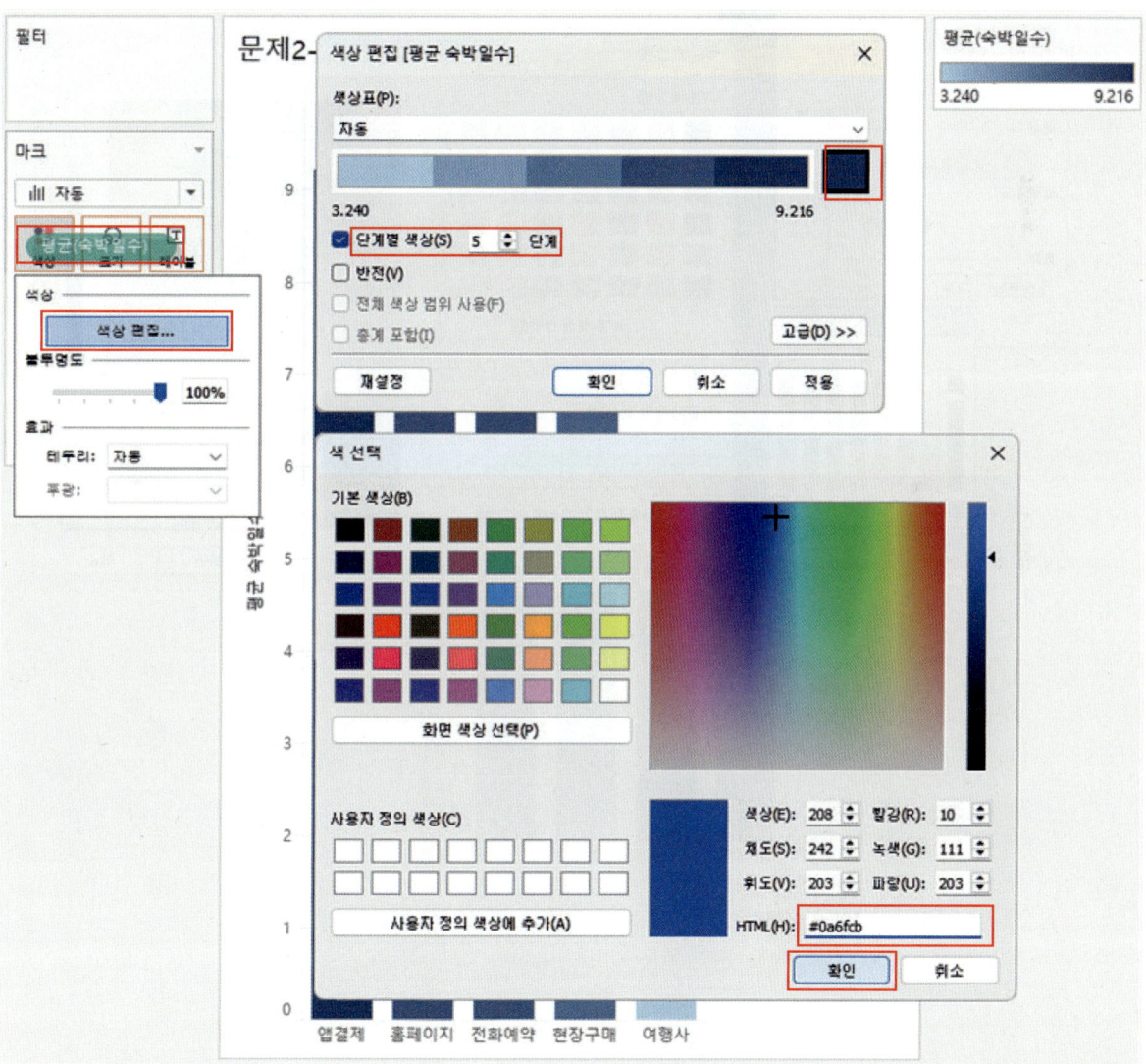

그림 22 막대 색상 설정하기

STEP 02

마크 색상을 클릭하고 테두리를 클릭하여 목록에서 "색상 추가…"을 클릭하고 제시된 테두리 색상코드 '#666666'을 입력하고 확인을 클릭한다.

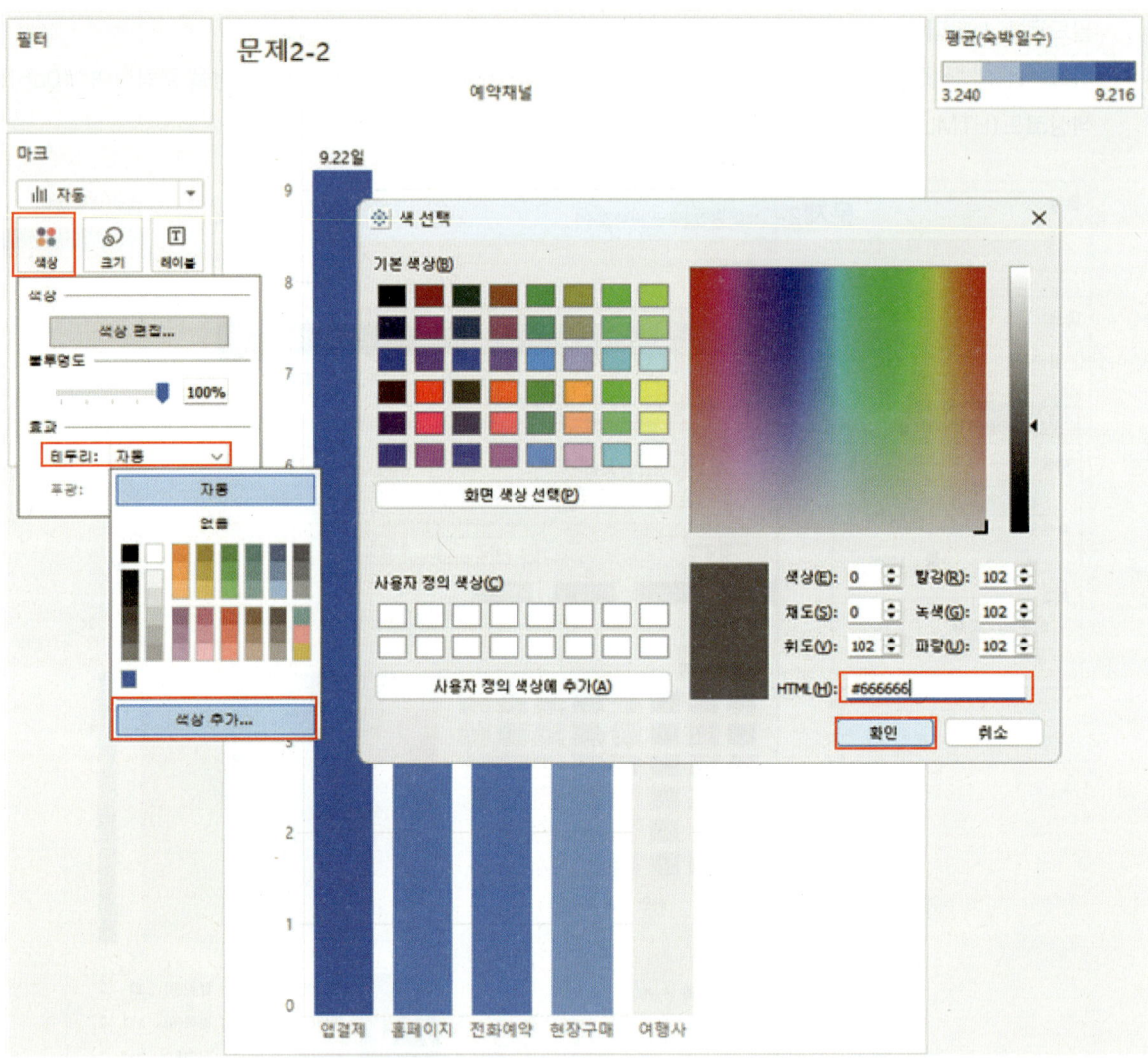

그림 23 막대 테두리 색상 설정하기

03 '문제2-3' 시트에 하이라이트 테이블을 구현하시오. (10점)

① 차트 구현을 위한 [인원수] 필드를 생성하시오. (3점)

STEP 01

'문제2-3' 시트로 이동하여 "계산된 필드 만들기"를 클릭하고 [성인], [어린이] 필드를 사용하여 "인원수" 계산식의 이름과 계산식을 작성하고 확인을 클릭한다.

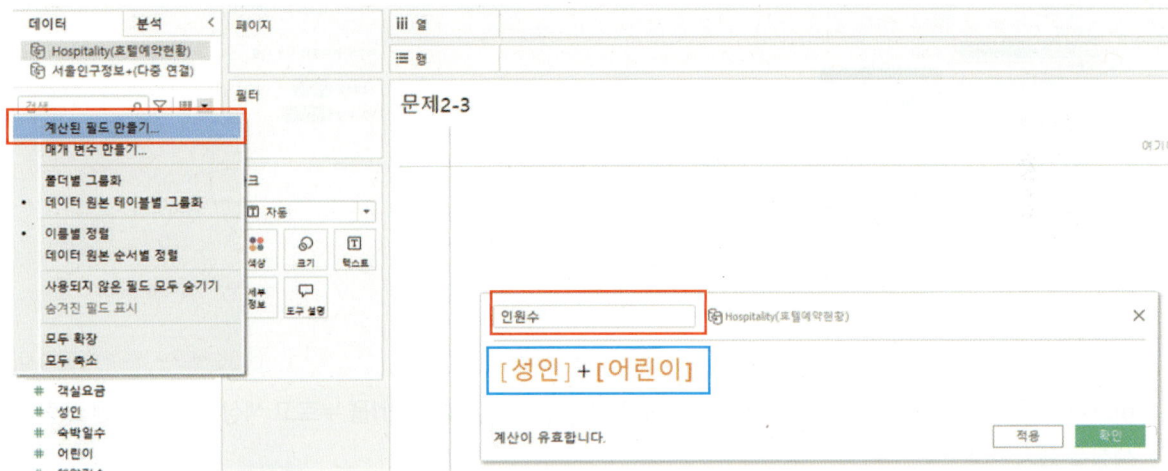

그림 24 [인원수] 필드 만들기

| 인원수 | [성인]+[어린이] 또는 [어린이]+[성인] |

② 하이라이트 테이블을 구현하시오. (4점)

STEP 01

[객실유형], [성인], [어린이], [인원수] 필드를 키보드의 Ctrl키를 누르고 다중선택 한 후, "표현방식"에서 텍스트 테이블을 클릭한다.

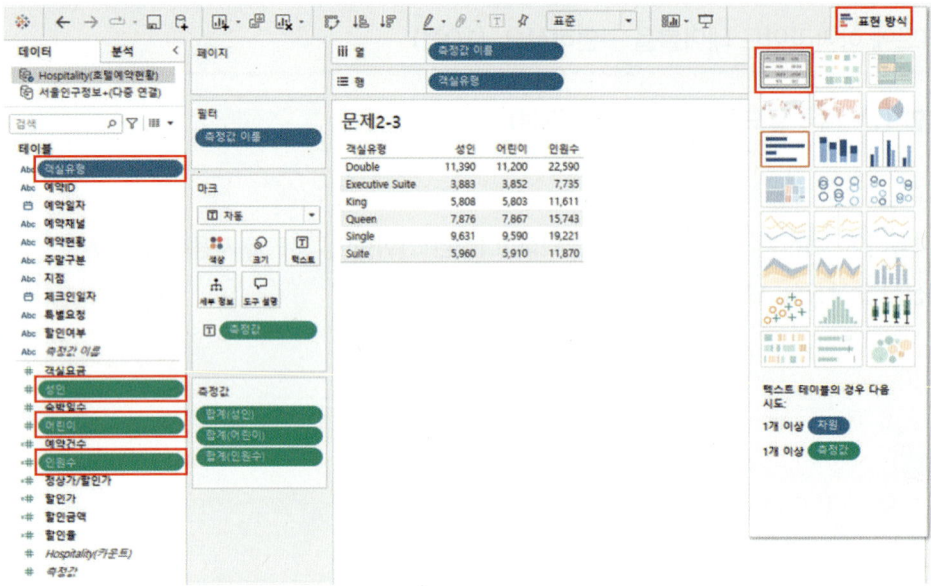

그림 25 텍스트 테이블(그리드 차트) 구현하기

STEP 02

마크에서 차트의 형식을 사각형으로 변경하고 마크 레이블의 측정값을 Ctrl을 누르고 색상에 드래그 앤 드롭하여 색상을 표시한다.

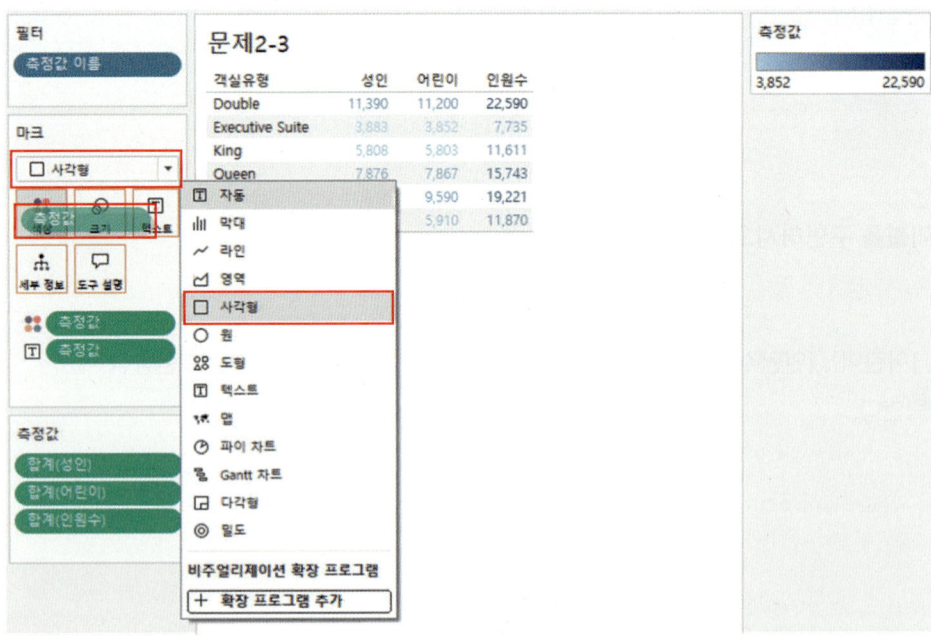

그림 26 하이라이트 테이블 구현하기

③ 색상 편집의 색상표를 이용하여 측정값의 색상을 설정하시오. (3점)

STEP 01

마크 색상의 [측정값] 필드를 마우스우클릭 또는 ▼버튼을 클릭하고, "별도의 범례 사용"을 클릭한다.

각각 색상 범례를 클릭하여 문제에 제시된 색상으로 변경한다.

[성인]은 '파란색', [어린이]는 '녹색', [인원수]는 '자주색' 으로 변경하고 확인을 클릭한다.

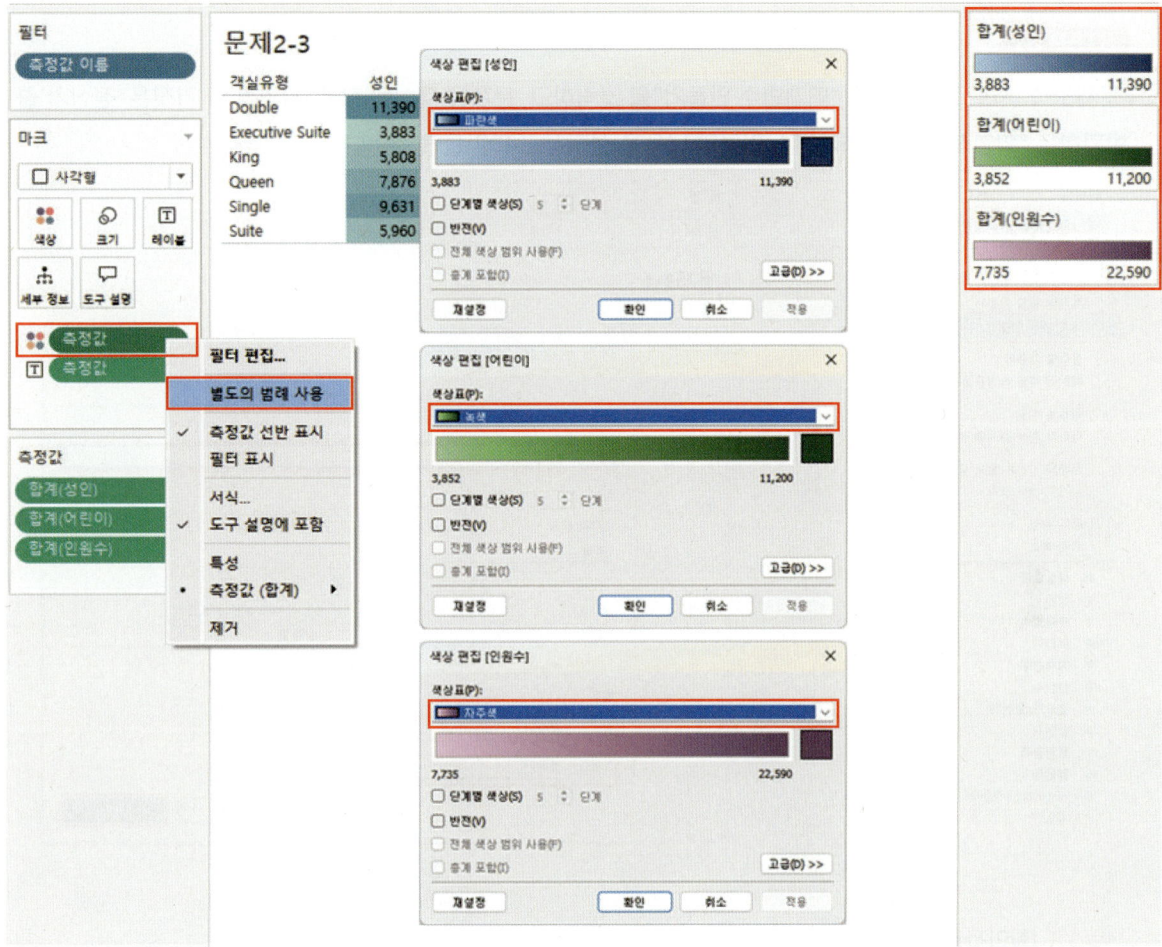

그림 27 별도의 범례 사용하기

문제 3 복합요소 구현(50점)

실습영상

01 매개변수와 필드를 생성하고, 매개변수를 '문제3' 대시보드에 배치하시오. (10점)

① 다음의 조건에 맞는 [할인적용여부] 매개변수와 [할인율] 필드를 생성하시오. (4점)

STEP 01

'문제3-1' 시트로 이동하여 "매개변수 만들기"를 클릭하고, 문제에 제시된 참은 '할인가'와 거짓은 '정상가'를 반환하는 "할인적용여부" 매개변수 이름과 내용을 설정하고 확인을 클릭한다.

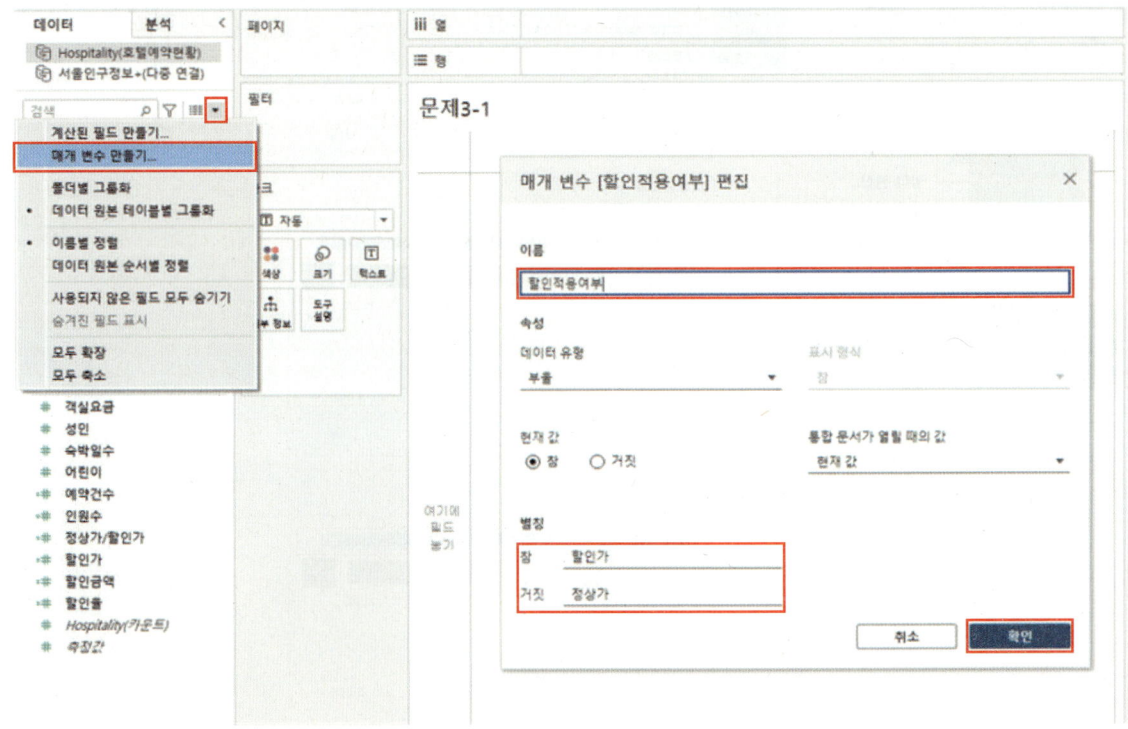

그림 28 [할인적용여부] 매개변수 만들기

STEP 02

"계산된 필드 만들기"를 클릭하고 [숙박여부], [할인여부] 필드와 문제에 제시된 함수를 사용하여 "할인율" 계산식의 이름과 계산식을 작성하고 확인을 클릭한다.

할인율	IF [할인여부]="Yes" THEN
	  IF [숙박일수]>=50 THEN 0.25
	  ELSEIF [숙박일수]>=30 THEN 0.20
	  ELSEIF [숙박일수]>=10 THEN 0.15
	  ELSEIF [숙박일수]>=5 THEN 0.10
	  ELSE 0.05
	  END
	ELSE
	  IF [숙박일수]>=50 THEN 0.20
	  ELSEIF [숙박일수]>=30 THEN 0.15
	  ELSEIF [숙박일수]>=10 THEN 0.10
	  ELSEIF [숙박일수]>=5 THEN 0.05
	  ELSE 0.00
	  END
	END
	
	또는
	
	IF [숙박일수] >= 50 THEN 0.2
	ELSEIF [숙박일수] >= 30 THEN 0.15
	ELSEIF [숙박일수] >= 10 THEN 0.1
	ELSEIF [숙박일수] >= 5 THEN 0.05
	ELSE 0
	END
	+ IF [할인여부] = "Yes" THEN 0.05 ELSE 0 END

② [할인금액] 필드와 [할인가] 필드를 생성하시오. (3점)

STEP 01
"계산된 필드 만들기"를 클릭하고 [객실요금], [할인율] 필드를 사용하여 "할인금액" 계산식의 이름과 계산식을 작성하고 확인을 클릭한다.

| 할인금액 | [객실요금]*[할인율] 또는 [할인율]*[객실요금] |

STEP 02
"계산된 필드 만들기"를 클릭하고 [객실요금], [할인금액] 필드를 사용하여 "할인가" 계산식의 이름과 계산식을 작성하고 확인을 클릭한다.

| 할인가 | [객실요금] - [할인금액] |

③ 매개변수를 적용하는 [정상가/할인가] 필드를 생성하시오. (3점)

STEP 01
"계산된 필드 만들기"를 클릭하고 [할인가], [객실요금] 필드를 사용하여 "정상가/할인가" 계산식의 이름과 계산식을 작성하고 확인을 클릭한다.

| 정상가/할인가 | CASE [할인적용여부]
WHEN TRUE THEN [할인가]
WHEN FALSE THEN [객실요금]
END |

STEP 02
'문제3' 대시보드로 이동하여 '문제3-1' 시트를 선택하고 ▼버튼을 클릭하고 '매개 변수'의 '할인적용여부' 매개변수를 선택한다. 문제의 완성화면과 같이 매개변수를 이동시켜 배치한다.
너비 조정을 선택하여 값을 '168'로 입력하고 확인을 클릭한다.

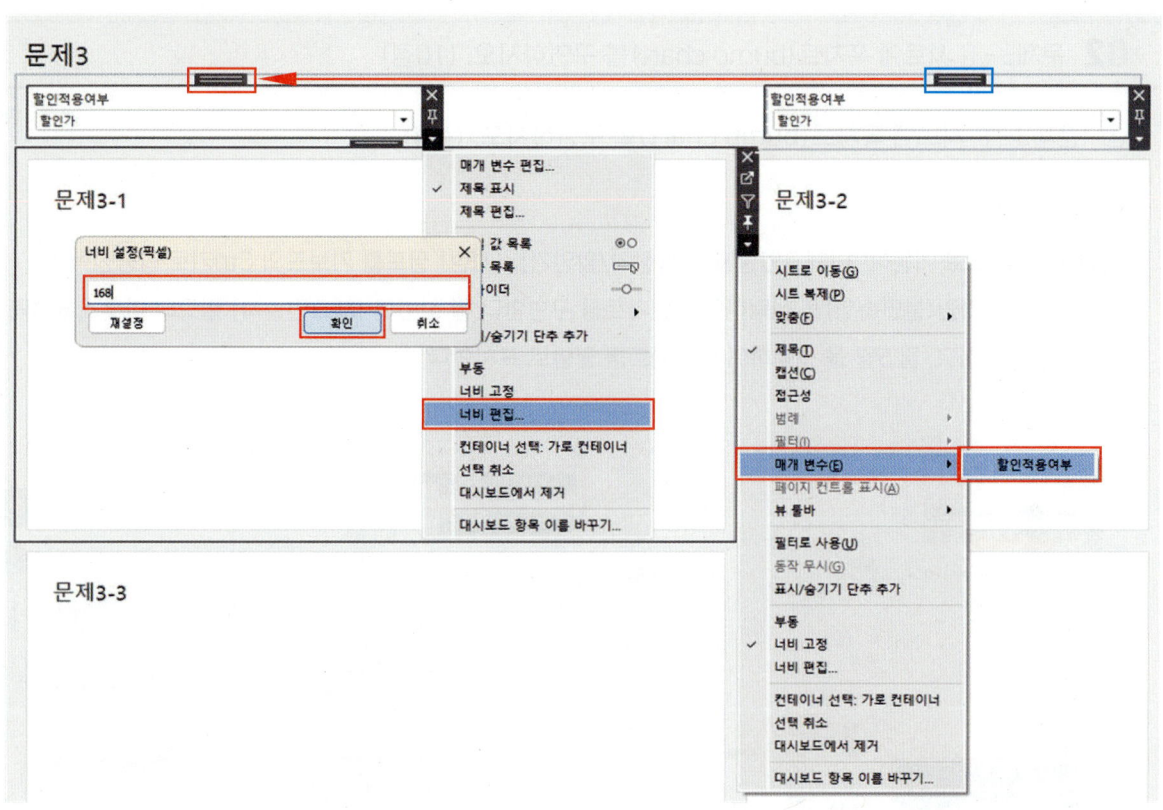

그림 29 [할인적용여부] 매개변수 배치하기

02 '문제3-1' 시트에 훅차트(bump chart)를 구현하시오. (10점)

① '문제3-1' 시트에 훅차트(bump chart)를 구현하시오. (4점)

STEP 01

'문제3-1' 시트로 이동하여 [체크인일자], [정상가/할인가], [지점] 필드를 키보드의 Ctrl키로 다중선택 후 "표현방식"의 라인(불연속형)을 선택하여 라인차트를 구현한다. 열 선반의 [체크인일자] 필드의 마우스우클릭 또는 ▼버튼을 클릭하고, 월 5월 을 선택하여 라인차트를 월별로 표시한다.

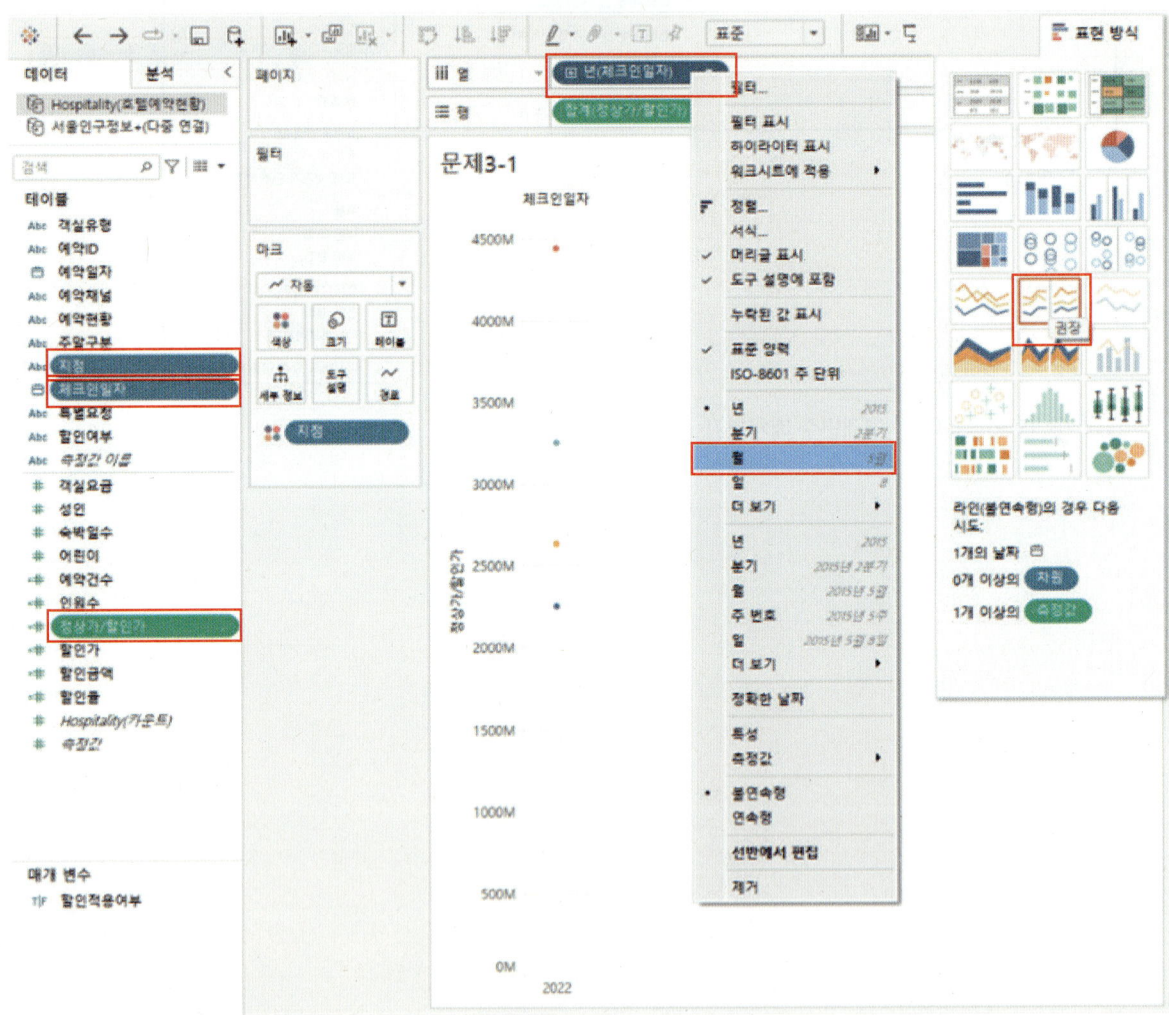

그림 30 라인차트 구현하기

STEP 02

행 선반 [정상가/할인가] 필드의 마우스우클릭 또는 ▼버튼을 클릭하고, "퀵 테이블 계산"에서 "순위"를 클릭하여 변경하고, 합계(정상가/할인가)△ 를 다시 마우스우클릭 또는 ▼버튼을 클릭하여 "계산 대상"을 "지점"으로 변경한다.

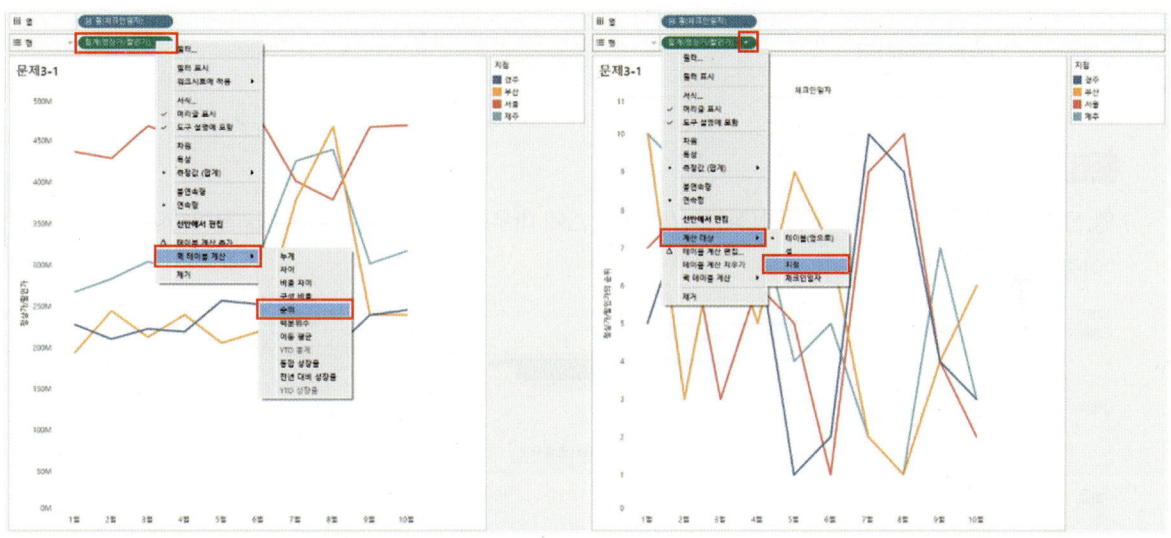

그림 31 퀵 테이블 계산 순위 설정하기

STEP 03

행 선반의 합계(정상가/할인가)△ 를 Ctrl을 누르고 드래그 앤 드랍하여 행 선반에 필드를 복제한다. 가장 아래 있는 마크 카드를 클릭하여 마크의 차트를 "원" 차트로 변경한다.

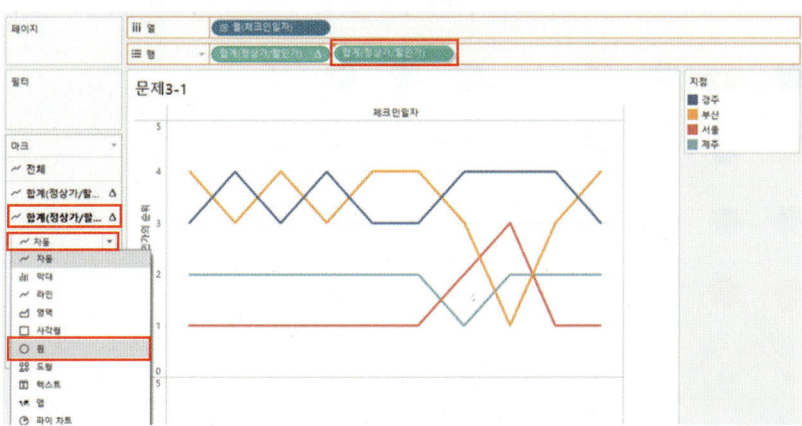

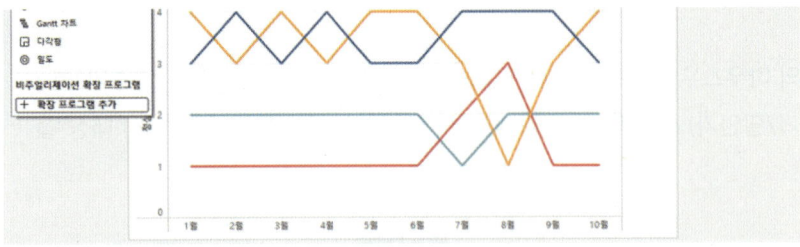

그림 32 원차트 구현하기

STEP 04

행 선반의 왼쪽에 있는 측정값 합계(정상가/할인가)△에 마우스우클릭 또는 ▼버튼을 클릭하여 "이중축"을 체크한다.

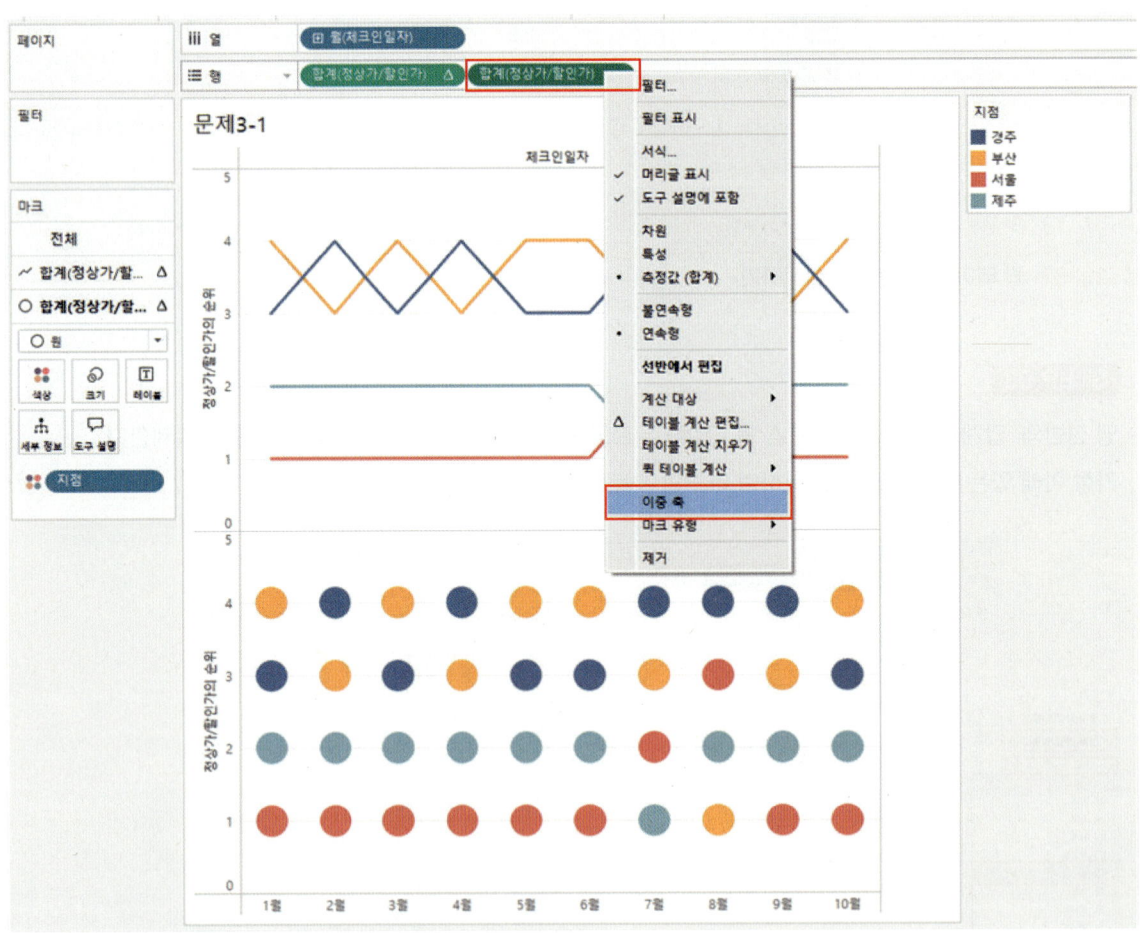

그림 33 이중축 적용하기

양쪽의 세로축 중 아무거나 선택하여 마우스우클릭하여 "축 동기화"를 클릭하고, 다시 마우스우클릭하여 "축 편집..."을 클릭하고 눈금에서 반전을 체크한다. 축 제목에 값 사용 [할인적용여부] 선택한다.
오른쪽 세로축에 마우스우클릭하여 '머리글 표시'를 체크해제 한다.

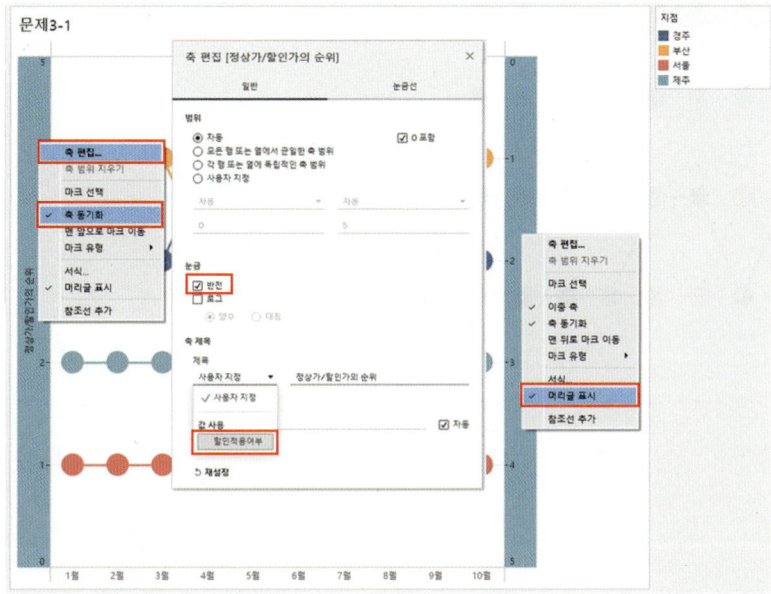

그림 34 축 편집... 적용하기

② 레이블 및 색상을 설정하시오. (3점)

STEP 01

마크 중 ○합계(정상가/할인가) (2) △ 마크 레이블에 [지점] 필드를 드래그 앤 드랍하고, 마크 레이블의 맞춤을 가로 '가운데', 세로 '가운데'로 선택한다. 레이블 지정할 마크를 '가장 최근'으로 선택한다.

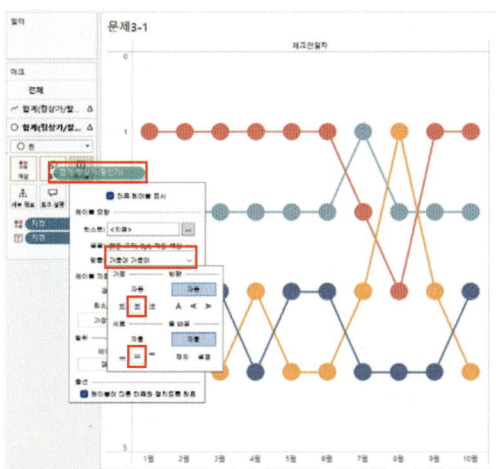

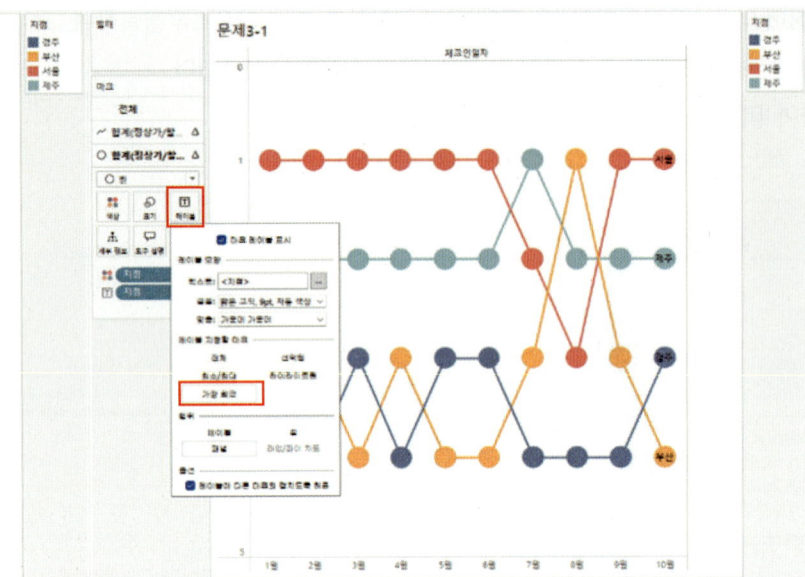

그림 35 레이블 설정하기

STEP 02

마크 카드 중 전체 마크 색상에 [지점] 필드를 확인한다.

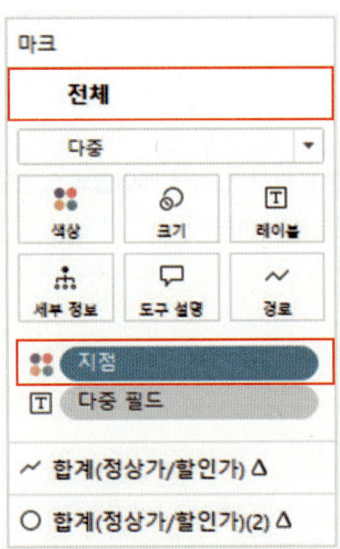

그림 36 색상 설정하기

③ '문제3-1' 시트 제목 뒤에 [할인적용여부] 매개변수를 추가하시오. (3점)

STEP 01

시트 상단의 시트제목을 마우스우클릭 또는 ▼버튼을 클릭하여 제목 편집 창을 열고 〈시트제목〉 상태에서 "삽입▼"을 클릭하고 '매개 변수.할인적용여부'을 선택하여 제목 편집 창의 내용을 문제의 지시사항에 맞게 '〈시트제목〉(〈매개 변수.할인적용여부〉순위)' 로 입력하고 확인을 클릭한다.

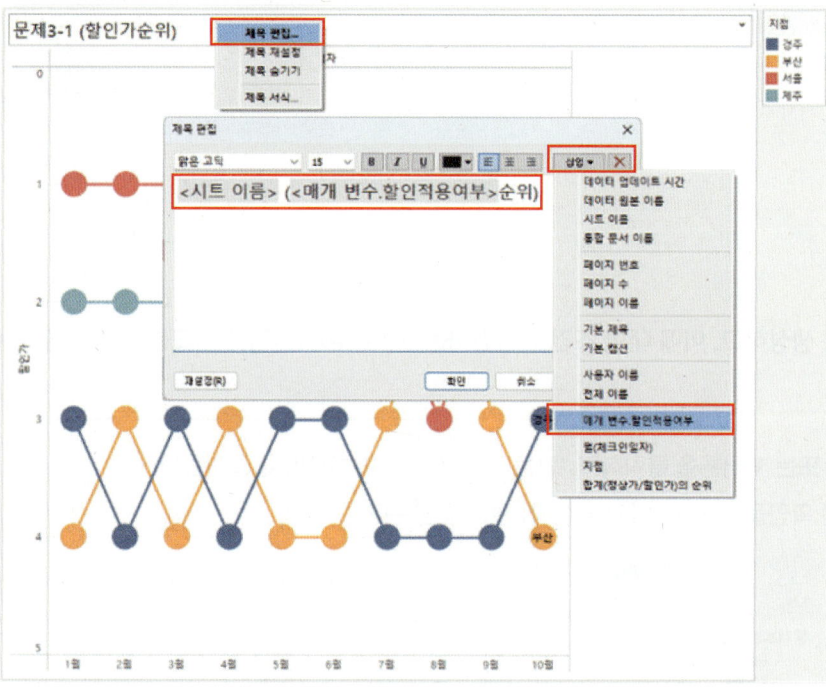

그림 37 [할인적용여부] 매개변수 배치하기

03 '문제3-2' 시트에 가로막대차트를 구현하시오. (10점)

① [지점] 필드와 [정상가/할인가] 필드를 사용하여 가로막대차트를 구현하시오. (3점)

STEP 01

'문제3-2' 시트로 이동하여, 키보드의 Ctrl키를 누른 상태로 [지점], [정상가/할인가] 필드를 클릭하고, "표현 방식"에서 '가로 막대' 차트를 클릭하여 막대차트를 구현하고 [지점] 필드를 마크의 색상으로 드래그 앤 드랍하여 색상을 지점별로 표현한다.

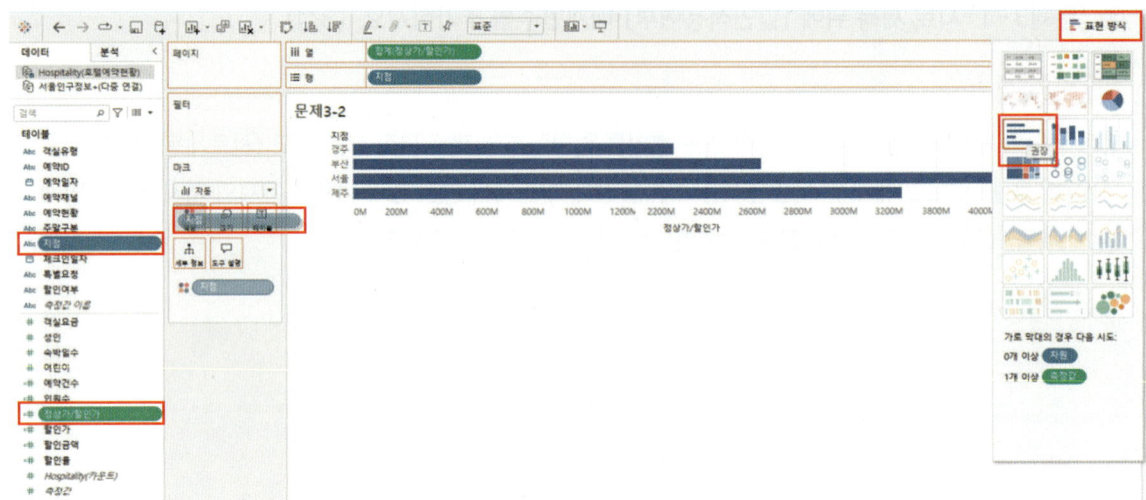

그림 38 가로 막대차트 구현하기

③ [지점 집합] 집합 필드를 생성하고, 이에 대한 조건을 설정하는 [객실유형(선택)] 필드를 추가하시오. (3점)

STEP 02

[지점] 필드를 마우스우클릭 또는 ▼버튼을 클릭하여 "만들기"를 선택하여 "집합"을 클릭한다.

"집합 만들기" 창이 나타나면 확인을 클릭하여 [지점 집합] 필드를 만든다.

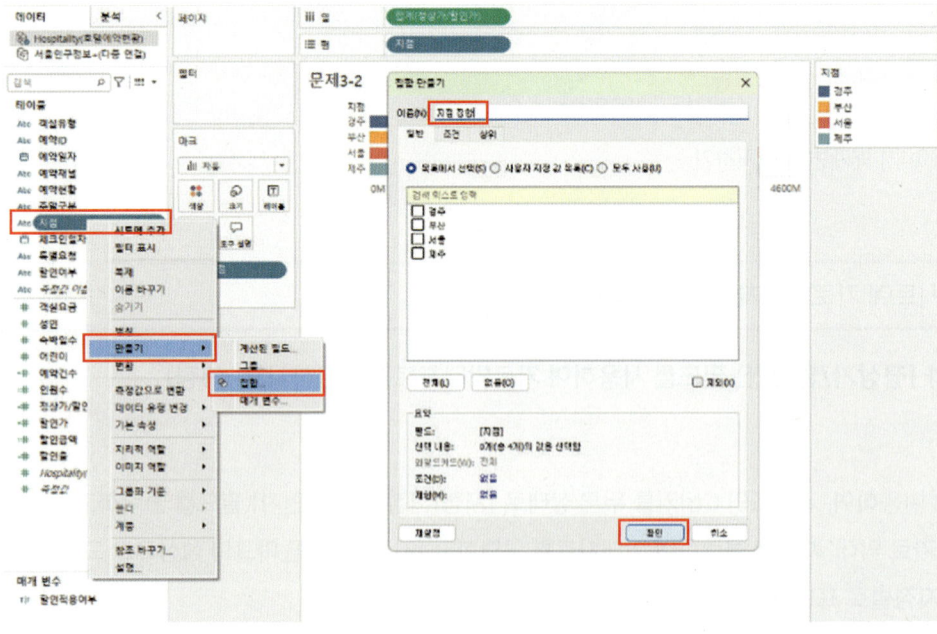

그림 39 [지점 집합] 만들기

STEP 02

"계산된 필드 만들기"를 클릭하고, [지점 집합], [객실유형] 필드와 문제에 제시된 함수를 사용하여 "객실유형(선택)" 필드의 계산식을 작성하고 확인을 클릭한다.

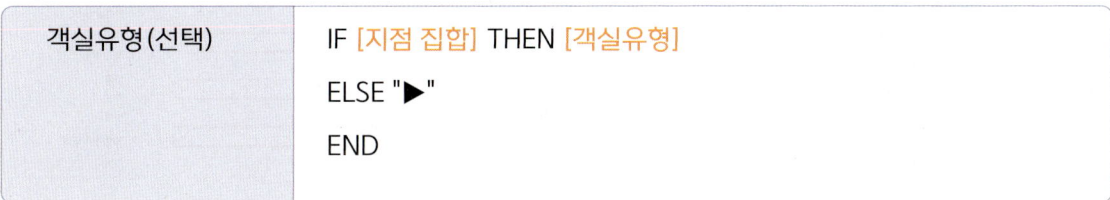

STEP 03

[객실유형(선택)] 필드를 가로막대차트 [지점] 필드 오른쪽에 드래그 앤 드랍하여 추가한다.

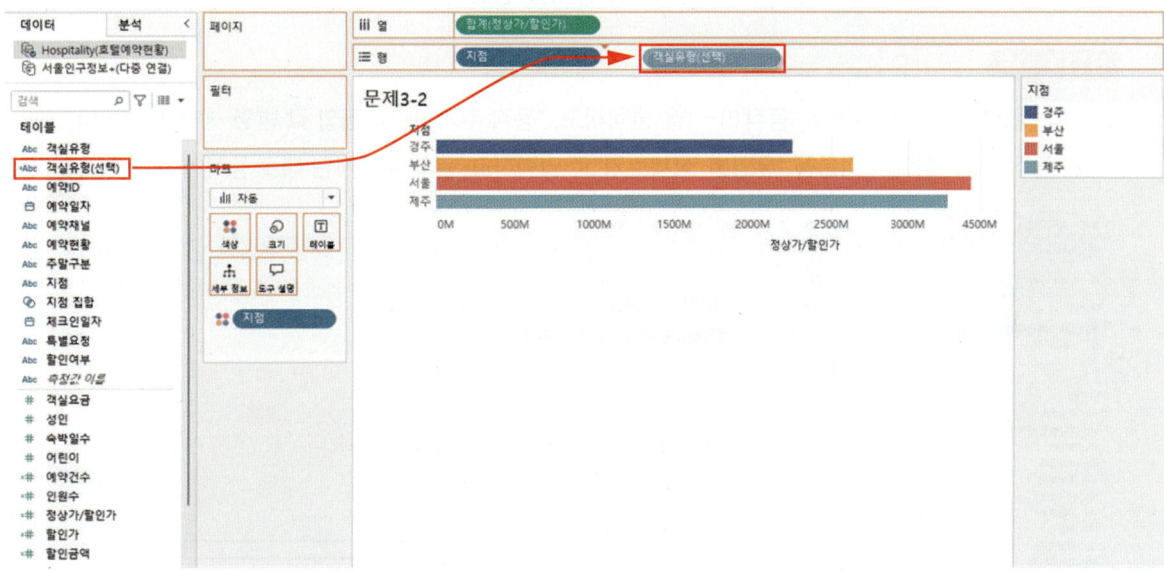

그림 40 [객실유형(선택)] 필드 추가하기

STEP 04

행 선반에 [지점], [객실유형(선택)] 필드를 마우스우클릭 또는 ▼버튼을 클릭하여 "정렬"을 선택하고, [정상가/할인가] 필드 합계의 내림차순으로 정렬한다. 정렬 설정 후 "X"버튼을 클릭하여 시트 화면으로 이동한다.

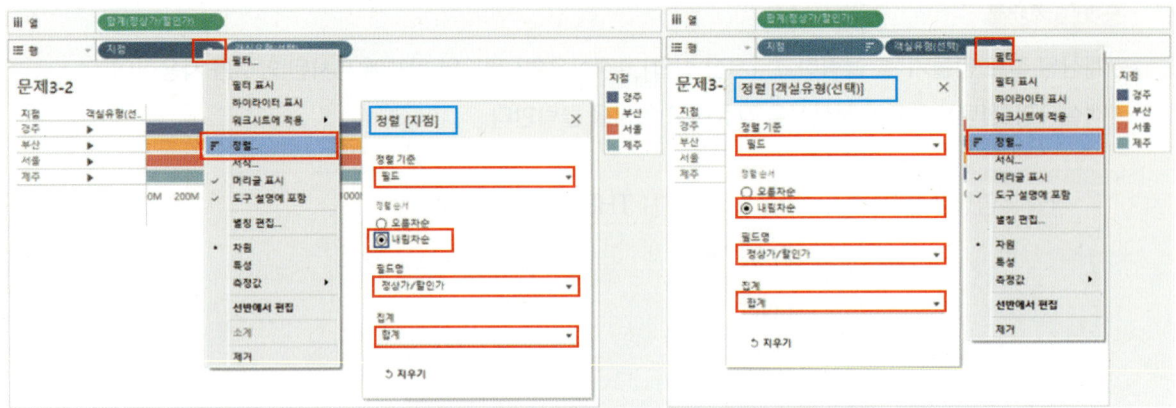

그림 41 필드의 내림차순 정렬하기

③ [지점 집합] 집합에 값을 할당하는 워크시트 동작을 생성하시오. (4점)

STEP 01

상단의 워크시트(W) 메뉴에서 "동작(I)…"을 클릭하고, "동작 추가"에서 "집합 값 변경…"을 선택한다.

"집합 동작 추가" 창에서 이름을 "유형별_상세보기"로 입력하고, 문제에 제시된 대로 동작 설정을 적용한다.

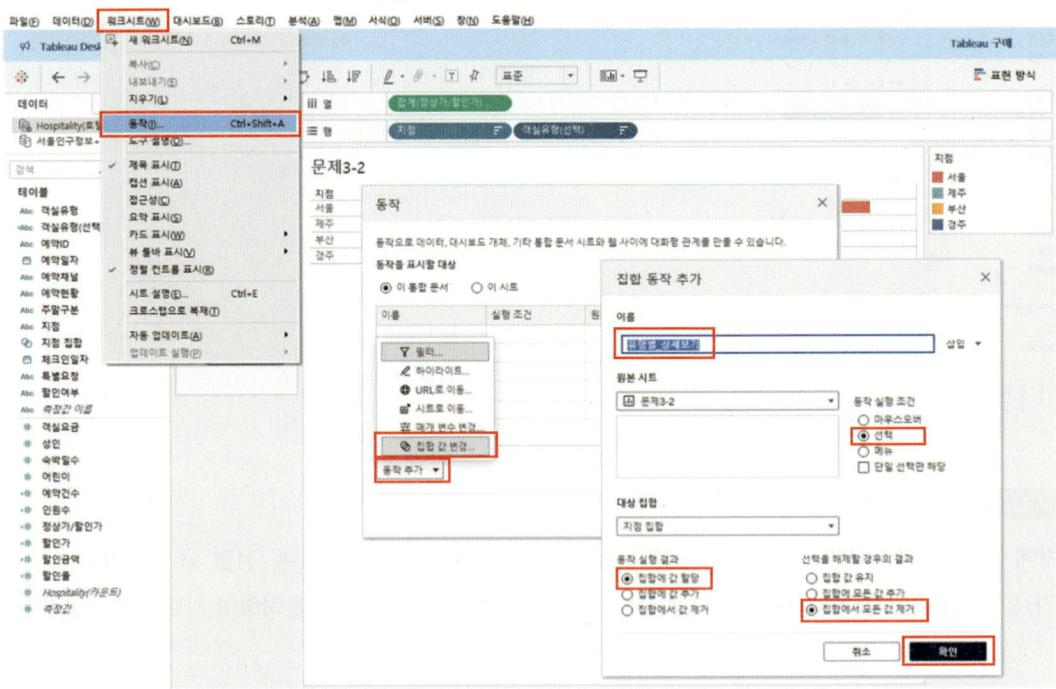

그림 42 집합 값 변경 설정하기

STEP 02

[지점] 필드의 "제주"를 클릭하여 완성화면과 같은 상태로 조회되는지 확인한다.

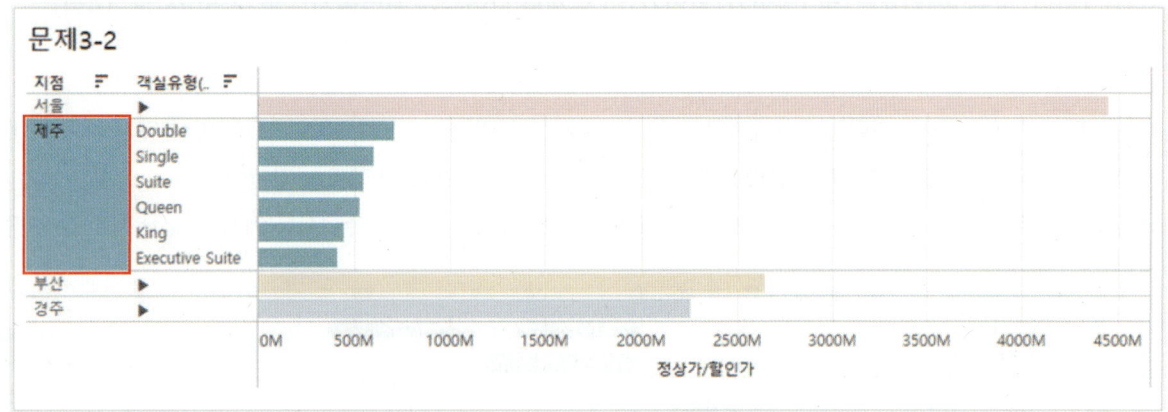

그림 43 [지점] 필드의 "제주" 선택하기

04 '문제3-3' 시트에 워터폴차트를 구현하시오. (10점)

① [지점]별로 [예약채널]별 [정상가/할인가]의 누계를 보여주는 워터폴차트를 구현하시오. (4점)

STEP 01

'문제3-3' 시트로 이동하여 [지점], [예약채널], [정상가/할인가] 필드를 선택하여 "표현 방식"에서 가로 막대를 선택하여 막대차트를 구현한다. "행과 열 바꾸기" 버튼을 클릭하여 세로 막대로 변경한다.

워터폴차트는 각 값의 간격을 나타내므로 마크 카드의 차트 유형을 '막대' 또는 '자동'에서 'Gantt 차트'로 변경한다.

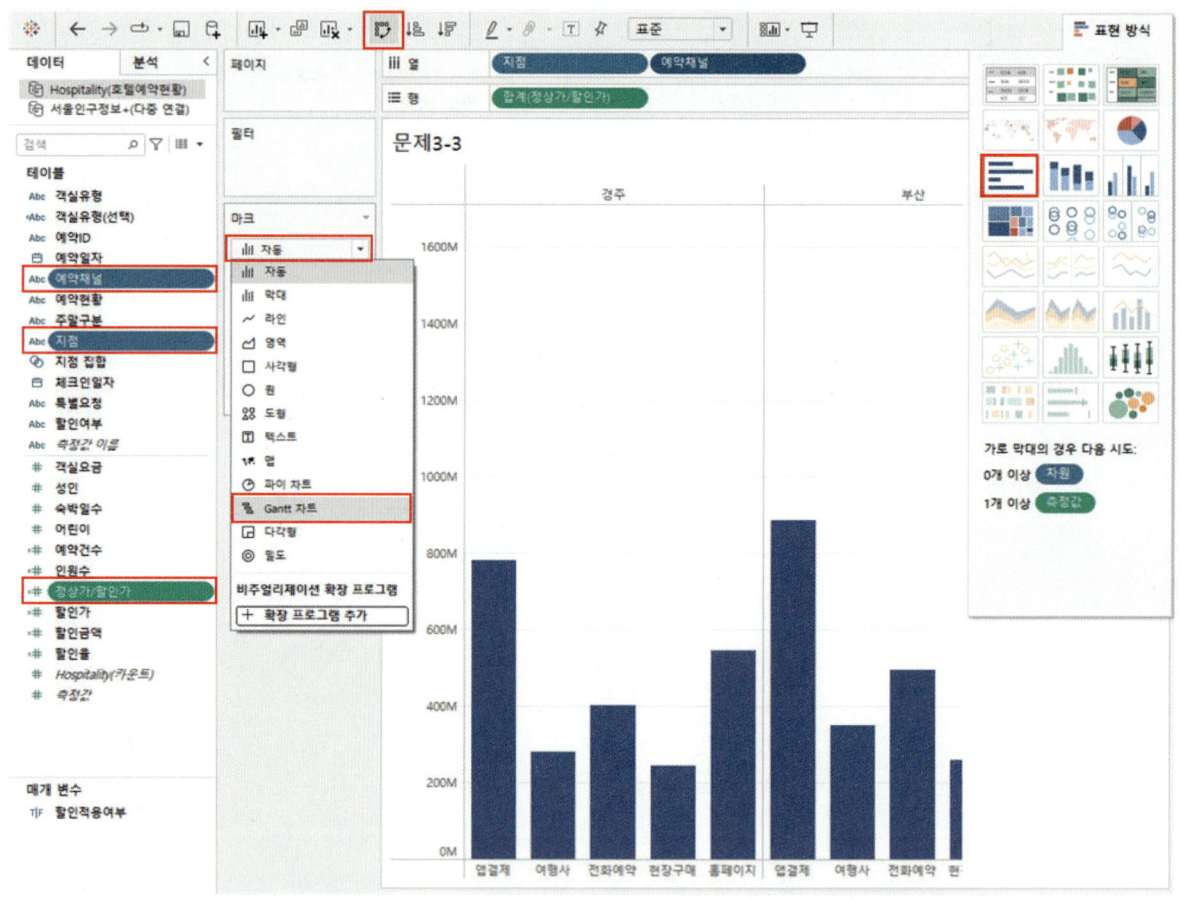

그림 44 간트차트 구현하기

STEP 02

행 선반의 [정상가/할인가] 필드를 마우스우클릭 또는 ▼버튼을 클릭하여 "퀵 테이블 계산"을 '누계'로 설정하고, "계산 대상"을 '패널(옆으로)'로 변경한다.

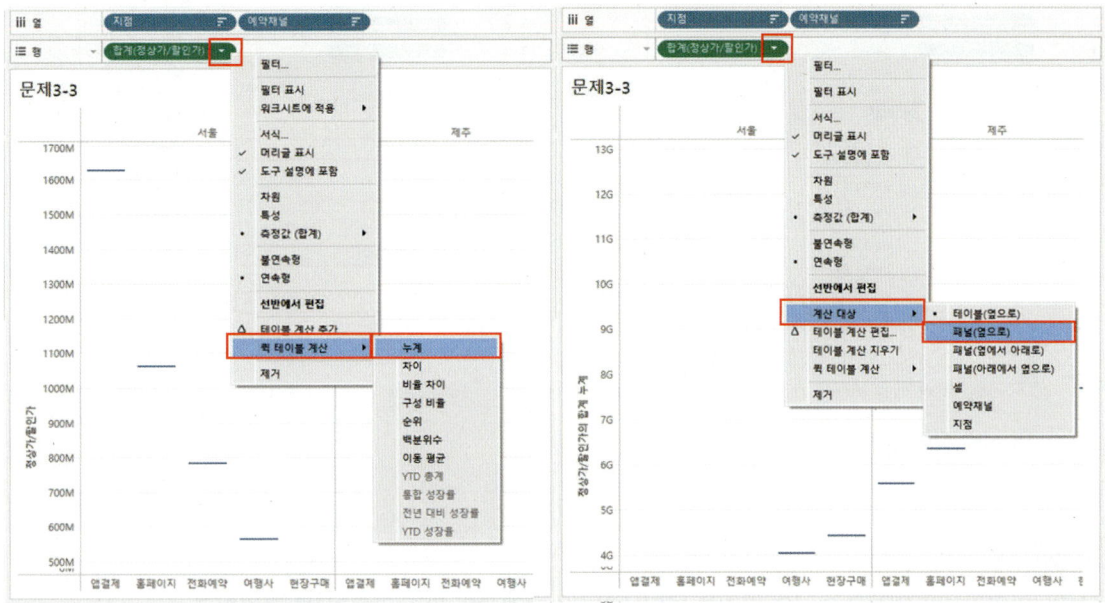

그림 45 퀵 테이블 계산 적용하기

STEP 03

'문제3-3'의 완성화면과 같이 총계를 추가하기 위해 상단의 분석(A)에서 총계(O)를 선택하고 "모든 소계 추가(A)"로 소계를 추가하거나 분석 탭을 선택하여 "총계"를 시트로 드래그하여 "소계"에 드랍하여 소계를 추가한다.

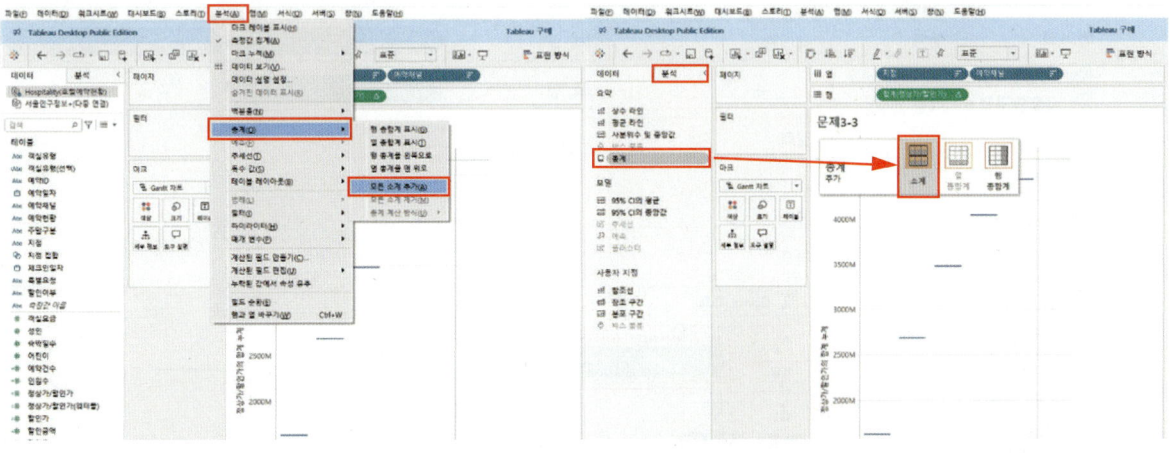

그림 46 총계 추가하기

STEP 04

열 선반에 [지점], [예약채널] 필드를 마우스우클릭 또는 ▼버튼을 클릭하여 "정렬"을 선택하고, [정상가/할인가] 필드 합계의 내림차순으로 정렬한다. 정렬 설정 후 "X"버튼을 클릭하여 시트 화면으로 이동한다.

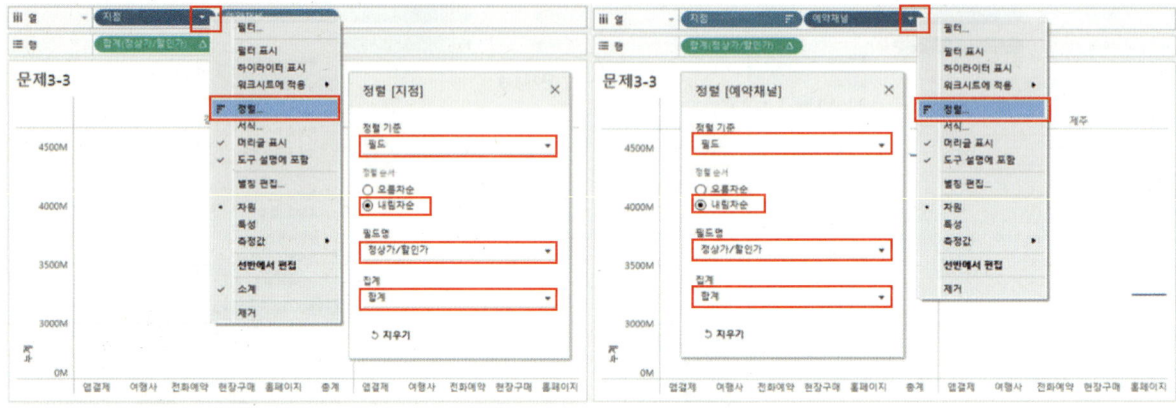

그림 47 열 선반 정렬하기

STEP 05

'정상가/할인가(워터폴)'로 마크의 크기를 나타내기 위해 "계산된 필드 만들기"를 클릭하고, 워터폴차트를 위한 계산식을 작성하고 확인을 클릭한다.

| 정상가/할인가(워터폴) | -[정상가/할인가] 또는 -1*[정상가/할인가] |

[정상가/할인가(워터폴)] 필드를 마크 카드의 크기로 드래그 앤 드랍한다.

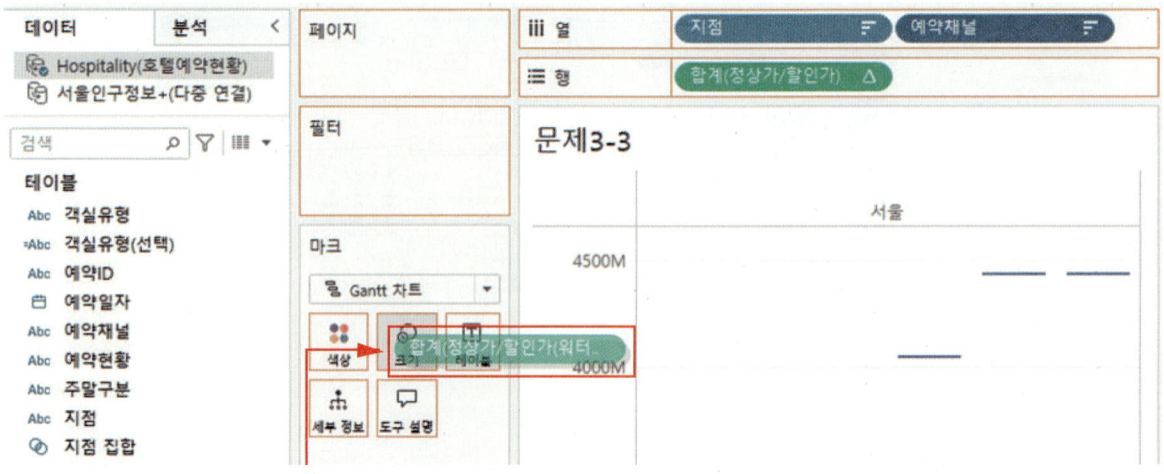

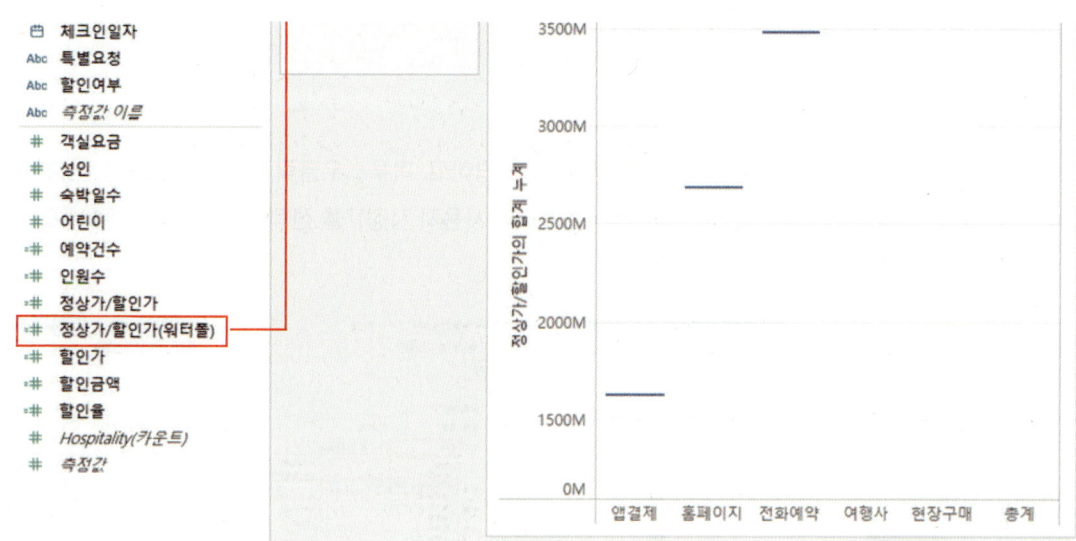

그림 48 마크 크기 설정하기

② 워터폴차트의 색상을 설정하시오. (3점)

STEP 01

[정상가/할인가] 필드를 마크 카드의 색상에 드래그 앤 드랍한다. 색상을 클릭 또는 범례의 "색상 편집"을 클릭하여 "갈색"에 단계를 "5단계"로 설정한다.

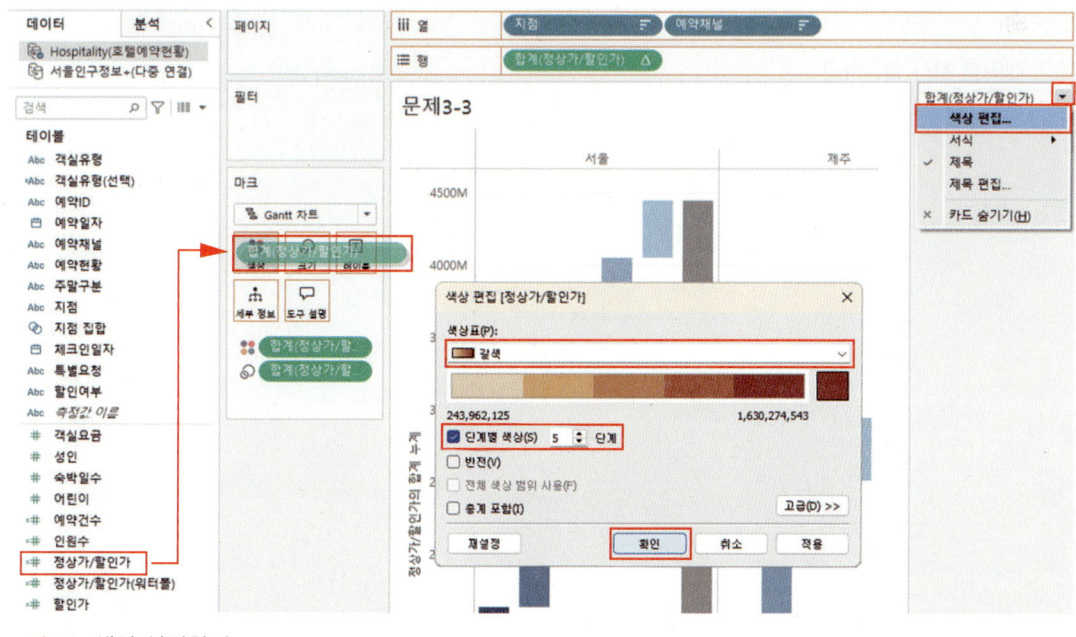

그림 49 색상 설정하기

③ 워터폴차트의 레이블을 설정하시오. (3점)

> **STEP 01**

마크 카드의 레이블에 [정상가/할인가] 필드를 드래그 앤 드랍하고, 마우스우클릭 또는 ▼버튼을 클릭하여 "서식…" 선택하고 "패널" 탭에서 기본값 숫자 서식을 "숫자(사용자 지정)"을 선택하고 '소수 자릿수 1자리'로, 디스플레이 장치를 '백만(M)'으로 설정한다.

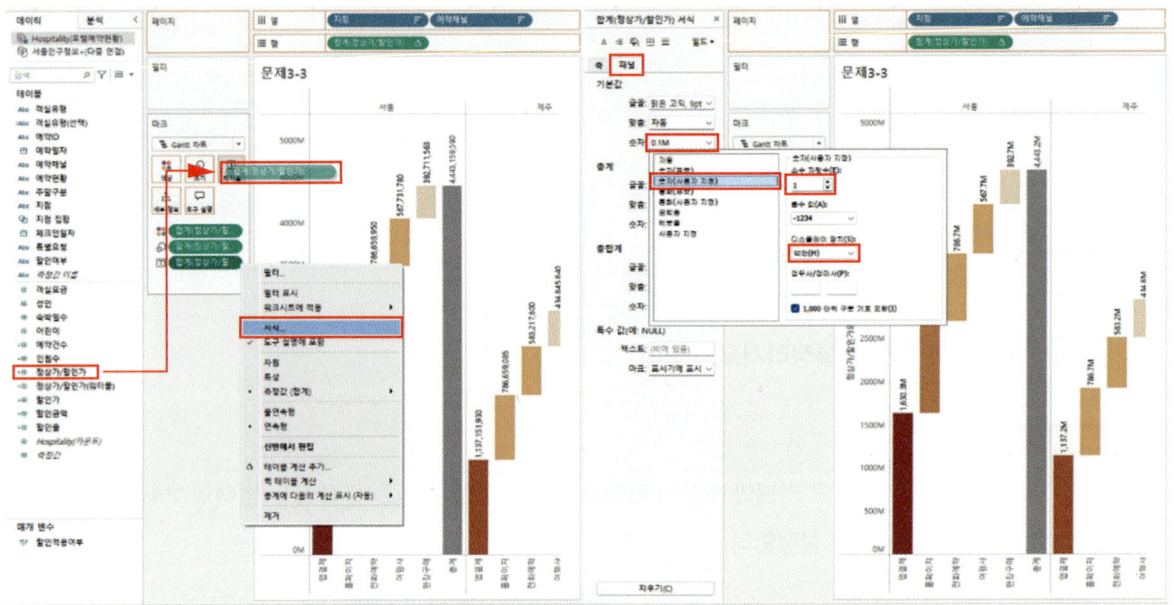

그림 50 레이블 서식 설정하기

05 '문제3-4' 시트에 캘린더차트를 구현하시오. (10점)

① [주차] 필드를 생성하여 "2022년 5월"의 데이터를 표시하는 캘린더차트를 구현하시오. (4점)

STEP 01

'문제3-4' 시트로 이동하여 "계산된 필드 만들기"를 클릭하고 [예약일자] 필드와 문제의 제시된 함수를 사용하여 "주차" 계산식을 작성하고 확인을 클릭한다.

| 주차 | STR(WEEK([예약일자]) - WEEK(DATETRUNC("month", [예약일자]))+1) + "주차" |

STEP 02

[예약일자], [주차] 필드를 키보드의 Ctrl키를 누르고 다중선택하고, "표현방식"의 '텍스트 테이블(그리드)'을 클릭한다.

열 선반에 [예약일자] 필드를 마우스우클릭 또는 ▼버튼을 클릭하여 '더 보기'에 "요일"을 클릭한다.

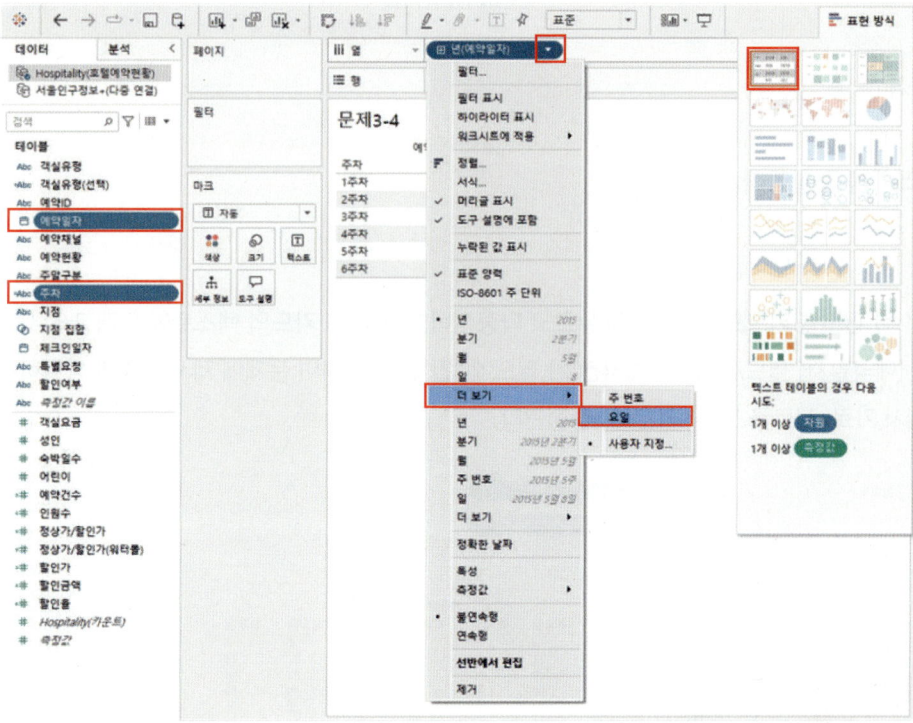

그림 51 캘린더차트 구현하기

STEP 03

[예약일자] 필드를 필터 카드에 드래그 앤 드랍하고, '연도/월'을 선택하여 다음을 클릭하고 "필터" 창에서 '2022년 5월'을 체크하고 확인을 클릭한다.

필터 카드의 [예약일자] 필드를 마우스우클릭 또는 ▼버튼을 클릭하여 필터 표시를 체크하고 필터 옵션에서 '전체 값 해제'와 '단일 값(드롭다운)'을 설정한다.

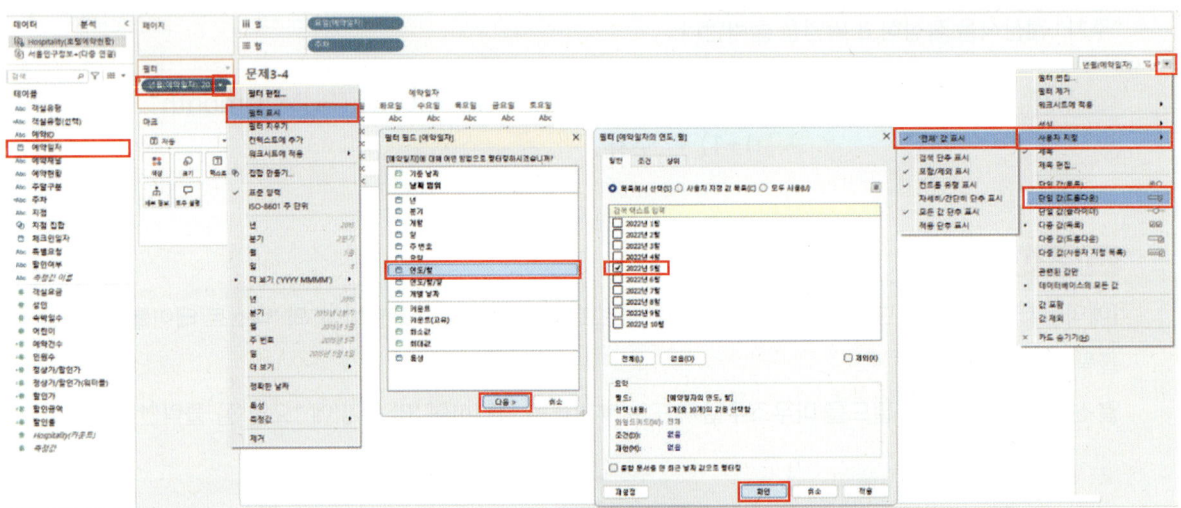

그림 52 필터 적용하기

② 캘린더차트의 레이블을 설정하시오. (3점)

STEP 01

[예약일자], [예약건수] 필드를 키보드의 Ctrl키를 누르고 다중선택한 후 마크 카드의 텍스트에 드래그 앤 드랍한다. 텍스트 편집 창에서 [예약일자] 필드에 "일", [예약건수] 필드에 "건"을 입력하여 문제에 제시된 것과 동일하게 입력한다. 텍스트 맞춤에서 가로, 세로를 모두 "가운데" 설정한다.

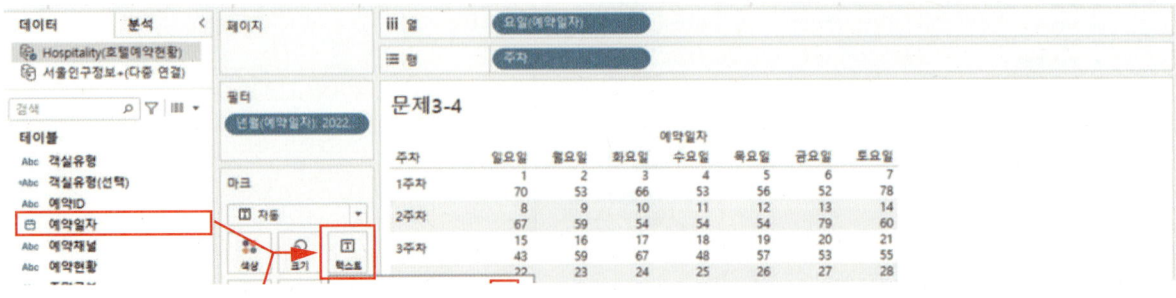

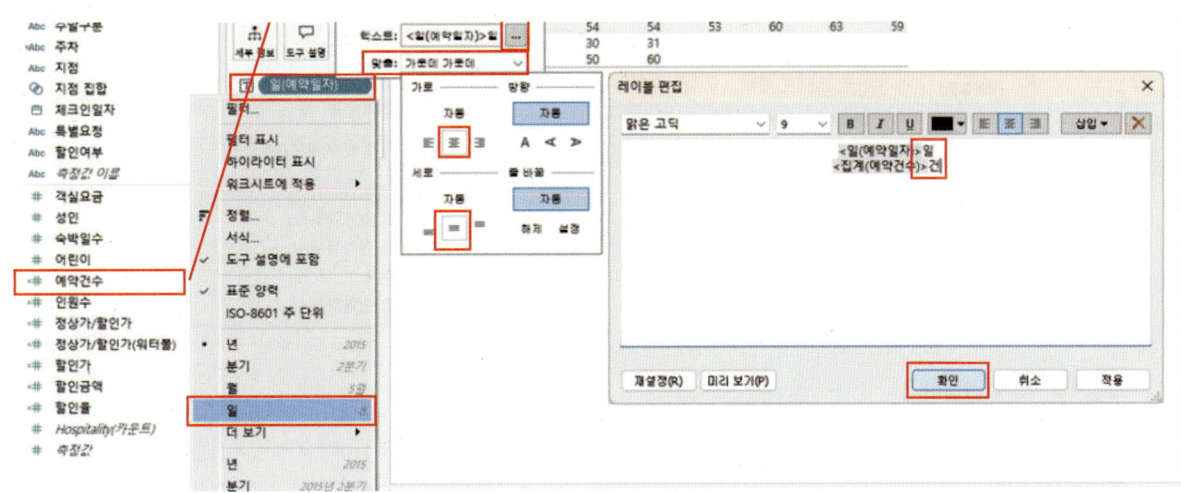

그림 53 텍스트 편집하기

③ '문제3-4' 시트 제목 뒤에 [예약일자] 필드를 추가하고, 필터를 설정하시오. (3점)

STEP 01

시트 제목에 마우스우클릭 또는 ▼버튼을 클릭하여 "제목 편집"을 클릭하고 삽입에서 '년월(예약일자)' 클릭한다.
제목 편집창에 문제에 제시된 내용을 입력하고 확인을 클릭한다.

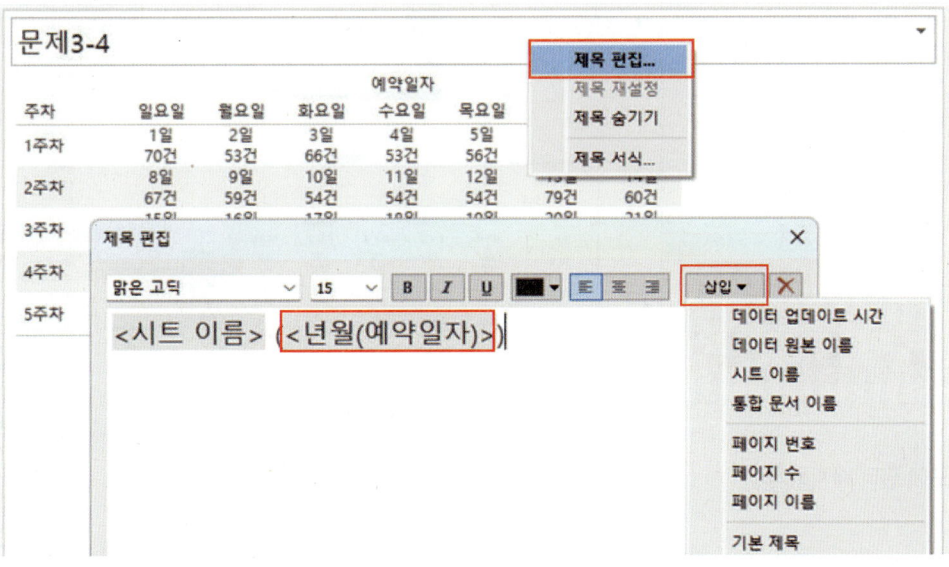

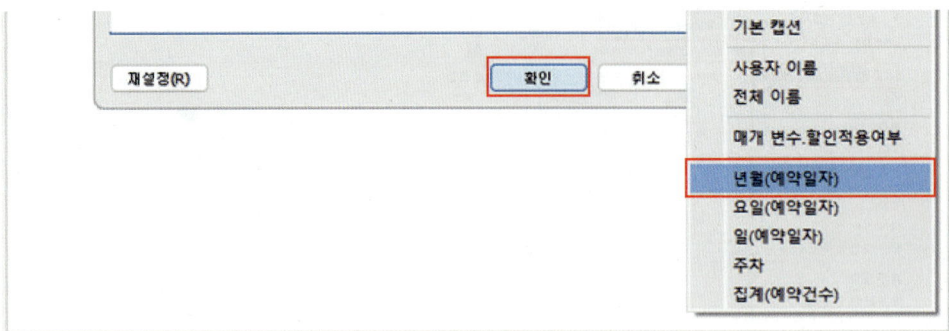

그림 54 제목 편집하기

STEP 02

'문제3' 대시보드로 이동하여 '문제3-4' 시트를 클릭하고 ▼버튼을 클릭하여 필터에서 '예약일자의 연도, 월'을 선택하여 필터를 추가하고 대시보드에 배치한다.

*문제 5번의 ③ STPE 3)의 필터 설정이 누락된 경우 다시 설정한다.

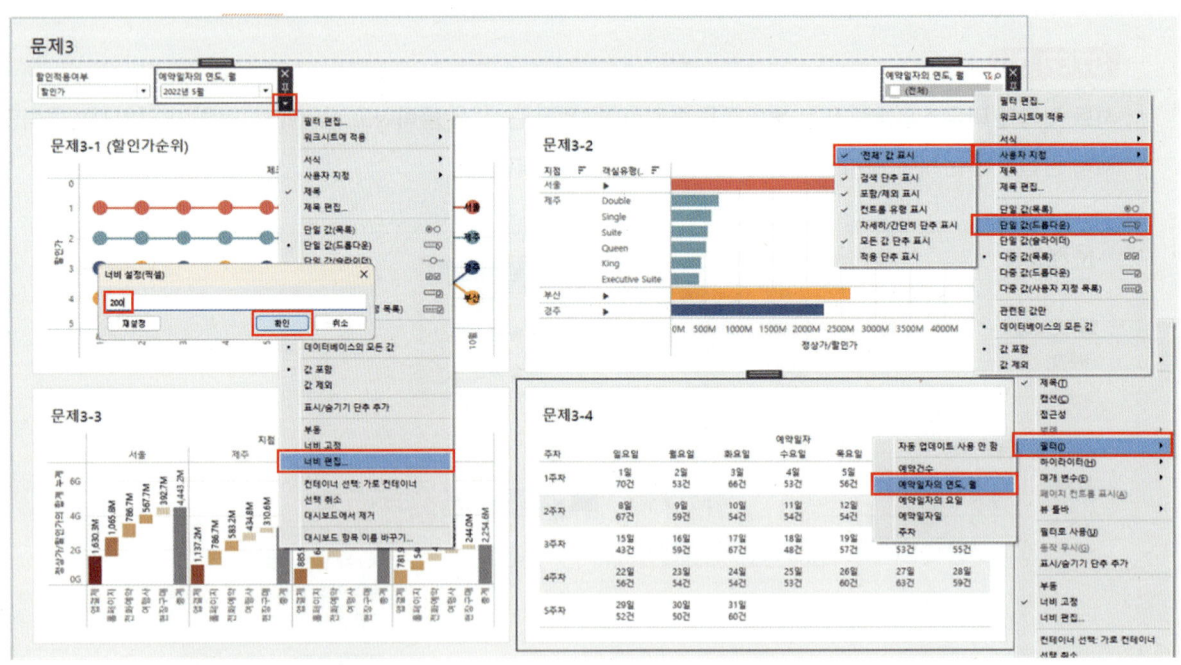

그림 55 대시보드에 필터 배치하기

STEP 03

예약일자의 연도, 월을 클릭하고 ▼버튼을 클릭하여 워크시트에 적용을 선택하고, "선택한 워크시트…"을 클릭하여 필터 적용 창에서 '문제3-3' 시트를 체크하고 확인을 클릭한다.

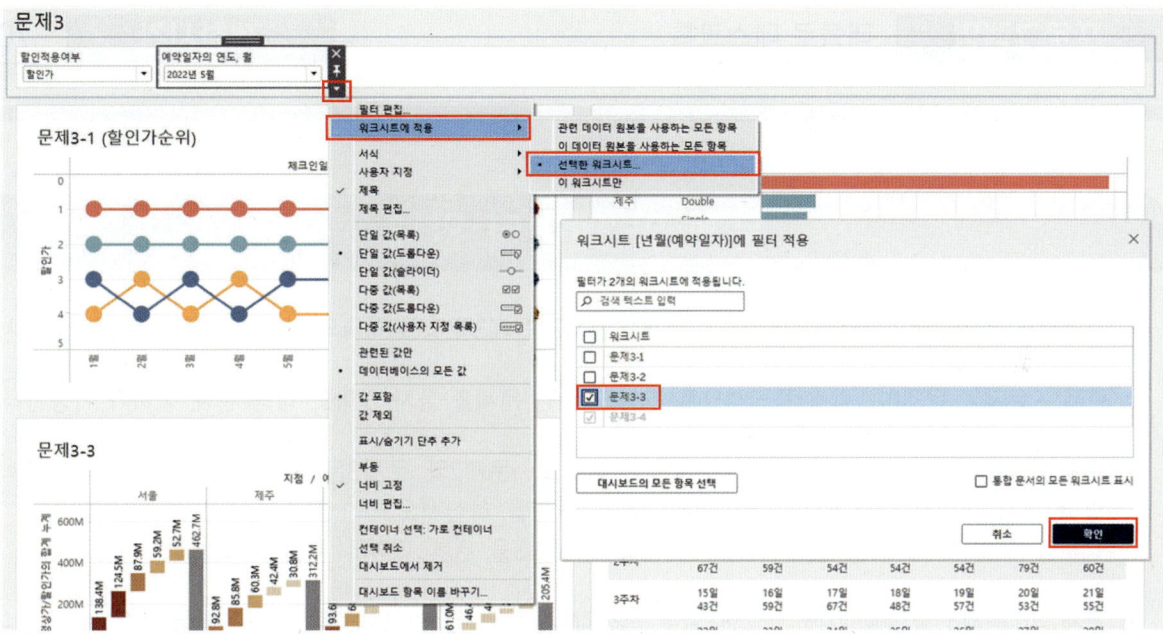

그림 56 필터를 다중 워크시트에 적용하기

경영정보시각화능력 실기 태블로

시행처 공개문제 B형

프로그램명 태블로 데스크톱   **제한시간** 70분

문제 및 데이터 안내

1. 수험자가 작성할 답안파일은 1개입니다. 문제1, 문제2, 문제3의 답을 하나의 답안파일(.twbx)로 저장하십시오.

2. 문제1, 문제2, 문제3은 각각 독립적으로 구성되어 앞 문제를 풀지 않아도 다음 문제 풀이가 가능합니다.

3. 문제1은 데이터 불러오기를 통해 문제를 풀이하고, 문제2와 문제3은 답안에 이미 데이터가 포함되어 있어 다시 데이터를 불러오지 말고 바로 문제 풀이를 하십시오.
   - 데이터 파일은 문제1을 위한 데이터 파일과 문제2,3을 위한 데이터 파일로 구성되어 있습니다.

4. 문제2와 문제3 풀이를 위해 필요한 일부 측정값, 필터가 답안파일에 미리 적용되어 있을 수 있습니다.
   - 지시사항에 제시되지 않은 것은 변경하지 마십시오.
   - 사전에 적용된 필터 등이 삭제되지 않도록 '시트 지우기' 기능을 절대 사용하지 마십시오.

5. 문제는 문제(문제1~3) - 세부문제(1~4) - 지시사항(①~③) - 세부지시사항(▶, -) 단위로 구성됩니다.

6. 지시사항(①~③)별로 점수가 부여되며, 지시사항의 전체 세부지시사항(▶, -)을 작업하지 않을 경우 점수가 부여되지 않습니다. ※부분 점수 없음

7. 본 시험에서 사용되는 데이터 파일 수와 데이터명은 아래와 같습니다.
   - [문제 1] 데이터 파일수 : 1개 / '광역별_방문자수.xlsx'

파일명	광역별_방문자수.xlsx				
테이블	구조				
A업체 광역별 방문자_수	시군구코드	광역지자체_방문자_수	광역지자체_방문자_비율	기초지자체_방문자_수	기초지자체_방문자_비율
	32400	197,861,774	4.5	11,783,977	6
B업체 광역별 방문자_수	시군구코드	광역지자체_방문자_수	광역지자체_방문자_비율	기초지자체_방문자_수	기초지자체_방문자_비율
	32010	679,426,007	3.6	1.13E+08	16.6
행정구역 코드	행정동코드		광역지자체명		기초지자체명
	11010		서울특별시		종로구

- [문제 2,3] 데이터 파일수 : 1개 / '방송판매.xlsx'

파일명	방송판매.xlsx					
테이블	구조					
방송판매 (필드 24개)	방송일	주문번호	담당MD	거래처코드	제품번호	담당호스트
	2023-04-26	S0608-0022	6	942571	9425712	박지성
	사원명	직위	입사일자	거래처명	분류	상품명
	박성호	대리	2012-12-18	삼미전자	전자계산기	CP-DIC500
	준비수량	판매수량	매출계획2024	매출계획2023	총매출계획	판매가격
	450	401	785000000	476500000	1261500000	153000
	매입원가	전년_준비수량	전년_판매수량	전년_총매출계획	전년_판매가격	전년_매입원가
	89000	-	-	-	-	-
	-	4000	3200	2170250000	59000	39000

문제1 작업준비(30점)

1. 답안파일을 열고 다음의 지시사항에 따라 데이터 불러오기 및 편집을 수행하시오. (10점)
   ① 연결 패널을 이용하여 데이터 파일을 추가하시오. (3점)
   ▶ 데이터 추가: '문제1_Data.xlsx' 파일의 <A업체_광역별방문자 수>, <B업체_광역별방문자 수>, <행정구역코드> 테이블
   ② 데이터 원본 편집창에서 <A업체_광역별방문자수>, <B업체_광역별방문자수>, <행정구역코드> 테이블을 결합하시오. (4점)
   ▶ <A업체_광역별방문자수>와 <B업체_광역별방문자수>를 유니온(UNION)으로 결합
   ▶ 결합한 유니온(UNION)을 기준으로 <행정구역코드> 테이블을 왼쪽 조인(LEFT JOIN)하여 물리적 테이블 생성
      - 유니온(UNION)의 [시군구코드] 컬럼과 <행정구역코드> 테이블의 [행정동코드] 컬럼을 왼쪽 조인
   ③ 생성한 테이블의 [광역지자체_방문자_수], [광역지자체_방문자_비율], [테이블 이름] 필드를 숨김 처리하시오. (3점)

2. 세부문제1에서 모델링한 데이터를 아래 지시사항에 따라 편집하시오. (10점)
   ① [광역지자체명] 필드를 이용하여 계산된 필드를 추가하시오. (4점)
   ▶ 계산된 필드 추가: 지역구분
      - [광역지자체명] 필드가 '서울특별시', '경기도', '인천광역시'이면 '수도권', 그 밖에 지역은 '지방권'으로 작성
      - 사용 함수: ELSE, END, IF, IN, THEN
      - 데이터 유형: 문자열
   ② [시트] 필드를 이용하여 계산된 필드를 추가하시오. (3점)
   ▶ 계산된 필드 추가: 업체명 구분
      - [시트] 필드가 'A업체!광역별방문자!수'면 'A업체', 'B업체!광역별방문자!수'면 'B업체'로 작성
      - 사용 함수: CASE, END, THEN, WHEN
      - 데이터 유형: 문자열
   ③ 데이터 원본 편집 창에서 다음의 지시사항에 따라 데이터를 편집하시오. (3점)
   ▶ 모델링한 논리적 테이블 이름 변경: 광역별방문자수
   ▶ <A업체_광역별방문자수>와 <B업체_광역별방문자수>를 유니온(UNION)으로 결합한 물리적 테이블 이름 변경: 지자체별_방문자수
   ▶ 데이터 원본 이름 변경: 광역별_업체_방문자_수

3. 다음의 지시에 따라 측정값 및 필드를 생성하시오. (10점)

　① 측정값 [광역지자체수]와 [시군구명(코드)] 필드를 생성하시오. (3점)

　　▶ 측정값 이름: 광역지자체수
　　　- <광역별방문자수> 테이블에서 광역지자체명의 개수 계산. 중복값은 포함하지 않음.
　　　- 사용 함수: COUNTD

　　▶ 필드 이름: 시군구명(코드)
　　　- <광역별방문자수> 테이블의 [광역지자체명], [시군구코드], [기초지자체명] 필드 결합
　　　- 함수를 사용하지 않음
　　　- 예상 결과: 경기도, 가평군, 31370 ➔ 경기도 가평군(31370)

　② 서울특별시 방문자수의 합계와 전국 대비 서울특별시 방문자수의 비율을 구하는 측정값을 생성하시오. (4점)

　　▶ 측정값 이름: 서울지역_방문자수
　　　- 서울특별시 방문자수의 합계
　　　- 사용 필드 : [광역지자체명], [기초지자체_방문자_수]
　　　- 사용 함수: END, IF, THEN

　　▶ 측정값 이름: 서울방문자비율%
　　　- 전국 대비 서울특별시 방문자수의 비율
　　　- 사용 함수: SUM

　③ [기초지자체_방문자_순위] 필드를 생성하시오. (3점)

　　▶ 필드 이름: 기초지자체_방문자_순위
　　　- [기초지자체_방문자_수] 필드의 값을 기준으로 값이 크면 1등에 가까운 순위를, 값이 작으면 낮은 순위를 반환하는 내림차순 형태의 필드
　　　- 사용 함수: RANK_DENSE, STR, SUM
　　　- [기초지자체_방문자_수]가 동일 값이면 동일한 순위가 할당되고, 순위 간격에는 지장이 없도록 설정
　　　- 예시: [기초지자체_방문자_수]가 (10, 17, 17, 20)이면 순위는 (3, 2, 2, 1)

기초지자체_방문자_수	기초지자체_방문자_순위
10	3
17	2
17	2
20	1

　　　- 데이터 유형: 문자열

문제2 단순요소 구현(30점)

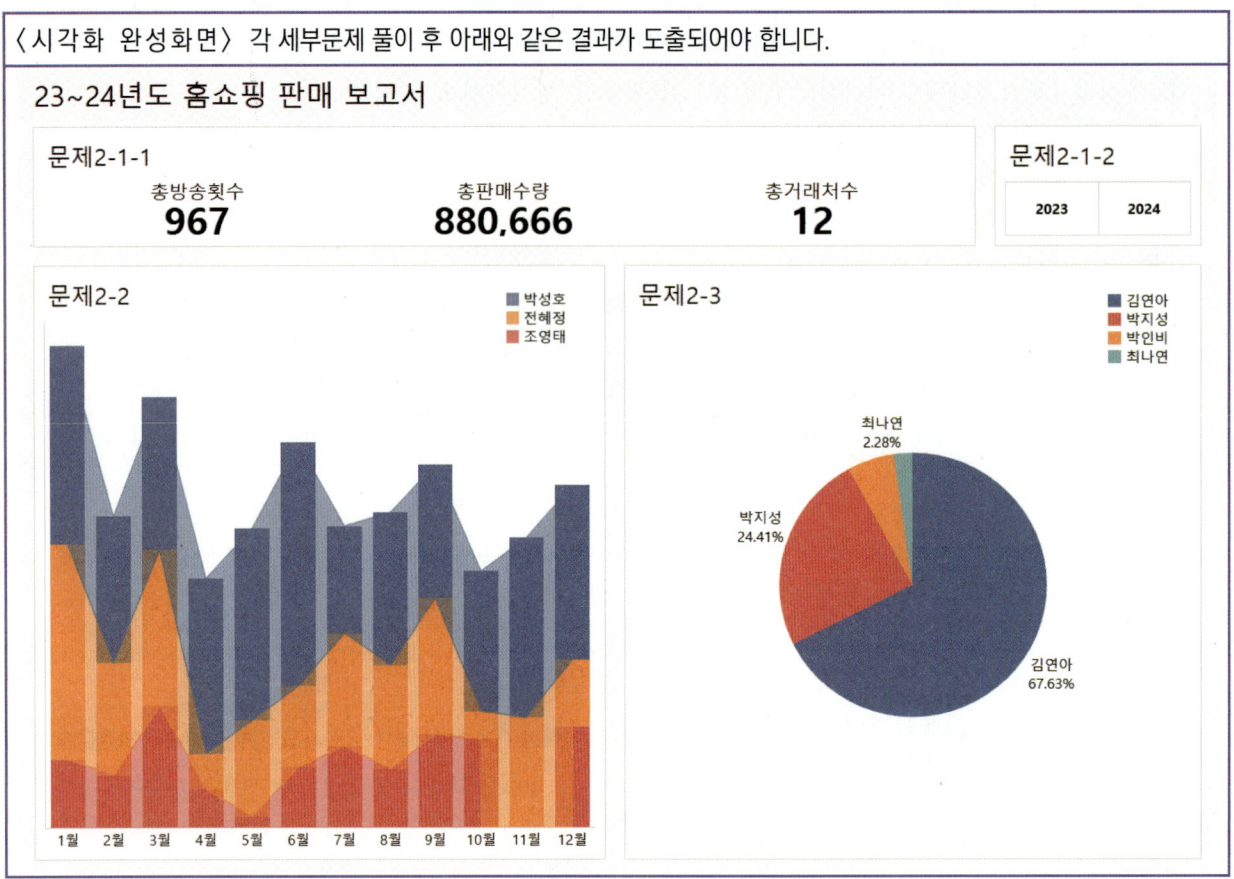

1. 〈방송판매〉 데이터를 활용하여 카드와 필터 버튼을 구현하시오. (10점)
   ① '문제2-1' 시트에 카드와 필터 버튼을 구현하시오. (4점)
   ▶ 다음의 필드 활용하여 측정값 생성
     - [방송일] 필드 → [총방송횟수] 생성
     - [거래처코드] 필드 → [총거래처수] 생성
   ▶ 사용 함수: COUNTD
   ▶ [총방송횟수], [판매수량], [총거래수] 순으로 값을 나타내는 그리드차트를 구현
   ▶ 서식 설정
     - 머리글: 글꼴크기 '12', 정렬 '가운데'
     - 값: 글꼴크기 '24', '굵게', 정렬 '가운데'
     - 맞춤: 가로 맞춤 '가운데'
     - 테두리: 행 구분선을 모두 '없음'으로 변경

② '문제2-1' 시트에 [방송일] 필드를 사용하여 필터 버튼을 구현하시오. (3점)
  ▶ [방송일] 필드의 연도를 기준으로 필터 버튼 구현
    - 연도가 '가로 방향'으로 배치되도록 구현
  ▶ 서식
    - 머리글 표시 해제
    - 맞춤: 기본값 - 패널 - 가로 '가운데'
    - 테두리: 시트 - 기본값 - 셀 - 실선,
      테두리 색상: #d4d4d4

③ '문제2-2'가 '문제2' 대시보드에서 필터로 작동하도록 동작 기능을 구현하시오. (3점)
  ▶ 동작: '문제2-2'에서 생성한 필터 버튼을 필터로 사용
    - '문제2-2' 외에 다른 시트가 필터로 적용되어서는 안 됨.
  ▶ 동작 이름: 연도별_필터
  ▶ 동작 실행 조건: 선택
  ▶ 선택을 해제할 경우의 결과: 모든 값 표시
  ▶ 기본 선택: 2024년

2. '문제2-3' 시트에 다음의 작업을 수행하여 혼합(영역+막대) 차트를 구현하시오. (10점)
  ① 다음의 조건으로 필드를 생성하시오. (4점)
    ▶ 필드 이름: 매출실적
      - 의미: [판매수량]과 [판매가격]의 곱
    ▶ 필드 이름: MD(Top3)
      - 의미: [매출실적]이 상위 3위(Top 3)에 해당하는
        [사원명]을 반환하는 집합 필드
  ② '문제2-3' 시트에 [방송일], [매출실적] 필드를 이용하여
     혼합(영역+막대) 차트를 구현하시오. (3점)
    ▶ 가로축: [방송일] 필드
      - '월(방송일)' 기준
      - 불연속형으로 설정
    ▶ 세로축: [매출실적] 필드
      - 오른쪽(두번째) 행을 영역차트로 설정
    ▶ '월(방송일)'을 제외한 모든 머리글 및 필드 레이블은 숨김 처리
    ▶ 완성화면과 같이 시각적 개체의 크기와 위치를 레이아웃에 맞게 변경

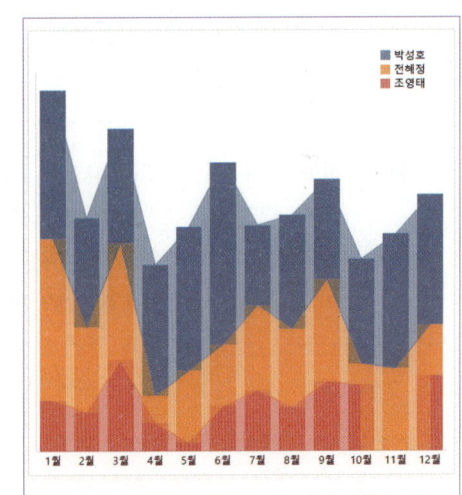

  ③ 연도에 따라 [매출실적]이 높은 TOP3에 해당하는 [사원명]이 변화하도록 구현하시오. (3점)
    ▶ '문제2' 대시보드에 범례를 부동으로 배치

3. '문제2-4' 시트에 다음의 작업을 수행하여 차트를 구현하시오. (5점)

　① [담당호스트], [총방송횟수] 필드를 사용하여 파이차트를 구현하시오. (3점)

　　▶ [담당호스트]별 [총방송횟수]의 비중을 나타내는 파이차트 구현
　　▶ 마크설정
　　　- 레이블1: [담당호스트]
　　　- 레이블2: [총방송횟수]의 구성비율
　　　- 레이블 정렬: '가운데'
　　▶ 완성화면과 같이 레이블 배치, 정렬 '가운데'
　　▶ 시트 보기를 '전체 보기'로 설정

　② [담당호스트]를 [총방송횟수] 필드를 기준으로 내림차순 정렬하시오. (2점)

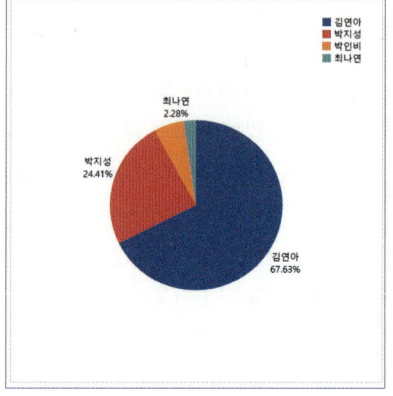

4. 통합문서 및 '문제2' 대시보드의 서식을 설정하시오. (5점)

　① 전체 통합문서의 서식을 변경하시오. (2점)

　　▶ 통합문서 서식 변경
　　　- 전체 글꼴: '맑은 고딕'
　　　- 전체 글꼴 색상: #000000

　② '문제2' 대시보드의 백그라운드 색상과 제목의 레이아웃을 변경하시오. (3점)

　　▶ '문제2' 대시보드의 항목 계층 중 '바둑판식' 항목의 백그라운드 색상을 "#f5f5f5"로 변경
　　▶ 대시보드의 제목("23~24년도 홈쇼핑 판매 보고서") 제목 편집
　　　- 대시보드 제목 : "23~24년도 홈쇼핑 판매 보고서"
　　　- 바깥쪽 여백을 위쪽 '8', 왼쪽 '8', 아래쪽 '5', 오른쪽 '10'으로 변경
　　　- 안쪽 여백을 모두 '0'으로 변경

문제3 복합요소 구현(40점)

〈시각화 완성화면〉 각 세부문제 풀이 후 아래와 같은 결과가 도출되어야 합니다.

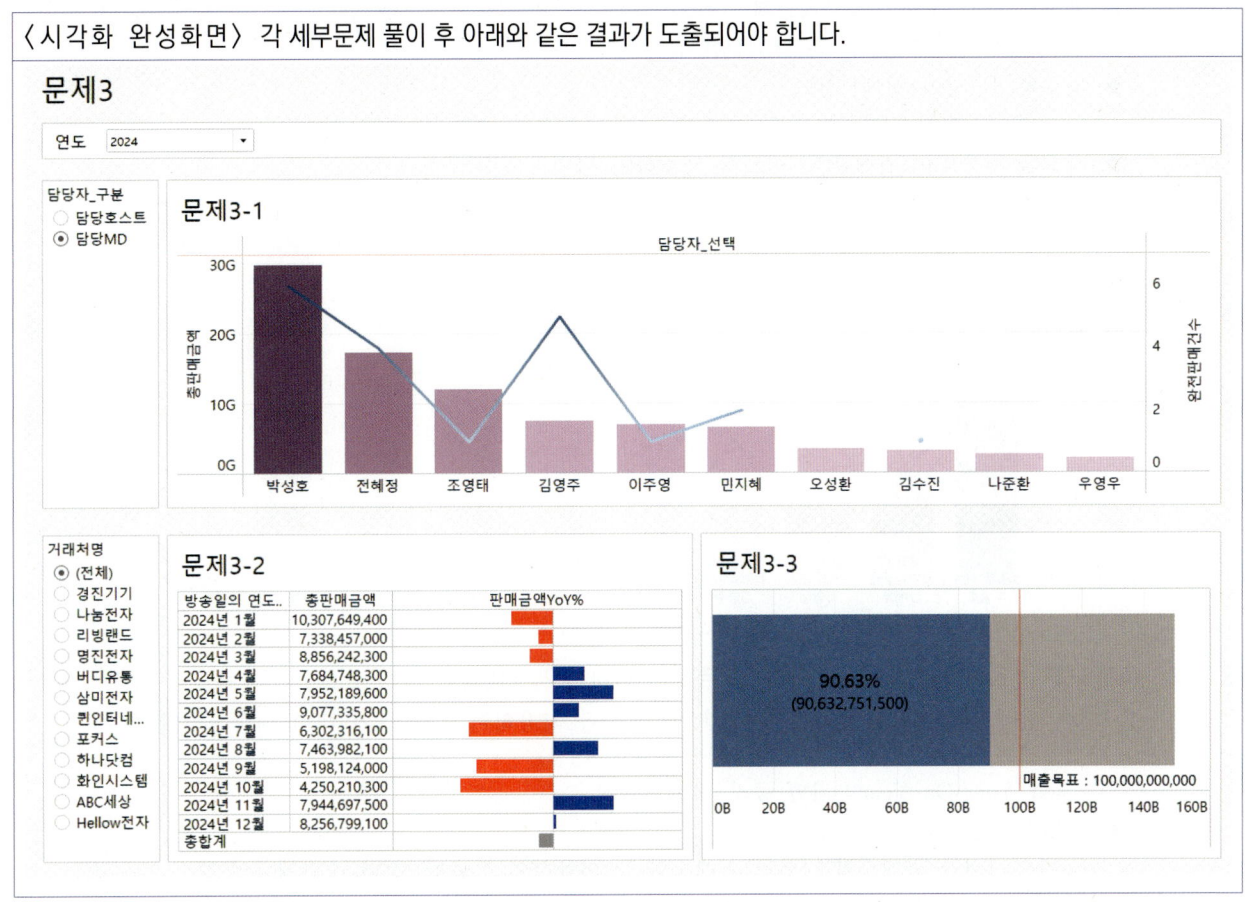

1. '문제3-1' 시트에서 다음의 작업을 수행하여 혼합(막대+라인) 차트를 구현하시오. (10점)

   ① 문자열 매개변수 [담당자_구분]과 이를 활용한 [담당자_선택] 필드를 생성하시오. (3점)
   ▶ 매개변수 이름: 담당자_구분
      - 의미: '담당호스트' 선택 시 [담당호스트], '담당MD' 선택 시 [사원명]에 해당하는 목록 반환
   ▶ 매개변수가 적용되는 계산된 필드 이름: 담당자_선택
      - 의미: '담당호스트' 선택 시 [담당호스트], '담당MD' 선택 시 [사원명] 적용
      - 사용 함수: CASE, END, THEN, WHEN

   ② [주문번호], [준비수량], [판매수량] 필드를 활용하여 [완전판매건수] 필드를 생성하시오. (3점)
   ▶ 계산된 필드 이름: 완전판매건수
      - 의미: [준비수량]이 모두 판매된 [주문번호]의 건수
      - 조건: 계산 값이 0인 경우 NULL 값으로 작성
      - 사용 함수: COUNT, END, IF, THEN
   ▶ 하나의 계산된 필드로 작성

③ [담당자_선택] 결과를 반영한 [총판매금액]과 [완전판매건수]를 막대차트와 라인차트로 표현하시오. (4점)
  ▶ 계산된 필드 생성 : 총판매금액
    - 의미 : [판매수량]과 [판매가격]의 곱
  ▶ 가로축: [담당자_선택] 필드
    - 정렬: [담당자_선택] 필드를 [총판매금액] 기준으로 내림차순으로 설정
  ▶ 세로축(왼쪽): [총판매금액] 필드를 사용하여 막대차트로 구현
  ▶ 세로축(오른쪽): [완전판매건수] 필드를 사용하여 라인차트로 구현
    - [완전판매건수]의 NULL 값을 '숨김' 처리
  ▶ 필터: 필드를 사용하여 '2024년' 만 조회되도록 필터 적용

2. '문제3-2' 시트에 혼합(테이블+막대) 차트를 구현하시오. (10점)
  ① [전년_판매가격], [전년_판매수량], [총판매금액]을 사용하여 전년 동기 대비 매출 증감률을 구하는 [판매금액YoY%] 측정값을 생성하시오. (3점)
    ※ YoY(Year On Year): 전년 동기 대비 증감율
   ▶ 측정값 이름: 판매금액YoY%
     - 의미: [전년_판매가격], [전년_판매수량]을 이용하여 산출한 '전년 총판매금액'과 [총판매금액]을 비교하여 전년 동기 대비 매출 증감률 산출
     - 서식: 백분율, 소수점 2자리
   ▶ 필터
     - [방송일] 필드를 '연도'를 기준으로 '2024년'을 필터로 적용
     - [거래처명] 필드를 '전체' 필터로 지정(단일 선택)
  ② [방송일] 필드를 기준으로 하여 년·월별 [총판매금액]을 테이블로 구현하고, [판매금액YoY%]을 가로막대차트로 구현하시오. (4점)
    ▶ [판매금액YoY%]의 총합계 표현
    ▶ [판매금액YoY%]의 머리글 제외한 후 계산된 필드를 만들지 않고 "판매금액YoY%"를 생성
    ▶ 완성화면과 같이 시각적 개체의 크기와 위치를 레이아웃에 맞게 변경
      - 테두리 서식: 시트의 머리글 실선, 색상 #d4d4d4
      - 막대차트의 열 기준 선 제거
      - 정렬: [총판매금액] 값 '우측', 머리글 '가운데'
  ③ [판매금액YoY%] 막대차트의 색상을 아래와 같이 지정하시오. (3점)
    ▶ [판매금액YoY%]가 음수이면 빨간색, 양수이면 파란색이 되도록 설정
      - 음수 색: #ff0000
      - 양수 색: #0055ff

3. '문제3-3' 시트에서 다음의 작업을 수행하여 차트를 구현하고, '문제3' 대시보드에서 다음의 설정을 완료하시오. (10점)

① '문제3-3' 시트에 다음의 매개변수와 필드를 생성하시오. (3점)
- ▶ 매개변수 이름: 매출목표
  - 데이터 유형: 정수
  - 값: 100,000,000,000으로 지정
- ▶ 필드 이름: 매출목표_상한선
  - 값: 150,000,000,000으로 지정
  - 사용 함수: MAX
- ▶ 필드 이름: 목표대비_총판매비율%
  - 의미: [총판매금액] 필드를 합계로 집계하여 이를 [매출목표] 매개변수로 나눔
  - 사용 함수: SUM

② [총판매금액], [매출목표_상한선] 필드를 사용하여 불릿 그래프를 구현하시오. (4점)
- ▶ 활용 필드: [총판매금액], [매출목표_상한선]
- ▶ 필터: [방송일]의 연도(2024년으로 지정)
- ▶ [매출목표_상한선] 필드 색상: #bab0ac
- ▶ [총판매금액] 필드 색상: #4e79a7
- ▶ 레이블1: [목표대비_총판매비율%]
  - 서식: 백분율, 소수점 2자리, 글꼴크기 '12', 가로 맞춤 '가운데'
- ▶ 레이블2: [총판매금액]
  - 서식: 글꼴크기 '12', 가로 맞춤 '가운데'
- ▶ 참조선
  - 실선 라인 색상은 #ff0000, 투명도 적용하지 않음
  - 레이블은 그림과 같이 필드명과 해당 값이 표시되도록 설정 ex) 매출목표: 값
- ▶ 축 설정
  - 서식의 "숫자(사용자지정)" 옵션을 사용하여 정수, 단위는 "십억(B)"으로 설정
  - 축 제목 축 제목을 수정하여 제목 없음
- ▶ 완성화면과 같이 시각적 개체의 크기와 위치를 레이아웃에 맞게 변경

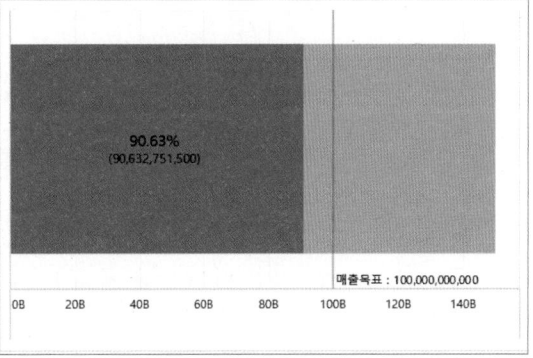

③ '문제3' 대시보드에 매개변수 및 필터를 배치하고 적용범위를 설정하시오. (3점)
- ▶ [방송일] 필터(연도 기준)
  - 위치: 상단
  - 적용범위: '문제3' 대시보드의 모든 시트를 대상으로 설정
  - 유형: 단일 값 드롭다운
  - "전체" 값이 표시되지 않도록 설정
- ▶ [담당자_구분] 매개변수
  - 위치: 왼쪽 상단
  - 유형: 단일 값 목록
- ▶ [거래처명] 필터
  - 위치: 왼쪽 하단
  - 적용범위: '문제3-2' 시트를 대상으로 설정
  - 유형: 단일 값 목록

4. '문제3-4' 대시보드에서 다음의 작업을 수행하여 동적(interactive) 대시보드를 구현하시오. (10점)

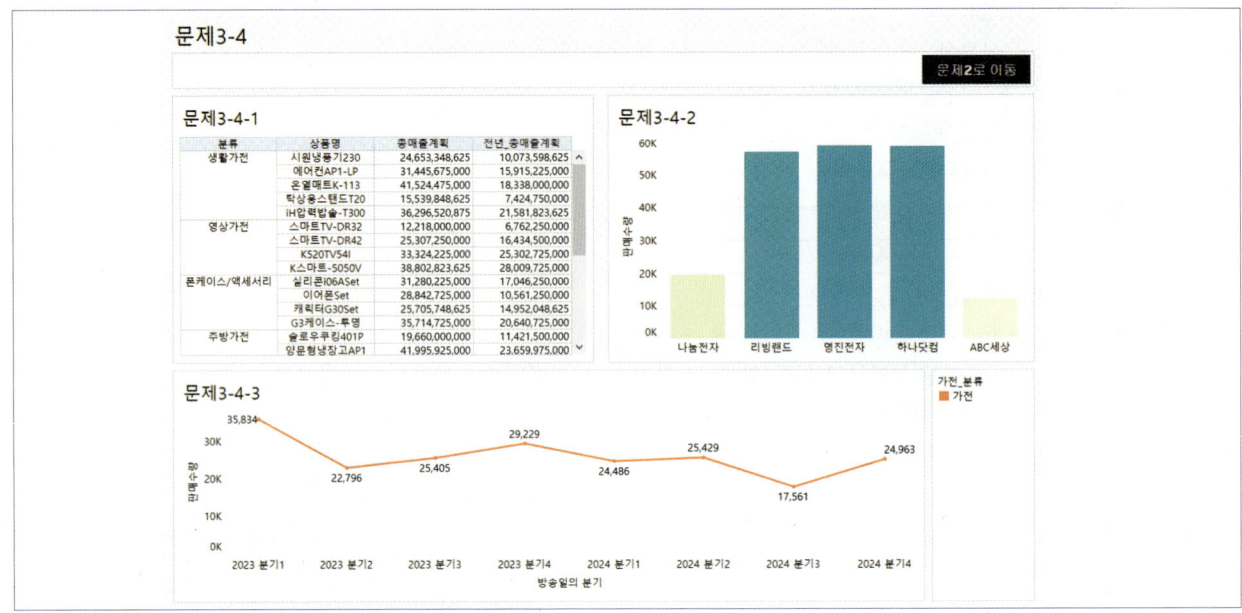

① '문제2' 대시보드로 이동하는 "탐색" 개체를 구현하시오. (3점)
   ▶ 제목: "문제2로 이동"
   ▶ 위치: 상단 빈 레이아웃의 가장 오른쪽
② [분류] 필드에 "가전"이 포함된 제품과 그 외의 제품을 구분하는 매개변수와 필터를 생성하시오. (4점)
   ▶ 매개변수 이름: 분류_구분
      - 데이터 유형: 문자열
      - 허용 가능한 값: 전체
   ▶ 필드 이름: 가전_분류
      - 의미: [분류]의 값이 '생활가전', '영상가전', '주방가전'처럼 "가전"을 포함한 경우 "가전",
        이 외는 각각의 [분류]별로 품목을 구분하는 문자열 필드
      - 사용 함수: CONTAINS, END, ELSE, IF, THEN
   ▶ 필드 이름: 가전_구분_필터
      - 의미: [분류_구분]이 '생활가전', '영상가전', '주방가전' 중 하나일 때 '생활가전', '영상가전',
        '주방가전'의 값을 모두 포함하는 것이 "참"이고, 이 외에는 각 [분류] 값을 포함하는 것이
        "참"인 부울형 필드
      - 사용 함수: CONTAINS, END, ELSE, ELSEIF, IF, THEN
③ '문제3-4' 대시보드에서 '문제3-4-1' 그리드 클릭 시 [분류] 값에 따라 값이 변경되도록 구현하시오. (3점)
   ▶ '문제3-4-2' 시트와 '문제3-4-3' 시트에 [가전_구분_필터]를 "참"으로 필터 적용
   ▶ '문제3-4-3' 시트에 [가전_분류]를 색상으로 적용
   ▶ 매개변수 동작 설정
      - 동작 이름: 분류별_매개변수
      - 원본 시트: 문제3-4-1
      - 동작 실행 조건: 선택
      - 선택을 해제할 경우의 결과: 현재 값 유지
      - [분류] 필드 값에만 동작하는 매개변수 동작

 시행처 공개 문제 B형 답안

문제 1   작업준비(30점)

 실습영상

C드라이브 TB폴더를 생성하고 태블로(B형)의 소스 폴더의 폴더와 파일을 C:\TB 경로에 붙여넣기 한 후에 B형답안.twbx를 실행하시오.

01 답안파일을 열고 다음의 지시사항에 따라 데이터 불러오기 및 편집을 수행하시오. (10점)

① **연결 패널을 이용하여 데이터 파일을 추가하시오. (3점)**

STEP 01

'B형답안.twbx'를 실행하여, 파일을 확인하고, 데이터원본 또는 시트를 클릭하여 데이터 연결을 할 수 있는 화면으로 이동한다.

그림 1 데이터 원본 연결하기

"새 데이터 원본" 을 클릭하고, 파일에 연결을 클릭 ' Microsoft Excel' 을 클릭하여, C:\TB\문제1_데이터 경로에서 '광역별_방문자수.xlsx' 파일을 선택하고 "열기"를 클릭한다.

② 데이터 원본 편집창에서 〈A업체_광역별방문자_수〉, 〈B업체_광역별방문자_수〉, 〈행정구역코드〉 테이블을 결합하시오. (4점)

> **STEP 01**

"새 유니온"을 캔버스에 드래그 앤 드랍하고, 〈A업체_광역별방문자_수〉, 〈B업체_광역별방문자_수〉 테이블을 각각 유니온 창에 드래그 앤 드랍하고 확인을 클릭한다.

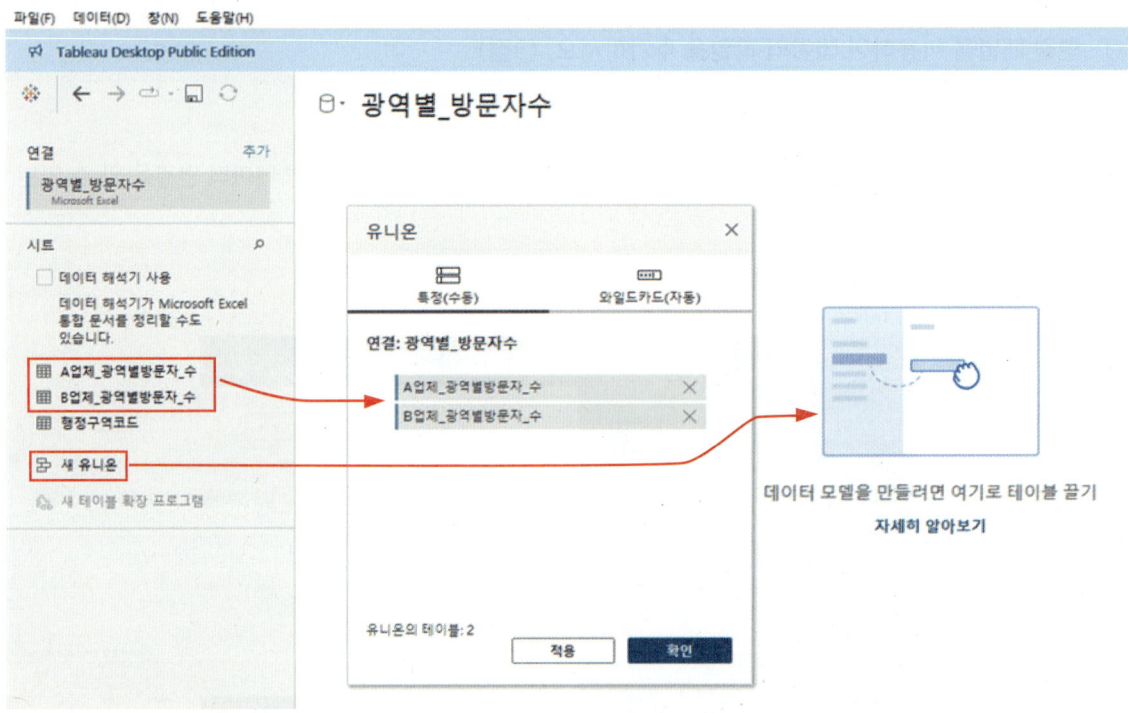

그림 2 유니온(UNION)하기

> **STEP 02**

"유니온"이란 이름의 논리적 테이블을 더블클릭하여 물리적 테이블 영역에 〈행정구역코드〉를 드래그 앤 드랍하고, 왼쪽 조인의 다이어그램을 선택하고 [시군구코드] 필드와 [행정동코드] 필드를 등호로 조인(JOIN)한다.

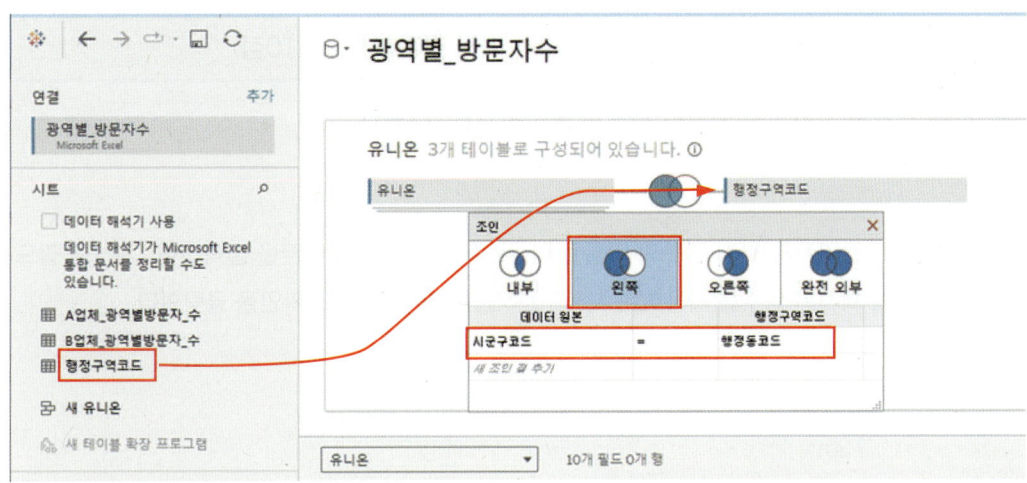

그림 3 조인(JOIN)하기

② 생성한 테이블의 [광역지자체_방문자_수], [광역지자체_방문자_비율], [테이블 이름] 필드를 숨김 처리 하시오. (3점)

STEP 01

오른쪽 아래 데이터 그리드 영역에서 [광역지자체_방문자_수], [광역지자체_방문자_비율], [테이블 이름] 필드를 키보드 Ctrl키를 누르고 다중으로 클릭한 후 필드이름에 마우스우클릭 또는 ▼버튼을 클릭하고 "숨기기"를 클릭하여 필드 숨기기한다.

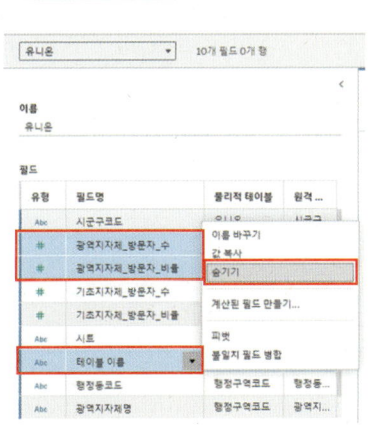

그림 4 필드 숨기기

02 세부문제1에서 모델링한 데이터를 아래 지시사항에 따라 편집하시오. (10점)

① [광역지자체명] 필드를 이용하여 계산된 필드를 추가하시오. (4점)

STEP 01

데이터 그리드 영역에서 [광역지자체명] 필드의 이름을 마우스우클릭 또는 ▼버튼을 클릭하여 "계산된 필드 만들기…"를 클릭하고 문제에 제시된 함수를 사용하여 지역구분 계산식을 작성하고 확인을 클릭한다.

그림 5 필드 숨기기

지역구분	IF [광역지자체명] IN ("서울특별시","경기도","인천광역시") THEN "수도권" ELSE "지방권" END

② [시트] 필드를 이용하여 계산된 필드를 추가하시오. (3점)

STEP 01

[시트] 필드의 이름을 마우스우클릭 또는 ▼버튼을 클릭하여 "계산된 필드 만들기…"을 클릭하고 문제에 제시된 함수를 사용하여 업체명 계산식을 작성하고 확인을 클릭한다.

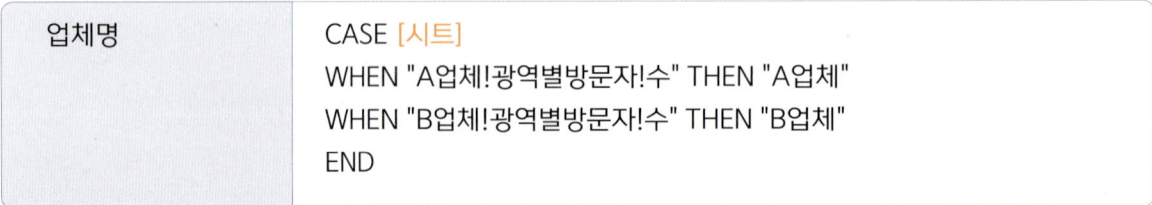

③ 데이터 원본 편집 창에서 다음의 지시사항에 따라 데이터를 편집하시오. (3점)

STEP 01

캔버스 영역의 논리적 테이블에 마우스우클릭 또는 ▼버튼을 클릭하여 "이름바꾸기"를 클릭하고 '광역별방문자수'를 입력한다.

그림 6 논리적 테이블 이름 바꾸기

STEP 02

논리적 테이블을 더블클릭하여 "유니온" 테이블의 이름을 더블클릭하여 '지자체별_방문자수'를 입력한다.

그림 7 물리적 테이블 이름 바꾸기

STEP 03

캔버스 상단의 데이터 원본이름을 더블클릭하여 '광역별_업체_방문자_수'를 입력하여 원본 이름을 변경한다.

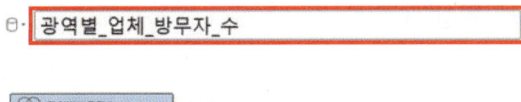

그림 8 데이터 원본 이름 바꾸기

02 다음의 지시에 따라 측정값 및 필드를 생성하시오. (10점)

① 측정값 [광역지자체수]와 [시군구명(코드)] 필드를 생성하시오. (3점)

STEP 01

[광역지자체명] 필드의 이름을 마우스우클릭 또는 ▼버튼을 클릭하여 "계산된 필드 만들기…"을 클릭하고 문제에 제시된 함수를 사용하여 광역지자체수 계산식을 작성하고 확인을 클릭한다.

광역지자체수	COUNTD([광역지자체명])

STEP 02

[광역지자체명] 필드의 이름을 마우스우클릭 또는 ▼버튼을 클릭하여 "계산된 필드 만들기…"을 클릭하고 시군구명(코드) 계산식을 작성하고 확인을 클릭한다.

시군구명(코드)	[광역지자체명]+" "+[기초지자체명]+"("+[시군구코드]+")"

② 서울특별시 방문자수의 합계와 전국 대비 서울특별시 방문자수의 비율을 구하는 측정값을 생성하시오. (4점)

STEP 01

[광역지자체명] 필드의 이름을 마우스우클릭 또는 ▼버튼을 클릭하여 "계산된 필드 만들기…"을 클릭하고 문제에 제시된 함수와 필드를 사용하여 서울지역_방문자수 계산식을 작성하고 확인을 클릭한다.

서울지역_방문자수	IF [광역지자체명] ="서울특별시" THEN [기초지자체_방문자_수] END

STEP 02

[서울지역_방문자수] 필드의 이름을 마우스우클릭 또는 ▼버튼을 클릭하여 "계산된 필드 만들기…"을 클릭하고 문제에 제시된 함수와 필드를 사용하여 서울방문자비율% 계산식을 작성하고 확인을 클릭한다.

서울방문자비율%	SUM([서울지역_방문자수])/SUM([기초지자체_방문자_수])

③ **[기초지자체_방문자_순위] 필드를 생성하시오. (3점)**

STEP 01

[기초지자체_방문자_수] 필드의 이름을 마우스우클릭 또는 ▼버튼을 클릭하여 "계산된 필드 만들기…"을 클릭하고 문제에 제시된 함수와 필드를 사용하여 기초지자체_방문자_순위 계산식을 작성하고 확인을 클릭한다.

| 기초지자체_방문자_순위 | STR(RANK_DENSE(SUM([기초지자체_방문자_수]))) |

[기초지자체_방문자_순위] 필드는 데이터 그리드 영역에서 조회되지 않으므로 '문제2-1' 시트로 이동하여 '광역별_업체_방문자_수' 데이터 원본을 선택하고 [기초지자체_방문자_순위] 필드를 확인한 후 "데이터 원본"으로 이동한다.

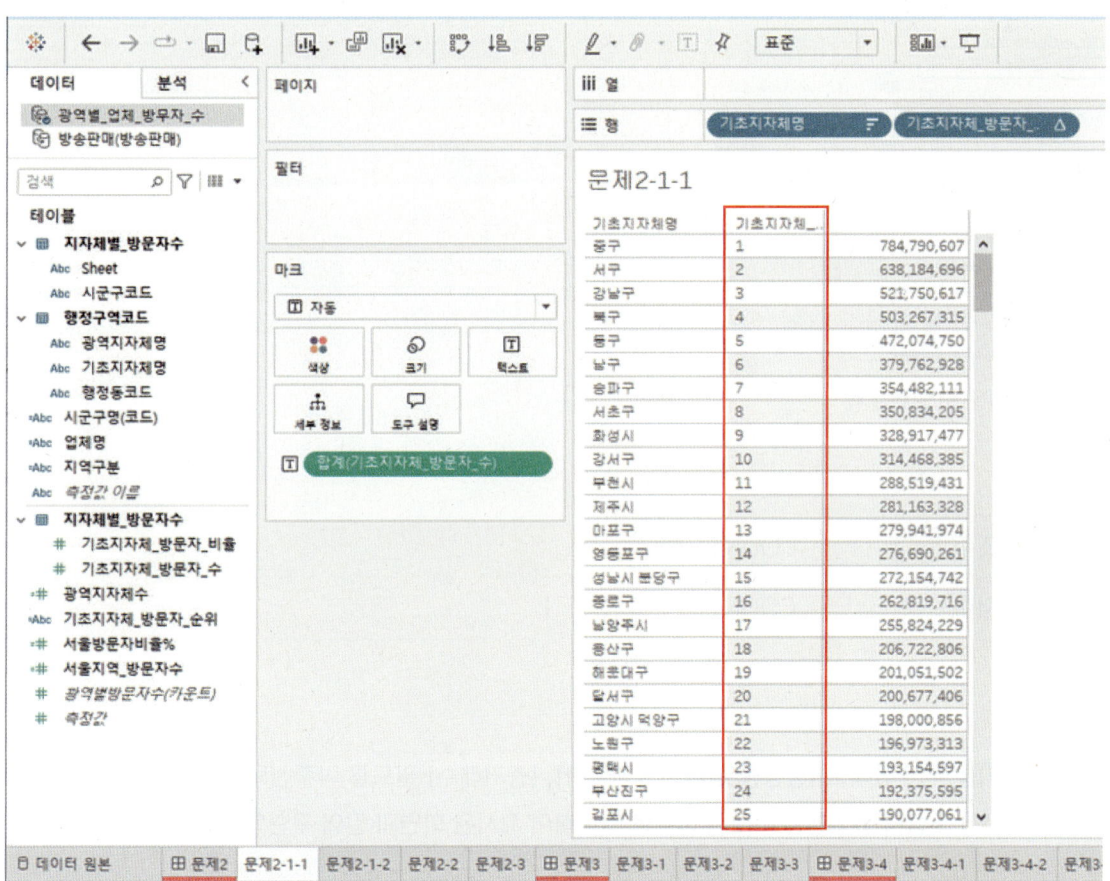

그림 9 [기초지자체_방문자_순위] 필드 확인하기

문제 2　단순요소 구현(30점)

실습영상

01 〈방송판매〉 데이터를 활용하여 카드와 필터 버튼을 구현하시오. (10점)

① '문제2-1' 시트에 카드와 필터 버튼을 구현하시오. (4점)

STEP 01

'문제2-1' 시트로 이동하여 데이터 패널 상단의 ▼버튼을 클릭하고 "계산된 필드 만들기"를 클릭하여 "총방송횟수", "총거래처수" 계산된 필드 2개를 문제에 제시된 필드와 함수를 사용하여 작성하고 확인을 클릭한다.

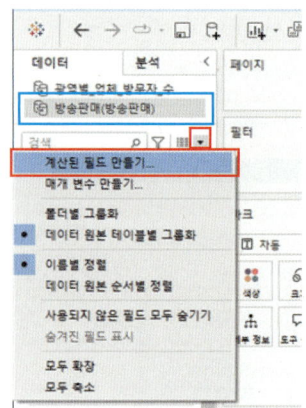

그림 10 계산된 필드 만들기

총방송횟수	COUNT([방송일])
총거래처수	COUNT([거래처코드])

STEP 02

키보드 Ctrl키를 누른 상태로 [총방송횟수], [판매수량], [총거래수] 필드를 다중선택하고 "표현방식"의 텍스트 테이블(그리드)을 클릭한다. 행열 바꾸기 버튼을 클릭하여 제시된 화면과 같이 구현한다.

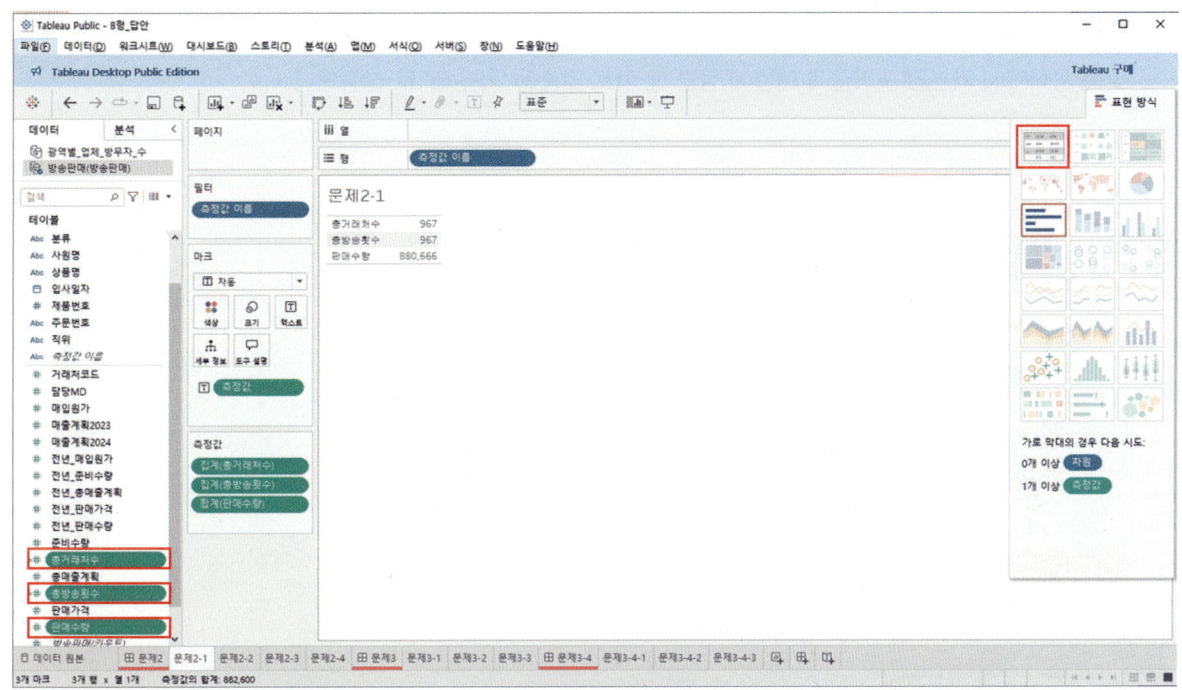

그림 11 문제2-1 표(그리드) 구현하기

STEP 03

'문제2-1' 차트에 마우스우클릭하여 "서식…"을 클릭하고 글꼴 서식에서 머리글크기를 '12', 패널크기를 '24', 굵기를 'B'로 설정한다.

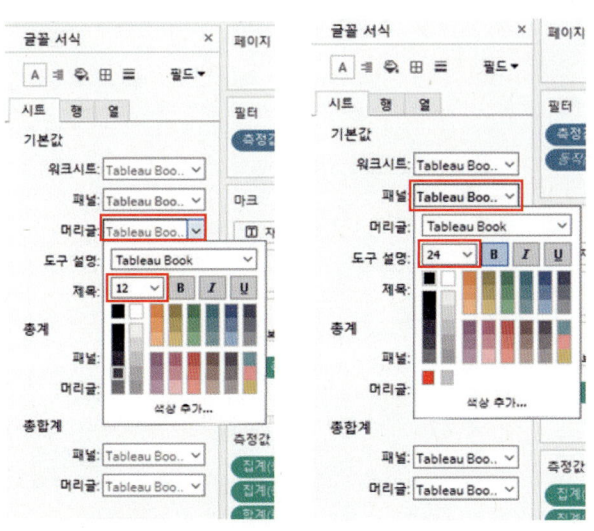

그림 12 글꼴 서식 설정하기

STEP 04

맞춤 서식에서 기본값 머리글과 패널에 정렬 중 가로 맞춤을 '가운데'로 설정한다.

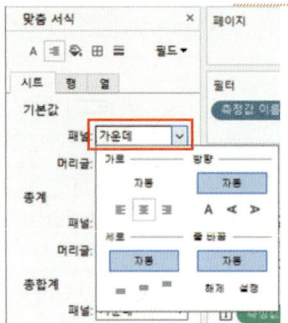

그림 13 맞춤 서식 설정하기

STEP 05

테두리 서식에서 시트의 행 구분선, 열 구분선을 모두 '없음'으로 설정한다.

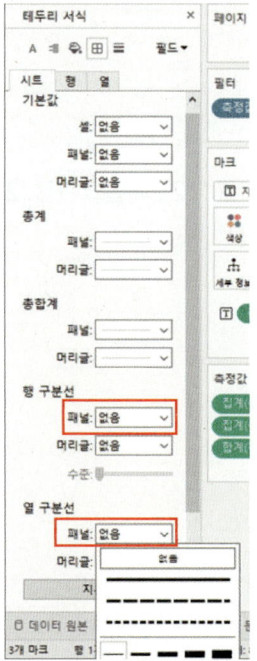

그림 14 테두리 서식 설정하기

② '문제2-2' 시트에 [방송일] 필드를 사용하여 필터 버튼을 구현하시오. (3점)

STEP 01

'문제2-2' 시트로 이동하여 [방송일] 필드를 클릭하고, "표현방식"에서 텍스트 테이블을 클릭한다.
[방송일] 필드를 레이블에 드래그 앤 드랍한다.
차트에서 마우스우클릭하여 "서식…"을 클릭하고 맞춤 서식을 기본값 → 패널 → 가로 '가운데', 테두리 서식을 시트 → 기본값 → 셀 → '실선' , 실선의 색상을 #d4d4d4로 문제에 제시된 내용으로 설정한다.

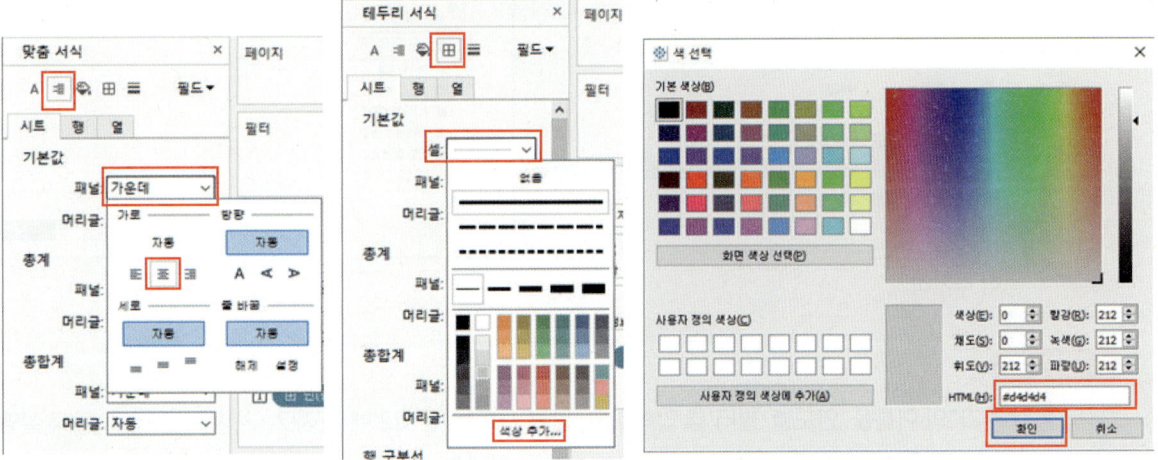

그림 15 서식 설정하기

STEP 02

차트 상단의 연도에 마우스우클릭 또는 열 선반의 년(방송일)의 ▼버튼을 클릭하여 머리글 표시 머리를 클릭하여 해제한다.

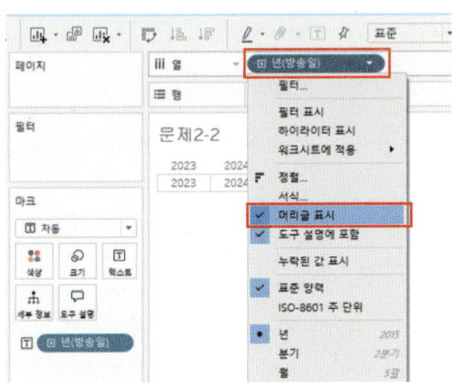

그림 16 머리글 표시 해제하기

③ '문제2-2'가 '문제2' 대시보드에서 필터로 작동하도록 동작 기능을 구현하시오. (3점)

STEP 01

'문제2' 대시보드에서 대시보드(B) → 동작(I)… , 동작추가의 ▼버튼을 클릭하여 필터… 클릭한다.

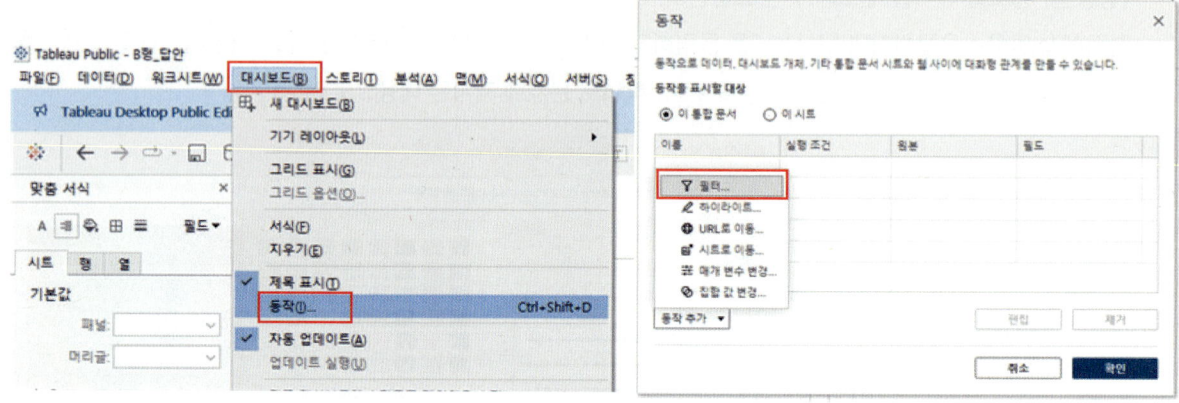

그림 17 동작 추가하기

STEP 02

"필터 동작 추가"의 이름을 '연도별_필터'를 입력하고, 원본 시트는 '문제2'에 '문제2-2' 시트를 체크, 동작 실행 조건은 '선택', 대상 시트는 모두 체크, 선택을 해제할 경우의 결과를 '모든 값 표시'를 선택하여 확인을 클릭한다.

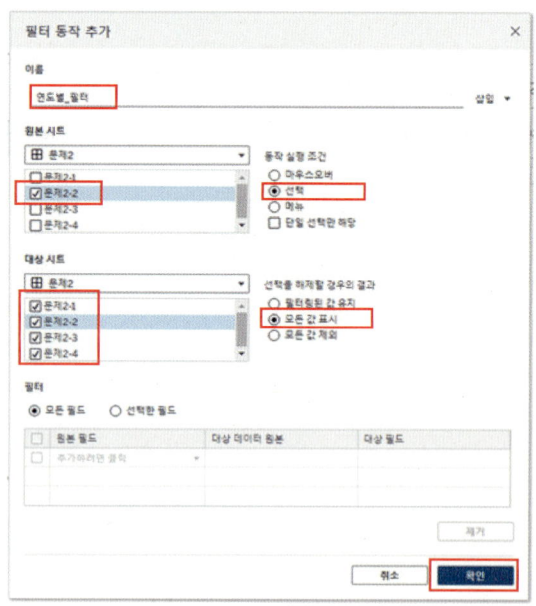

그림 18 필터 동작 설정하기

STEP 03

'문제2-2'에서 '2024'를 클릭하고 '문제2-1'이 값이 바뀐 것을 확인한다.

그림 19 2024년 선택

02 '문제2-3' 시트에 다음의 작업을 수행하여 혼합(영역+막대) 차트를 구현하시오. (10점)

① 다음의 조건으로 필드를 생성하시오. (4점)

STEP 01

'문제2-3' 시트로 이동하여 데이터 패널 상단의 ▼버튼을 클릭하고 "계산된 필드 만들기"를 클릭하여 "매출실적" 계산된 필드를 문제에 제시된 필드를 사용하여 작성하고 확인을 클릭한다.

| 매출실적 | [판매수량] * [판매가격] |

STEP 02

[사원명] 필드를 마우스우클릭하여 만들기 → 집합을 클릭한다.

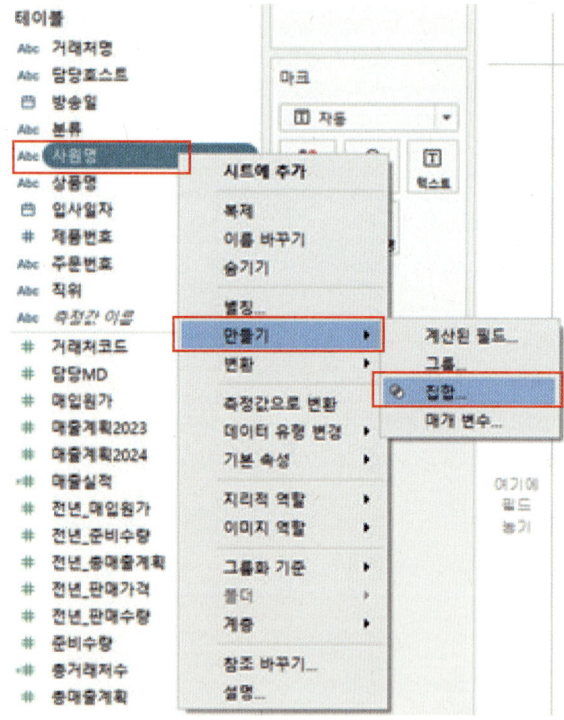

그림 20 만들기 집합

STEP 03

'집합 만들기' 이름을 "MD(Top3)"을 입력하고, 상위탭에서 필드기준을 선택, 상위, 3기준, 매출실적, 합계를 차례대로 선택한다.

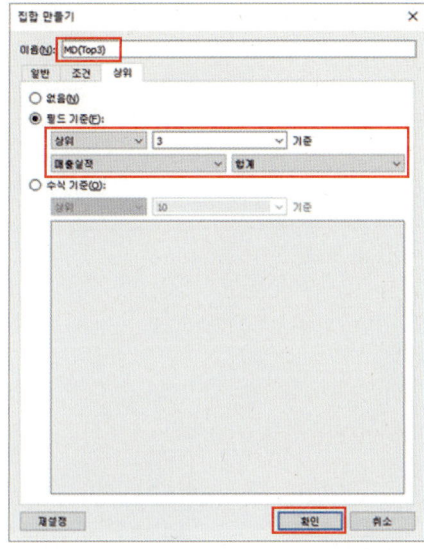

그림 21 집합 만들기

① 다음의 조건으로 필드를 생성하시오. (4점)

STEP 01

[방송일], [매출실적] 필드를 키보드 Ctrl키를 누르고 다중으로 클릭한 후 "표현 방식"에서 라인(불연속형)을 선택한다. 열에있는 년(방송일)을 마우스우클릭하여 월(방송일) 클릭한다.

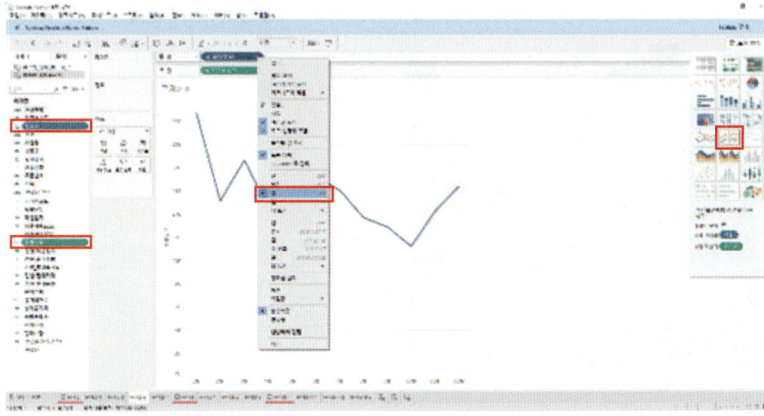

그림 22 문제2-3 만들기

STEP 02

행에 있는 [매출실적]을 Ctrl을 누른후 옆으로 드래그 앤 드롭하여 복제하고 마우스우클릭하여 '이중축'을 체크한다.

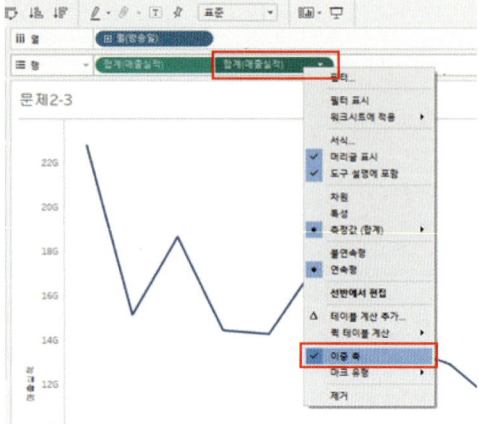

그림 23 이중축 만들기

STEP 03

행 선반의 좌측에 있는 합계(매출실적)을 선택하여 마크의 차트를 '막대차트', 우측에 있는 합계(매출실적)을 영역차트로 변경한다.

차트의 Y축에 해당하는 매출실적을 마우스우클릭하여 '축 동기화'를 체크하고, 다시 마우스우클릭하여 '머리글 표시'를 체크해제한다.

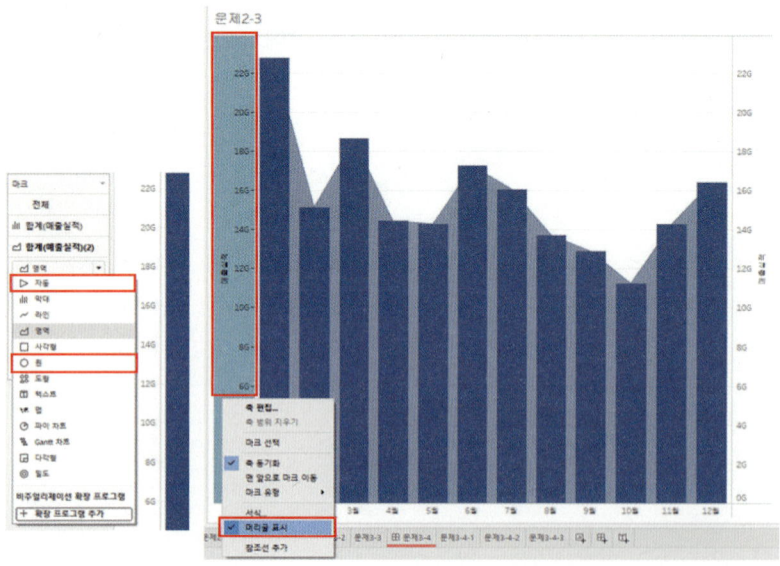

그림 24 차트변경 및 축설정

STEP 04

차트에서 마우스우클릭하여 "서식…"을 클릭하고 테두리 서식을 행, 열 구분선을 '없음', 라인 서식을 행 → 격자선 → 없음, 축 눈금자 → 실선, 열 → 축 눈금자 → 실선으로 설정한다.

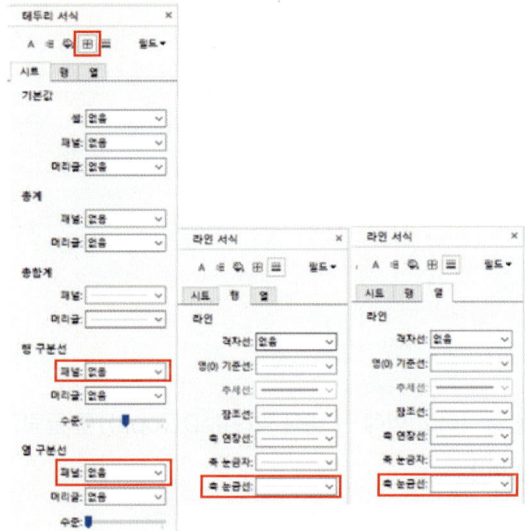

그림 25 서식 변경하기

① 연도에 따라 [매출실적]이 높은 TOP3에 해당하는 [사원명]이 변화하도록 구현하시오. (3점)

STEP 01

'문제2-3'시트에서 [MD(Top3)] 필드를 필터에 드래그 앤 드랍한다.

마크의 전체를 선택한 후에 [MD(Top3)] 필드를 색상에 드래그 앤 드랍한다.

[IN/OUT(MD(Top3))]를 마우스우클릭하여 집합의 멤버 표시 클릭한다.

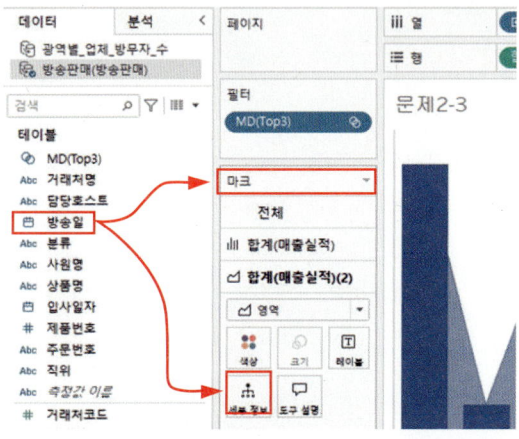

그림 26 필드를 필터에 드래드 앤 드립하기

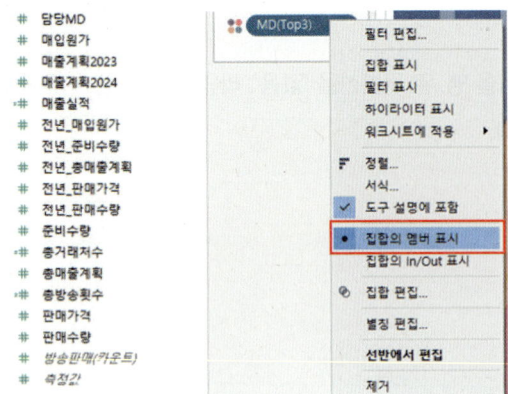

그림 27 집합필드 설정하기

STEP 02

'문제2' 대시보드에서 '문제2-3' 시트를 선택한 후에 ▼버튼을 클릭하고 범례 → 색상 범례(MD(Top3))를 클릭한다. 범례가 나타나면 Shift키를 누르고 문제에 제시된 위치로 이동한다.

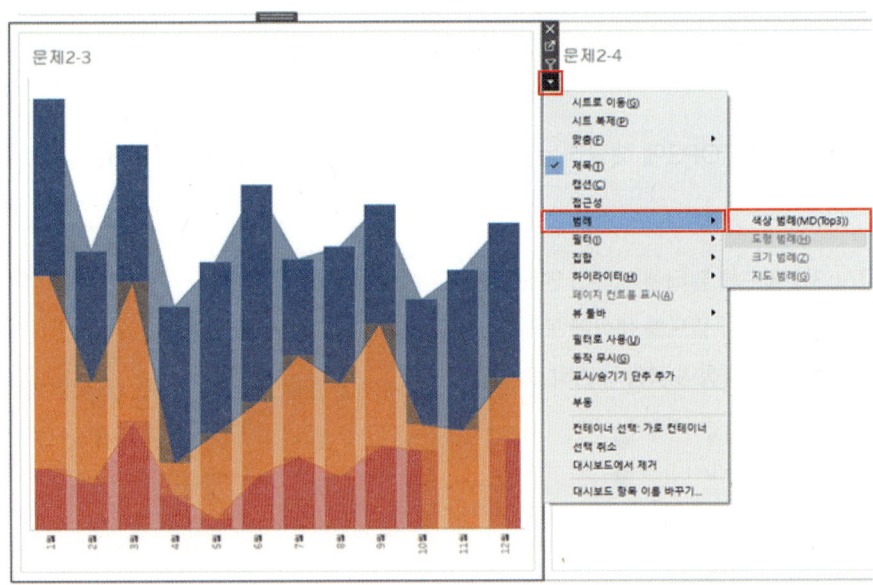

그림 28 색상범례 표시하기

03 '문제2-4' 시트에 다음의 작업을 수행하여 차트를 구현하시오. (5점)

① [담당호스트], [총방송횟수] 필드를 사용하여 파이차트를 구현하시오. (3점)

STEP 01

'문제2-4'시트에서 마크를 '파이 차트'를 선택하고, [담당호스트]를 색상, [총방송횟수]를 각도로 드래그 앤 드랍한다. 마크의 [집계(총방송횟수)]를 마우스우클릭하여 퀵테이블 계산 → 구성비율을 클릭한다. 마크에 있는 [담당호스트], [집계(총방송횟수)]를 Ctrl키를 눌러 다중 선택한 후 레이블에 드래그 앤 드랍한다.

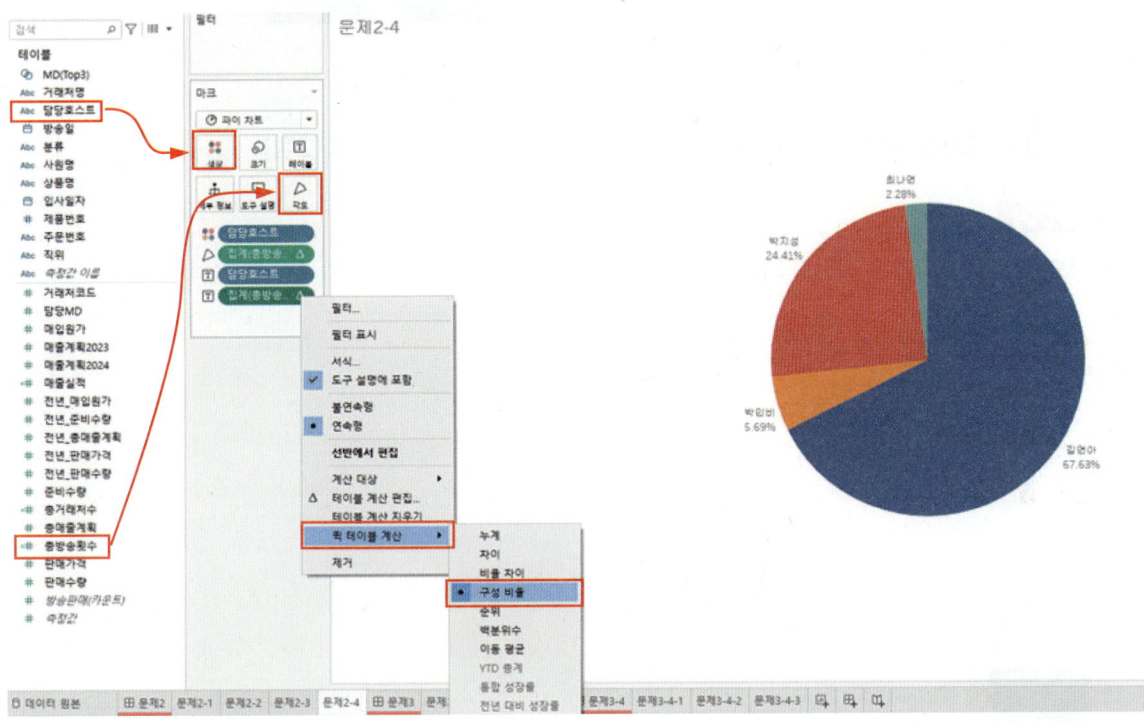

그림 29 문제2-4 만들기

STEP 02

상단에 시트보기를 '전체 보기로' 변경한다. 레이블을 클릭하여 맞춤 – '가운데', 텍스트의 '…'을 클릭하여 레이블 편집에서 가운데 정렬을 한 후 확인을 클릭한다.

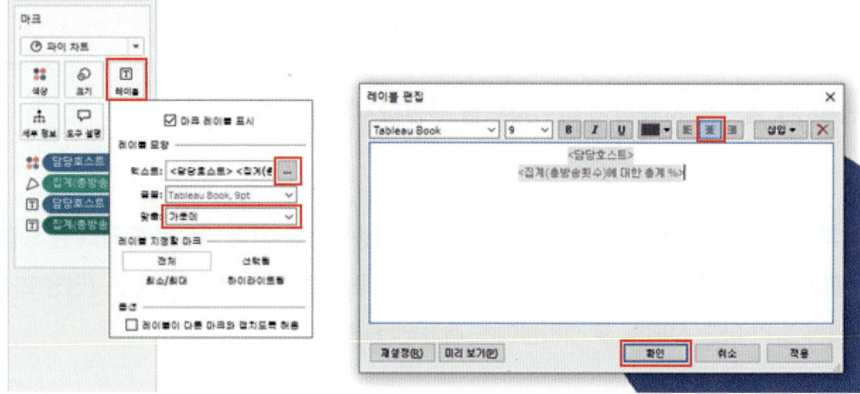

그림 30 레이블 설정하기

② [담당호스트]를 [총방송횟수] 필드를 기준으로 내림차순 정렬하시오. (2점)

STEP 01

[담당호스트]를 클릭한 후 상단의 내림차순 정렬 버튼을 클릭한다.

그림 31 내림차순 정렬하기

04 통합문서 및 '문제2' 대시보드의 서식을 설정하시오. (5점)

① 전체 통합문서의 서식을 변경하시오. (2점)

STEP 01

'문제2' 대시보드에서 서식 → 통합문서 → 글꼴 '맑은고딕', 색상 '#000000'으로 변경한다.

그림 32 글꼴 설정하기

② '문제2' 대시보드의 백그라운드 색상과 제목의 레이아웃을 변경하시오. (3점)

STEP 01

좌측 '레이아웃' 탭을 클릭하단의 항목 계층에서 바둑판식을 클릭백그라운드를 선택한 후 '색상 추가' 버튼 클릭한 후 '#f5f5f5'로 변경

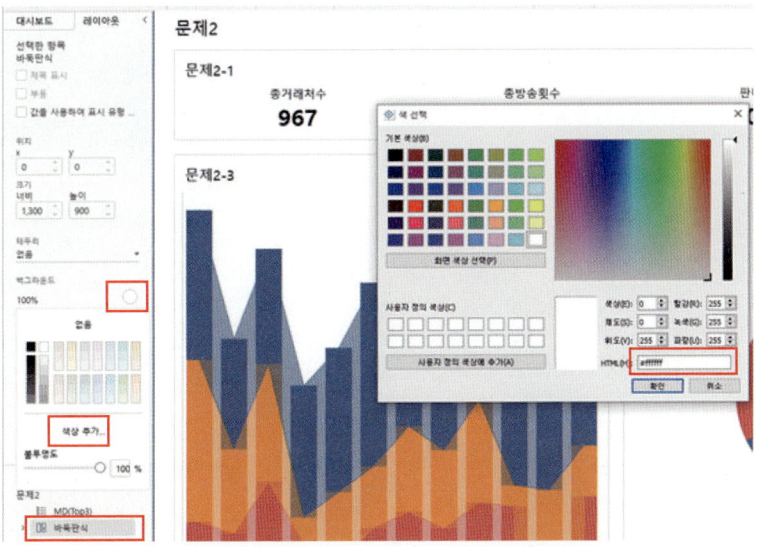

그림 33 대시보드 색상 변경하기

STEP 02

대시보드 상단의 '문제2' 개체 더블클릭내용을 "23~24년도 홈쇼핑 판매 보고서" 입력하고 확인 클릭바깥쪽 여백, 안쪽 여백 변경하기

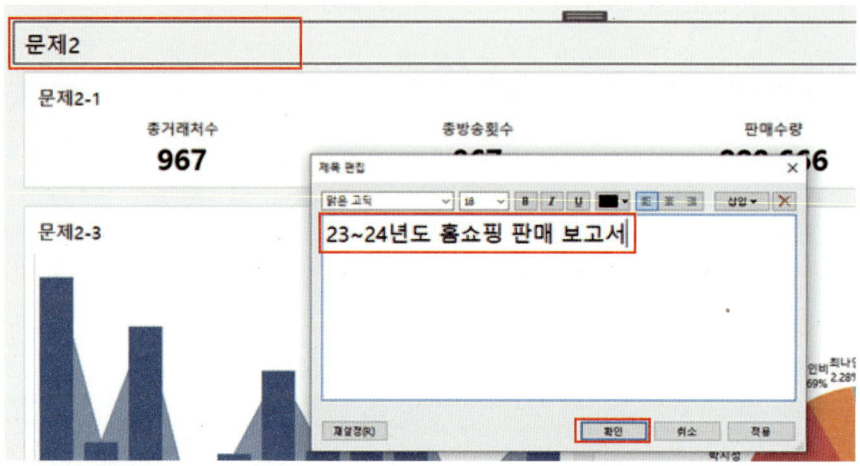

그림 34 제목 편집하기

위 과정을 모두 완료한 후 문제2-2 시트에서 2024를 선택합니다.

문제 3   복합요소 구현(40점)

실습영상

01 '문제3-1' 시트에서 다음의 작업을 수행하여 혼합(막대+라인) 차트를 구현하시오. (10점)

① 문자열 매개변수 [담당자_구분]과 이를 활용한 [담당자_선택] 필드를 생성하시오. (3점)

STEP 01

'문제3-1' 시트로 이동하여 데이터 패널 상단의 ▼버튼을 클릭하고 "매개변수 만들기"를 클릭하여 이름을 "담당자_구분", 데이터 유형을 "문자열", 허용 가능한 값을 "목록" 값과 표시형식을 다음과 같이 입력한 후 확인을 클릭한다.

값	표시형식
담당호스트	담당호스트
사원명	담당 MD

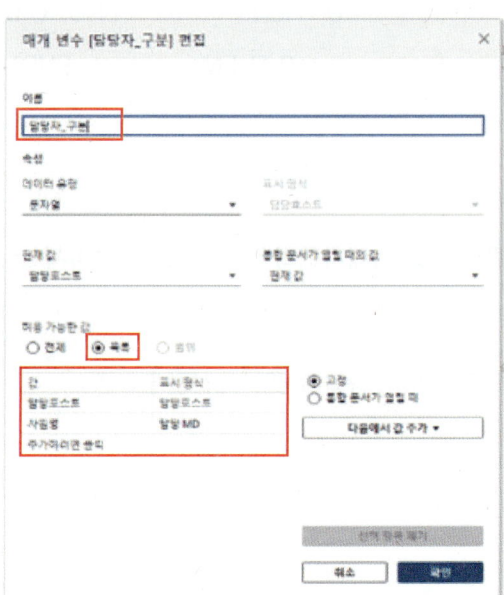

그림 35 매개변수 만들기

STEP 02

데이터 패널 상단의 ▼버튼을 클릭하고 "계산된 필드 만들기"를 클릭하여 "담당자_선택" 계산된 필드를 문제에 제시된 필드와 함수를 사용하여 작성하고 확인을 클릭한다.

담당자_선택	CASE [담당자_구분] WHEN "담당호스트" THEN [담당호스트] WHEN "사원명" THEN [사원명] END

② [주문번호], [준비수량], [판매수량] 필드를 활용하여 [완전판매건수] 필드를 생성하시오. (3점)

STEP 01

데이터 패널 상단의 ▼버튼을 클릭하고 "계산된 필드 만들기"를 클릭하여 "완전판매건수" 계산된 필드를 문제에 제시된 필드와 함수를 사용하여 작성하고 확인을 클릭한다.

완전판매건수	IF COUNT(IF [준비수량] - [판매수량] = 0 THEN [주문번호] END) <> 0 THEN COUNT(IF [준비수량] - [판매수량] = 0 THEN [주문번호] END) END

③ [담당자_선택] 결과를 반영한 [총판매금액]과 [완전판매건수]를 막대차트와 라인차트로 표현하시오. (4점)

STEP 01

데이터 패널 상단의 ▼버튼을 클릭하고 "계산된 필드 만들기"를 클릭하여 "총판매금액" 계산된 필드를 문제에 제시된 필드를 사용하여 작성하고 확인을 클릭한다.

총판매금액	[판매가격] * [판매수량]

STEP 02

[담당자_선택] 필드를 열 선반, [총판매금액], [완전판매건수] 필드를 행 선반으로 드래그 앤 드랍한다.
행선반에 있는 [집계(완전판매건수)]를 마우스우클릭하고 이중축을 선택한다.

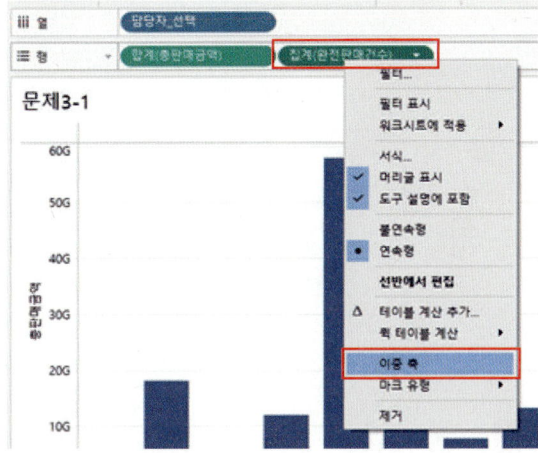

그림 36 이중축 하기

STEP 03

마크에서 [총판매금액]을 막대차트, [완전판매건수]를 라인차트로 변경한다. 열 선반에 있는 [담당자_선택] 필드를 마우스우클릭하여 정렬 – 정렬기준 "필드", 정렬순서 "내림차순", 필드명 "총판매금액", 집계 "합계"로 설정한다.

그림 37 정렬하기

STEP 04

우측 Y축[완전판매건수]을 마우스우클릭 - 서식, 패널 - 특수값의 마크를 숨기기(라인 끊기)를 선택한다.

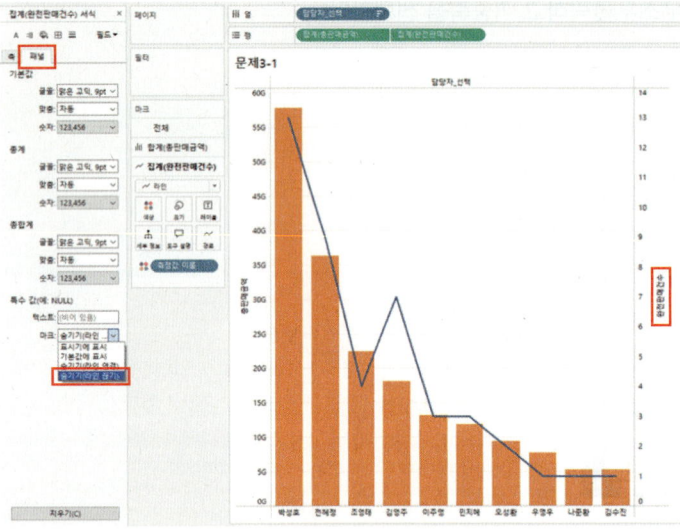

그림 38 특수값 설정하기

STEP 05

[방송일] 필드를 필터로 드래그 앤 드랍한다. '년'을 선택 → '2024' 체크한 후 확인한다.

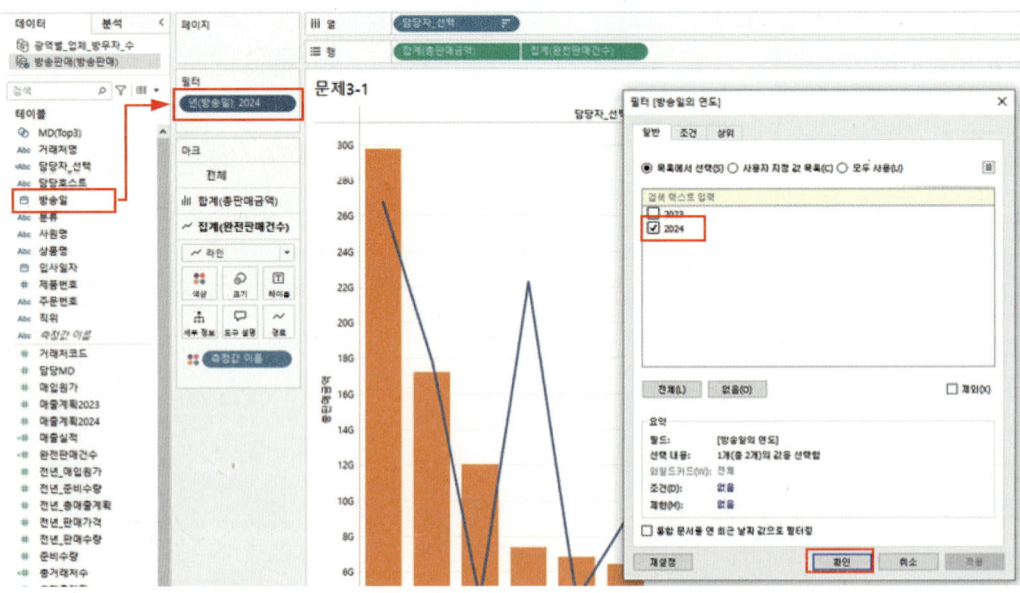

그림 39 방송일 년도 필터 설정하기

02 '문제3-2' 시트에 혼합(테이블+막대) 차트를 구현하시오. (10점)

① [전년_판매가격], [전년_판매수량], [총판매금액]을 사용하여 전년 동기 대비 매출 증감률을 구하는 [판매금액YoY%] 측정값을 생성하시오. (3점)

STEP 01

'문제3-2' 시트로 이동하여 데이터 패널 상단의 ▼버튼을 클릭하고 "계산된 필드 만들기"를 클릭하여 "판매금액YoY" 계산된 필드를 문제에 제시된 필드와 함수를 사용하여 작성하고 확인을 클릭한다.

| 판매금액YoY% | (SUM([총판매금액]) − SUM([전년_판매수량] * [전년_판매가격])) / SUM([전년_판매수량] * [전년_판매가격]) |

STEP 02

[판매금액YoY%] 필드를 마우스우클릭하여 기본속성 → 숫자 형식 클릭한다. 백분율, 소수점 2자리로 설정한다.

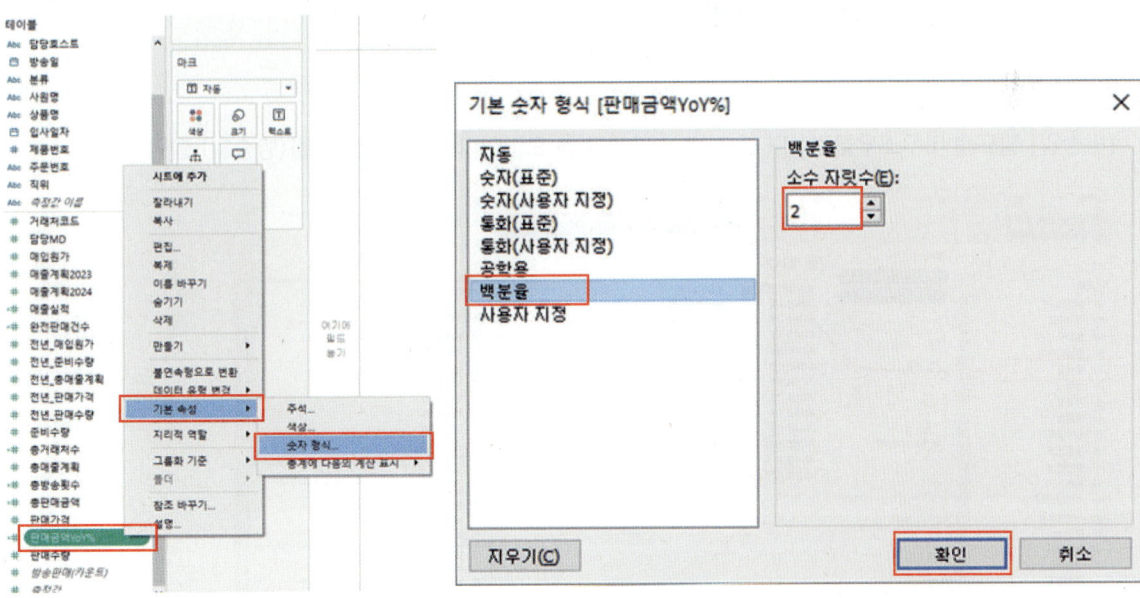

그림 40 기본 속성 설정하기

STEP 03

[방송일] 필드를 필터로 드래그 앤 드랍한다. '년'을 선택 → '2024' 체크한 후 확인한다.

[거래처명] 필드를 마우스우클릭하여 '필터표시'를 선택한다.

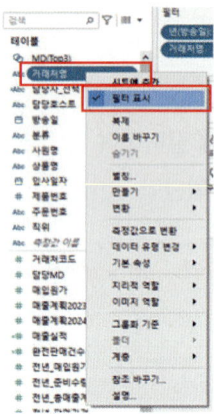

그림 41 필터표시하기

② [방송일] 필드를 기준으로 하여 년·월별 [총판매금액]을 테이블로 구현하고, [판매금액YoY%]을 가로막대차트로 구현하시오. (4점)

STEP 01

[방송일] 필드를 마우스우클릭하여 행 선반에 드래그 앤 드랍한다. 불연속형-년월(방송일) 클릭한다.

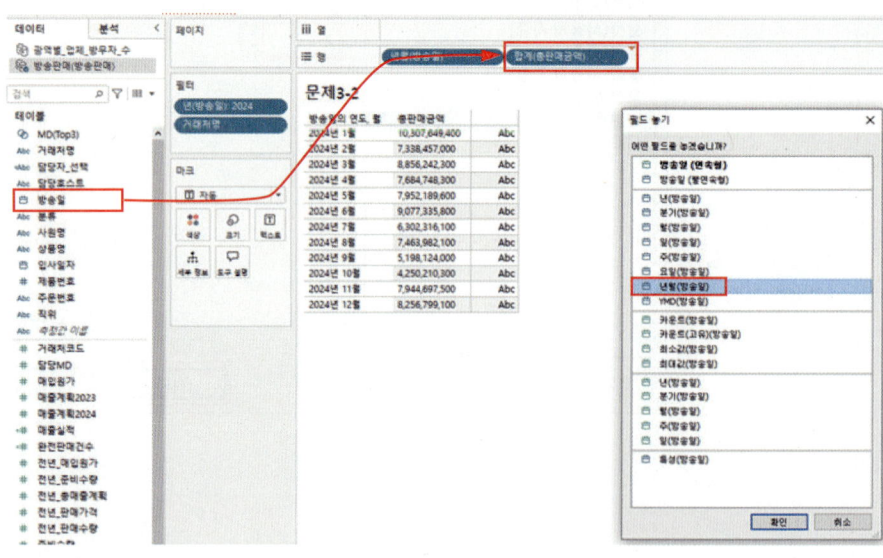

그림 42 날짜타입 변경하기

STEP 02

[총판매금액] 필드를 행 선반에 드래그 앤 드랍한다. 마우스우클릭하여 불연속형으로 변경한다.

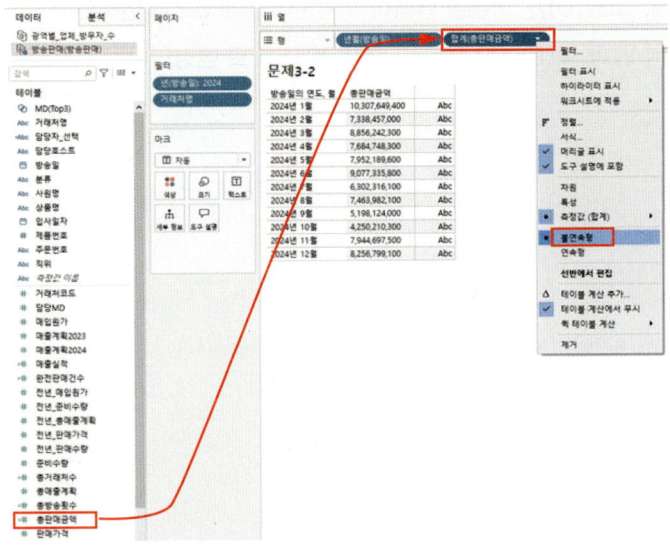

그림 43 테이블로 표현하기

STEP 03

[판매금액YoY%]를 열 선반에 드래그 앤 드랍한다. 열 선반 빈 곳을 더블클릭하여 '판매금액 YoY%'를 입력한다. [판매금액YoY%]를 마우스우클릭하여 머리글 표시를 해제한다.

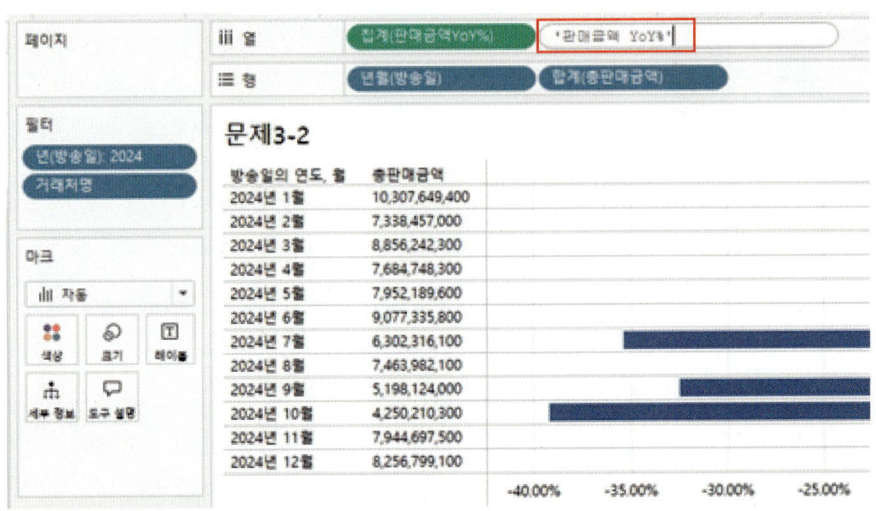

그림 44 머리글 만들기

STEP 04

[판매금액YoY%]를 색상에 드래그 앤 드롭한다.

색상 범례를 더블클릭하여, 단계별 색상 : 2단계, '고급(D)>>' 버튼을 클릭하여 가운데 값을 0으로 변경한다.

색상표에서 색상을 '사용자 지정 다중' 선택, 음수일 때 '#ff0000' 양수일 때 '#0055ff'로 변경한다.

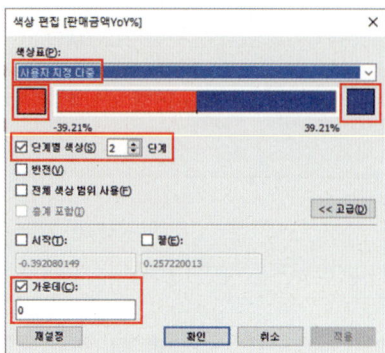

그림 45 색상 설정하기

STEP 05

분석탭으로 이동하여, 총계를 '열 총합계'에 드래그 앤 드롭한다.

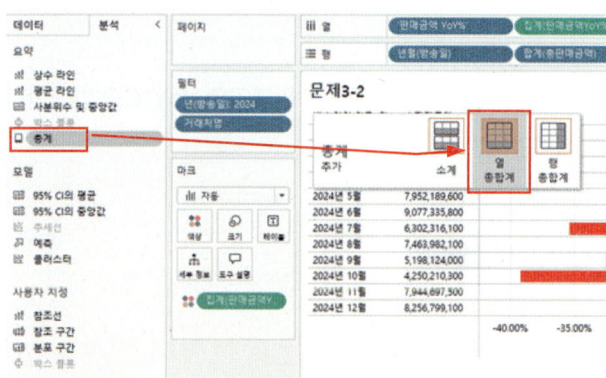

그림 46 총계 만들기

STEP 06

총판매금액을 우클릭하여 서식 → 정렬 → 머리글 → 기본값 맞춤 '오른쪽' 변경한다.

머리글을 우클릭하여 서식 → 필드 레이블 → 모퉁이 맞춤 '가운데' 변경한다.

STEP 07

차트를 마우스우클릭하여 서식 → 테두리 서식 → 시트 → 머리글 색상 '#d4d4d4',

라인 서식 → 열 격자선 '없음' 으로 변경한다.

03 '문제3-3' 시트에서 다음의 작업을 수행하여 차트를 구현하고, '문제3' 대시보드에서 다음의 설정을 완료하시오. (10점)

① '문제3-3' 시트에 다음의 매개변수와 필드를 생성하시오. (3점)

STEP 01

'문제3-3' 시트로 이동하여 데이터 패널 상단의 ▼버튼을 클릭하고 "매개변수 만들기"를 클릭하여 이름을 "매출목표", 데이터 유형을 "정수", 현재 값을 "100,000,000,000"을 입력한 후 확인을 클릭한다.

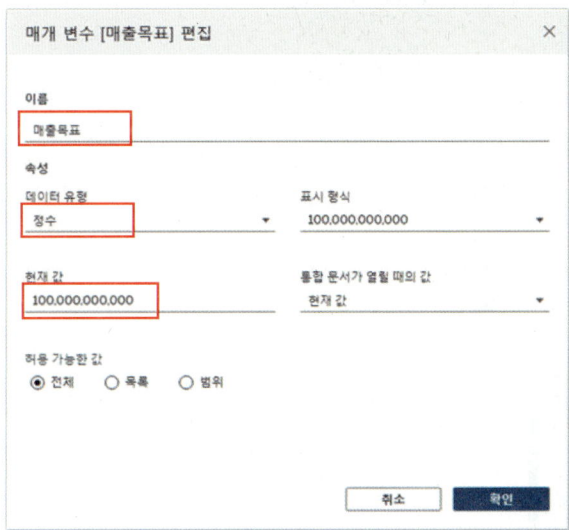

그림 47 매개변수 매출목표 만들기

STEP 02

데이터 패널 상단의 ▼버튼을 클릭하고 "계산된 필드 만들기"를 클릭하여 "매출목표 상한선", "목표대비 총판매비율%" 계산된 필드 2개를 문제에 제시된 필드와 함수를 사용하여 작성하고 확인을 클릭한다.

매출목표 상한선	MAX (150000000000)
목표대비 총판매비율%	SUM([총판매금액]) / [매출목표]

② [총판매금액], [매출목표 상한선] 필드를 사용하여 불릿 그래프를 구현하시오. (4점)

STEP 01

[매출목표 상한선], [총판매금액] 필드를 순서대로 열 선반에 드래그 앤 드랍한다.

열선반에 있는 [총판매금액]을 마우스우클릭하여 이중축을 선택한다.

차트의 머리글을 마우스우클릭하여 '축 동기화'를 선택한다.

STEP 02

마크에 색상을 클릭하여 [측정값 이름]의 색상을 [매출목표 상한선]은 '#bab0ac', [총판매금액]은 '#4e79a7'로 변경한다.

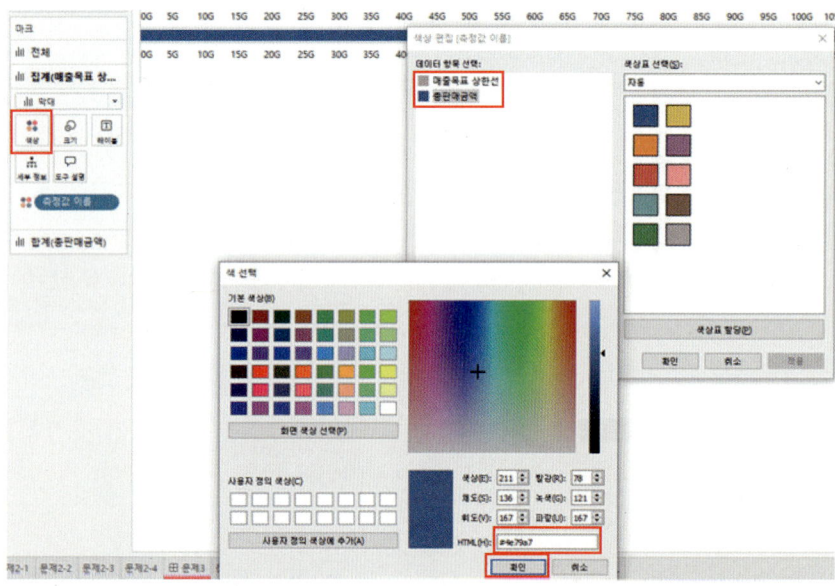

그림 48 측정값 이름 색상 변경하기

STEP 03

[방송일] 필드를 필터로 드래그 앤 드랍한다.

'년'을 선택 → '2024' 체크한 후 확인한다.

STEP 04

[총판매금액] 필드의 머리글을 마우스우클릭하여 머리글 표시를 해제한다.

STEP 05

[목표대비 총판매비율%], [총판매금액] 필드를 키보드 Ctrl키를 누르고 다중으로 클릭한 후 마크의 [총판매금액]의 레이블에 드래그 앤 드랍한다.

[목표대비 총판매비율%] 필드를 마우스우클릭하여 서식… → 패널 → 기본값 숫자를 백분율, 소수 자릿수를 2로 설정한다.

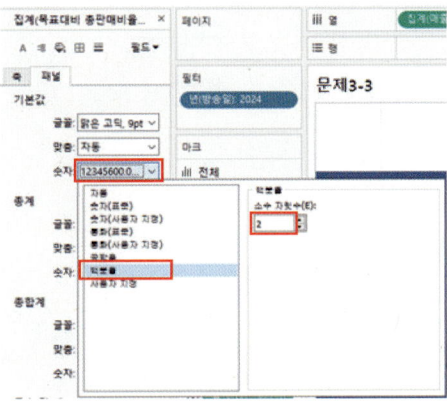

그림 49 서식 변경하기

STEP 06

레이블을 클릭하여 맞춤을 가로 '가운데', 텍스트의 … 버튼을 클릭하고 글꼴크기를 '12'로 변경한다.

STEP 07

분석 패널의 참조선을 드래그 앤 드랍하여 추가한다. 라인의 값을 '매출목표', 레이블을 '사용자 지정'으로 한 다음 '매출목표: 〈값〉'을 입력한다. 라인 색상을 '#ff0000', 투명도를 100%로 변경하고 확인을 클릭한다.

참조선을 마우스우클릭하여 서식 → 참조선 레이블의 맞춤을 세로 하위로 변경한다.

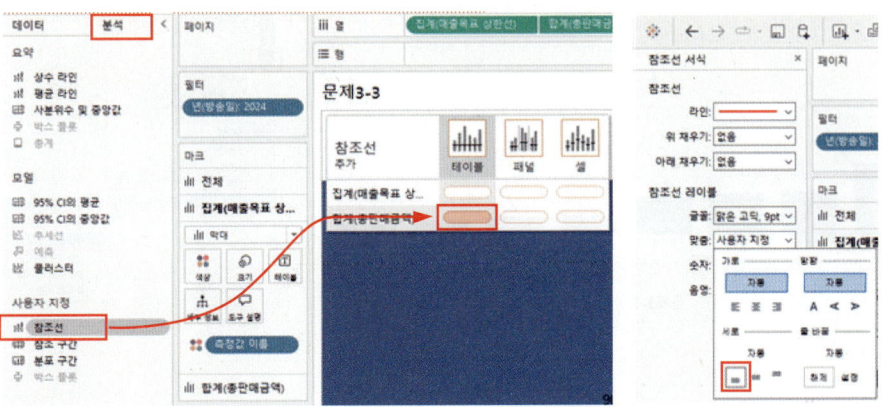

그림 50 참조선 추가하기

STEP 08

[매출목표 상한선] 필드의 축을 마우스우클릭하여 서식 → 축 눈금의 숫자를 '숫자(사용자지정)'으로 변경한 다음 소수점 자리수를 0, 디스플레이 장치를 '십억(B)'로 변경한다.

[매출목표 상한선] 필드의 축을 마우스우클릭하여 축 편집… → 축 제목을 제거한다.

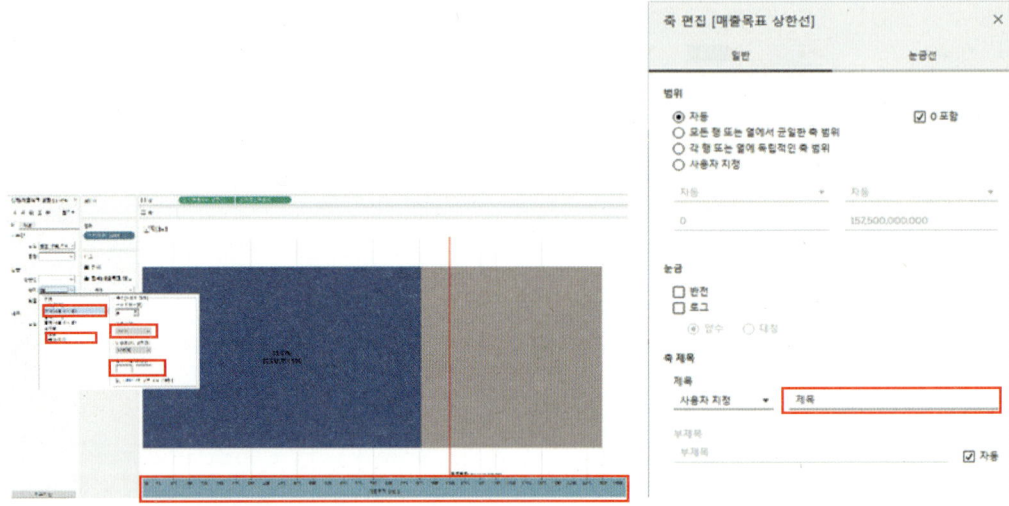

그림 51 축 머리글 설정하기

③ '문제3' 대시보드에 매개변수 및 필터를 배치하고 적용범위를 설정하시오. (3점)

STEP 01

'문제3' 대시보드에서 '문제3-1'시트를 선택하여"▼"(기타옵션) 버튼을 클릭한 다음 필터 → 방송일의 연도를 클릭한다.

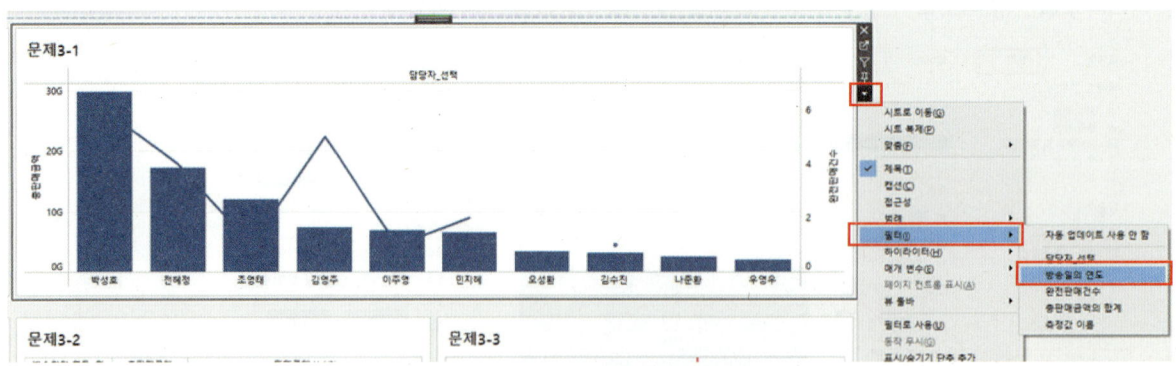

그림 52 필터 표시하기

STEP 02

방송일의 연도 필터를 마우스우클릭하여 단일 값(드롭다운), 제목 체크해제, 사용자지정 → '전체' 값 표시 체크 해제, 워크시트에 적용 → 선택한 워크시트를 클릭하고 문제3-1, 문제3-2, 문제3-3을 모두 체크한 다음 확인 버튼을 클릭한다.

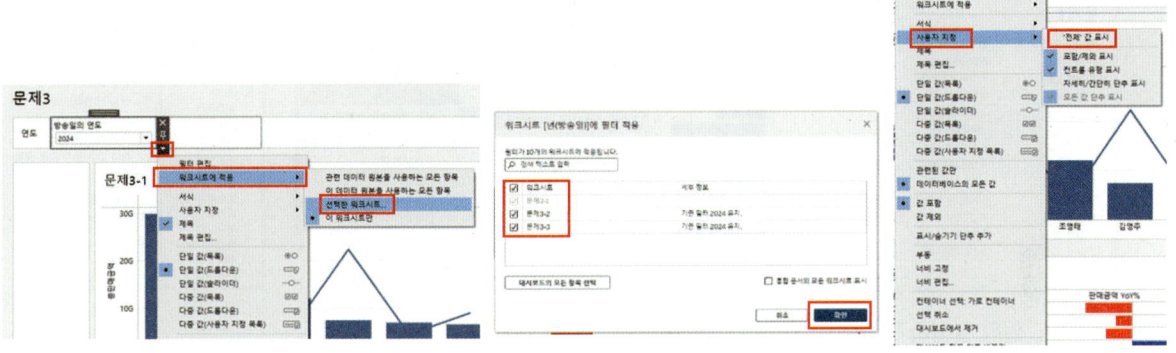

그림 53 필터 적용하기

STEP 03

분석(A) → 매개변수(P) → 담당자_구분을 클릭한 다음 왼쪽 상단으로 드래그 앤 드랍한다.
[담당자_구분] 매개변수를 마우스우클릭하여 '단일 값 목록'으로 변경한다.

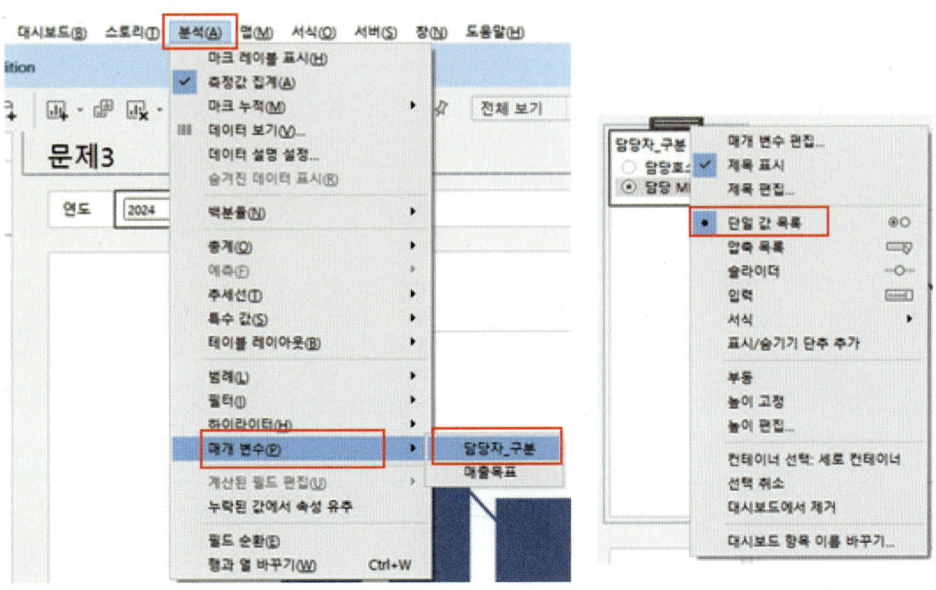

그림 54 매개변수 설정하기

STEP 04

'문제 3-2' 시트를 선택하여 "▼"(기타옵션) 버튼을 클릭한 다음 필터 → 거래처명을 클릭한 다음 왼쪽 하단으로 드래그 앤 드랍한다. [거래처명] 필터를 마우스우클릭하여 '단일 값(목록)'으로 변경한다.

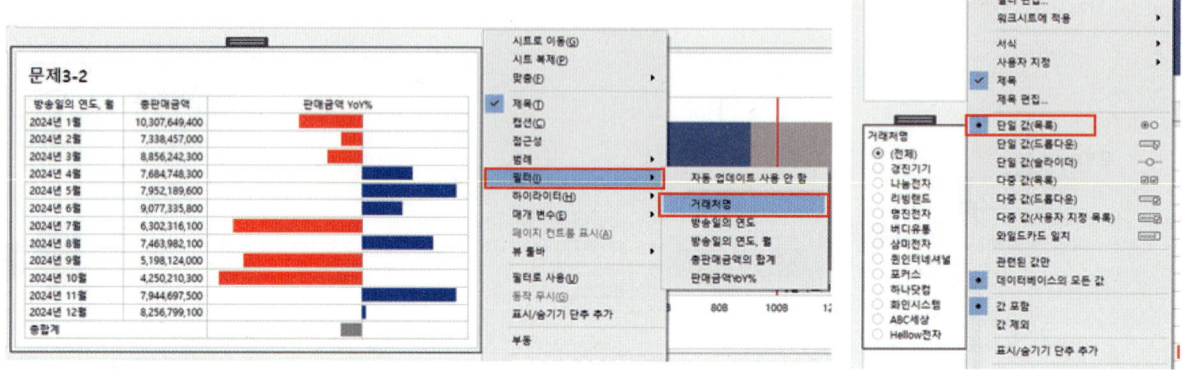

그림 55 필터 설정하기

04 '문제3-4' 대시보드에서 다음의 작업을 수행하여 동적(interactive) 대시보드를 구현하시오. (10점)

① '문제2' 대시보드로 이동하는 "탐색" 개체를 구현하시오. (3점)

STEP 01

'문제3-4' 대시보드에서 대시보드 패널 하단의 개체에 있는 '탐색'을 상단 빈 레이아웃의 가장 오른쪽으로 드래그 앤 드랍한다.

탐색버튼을 더블클릭하여 이동할 위치를 '문제2', 제목을 "문제2로 이동"을 입력하고 확인버튼을 클릭한다.

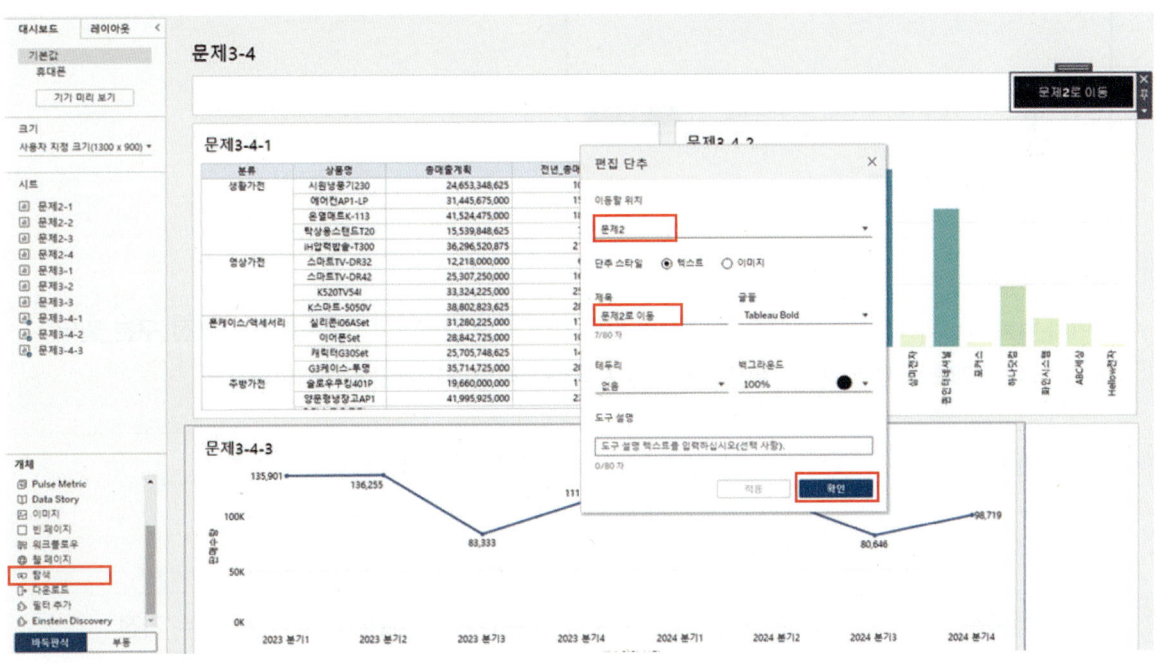

그림 56 탐색버튼 만들기

② [분류] 필드에 "가전"이 포함된 제품과 그 외의 제품을 구분하는 매개변수와 필터를 생성하시오. (4점)

STEP 01

'문제3-4-2' 시트로 이동하여 데이터 패널 상단의 ▼버튼을 클릭하고 "매개변수 만들기"를 클릭하여 이름을 "분류_구분", 데이터 유형을 "문자열", 현재 값을 "생활가전"을 입력하고 허용 가능한 값을 전체를 선택한 다음 확인버튼을 클릭한다.

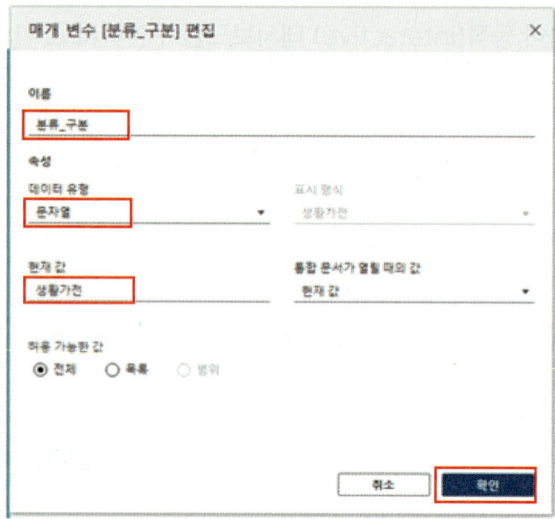

그림 56 탐색버튼 만들기

STEP 02

데이터 패널 상단의 ▼버튼을 클릭하고 "계산된 필드 만들기"를 클릭하여 "가전_분류", "가전_구분_필터" 계산된 필드 2개를 문제에 제시된 필드와 함수를 사용하여 작성하고 확인을 클릭한다.

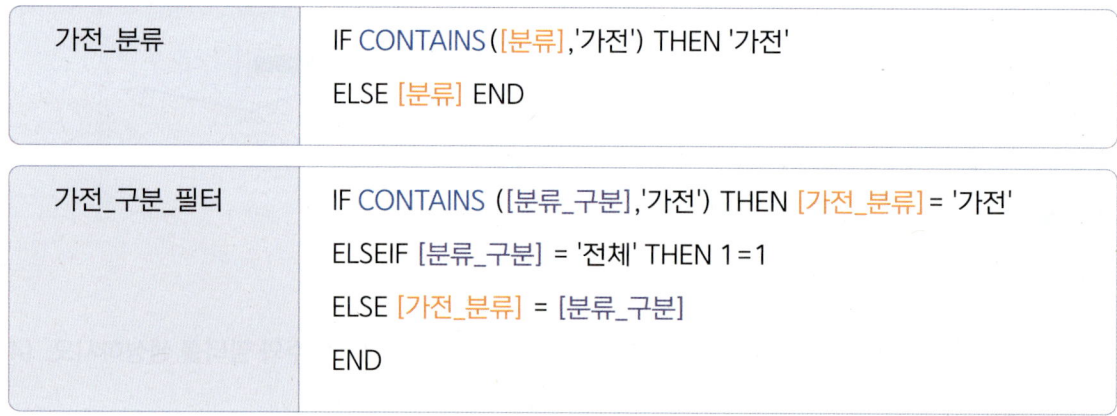

③ '문제3-4' 대시보드에서 '문제3-4-1' 그리드 클릭 시 [분류] 값에 따라 값이 변경되도록 구현하시오.
(3점)

STEP 01

'문제3-4-2', '문제3-4-3' 시트로 이동하여 [가전_구분_필터] 필드를 필터에 드래그 앤 드랍한다.

필터 [가전_구분_필터] 창에서 "참"을 체크하고 확인 버튼을 클릭한다.

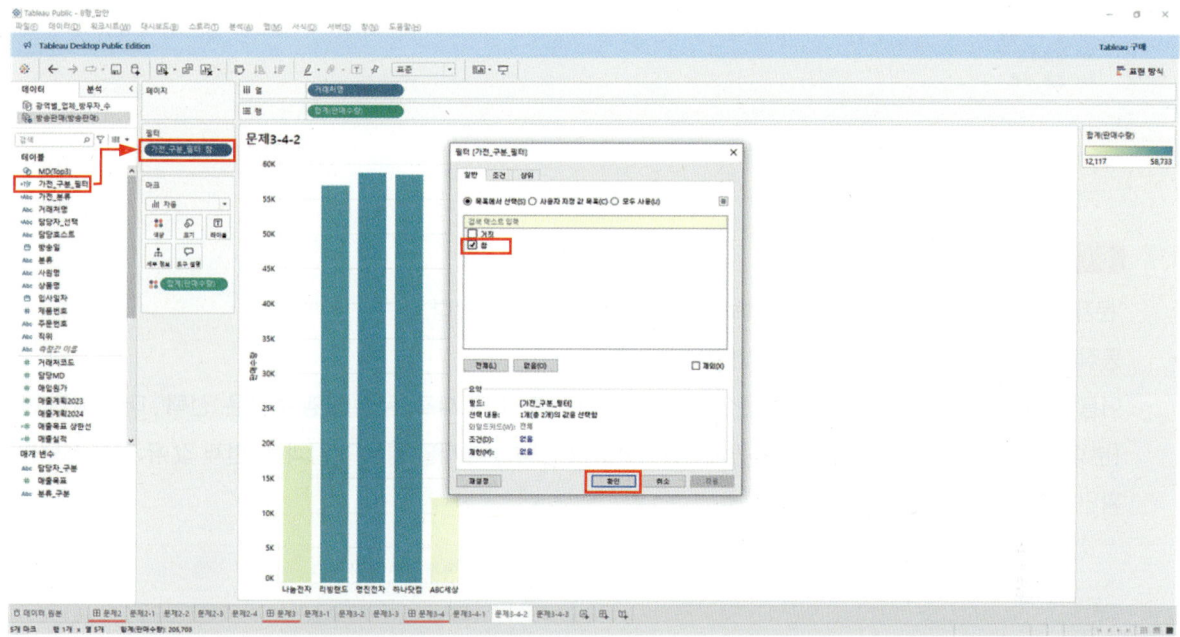

그림 58 가전_구분_필터 적용하기

STEP 02

'문제3-4-3' 시트로 이동하여 [가전_분류] 필드를 색상으로 드래그 앤 드랍한다.

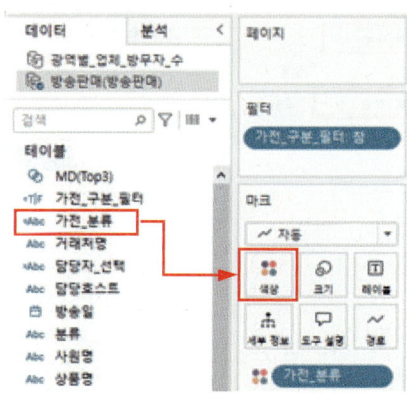

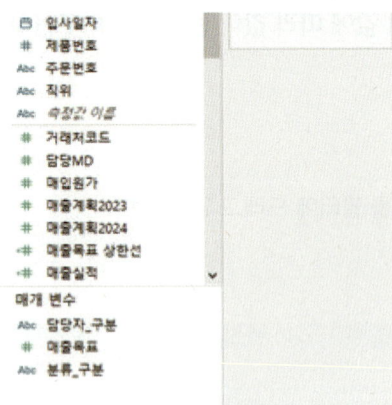

그림 59 가전_구분_필터 적용하기

STEP 03

'문제3-4' 대시보드로 이동하여 대시보드(B) → 동작(I)를 클릭한다.

동작추가 버튼을 클릭하고 매개변수 변경을 클릭한다.

이름에 '분류별_매개변수'입력하고, 원본 시트는 '문제3-4-1'만 체크, 동작 실행 조건은 '선택', 대상 매개 변수는 [분류_구분], 원본 필드는 '분류(방송판매(방송판매))', 선택을 해제할 경우의 결과는 '현재 값 유지'를 선택한 다음 확인버튼을 클릭한다.

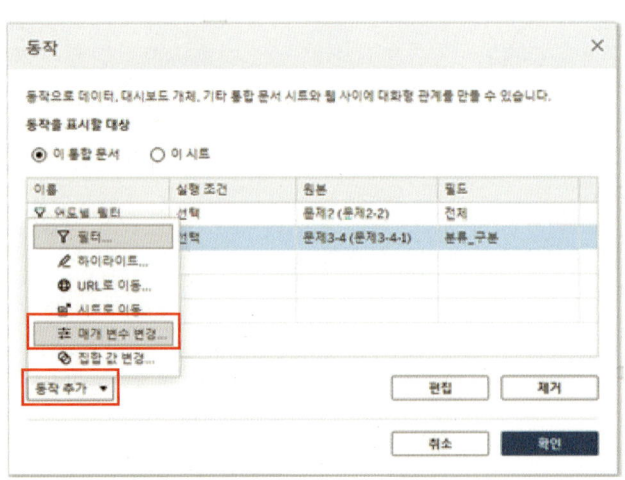 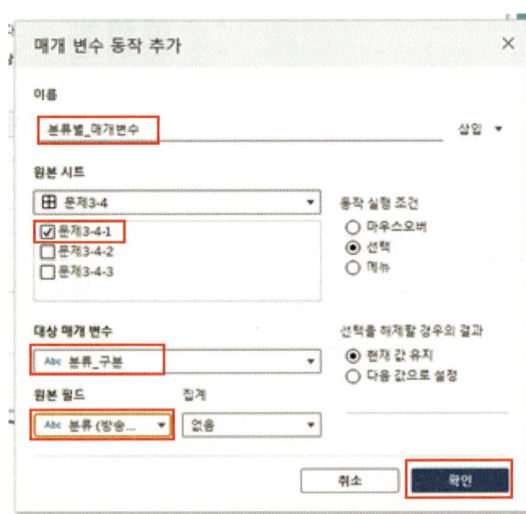

그림 60 매개변수동작 만들기

경영정보시각화능력 실기 태블로 Tableau

초판 1쇄 발행 2024년 05월 17일
2 판 1쇄 발행 2025년 06월 02일

저자 한컴아카데미, 윤종식
집필기획검수 문은지, 모성유, 안성하, 임정섭, 최승연, 임상윤, 이한별, 윤보라, 최서윤
편집디자인 정종덕, 윤보라   **인쇄제본** 미디어넷
펴낸곳 (주)데이터에듀
출판등록번호 제2020-000003호
주소 부산광역시 해운대구 센텀북대로 60, 1807호
대표전화 051-523-4566 | **도서 유통** 02-556-3166 | **팩스** 0303-0955-4566
이메일 books@dataedu.co.kr | **홈페이지** www.dataedu.kr

- 이 책은 저작권법에 의해 보호를 받는 저작물로 저작권자나 (주)데이터에듀의 사전 승인 없이 본문의 일부 또는 전부를 무단으로 복제하거나 다른 매체에 기록할 수 없습니다.
- 정오표는 데이터에듀 홈페이지(커뮤니티 → 정오표)에서 보실 수 있습니다.
- 교재 내용 관련 문의는 데이터에듀카페(https://cafe.naver.com/dataedubooks)에 올려주시면 답변 도와드리겠습니다.

ISBN 979-11-93672-27-3
가 격 35,000원

- 베스트셀러 **1위**
- 소비자 만족지수 **1위**
- 빅데이터 교육 **NO.1**

데이터에듀 카페 운영!

질문답변 / 정보공유
시험후기 / 자격증 정보

데이터에듀 카페 바로가기

카페 가입하고 다양한 혜택을 받아보세요!

합격후기 이벤트

데이터에듀 도서로 공부했다면 누구나 참여가능!
여러분의 소중한 합격후기를 들려주세요.

참여자 전원 네이버페이 3천원 권
또는 커피 쿠폰 증정!
우수 합격후기 작성자는 네이버페이 1만원권!
이벤트 공지는 4월초, 8월 중순
데이터에듀 카페와 데이터에듀PT 커뮤니티에서
공지합니다.

오공완 캐시백 이벤트

데이터에듀 도서로 공부하고
네이버카페에 인증해 주세요.

5일/10일/20일/4주
데이터에듀 도서로 공부하고 카페에 공부한 사진
올리고 인증하면 네이버페이를 증정!
오공완 캐시백 이벤트는
데이터에듀 카페에서 공지합니다.

1:1 질문답변

노베이스 수험생도, 시간부족 직장인도
합격할 수 밖에 없는 1:1 맞춤 학습관리

학습하면서 궁금한 점은 언제든 질문해 주시면
1:1 맞춤 답변해 드립니다.
현재 실력, 학습환경, 학습성향에 맞는
학습컨설팅과 학습가이드를 제공해 드립니다.

서평단 체험단

데이터에듀 도서와 에듀테크 서비스를
무료로 받아보고 체험해 보세요!

도서가 출간되면 가장 먼저 도서를
무료로 받아보고 공부하는 서평단!
데이터에듀 에듀테크 서비스를 가장 먼저
무료로 체험해 볼 수 있는 체험단!
데이터에듀 카페에서 서평단과 체험단을 신청하세요.

 데이터에듀 카페

데이터에듀 카카오 플러스채널 친구 추가 혜택

 카카오톡 상담톡

사이트 이용, 도서인증 등
궁금한 모든 것을 문의해 주세요.

 도서 5% 추가 할인 쿠폰 제공

 데이터에듀 이벤트

 신간 출간 정보 제공

 카카오톡 상담 바로가기

데이터에듀는 AI Transformation을 통해
확실한 성과를 보장하는
효율적인 학습 경험을 제공합니다.

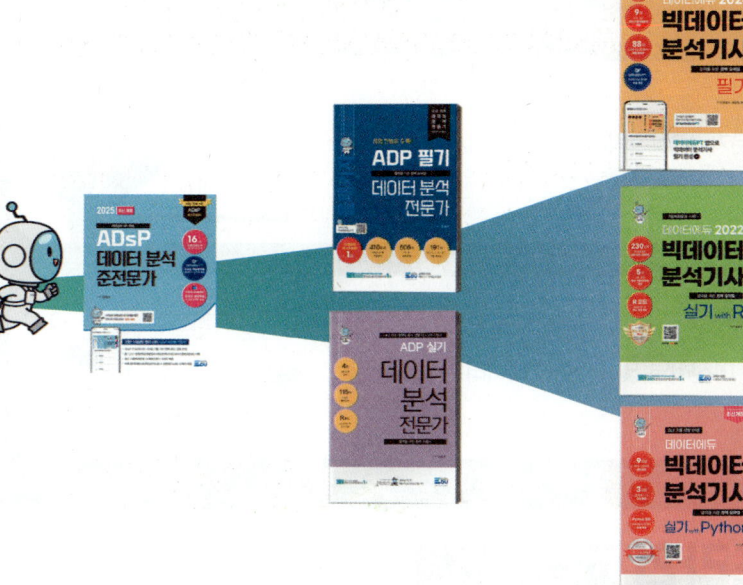

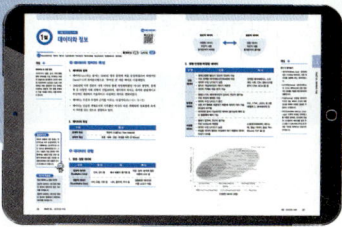

 문제 생성 AI
 해설 생성 AI
 쇼츠 추출 AI
 문제 추천 AI
 코딩 자동 채점 AI
 외국영상 자동 더빙 AI

저희 데이터에듀는 'ADsP 데이터분석 준전문가' 민트책을 필두로 ADP, 빅데이터분석 기사 등
빅데이터, AI 관련 자격증 도서와 강의로 많은 사랑을 받고 있습니다.

하지만, 도서와 강의로만 수험생 여러분께
좋은 학습 내용과 경험을 제공하기에는 많은 한계가 있다고 느꼈습니다.

그래서 저희는 이론 기반의 '데이터에듀PT(DataeduPT)'와 실습 기반의 '코드러닝(Code-learning)'을 활용하여
자격증 공부의 AI Transformation을 진행하고 있습니다.

도서보다 다양한 콘텐츠를 제공하여 더 확실한 성과를 볼 수 있었으며,
데이터에듀의 인공지능을 통해 개인 맞춤 교육을 제공하여
수험생 여러분께 더욱 효율적인 학습 경험을 제공할 수 있었습니다.

데이터에듀는 이에 만족하지 않고, 자격증 학습 시장의 디지털 전환을 선두하며
학습자 여러분께 확실한 성과를 보장해드리기 위해 노력하겠습니다.

앞으로도 끊임없는 연구와 혁신을 통해
더욱 진보된 개인 맞춤형 학습 솔루션을 제공하며
학습의 새로운 기준을 제시할 것을 약속드립니다.

함께 미래를 선도하는 학습문화를 만들어 나가겠습니다.

오프라인 교육

10년 연속 컴퓨터/IT 분야 수험서 1위를 차지한 빅데이터 교육 콘텐츠 기업,
10년 이상의 온/오프라인 교육 노하우로 기업의 DT 전환에 기여합니다.

자격증 강의
데이터분석 전문가 ADP, 데이터분석 준전문가 ADsP, 빅데이터 분석기사,
경영정보시각화능력, SQL 개발자 SQLD

빅데이터, AI 강의
생성형 AI / Chat-GPTt, AI 데이터 라벨링, 머신러닝 및 딥러닝, 데이터분석기획,
마케팅 전략 수립 강의

오프라인 교육 이력

자격증 강의

- **기업 강의**
  삼성전자, 삼성 SDS, LG CNS, 이니스프리, 포스코건설, 현대홈쇼핑 등
- **공공기관 강의**
  한국표준협회, 중소기업진흥공단, 세종테크노파크 등
- **대학 강의**
  연세대학교, 동국대학교, 건국대학교, 성균관대학교, 부산대학교, 동아대학교 등

빅데이터, AI 강의

- **생성형 AI / Chat-GPT**
  동의대, 밀양시청, 한국해양수산데이터산업협회, (사)한국융합인재교육협회, 김포새로일하기센터
- **AI 데이터 라벨링**
  부산과학기술대학, 구미여성인력개발센터 등
- **머신러닝 및 딥러닝**
  삼성 SDS, LG CNS, 중소기업진흥공단, KOSTA 등
- **데이터분석기획**
  LG 이노텍, LG CNS, 부산대학교 등
- **마케팅 전략 수립**
  경제진흥원, 동아대학교 산학협력단, 여성인력개발센터 등

기업교육 문의

www.dataedu.kr | ebiz@dataedu.co.kr | 070-4193-0607